NOUVEAU PROGRAMME 2020

ENSEIGNEMENT SCIENTIFIQUE

Term

Sous la direction de
Nicolas Coppens, Professeur, Lycée international, Strasbourg
David Guillerme, IA-IPR, Académie de Rennes
Marc Jubault-Bregler, Professeur, Lycée Montaigne, Bordeaux
Valéry Prévost, Professeur, Lycée Janson de Sailly, Paris

Par une équipe de professeurs de Mathématiques, de Physique-Chimie et de SVT

Pauline Alméras, Lycée du Léon, Landivisiau (29)
Nicolas Bihel, Lycée Les Pierres Vives, Carrières-sur-Seine (78)
Pascal Combemorel, École Normale Supérieure, Paris (75)
Nicolas Coppens, Lycée international, Strasbourg (67)
Pierre Cottier, Cité scolaire Paul Valéry, Paris (75)
Olivier Doerler, Lycée Freppel, Obernai (67)
Christelle Dosquet-Langrand, Académie de Lille (59)
Nicolas Ducasse, Lycée Jacques Prévert, Boulogne-Billancourt (92)
Anne Florimond, Lycée Richelieu, Rueil-Malmaison (92)
Johanna Garcia, Lycée Municipal d'Adultes, Paris (75)
David Guillerme, Académie de Rennes (35)
Benoit Guilloux, Lycée Joseph Loth, Pontivy (56)
Marc Gyr, Lycée Félix Faure, Beauvais (60)
Marc Jubault-Bregler, Lycée Montaigne, Bordeaux (33)
Marc Lalaude-Labayle, Lycée Barthou, Pau (64)
Murielle Massotte, Lycée Colbert, Paris (75)
Valéry Prévost, Lycée Janson de Sailly, Paris (75)
Mathieu Rajchenbach, Cité scolaire Paul Valéry, Paris (75)
Françoise Saintpierre, Lycée Hoche, Versailles (78)
Hélène Simon, Lycée Hoche, Versailles (78)
Thomas Zabulon, Lycée Clemenceau, Nantes (44)

Nathan

SOMMAIRE

 © Nathan 2020 - 92 avenue de France - 75013 Paris — ISBN : 978 209 172927 5

THÈME 3 **Une histoire du vivant** 204

Légende des pictos

Mission · Classe inversée · Python

À la découverte de votre manuel

OUVERTURE DE THÈME

- Une grande illustration permettant de s'interroger sur les notions phares abordées dans le thème.

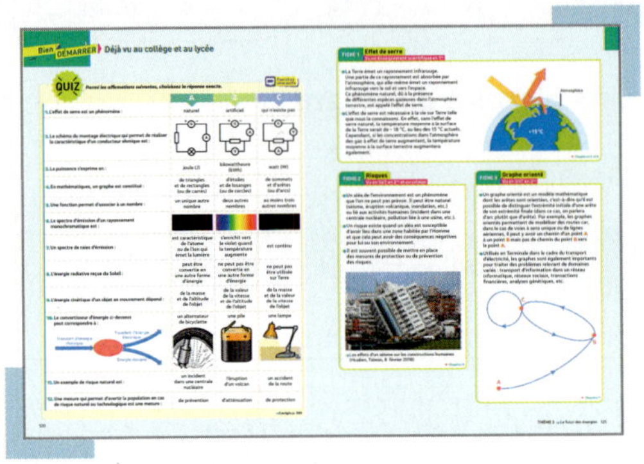

BIEN DÉMARRER

- Un quiz pour se tester avant de commencer les chapitres.
- Des fiches simples et pratiques pour remobiliser les acquis du collège et du lycée.

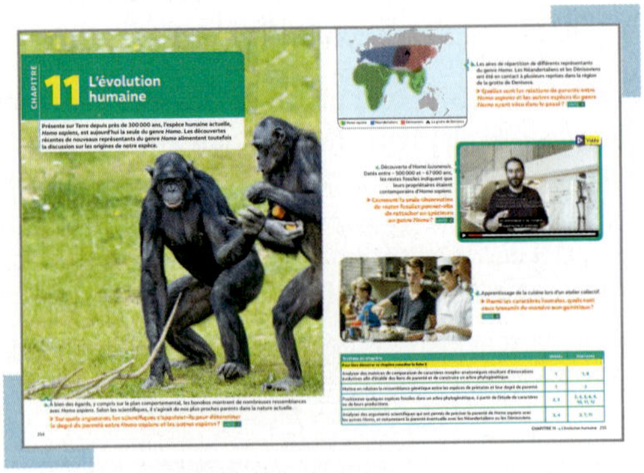

OUVERTURE DE CHAPITRE

- Pour se questionner à l'aide de photos et d'une vidéo d'accroche.

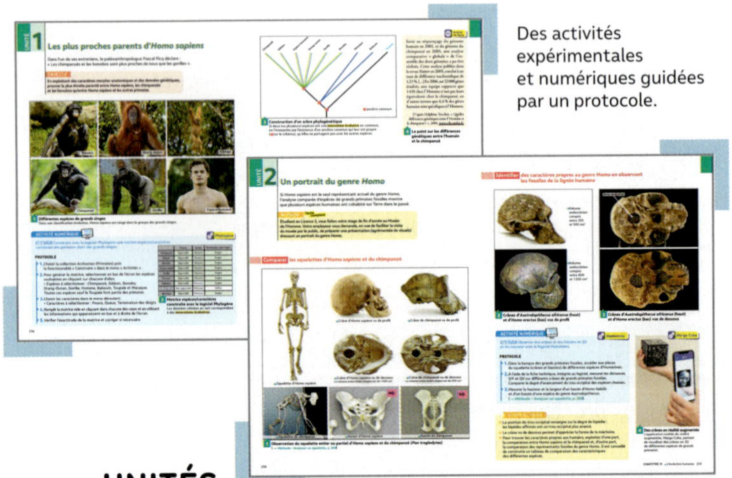

Des activités expérimentales et numériques guidées par un protocole.

UNITÉS

- Pour construire une grande idée du programme et travailler des capacités bien ciblées.
- Des activités expérimentales et numériques guidées par un protocole.
- Des parcours différenciés et des missions pour travailler en autonomie.

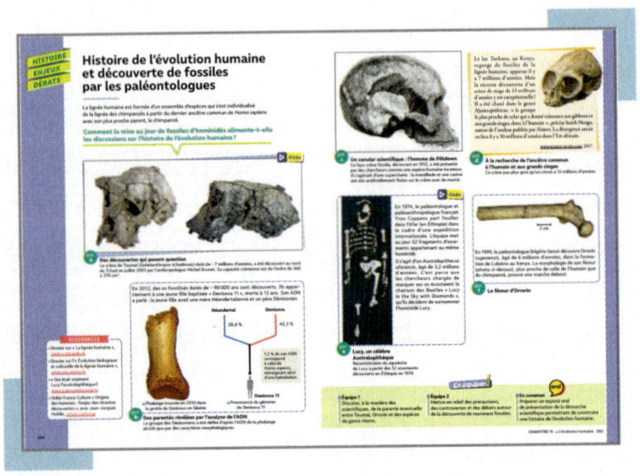

HISTOIRE, ENJEUX, DÉBATS

- Un autre regard sur la thématique étudiée.
- Des rubriques spécifiques pour vous donner des repères culturels.
- Un travail en équipe pour développer ses compétences langagières orales à travers la pratique de l'argumentation.

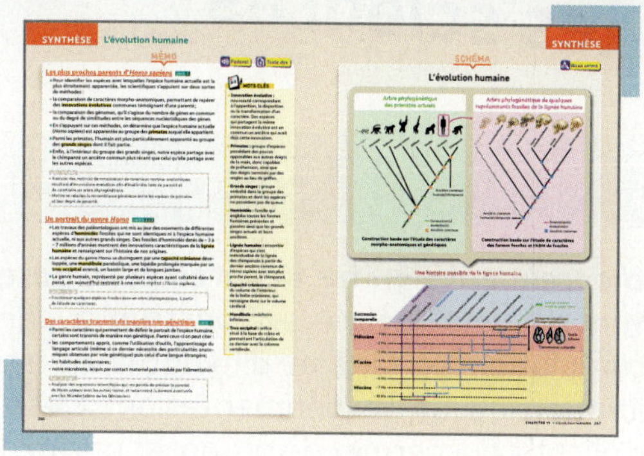

SYNTHÈSE

- Les notions du chapitre sous trois formes différentes : un mémo, un schéma bilan et un podcast pour stimuler des capacités de mémorisation différentes.

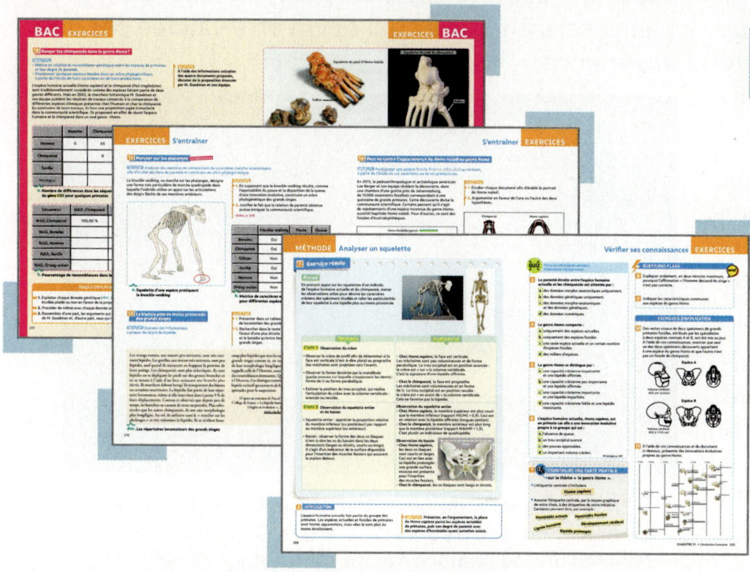

EXERCICES

- Une page méthode pour travailler les savoir-faire du programme.
- Des questions flash et des exercices d'application pour vérifier ses connaissances.
- Des exercices pour s'entraîner.
- Des exercices pour préparer l'épreuve du bac.
- Des aides en fin de manuel pour aider à la résolution de la question.

LE COIN DES SCIENCES

- Des pages d'ouverture et de culture scientifique à la fin de chaque thème sur des sujets en prise avec l'actualité pour exercer son esprit critique.

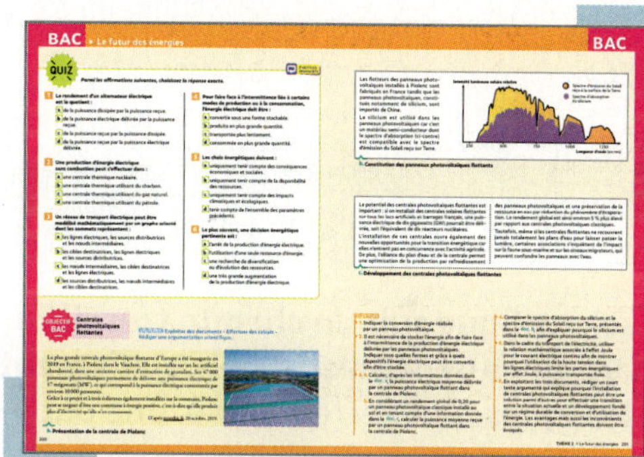

EXERCICES TRANSVERSAUX

- Pour préparer efficacement les E3C.

Les ressources numériques de votre manuel

Vidéo : Pour donner du sens aux apprentissages

Python : Des outils numériques variés

Exercices interactifs : Pour tester ses acquis en début de thème et s'autoévaluer en fin de chapitre.

Article en ligne : Pour compléter ses connaissances

Podcast – **Texte dys** – **Bilan animé** : Pour tenir compte des différentes façons d'apprendre des élèves

COMMENT ACCÉDER AUX RESSOURCES NUMÉRIQUES DU MANUEL ? 3 POSSIBILITÉS

- **Nathan Live** l'application gratuite
- **Nathan numérique** (Biblio Manuels)
- **Site compagnon** enseignement-scientifique.nathan.fr

Réflexion sur les sciences

Qu'est-ce qu'une théorie scientifique ?

Du grec *theorein* qui signifie « contempler, observer, examiner », une théorie se construit à partir d'une accumulation de faits et d'hypothèses issus de l'observation ou de l'expérimentation. C'est le modèle explicatif qui permet de proposer une explication cohérente à un ensemble de faits observés.

Une « bonne » théorie est celle qui satisfait un maximum, voire l'ensemble des faits observés : plus les faits s'accordent à la théorie, moins il faut formuler d'hypothèses hasardeuses. C'est un principe de parcimonie.

Ce modèle explicatif permet de prédire des résultats même s'ils n'ont pas encore été formellement constatés. Par exemple, selon la théorie de la relativité générale d'Albert Einstein, l'existence d'ondes gravitationnelles a été prédite dès 1916. Il faudra néanmoins attendre 2015 pour qu'une première observation formelle de ces ondes soit faite.

Il ne faut pas confondre une **théorie** avec une **hypothèse** qui est une solution vraisemblable à un problème scientifique et qui devra être validée par une expérience.

▲ Dans le scénario du film Interstellar, les spationautes traversent un trou de ver, c'est-à-dire un pont entre deux régions de l'espace-temps permettant de se rendre de l'une à l'autre avec une durée plus courte. À ce jour, les trous de ver constituent une prédiction autorisée par la théorie de la relativité générale.

Les publications scientifiques

Un article scientifique suit un chemin très différent des magazines généralistes habituellement vendus en kiosques. Pour être valable, une publication scientifique doit impérativement répondre à deux critères essentiels :

- les textes doivent être publiés dans des revues internationales en anglais ;
- les textes doivent être soumis à une expertise par les pairs (*peer review*).

L'article est soumis au comité éditorial de la revue scientifique. Ce comité est formé d'experts internationaux du sujet traité.

Il faut donc garder un esprit critique sur des résultats non publiés dans des revues scientifiques. Ils n'ont probablement pas été examinés par des pairs spécialistes du domaine et restent donc de simples opinions.

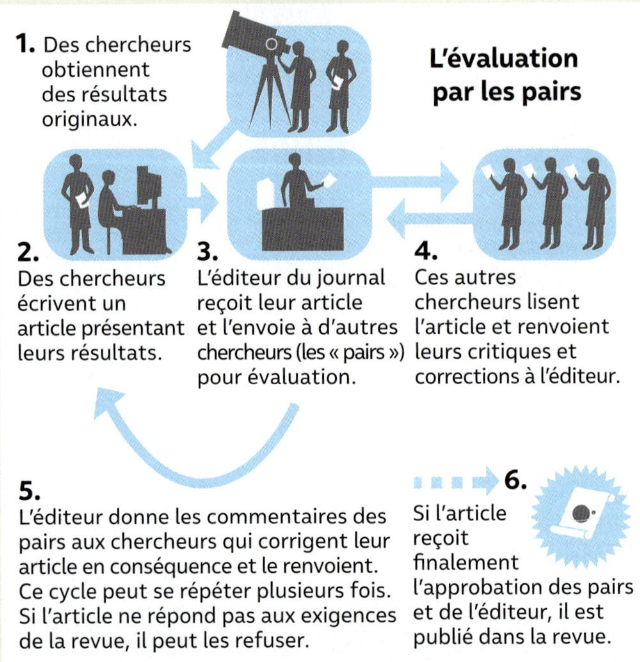

▲ Processus de soumission et d'évaluation d'un article dans une revue à comité de lecture.

Une théorie peut-elle changer ?

Une théorie se plie aux faits. Si de nouveaux faits sont découverts deux cas sont envisageables :
- soit les faits s'intègrent au modèle explicatif et la théorie est alors renforcée ;
- soit les faits ne s'intègrent pas au modèle explicatif et on change alors de théorie.

C'est le fonctionnement normal des sciences. Selon Guillaume Lecointre, « un savoir est légitime parce qu'il est périssable potentiellement ».

De la construction d'une théorie à son changement

Par exemple, des faits issus de l'observation ont permis de construire la théorie de la dérive des continents.

Au début du XXe siècle, Wegener avance l'idée d'une mobilité horizontale des continents en s'appuyant sur quelques constatations :

1. Parallélisme des côtes entre l'Afrique et l'Amérique du Sud.
2. Distribution bimodale des altitudes (continents/océans).
3. Analogie des faunes et des flores fossiles qui imposent des liaisons intercontinentales.

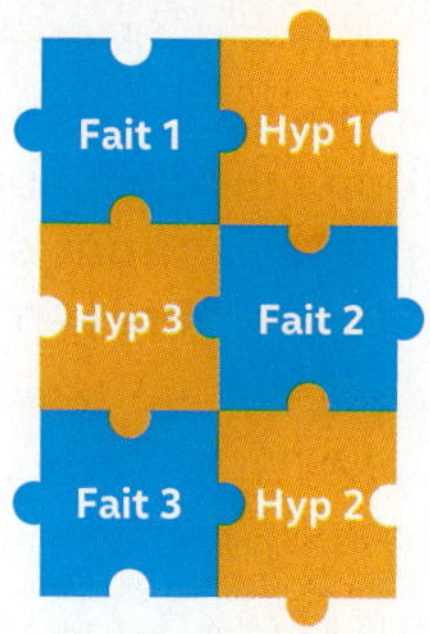

Théorie de la dérive des continents

Puis d'autres faits ont pu renforcer cette théorie :

1. Parallélisme des côtes entre l'Afrique et l'Amérique du Sud.
2. Distribution bimodale des altitudes (continents/océans).
3. Analogie des faunes et des flores fossiles qui imposent des liaisons intercontinentales.
4. Concordance de la distribution géographique des paléoclimats.

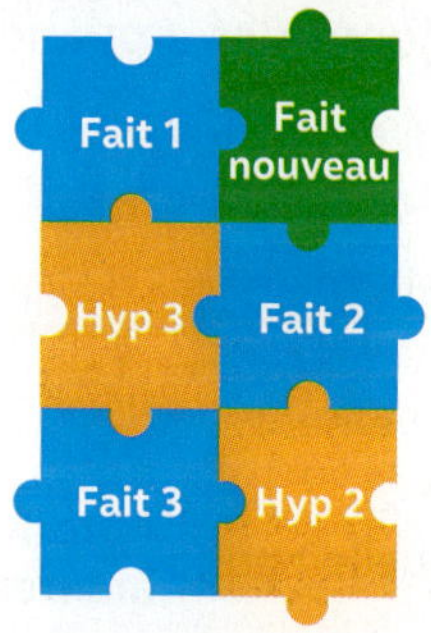

Théorie de la dérive des continents

Modèle renforcé

Jusqu'à la découverte des anomalies magnétiques au fond des océans et des dorsales océaniques dans les années 1960. Le modèle de la dérive des continents est délaissé au profit de celui de la tectonique des plaques.

1. Parallélisme des côtes entre l'Afrique et l'Amérique du Sud.
2. Distribution bimodale des altitudes (continents/océans).
3. Analogie des faunes et des flores fossiles qui imposent des liaisons intercontinentales.
4. Concordance de la distribution géographique des paléoclimats.
5. Découvertes des dorsales et des anomalies magnétiques.

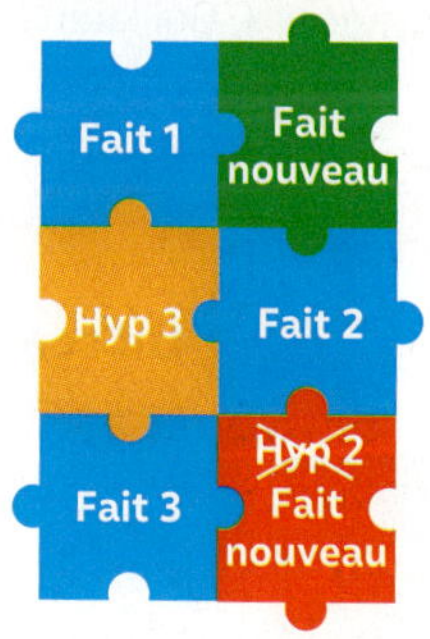

Théorie de la dérive des continents

Modèle renforcé

↓

Modèle transformé

Théorie de la tectonique des plaques lithosphériques

Bien souvent, des découvertes dans un domaine peuvent amener de nouveaux faits et ainsi invalider des théories dans d'autres domaines. Ainsi la connaissance de la propagation des ondes sismiques dans le globe a permis d'élaborer le modèle PREM.

De même, l'amélioration des techniques permet souvent d'affiner les modèles permettant par exemple, de passer de 13 plaques tectoniques en 1968 à plus de 20 aujourd'hui.

Réflexion sur les sciences

La démarche scientifique

« *La méthode expérimentale, considérée en elle-même, n'est rien autre chose qu'un raisonnement à l'aide duquel nous soumettons méthodiquement nos idées à l'expérience des faits.* » Claude Bernard, 1865.

La démarche scientifique s'appuie sur plusieurs grandes étapes : à partir de l'observation d'un phénomène et de la formulation d'une problématique, différentes hypothèses vont être émises, testées puis infirmées ou confirmées ; à partir de cette confirmation se construit un modèle ou une théorie. L'observation et l'expérimentation sont des moyens pour tester les différentes hypothèses émises.

Claude Bernard (1813 – 1878)
est un médecin et physiologiste français.

Son ouvrage, « *Introduction à l'étude de la médecine expérimentale* », publié en 1865, présente sa méthode fondée sur des observations, des hypothèses et des expériences.

Distinguer savoir, croyance et opinion

Dans son ouvrage « Savoirs, opinions, croyances », Guillaume Lecointre montre que les savoirs se distinguent des croyances selon au moins deux critères :

- la justification de ce qui est affirmé ;
- la validation individuelle ou collective de ce qui est affirmé.

Affirmation	Assumée…	Légitimée par…
Savoir	Collectivement	Justification rationnelle; Ouverture à la réfutation
Croyance	Individuellement	Autorité/Confiance ; Indifférent à la réfutation.
Opinion	Individuellement	Divers

D'après « Savoirs, opinions, croyances », Guillaume Lecointre, 2018

Guillaume Lecointre
est un zoologiste et systématicien français

LA CONSTRUCTION D'UN SAVOIR SCIENTIFIQUE SE FONDE SUR QUATRE PILIERS.

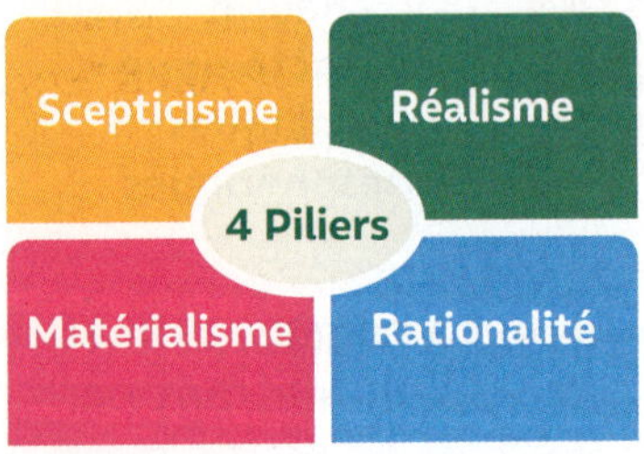

- **Un scepticisme initial sur les faits et leur interprétation :** faire des sciences, c'est accepter d'être bousculé dans ses préjugés.
- **Le réalisme :** le monde ne dépend pas de nos seules perceptions et idées. Le monde existe indépendamment de la perception que nous en avons.
- **Le matérialisme** : la science n'appréhende que la matière et les propriétés de la matière, c'est-à-dire ce qu'il est possible d'expérimenter. C'est un matérialisme méthodologique.
- **La rationalité :** c'est respecter la logique et le principe de parcimonie c'est-à-dire faire le choix du scénario qui comprend le plus faible nombre d'hypothèses.

Le métier de chercheur

Les métiers de la recherche scientifique ne sont pas des métiers solitaires. Un chercheur est intégré à une équipe de recherche qui travaille généralement sur une thématique précise. Que ce soit dans le domaine public ou privé, le chercheur doit être capable de prendre en charge une problématique donnée pour essayer de la résoudre.

Le partage et l'actualisation des connaissances est une composante essentielle de ce métier. En effet, pour être certain de travailler avec les dernières technologies et les dernières connaissances, il faut lire de nombreux articles et participer à de nombreux colloques. C'est généralement là que les chercheurs échangent sur l'avancée de leurs travaux, et bien souvent une découverte en appelle une autre.

En science, les découvertes dans un domaine sont toujours en lien avec d'autres matières. Par exemple la théorie cellulaire n'a pu se construire que grâce à l'invention du microscope, l'analyse du génome ne peut se faire qu'avec les progrès de l'informatique, de nombreuses découvertes de physique sont associées au développement de modèles mathématiques. Il est ainsi souvent nécessaire d'être polyvalent et d'avoir un champ de connaissance étendu. Un biologiste qui étudie la biodiversité et les populations devra manipuler de nombreux concepts de mathématiques et de statistique. De même un biologiste cellulaire devra posséder de bonnes bases en chimie pour comprendre les réactions du métabolisme.

Enfin il est aujourd'hui indispensable de posséder une excellente maîtrise de l'anglais, car tous les articles scientifiques sont en anglais (même ceux publiés par les organismes publics français), et dans les colloques, les communications et les posters sont en anglais.

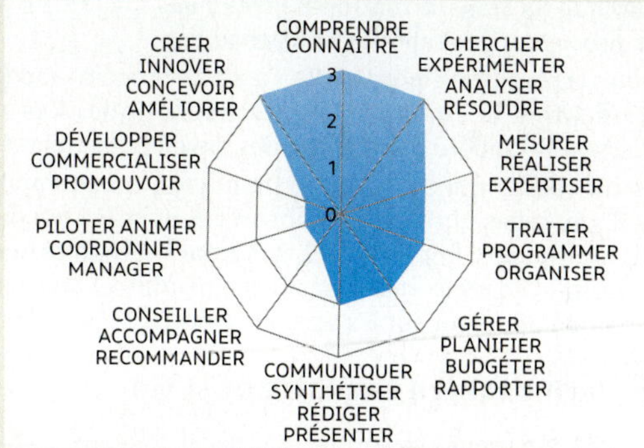

Les composantes du métier de chercheur.

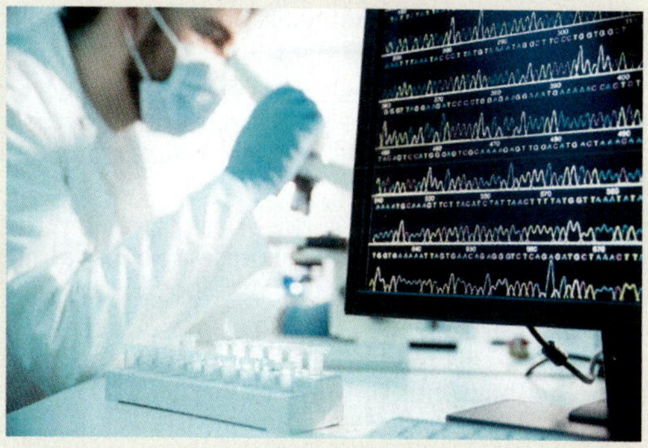
De la paillasse au numérique, un métier très varié.

Science et philosophie

De tous temps, les sciences et la philosophie ont été en interaction. D'ailleurs, de nombreux philosophes sont aussi des scientifiques. C'est le cas de Descartes, à la fois philosophe, mathématicien et physicien.

La science devient même l'un des thèmes majeurs de la philosophie au point d'en devenir un sous-domaine : la philosophie des sciences. Des philosophes français comme D'Alembert, Saint Simon, Auguste Comte, Gaston Bachelard, Georges Canguilhem, Michel Foucault ont construit une école française de la philosophie des sciences, autour de thèmes comme : la nature du savoir scientifique, le rapport entre science et nature, la méthode scientifique.

1. Auguste Comte
2. Michel Foucault
3. Gaston Bachelard
4. Michel Serres

THÈME 1 Science, climat et société

L'atmosphère primitive de la Terre était différente de celle d'aujourd'hui. Sa transformation au cours des milliards d'années est liée aux processus géologiques et biologiques.

Depuis la révolution industrielle, l'activité humaine modifie de manière significative la composition atmosphérique. Ces modifications affectent l'équilibre dynamique des enveloppes fluides de la Terre.

Les conséquences de l'activité humaine sur la composition atmosphérique, celles qui sont déjà observées et celles qui sont prévisibles, sont multiples et importantes, tant pour l'humanité que pour les écosystèmes. Les choix raisonnés des individus et des sociétés dans ce domaine s'appuient sur les apports des sciences et des technologies.

1 L'atmosphère terrestre et la vie

Depuis l'époque de sa formation, quasi concomitante avec celle du Soleil et des autres planètes du Système solaire, la Terre a connu une évolution spécifique de sa surface et de la composition de son atmosphère. Sa température de surface permet l'existence d'eau liquide, formant l'hydrosphère. Aux facteurs physiques et géologiques (activité solaire, distance au Soleil, tectonique) s'est ajoutée l'émergence des êtres vivants et de leurs métabolismes. Un fragile équilibre est atteint, qui permet la vie et la maintient.

- Il y a environ 4,6 milliards d'années, l'atmosphère primitive était composée de N_2, CO_2 et H_2O. Sa composition actuelle est d'environ 78 % de N_2 et 21 % de O_2, avec des traces d'autres gaz (dont H_2O, CO_2, CH_4, N_2O).
- Le refroidissement de la surface de la Terre primitive a conduit à la liquéfaction de la vapeur d'eau présente dans l'atmosphère initiale. L'hydrosphère s'est formée, dans laquelle s'est développée la vie.
- Les premières traces de vie sont datées d'il y a au moins 3,5 milliards d'années. Par leur métabolisme photosynthétique, des cyanobactéries ont produit le dioxygène qui a oxydé, dans l'océan, des espèces chimiques réduites. Le dioxygène s'est accumulé à partir de 2,4 milliards d'années dans l'atmosphère. Sa concentration atmosphérique actuelle a été atteinte il y a 500 millions d'années environ.
- Les sources et puits de dioxygène atmosphérique sont aujourd'hui essentiellement liés aux êtres vivants (photosynthèse et respiration) et aux combustions.
- Sous l'effet du rayonnement ultraviolet solaire, le dioxygène stratosphérique peut se dissocier, initiant une transformation chimique qui aboutit à la formation d'ozone. Celui-ci constitue une couche permanente de concentration maximale située à une altitude d'environ 30 km. La couche d'ozone absorbe une partie du rayonnement ultraviolet solaire et protège les êtres vivants de ses effets mutagènes.
- Le carbone est stocké dans plusieurs réservoirs superficiels : l'atmosphère, les sols, les océans, la biosphère et les roches. Les échanges de carbone entre ces réservoirs sont quantifiés par des flux (tonne/an). Les quantités de carbone dans les différents réservoirs sont constantes lorsque les flux sont équilibrés. L'ensemble de ces échanges constitue le cycle du carbone sur Terre.
- Les combustibles fossiles se sont formés à partir du carbone des êtres vivants, il y a plusieurs dizaines à plusieurs centaines de millions d'années. Ils ne se renouvellent pas suffisamment vite pour que les stocks se reconstituent : ces ressources en énergie sont dites non renouvelables.

2 La complexité du système climatique

Le système climatique et son évolution dans le temps résultent de plusieurs facteurs naturels et d'interactions entre océans, atmosphère, biosphère, lithosphère et cryosphère. Il est nécessaire de prendre en compte ces interactions à différentes échelles spatiales et temporelles (de l'année au million d'années voire davantage). Le système climatique présente une variabilité spontanée et réagit aux perturbations de son bilan d'énergie par des mécanismes appelés rétroactions. Les facteurs anthropiques ont des conséquences irréversibles à court terme.

- Un climat est défini par un ensemble de moyennes de grandeurs atmosphériques observées dans une région donnée pendant une période donnée. Ces grandeurs sont principalement la température, la pression, le degré d'hygrométrie, la pluviométrie, la nébulosité, la vitesse et la direction des vents.
- La climatologie étudie les variations du climat local ou global à moyen ou long terme (années, siècles, millénaires…).
- La météorologie étudie les phénomènes atmosphériques qu'elle prévoit à court terme (jours, semaines).
- La température moyenne de la Terre, calculée à partir de mesures *in situ* et depuis l'espace par des satellites, est l'un des indicateurs du climat global. Il en existe d'autres : volume des océans, étendue des glaces et des glaciers…
- Le climat de la Terre présente une variabilité naturelle sur différentes échelles de temps. Toutefois, depuis plusieurs centaines de milliers d'années, jamais la concentration du CO_2 atmosphérique n'a augmenté aussi rapidement qu'actuellement.
- Depuis un siècle et demi, on mesure un réchauffement climatique global (environ +1 °C). Celui-ci est la réponse du système climatique à l'augmentation du forçage radiatif (différence entre l'énergie radiative reçue et l'énergie radiative émise) due aux émissions de gaz à effet de serre (GES) dans l'atmosphère : CO_2, CH_4, N_2O et vapeur d'eau principalement.
- Lorsque la concentration des GES augmente, l'atmosphère absorbe davantage le rayonnement thermique infrarouge émis par la surface de la Terre. En retour, il en résulte une augmentation de la puissance radiative reçue par le sol de la part de l'atmosphère. Cette puissance additionnelle entraîne une perturbation de l'équilibre radiatif qui existait à l'ère préindustrielle.
- L'énergie supplémentaire associée est essentiellement stockée par les océans, mais également par l'air et les sols, ce qui se traduit par une augmentation de la température moyenne à la surface de la Terre et la montée du niveau des océans.
- L'évolution de la température terrestre moyenne résulte de plusieurs effets amplificateurs (rétroaction positive), dont :
  - l'augmentation de la concentration en vapeur d'eau (gaz à effet de serre) dans l'atmosphère ;
  - la décroissance de la surface couverte par les glaces et diminution de l'albédo terrestre ;
  - le dégel partiel du permafrost provoquant une libération de GES dans l'atmosphère.
- L'océan a un rôle amortisseur en absorbant à sa surface une fraction importante de l'apport additionnel d'énergie. Cela conduit à une élévation du niveau de la mer causée par la dilatation thermique de l'eau. À celle-ci s'ajoute la fusion des glaces continentales.
- Cette accumulation d'énergie dans les océans rend le changement climatique irréversible à des échelles de temps de plusieurs siècles.
- À court terme, un accroissement de la végétalisation constitue un puits de CO_2 et a donc un effet de rétroaction négative (stabilisatrice).

3 Le climat du futur

L'analyse du système climatique, réalisée à l'aide de modèles numériques, repose sur des mesures et des calculs faisant appel à des lois physiques, chimiques, biologiques connues. Assorties d'hypothèses portant sur l'évolution de la production des gaz à effet de serre, les projections issues de ces modèles dessinent des fourchettes d'évolution du système climatique au XXIe siècle.

- Les modèles climatiques s'appuient sur :
  - la mise en équations des mécanismes essentiels qui agissent sur le système Terre ;
  - des méthodes numériques de résolution.
- Les résultats des modèles sont évalués par comparaison aux observations *in situ* et spatiales ainsi qu'à la connaissance des paléoclimats.
- Ces modèles, nombreux et indépendants, réalisent des projections climatiques. Après avoir anticipé les évolutions des dernières décennies, ils estiment les variations climatiques globales et locales à venir sur des décennies ou des siècles.
- L'analyse scientifique combinant observations, éléments théoriques et modélisations numériques permet aujourd'hui de conclure que l'augmentation de température moyenne depuis le

début de l'ère industrielle est liée à l'activité humaine : CO_2 produit par la combustion d'hydrocarbures, la déforestation, la production de ciment; CH_4 produit par les fuites de gaz naturel, la fermentation dans les décharges, certaines activités agricoles.

- Les modèles s'accordent à prévoir, avec une forte probabilité d'occurrence, dans des fourchettes dépendant de la quantité émise de GES :
  - une augmentation de 1,5 à 5 °C de la température moyenne entre 2017 et la fin du XXIe siècle;
  - une élévation du niveau moyen des océans entre le début du XXIe siècle et 2100 pouvant atteindre le mètre;
  - des modifications des régimes de pluie et des événements climatiques extrêmes;
  - une acidification des océans;
  - un impact majeur sur les écosystèmes terrestres et marins.

4 Énergie, choix de développement et futur climatique

La consommation mondiale d'énergie fait majoritairement appel aux combustibles fossiles, principale cause du réchauffement climatique. Il est donc essentiel d'identifier, pour toute activité, individuelle ou collective, ou tout produit, l'impact sur la production de gaz à effet de serre. L'identification d'autres effets collatéraux, notamment sur la santé, est importante. Les différents scénarios de l'évolution globale du climat dépendent des stratégies que l'humanité mettra en œuvre.

- L'énergie utilisée dans le monde provient d'une diversité de ressources parmi lesquelles les combustibles fossiles dominent.
- La consommation en est très inégalement répartie selon la richesse des pays et des individus.
- La croissance de la consommation globale (doublement dans les 40 dernières années) est directement liée au modèle industriel de production et de consommation des sociétés.
- En moyenne mondiale, cette énergie est utilisée à parts comparables par le secteur industriel, les transports, le secteur de l'habitat et dans une moindre mesure par le secteur agricole.
- Les énergies primaires sont disponibles sous forme de stocks (combustibles fossiles, uranium) et de flux (flux radiatif solaire, flux géothermique, puissance gravitationnelle à l'origine des marées).
- La combustion de carburants fossiles et de biomasse libère du dioxyde de carbone et également des aérosols et d'autres substances (N_2O, O_3, suies, produits soufrés), qui affectent la qualité de l'air respiré et la santé.
- L'empreinte carbone d'une activité ou d'une personne est la masse de CO_2 produite directement ou indirectement par sa consommation d'énergie et/ou de matière première.
- Les scénarios de transition écologique font différentes hypothèses sur la quantité de GES émise dans le futur. Ils évaluent les changements prévisibles, affectant les écosystèmes et les conditions de vie des êtres humains, principalement les plus fragiles.
- Les projections fournies par les modèles permettent de définir les aléas et peuvent orienter les prises de décision. Les mesures d'adaptation découlent d'une analyse des risques et des options pour y faire face.

THÈME 2 Le futur des énergies

Dans le secteur de l'énergie, l'électricité joue un rôle majeur dans le développement économique. Produire de l'électricité sans contribuer au réchauffement climatique, en concevoir le stockage sous d'autres formes, optimiser son transport deviennent des objectifs majeurs d'une transition climatique et environnementale.

L'histoire du développement des générateurs d'électricité fournit de féconds exemples d'échanges entre la science fondamentale, la technologie et l'industrie.

5 Deux siècles d'énergie électrique

Depuis le XIXe siècle, les progrès de la recherche scientifique fondamentale et de l'invention technique ont conduit à développer des générateurs électriques pratiques, performants, à l'impact climatique et environnemental de moins en moins marqué.

Historiquement, le développement des techniques d'obtention d'énergie électrique s'est appuyé sur des découvertes expérimentales et des avancées théoriques qui furent souvent le résultat de recherches dont ce développement n'était pas le but premier. Il est ainsi fréquent que les résultats de la recherche fondamentale aboutissent à des innovations technologiques non anticipées.

- Les alternateurs électriques exploitent le phénomène d'induction électromagnétique découvert par Faraday puis théorisé par Maxwell au XIXe siècle. Ils réalisent une conversion d'énergie mécanique en énergie électrique avec un rendement potentiellement très proche de 1.
- Au début du XXe siècle, la physique a connu une révolution conceptuelle à travers la vision quantique qui introduit un comportement probabiliste de la nature. Le caractère discret des spectres de raies d'émission des atomes s'explique de cette façon.
- L'exploitation technologique des matériaux semi-conducteurs, en particulier du silicium, en est également une conséquence. Ces matériaux sont utilisés en électronique et sont constitutifs des capteurs photovoltaïques. Ceux-ci absorbent l'énergie radiative et la convertissent en énergie électrique.

6 Les atouts de l'électricité

L'énergie électrique présente de nombreux avantages : une distribution aisée, sûre et à faible impact écologique; l'existence de réseaux de distribution très étendus; la disponibilité de convertisseurs de bon rendement permettant de transformer l'énergie électrique en d'autres formes d'énergie ou, symétriquement, d'obtenir de l'énergie électrique. L'existence de procédés d'obtention d'énergie électrique sans combustion justifie le rôle central que cette forme d'énergie est amenée à jouer à l'avenir.

- Trois méthodes permettent d'obtenir de l'énergie électrique sans nécessiter de combustion :
  - la conversion d'énergie mécanique, soit directe (dynamos, éoliennes, hydroliennes, barrages hydroélectriques), soit indirecte à partir d'énergie thermique (centrales nucléaires, centrales solaires thermiques, géothermie);
  - la conversion de l'énergie radiative reçue du Soleil (panneaux photovoltaïques);
  - la conversion électrochimique (piles ou accumulateurs conventionnels, piles à hydrogène).
- Ces méthodes sans combustion ont néanmoins un impact sur l'environnement et la biodiversité ou présentent des risques spécifiques (pollution chimique, déchets radioactifs, accidents industriels...).
- Pour faire face à l'intermittence liée à certains modes de production ou à la consommation, l'énergie électrique doit être convertie sous une forme stockable :
  - énergie chimique (accumulateurs);
  - énergie potentielle (barrages);
  - énergie électromagnétique (super-capacités).

7 Optimisation du transport de l'électricité

La minimisation des pertes par effet Joule dans la distribution d'électricité le long d'un réseau entre dans le cadre général des problèmes mathématiques de transport et d'optimisation sous contraintes. Ces problèmes, très difficiles à résoudre car non linéaires, nécessitent des traitements numériques lorsqu'ils mettent en jeu un nombre important d'inconnues ou de données.

Présentés ici dans le cadre du transport d'électricité, les graphes sont des modèles mathématiques utilisés pour traiter des problèmes relevant de domaines variés : transport d'information dans un réseau informatique, réseaux sociaux, transactions financières, analyses génétiques, etc.

- Au cours du transport, une partie de l'énergie électrique, dissipée dans l'environnement par effet Joule, ne parvient pas à l'utilisateur.
- L'utilisation de la haute tension dans les lignes électriques limite les pertes par effet Joule, à puissance transportée fixée.

- Un réseau de transport électrique peut être modélisé mathématiquement par un graphe orienté dont les arcs représentent les lignes électriques et dont les sommets représentent les sources distributrices, les nœuds intermédiaires et les cibles destinatrices
- Dans ce modèle, l'objectif est de minimiser les pertes par effet Joule sur l'ensemble du réseau sous les contraintes suivantes :
  - l'intensité totale sortant d'une source est limitée par la puissance maximale distribuée ;
  - l'intensité totale entrant dans chaque nœud intermédiaire est égale à l'intensité totale qui en sort ;
  - l'intensité totale arrivant à chaque cible est imposée par la puissance qui y est utilisée.

8 Choix énergétiques et impacts sur les sociétés

Pour les sociétés, l'enjeu climatique et environnemental est celui d'une transition entre la situation actuelle et un développement fondé sur un régime durable de conversion et d'utilisation de l'énergie. La complexité de cette transition impose de connaître, comprendre et hiérarchiser les paramètres sur lesquels il est possible d'agir, individuellement et collectivement.

- Pour que soit mise en œuvre une adaptation efficace aux changements inéluctables et qu'en soit atténué l'impact négatif, les choix énergétiques supposent une compréhension globale du système Terre.
- Ces choix doivent tenir compte de nombreux critères et paramètres : disponibilité des ressources et adéquation aux besoins, impacts (climatique, écologique, sanitaire, agricole), vulnérabilités et gestion des risques, faisabilité, conséquences économiques et sociales. L'analyse de ces éléments de décision conduit le plus souvent à une recherche de diversification ou d'évolution des ressources (mix énergétique).
- Les durées longues, liées à l'inertie de certains systèmes (infrastructures énergétiques, transports, production industrielle), sont à confronter à l'urgence de l'action.
- La transition écologique des sociétés repose sur la créativité scientifique et technologique, comme sur l'invention de nouveaux comportements individuels et collectifs (consommations, déplacements, relations Nord-Sud).

THÈME 3 Une histoire du vivant

La Terre est habitée par une grande diversité d'êtres vivants. Cette biodiversité est dynamique et issue d'une longue histoire dont l'espèce humaine fait partie. L'évolution constitue un puissant outil de compréhension du monde vivant. Les activités humaines se sont transformées au cours de cette histoire, certaines inventions et découvertes scientifiques ont contribué à l'essor de notre espèce.

Les mathématiques permettent de modéliser la dynamique des systèmes vivants afin de décrire leur évolution. La démarche de modélisation mathématique comporte plusieurs étapes : identification du type de modèle le mieux adapté pour traduire la réalité, détermination des paramètres du modèle, confrontation des résultats du modèle à des observations, qui peut conduire à limiter son domaine de validité ou à le modifier.

L'être humain a construit des machines pour traiter l'information et a créé des langages pour les commander. Avec les méthodes de l'intelligence artificielle, il continue d'étendre les capacités de traitement de données et les domaines d'application de l'informatique.

9 La biodiversité et son évolution

Évaluer la biodiversité à différentes échelles spatiales et temporelles représente un enjeu majeur pour comprendre sa dynamique et les conséquences des actions humaines. Les populations évoluent au cours du temps. Des modèles mathématiques probabilistes et des outils statistiques permettent d'étudier les mécanismes évolutifs impliqués.

- Il existe sur Terre un grand nombre d'espèces dont seule une faible proportion est effectivement connue. La biodiversité se mesure par des techniques d'échantillonnage (spécimens ou ADN) qui permettent d'estimer le nombre d'espèces (richesse spécifique) dans différents milieux. Les composantes de la biodiversité peuvent aussi être décrites par l'abondance (nombre d'individus) d'une population, d'une espèce ou d'un plus grand taxon.
- Il existe plusieurs méthodes permettant d'estimer un effectif à partir d'échantillons. La méthode de « capture-marquage-recapture » repose sur des calculs effectués sur un échantillon. Si on suppose que la proportion d'individus marqués est identique dans l'échantillon de recapture et dans la population totale, l'effectif de celle-ci s'obtient par le calcul d'une quatrième proportionnelle. À partir d'un seul échantillon, l'effectif d'une population peut également être estimé à l'aide d'un intervalle de confiance. Une telle estimation est toujours assortie d'un niveau de confiance strictement inférieur à 100 % en raison de la fluctuation des échantillons. Pour un niveau de confiance donné, l'estimation est d'autant plus précise que la taille de l'échantillon est grande.
- Au cours de l'évolution biologique, la composition génétique des populations d'une espèce change de génération en génération.
- Le modèle mathématique de Hardy-Weinberg utilise la théorie des probabilités pour décrire le phénomène aléatoire de transmission des allèles dans une population. En assimilant les probabilités à des fréquences pour des effectifs de grande taille (loi des grands nombres), le modèle prédit que la structure génétique d'une population de grand effectif est stable d'une génération à l'autre sous certaines conditions (absence de migration, de mutation et de sélection). Cette stabilité théorique est connue sous le nom d'équilibre de Hardy-Weinberg.
- Les écarts entre les fréquences observées sur une population naturelle et les résultats du modèle s'expliquent notamment par les effets de forces évolutives (mutation, sélection, dérive, etc.).
- Les activités humaines (pollution, destruction des écosystèmes, combustions et leurs impacts climatiques, surexploitation d'espèces...) ont des conséquences sur la biodiversité et ses composantes (dont la variation d'abondance) et conduisent à l'extinction d'espèces.
- La fragmentation d'une population en plusieurs échantillons de plus faibles effectifs entraîne par dérive génétique un appauvrissement de la diversité génétique d'une population.
- La connaissance et la gestion d'un écosystème permettent d'y préserver la biodiversité.

10 L'évolution comme grille de lecture du monde

Les concepts de biologie évolutive ont une large portée explicative, présentée ici à travers plusieurs exemples. Ils permettent de comprendre l'anatomie comme le résultat d'une longue histoire évolutive, faite d'adaptations, de hasard, de contingences et de compromis. Les concepts de variation et de sélection naturelle éclairent des pratiques humaines (médicales et agricoles) et certaines de leurs conséquences.

- Les structures anatomiques présentent des particularités surprenantes d'un point de vue fonctionnel, pouvant paraître sans fonction avérée ou bien d'une étonnante complexité. Elles témoignent de l'évolution des espèces, dont la nôtre. Les caractères anatomiques peuvent être le résultat de la sélection naturelle mais certains sont mieux expliqués par l'héritage de l'histoire évolutive que par leur fonction.
- L'évolution permet de comprendre des phénomènes biologiques ayant une importance médicale. L'évolution rapide des organismes microbiens nécessite d'adapter les stratégies prophylactiques, les vaccins et les antibiotiques.
- Depuis la révolution agricole, la pratique intensive de la monoculture, la domestication et l'utilisation de produits phytosanitaires ont un impact sur la biodiversité et son évolution.

11 L'évolution humaine

La paléoanthropologie construit un récit scientifique de nos origines à partir des archives fossiles. La phylogénie permet d'étudier les relations de parenté entre les espèces actuelles et fossiles d'Hominidés.

- L'espèce humaine actuelle (*Homo sapiens*) fait partie du groupe des primates et est plus particulièrement apparentée aux grands singes avec lesquels elle partage des caractères morpho-anatomiques et des similitudes génétiques.
- C'est avec le chimpanzé qu'elle partage le plus récent ancêtre commun.

- Des arguments scientifiques issus de l'analyse comparée de fossiles permettent de reconstituer l'histoire de nos origines.
- L'étude de fossiles datés de 3 à 7 millions d'années montre des innovations caractéristiques de la lignée humaine (bipédie prolongée, forme de la mandibule).
- Le genre *Homo* regroupe l'espèce humaine actuelle et des espèces fossiles qui se caractérisent notamment par le développement de la capacité crânienne. Plusieurs espèces humaines ont cohabité sur Terre.
- Certains caractères sont transmis de manière non génétique : microbiote, comportements appris dont la langue, les habitudes alimentaires, l'utilisation d'outils...

12 Les modèles démographiques

Dans le cadre de l'étude de l'évolution des populations, il est important de prédire leur effectif futur mais aussi la manière dont vont évoluer les ressources qui leur sont nécessaires. Pour prédire l'évolution d'un système quelconque, les scientifiques utilisent des modèles mathématiques. La présentation de l'exemple historique de Malthus permet de mettre en œuvre cette démarche mathématique dans le cas discret (correspondant à une variation par paliers).

- Un modèle mathématique simple est le modèle linéaire.
- Une grandeur discrète u varie de manière linéaire en fonction d'un palier entier n si sa variation absolue $u(n+1) - u(n)$ est constante. Dans ce cas, les points $(n, u(n))$ sont situés sur une droite. La suite de terme général $u(n)$ est arithmétique.
- Dans la réalité, pour une population dont la variation absolue est presque constante d'un palier à l'autre, on peut ajuster le nuage de points qui la représente par une droite (modèle linéaire).
- Le modèle linéaire est inadapté pour représenter l'évolution d'une grandeur dont la variation absolue change fortement d'un palier à l'autre.
- Une grandeur discrète u varie de manière exponentielle en fonction du palier entier n si sa variation absolue $u(n+1) - u(n)$ est proportionnelle à sa valeur courante $u(n)$. Dans ce cas, sa variation relative (ou taux de variation) est constante et la suite de terme général $u(n)$ est géométrique.
- Dans la réalité, pour une population dont le taux de variation est presque constant d'un palier à l'autre, on peut ajuster le nuage de points par un modèle exponentiel.
- Le modèle démographique de Malthus est un modèle exponentiel d'évolution de l'effectif de la population. Il prévoit que l'effectif de la population décroît vers 0 si le taux de mortalité est supérieur au taux de natalité et croît vers l'infini si le taux de natalité est supérieur au taux de mortalité.
- Si les prédictions du modèle de Malthus peuvent se révéler correctes sur un temps court, elles sont irréalistes sur un temps long, notamment en raison de l'insuffisance des ressources disponibles.
- Des modèles plus élaborés prévoient que la population mondiale atteindra environ 10 milliards d'humains en 2050.

13 L'intelligence artificielle

L'être humain n'a cessé d'accroître son pouvoir d'action sur le monde, utilisant son intelligence pour construire des outils et des machines. Il a élaboré un mode de pensée algorithmique susceptible d'être codé dans des langages permettant de commander ces machines. Aujourd'hui, l'intelligence artificielle (IA) permet l'accomplissement de tâches et la résolution de problèmes jusqu'ici réservés aux humains : reconnaître et localiser les objets dans une image, conduire une voiture, traduire un texte, dialoguer... Un champ de l'intelligence artificielle ayant permis des applications spectaculaires est celui de l'apprentissage machine.

- Jusqu'au début du xxe siècle, les machines traitant l'information sont limitées à une ou quelques tâches prédéterminées (tisser grâce à un ruban ou des cartes perforées, trier un jeu de cartes perforées, séparer des cartes selon un critère, sommer des valeurs indiquées sur ces cartes...). Turing a été le premier à proposer le concept de machine universelle qui a été matérialisé dix ans plus tard avec les premiers ordinateurs. Ceux-ci sont constitués *a minima* d'un processeur et d'une mémoire vive.
- Un ordinateur peut manipuler des données de natures diverses une fois qu'elles ont été numérisées : textes, images, sons. Les programmes sont également des données : ils peuvent être stockés, transportés, et traités par des ordinateurs. En particulier, un programme écrit dans un langage de programmation de haut niveau (Python, Scratch...) peut être traduit en instructions spécifiques à chaque type de processeur.
- Un programme peut comporter jusqu'à plusieurs centaines de millions de lignes de code, ce qui rend très probable la présence d'erreurs appelées bogues (ou *bugs*). Ces erreurs peuvent conduire un programme à avoir un comportement inattendu et entraîner des conséquences graves.
- Le terme « intelligence artificielle » (IA) recouvre un ensemble de théories et de techniques qui traite de problèmes dont la résolution fait appel à l'intelligence humaine.
- L'apprentissage machine (ou « apprentissage automatique ») utilise des programmes capables de s'entraîner à partir de données. Il exploite des méthodes mathématiques qui, à partir du repérage de tendances (corrélations, similarités) sur de très grandes quantités de données (big data), permet de faire des prédictions ou de prendre des décisions sur d'autres données.
- La qualité et la représentativité des données d'entraînement sont essentielles pour la qualité des résultats. Les biais dans les données peuvent se retrouver amplifiés dans les résultats.
- L'inférence bayésienne est une méthode de calcul de probabilités de causes à partir des probabilités de leurs effets. Elle est utilisée en apprentissage automatique pour modéliser des relations au sein de systèmes complexes, notamment en vue de prononcer un diagnostic (médical, industriel, détection de spam...). Cela permet de détecter une anomalie à partir d'un test imparfait.

PARCOURSUP, QU'EST-CE QUE C'EST ?

C'est la plateforme nationale de préinscription à l'enseignement supérieur pour tous les élèves de terminale. En 2019, 97% des bacheliers généraux ont reçu au moins une proposition.

1 UN LARGE CHOIX DE VŒUX NON HIÉRARCHISÉS ET DES INFORMATIONS

Quasiment toutes les formations du supérieur sont sur Parcoursup (15.000 formations !) avec de très **nombreuses informations** et des possibilités de contacts directs pour **poser vos questions** sur les contenus, les critères d'examen des vœux, les débouchés.

Vous disposez de **10 vœux (et 20 sous-vœux)** : soyez **réaliste** et **ambitieux** (tentez des filières sélectives !). Tous les candidats, comme vous, déposent de nombreuses candidatures : les établissements vont très loin dans leurs classements pour proposer une admission

Les attendus nationaux et locaux sont là pour vous motiver (pas pour vous inquiéter), tout comme les questionnaires d'auto-évaluation.

Enfin, vous avez **le droit à l'erreur** : il existe de nombreuses passerelles en cours de formation et un changement d'orientation est possible pour tous les Bac + 1 qui sont accueillis sur Parcoursup.

Astuce

Pas besoin de hiérarchiser vos vœux et l'établissement de la formation que vous demandez n'est pas informé de vos autres vœux.

2 UNE PROCÉDURE AVEC UN CALENDRIER PRÉCIS ET DES OBLIGATIONS

Calendrier et check-list

Un calendrier

Ce calendrier vous laisse du temps de réflexion, coordonné avec le Bac et adapté à votre intégration dans le Supérieur.

Des modalités d'inscription

- Pour constituer votre dossier personnel à partir de votre INE, vous fournissez :
  - des informations sur votre état civil,
  - vos coordonnées, celles de vos représentants légaux (si vous êtes mineurs),
  - des informations sur votre scolarité passée en complément de celles fournies par votre lycée (bulletins de 1ère et Term, Fiche Avenir avec les appréciations de vos enseignants et l'avis du chef d'établissement).
  - Vous rédigez un **Projet de formation motivé** personnalisé adapté à chaque formation.
  - Vous remplissez soigneusement la rubrique « **Mes activités et centres d'intérêt** » qui peut renforcer vos candidatures.
- Vous envoyez les documents complémentaires que demandent parfois certaines formations.

À savoir

Le respect de la procédure par tous les élèves et les établissements est la condition de son bon fonctionnement.

3 DES ENSEIGNANTS QUI ÉTUDIENT VOTRE DOSSIER ET VOUS RÉPONDENT

Parcoursup n'est pas un robot ni un algorithme qui déciderait de votre orientation !
Toutes les formations vous répondront mais pas forcément en même temps : **surveillez les réponses** (sms, mail...) et votre compte Parcoursup.

N'oubliez pas de répondre à chaque proposition dans les délais indiqués. Si plusieurs propositions vous sont faites il vous faudra choisir puis valider votre choix final et **vous inscrire définitivement**.

VOUS INFORMER SUR LES FORMATIONS

UNE DÉMARCHE À ANTICIPER

Votre démarche d'orientation ne doit évidemment pas attendre l'ouverture de Parcoursup.

Votre démarche d'orientation ne doit évidemment pas attendre l'ouverture de Parcoursup. Peut-être ne savez-vous pas vraiment ce que vous voulez faire, ou vous avez plusieurs idées, ou encore vous avez une idée assez nette de ce que vous voulez faire. Dans tous les cas, **vous devrez vous informer sur les formations, leurs contenus, leurs modalités** (durée, sélective/non sélective, privée/publique, possibilité d'alternance ou de poursuite d'études, proximité…) et **leurs débouchés**.

S'INFORMER AVEC L'ONISEP

Dans tous les cas, **vous devrez vous informer sur les formations, leurs contenus, leurs modalités** (durée, sélective/non sélective, privée/publique, possibilité d'alternance ou de poursuite d'études, proximité…) et **leurs débouchés**.

L'ONISEP (**Office national d'information sur les enseignements et les professions**) vous fournit toute l'info sur les métiers et les formations :

- Le site onisep.fr, notamment la rubrique *Ma première année en…*
- monorientationenligne.fr vous met en contact avec un conseiller par téléphone, mail ou par tchat.
- Le site *Terminales* à retrouver sur orientation-lycees.fr
- Des revues, des guides, des Salons…
- Vous disposez de beaucoup de sources d'informations potentielles : contacts sur Parcoursup, Journées Portes Ouvertes, salons, forums, sites, Semaines de l'orientation et bien entendu vos enseignants, et les conseillers près de chez vous…

Notez bien que vos motivations pour une formation ou des débouchés ainsi que vos démarches d'orientation vous seront aussi utiles lors du Grand Oral.

VOTRE CALENDRIER PARCOURSUP

Novembre – Janvier	Recherche des informations sur Parcoursup
Janvier – Février	Inscription sur Parcoursup (voir votre check-list ci-contre)
Février – Avril	Constitution de votre dossier complet, saisie et confirmation de vos vœux
Mai – Juillet	Propositions des établissements : vous devez y répondre !
Juillet – Septembre	Éventuellement, phase complémentaire

Pensez à vous inscrire dans votre futur établissement !

VOTRE CHECK-LIST POUR VOUS INSCRIRE SUR PARCOURSUP

- **Une adresse électronique** que vous utiliserez jusqu'à la fin de la procédure.
- **Votre numéro INE** : il est composé de 11 caractères (1 ou 2 lettres, 10 ou 9 chiffres). Vous le trouverez sur vos bulletins scolaires. Si besoin, demandez-le à votre établissement.
- **Votre relevé de notes** aux épreuves anticipées du baccalauréat.
- **Le dernier avis d'imposition** de votre (vos) parents(s) ou tuteur(s) si vous demandez une classe préparatoire avec internat ou si vous souhaitez simuler une attribution de bourse.
- **Vos bulletins** de première et terminale.
- **Votre Projet de formation** motivé en 1 500 caractères, pour chaque formation.

PENSEZ AUSSI À :

- **Remplir les questionnaires d'auto-évaluation** demandés par certaines formations universitaires. Ils sont anonymes et vos résultats ne sont pas communiqués.
- **Remplir la rubrique « Mes activités et centres d'intérêts »**
- **Fournir dans les temps les documents complémentaires** que certaines filières peuvent vous demander (CV, lettres de motivation…).

Bien DÉMARRER Déjà vu au collège et au lycée

QUIZ

Exercices interactifs

Parmi les affirmations suivantes, choisissez la réponse exacte.

	A	B	C
1. La transformation de l'eau de l'état gazeux à l'état liquide s'appelle :	la sublimation	la liquéfaction	la vaporisation
2. L'énergie stockée dans le charbon est de l'énergie	chimique	thermique	nucléaire
3. Le rapport de la puissance lumineuse réfléchie sur la puissance lumineuse reçue est :	l'effet de serre	l'albédo	la puissance solaire
4. La formule brute du dioxyde de carbone est :	CO_2	N_2O	H_2O
5. Sans effet de serre, la température sur Terre serait de :	– 18 °C	0 °C	15 °C
6. Les végétaux captent le CO_2 atmosphérique lors de la :	respiration	fermentation	photosynthèse
7. Les combustibles fossiles ont essentiellement une origine :	végétale	animale	minérale
8. La puissance thermique libérée par un corps humain au repos est de l'ordre de :	100 J	100 kcal	100 W
9. Le rayonnement émis par la Terre prend la forme :	d'infrarouges	d'ultraviolets	de rayons X
10. Les rayons UV ont une longueur d'onde :	comprise entre 400 et 750 nm	inférieure à 400 nm	supérieure à 750 nm

→ Corrigés p. 340

FICHE 1 La Terre et son atmosphère

Vu en Enseignement scientifique en 1re

- L'atmosphère actuelle de la Terre est composée de 78 % de diazote (N_2), 21 % de dioxygène (O_2), 0,04 % de dioxyde de carbone (CO_2) et de quantités variables de vapeur d'eau.
- L'atmosphère est constituée de couches dont la couche d'ozone qui protège les êtres vivants terrestres.
- Des gaz à effet de serre participent à l'augmentation naturelle de la température des planètes possédant une atmosphère.

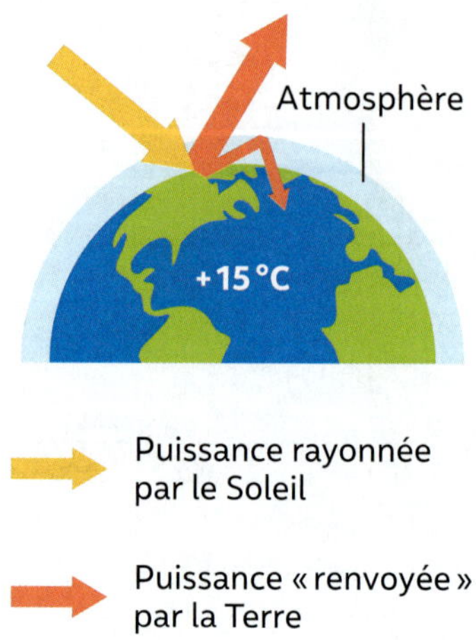

→ Chapitre 1

FICHE 2 Climat ou météo
Vu en Enseignement scientifique en 1re

- La **climatologie** est l'étude des moyennes des paramètres météorologiques sur de longues durées. Le climat d'une région est établi par calcul des moyennes mensuelles sur 30 ans. Il est étudié dans son passé et dans son futur.
- La **météorologie** désigne les paramètres géographiques (température, pression, précipitations) en un instant donné et à très court terme.

Les grands domaines climatiques dans le monde ▶

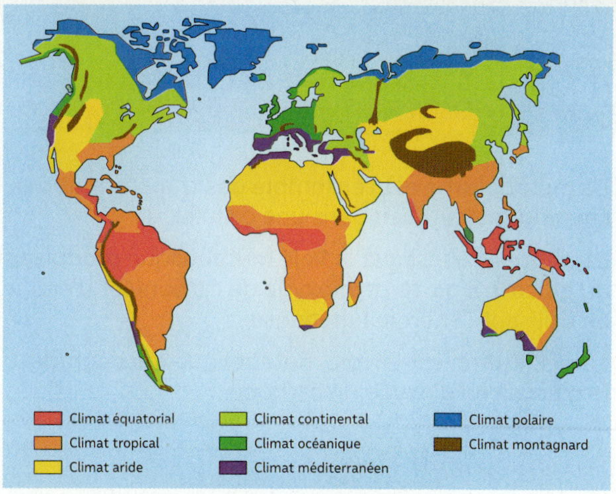

→ Chapitre 2

FICHE 3 Le dioxyde de carbone : un gaz en lien avec le climat global
Vu au collège et en Enseignement scientifique en 1re

- Les émissions de CO_2 par habitant sont inégales en fonction des pays et tendent à augmenter de plus de plus.
- Le CO_2 est un gaz à effet de serre.
- Les variations de CO_2 atmosphériques sont proportionnelles aux variations de la température atmosphérique.
- La concentration de dioxyde de carbone dans l'océan dépend de la proportion de dioxyde de carbone dans l'atmosphère.
- La lutte contre le réchauffement climatique fait l'objet de mesures prises lors des différentes conférences internationales pour le climat (COP).

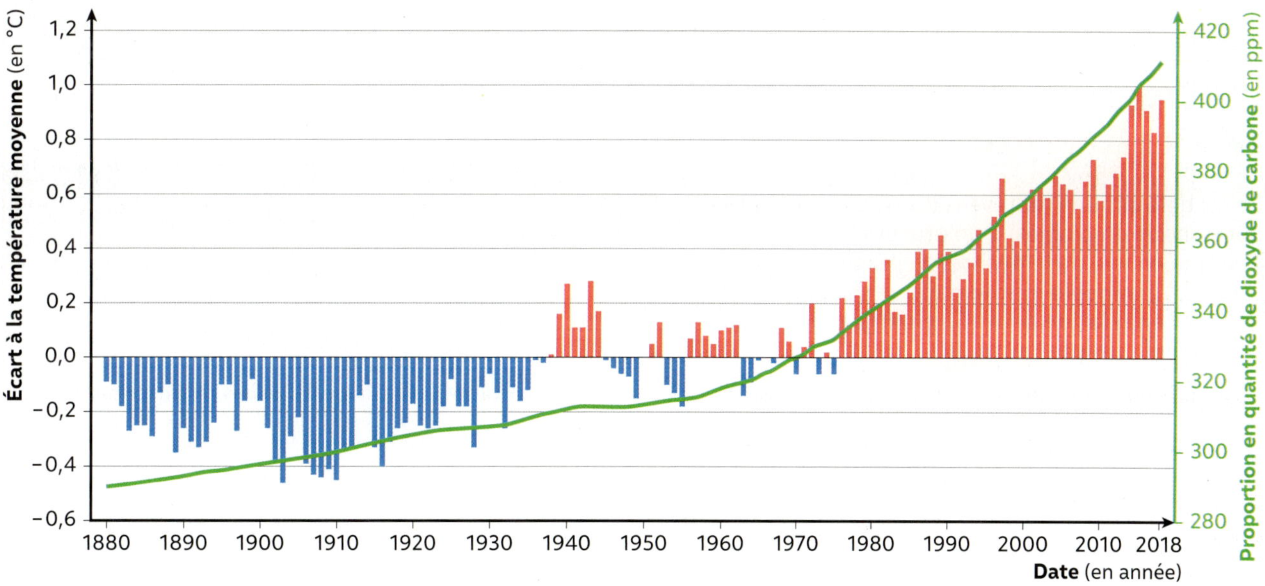

→ Chapitre 2

FICHE 4 Les métabolismes cellulaires
Vu en Enseignement scientifique en 1re

- Le métabolisme est l'ensemble des transformations chimiques ayant lieu dans une cellule.
- La photosynthèse est la voie métabolique produisant du glucose à partir de dioxyde de carbone et d'eau, en utilisant l'énergie lumineuse.
- La respiration est la voie métabolique qui dégrade le glucose en dioxyde de carbone.

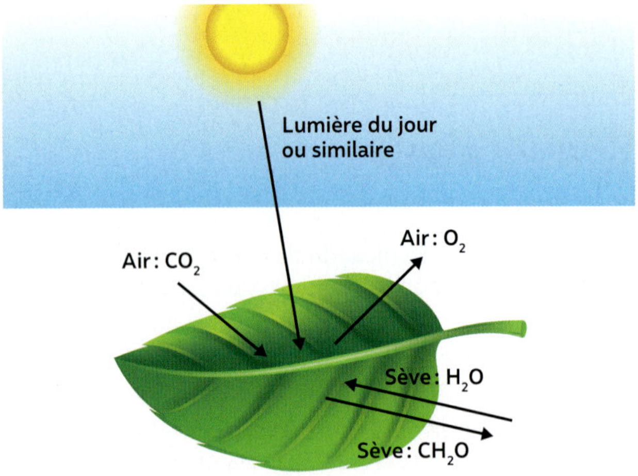

▲ Photosynthèse

→ Chapitre 1

FICHE 6 Modéliser et simuler
Vu au collège et en seconde

- Le **modèle** est une représentation sous une forme quelconque d'un objet, d'un processus ou d'un système en vue de le décrire, de l'expliquer ou de le prévoir. Un **modèle mathématique** est une équation mettant en relation deux (ou plus) grandeurs qui dépendent l'une de l'autre.
- La **simulation** permet aux scientifiques d'étudier les conséquences de la variation d'un ensemble de paramètres sur un élément sans réaliser l'expérience sur l'élément réel. Elle implique le plus souvent des outils mathématiques et informatiques.

→ Chapitres 3 et 4

FICHE 5 Corps noir
Vu en Enseignement scientifique en 1re

- Un corps noir est un corps idéal qui absorbe l'intégralité du rayonnement thermique qu'il reçoit et qui en réémet une partie.
- Sa puissance rayonnée est modélisée par la loi de Stefan-Boltzmann tandis que la répartition spectrale, c'est-à-dire la distribution de cette puissance en fonction de la longueur d'onde, est régie par la loi de Planck.
- Il ne faut pas confondre le corps noir avec un objet de couleur noire qui absorbe le rayonnement visible, ni avec un trou noir qui n'émet rien.

→ Chapitre 1

FICHE 7 Âge de la Terre
Vu en Enseignement scientifique en 1re

- En utilisant les lois de décroissance radioactive, l'âge de la Terre est aujourd'hui estimé à 4,57 milliards d'années.

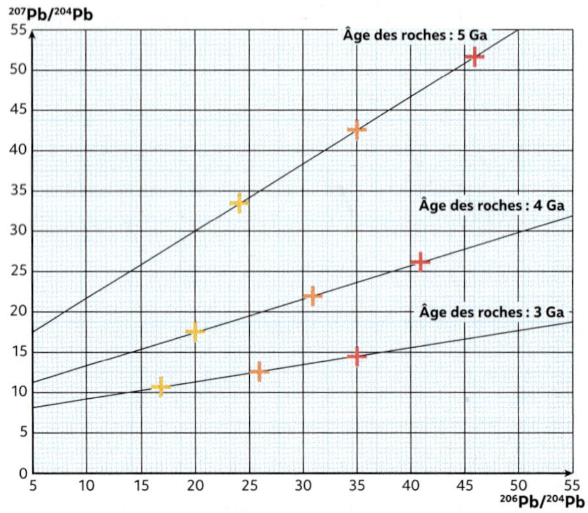

▲ Utilisation de la méthode des rapports isotopiques pour déterminer l'âge de la Terre

→ Chapitre 1

FICHE 8 L'énergie

Vu en physique-chimie au collège et en 2de

- L'énergie peut prendre différentes formes : cinétique, potentielle, électrique, chimique, nucléaire, etc.
- Certaines ressources d'énergie sont exploitables de façon illimitée et renouvelables (rayonnements du Soleil, vent, biomasse, etc.). D'autres, en stock limité, sont consommées à une vitesse plus grande qu'elles ne se forment (charbon, pétrole, gaz, etc.).
- La puissance (en Watt) est l'énergie échangée $\mathscr{E}$ entre deux systèmes par unité de temps : $\mathscr{P} = \frac{\mathscr{E}}{\Delta t}$. La puissance d'un réacteur nucléaire est de 1 GW et celle du corps humain de 100 W.
- L'énergie produite $\mathscr{E}$ (en Joule ou en kilowattheure) dépend de la puissance $\mathscr{P}$ et de la durée de fonctionnement t : $\mathscr{E} = \mathscr{P} \times t$. Le réacteur nucléaire transforme en un an une énergie électrique de 3×10^7 GJ. Un corps humain transforme en une journée une moyenne de 7 MJ (ou 1 700 kcal).

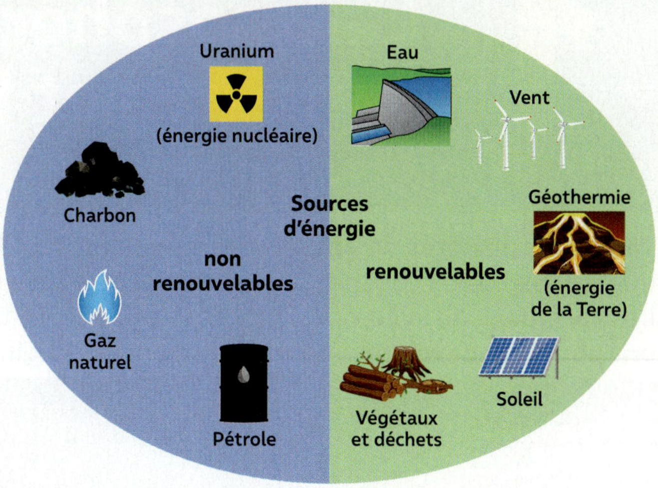

→ Chapitre 4

FICHE 9 Fonctions

Vu en Mathématiques en 2de

- Une fonction est un procédé qui permet d'associer à un nombre, un unique autre nombre appelé image. Si on appelle f cette fonction, l'image de x par f est notée :

$$x \mapsto f(x) \text{ ou } f(x).$$

- Si f est une fonction définie sur un intervalle I et a désigne un nombre réel, dire que $f(a)$ est le minimum de f sur I signifie que, pour tout nombre réel x de I :

$$f(x) \geqslant f(a).$$

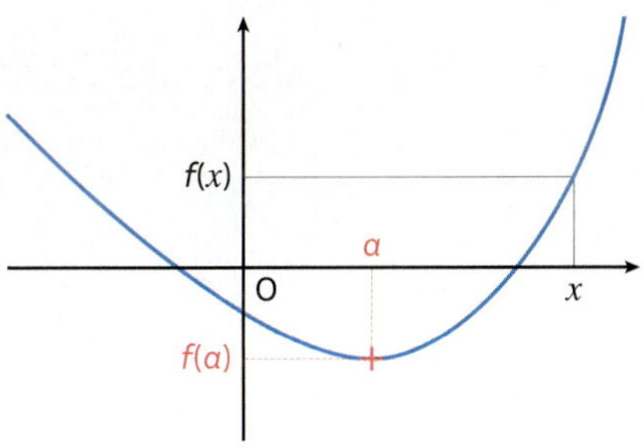

→ Chapitre 3

FICHE 10 Combustion

Vu en Physique-Chimie en 2de et au collège

- Une combustion est une transformation chimique entre un combustible et un comburant (le plus souvent, le comburant est le dioxygène de l'air). La transformation chimique d'un tel système est exothermique, c'est-à-dire que le système qui se transforme cède de l'énergie par transfert thermique.
- Dans les centrales thermiques, la combustion du charbon, du gaz naturel ou du pétrole est utilisée pour convertir de l'énergie chimique en énergie électrique. Cependant, des gaz à effet de serre sont produits lors de ces combustions.

▲ La Porte de l'Enfer est un champ de gaz naturel (méthane) brûlant depuis 1971 au Turkménistan.

→ Chapitre 4

CHAPITRE

1 L'atmosphère terrestre et la vie

Toutes les planètes de notre Système solaire sauf Mercure possèdent une atmosphère : couche de gaz située au-dessus de la surface de la planète. Les variations de la composition de l'atmosphère terrestre au cours du temps ont permis le développement et le maintien fragile de la vie.

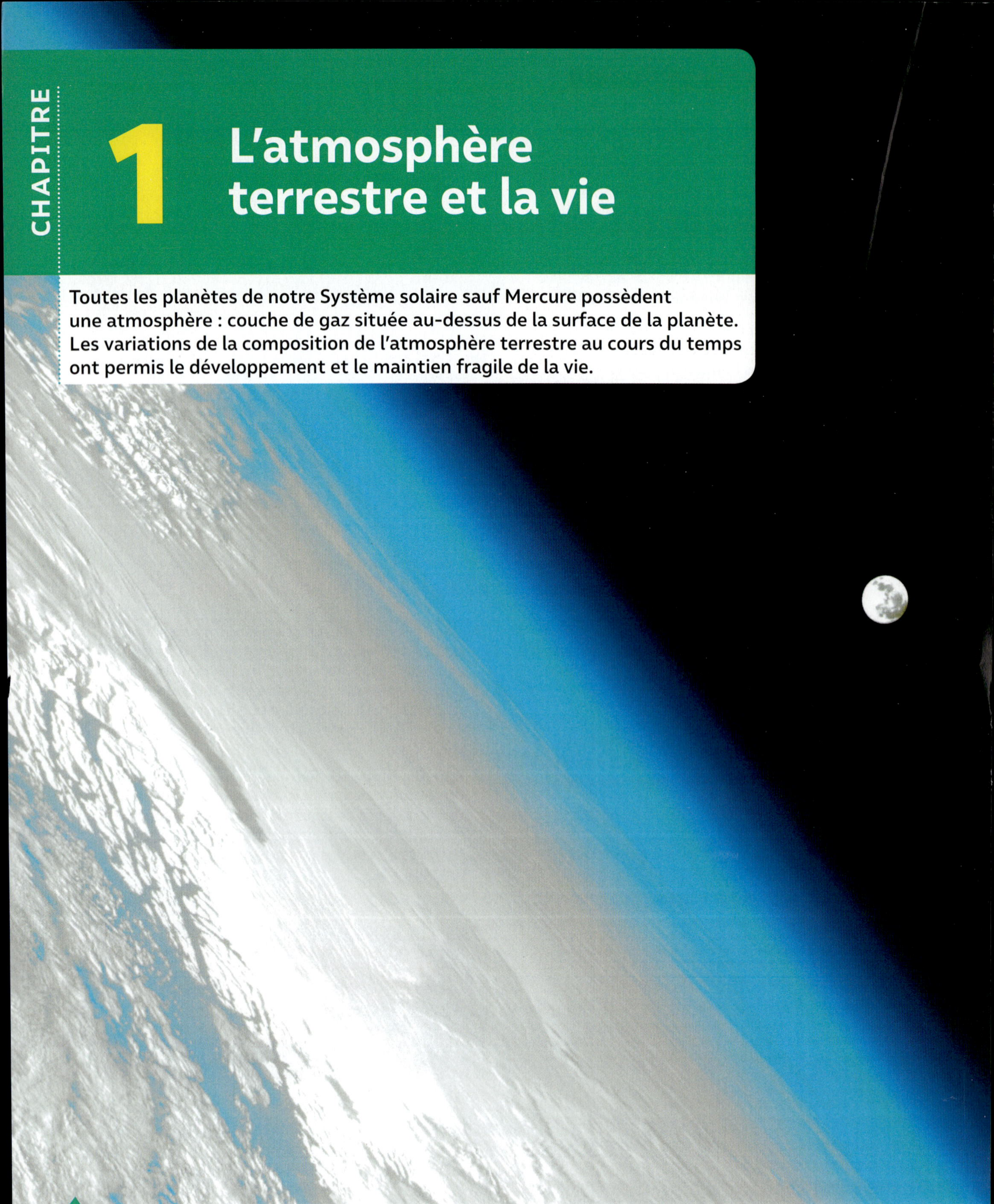

a. La Lune et l'atmosphère de la Terre vues depuis la Station spatiale internationale (ISS). L'atmosphère terrestre a une épaisseur d'environ 100 km. Les espèces chimiques qui la composent jouent un rôle fondamental dans le maintien de la vie.

▶ **Comment l'atmosphère terrestre a-t-elle favorisé le développement de la vie et son maintien ?** UNITÉ 1

b. Les stromatolites sont des constructions calcaires créées par des cyanobactéries photosynthétiques. On retrouve en Australie des fossiles de stromatolites vieux de 3,5 milliards d'années.

▶ Comment l'apparition d'organismes photosynthétiques a-t-elle influencé la composition chimique de l'atmosphère ? UNITÉ 2

c. La formation du charbon, dans lequel on trouve des fossiles de végétaux (fougères en médaillon), résulte de flux de carbone il y a plusieurs millions d'années, entre l'atmosphère, l'hydrosphère, la biosphère et le sol qui constituent les enveloppes terrestres.

▶ Quels sont les flux de carbone entre les différentes enveloppes terrestres ? UNITÉ 4

Vidéo

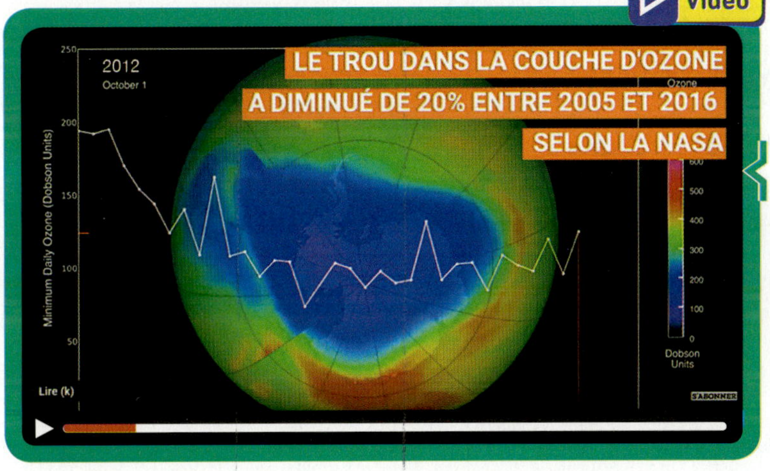

d. L'interdiction des ChloroFluoroCarbones (CFC) a permis de réduire drastiquement la destruction de la couche d'ozone.

▶ Pourquoi est-il si important de préserver la couche d'ozone ? UNITÉ 3

Notions du chapitre	Unités	Exercices
Pour bien démarrer ce chapitre consulter les fiches 1, 5 et 7, pages 20 et 22		
Analyser des données, en lien avec l'évolution de la composition de l'atmosphère au cours des temps géologiques. Déterminer l'état physique de l'eau pour une température et une pression donnée à partir de son diagramme d'état.	1	2
Mettre en relation la production de dioxygène (O_2) dans l'atmosphère avec des indices géologiques. Ajuster les équations des réactions chimiques d'oxydation du fer par le dioxygène.	2	1
Interpréter des spectres d'absorption de l'ozone et de l'ADN dans le domaine ultraviolet	3	3, 5
Analyser un schéma représentant le cycle biogéochimique du carbone pour comparer les stocks des différents réservoirs et identifier les flux principaux de carbone d'origine anthropique ou non.	4	4, 6

UNITÉ 1 Formation de l'atmosphère primitive et apparition de la vie

Si aujourd'hui la composition de l'atmosphère de la Terre est connue avec précision : 78 % de diazote (N_2) et 21 % de dioxygène (O_2), il est difficile de dire avec exactitude quelle était sa composition à son origine. Depuis sa formation, l'atmosphère a subi de grandes variations sur une échelle des temps géologiques.

MISSION Tâche complexe

Vous êtes iconographe dans un journal scientifique. Pour un dossier spécial consacré à l'atmosphère terrestre et la vie, vous devez créer une frise expliquant les variations de l'atmosphère terrestre depuis sa composition primitive jusqu'à sa composition actuelle.

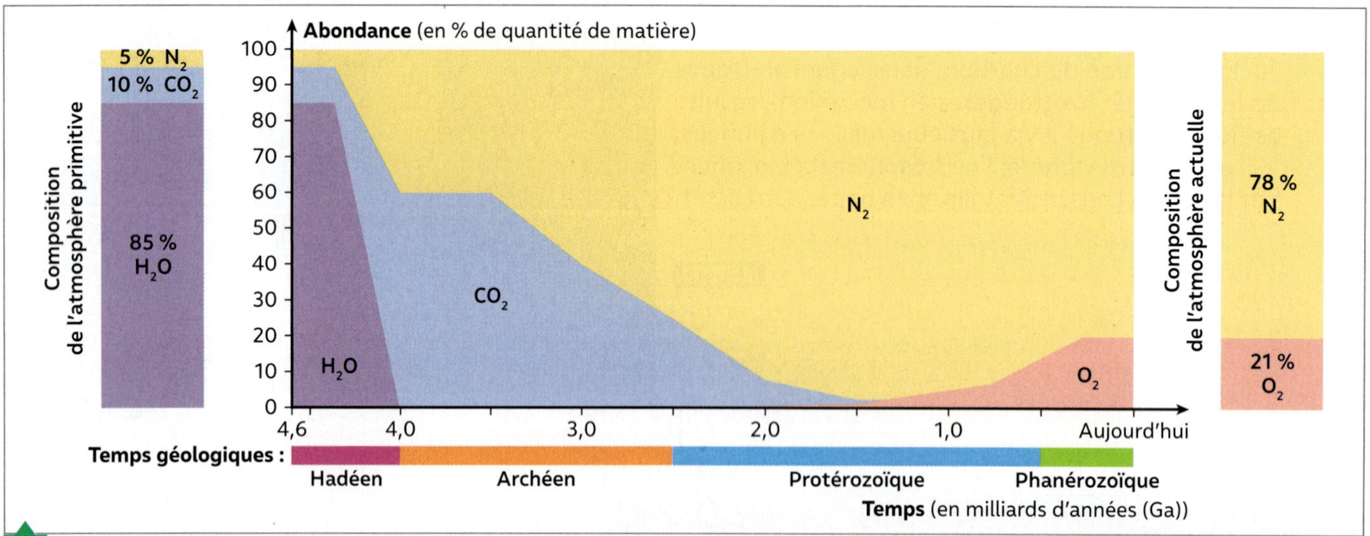

1 Frise présentant l'évolution de la composition de l'atmosphère terrestre depuis ses origines il y a 4,6 milliards d'années (Ga).
On trouve également aujourd'hui des traces d'autres gaz (dont H_2O, CO_2, CH_4, N_2O).

Déterminer l'origine de l'atmosphère primitive (– 4,6 Ga) et son évolution

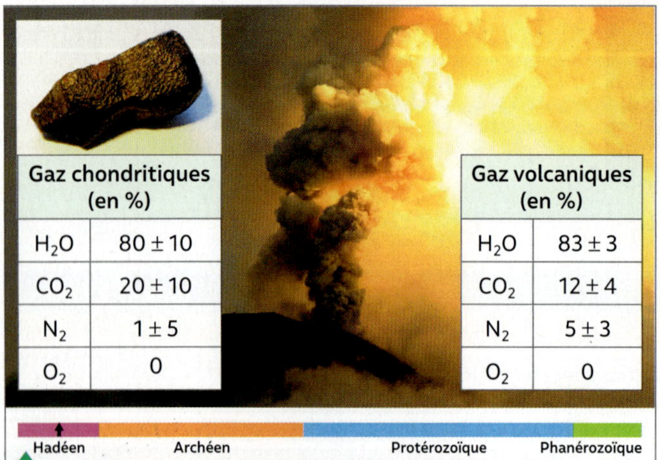

Gaz chondritiques (en %)	
H_2O	80 ± 10
CO_2	20 ± 10
N_2	1 ± 5
O_2	0

Gaz volcaniques (en %)	
H_2O	83 ± 3
CO_2	12 ± 4
N_2	5 ± 3
O_2	0

2 L'atmosphère primitive
La Terre s'est formée par accumulation de chondrites (matériaux des astéroïdes). On estime la composition en espèces chimiques de l'atmosphère primitive soit en analysant le dégazage volcanique de la Terre, soit en mesurant les gaz extraits par vaporisation des chondrites en laboratoire.

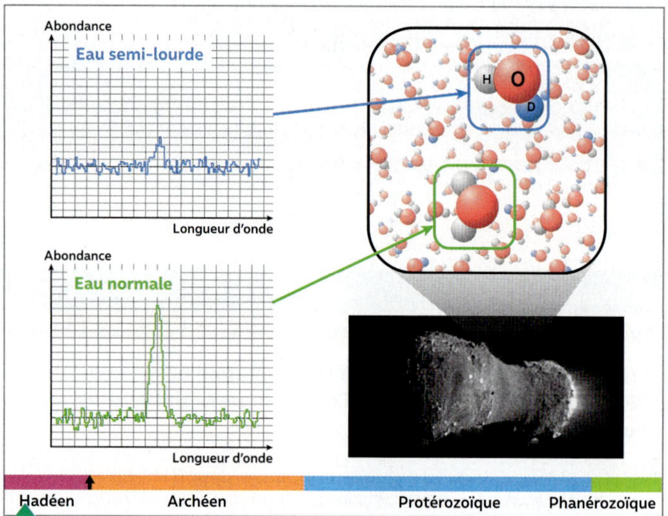

3 L'origine de l'eau déduite par spectrométrie
L'eau de la planète contient une quantité d'eau dite « semi-lourde » (contenant du deutérium : ^2H ou D) qui trouve son origine dans les astéroïdes ayant bombardé la Terre vers – 4 milliards d'années (Ga).

Associer l'apparition de la vie à celle des océans

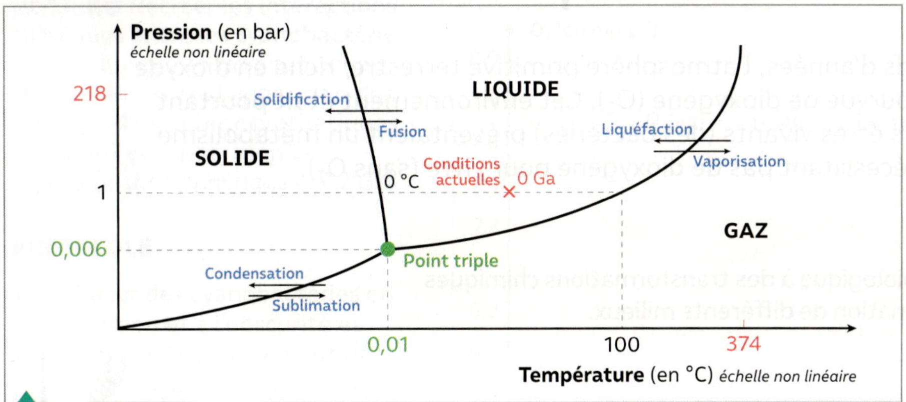

4 Diagramme d'états de l'eau
Les courbes délimitent trois domaines de pression et de température. Au point triple, les trois états de l'eau coexistent.

Âge terrestre (Ga)	Température de surface (°C)	Pression atmosphérique (bar)	État de l'eau
- 4,6	> 1 500	260	Gaz
- 4,4	350	218	
- 4,1	250	< 10	
- 3,3	100	4	
0 (actuel)	15	1	Liquide

5 Évolution de la pression et de la température moyenne sur Terre depuis l'Hadéen

ACTIVITÉ EXPÉRIMENTALE

OBJECTIF Recréer et observer des modèles biologiques de cellules (coacervats) assimilables aux premières cellules telles qu'apparues il y a plusieurs milliards d'années.

PROTOCOLE

1. Mettre en solution de la gélatine et de la gomme arabique en présence d'acide chlorhydrique (ces molécules organiques de grande taille ne sont pas celles qui se trouvaient à l'origine de la vie, mais ont un comportement chimique similaire).
2. Ajouter du bleu de méthylène à la solution.
3. Observer la solution dans une lame à concavité ou Kova (doc. 6).

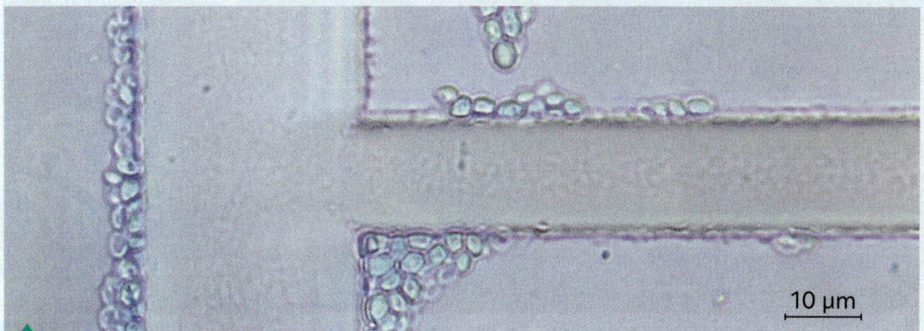

6 Coacervats
Ces coacervats sont colorés au bleu de méthylène et observés au microscope optique ×100.

7 Microfossiles
Ces microfossiles sont datés à – 3,495 milliards d'années. Leur étude en 2010 a démontré leur origine organique.

8 Des traces de vie très anciennes
Les couches sédimentaires d'Isua au Groenland (– 3,8 Ga) renferment de possibles traces de vie. Les structures en forme de cônes (ciblés par des flèches rouges) sont en effet attribuées à l'activité d'organismes vivants.

COUPS DE POUCE

- Identifier l'origine de l'eau présente dans l'atmosphère primitive (doc. 2 et 3).
- Placer sur le diagramme d'états de l'eau (doc. 4) les points du tableau (doc. 5) pour identifier l'état de l'eau à chaque âge donné et comprendre sa variation (doc. 1).
- Caractériser les deux facteurs à l'origine de la formation des océans (doc. 2, 3, 4, 5).
- Définir la forme et l'âge possibles des premiers êtres vivants terrestres (doc. 7 et 8).

L'ozone favorable à la vie hors de l'eau

Découverte en 1839, l'ozone (O_3) est une espèce chimique aux propriétés paradoxales. Considérée comme polluante en basse atmosphère, elle est intimement liée à la présence de la vie aérienne c'est-à-dire hors de l'eau.

MISSION Tâche complexe

Vous participez à une conférence scientifique. Votre mission est de présenter à l'oral et durant cinq minutes, pourquoi l'ozone stratosphérique a permis l'émergence de la vie hors de l'eau et en quoi le trou de la couche d'ozone présente aujourd'hui un risque pour la vie.

Identifier quelques caractéristiques de l'ozone stratosphérique

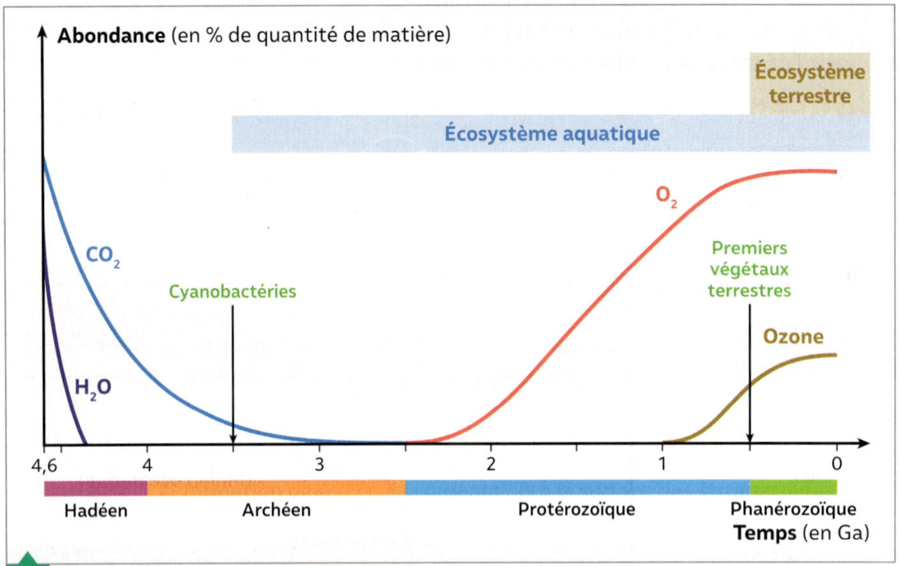

1 L'apparition des deux formes moléculaires de l'oxygène
Évolution des abondances en % de quantité de matière de dioxygène (O_2) et d'ozone (O_3) dans l'atmosphère terrestre.

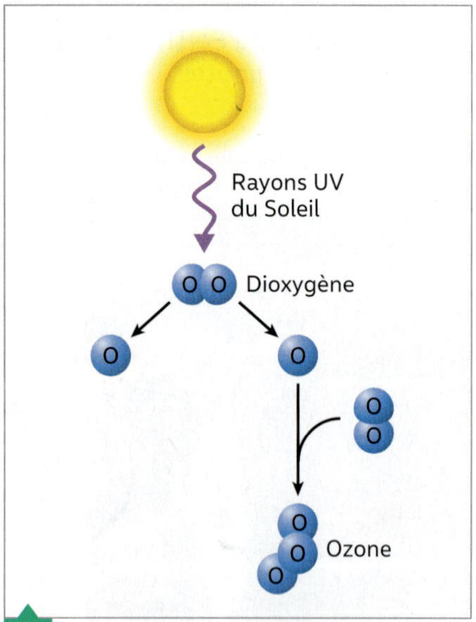

2 Formation de l'ozone
Modèle microscopique de création de l'ozone stratosphérique (couche de l'atmosphère située entre 12 et 55 km d'altitude). Cette transformation est réalisée en présence de radiations UV.

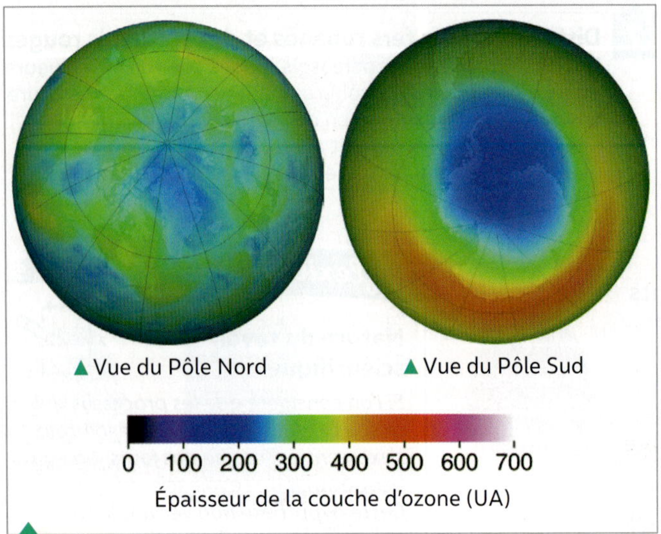

3 Le trou de la couche d'ozone
Répartition de l'ozone vue depuis les pôles Nord (gauche) et Sud (droite) en septembre 2019.

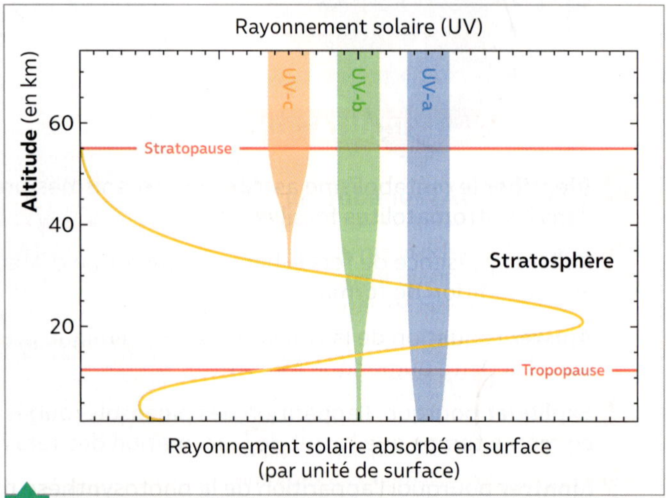

4 Répartition altitudinale de l'ozone et absorption des UV associée

Expliquer l'effet protecteur de l'ozone

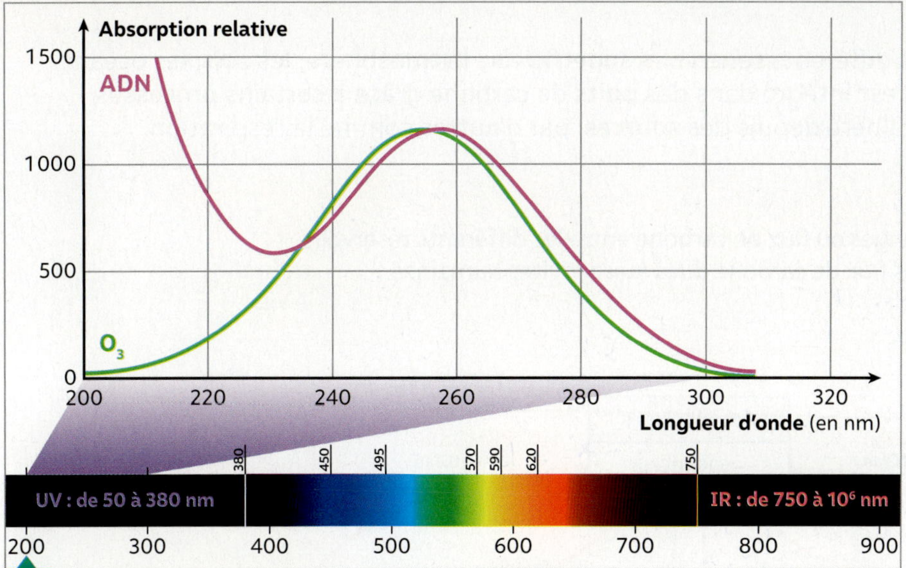

5 Spectres d'absorption de l'ADN et de l'ozone
Pour des longueurs d'ondes inférieures à 230 nm, l'ozone (O_3) absorbe complètement le rayonnement solaire.

La vie s'est développée dans les eaux océaniques à une époque où l'atmosphère était dépourvue de couche d'ozone stratosphérique. Dès lors, c'est l'eau, par sa capacité d'absorption des rayons ultraviolets, qui joua le rôle de filtre. On estime que la totalité des ultraviolets est absorbée par l'eau entre 10 et 30 mètres de profondeur en fonction de sa transparence.

6 L'eau : un filtre naturel à UV

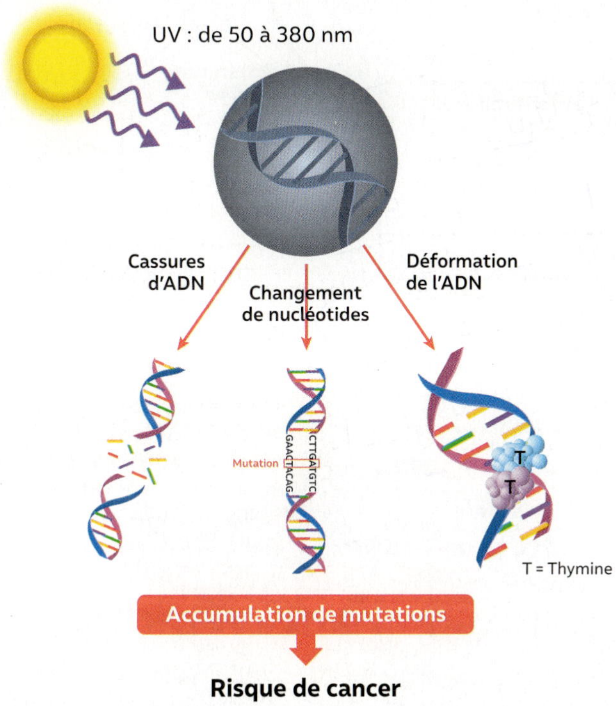

▸ Effet mutagène des UV sur l'ADN

L'Australie se situant sous un énorme trou dans la couche d'ozone, les rayons ultraviolets brûlent pendant une longue période de l'année. L'été, les températures peuvent s'élever jusqu'à 40 degrés Celsius. Une nouvelle étude menée par le Conseil australien du cancer révèle que 2,7 millions d'adultes attrapent des coups de soleil durant le week-end. Actuellement en saison estivale, les territoires qui enregistrent le plus de victimes « des coups de soleil de fin de semaine » sont le territoire du Nord (25 %), la Tasmanie (21 %) et le territoire de la capitale australienne.

D'après www.courrierinternational.com, 2017.

▲ Vivre sous le trou de la couche d'ozone

7 Les risques à vivre sous le trou de la couche d'ozone

VOCABULAIRE

Spectre d'absorption : grandeur liée à la lumière absorbée par les pigments du végétal pour chaque longueur d'onde.

COUPS DE POUCE

- L'identification des effets de l'ozone sur le rayonnement solaire permet d'identifier à quelle époque l'émergence de la vie hors de l'eau fut possible.
- La comparaison des spectres d'absorption des UV par l'ozone et l'ADN est à relier aux conséquences directes d'un manque d'ozone stratosphérique sur l'ADN des êtres vivants.

UNITÉ 4

Les flux entre les réservoirs de carbone

Le carbone est présent dans différents **réservoirs** superficiels : l'atmosphère, les sols, les océans, la biosphère et les roches. Il est intégré dans des **puits** de carbone grâce à certains processus comme la photosynthèse et libéré depuis des **sources**, par d'autres comme la respiration.

OBJECTIF

Identifier et quantifier les échanges ou flux de carbone entre les différents réservoirs et estimer les perturbations des flux de carbone dues aux activités humaines.

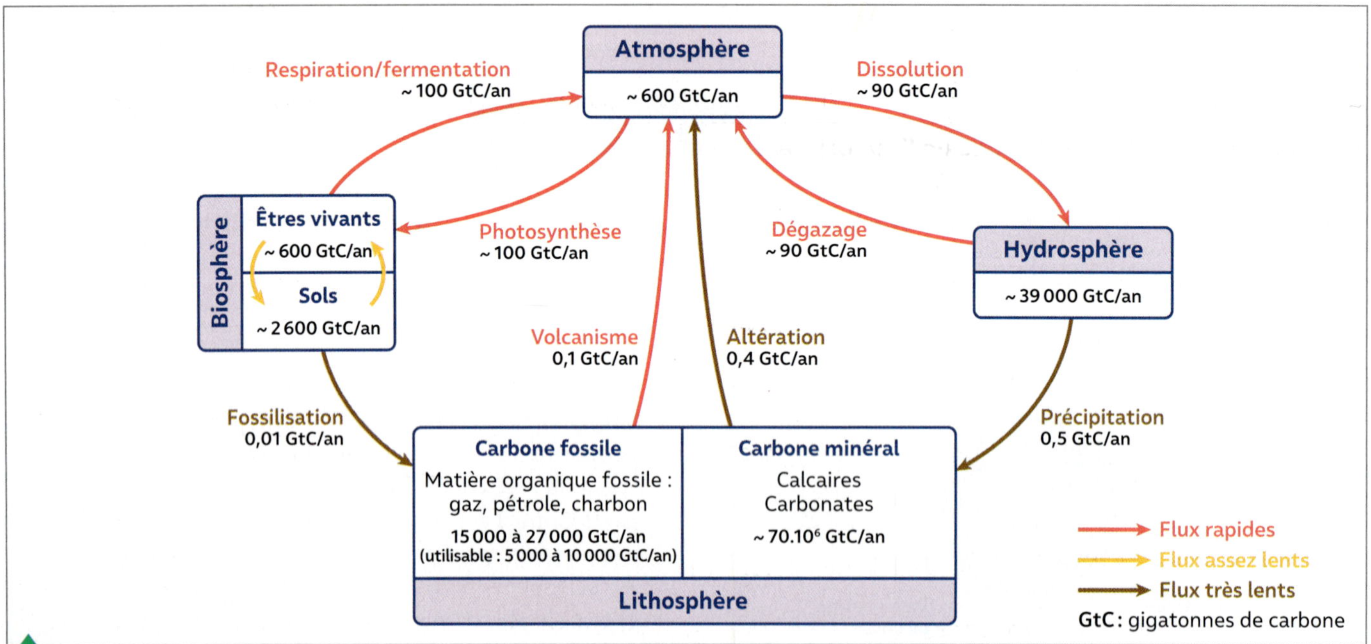

1 Le cycle du carbone
Stocks et flux lorsque le cycle est à l'équilibre (les flux d'entrée et de sortie sont les mêmes).

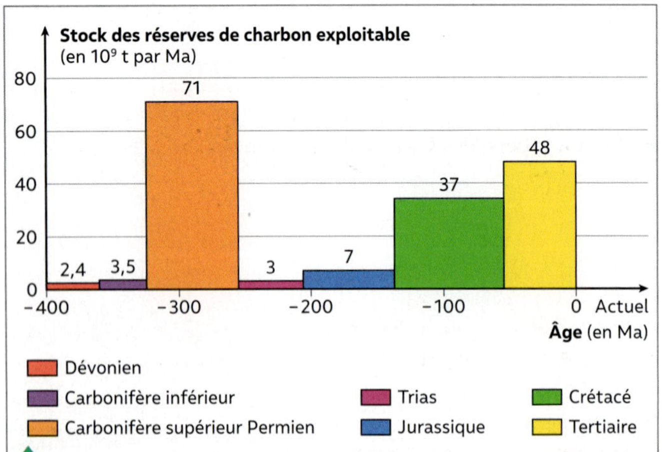

2 Réserves de charbon produites depuis 400 millions d'années

3 Fossile d'écorce de Sigillaria
La lignine, principal composant du bois, est apparue à la fin du Dévonien. Jusqu'à – 250 millions d'années il n'existait pas de décomposeurs efficaces de la lignine. Les forêts marécageuses du Carbonifère ont donc été des puits de dioxyde de carbone participant à la genèse de combustibles fossiles.

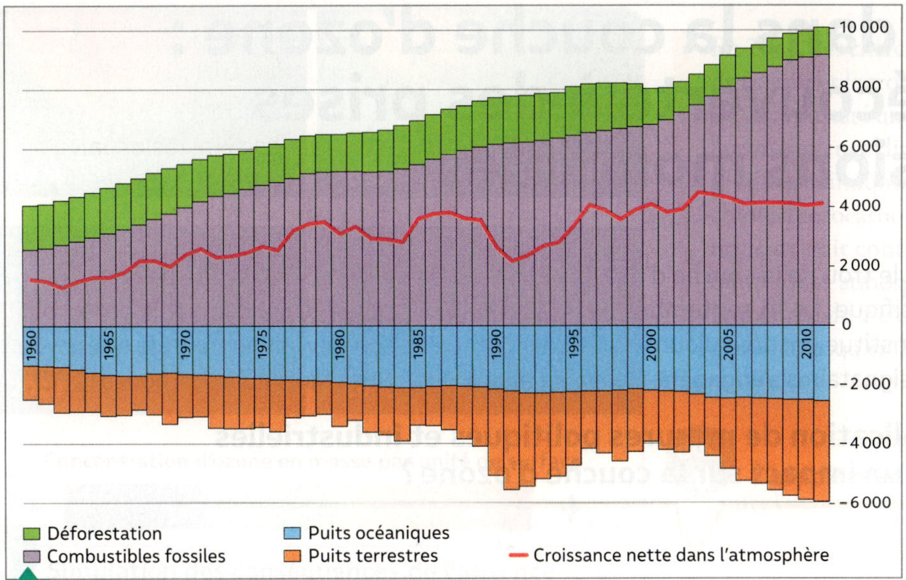

4 **Variation des flux de carbone de l'atmosphère (en millions de tonnes) depuis 1960**

VOCABULAIRE

Réservoir : enveloppe terrestre qui contient du carbone.

Puits : réservoir absorbant le carbone.

Source : réservoir libérant le carbone.

ACTIVITÉ NUMÉRIQUE

OBJECTIF

Construire un modèle numérique de cycle carbone.

PROTOCOLE

À l'aide du logiciel Vensim (→ exercice résolu, p. 38) :

1. Créer des réservoirs.
2. Insérer les flux entre les réservoirs en considérant dans un premier temps que les flux sont à l'équilibre.
3. Paramétrer les valeurs des quantités de carbone de chaque compartiment, puis des flux.

Vensim

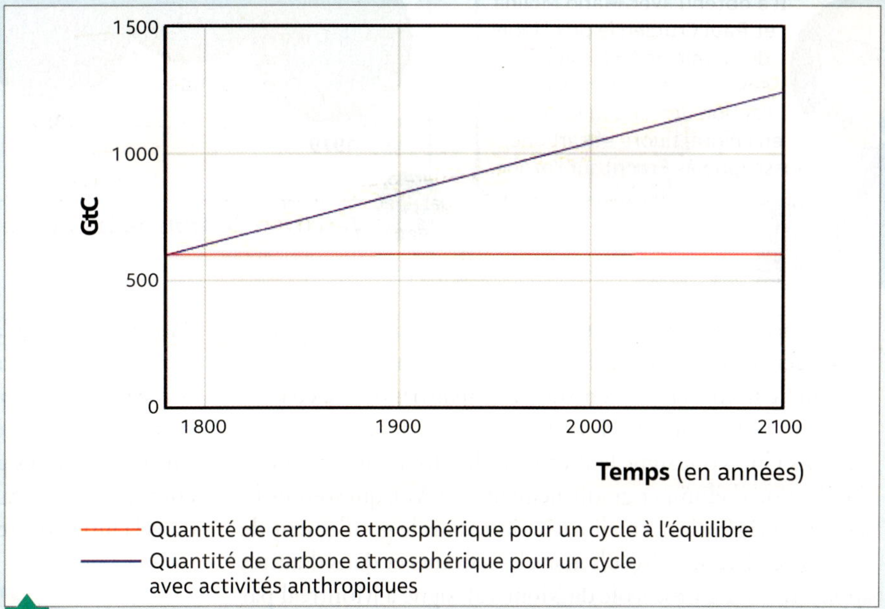

5 **Quantité de carbone dans différents réservoirs**
Résultats obtenus après modélisation d'un cycle à l'équilibre auquel on ajoute les perturbations anthropiques (liées à l'activité humaine).

PARCOURS 1

1. **Identifier** les flux qui permettent l'équilibre du cycle du carbone (doc. 1).
2. **Expliquer** pourquoi un végétal chlorophyllien est considéré comme un puits de carbone à long terme (doc. 2 et 3).
3. **Relever** les principaux facteurs d'émission de carbone à court terme vers l'atmosphère (doc. 4).
4. **Discuter** des vitesses variables des perturbations des flux de carbone.

PARCOURS 2

1. **Identifier** les mécanismes à l'origine de flux de carbone à court terme entre les différents réservoirs (puits et sources).
2. **Quantifier** ces flux pour estimer ceux qui permettent un équilibre ou un déséquilibre du cycle.
3. **Modéliser** le cycle du carbone à l'aide du logiciel Vensim, dans un premier temps à l'équilibre, puis dans un second temps, en intégrant les modifications anthropiques.

SYNTHÈSE L'atmosphère terrestre et la vie

MÉMO

Podcast Texte dys

L'atmosphère terrestre primitive et son évolution UNITÉS 1, 2 et 3

Estimation de la composition de l'atmosphère primitive

- La composition atmosphérique actuelle est d'environ 78 % de diazote (N_2) et 21 % de dioxygène (O_2), avec d'autres gaz dont l'eau (H_2O,) et des traces de dioxyde de carbone (CO_2), de méthane (CH_4) et d'hémioxyde d'azote (N_2O).
- Une atmosphère primitive s'est rapidement mise en place à 4,6 Ga. Grâce à l'étude des gaz contenus dans les météorites de type **chondrite**, la teneur de l'atmosphère primitive en diazote, dioxyde de carbone et eau a pu être évaluée.
- Le refroidissement de la surface de la Terre primitive a conduit à la liquéfaction de la vapeur d'eau présente dans l'atmosphère initiale. L'hydrosphère s'est alors formée, dans laquelle s'est développée la vie.

La formation du dioxygène

- La découverte de **minerais rouges** riches en Fe(III) âgés d'au moins 3,5 Ga est la preuve que du dioxygène a d'abord été produit dans les océans. Par comparaison des **cyanobactéries** actuelles et des espèces fossiles retrouvées dans des **stromatolites** fossiles, on estime que ce sont ces bactéries photosynthétiques qui ont enrichi les océans en O_2. Pendant 1 Ga, ce dioxygène a été entièrement capté par des espèces chimiques réduites océaniques.
- La datation des **paléosols rouges** permet de situer l'apparition du dioxygène atmosphérique vers -2,4 Ga. Sa concentration atmosphérique actuelle a été atteinte il y a 500 millions d'années environ, stabilisée grâce à l'équilibre entre la photosynthèse productrice (source) de dioxygène (O_2) et la respiration, et les combustions consommatrices (puits) de dioxygène (O_2).

La couche d'ozone protectrice

- Lorsque la teneur en dioxygène O_2 atmosphérique a atteint 1 %, les rayons UV ont permis la création d'**ozone** stratosphérique (O_3) prenant la forme d'une couche à une altitude d'environ 30 kilomètres.
- La couche d'ozone absorbe une partie du rayonnement ultraviolet solaire et protège les êtres vivants de ses effets mutagènes.

MOTS CLÉS

- **Chondrites :** premiers éléments à partir desquels sont formées les planètes du Système solaire.
- **Minerais rouges :** terrains subaquatiques contenant des minéraux oxydés.
- **Cyanobactéries :** bactéries photosynthétiques.
- **Stromatolites :** structures calcaires construites par les bactéries photosynthétiques.
- **Paléosols rouges :** terrains continentaux ayant réagi avec le dioxygène (O_2).
- **Ozone :** espèce chimique de formule moléculaire O_3.
- **Flux de carbone :** échanges de carbone entre différents réservoirs terrestres et estimés en T/an.
- **Réservoir de carbone :** couche terrestre qui contient du carbone.

SAVOIR-FAIRE

- Analyser des données, en lien avec l'évolution de la composition de l'atmosphère au cours des temps géologiques.
- Déterminer l'état physique de l'eau pour une température et une pression donnée à partir de son diagramme d'état.
- Mettre en relation la production de O_2 dans l'atmosphère avec des indices géologiques.
- Ajuster les équations des réactions chimiques d'oxydation du fer par le dioxygène.
- Interpréter des spectres d'absorption de l'ozone et de l'ADN dans le domaine ultraviolet.

Le cycle du carbone UNITÉ 4

- Le carbone est réparti entre différents réservoirs superficiels : l'atmosphère, les sols, les océans, la biosphère et les roches.
- Les êtres vivants permettent davantage de **flux de carbone** entre les **réservoirs** : respiration, photosynthèse, fossilisation, combustion.
- Les combustibles fossiles se sont formés à partir du carbone des êtres vivants, il y a plusieurs millions d'années. Ils ne se renouvellent pas suffisamment vite pour que les stocks se reconstituent : ces ressources en énergie sont dites non renouvelables.

SAVOIR-FAIRE

- Analyser un schéma représentant le cycle biogéochimique du carbone pour comparer les stocks des différents réservoirs et identifier les flux principaux de carbone d'origine anthropique ou non.

SCHÉMA

Bilan animé

L'atmosphère terrestre et la vie

Composition de l'atmosphère (en %)

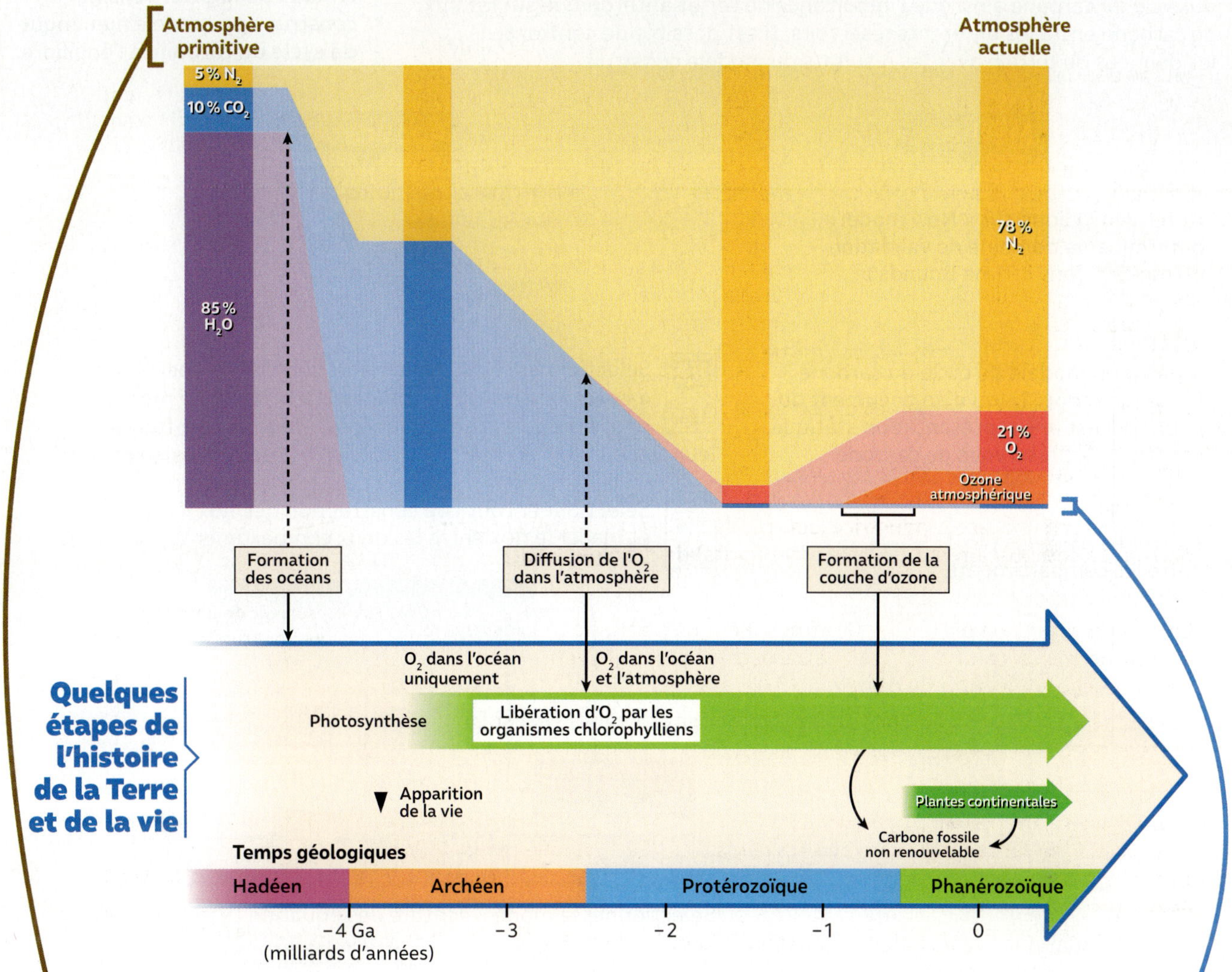

Création de l'atmosphère

Cycle actuel du carbone à l'équilibre

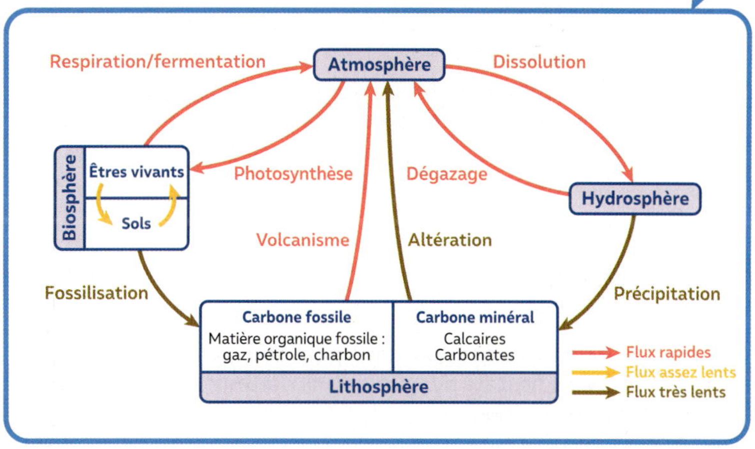

MÉTHODE Construire un modèle numérique de cycle du carbone

1 Exercice résolu

Énoncé

Vensim PLE est un logiciel de modélisation à compartiments. Il permet de construire un modèle numérique pour comprendre l'aspect dynamique du cycle du carbone ainsi que l'importance de l'effet anthropique sur les flux de carbone entre les différents réservoirs. Il est possible de confronter les données de terrain avec les résultats du modèle construit.

Vensim

QUESTION **À l'aide du logiciel Vensim, construire un modèle numérique de cycle du carbone à l'équilibre.**

Méthode	Application
ÉTAPE 1 Après avoir cliqué sur « New model », déterminer le domaine de validation du modèle dans « Time Bounds ».	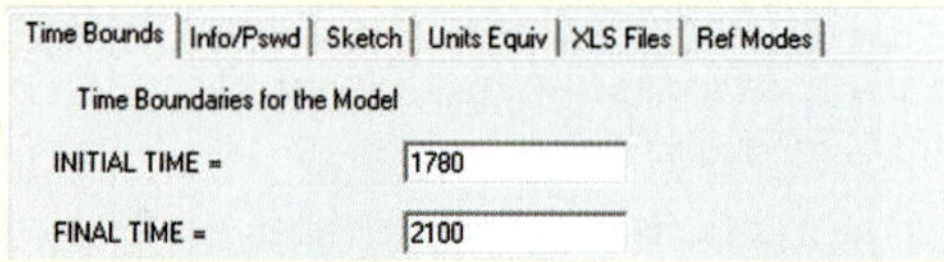
ÉTAPE 2 À partir du modèle de cycle du carbone [→ Unité 4, doc. 1] (ou d'un document du GIEC) qui est une représentation statique, construire les réservoirs de carbone.	 Sélectionner l'outil de construction des compartiments « Level », nommer ce compartiment, faire de même pour les autres compartiments. Modifier leur forme, leur couleur, leur format, leur taille en utilisant la barre de style.
ÉTAPE 3 Mettre en place les flux entre les compartiments.	 Sélectionner l'outil de construction des flux « rate » et placer le flux entre les deux compartiments concernés. 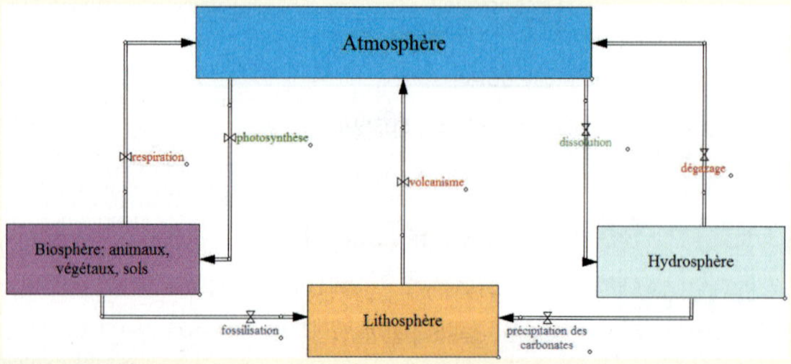
ÉTAPE 4 Saisir les équations : valeurs des paramètres, des flux, unités de mesures..., pour chaque compartiment et chaque flux.	Sélectionner le mode « écriture des équations » et compléter la boîte de dialogue. Par exemple pour la photosynthèse : Name : photosynthèse Units : GtC/an Equations= 100 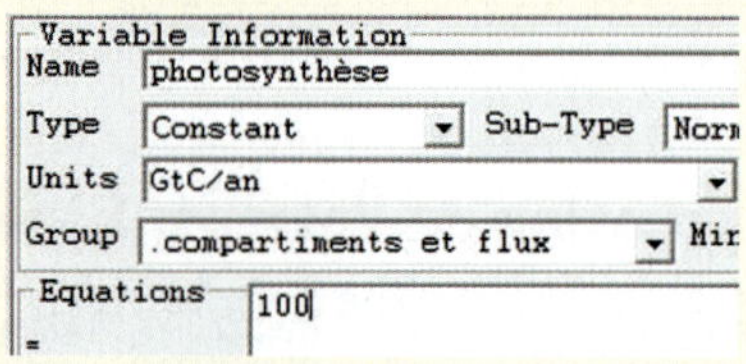
ÉTAPE 5 Lancer la simulation, afficher les graphiques et les interpréter.	Cliquer sur « simulate » puis afficher les courbes à l'équilibre.

2 APPLICATION

QUESTION **Proposer des solutions pour réduire l'augmentation brutale des prévisions du taux de CO_2 atmosphérique.**

Ajouter les actions anthropiques perturbatrices du cycle au modèle précédemment construit à l'équilibre : déforestation : + 1GtC/an; combustibles fossiles : + 1GtC/an. (Les estimations des émissions dues aux activités humaines étant au total à 8.8GtC/an).

QUIZ

Parmi les affirmations suivantes, choisissez la réponse exacte.

3 La composition de l'atmosphère primitive est identique à la composition :

- a de l'atmosphère actuelle.
- b des gaz contenus dans les météorites de type chondrites.
- c des gaz contenus dans les roches de la croûte continentale.
- d du Système solaire.

4 Le passage d'une atmosphère pauvre en O_2 à une atmosphère riche en O_2 :

- a est due à l'apparition de cyanobactéries photosynthétiques.
- b n'a été possible que lorsque tout le fer des océans a été oxydé.
- c a eu lieu avant la mise en place des fers rubanés.
- d a pour cause le refroidissement de la planète.

5 La couche d'ozone :

- a protège la biosphère des rayons infrarouges.
- b est constituée d'atomes d'azote.
- c filtre les rayons UV solaires.
- d est située à 100 mètres au-dessus du sol terrestre.

6 En tenant compte des activités humaines :

- a l'atmosphère reçoit plus de CO_2 qu'elle n'en cède.
- b l'atmosphère cède plus de CO_2 qu'elle n'en reçoit.
- c la quantité de CO_2 atmosphérique est à l'équilibre.
- d la quantité de CO_2 est nulle.

▸ Corrigés p. 340

7 CONSTRUIRE UNE CARTE MENTALE

sur le thème « L'atmosphère terrestre et la vie ».

▸ L'étiquette centrale s'intitulera

Atmosphère terrestre

▸ Associer l'étiquette centrale, par le moyen graphique de votre choix, à des étiquettes de votre initiative. Certaines peuvent être, par exemple :

Dioxygène **Eau** **CO_2** **Vie**

QUESTIONS FLASH

8 À l'aide du schéma ci-dessous répondre aux questions suivantes.

1. À une température de – 10 °C, dans quel intervalle de pression l'eau est-elle solide ? liquide ? gazeuse ?
2. Quel est l'état de l'eau sous une pression de 40 bar et à une température de 200 °C ?
3. À une pression de 15 bar, quelle est la température de fusion de l'eau ? Quelle est la température de vaporisation ?

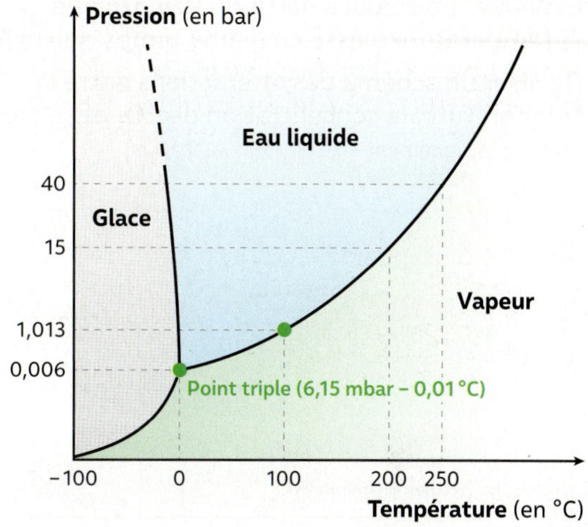

9 *oral* L'ozone possède une bande d'absorption dans le domaine des longueurs d'onde comprises entre 200 et 300 nm avec un maximum d'efficacité à 255 nm. Il absorbe aussi entre 300 et 360 nm mais plus faiblement.

▸ Justifier oralement, et en 2 minutes maximum, le fait que toute diminution d'ozone stratosphérique a des répercussions sur les êtres vivants.

Ultraviolets	Longueurs d'onde en nm
UV C	200-280
UV B	280-320
UV A	320-400

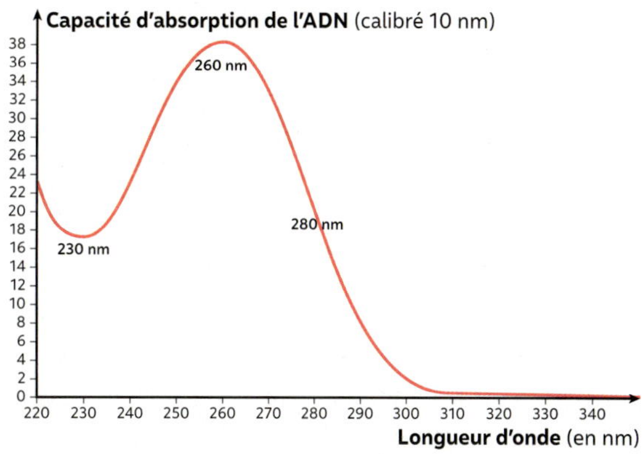

▲ Spectre d'absorption caractéristique d'ADN pur

EXERCICES S'entraîner

10 Un des puits de CO_2 sur les temps géologiques DIFFÉRENCIATION

OBJECTIF Analyser des informations pour expliquer la diminution de CO_2 atmosphérique au Paléozoïque (– 540 à -250 Ma).

QUESTIONS

1. Sachant que les concentrations de CO_2 sont à l'équilibre entre l'eau et l'air, quel flux de carbone est favorisé par la présence des cyanobactéries aquatiques ?
2. Expliquer pourquoi à partir du Paléozoïque, la température baisse en même temps que le RCO_2.
3. Réaliser un schéma des interactions entre la température, la concentration de CO_2 et sa solubilité. [Aide : enseignement-scientifique.nathan.fr]

Température (°C)	Solubilité (g/L)
0	3,346
10	2,318
20	1,688
30	1,257
40	0,973
50	0,761
60	0,576

a. Variation de la solubilité du CO_2 en fonction de la température de l'eau

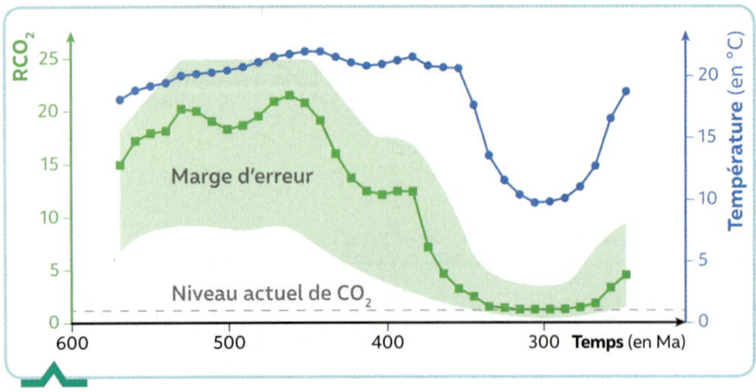

b. Variation du RCO_2 au cours du temps en lien avec la température en °C
RCO_2 = CO_2 passé / CO_2 actuel.

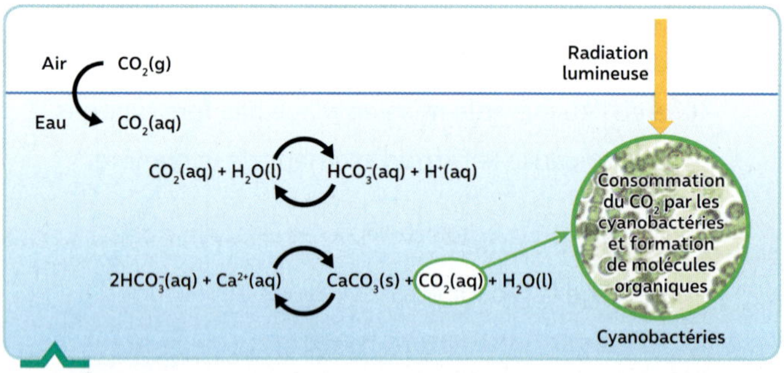

c. Équations simplifiées de la dissolution du CO_2 atmosphérique et de la précipitation des carbonates

11 Venus, Mars et la Terre : des destins très différents

OBJECTIF Expliquer pour quelles raisons trois planètes du Système solaire ont eu des destinées radicalement différentes.

QUESTIONS

1. Identifier les paramètres qui favorisent la présence d'eau liquide à la surface d'une planète.
2. Déterminer le(s) état(s) de l'eau sur chacune des planètes.
3. Expliquer pourquoi la vie n'est présente que sur Terre ? [Aide : enseignement-scientifique.nathan.fr]

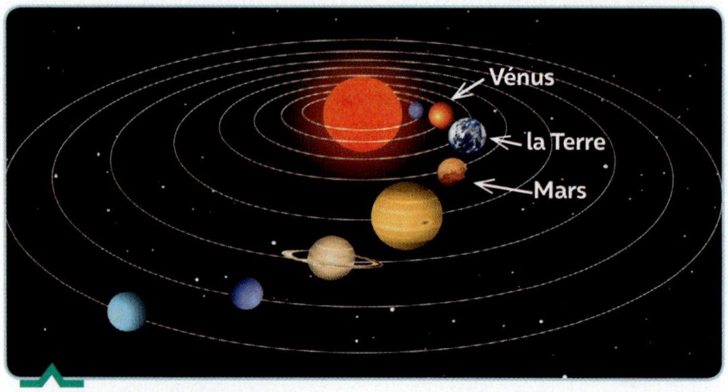

a. Le Système solaire

Planètes	Distance moyenne au Soleil (UA)	Composition atmosphérique en quantité de matière	Pression atmosphérique (bar)	Température de surface moyenne (°C)
Venus	0,72	CO_2 (96,5 %) N_2 (3,5 %)	90	464
Terre	1,00	N_2 (77 %) O_2 (21 %)	1	15
Mars	1,52	CO_2 (95 %) N_2 (2,7 %)	0,06	- 63

b. Paramètres physico-chimiques de trois planètes telluriques

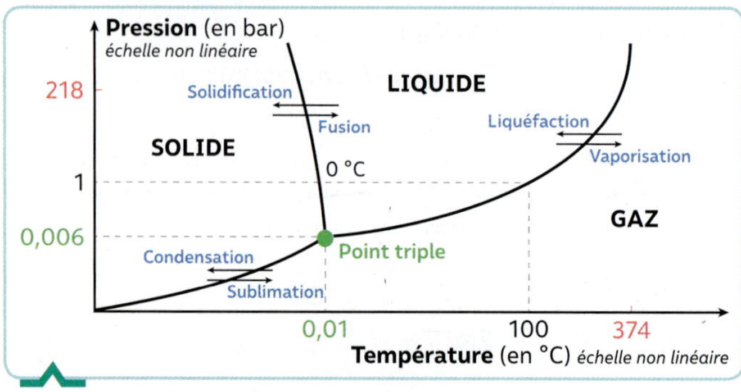

c. Diagramme d'états de l'eau

12 Le rôle protecteur de l'ozone stratosphérique DIFFÉRENCIATION

OBJECTIF Comprendre la nécessité d'un choix politique.

QUESTIONS

1. Identifier quelle espèce chimique est à l'origine de la destruction d'ozone stratosphérique.
2. Expliquer pourquoi la couche d'ozone est qualifiée de protectrice.
3. Justifier les choix politiques ayant permis d'envisager la restructuration de la couche d'ozone. [Aide : relire les documents de l'unité Histoire, enjeux, débats, p. 34]

Les truites corail sont de plus en plus touchées par le cancer de la peau au sein des communautés peuplant la région sud de la Grande Barrière de corail en Australie. 90 % de lésions supplémentaires sont observées, celles-ci étant fortement similaires à celles observées chez l'être humain atteint de mélanome.

a. Truite corail d'Australie

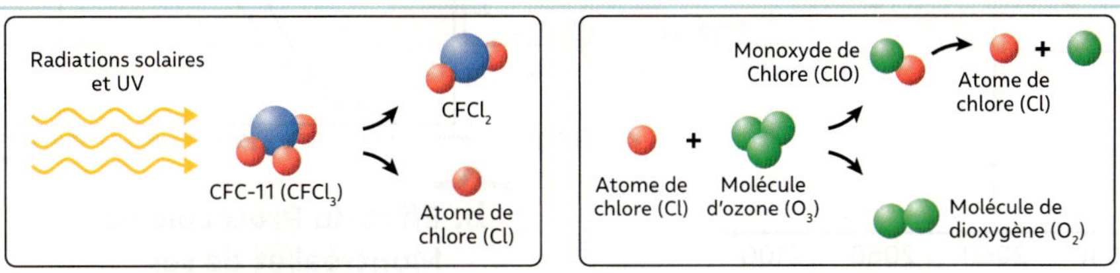

$CFCl_3 \rightarrow CFCl_2 + Cl$

$Cl + O_3 \rightarrow ClO_2 + O_2$; $\downarrow$ $Cl + O$

b. Mécanismes de destruction de l'ozone par les CFC dans la stratosphère

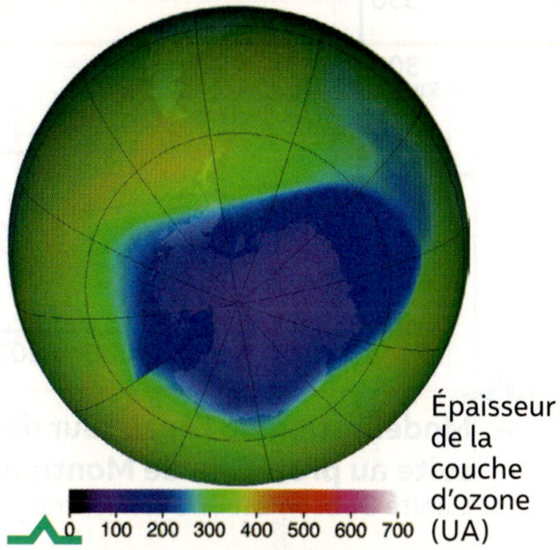

c. Trou de la couche d'ozone au-dessus de l'Australie

13 Le cycle du carbone perturbé par des activités humaines

OBJECTIF Extraire des données chiffrées pour argumenter sur l'impact d'une activité humaine à l'échelle mondiale.

QUESTIONS

1. Calculer la perte de surface ainsi que le % de surface forestière mondiale entre 1990 et 2005.
2. Calculer la variation annuelle moyenne de la masse de carbone dans la biomasse vivante, dans les années 1990 et 2000.
3. Comparer cette variation aux émissions de CO_2 atmosphériques par l'EIA.
4. Quelles sont les conséquences de la déforestation humaine sur le climat ?

POUR ALLER PLUS LOIN :
Expliquer les conséquences des incendies de forêt sur le climat.

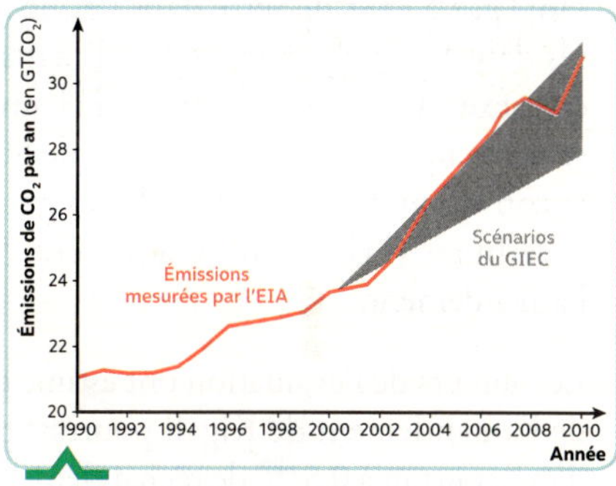

a. Estimations des émissions mondiales de CO_2
Estimations faites par la US Energy Information Administration (EIA) et les scénarios du GIEC.

	Superficie forestière (millions km²)	Changement annuel (milliers km²)		Stocks de carbone dans la biomasse vivante (GtC)		
Région	2005	1990-2000	2000-2005	1990	2000	2005
Afrique	6,36	– 44	– 40	65	62	60
Asie	5,72	– 8	+10	41	35	32
Europe et Russie	10,01	+9	+7	42	43	43
Amérique du Nord et centrale	7,06	– 3	– 3	41	41	42
Océanie	2,06	– 4	– 4	12	11	11
Amérique du Sud	8,32	– 38	– 43	97	93	91
Monde	39,52	– 89	– 73	296	286	280

b. La déforestation mondiale en chiffres (adapté de GIEC, 2007).

UNITÉ 1

La distinction entre météorologie et climatologie

Les phénomènes atmosphériques (nuages, vent, pluie, neige, etc.) sont étudiés par la météorologie et la climatologie. Ces deux disciplines scientifiques analysent les mêmes objets et sont très souvent confondues.

MISSION Tâche complexe

En tant que journaliste pour une chaîne d'actualité, votre rédaction vous demande de produire une courte vidéo ayant pour objectif de sensibiliser vos téléspectateurs à la distinction entre météorologie et climat.

Identifier les grandeurs atmosphériques observées

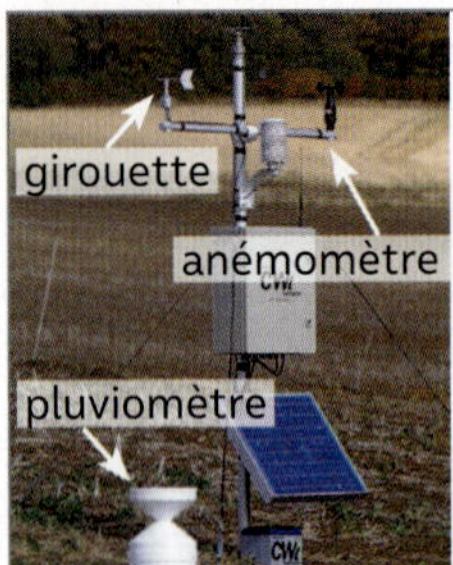

▲ Station météorologique et ses capteurs.

▲ Radar météorologique utilisé pour repérer les précipitations.

▲ Satellite météorologique équipé de capteurs permettant d'identifier des phénomènes météorologiques (nuages, précipitations, etc.)

▲ Radiosondage équipé de capteurs de pression, de température et d'humidité.

1 Des outils pour mesurer les grandeurs atmosphériques
De nombreux moyens d'observation permettent aux scientifiques de mesurer les grandeurs atmosphériques utilisées par les météorologues et les climatologues (température, pression, hygrométrie, pluviométrie, **nébulosité**, vitesse et direction des vents).

Définir la météorologie

Nébulosité

Précipitations (faibles – importantes)

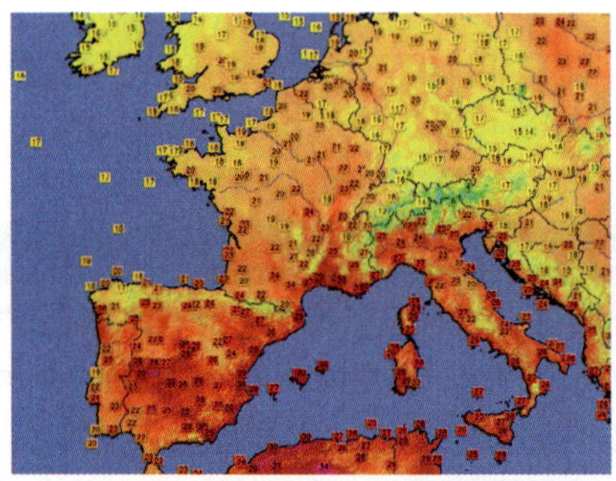

Températures (en °C) 6 10 14 18 22 26 30 34 38

2 Mesures météorologiques le 12 juillet 2019 à 11h00
En météorologie, on mesure et on observe les grandeurs atmosphériques en temps réel.

3 Supercalculateur de Météo France
Les météorologues, à l'aide de supercalculateurs, utilisent des simulations informatiques appelées « modèles de prévision numérique du temps » (PNT) pour établir les prévisions du temps qu'il fera dans les prochains jours, voire semaines. Pour simuler l'évolution du temps, les modèles PNT utilisent les grandeurs atmosphériques mesurées par les différents moyens d'observation et calculent leur évolution à partir des équations des lois de la physique.

Définir la climatologie

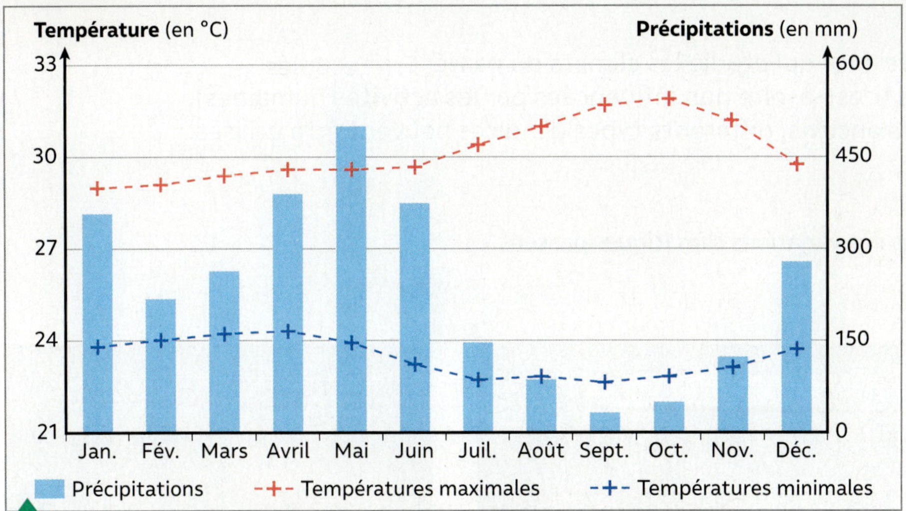

4 Données climatiques de la station de Kourou (Guyane)
Graphique des **normales** mensuelles de températures et de précipitations entre 1981 et 2010. Les données climatiques permettent de caractériser le climat de Kourou comme un climat équatorial humide avec alternance de saisons sèches et humides.

VOCABULAIRE

Normale (saisonnière ou climatique) : moyenne des grandeurs atmosphériques observées sur une période longue (en général 30 ans), elle permet de caractériser le climat d'une région.

Lorsque les climatologues étudient les variations du climat (local ou global), dans le passé ou les projections de celui-ci dans le futur, ils décrivent l'évolution des moyennes des grandeurs atmosphériques sur de longues périodes (de plusieurs années à plusieurs millions d'années).

5 Description des climats passés et futurs

Distinguer les données relevant du climat et de la météo

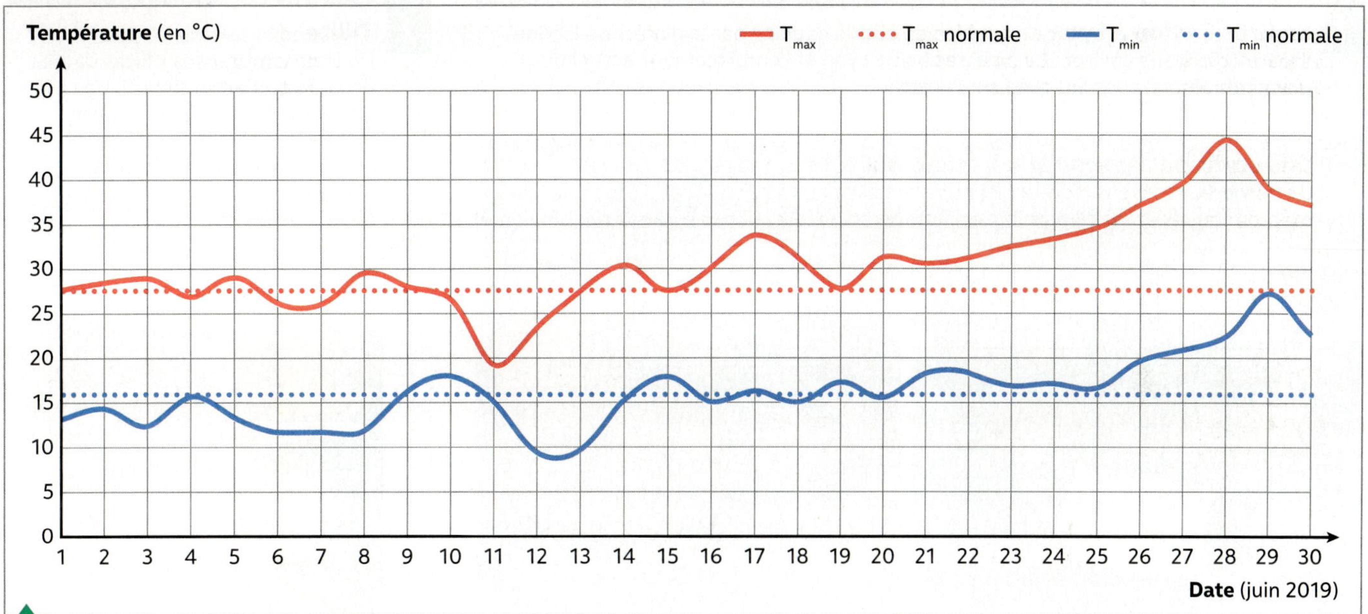

6 Relevé des températures minimales et maximales en juin 2019 et normales saisonnières à Nîmes.

COUPS DE POUCE

- Indiquer comment les mesures des grandeurs atmosphériques sont utilisées en météorologie et en climatologie.
- Comparer les échelles de temps étudiées par la météorologie et la climatologie.
- Observer la situation du mois de juin 2019 à Nîmes pour identifier une vague de chaleur (ou **canicule**) puis distinguer les données relevant de la météo de celles relevant du climat.

VOCABULAIRE

Canicule : on parle de vague de chaleur et de canicule lorsque les températures sont anormalement élevées (par rapport aux normales saisonnières) pendant plusieurs jours consécutifs.

Nébulosité : couverture nuageuse.

UNITÉ 2

La variabilité naturelle du climat terrestre

La paléoclimatologie est la science qui étudie les climats du passé et leurs variations naturelles (c'est-à-dire non influencées par les activités humaines). Pour reconstituer ces climats anciens, différents types d'indices peuvent être utilisés.

OBJECTIF

Identifier les traces géologiques des variations climatiques passées.

1 Le Gros Caillou à Lyon est un **bloc erratique** déplacé par le glacier du Rhône il y a 140 000 ans environ. La localisation de Lyon et l'emplacement actuel du glacier du Rhône sont indiqués sur la carte.

2 Tillite

De très nombreuses **tillites** datées de la fin du Carbonifère (il y a 300 millions d'années) ont été retrouvées par les géologues sur de nombreux continents.

3 Mener une étude palynologique

La palynologie étudie les grains de pollens retrouvés dans des sols anciens, comme ceux des **tourbières**. En déterminant à quelles espèces appartiennent les grains de pollens retrouvés, on peut avoir une idée du climat régional à différentes époques. Dans les climats froids, la proportion d'espèces herbacées et de pins est plus grande, en climats tempérés, on retrouve plutôt une grande proportion d'arbres.

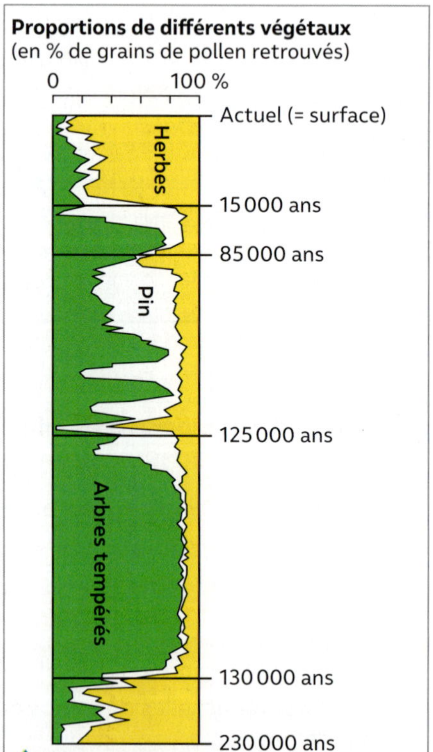

4 Diagramme pollinique réalisé dans une tourbière dans les Vosges

VOCABULAIRE

Bloc erratique : roche déplacée par un glacier et restée sur place lors de la fonte du glacier.

Tourbière : zones humides où le sol riche en matière organique permet la conservation des grains de pollens très anciens.

Tillite : roche sédimentaire composée de débris de roche transportés par un glacier.

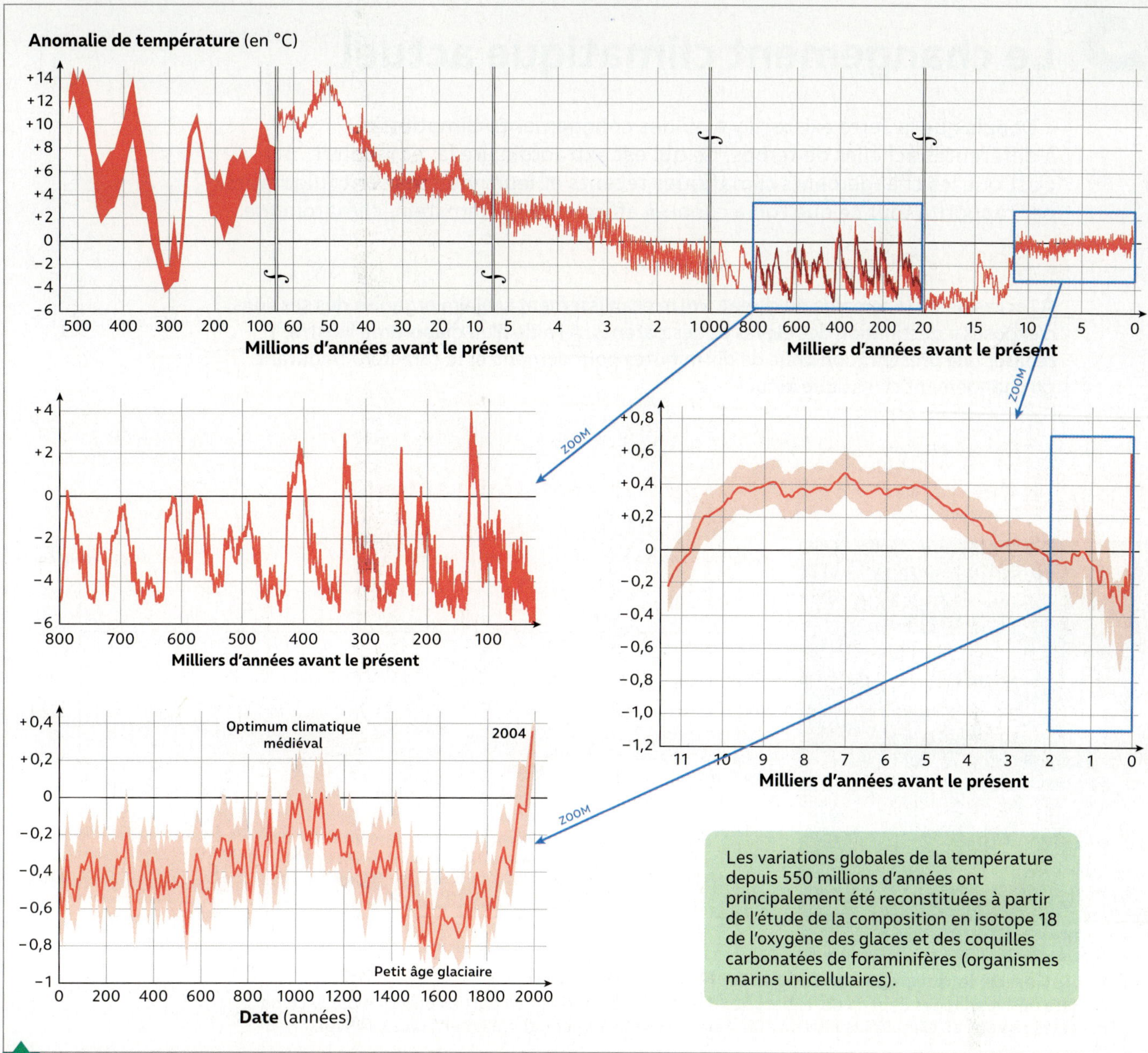

Les variations globales de la température depuis 550 millions d'années ont principalement été reconstituées à partir de l'étude de la composition en isotope 18 de l'oxygène des glaces et des coquilles carbonatées de foraminifères (organismes marins unicellulaires).

5 Évolution de la température moyenne mondiale au cours des 540 derniers millions d'années.
Les valeurs de température indiquées sont des différences par rapport à la température moyenne mondiale entre 1961 et 1990.

PISTES D'EXPLOITATION

1. **Décrire** la température globale au Carbonifère, en justifiant celle-ci par l'exploitation d'un indice de terrain (doc. 2 et 5).
2. **Décrire** la température globale d'il y a 140 000 ans, en justifiant celle-ci par l'exploitation d'un indice géologique et d'un indice palynologique (doc. 1, 3, 4 et 5).
3. **Montrer**, à l'aide de la palynologie, que le climat présente des variations (doc. 4).
4. **Montrer**, à l'aide des différents documents, que les variations climatiques ont des amplitudes différentes et se font sur des échelles de temps variées.

Réflexion sur la science

Analyser le lien entre variation du climat et faits historiques

En 1783, l'éruption d'un volcan islandais, le Laki, libère une très grande quantité d'aérosols (suspension, dans un gaz, de fines particules, solides ou liquides) et de gaz dans l'atmosphère provoquant des modifications du climat essentiellement dans l'hémisphère nord.

Après avoir effectué une recherche, expliquer quelles ont été les conséquences de ce changement climatique sur les populations humaines européennes.

UNITÉ 3

Le changement climatique actuel

« Depuis que la Terre existe, il y a eu des changements climatiques à différentes échelles de temps. Ce qui est extraordinaire là, et inédit, [...] c'est que les changements climatiques récents et leurs vitesses sont fulgurants par rapport à tout ce que l'on a connu » affirme Gilles Ramstein, climatologue.

MISSION Tâche complexe

À l'occasion de la semaine du climat, votre établissement scolaire organise des sessions d'exposés à destination des élèves et des parents. À l'aide d'un diaporama illustré, réaliser une présentation orale de dix minutes pour démontrer le caractère fulgurant du changement climatique actuel.

Observer des indicateurs du changement climatique actuel

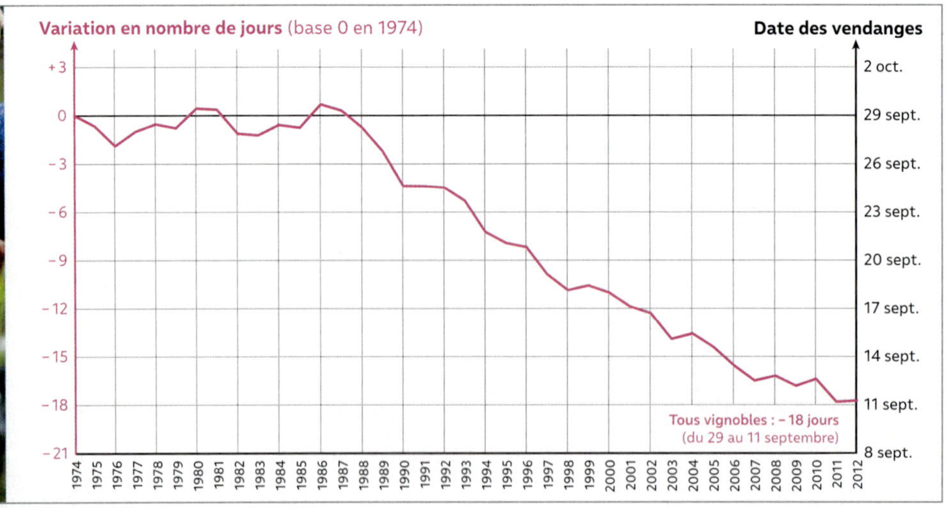

1 Évolution de la date des vendanges en France depuis 1974

La date des vendanges dépend de la maturité des raisins, celle-ci est en partie contrôlée par le climat (dans les régions au climat plus frais, la maturation des raisins est généralement plus tardive).

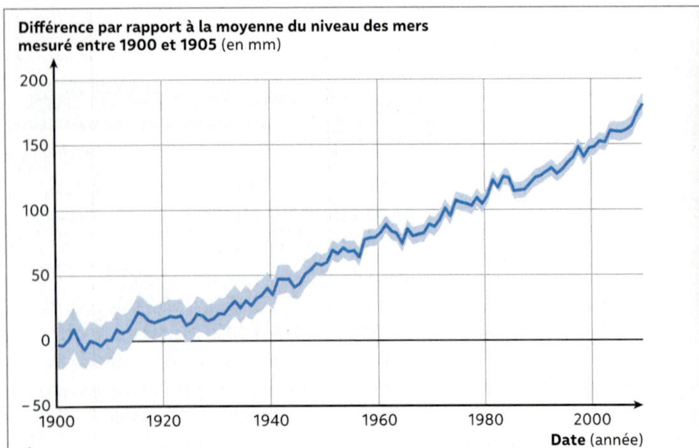

Le satellite Jason 3 mesure le niveau des mers.

2 Évolution du niveau des mers mondial entre 1900 et 2005

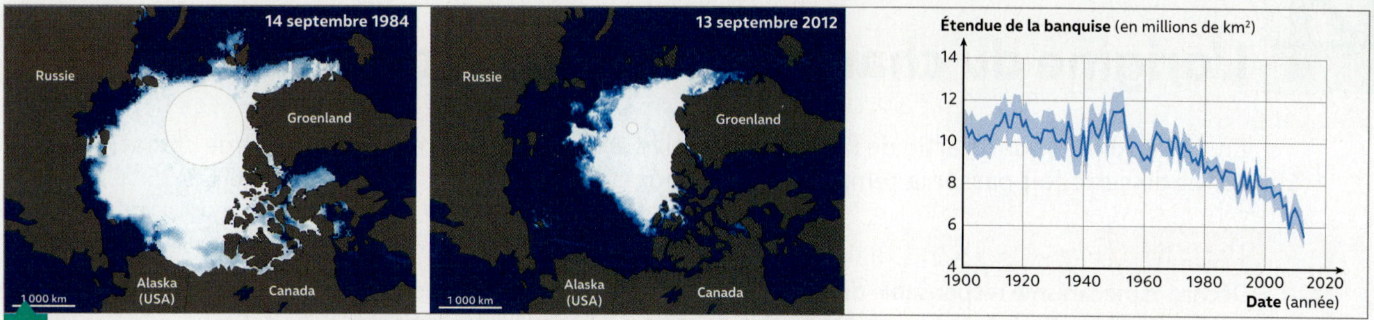

3 **Évolution de la surface des glaces de l'Arctique en été**
Le mois de septembre correspond à l'extension minimale de la banquise arctique.

Décrire les variations récentes de la température globale

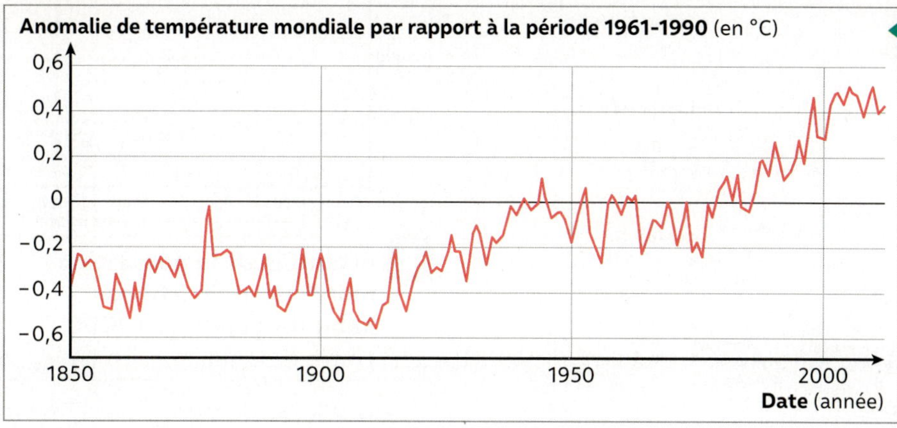

4 **Évolution de la température mondiale entre 1850 et 2005**
La température mondiale est calculée à partir des données des stations météorologiques et des mesures depuis l'espace par les satellites.

Décrire les variations récentes de la proportion de CO_2

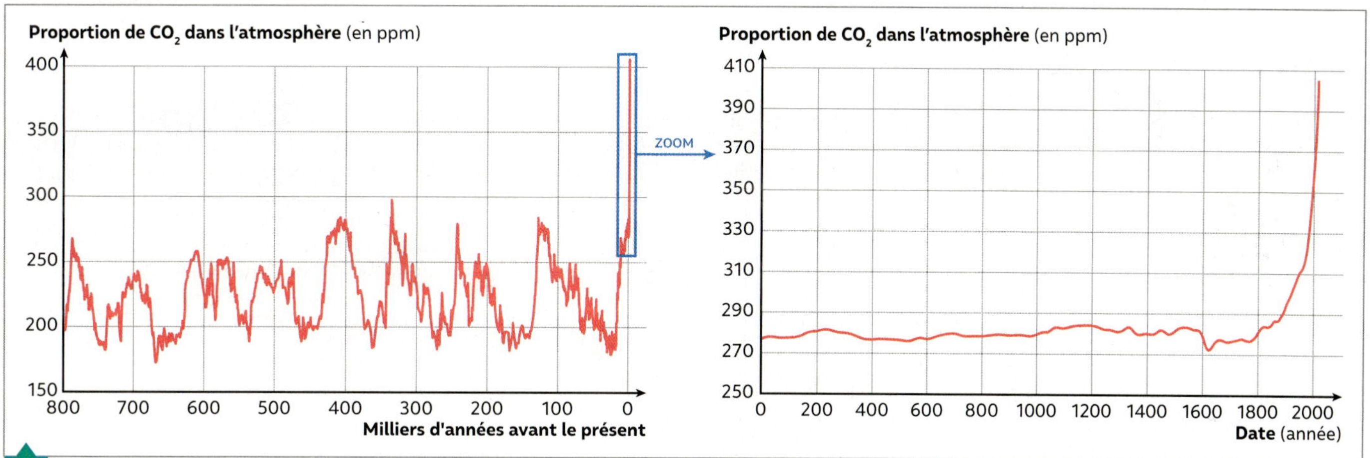

5 **Évolution de la proportion en dioxyde de carbone (CO_2) dans l'atmosphère au cours des derniers 800 000 ans**
Les proportions sont exprimées en parties par million (ppm).

COUPS DE POUCE

- Observer la tendance de l'évolution des différents types d'indicateurs depuis les années 1900.
- Comparer l'amplitude et la vitesse des différentes variations de la proportion de CO_2 atmosphérique depuis 400 000 ans.
- Proposer des liens de causalité (hypothétiques) entre les évolutions des différents paramètres étudiés.

UNITÉ 4

L'origine du changement climatique actuel

En emprisonnant une partie de l'énergie radiative émise par la Terre dans le système climatique, l'effet de serre fait passer la température moyenne à la surface de la Terre de – 18 °C à 15 °C.

OBJECTIF

Décrire le mécanisme responsable de l'effet de serre et la perturbation induite par l'augmentation de la teneur en gaz à effet de serre (GES) dans l'atmosphère.

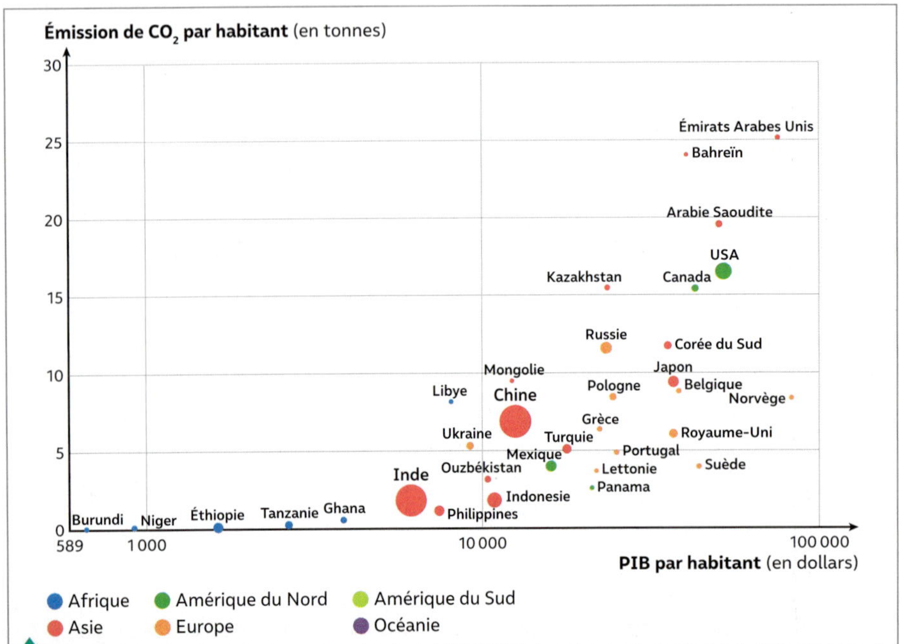

1 Émission de CO_2 par habitant en fonction du PIB par habitant en 2016
La surface des disques représente l'émission totale du pays.

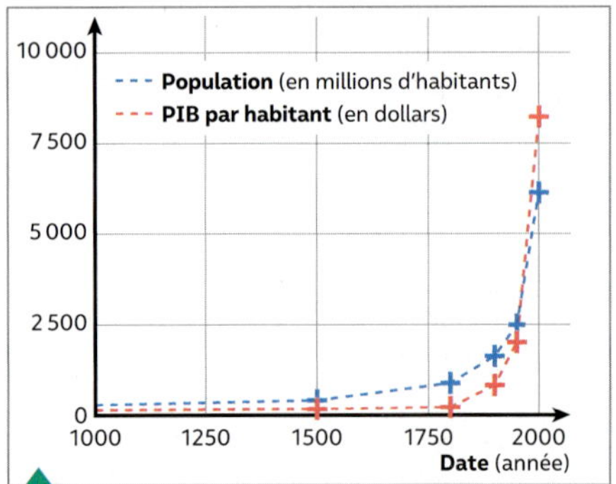

2 Évolution de la population mondiale et du PIB par habitant depuis l'an 1000

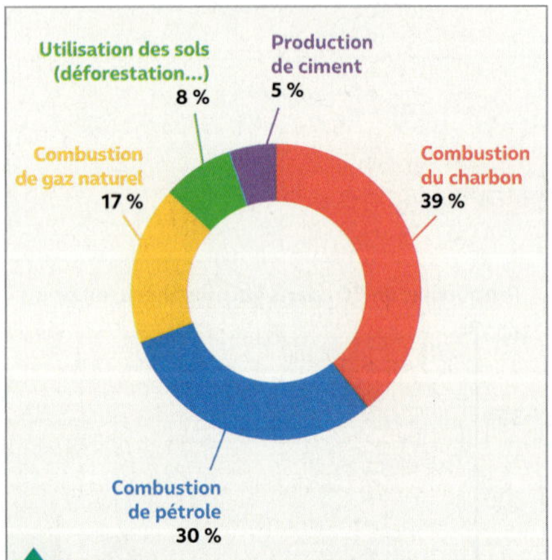

3 Origine des émissions humaines de CO_2

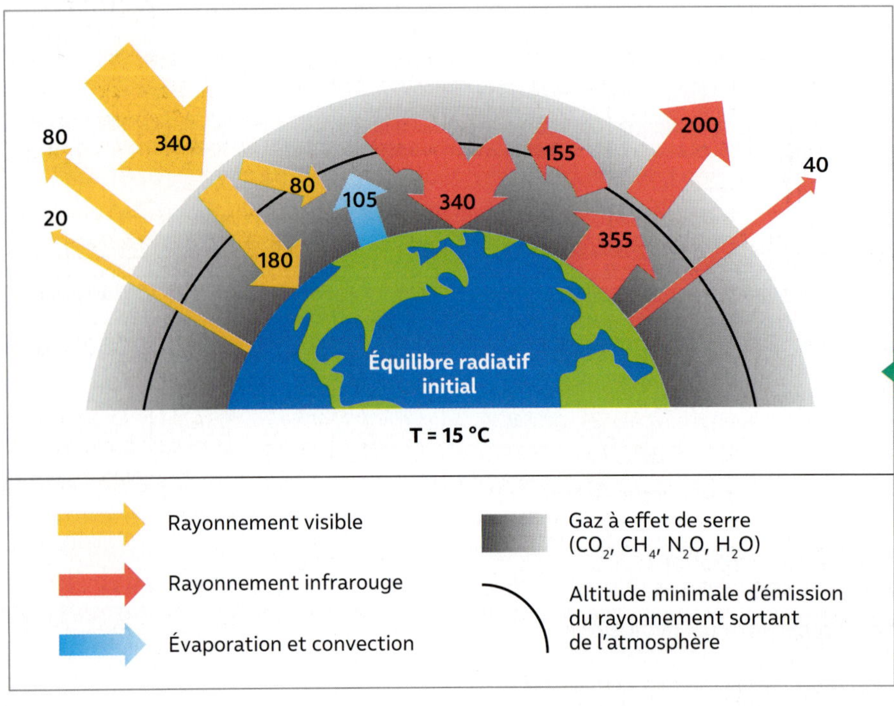

4 Représentation des échanges énergétiques terrestres à l'équilibre radiatif
Les puissances par unité de surface sont exprimées en $W \cdot m^{-2}$. La fenêtre atmosphérique (→ Bien démarrer p. 20) correspond à la flèche rouge de 40 $W \cdot m^{-2}$. Le dégradé de gris illustre la concentration en gaz à effet de serre (GES). Celle-ci diminue avec l'altitude, tout comme la température atmosphérique, non représentée sur le schéma.

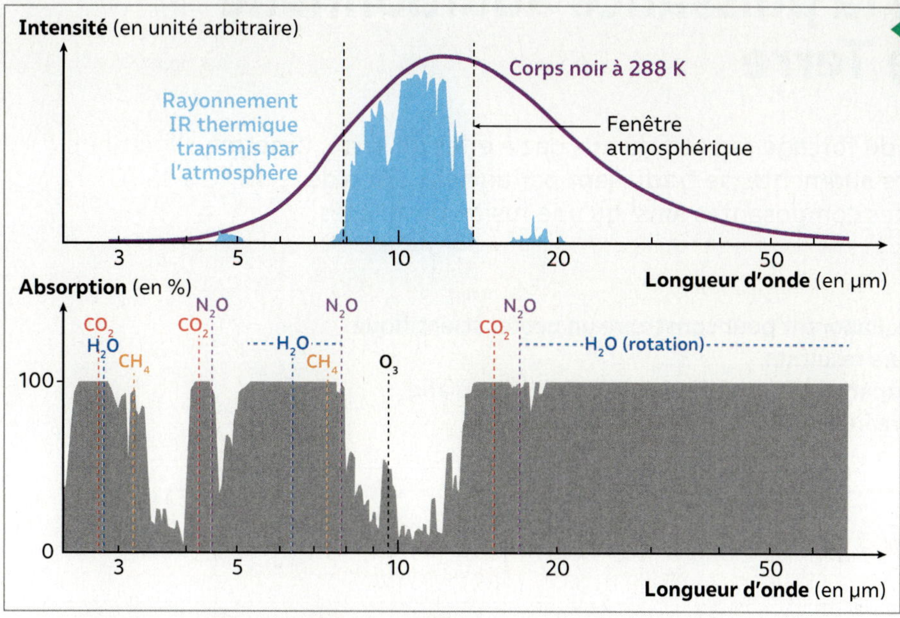

5 Transmission et absorption du rayonnement électromagnétique dans l'atmosphère terrestre

À 15 °C soit 288 K, un corps en équilibre thermique émet un **rayonnement infrarouge** (IR) d'émission maximale à une longueur d'onde de 10 µm (loi de Wien).
Ce rayonnement est absorbé par certains gaz, appelés **gaz à effet de serre** (GES). Outre la nature du gaz, l'absorption dépend de la concentration de gaz dans l'atmosphère multipliée par l'épaisseur d'atmosphère traversée.
En dehors de la fenêtre atmosphérique, l'atmosphère est opaque au rayonnement infrarouge : le rayonnement émis par la surface de la Terre est intégralement absorbé par les GES contenus dans l'atmosphère.

Vibrations de la molécule d'eau	Longueur d'onde du rayonnement absorbé
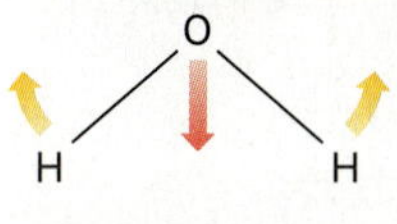 **Déformation angulaire**	λ = 6,27 µm
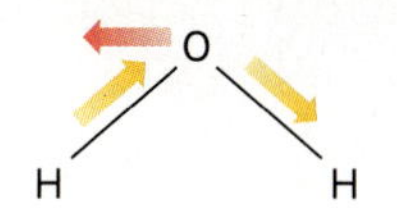 **Élongation antisymétrique**	λ = 2,66 µm
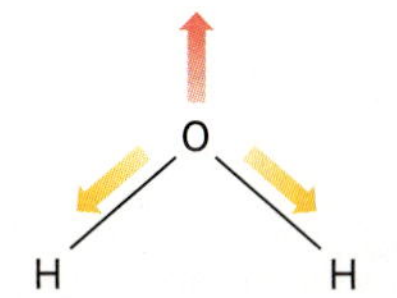 **Élongation symétrique**	λ = 2,74 µm

Complément scientifique
Les seules vibrations et rotations intervenant dans l'absorption du rayonnement infrarouge sont celles qui modifient la polarité de la molécule (comme c'est le cas dans les trois exemples ci-dessus).

6 Exemples d'interactions pour la molécule d'eau

À température ambiante, les molécules ne sont pas immobiles. Elles se déplacent, se déforment, tournent sur elles-mêmes. L'interaction avec la lumière peut provoquer la rotation ou la déformation de la molécule, suivant la longueur d'onde du rayonnement. La lumière est alors absorbée par la molécule. La durée de cette mise en mouvement, appelée temps de relaxation, est de l'ordre de la microseconde. La molécule réémet alors la lumière absorbée dans une direction aléatoire qui peut être à nouveau absorbée par l'environnement ou s'échapper en dehors de l'atmosphère.

7 Modèle microscopique d'absorption du rayonnement infrarouge

L'atmosphère absorbe l'intégralité du **rayonnement infrarouge** émis par la surface de la Terre et le réémet dans toutes les directions. Lorsque la concentration des GES augmente, le rayonnement infrarouge émis par l'atmosphère est davantage absorbé. Le rayonnement infrarouge sortant de l'atmosphère est alors émis à une altitude plus élevée et donc une température plus faible. Ceci entraîne une diminution de la puissance rayonnée par la Terre vers l'extérieur. En retour, il en résulte une augmentation de la puissance radiative reçue par le sol de la part de l'atmosphère. **L'écart, mesuré au sommet de l'atmosphère, entre la puissance radiative reçue et la puissance radiative émise correspond au forçage radiatif.**

8 L'effet d'une augmentation de la quantité de gaz à effet de serre dans l'atmosphère

PISTES D'EXPLOITATION

1. **Proposer** une hypothèse pour expliquer le changement climatique actuel (docs 1 à 3).
2. **Citer** les principaux gaz à effet de serre (doc. 5).
3. **Expliquer** l'effet des activités humaines sur le bilan radiatif terrestre (docs 1 à 6).
4. **Justifier** que le système climatique soit actuellement dans une situation de déséquilibre radiatif.

VOCABULAIRE

Rayonnement infrarouge : rayonnement électromagnétique dont la longueur d'onde est supérieure à 800 nm et inférieure à 100 µm.

Forçage radiatif : différence entre la puissance reçue au sommet de l'atmosphère et la puissance émise par l'atmosphère vers l'espace.

UNITÉ 5 Absorption de la puissance additionnelle par le système Terre

En raison de l'augmentation du forçage radiatif dû aux gaz à effet de serre, l'énergie stockée dans le système Terre augmente, se traduisant par une élévation de température de ses différentes composantes ainsi qu'une fusion des glaces.

MISSION Classe puzzle

Phase 1 : les équipes d'experts collaborent pour construire un poster scientifique présentant leur démarche et leurs résultats.
Phase 2 : des groupes avec un expert de chaque équipe sont constitués afin d'estimer la hausse totale du niveau des mers.

Estimer l'impact de la fonte des glaces sur le niveau des océans

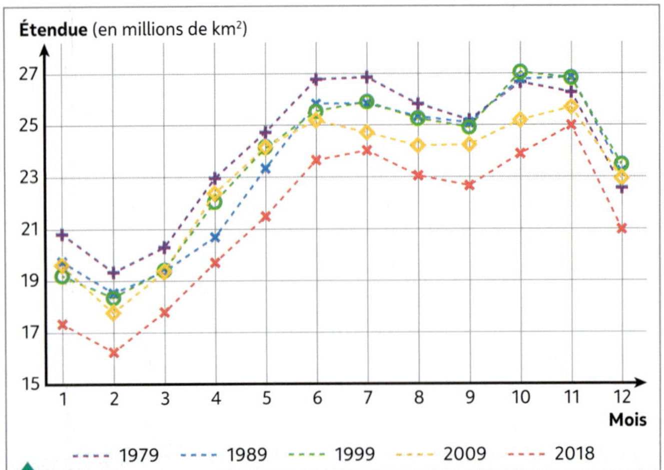

1 Évolution de la superficie totale des banquises arctique et antarctique de 1979 à 2018
La superficie totale des océans est de 361 millions de km^2.

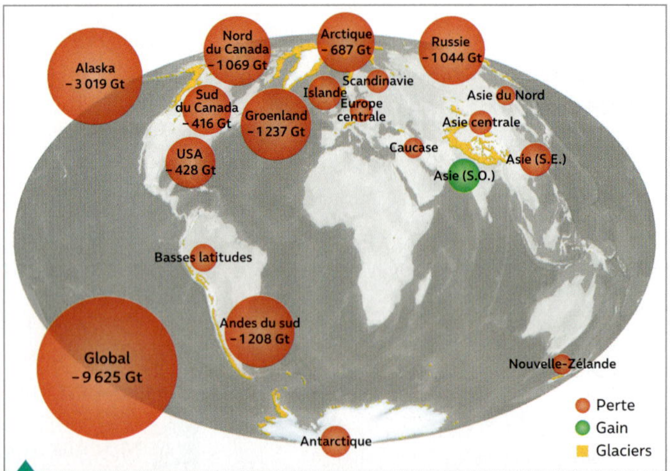

2 Évolution de la masse totale de glaciers continentaux entre 1961 et 2016
La surface des disques rouges est proportionnelle à la masse perdue. La couleur verte signifie une augmentation de la masse de glaces.

VOCABULAIRE

Glaciers continentaux : désigne toute glace formée par accumulation de précipitations solidifiées et tassées sur la croûte terrestre. Exemples : calotte polaire, glaciers de montagne.

ACTIVITÉ EXPÉRIMENTALE

OBJECTIF Modélisation de la fonte de la banquise et des glaces continentales.

MATÉRIEL DISPONIBLE

- Glaçons
- Bécher de 100 mL
- Éprouvette graduée de 250 mL
- Plaque chauffante
- Eau liquide

PROTOCOLE

1. Introduire deux glaçons dans l'éprouvette graduée.
2. Compléter d'eau liquide et ajuster à la graduation 100 mL.
3. Laisser fondre le glaçon puis relever le volume.
4. Recommencer l'expérience en faisant fondre les glaçons séparément dans le bécher.

Estimer la dilatation thermique des océans

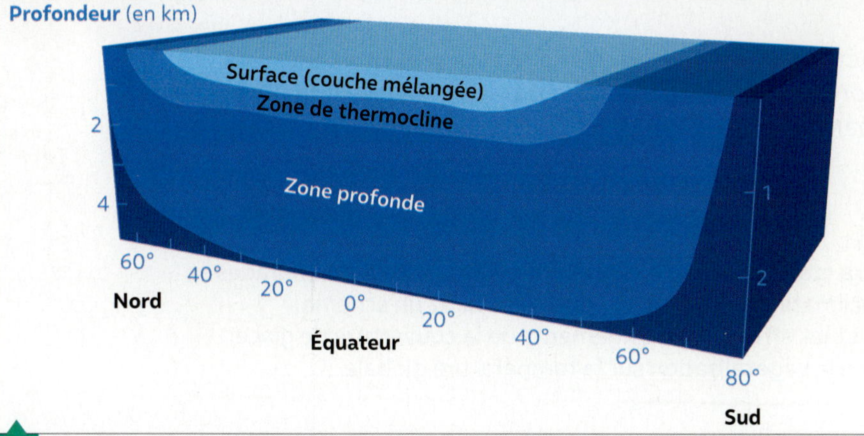

La **thermocline** est une couche de changement rapide de la température. En raison de l'absorption de l'intégralité du rayonnement solaire par les premières dizaines de mètres d'eau, une thermocline s'établit, en mer, à une profondeur moyenne de 200 m.

Elle constitue une **barrière** entre les eaux profondes de température homogène et constante et les eaux de surface, en interaction avec l'atmosphère terrestre.

3 Répartition des différentes couches maritimes selon la latitude

En s'échauffant, un corps stocke de l'énergie par transfert thermique. Tant qu'il ne change pas d'état, l'énergie stockée $\mathscr{E}$ se calcule par :

$\mathscr{E} = m \times c \times \Delta T$

- m : masse du corps
- c : capacité thermique massique
- ΔT : variation de température

Pour l'eau liquide : $c = 4{,}18 \times 10^3$ J·kg^{-1}·°C^{-1}.

La chaleur latente L caractérise l'énergie à fournir pour faire changer un corps d'état : L_{vap}(eau) = 333 kJ·kg^{-1}.

4 Stockage d'énergie sous forme thermique

Lorsqu'un corps s'échauffe, sa masse volumique est modifiée, généralement à la baisse. La grandeur caractérisant cette évolution est appelée coefficient de dilatation thermique, noté β.

La masse volumique de la glace d'eau pure est de 917 kg·m^{-3} à 0 °C alors qu'elle est précisément de 1 000 kg·m^{-3} pour l'eau pure liquide à 4 °C.

Pour l'eau liquide, β est ainsi négatif de 0 à 4 °C ; $\beta = 2{,}6 \times 10^{-4}$ °C^{-1} à 15 °C.

5 Dilatation thermique

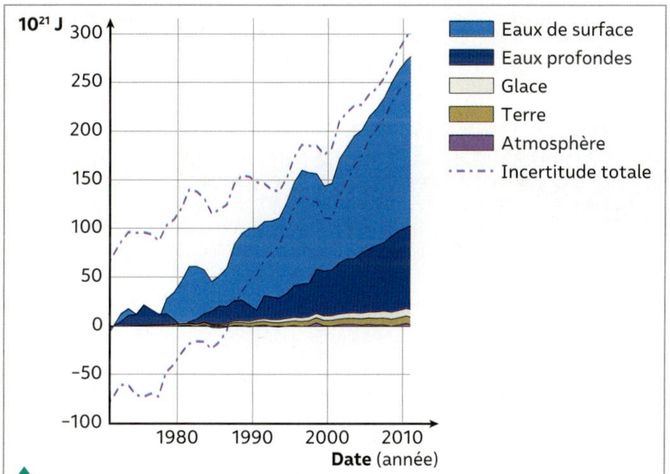

6 Évolution de l'énergie stockée dans le système climatique terrestre depuis 1970

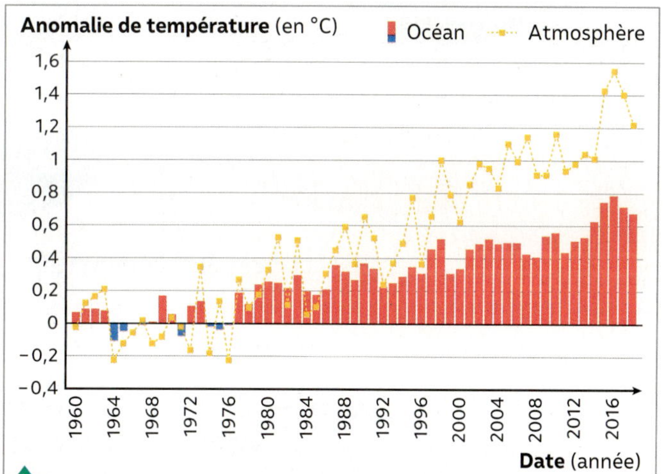

7 Évolution de la température moyenne annuelle mondiale (référence : moyenne 1900-2000)

ÉQUIPE 1

1. **Modéliser** la fonte de la banquise et des glaces continentales pour déterminer si elles contribuent à l'élévation du niveau des mers (activité expérimentale).
2. **En déduire** l'élévation provoquée par leur fonte (doc. 1 et 2).

ÉQUIPE 2

1. **Calculer** l'augmentation de température due à l'énergie stockée dans les océans (doc. 4 et 6).
2. **Vérifier** l'accord de la valeur trouvée avec les relevés de température (doc. 7).
3. **En déduire** la variation de volume des océans puis l'élévation du niveau des mers (doc. 5).

UNITÉ 6

Les facteurs amplificateurs et stabilisateurs du réchauffement climatique

Le réchauffement climatique actuel est en grande partie attribué à l'effet de serre direct, provoqué par la libération de gaz à effet de serre par les activités humaines. Cependant, certains facteurs participent à amplifier ou à stabiliser l'évolution de la température observée.

MISSION Tâche complexe

Élu en tant qu'éco-délégué de votre établissement, vous souhaitez informer vos camarades sur la complexité du changement climatique. Pour cela, vous construirez un schéma fonctionnel présentant les causes et les effets des changements de la couverture de glace, de la quantité de vapeur d'eau et de la végétalisation sur la température globale.

Identifier les composantes du système climatique et leurs interactions

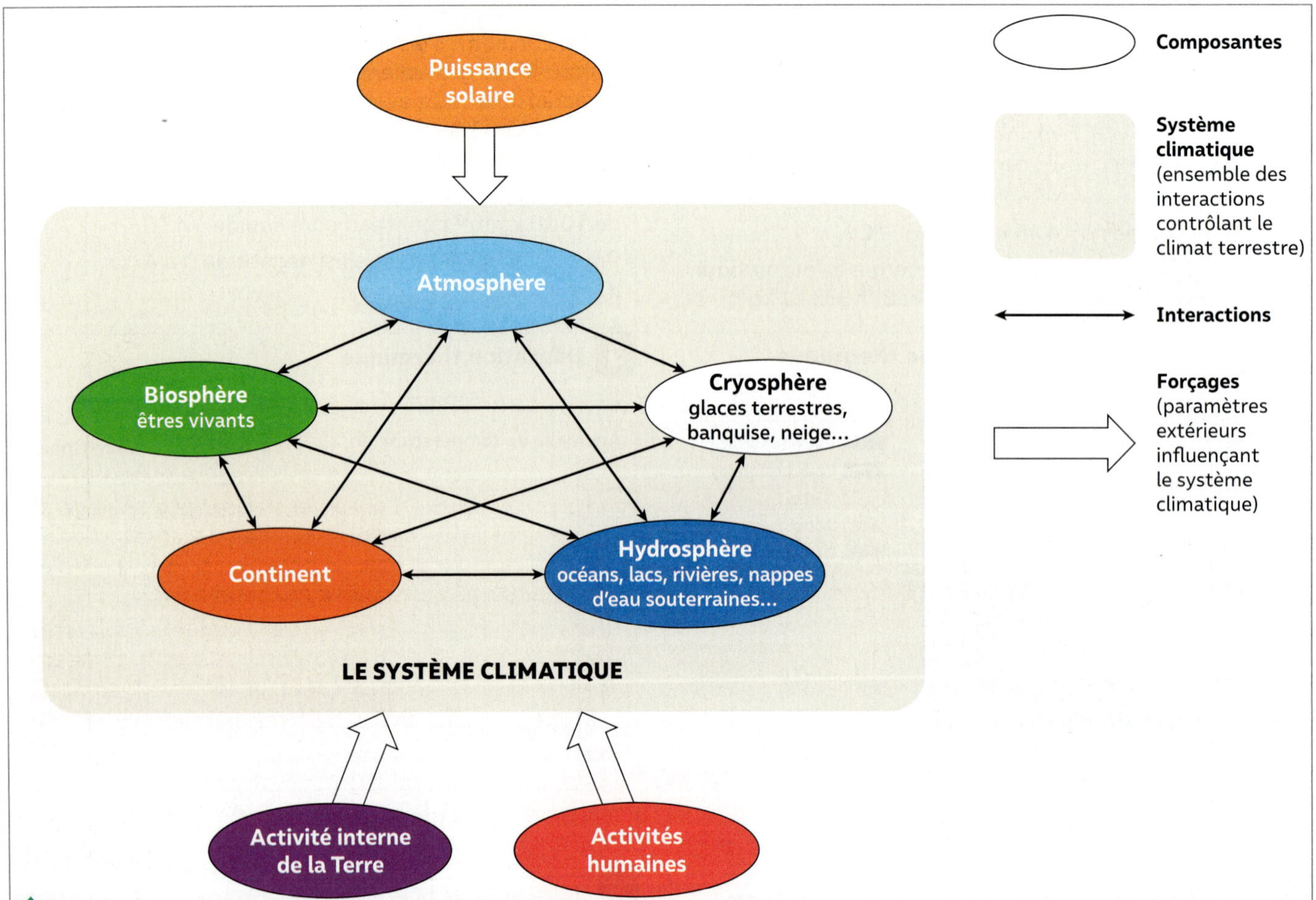

1 Le système climatique et ses forçages externes

Les interactions dans le système climatique sont de natures variées :

- **Transferts thermiques :** évaporation, transpiration des végétaux, condensation, transferts d'énergie par les vents, les courants océaniques, etc.
- **Échanges de gaz :** rejet de dioxyde de carbone par la respiration des êtres vivants, absorption du dioxyde de carbone par la photosynthèse, dissolution du dioxyde de carbone de l'atmosphère dans les océans, dégazage du dioxyde de carbone des océans dans l'atmosphère, etc.
- **Absorption ou réflexion** (albédo) de la puissance solaire par les différentes surfaces terrestres.

2 Les interactions du système climatique

Expliquer le rôle de la glace et de la vapeur d'eau sur le climat

Type de surface	Albédo
Mer	0,05 à 0,15
Glace	0,5 à 0,7
Neige fraîche	0,8

3 Albédo de différentes surfaces
L'albédo représente la capacité d'une surface à réfléchir et diffuser la puissance qu'elle reçoit par rayonnement.

4 Depuis 1979, la surface de la banquise arctique a diminué de plus de 30 %

Température de l'air	Concentration en masse maximale de vapeur d'eau (en $g \cdot m^{-3}$)
− 10	2
− 5	3
0	4,5
5	6,5
10	9,5
15	13
20	17
30	30

5 Concentration en masse maximale de vapeur d'eau dans l'air en fonction de la température

Le spectre d'absorption de la vapeur d'eau montre que cette espèce chimique absorbe une grande quantité de rayonnement infrarouge. La vapeur d'eau est donc un gaz à effet de serre. C'est même le principal gaz à effet de serre de l'atmosphère (il contribue à plus 55 % de l'effet de serre naturel).

6 La vapeur d'eau, un gaz à effet de serre

Expliquer le rôle de la végétation sur le climat

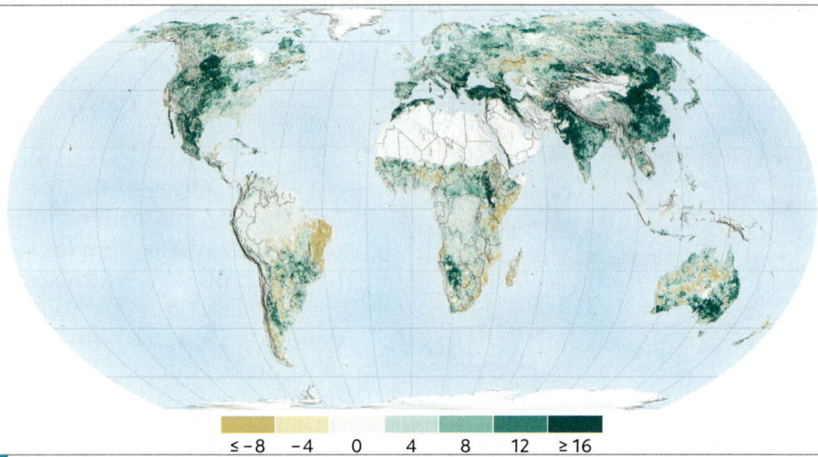

7 Variation en pourcentage par décennie de la surface de feuilles moyenne (entre 2000 et 2017)
Les observations satellite ont montré que la surface mondiale des feuilles des plantes avait augmenté de 5 % depuis le début des années 2000.

Lors de la croissance d'un végétal, celui-ci absorbe davantage de CO_2 (par la photosynthèse) qu'il n'en émet (par la respiration).

En revanche, lorsque la croissance du végétal s'arrête et qu'il meurt, la matière qui le constituait se décompose, restituant ainsi à l'atmosphère, le CO_2 prélevé lors de la croissance du végétal.

8 Les végétaux, des puits de carbone ?

COUPS DE POUCE

- Utiliser les connaissances sur le bilan radiatif (en particulier sur l'albédo et l'effet de serre) pour expliquer les effets de la modification d'un facteur (couverture de glace, vapeur d'eau ou végétalisation) sur le climat.
- Réaliser, dans un premier temps, un schéma fonctionnel pour chaque facteur étudié puis regrouper l'ensemble pour produire le schéma final.

VOCABULAIRE

Puits de carbone : un puits de carbone est une structure capable d'absorber et de stocker du carbone.

HISTOIRE ENJEUX DÉBATS

Les enjeux du réchauffement climatique global

De nombreuses études scientifiques ont porté sur les conséquences, déjà observables, du réchauffement climatique ainsi que sur celles prédites pour le futur. L'un des trois groupes de travail du GIEC (Groupe intergouvernemental d'experts sur l'évolution du climat) synthétise ces informations au sein du rapport *Incidences, adaptations et vulnérabilité*.

Quels sont les enjeux du réchauffement climatique global ?

doc a

Relation entre température extérieure et développement de deux parasites du genre *Plasmodium*

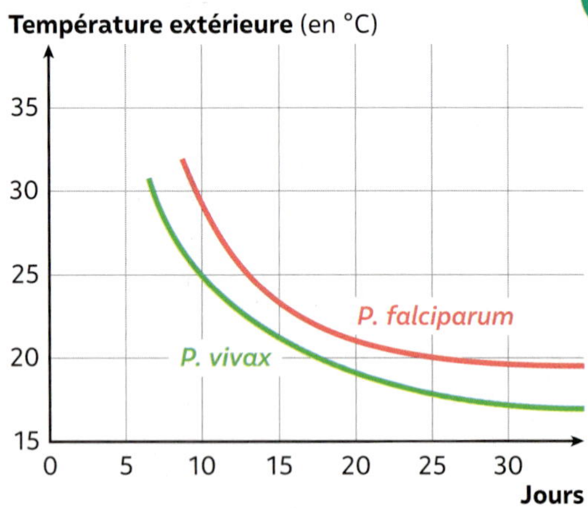

Les parasites du genre *Plasmodium* (dont *P. falciparum* et *P. vivax*) sont responsables du paludisme, une maladie qui a causé la mort de plus de 620 000 personnes pour la seule année 2017.

Sur ce graphique, on a représenté l'influence de la température extérieure sur le temps de développement du parasite au sein de son hôte moustique. Plus le temps de développement est faible et plus le moustique peut transmettre rapidement la maladie.

Cet ouragan a touché une partie des Antilles, dont les îles françaises de Saint-Barthélemy et Saint-Martin, et une partie des États-Unis. Il a entraîné la mort de 134 personnes et des dégâts estimés à 67,8 milliards de dollars. S'il est impossible de relier un événement donné au réchauffement climatique, les résultats des études scientifiques indiquent que ce dernier est responsable d'une augmentation de la fréquence de certains phénomènes extrêmes (vagues de chaleur, épisodes de fortes précipitations, etc.).

doc b

Photographies de Saint-Martin, avant et après le passage de l'ouragan Irma en 2017

RESSOURCES

- Site du GIEC
https://www.ipcc.ch/

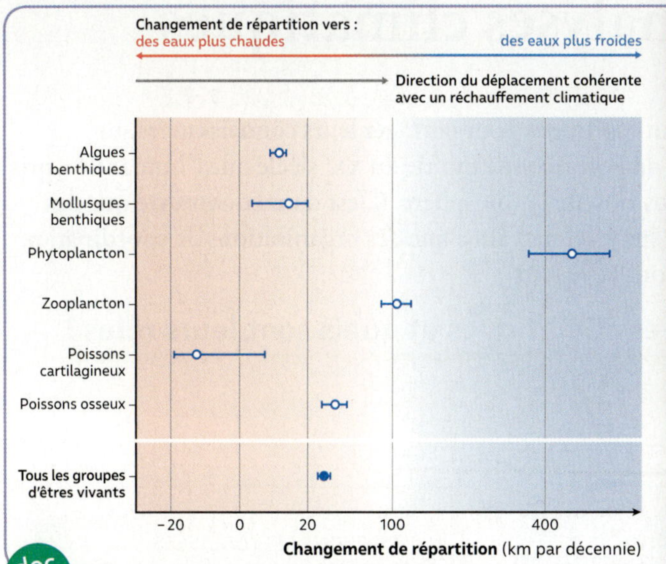

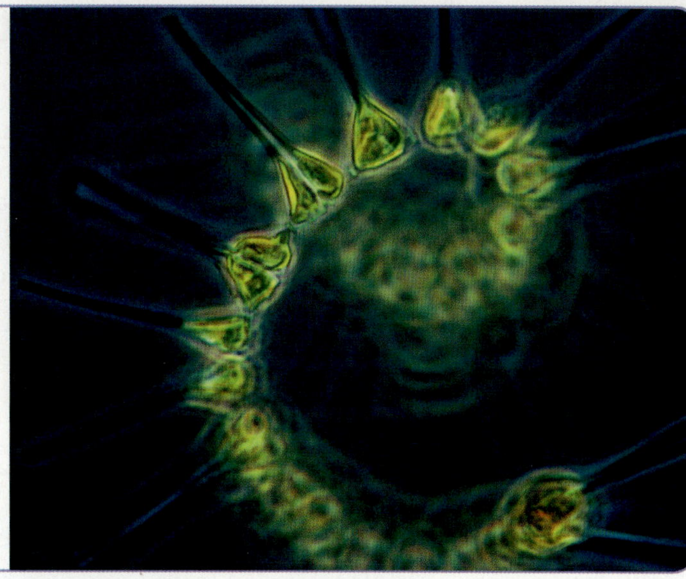

doc c Changements observés de distribution de plusieurs groupes d'êtres vivants marins

Pour déterminer les changements de répartition, les chercheurs à l'origine de cette analyse se sont fondés sur 1 735 études précédentes, s'étant déroulées sur une période de 41 ans en moyenne. Pour chaque groupe d'êtres vivants, le point représente la moyenne et les barres horizontales les écarts types.

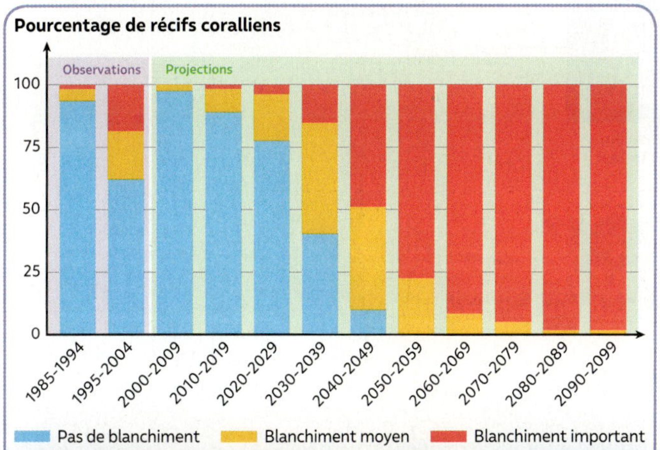

doc d Effets observés et prévus du réchauffement climatique sur les récifs coralliens

Les coraux sont des organismes marins issus de la symbiose entre un animal et une algue. Cette dernière est colorée. Lorsque la température de l'eau est trop élevée, l'algue est expulsée et le corail perd sa couleur : il blanchit. Le blanchiment peut aboutir à la mort des coraux.

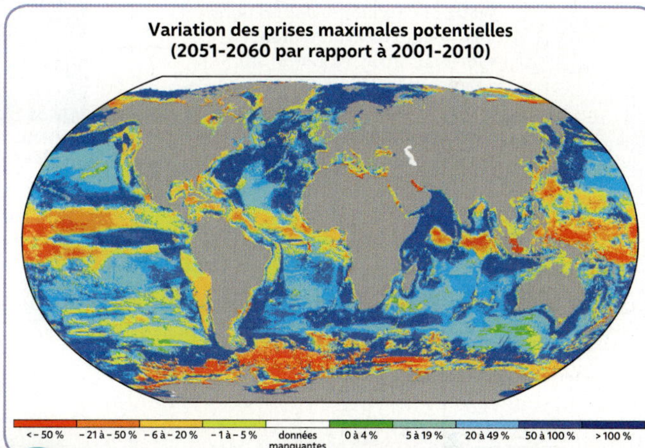

doc e Impact du réchauffement climatique sur la pêche

Cette carte représente la redistribution mondiale projetée des prises maximales potentielles d'environ 1000 espèces exploitées de poissons et d'invertébrés marins. Les projections comparent les moyennes décennales 2001–2010 et 2051–2060 en se fondant sur un scénario de réchauffement modéré à élevé.

En équipes !

Équipe 1
À l'aide des documents et de recherches complémentaires sur internet, décrivez les enjeux sanitaires, alimentaires et économiques du réchauffement climatique.

Équipe 2
À l'aide des documents et de recherches complémentaires sur internet, décrivez les enjeux environnementaux et écosystémiques du réchauffement climatique.

En commun
Construisez une carte mentale représentant les enjeux du réchauffement climatique.

Les acteurs des analyses climatiques

Si dès la fin du XIXe siècle, des pays se sont regroupés pour partager leurs connaissances sur la météorologie et le climat, ce n'est que dans la seconde moitié du XXe siècle que l'humanité a pris conscience de son influence sur la composition de l'atmosphère. C'est dans ce contexte que des organismes internationaux de recherche sur le climat, ainsi que des organisations de coordination et d'évaluation des analyses climatiques ont vu le jour.

Qui sont les acteurs des analyses climatiques et quels sont leurs rôles ?

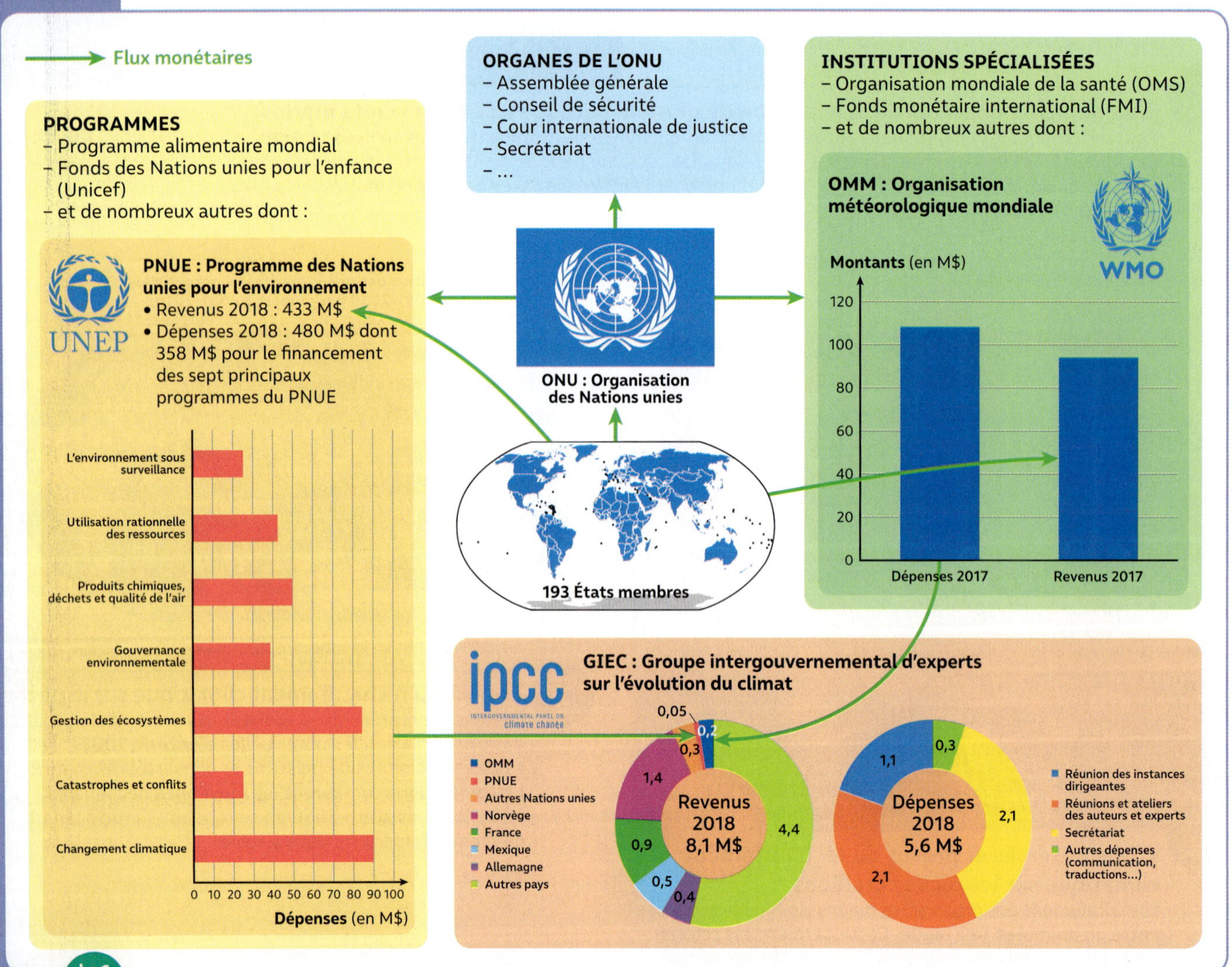

doc a

Les acteurs des analyses climatiques
Le PNUE, l'OMM et le GIEC sont trois acteurs des analyses climatiques qui dépendent de l'argent versé directement par les Nations unies mais également de fonds publics et privés en provenance des États membres.

RESSOURCES
- C'est quoi le GIEC ?
- Vers un pacte mondial de l'ONU pour l'environnement
- Le développement durable aux Nations Unies

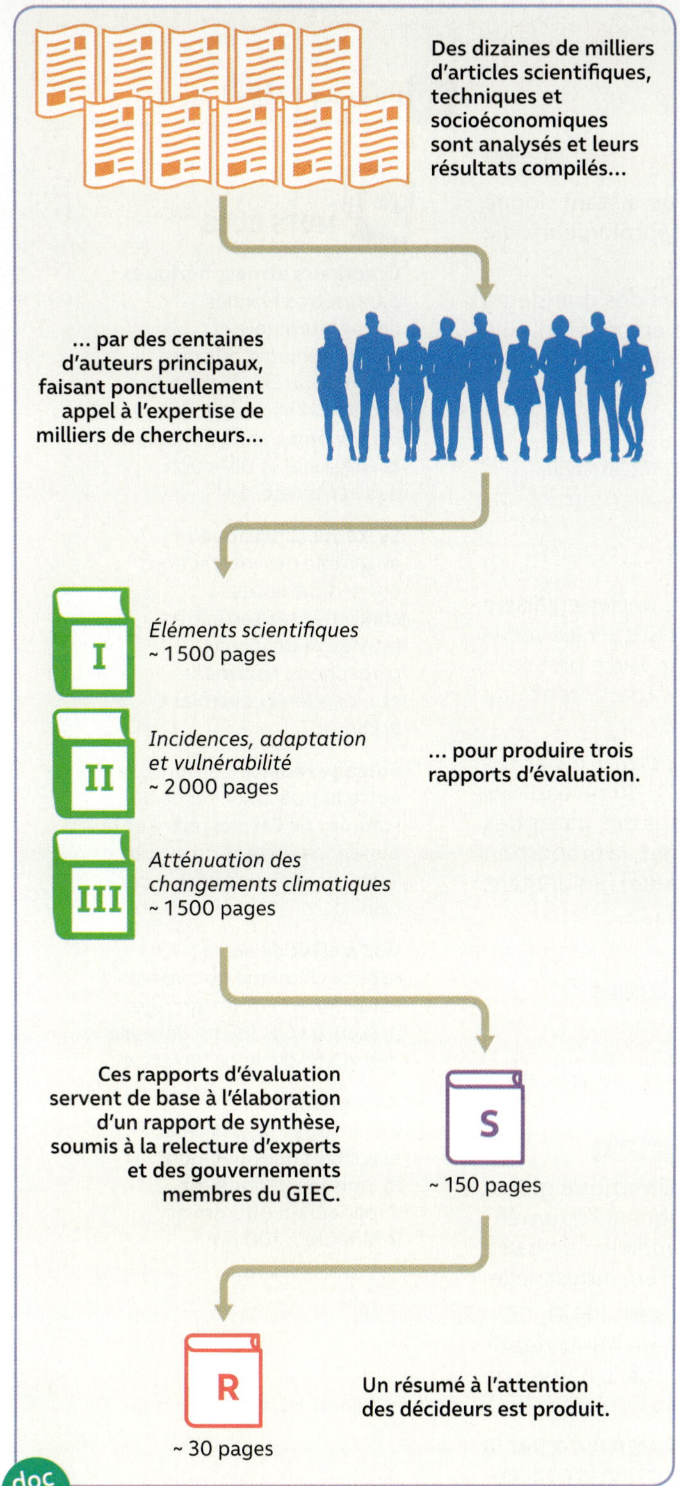

doc b

Le processus d'écriture des rapports du GIEC, exemple du 5e rapport (2014). La publication du 6e rapport de synthèse est prévue pour 2022.

doc c

Une des stations du Global Atmosphere Watch
Ce programme de recherche, lancé par l'Organisation météorologique mondiale, a pour objectif de suivre l'évolution de la composition de l'atmosphère au cours du temps.

doc d

Le budget de l'ONU est voté par son assemblée générale
Elle a lieu une fois par an à New York ; chaque État membre dispose d'une voix.

En équipes !

À l'aide des documents et de recherches menées sur internet, identifier quelques dates clés ainsi que les rôles joués par les acteurs listés ci-dessous

- **Équipe 1**
  Les Nations unies, et plus particulièrement le Programme des Nations unies pour l'environnement.
- **Équipe 2**
  L'Organisation météorologique mondiale.
- **Équipe 3**
  Le Groupe intergouvernemental d'experts sur l'évolution du climat.
- **En commun**
  Réaliser une frise chronologique en indiquant les événements clés de la vie des trois organismes étudiés (Nations unies, OMM et GIEC).

SYNTHÈSE La complexité du système climatique

MÉMO

Podcast | Texte dys

La distinction entre météorologie et climatologie UNITÉ 1

- La météorologie mesure les **grandeurs atmosphériques** à un instant donné et prévoit leur évolution pour les prochains jours. La météorologie étudie donc des phénomènes atmosphériques sur un court terme.
- La climatologie définit les climats en utilisant les moyennes des grandeurs atmosphériques mesurées sur une longue période (30 ans en général). Elle étudie les variations passées et futures du climat local ou global à long terme (décennies, siècles, millénaires, etc.).

SAVOIR-FAIRE

- Distinguer sur un document des données relevant du climat et de la météorologie.

La variabilité du climat UNITÉS 2 et 3

- Différents types d'indices géologiques (comme les traces des anciens glaciers ou l'étude des grains de pollens fossiles) permettent de reconstituer les variations climatiques passées et d'observer que le climat de la Terre présente une variabilité naturelle sur différentes échelles de temps (de la centaine d'années à la centaine de millions d'années).
- Cependant, de nombreux témoins (mesures de la température par les stations ou les satellites, mesures de la proportion de CO_2, du niveau des océans, de l'étendue des glaces et des glaciers, observations des dates des vendanges, etc.) montrent que jamais dans l'histoire du climat, la proportion de CO_2 atmosphérique et la température n'ont augmenté aussi rapidement qu'actuellement.

SAVOIR-FAIRE

- Identifier des tendances d'évolution de la température sur plusieurs échelles de temps à partir de graphiques.
- Identifier des traces géologiques de variations climatiques passées.

L'origine du changement climatique actuel UNITÉ 4

- Depuis un siècle et demi, on mesure un réchauffement climatique global (environ +1 °C). Celui-ci est la réponse du **système climatique** à l'augmentation du **forçage radiatif** due à la hausse brutale de la proportion de **gaz à effet de serre** (GES) dans l'atmosphère depuis le début de l'ère industrielle.
- Les principaux GES présents dans l'atmosphère terrestre sont : H_2O, CO_2, CH_4 et N_2O. La proportion de vapeur d'eau dans l'atmosphère étant relativement stable, l'augmentation du forçage radiatif provient de la hausse de la concentration des trois autres principaux GES.
- L'atmosphère absorbe l'intégralité du **rayonnement infrarouge** émis par la surface de la Terre et le réémet dans toutes les directions. Lorsque la concentration des GES augmente, le rayonnement infrarouge émis par l'atmosphère est davantage absorbé. Le rayonnement infrarouge sortant de l'atmosphère est alors émis à une altitude plus élevée et donc une température plus faible. Ceci entraîne une diminution de la puissance rayonnée par la Terre vers l'extérieur. En retour, il en résulte une augmentation de la puissance radiative reçue par le sol de la part de l'atmosphère.
- Cette puissance additionnelle entraîne une perturbation de l'équilibre radiatif qui existait à l'ère préindustrielle, se traduisant, entre autres, par une augmentation de la température atmosphérique.

SAVOIR-FAIRE

- Déterminer la capacité d'un gaz à influencer l'effet de serre atmosphérique à partir de son spectre d'absorption des ondes électromagnétiques.

A-Z MOTS CLÉS

- **Grandeurs atmosphériques :** paramètres étudiés en météorologie et en climatologie tels que la température, la pression, le degré d'hygrométrie, la pluviométrie, la nébulosité, la vitesse et la direction des vents, etc.
- **Système climatique :** ensemble des interactions entre différentes composantes terrestres (atmosphère, océan, cryosphère, continent et biosphère) contrôlant le climat.
- **Forçage radiatif :** différence entre la puissance reçue au sommet de l'atmosphère et la puissance sortant du système Terre, émise ou réfléchie par celui-ci.
- **Gaz à effet de serre :** espèce chimique absorbant le rayonnement infrarouge, présente sous forme gazeuse dans l'atmosphère terrestre.
- **Rayonnement infrarouge :** rayonnement électromagnétique dont la longueur d'onde est supérieure à 800 nm et inférieure à 100 µm.

SCHÉMA

Bilan animé

Le système climatique et ses forçages externes

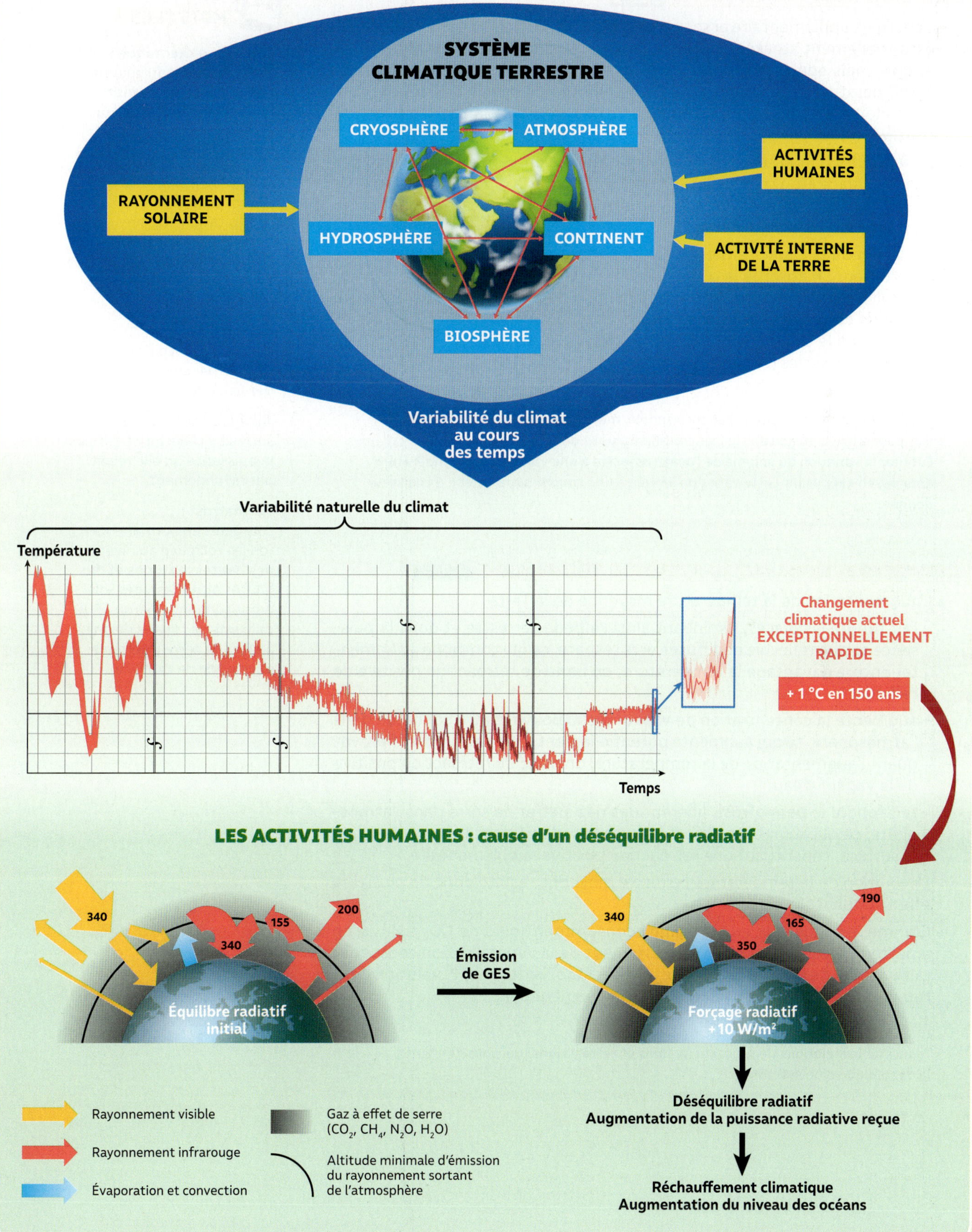

SYNTHÈSE La complexité du système climatique

MÉMO

Podcast | Texte dys

L'absorption de la puissance radiative additionnelle par la Terre UNITÉ 5

- L'énergie supplémentaire associée à l'augmentation du forçage radiatif est essentiellement stockée par les océans, provoquant leur **dilatation thermique**, mais également par les sols : fonte des glaces, augmentation de la température du sol. Il en résulte une montée du niveau des océans, due pour moitié à la dilatation thermique et pour moitié à la fonte des **glaces continentales**.
- La fonte des **banquises** n'a, en revanche, aucune influence sur le niveau des mers : la glace étant moins dense que l'eau liquide, la diminution de volume lors du changement d'état compense exactement la quantité d'eau supplémentaire sous le niveau marin.
- En raison de la capacité thermique importante de l'eau, l'océan a un rôle amortisseur : il absorbe la quasi-totalité de la puissance radiative supplémentaire à sa surface par une augmentation de sa température inférieure à celle de l'atmosphère. Cependant, cette accumulation d'énergie dans les océans rend le changement climatique irréversible à des échelles de temps de plusieurs siècles.

SAVOIR-FAIRE

- Réaliser et interpréter une expérience simple, mettant en évidence la différence d'impact entre la fusion des glaces continentales et des glaces de mer.
- Estimer la variation du volume de l'océan associée à une variation de température donnée, en supposant cette variation limitée à une couche superficielle d'épaisseur donnée.

Les rétroactions sur le système climatique UNITÉ 6

- L'augmentation de la température moyenne de la Terre :
  - fait fondre les glaces, diminuant ainsi l'**albédo** terrestre et donc la puissance solaire réfléchie et diffusée vers l'espace, ce qui contribue à augmenter encore davantage la température; on parle de rétroaction positive de l'albédo;
  - augmente la concentration de vapeur d'eau pouvant être contenue dans l'atmosphère, ce qui augmente potentiellement le forçage radiatif provoquant l'augmentation de la température; on parle de rétroaction positive de la vapeur d'eau;
  - fait fondre le **permafrost**, libérant des gaz à effet de serre dans l'atmosphère, ce qui augmente encore le forçage radiatif donc la température à la surface, constituant une rétroaction positive supplémentaire.

  L'évolution de la température terrestre moyenne résulte donc de plusieurs effets amplificateurs.
- Comme les végétaux en croissance consomment plus de CO_2 qu'ils n'en émettent, à court terme, un accroissement de la végétalisation constituerait un puits de CO_2 et aurait donc un effet stabilisateur sur l'évolution de la température terrestre : c'est une rétroaction négative.

SAVOIR-FAIRE

- Identifier les relations de causalité (actions et rétroactions) qui sous-tendent la dynamique d'un système.

MOTS CLÉS

- **Dilatation thermique :** augmentation du volume occupé par une quantité de matière donnée à cause de l'augmentation de sa température.
- **Glaces continentales :** accumulation de précipitations tassées et solidifiées reposant sur la croûte continentale. Exemples : calotte polaire, glaciers de montagne.
- **Banquise :** couche de glace flottante formée par solidification des eaux de surface.
- **Albédo :** capacité d'une surface à réfléchir et diffuser la puissance qu'elle reçoit par rayonnement.
- **Permafrost :** sols gelés en permanence (on les retrouve au niveau des hautes latitudes et des hautes altitudes), ces sols emprisonnent environ 1500 milliards de tonnes de gaz à effet de serre (méthane et dioxyde de carbone).

SCHÉMA

Bilan animé

Le climat terrestre : un système complexe

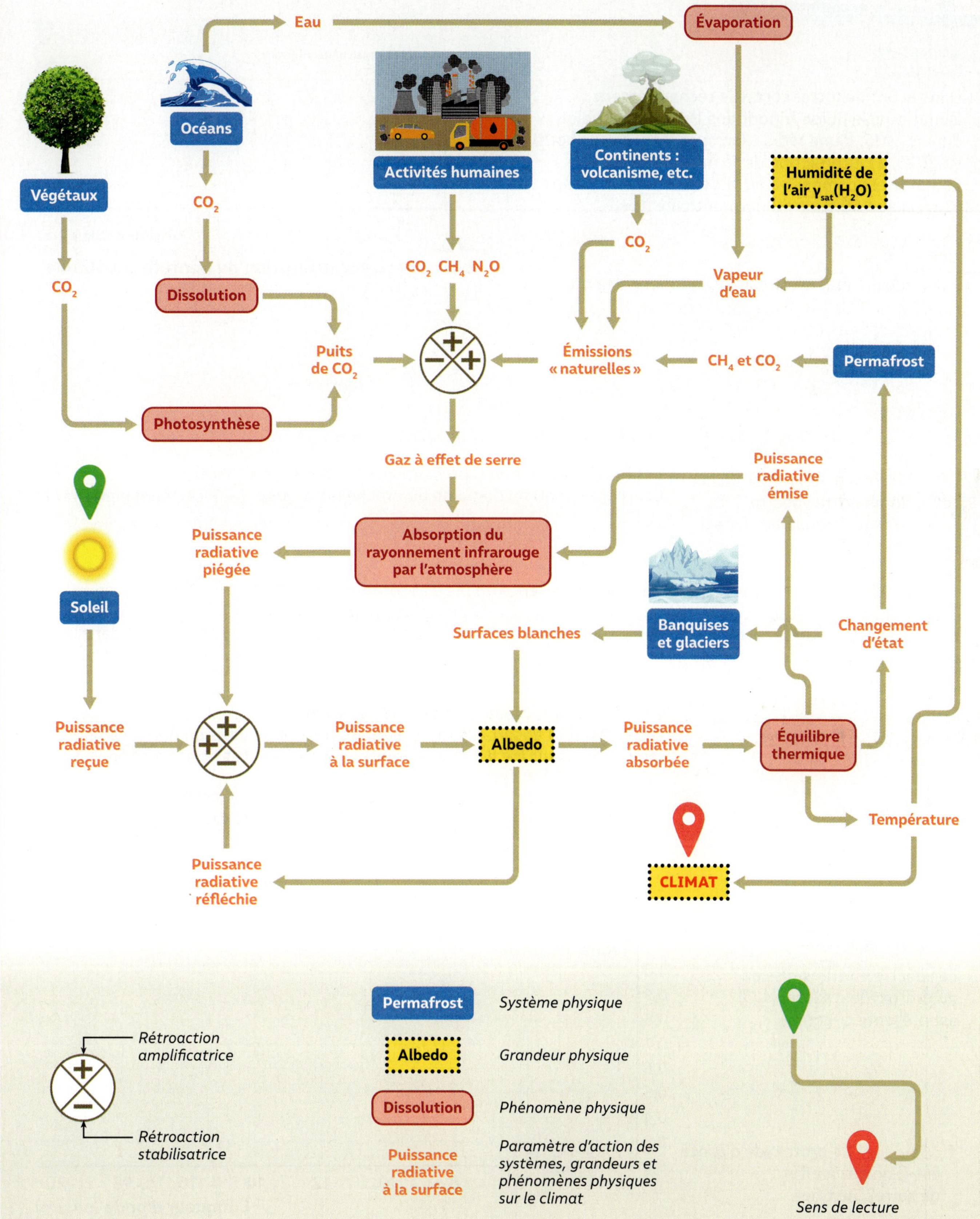

MÉTHODE Identifier un gaz à effet de serre à partir de son spectre d'absorption des ondes électromagnétiques

1 Exercice résolu

Énoncé

Dans le but de lutter contre le réchauffement climatique, le fluide frigorifique R410A fait l'objet, depuis 2015, d'une régulation européenne qui aboutira, en 2025, à l'interdiction de sa mise sur le marché.
Ce fluide est composé à 50 % de pentafluoroéthane (C_2HF_5) et à 50 % de difluorométhane (CH_2F_2).

QUESTION
À l'aide du spectre ci-contre, justifier cette décision.

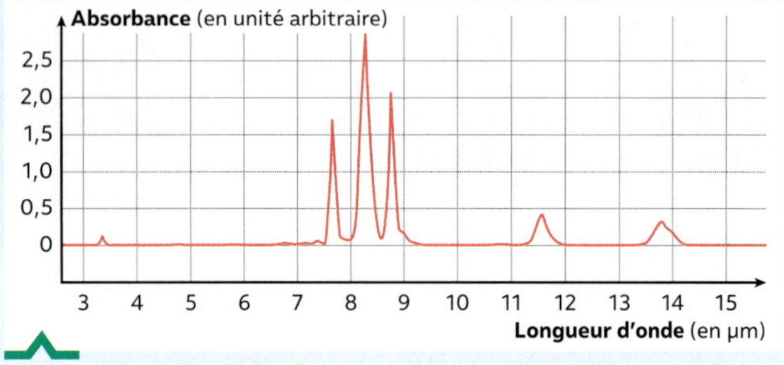

doc. **Spectre d'absorption du pentafluoroéthane (C_2HF_5)**

Méthode	Application
ÉTAPE 1 Identifier la nature du spectre, c'est-à-dire si c'est un spectre d'absorption ou en transmission et le domaine du spectre électromagnétique dans lequel il se situe.	Le spectre présenté est un spectre d'absorption. Les longueurs d'onde représentées s'étalent de 3 à 15 µm. Ceci correspond au domaine du proche infrarouge. [→ Fiche bien démarrer 8 p. 123]
ÉTAPE 2 Y a-t-il des pics d'absorption (inversés si c'est un spectre en transmission) dans le domaine du rayonnement infrarouge ? Si c'est le cas, le gaz est un gaz à effet de serre, sinon ce n'est pas le cas.	Le spectre présente un pic d'absorption entre 3 et 4 µm, 3 pics d'absorption importants entre 7 et 9 µm ainsi que deux pics d'absorption larges entre 11 et 12 µm et entre 13 et 14 µm. Ces deux derniers pics se situent dans la fenêtre atmosphérique, domaine du spectre pour lequel l'atmosphère est transparente au rayonnement. Le pentafluoroéthane est donc un gaz à effet de serre doté d'un fort pouvoir réchauffant (il absorbe le rayonnement infrarouge dans un domaine pour lequel l'atmosphère est transparente). La décision est donc justifiée.

2 APPLICATION

Le spectre en transmission du protoxyde d'azote (N_2O) est présenté ci-contre.

QUESTION **Le protoxyde d'azote est-il un gaz à effet de serre ? Justifier.**

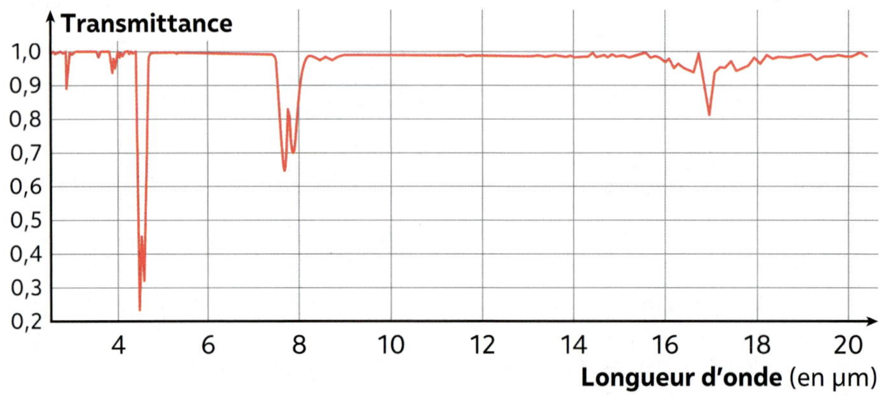

QUIZ

Parmi les affirmations suivantes, choisissez la réponse exacte.

3 La climatologie :

- **a** utilise des mesures pour décrire le temps qu'il fait.
- **b** prévoit l'évolution du temps qu'il fera dans les prochains jours.
- **c** utilise des moyennes de grandeurs atmosphériques sur de longues périodes.
- **d** n'étudie que les climats du futur.

4 L'élévation de la température fait fondre les glaces ce qui :

- **a** stabilise le climat (rétroaction négative).
- **b** réchauffe le climat (rétroaction positive).
- **c** réchauffe le climat (rétroaction négative).
- **d** stabilise le climat (rétroaction positive).

5 La hausse du niveau des océans provient en grande partie :

- **a** de la fonte des banquises.
- **b** de la fonte des glaciers de montagne.
- **c** de la dilatation thermique des océans.
- **d** de la dilatation de la banquise.

6 Le forçage radiatif est :

- **a** l'augmentation du flux radiatif reçu par la Terre.
- **b** la différence entre le flux radiatif reçu et celui renvoyé vers l'espace.
- **c** le flux radiatif émis par l'ensemble des activités humaines.
- **d** l'augmentation des radiations solaires.

▶ Corrigés p. 340

7 CONSTRUIRE UNE CARTE MENTALE

sur le thème des « rétroactions ».

▶ L'étiquette centrale s'intitulera

Réchauffement climatique

▶ Associer l'étiquette centrale, par le moyen graphique de votre choix à des étiquettes de votre initiative. Certaines peuvent être, par exemple :

Augmentation de la quantité de vapeur d'eau

Diminution de l'albédo

Fonte des glaces

Augmentation de la puissance radiative reçue au sol

Diminution de la puissance solaire réfléchie vers l'espace

Augmentation de l'effet de serre

QUESTION FLASH

8 Le diazote (N_2)

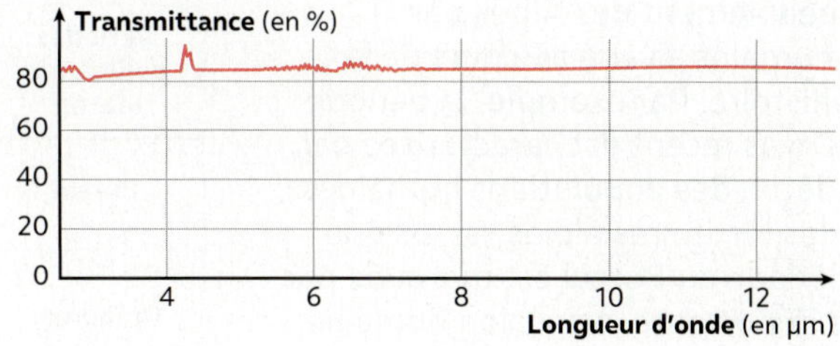

▶ Le diazote est-il un gaz à effet de serre ? Justifier.

EXERCICES D'APPLICATION

9 Les oiseaux migrateurs et le changement climatique

Busard des roseaux

Les oiseaux migrateurs transsahariens passent l'hiver en Afrique puis reviennent vers leur zone de nidification (en Europe notamment) peu avant la période de reproduction, au printemps, lorsque la météo est plus clémente. La Pointe de Grave (Gironde) est un lieu où l'on peut observer un flux très important d'oiseaux migrateurs transsahariens au printemps. Entre 1987 et 2017, on a observé, au niveau de la Pointe de Grave, que les différentes espèces de migrateurs transsahariens revenaient en moyenne 6,5 jours plus tôt avec des décalages plus ou moins grands selon les espèces (jusqu'à 14,7 jours plus tôt pour le Busard des roseaux).

▶ Expliquer pourquoi l'Observatoire national sur les effets du réchauffement climatique (ONERC) utilise le suivi des oiseaux migrateurs transsahariens à la Pointe de Grave comme un indicateur du changement climatique.

10 Dilatation thermique d'une mer

La mer Méditerranée couvre une superficie de 2,5 millions de km². Sa profondeur moyenne est de 1 500 m et sa température de surface s'est réchauffée de 1,2 °C en un siècle.

1. Calculer la dilatation thermique ΔV de cette mer en considérant que l'élévation de température est homogène sur 750 m d'épaisseur.
2. En déduire l'élévation du niveau de la mer Méditerranée correspondant aux hypothèses.

Donnée : Coefficient de dilation thermique de l'eau $\beta = 2{,}6 \times 10^{-4}$ °C^{-1} à 15 °C.

11 Les peuplements humains dans les Alpes et les variations climatiques

OBJECTIF Identifier des traces géologiques de variations climatiques passées.

Le peuplement des Alpes par les humains a varié au cours de la Préhistoire. Par exemple, la période du Dryas récent est caractérisée par un déclin des populations humaines sur les territoires alpins tandis que la période du Boréal est marquée par une importante expansion humaine dans les Alpes. Cette occupation des territoires alpins par les humains est fortement corrélée aux variations climatiques.

QUESTION

À partir de l'exploitation des documents, formuler des hypothèses expliquant les modifications des peuplements humains dans les Alpes au Dryas récent et au Boréal.

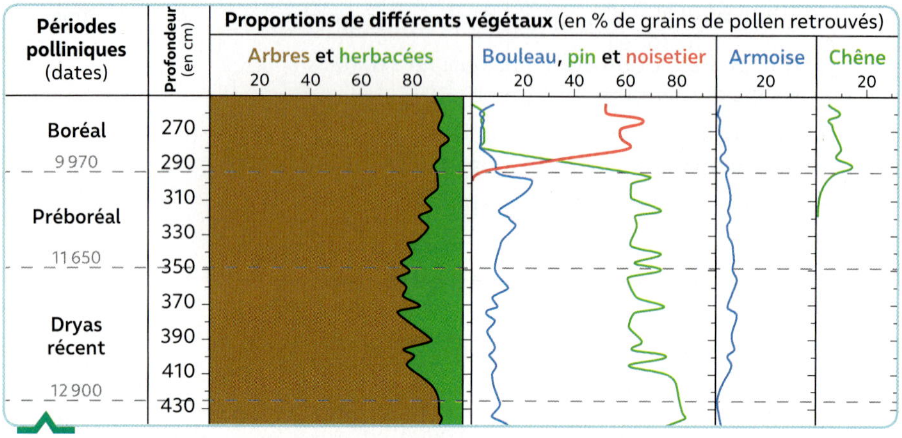

a. **Diagramme de la tourbière de Chirens (Isère, Alpes)**

Dans les régions au climat froid, on trouve des paysages de landes contenant essentiellement des plantes herbacées (comme l'armoise) mais aussi quelques arbres comme des pins et des bouleaux. Dans les régions au climat tempéré, la proportion d'arbres est plus grande et on retrouve surtout des arbres à feuilles caduques comme le chêne, le noisetier.

b. **Préférences climatiques de quelques espèces végétales**

12 Un épisode de pluie exceptionnel ?

OBJECTIF Distinguer des données relevant du climat de celles relevant de la météorologie.

Le mois d'octobre 2018 a été marqué par de fortes pluies dans la région de Carcassonne.

QUESTIONS

1. Calculer la hauteur totale des précipitations du mois d'octobre 2018 et comparer la valeur obtenue aux normales saisonnières.
2. Distinguer dans les documents a et b les données relevant de la météorologie de celles relevant de la climatologie.

Mois	Hauteur des précipitations (mm) (moyennes entre 1981 et 2010)
Janvier	69,3
Février	54,1
Mars	54,3
Avril	73,1
Mai	56,7
Juin	45,9
Juillet	28,5
Août	42,6
Septembre	42,5
Octobre	59,5
Novembre	59,5
Décembre	62,5

a. **Normales saisonnières des précipitations à Carcassonne**

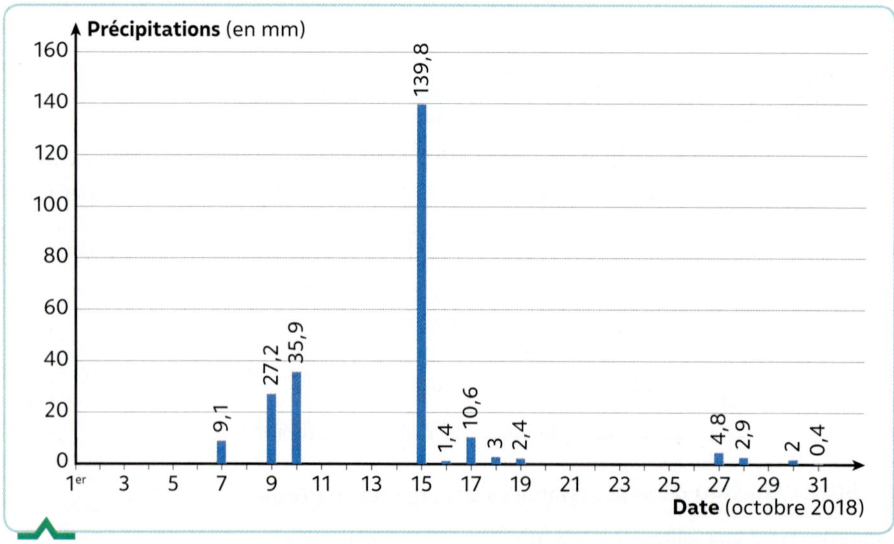

b. **Précipitations mesurées lors du mois d'octobre 2018 par une station de Carcassonne**

13 Les épisodes climatiques de « Terre boule de neige »

OBJECTIF Expliquer par des relations de causalité (actions et rétroactions) un changement climatique passé.

La Terre aurait subi au moins à trois reprises dans son histoire (il y a 2,4 Ga, il y a 720 Ma et il y a 635 Ma) des périodes pendant lesquelles elle aurait été entièrement recouverte de glace. On parle de « Terre boule de neige ».

QUESTION Construire un schéma fonctionnel expliquant comment la Terre a pu se retrouver entièrement recouverte de glace lors des épisodes de « Terre boule de neige ».

Les épisodes climatiques de « Terre boule de neige » auraient été amorcés par un refroidissement initial (causé par exemple par une forte diminution de la quantité de gaz à effet de serre) qui se serait ensuite « emballé » du fait de la rétroaction positive de l'albédo.

a. De l'amorce à la glaciation globale

b. Vue d'artiste d'un épisode de « Terre boule de neige ».

14 Fonte des glaces et niveau marin

OBJECTIF Analyser une expérience mettant en évidence la différence d'impact entre la fusion des glaces continentales et des glaces de mer.

L'expérience ci-contre modélise la fonte des glaces et son effet sur le niveau des océans.
Dans l'aquarium de gauche, on place de l'eau colorée et des glaçons. Dans l'aquarium de droite, on place de l'eau colorée et des glaçons déposés sur un support solide.
On mesure le niveau de l'eau, au début et à la fin de l'expérience.

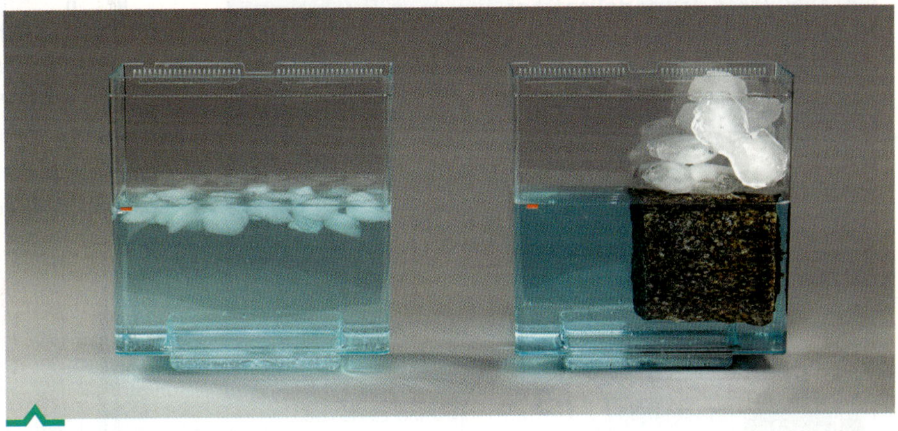

a. Début de l'expérience

b. Fin de l'expérience

QUESTIONS

1. Analyser l'expérience et interpréter les résultats.
2. Identifier à quoi correspondent les éléments du modèle dans la réalité.

POUR ALLER PLUS LOIN :
À l'aide de vos connaissances, indiquer quelles sont les causes de l'augmentation du niveau des océans.

UNITÉ 1

La modélisation du climat du futur

La communauté scientifique met au point des modèles numériques destinés à calculer l'évolution dans le temps de paramètres climatiques.
Les modèles obtenus rendent compte de ce que pourrait être le climat du futur.

OBJECTIF

Identifier les étapes de la démarche mise en œuvre par les scientifiques pour modéliser le climat du futur.

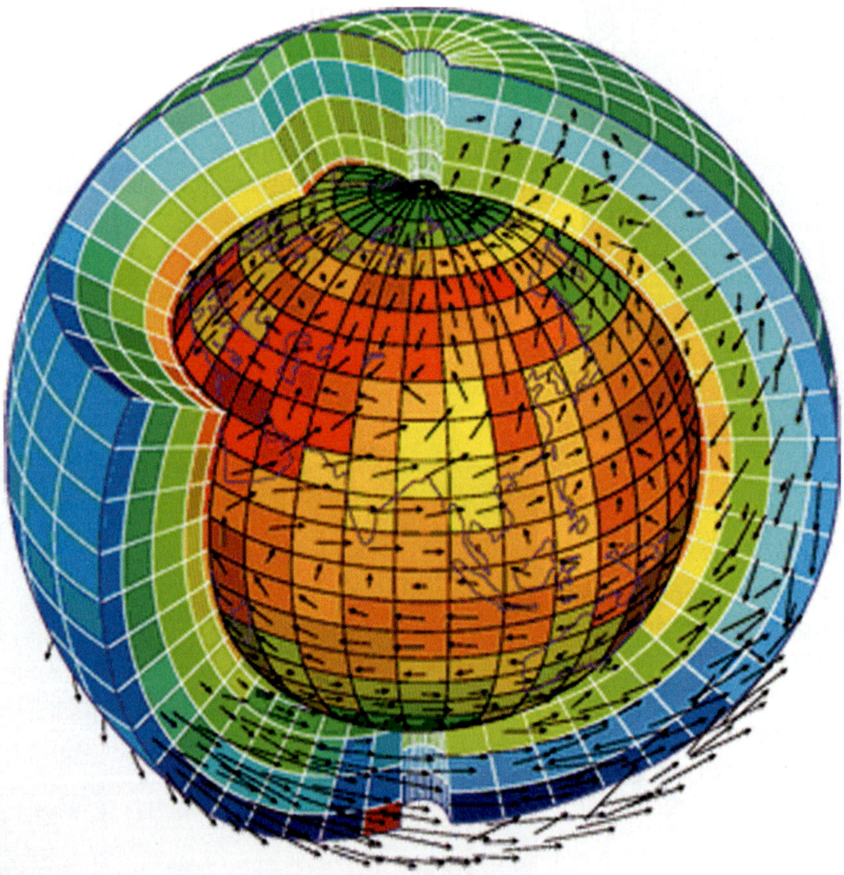

1 Structure 3D d'un modèle climatique
Les couleurs représentent la température et les flèches le vent.

« Si on veut regarder vers le futur, la seule façon de le faire c'est d'utiliser des modèles climatiques. Bien sûr, on peut les valider, sur des conditions différentes comme celles du passé, mais l'approche quasi obligatoire c'est la modélisation, donc je m'y suis intéressé. »

Jean Jouzel, climatologue et glaciologue, pionnier dans l'étude du changement climatique.

2 Le point de vue de Jean Jouzel

- La planète est divisée en de multiples mailles sur une grille en trois dimensions. En utilisant les équations des lois fondamentales de la physique (conservation de l'énergie, de la masse, de la quantité de mouvement), du mouvement des fluides et de la chimie, les modèles calculent les vents, les transferts de chaleur, l'humidité, etc. dans chaque maille de la grille et calculent également les interactions entre les mailles. On construit donc une structure numérique 3D correspondant à un découpage en cases de la surface terrestre et de son atmosphère.
- Pour chaque case, les ordinateurs calculent les échanges avec les cases voisines et établissent les nouvelles valeurs des paramètres physico-chimiques. Plus les cases seront petites, plus le modèle sera précis, mais il y aura davantage de valeurs et le temps de calcul sera long.
- Le nombre d'années simulées influe aussi sur la durée des calculs. Les plus puissants ordinateurs sont utilisés, mais malgré cela, les temps de calcul peuvent aller jusqu'à plusieurs mois.
- Si les équations sont correctes, et les conditions de départ exactes, le modèle devrait mimer la réalité des changements climatiques, aussi bien passés qu'à venir. Pour s'assurer que le modèle est valide, on le teste en simulant des variations anciennes du climat dont on connaît déjà les conséquences.

3 La construction d'un modèle numérique du climat

Dix simulations ont été réalisées, de manière à évaluer la variabilité[1] du modèle. Ces simulations prennent toutes en compte l'évolution des concentrations atmosphériques des gaz à effet de serre, ainsi que les éruptions volcaniques majeures : chacune d'entre elles se traduit par un refroidissement global de plusieurs dixièmes de °C, relativement brutal mais temporaire. Cet effet est notamment visible dans nos simulations en 1883 (Krakatoa), 1902 (Santa Maria), 1964 (Agung), 1982 (El Chichon) et 1991 (Pinatubo).

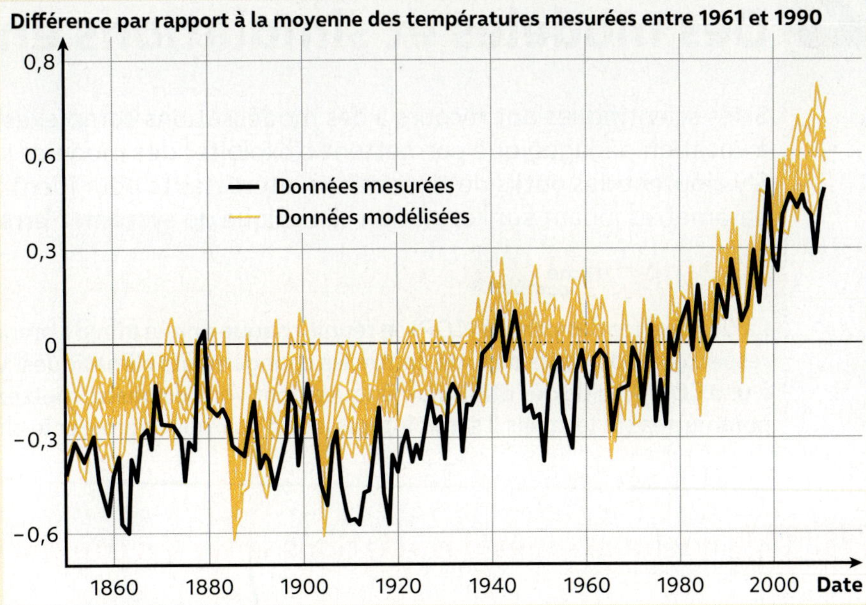

L'impact des volcans apparaît également dans les observations, même s'il est probablement sous-estimé dans le cas de l'éruption du Krakatoa. Enfin, l'évolution générale à la hausse de la température est correctement simulée par le modèle : une première phase de réchauffement des années 1920 aux années 1940, puis un léger refroidissement, suivi d'un réchauffement prononcé à partir de la fin des années 1970.

D'après Centre National de Recherches Météorologiques

1. Certaines équations intégrant des variations chaotiques de certains paramètres, la réitération d'une même situation de départ peut mener à des résultats sensiblement différents.

4 Évolution de la moyenne planétaire de la température de l'air près de la surface

Ces dernières années, différentes améliorations ont été apportées aux modèles numériques de climat :
- leur résolution spatiale est plus fine ;
- de nombreux scientifiques (climatologues, océanographes, glaciologues, spécialistes de l'atmosphère, de la végétation et des sols, spécialistes en calcul) s'impliquent désormais dans la modélisation.

Les modèles actuels permettent donc une représentation plus aboutie des différents compartiments du système climatique (océan, atmosphère, surfaces continentales, glaces) que leurs prédécesseurs.

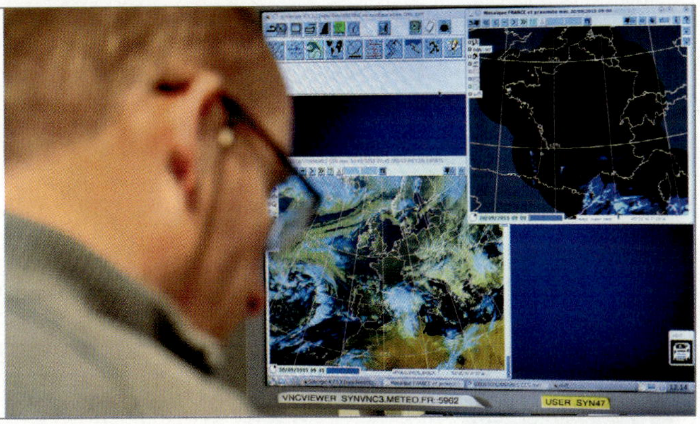

5 L'évolution récente des modèles

Réflexion sur la science

Des supercalculateurs sont utilisés pour améliorer la puissance de calcul des programmes informatiques.

Par exemple, les modèles climatiques dont les résultats figureront dans le sixième rapport d'évaluation du Giec (parution en 2021) ont utilisé les supercalculateurs de Genci et de Météo-France.

5 000 millions d'heures de calcul ont permis de générer 20 Pétaoctets de données !

PISTES D'EXPLOITATION

1. **Relever** les points essentiels du protocole de construction d'un modèle numérique de climat (doc. 1 et 3).
2. **Expliquer** le rôle joué par les climats passés dans la démarche de modélisation du climat du futur (doc. 3).
3. **Exploiter** la simulation pour éprouver le modèle (doc. 4).
4. **Résumer**, en les ordonnant, les différentes étapes de la modélisation d'un climat.

UNITÉ 2

Des modèles et simulations en classe

Si les scientifiques ont recours à des modélisations complexes, des logiciels à vocation pédagogique permettent d'exploiter des modèles simples au lycée. S'y ajoutent des outils de simulations intéressants pour identifier les différents paramètres jouant sur l'évolution climatique du **système Terre**.

MISSION Tâche complexe

La Conférence des parties (COP) se réunit chaque année afin de prendre des décisions pour respecter les objectifs de lutte contre les changements climatiques. Vous participez virtuellement à une COP. À l'aide des outils numériques dont vous disposez, mettez en évidence les divers paramètres sur lesquels il serait intéressant d'agir pour modérer le changement climatique.

Expliquer quelques-unes des relations entre les compartiments d'un modèle

Vensim

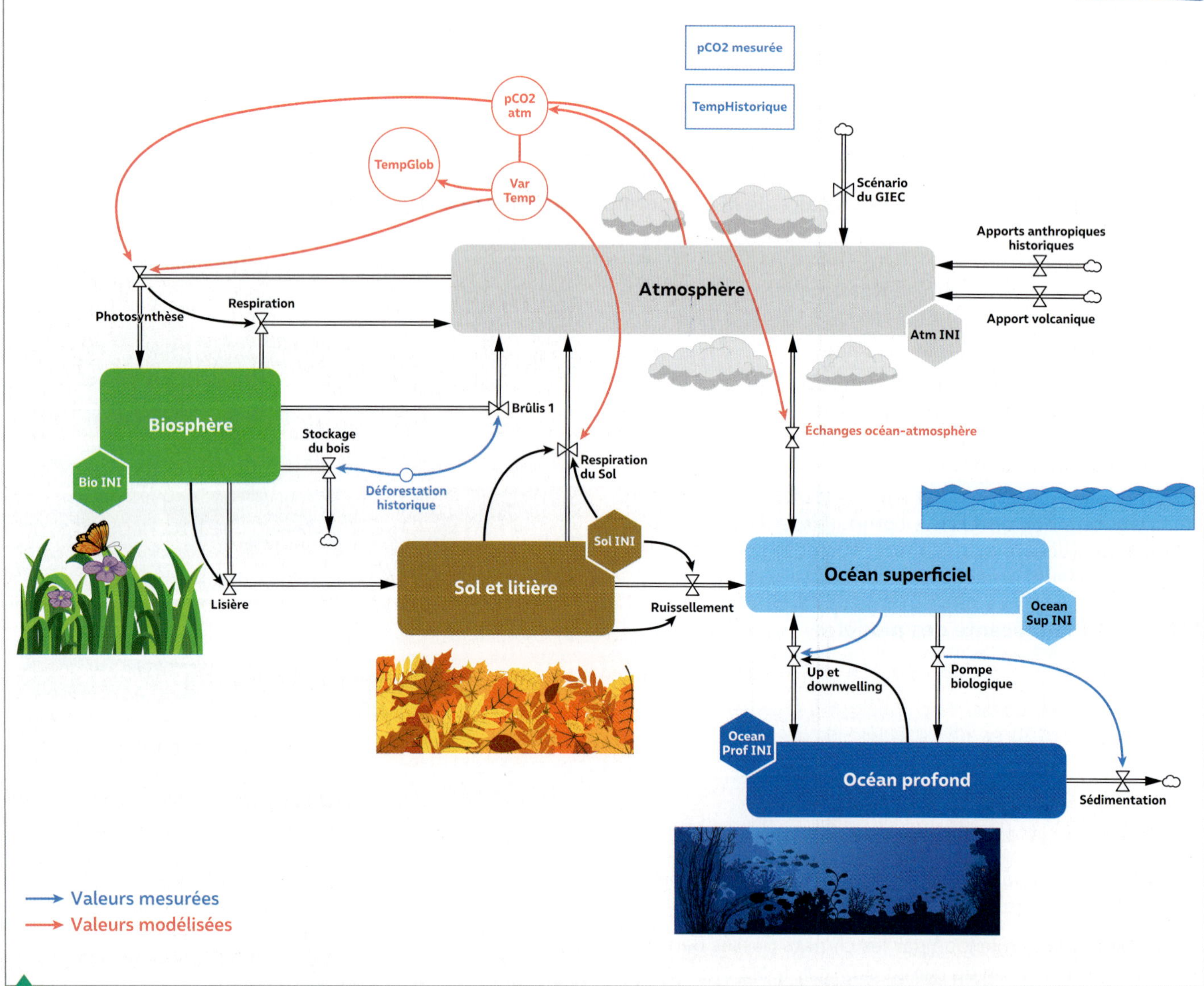

1 Modèle numérique à cinq compartiments (atmosphère, biosphère, sols, océans de surface et océan de profondeur) créé avec le logiciel Vensim pour tester l'impact des émissions de gaz à effet de serre sur le climat du XXIe siècle
Des équations (non visibles sur l'écran) permettent de calculer les flux de carbone d'un réservoir à l'autre. Le simulateur Venread (un visualiseur gratuit adossé à Vensim) calcule à partir de ce modèle l'évolution de la concentration en CO_2 et de la température au cours du temps.

Expliquer le paramétrage et le résultat d'une modélisation

Paramétrage	Résultats obtenus
L'utilisateur paramètre une baisse des émissions anthropiques (en Giga-tonnes de carbone par an) à des dates qu'il choisit.	Le simulateur Venread calcule, à partir du modèle Vensim à 5 compartiments, l'évolution des paramètres climatiques dans le cas du scénario d'émission décidé par l'utilisateur. Les valeurs calculées sont affichées graphiquement et sont comparées aux valeurs mesurées sur le terrain.

2010	7
2050	5
2100	0

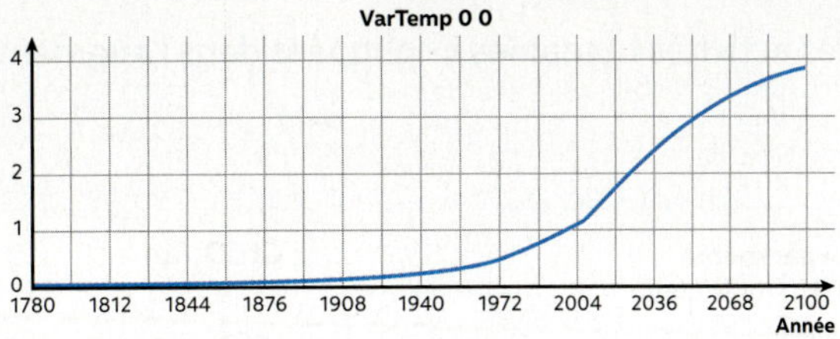

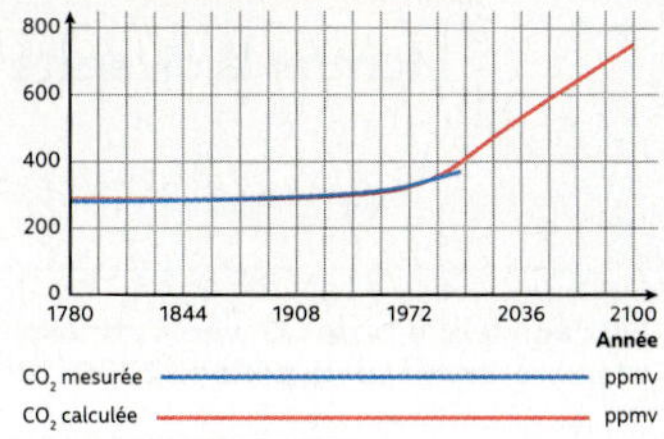

2 **Paramétrage d'un scénario d'émission anthropique de carbone**
(→ Méthode : Utiliser le visualiseur Venread, p. 88)

Identifier des paramètres jouant sur l'évolution climatique

ACTIVITÉ NUMÉRIQUE

Simclimat

OBJECTIF Simuler les modifications de paramètres climatiques avec le logiciel Simclimat

PROTOCOLE

L'utilisateur peut faire varier différents paramètres supposés influencer le climat. Le logiciel calcule et affiche les évolutions qui en résultent : concentration de CO_2, température, niveau de la mer et latitude des calottes.

Exemple de paramétrage :
- L'une des simulations est « sans stockage biologique », l'autre mime l'époque du Carbonifère où les forêts étaient très développées.
- Toutes les autres conditions sont identiques pour les deux simulations.

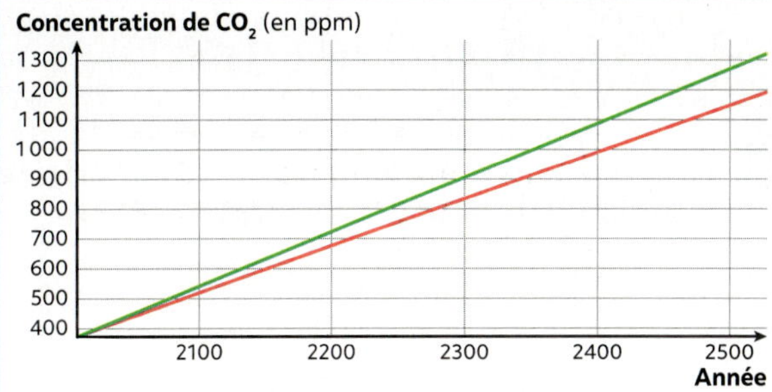

Résultat correspondant :
- Tracé vert : évolution calculée de la concentration de CO_2 en l'absence de stockage biologique.
- Tracé rouge : évolution calculée de la concentration de CO_2 en cas de stockage biologique comme au Carbonifère.

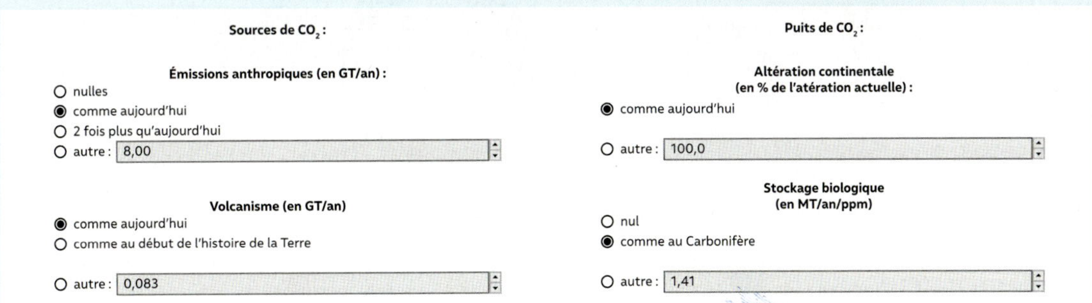

COUPS DE POUCE

- Expliquer les relations inter-compartiments (doc. 1) en exploitant vos connaissances sur les stocks des différents réservoirs et sur les flux principaux de carbone, d'origine anthropique ou non.
(→ chapitre 1 *L'atmosphère terrestre et la vie*)
- Identifier (doc. 2 et activité numérique) toute action qui modérerait l'élévation de la teneur en CO_2 atmosphérique et donc la température.

VOCABULAIRE

Émissions anthropiques : émissions d'origine humaine.

Système Terre : interaction entre les différentes enveloppes externes du globe (atmosphère, biosphère, hydrosphère, lithosphère) et impact des activités humaines sur ces enveloppes.

UNITÉ 3 Les activités humaines conditionnant le climat

L'augmentation de température moyenne depuis le début de l'ère industrielle est actée et la communauté scientifique reconnaît que cette augmentation de température est liée à l'activité humaine.

OBJECTIF

Montrer la diversité des activités humaines impliquées dans l'augmentation de température.

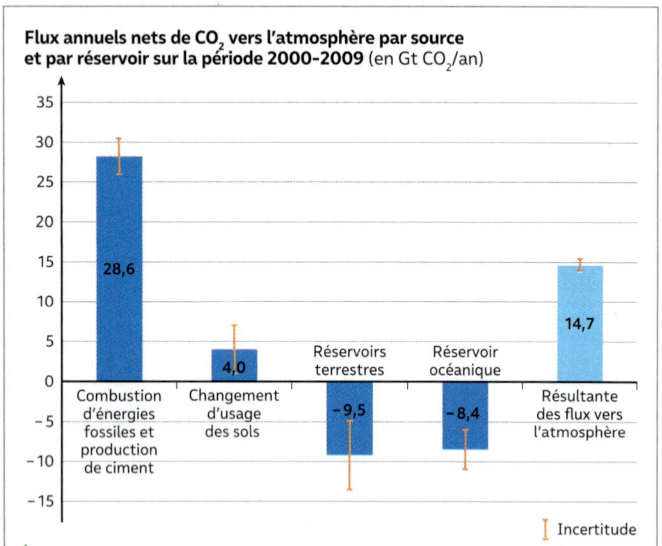

1 Les émissions anthropiques de CO_2 à l'origine d'un flux positif de CO_2 vers l'atmosphère

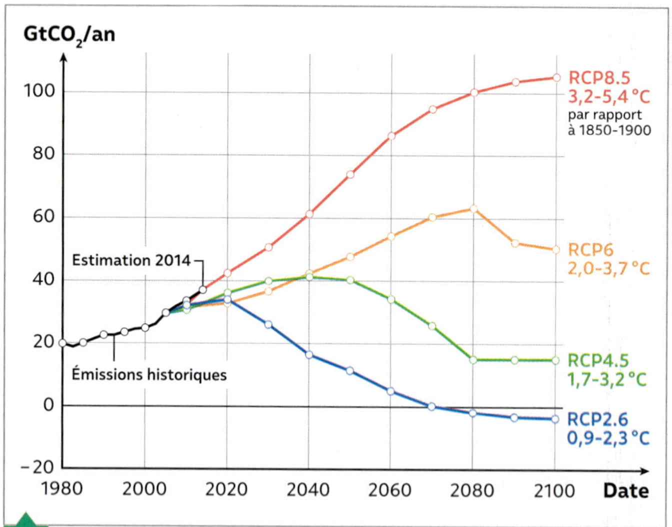

2 Quatre scénarios d'émissions annuelles anthropiques de CO_2 et les températures qu'ils prévoient pour la fin du siècle

Les RCP qui spécifient les scénarios sont définis dans le document 2 de l'unité 4.

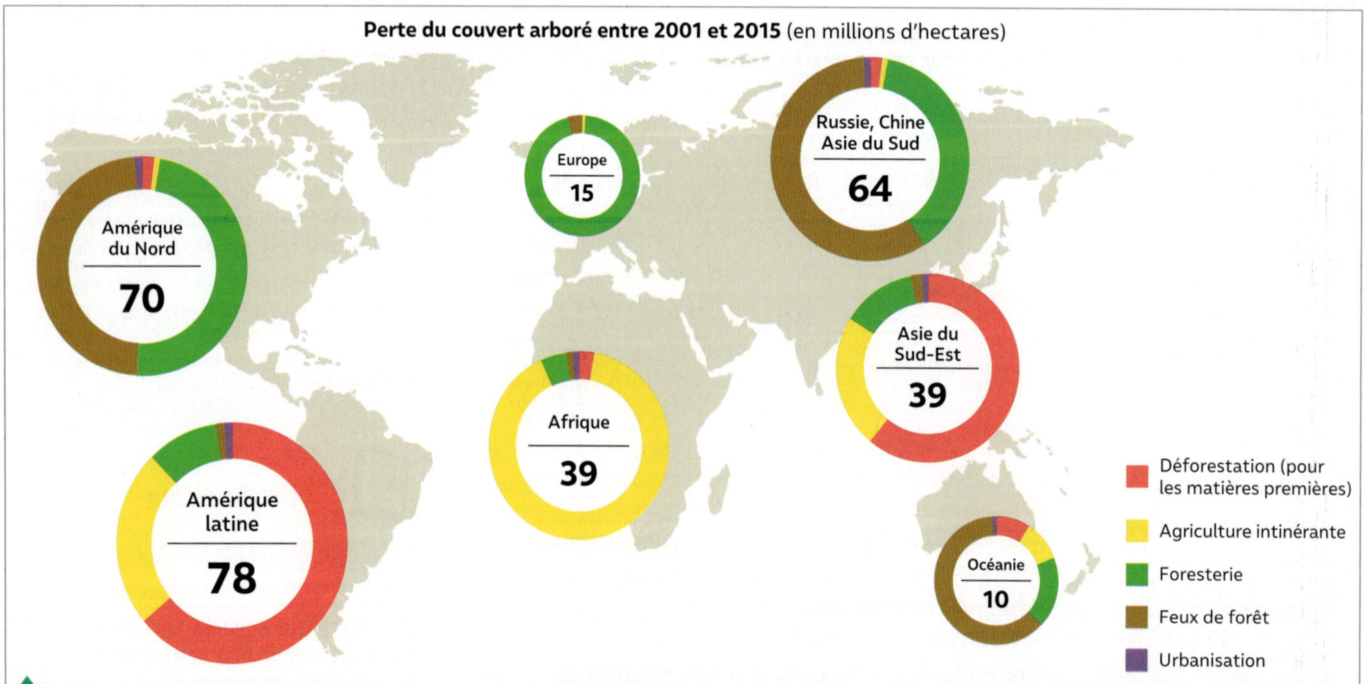

3 La perte du couvert arboré : une autre source anthropique de CO_2

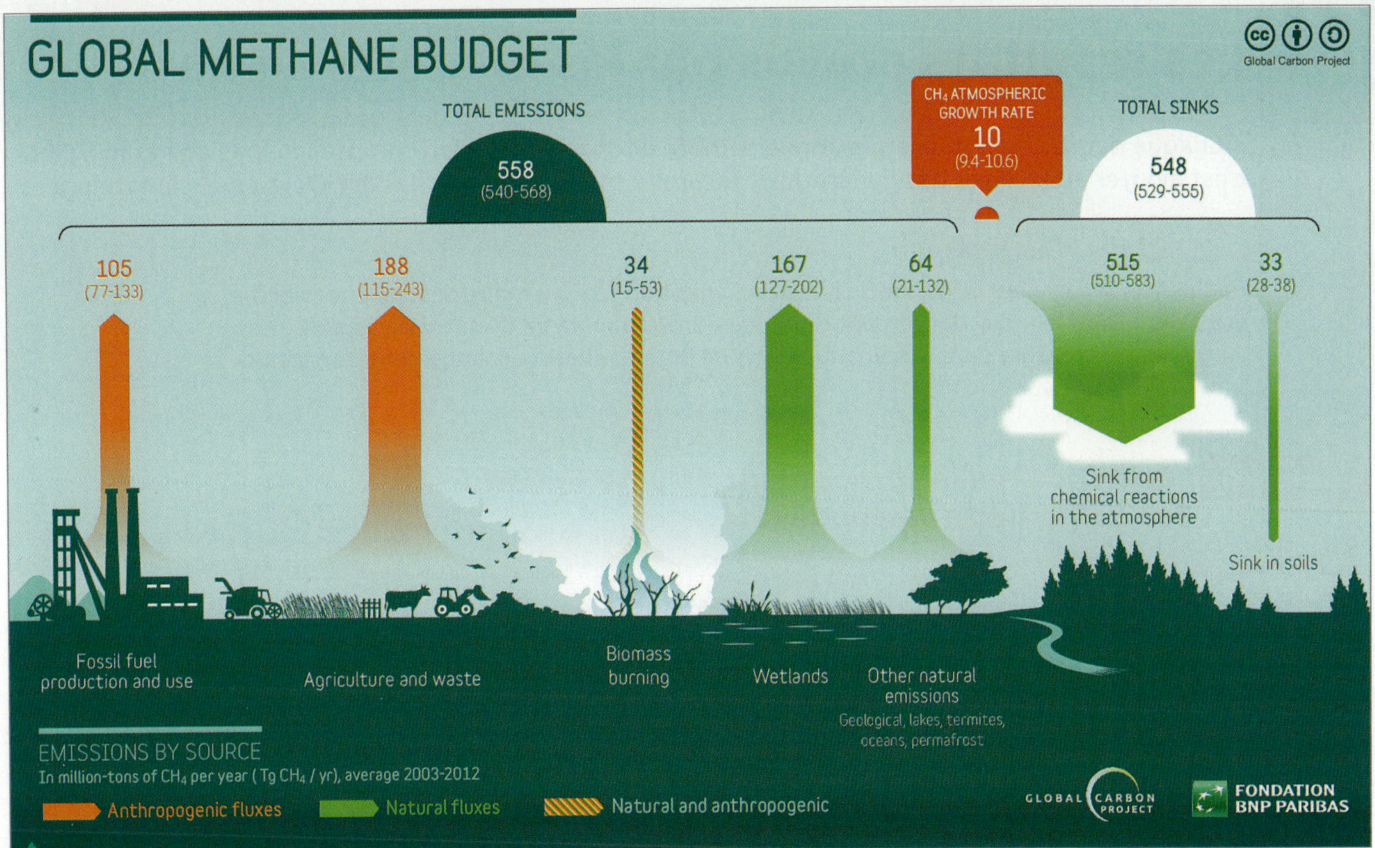

4 La production anthropique de méthane

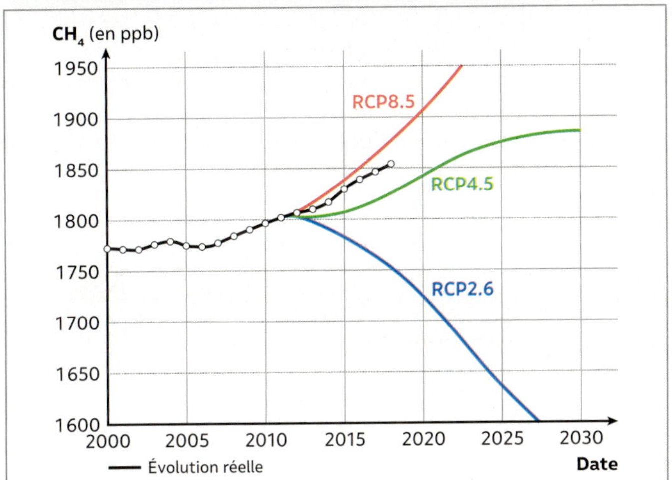

5 Graphique de l'évolution réelle et modélisée (scénarios climatiques) de la concentration atmosphérique en méthane

À côté du dioxyde de carbone et du méthane, deux autres gaz à effet de serre sont produits par les activités humaines : le protoxyde d'azote et les gaz fluorés. Bien qu'émis en quantité inférieure à celle du CO_2, leur action sur l'effet de serre est majeure. Les CFC, interdits depuis le protocole de Montréal en 1988, étaient principalement issus de l'industrie des gaz réfrigérants.

Mais selon la revue scientifique *Nature*, la quantité de ces gaz semble à nouveau augmenter dans l'atmosphère du fait de productions illégales, notamment en Chine.

Le protoxyde d'azote provient en grande partie de l'utilisation d'engrais azotés, de combustion de matière organique, et de processus de l'industrie chimique.

La principale problématique de ces gaz est leur durée de vie dans l'atmosphère. Pour les gaz fluorés, il faudra plusieurs centaines d'années, contre cent ans pour le CO_2.

6 CFC et protoxyde d'azote : les autres gaz à effet de serre

PISTES D'EXPLOITATION

1. **Montrer**, en prenant l'exemple du CO_2 (doc. 1 et 2), l'influence de l'homme sur son atmosphère depuis le début de l'ère industrielle.
2. **Expliquer** le lien entre la perte du couvert arboré (doc. 3) et la production de CO_2.
3. **Identifier** (doc. 4) les causes anthropiques du rejet de méthane dans l'atmosphère.
4. **Présenter**, en les organisant dans un tableau, toutes les sources anthropiques d'émissions de gaz à effet de serre.

ENGLISH VOCABULARY

sinks : puits
waste : déchets
wetlands : marécages
lakes : lacs
soil : sol
growth rate : taux de croissance
biomass burning : combustion de la biomasse
anthropogenic : anthropique

UNITÉ 4 Les résultats prévus par les modèles climatiques

« Chaque degré compte, chaque année compte et chaque décision compte : ne pas agir aujourd'hui c'est ajouter au fardeau des générations futures » affirme Valérie Masson-Delmotte, climatologue.

MISSION Tâche complexe

Rédigez un article pour le journal du lycée contenant un argumentaire destiné à sensibiliser vos pairs à l'ampleur du changement climatique prévu pour la fin de notre siècle, et à l'urgence de s'engager dans le scénario approprié pour contenir le changement climatique.

Comparer l'évolution réelle et modélisée de la température par rapport à sa valeur de référence

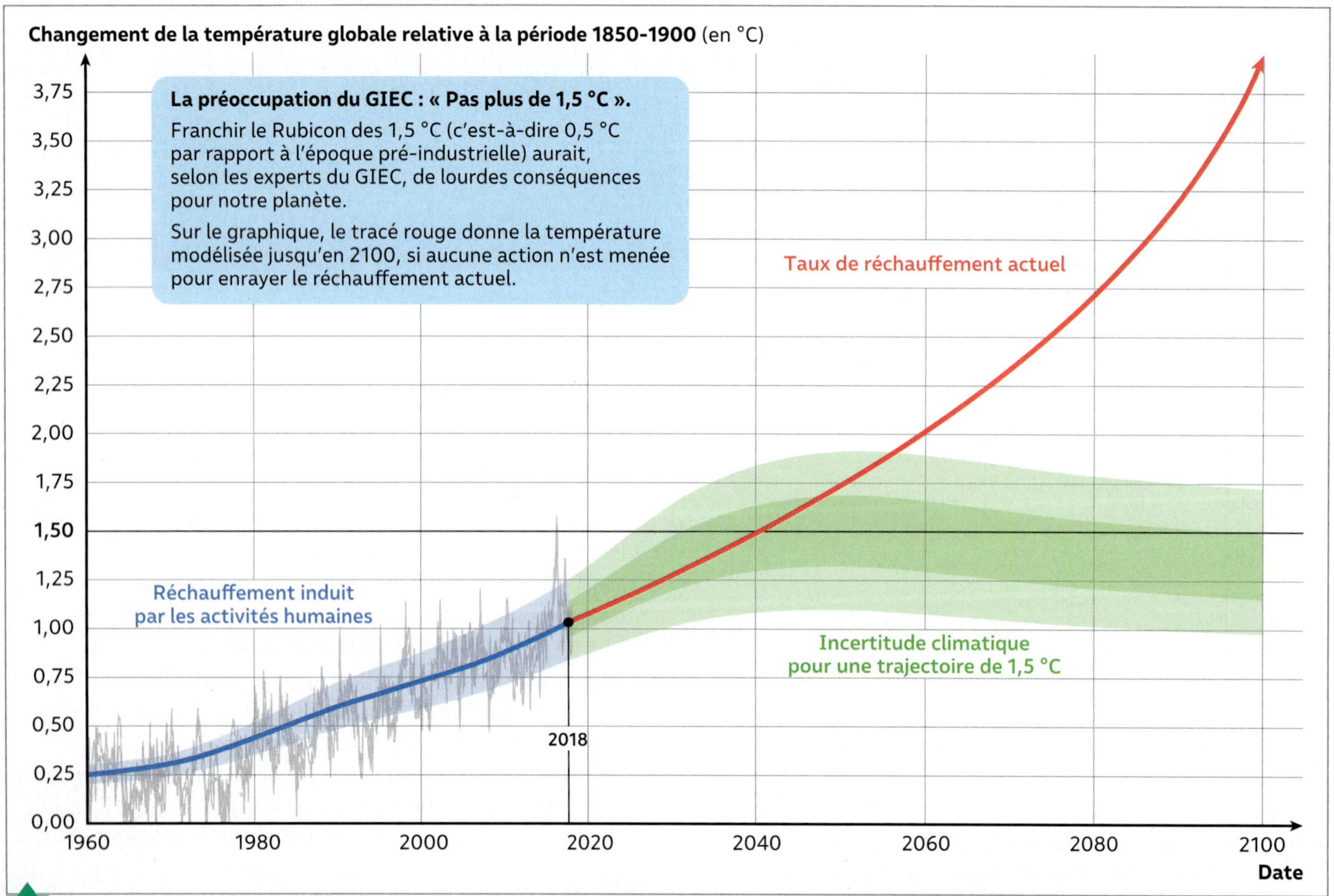

1 Graphique publié en 2019 dans un rapport spécial du GIEC intitulé « Réchauffement à 1,5 °C »
Le rapport plaide en faveur de toute action visant à contenir le réchauffement aux alentours de 1,5 °C.
Avant 1750 (début de l'**ère industrielle**), la température de référence était de 13,4 °C.
En 2018, la température mondiale a déjà augmenté de 1 °C depuis 1880, début des mesures internationales.
Un monde plus chaud de 1,5 °C par rapport à la période préindustrielle signifie donc un monde plus chaud de 0,5 °C par rapport à la température en 2018.

VOCABULAIRE

Ère industrielle : époque initiée au XIXe siècle et marquée par l'essor des activités humaines exploitant les combustibles fossiles.

Comparer différents scénarios et leurs conséquences

Un scénario RCP (*Representative Concentration Pathway*) désigne une **trajectoire de concentration de gaz à effet de serre**.

Ces scénarios ont été établis par le GIEC à l'occasion de son cinquième rapport d'évaluation en 2014. Un scénario RCP permet de modéliser le climat futur.

Quatre RCP ont été sélectionnées pour la modélisation climatique : RCP2.6, RCP4.5, RCP6 et RCP8.5, ce qui correspond aux valeurs de forçage radiatif en 2100 : respectivement 2.6, 4.5, 6 et 8.5 $W \cdot m^{-2}$.

2 Quatre grands scénarios retenus par les experts du climat

VOCABULAIRE

Scénario (d'émission de GES) : description de la manière dont pourraient évoluer les émissions de GES jusqu'en 2100, selon des hypothèses diverses.

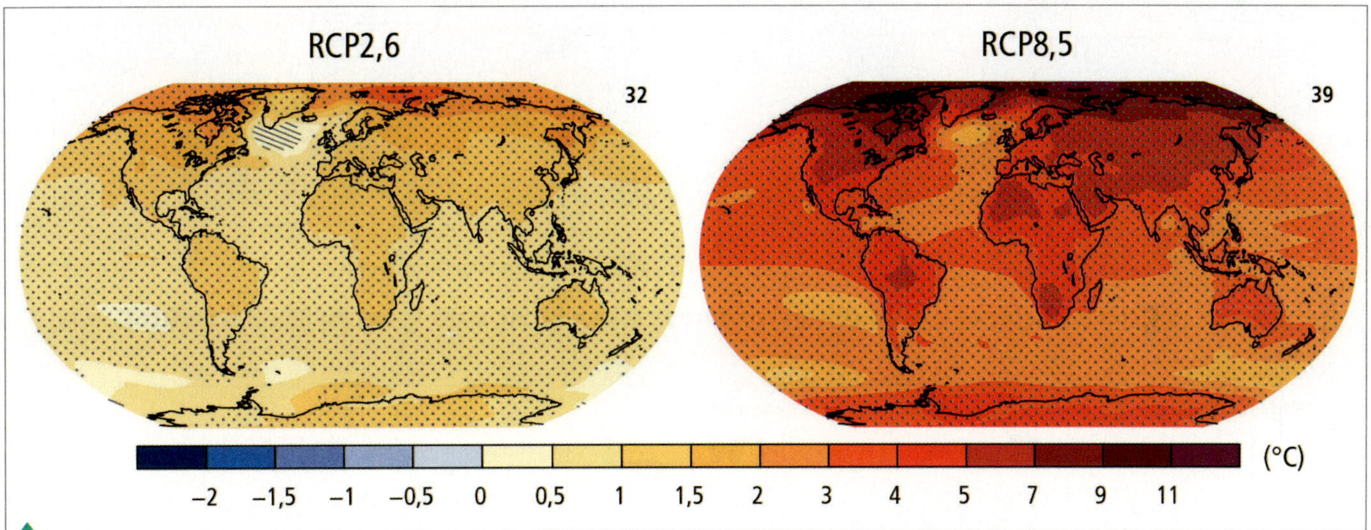

3 Évolution de la température moyenne annuelle en surface pour les scénarios RCP2,6 et RCP8,5 sur la période 2081-2100 par rapport à la période 1986-2005

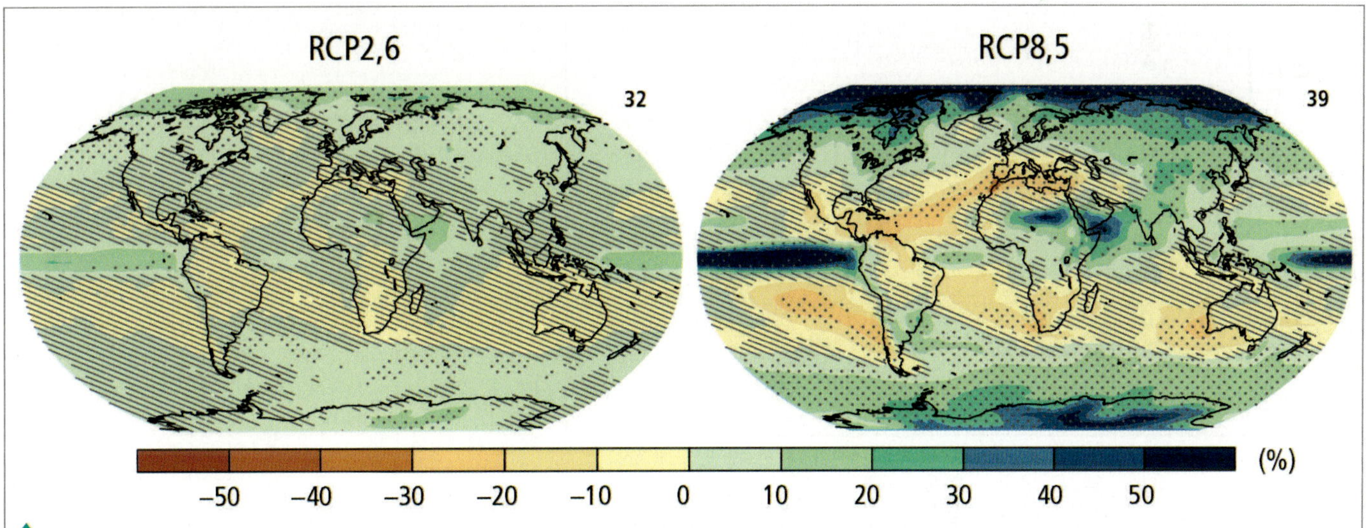

4 Évolution en pourcentage des précipitations moyennes annuelles en surface pour les scénarios RCP2,6 et RCP8,5 sur la période 2081-2100 par rapport à la période 1986-2005

Observer les prédictions concernant la biosphère

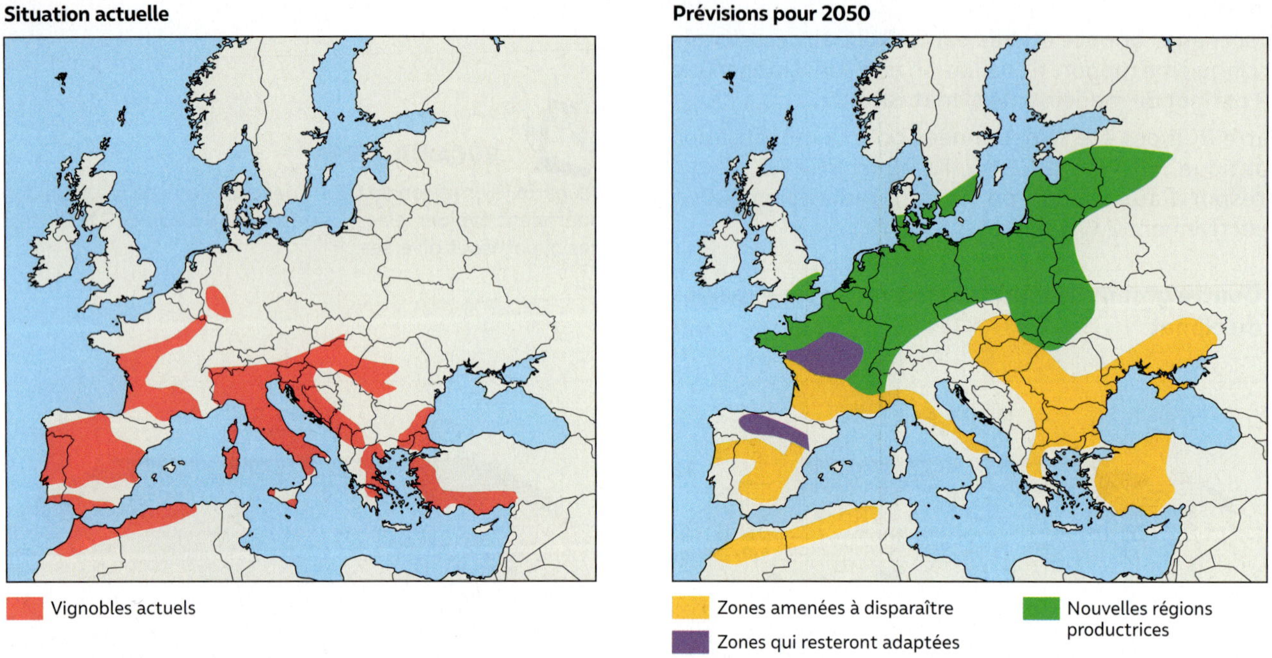

5 **Évolution des zones adaptées à la viticulture en Europe d'ici à 2050, dans le cas du RCP8.5 du GIEC**

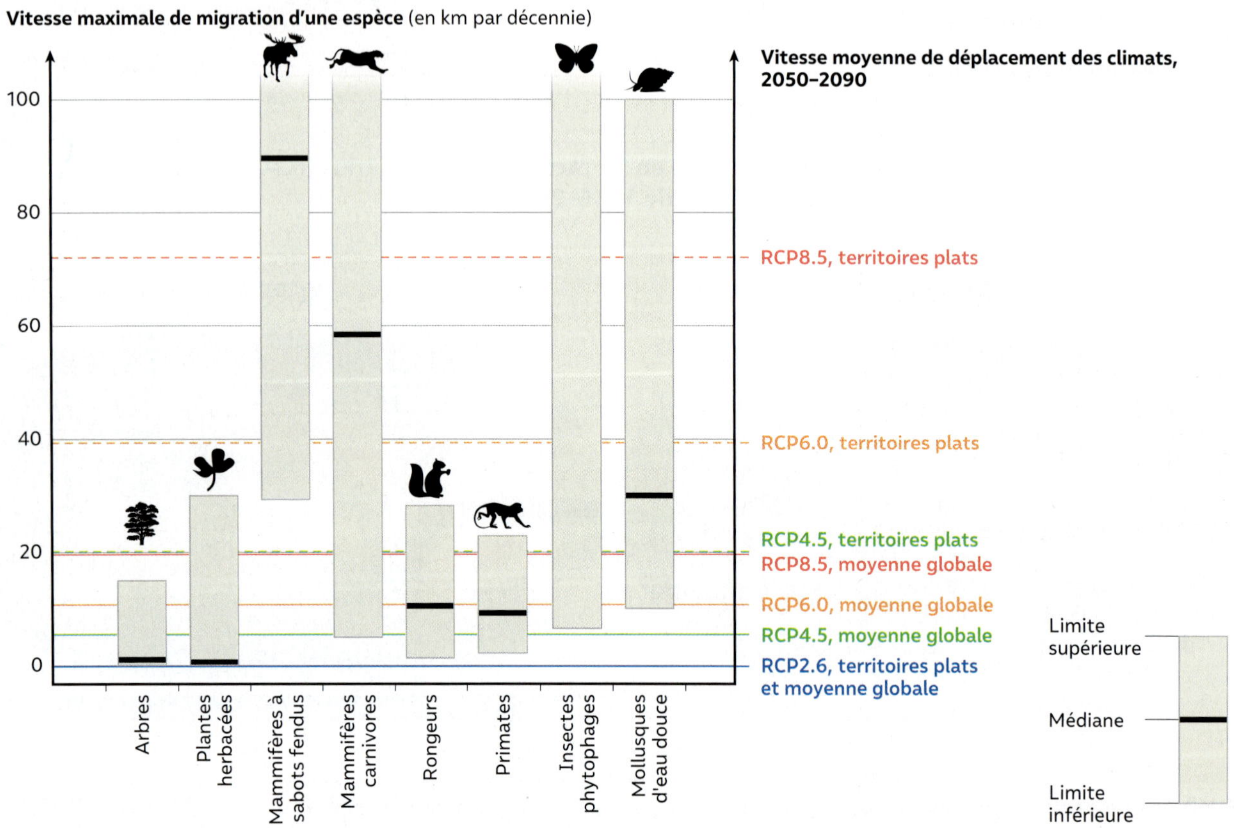

6 **Comparaison de la vitesse maximale de migration des espèces et de la vitesse d'évolution des conditions de température**

Les rectangles blancs traversés d'un trait noir indiquent les fourchettes et les médianes des vitesses de déplacement maximales. S'agissant des scénarios RCP pour la période 2050-2090, les lignes horizontales indiquent la vitesse moyenne de déplacement des climats sur les terres émergées du globe, et la vitesse de ces déplacements sur les territoires plats.

Comparer les prédictions selon l'amplitude du réchauffement

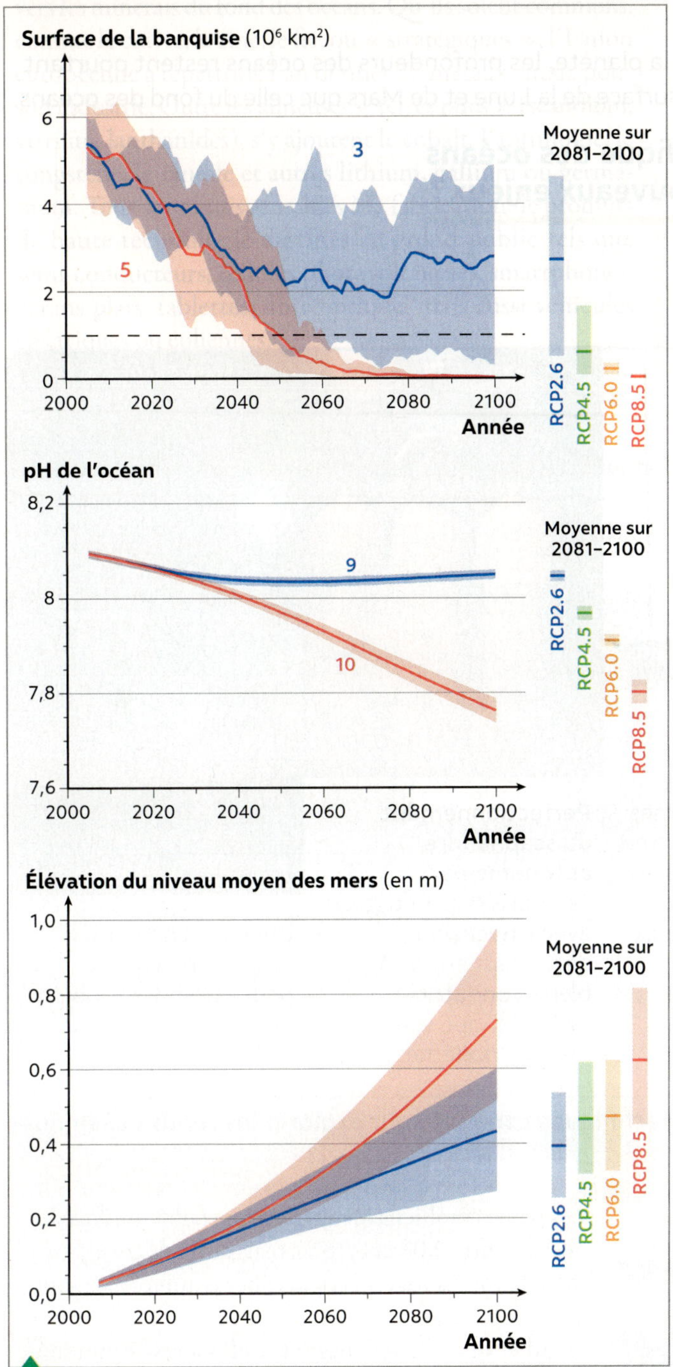

7 Évolution modélisée de différents paramètres selon les quatre scénarios

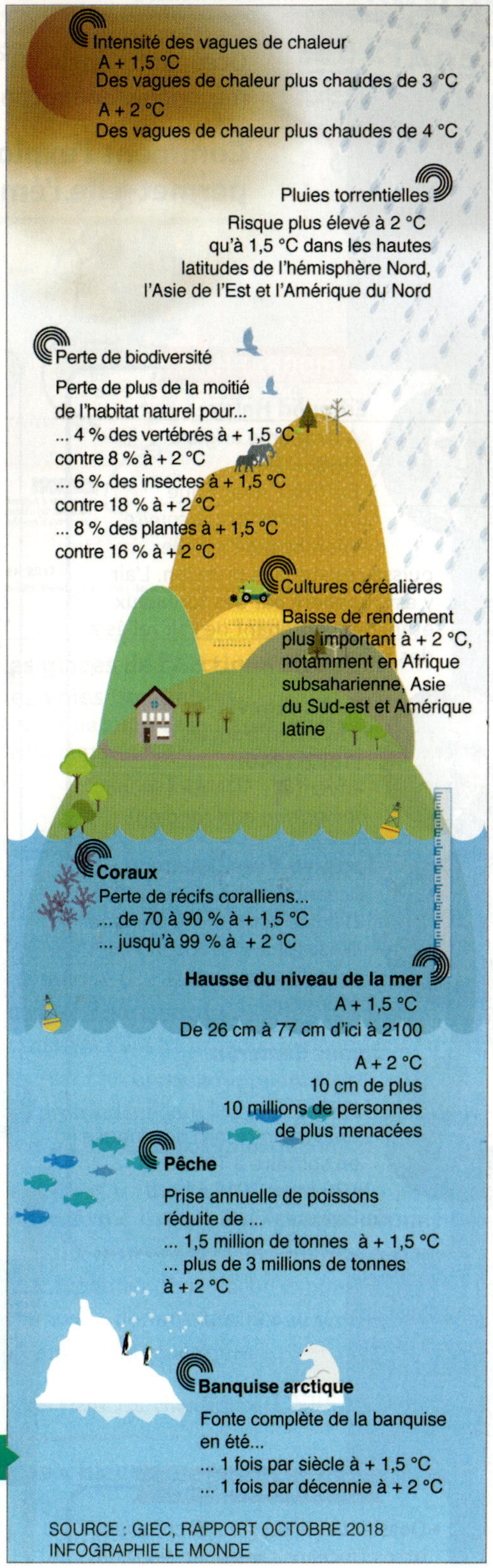

8 La prévision par le GIEC des conséquences d'un réchauffement compris entre 1,5 °C et 2 °C

COUPS DE POUCE

- Pour chaque paramètre modélisé, comparer la prédiction selon le scénario le plus optimiste (RCP 2.6) et celui le plus pessimiste (RCP 8.5).
- Mettre en relation le type de RCP (doc. 2) et l'ampleur du changement prédit (doc. 1 à 8) pour plaider en faveur de l'un des scénarios.
- Utiliser l'affiche (doc. 8) comme une synthèse pour argumenter.

VOCABULAIRE

Acidification des océans : diminution du pH des eaux superficielles des océans, induit par l'augmentation des émissions de CO_2 d'origine anthropique dans l'atmosphère.

SYNTHÈSE Le climat du futur

MÉMO

Podcast Texte dys

La modélisation du climat du futur UNITÉS 1 et 2

- Pour élaborer des **modèles climatiques**, les scientifiques s'appuient sur les connaissances du fonctionnement du **système Terre**. Il s'agit de mettre en équation différents mécanismes, dont ceux qui régissent la circulation du carbone entre les océans, la biosphère et l'atmosphère. Des méthodes numériques de résolution sont utilisées.
- Pour évaluer la pertinence des modèles, leurs résultats doivent être comparés aux observations *in situ* c'est-à-dire aux évolutions, lors des dernières décennies, de données effectivement mesurées.
- Les modèles climatiques, nombreux et indépendants, réalisent des **projections climatiques**. Ils permettent d'estimer les variations climatiques globales et locales à venir sur des décennies ou des siècles.

SAVOIR-FAIRE

- Mettre en évidence le rôle des différents paramètres de l'évolution climatique, en exploitant un logiciel de simulation de celle-ci, ou par la lecture de graphiques.

Des activités humaines aux modèles climatiques UNITÉS 3 et 4

Les activités humaines conditionnant le climat

- En combinant les observations, les éléments théoriques et modélisations numériques, la communauté scientifique conclut sans ambiguïté que l'augmentation de température moyenne depuis le début de l'**ère industrielle** est imputable à l'activité humaine productrice de gaz à effet de serre (GES).
- L'**émission anthropique** de GES a différentes origines :
- la combustion d'hydrocarbures, la déforestation et la production de ciment dans le cas du CO_2 ;
- les fuites de gaz naturel, la fermentation dans les décharges et certaines activités agricoles (élevages intensifs de ruminants) dans le cas du CH_4.

Les résultats prévus par les modèles climatiques

- Il existe différents **scénarios** possibles d'émission de GES pour le futur, ce qui conduit à différentes fourchettes de prédiction des variations de température. Les **modèles climatiques** mis au point prévoient, avec une forte probabilité d'occurrence :
- une augmentation de la température moyenne entre 2017 et la fin du XXIe siècle qui pourrait être comprise entre 1,5 et 5 °C ;
- une élévation du niveau moyen des océans entre le début du XXIe siècle et 2100 pouvant atteindre le mètre.
- Les modèles prédisent aussi la survenue d'événements corrélés au changement climatique : modifications des régimes de pluie et des événements climatiques extrêmes, **acidification des océans** et modification des écosystèmes terrestres et marins.

SAVOIR-FAIRE

- Exploiter les résultats d'un modèle climatique pour expliquer des corrélations par des liens de cause à effet.

A-Z MOTS CLÉS

- **Modèle climatique :** représentation numérique du système climatique, basée sur les propriétés connues de ses composants ainsi que sur leurs interactions et leur rétroaction.
- **Système Terre :** interaction entre les différentes enveloppes externes du globe (atmosphère, biosphère, hydrosphère, lithosphère) et impact des activités humaines sur ces enveloppes.
- **Projection climatique :** projection de la réponse du système climatique aux scénarios d'émissions ou de concentration de gaz à effet de serre.
- **Ère industrielle :** époque initiée au XIXe siècle et marquée par l'essor des activités humaines exploitant les combustibles fossiles.
- **Émissions anthropiques :** émissions d'origine humaine.
- **Scénario (d'émission de GES) :** description de la manière dont pourraient évoluer les émissions de GES jusqu'en 2100, selon des hypothèses diverses.
- **Acidification des océans :** diminution du pH des eaux superficielles des océans, induite par l'augmentation des émissions de CO_2 d'origine anthropique dans l'atmosphère.

SCHÉMA

Bilan animé

Système climatique terrestre
Étude des réservoirs, mesure des flux

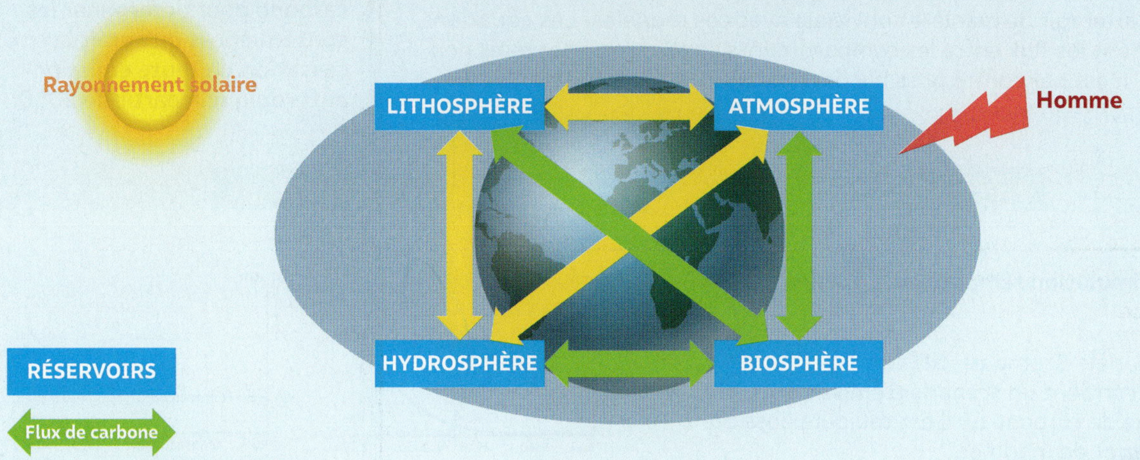

MODÉLISATION

Construction d'un modèle numérique utilisant les équations fondamentales de la physique pour prévoir les échanges entre les réservoirs en fonction de différents paramètres

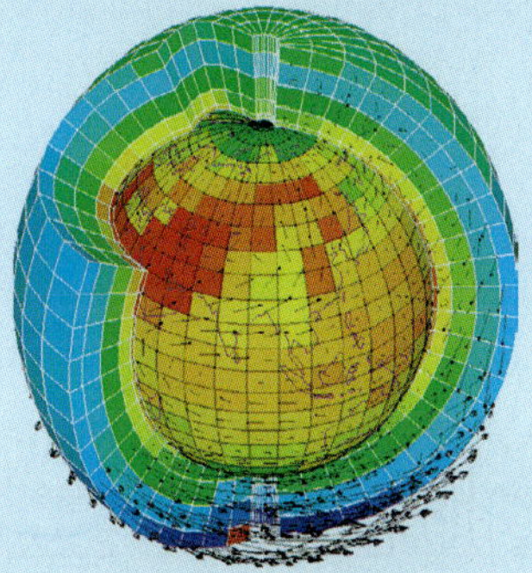

Représentation 3D de la structure du modèle

Test du modèle sur des variations anciennes connues

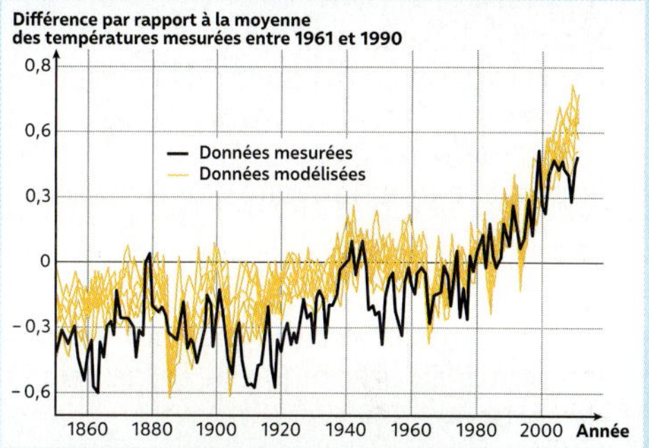

Comparaison d'évolutions connues et modélisées

PRÉVISIONS

Élaboration de différents scénarios introduits dans le modèle
Obtention de prévisions globales et locales suivant les scénarios

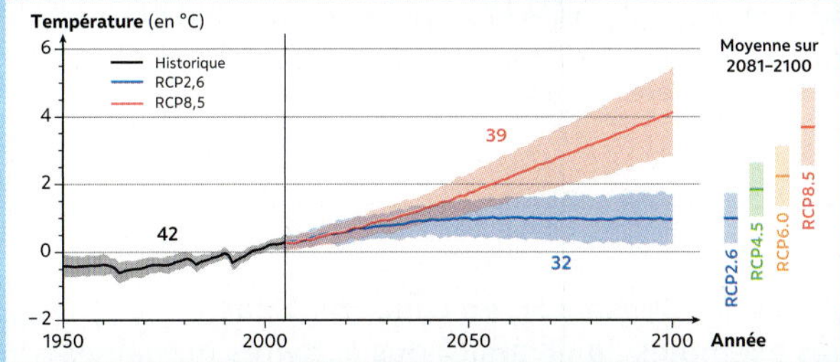

Prévision de l'évolution de la température mondiale suivant différents scénarios

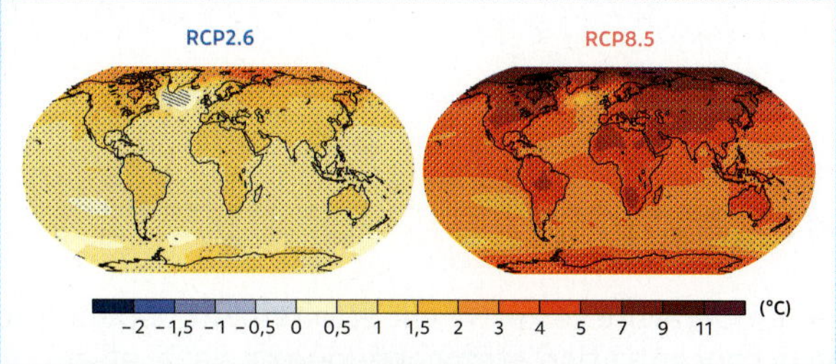

Prévisions locales suivant différents scénarios

MÉTHODE Utiliser le visualiseur Venread

1 Exercice résolu

Énoncé

Venread est un utilitaire qui permet d'utiliser des modèles construits avec Vensim et d'interagir de manière conviviale avec ces modèles. Les équations qui déterminent les flux entre les compartiments sont accessibles mais non modifiables. Il est par contre possible de modifier des scénarios afin d'en observer les conséquences.

QUESTION

On veut modifier le scénario d'émission anthropique de carbone pour déterminer les conséquences qu'aurait la cessation de toute émission anthropique à partir de 2050.

Méthode

ÉTAPE 1

Faire une simulation témoin avec un scénario de référence

Ouvrir le modèle 5compart_GIEC_XXIsc.vmf
Ce modèle contient un scénario d'émission anthropique de carbone qu'il est toujours possible de visualiser et de modifier.

lancement de la simulation

pour voir les résultats de la simulation concernant un élément du modèle (dont le scénario d'émission testé) et/ou tous les éléments liés.

Application

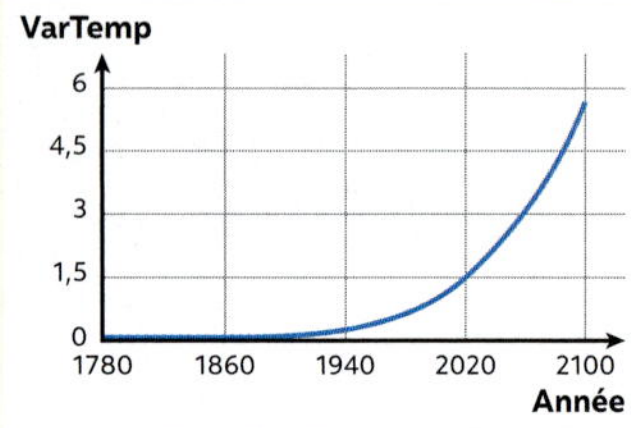

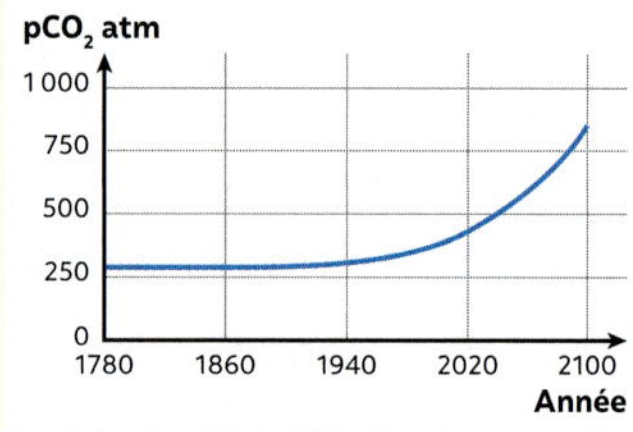

Variation calculée de la température en °C (par rapport à la valeur de l'ère pré-industrielle) et **évolution calculée de la concentration de CO_2 en ppmv**

Méthode

ÉTAPE 2

Modifier le scénario

- **Interagir avec la courbe des émissions**

Activer l'option *setup* puis pour faire apparaître une nouvelle barre d'outils :

La fonction *Lookup* permet de déplacer les points du graphique de l'émission anthropique de carbone.
Il est également possible de créer de nouveaux points sur le graphique.

- **Voir les effets de la modification**

Relancer la simulation de manière à analyser les modifications.

Application

Le graphique du scénario modifié :

Input	Output
1850	0
1900	0
1950	0
1960	0
1970	0
1980	0
1990	0
2004	0
2020	8
2050	0
2100	0

New

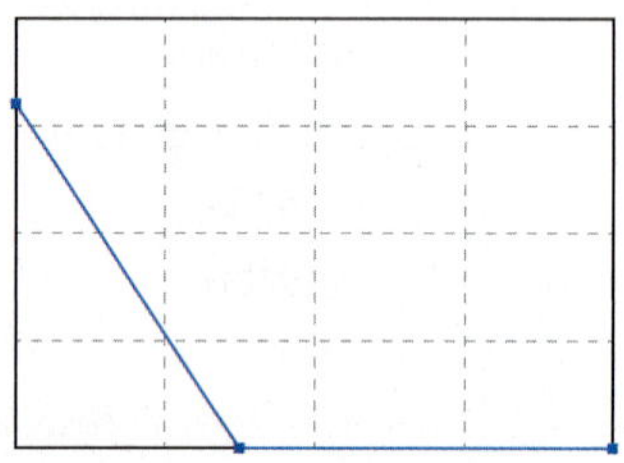

En partant d'une émission anthropique de 8 Gt de Carbone par an en 2020, on paramètre la préconisation d'une baisse des émissions pour les annuler en 2050.

La simulation avec le scénario modifié :

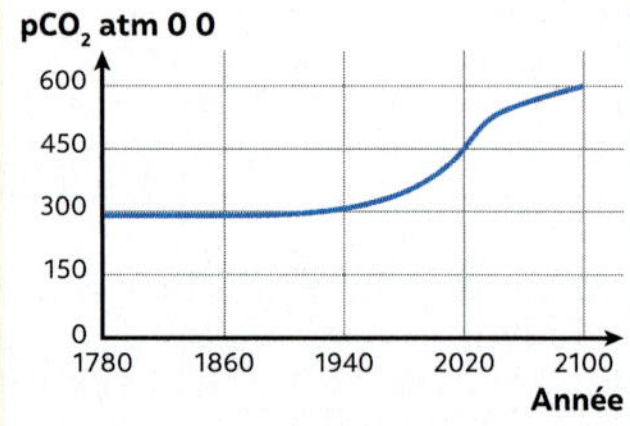

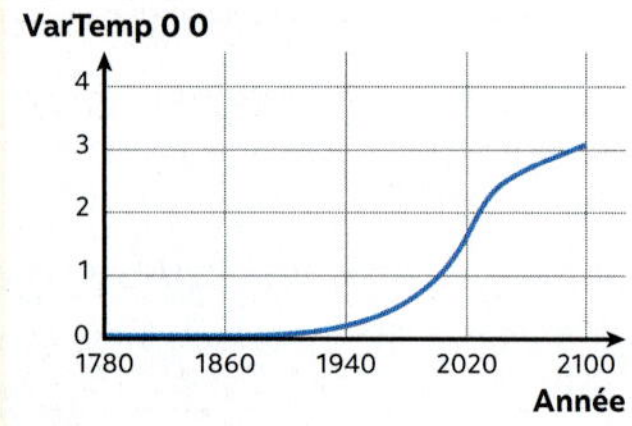

Variation calculée de la température (par rapport à la valeur de l'ère pré-industrielle) et **évolution calculée de la concentration de CO_2 en ppmv.**

2 APPLICATION

La température terrestre est étroitement dépendante de la concentration atmosphérique en gaz à effet de serre. Des activités humaines influencent cette concentration.

QUESTION **Présenter, en l'illustrant par des exemples, la diversité des activités humaines responsables de l'enrichissement de l'atmosphère en gaz à effet de serre.**

QUIZ

Parmi les affirmations suivantes, choisissez la réponse exacte.

3 Les modèles climatiques s'appuient :

- **a** sur des connaissances, des calculs et des mesures.
- **b** uniquement sur des connaissances et des calculs.
- **c** sur le hasard.
- **d** uniquement sur des connaissances et des mesures.

4 Pour tester la validité d'un modèle climatique, les scientifiques doivent :

- **a** faire fonctionner le modèle pour observer les résultats prédits.
- **b** faire fonctionner le modèle pour comparer les résultats prédits aux mesures effectives.
- **c** modifier les équations du modèle.
- **d** attendre des années pour que le programme réalise les calculs nécessaires.

5 La quantité actuelle de GES dans l'atmosphère :

- **a** est constante.
- **b** augmente du fait de la production anthropique de CO_2 uniquement.
- **c** augmente du fait de la production anthropique de CO_2 et de CH_4.
- **d** est en diminution.

6 Parmi les causes anthropiques de la production de CH_4 figurent :

- **a** la déforestation et la production de ciment.
- **b** l'utilisation domestique du méthane.
- **c** certains élevages et les fuites de gaz naturel.
- **d** la combustion d'hydrocarbures

▶ Corrigés p. 340

7 CONSTRUIRE UNE CARTE MENTALE

sur le thème « Le climat du futur ».

▶ L'étiquette centrale s'intitulera

Modèle climatique

▶ Associer l'étiquette centrale, par le moyen graphique de votre choix à des étiquettes de votre initiative. Certaines peuvent être, par exemple :

Compartiments **GES** **Calcul**

Scénarios **Mesures** **Prédictions**

QUESTIONS FLASH

oral

8 Résumer, à l'oral, le principe de l'élaboration d'un modèle climatique.

9 Présenter de manière synthétique les causes de l'augmentation de la température moyenne depuis l'ère industrielle.

EXERCICES D'APPLICATION

10 Simuler un changement climatique d'origine anthropique

Un modèle climatique a donné les résultats présentés ci-dessous.

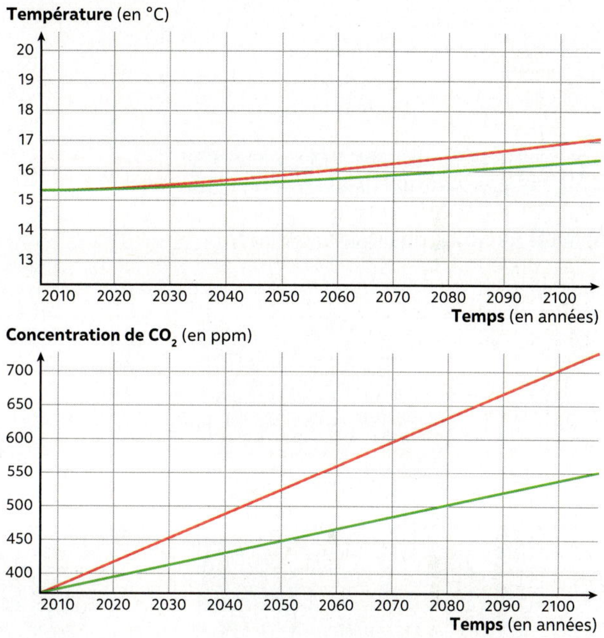

Évolution calculée par le modèle de la température et de la concentration de CO_2 dans deux conditions différentes de simulation : émissions anthropiques (en Gt/an) comme aujourd'hui (tracé vert) et émissions anthropiques deux fois plus importantes qu'aujourd'hui (tracé rouge).

▶ Décrire les résultats prédits par le modèle et expliquer les causalités qui les unissent.

11 La vitesse du réchauffement

À partir de vos connaissances sur la valeur de l'augmentation de température depuis la période pré-industrielle et en supposant que le réchauffement climatique va sûrement atteindre les 1,5 °C entre 2030 et 2052 s'il continue à la vitesse actuelle, calculer en °C par an la vitesse du réchauffement.

12 Durée de vie des gaz à effet de serre

OBJECTIF Mettre en évidence le rôle des différents paramètres de l'évolution climatique.

La durée de vie d'un gaz à effet de serre est la durée moyenne pendant laquelle ce gaz reste présent dans l'atmosphère.

Gaz	Durée de séjour dans l'atmosphère
dioxyde carbone (CO_2)	100 ans
méthane (CH_4)	12 ans
vapeur d'eau (H_2O)	quelques jours
protoxyde d'azote (N_2O)	120 ans
halocarbures	Jusqu'à 50 000 ans

doc. Tableau de la durée de vie de différents gaz à effet de serre
Les halocarbures sont des gaz industriels (HFC, PFC, SF6) entièrement synthétiques. Ils sont responsables d'environ 15 % de l'effet de serre additionnel.

QUESTIONS

1. Comparer les durées de vie des différents gaz à effet de serre et rappeler l'origine de deux d'entre eux.
2. Justifier, à l'aide de ces données, l'affirmation : « Le changement climatique persistera pendant plusieurs centaines à plusieurs milliers d'années ».

13 Davantage de nuits tropicales DIFFÉRENCIATION

OBJECTIF Extraire des informations.

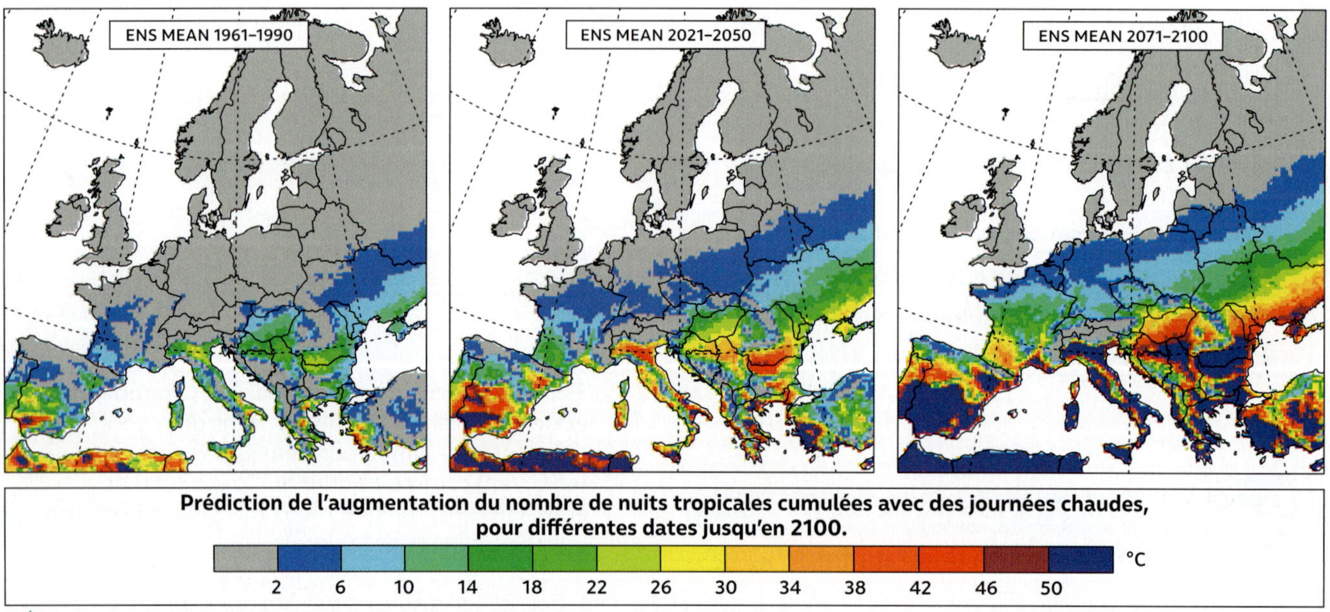

doc. Cartes éditées par l'Agence européenne pour l'environnement
Elles donnent les prédictions d'augmentation du nombre de nuits tropicales ($T_{max} \geq 20$ °C) et de journées chaudes ($T_{max} \geq 35$ °C) en Europe.

QUESTIONS

1. Déterminer approximativement combien de nuits tropicales/journées chaudes seront enregistrées sur la période 2071-2100, comparées à la période 1961-1990, dans le sud du Portugal, dans le centre de la France et en Norvège.
2. Organiser les valeurs collectées dans un tableau. **[Aide : enseignement-scientifique.nathan.fr]**

14 Des forêts qui ont refroidi le climat au Petit Âge glaciaire ?

OBJECTIF Expliquer des corrélations par des liens de cause à effet.

Il a fait plus froid qu'aujourd'hui du XIIIe au XVIIIe siècle. Les historiens appellent cet épisode le Petit Âge glaciaire. Plusieurs hypothèses ont été proposées pour expliquer le refroidissement du Petit Âge glaciaire. L'une des hypothèses, émise en 2019 par des chercheurs en géographie de l'*University College* de Londres, propose que la colonisation du continent américain à l'époque de Christophe Colomb a provoqué une baisse sérieuse de la démographie et donc un recul de l'utilisation des terres qui ont laissé place à de grandes étendues de forêts sauvages.

QUESTIONS

1. Dans le cadre de l'hypothèse des géographes, établir le lien entre la reforestation et le refroidissement qui a marqué le Petit Âge glaciaire.
2. Exploiter l'hypothèse des géographes pour proposer des actions qui permettraient d'atténuer le réchauffement climatique actuel.

a. Le glacier du Rhône, en Suisse, en 1815
Son avancée importante (longueur maximale de 10 km) a été causée par le Petit Âge glaciaire.

b. Un champ de betterave
Sa productivité primaire nette est d'environ 650 $g{\cdot}m^{-2}{\cdot}an^{-1}$. En comparaison, la productivité d'une forêt tropicale est de 1800 $g{\cdot}m^{-2}.an^{-1}$.

15 Les indices biologiques du réchauffement DIFFÉRENCIATION

OBJECTIF Extraire des informations.

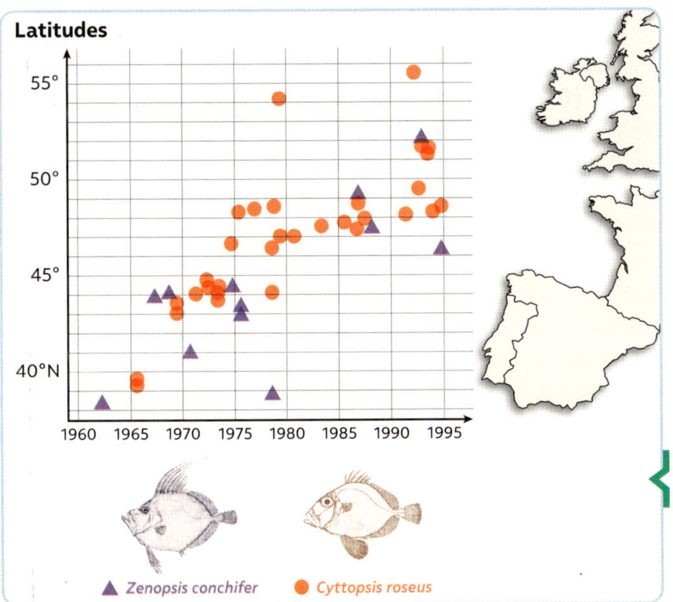

Pour attester de la réalité et de l'ampleur du changement climatique, la communauté scientifique ne se contente pas de mesures thermométriques. Des études de la répartition en latitude d'espèces ayant des exigences thermiques particulières sont notamment utilisées.

QUESTION **Exploiter le document proposé afin de proposer à un camarade climato-sceptique un argument allant dans le sens d'un réchauffement climatique.**
[Aide : enseignement-scientifique.nathan.fr]

doc. Distribution selon les latitudes et les années, de 1960 à 1995, de deux espèces de poissons à affinités tropicales
Le graphique donne la limite haute de la présence des deux espèces.

UNITÉ 1

Ressources et utilisations de l'énergie dans le monde

Selon Gaël Giraud, ancien chef économiste à l'Agence française de développement et directeur de recherche au CNRS, « nos économies sont beaucoup plus dépendantes de l'énergie que les économistes 'orthodoxes' ne veulent bien l'admettre ».

OBJECTIF

Expliquer la part des ressources renouvelables dans le mix énergétique mondial.

Non limitées dans le temps à l'échelle humaine, les ressources renouvelables d'énergie sont souvent limitées en termes de flux (vent, ensoleillement, débit d'eau). Ces flux dépendent des caractéristiques météorologiques (vitesse du vent, couverture nuageuse, précipitations, etc.), des heures de la journée ou encore de la saison.

Elles ne sont donc pas disponibles n'importe où et n'importe quand. On dit que ce flux est localisé et intermittent. Ainsi, alors que la puissance photovoltaïque installée dans le monde était de 0,303 TW en 2016, elle n'a fourni que 92 TWh d'énergie électrique.

1 Des ressources renouvelables limitées

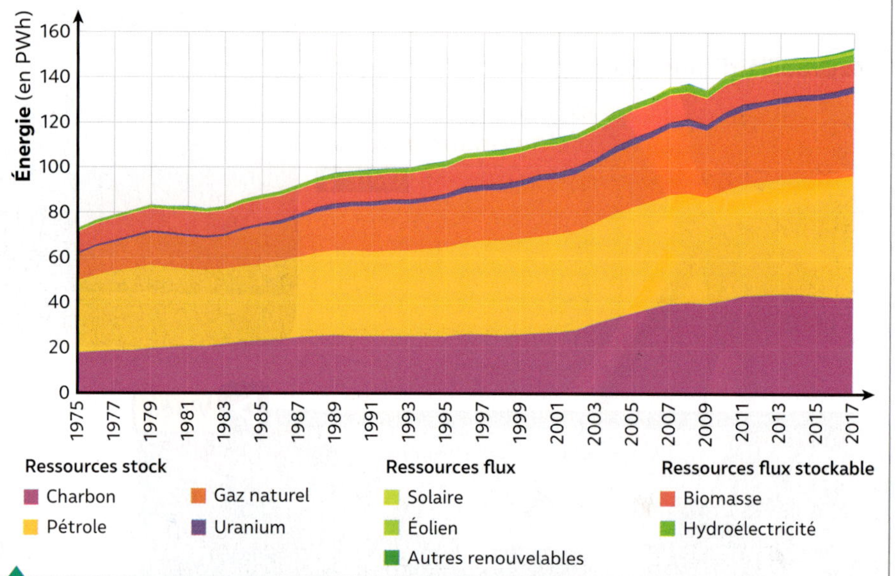

2 Demande mondiale en énergie primaire de 1975 à 2017

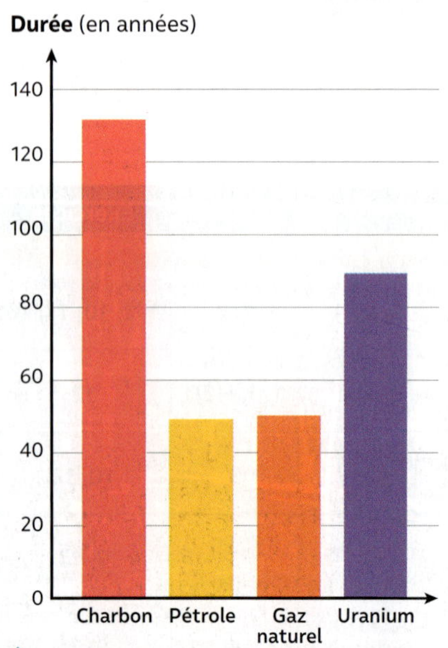

3 Réserves mondiales connues de ressources énergétiques non renouvelables en 2017

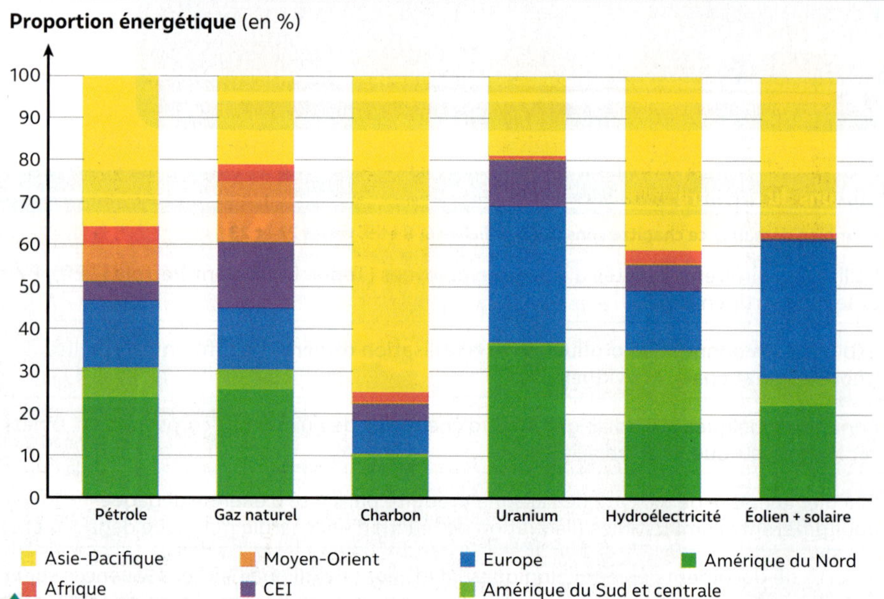

4 Répartition de la demande en énergie primaire dans le monde en 2018

L'énergie finale correspond à l'énergie réellement utilisée par le consommateur et qui lui est facturée. Elle est différente de l'énergie primaire correspondant à « l'énergie potentielle » contenue dans chaque ressource avant toute transformation. Ainsi, pour l'électricité, 1 kWh d'énergie finale correspond en moyenne à 2,58 kWh d'énergie primaire en raison d'un rendement de 43,8 % des installations de production électrique et de pertes de 5 % lors de la distribution.

5 Énergie primaire ou énergie finale, une distinction importante

	Énergie finale (en MTep) 1990	Énergie finale (en MTep) 2016	Variation 2016/1990
Secteur industriel	1 804	2 753	+ 53 %
Transport	1 570	2 748	+ 75 %
Secteur résidentiel	1 532	2 061	+ 35 %
Secteur tertiaire	452	776	+ 71 %
Agriculture + pêche	170	204	+ 20 %
Non spécifié	263	144	− 45 %
Usages non énergétiques	480	870	+ 81 %
Total	6 271	9 555	+ 52 %

6 Répartition de l'utilisation finale d'énergie par secteur dans le monde
Les usages non énergétiques correspondent aux combustibles utilisés comme matière première (par exemple le pétrole transformé en plastique).

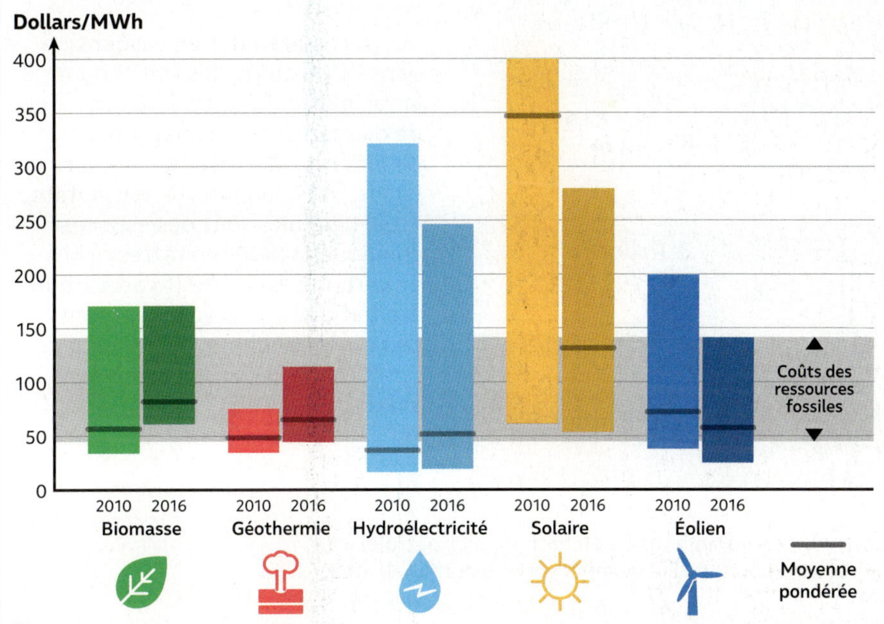

7 Le développement des ressources énergétiques renouvelables, une question de coût ?
Le coût représenté en ordonnée correspond au coût en dollar pour fournir 1 MWh d'énergie électrique.

L'économie physique est un domaine de recherche scientifique utilisant les méthodes et résultats de la physique pour répondre à des questions économiques. La sous-estimation du rôle de l'énergie dans les théories économiques classiques est un de ses résultats les plus marquants. Du point de vue de la physique, l'activité économique correspondant à la transformation de matières en biens et services utiles à l'être humain, nécessite l'utilisation d'énergie. Dans certains cas, le développement économique s'accompagne d'une hausse de la demande en énergie. On dit alors que l'activité économique et la demande énergétique sont cointégrées.

8 Une vision énergétique de l'économie

PISTES D'EXPLOITATION

1. **Cartographier**, à l'aide des doc. 1 et 4, l'utilisation des différentes ressources énergétiques dans le monde et proposer une explication aux différences observées.
2. **Expliquer** à l'aide des doc. 1, 5, 6 et 8, l'évolution de la demande mondiale en énergie depuis 1975.
3. **Calculer** la surface de panneaux solaires qu'il faudrait installer dans le monde, pour remplacer le charbon. Données : la puissance moyenne par unité de surface d'un panneau solaire est de 100 W·m^{-2}.
4. **Proposer** une explication à la faible part des ressources renouvelables dans le mix énergétique mondial.

DONNÉES

- Wattheure (Wh) : énergie associée à la conversion d'une puissance d'un watt pendant une heure.
- Tonne équivalent pétrole (Tep) : énergie correspondant à celle libérée par la combustion complète d'une tonne de pétrole. 1 Tep = 41,868 × 10^9 J.
- Méga (M) : 10^6 soit un million.
- Téra (T) : 10^{12} soit mille milliards.
- Péta (P) : 10^{15} soit un million de milliards.

UNITÉ 2

Impacts de la combustion des carburants sur la qualité de l'air et la santé

Au-delà de l'impact des activités humaines sur l'effet de serre et le climat, l'utilisation de carburants issus de combustibles fossiles ou de la biomasse affecte également la qualité de l'air.

MISSION Tâche complexe

Dans un rapport du Sénat de 2015, le coût des politiques françaises relatives à la qualité de l'air (pour la prévision et la prévention principalement) est estimé à 28 M€/an. Membre du Comité d'éducation à la santé et à la citoyenneté (CESC) de votre établissement, vous proposez une journée de sensibilisation à la pollution. Lors d'un exposé, justifiez à l'oral, le bien-fondé de la prévision et des campagnes de prévention relatives à la qualité de l'air.

Identifier les polluants libérés lors de la combustion

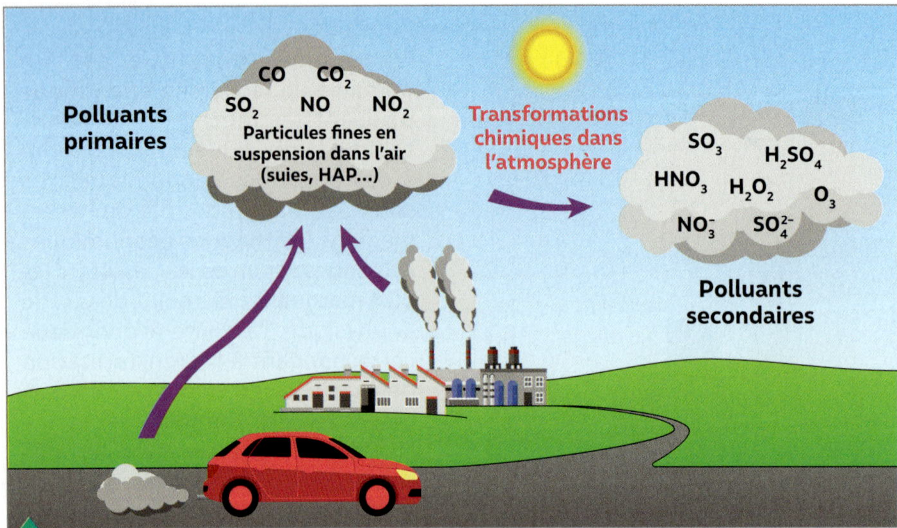

Les particules fines en suspension dans l'air (comme les PM10 dont la taille est inférieure à 10 µm de diamètre) sont constituées de différentes espèces chimiques (suies, HAP, ion nitrate, ion sulfate, etc.). Les suies sont des espèces chimiques solides noirâtres riches en carbone. Les HAP (hydrocarbures aromatiques polycycliques) sont des espèces chimiques organiques dont les effets cancérigènes sont avérés.

1 Polluants primaires et secondaires
Ces polluants sont libérés lors de la combustion des carburants fossiles (charbon, gaz, pétrole) et des carburants de biomasse (bûches et granulés de bois, paille, déchets verts, bioéthanol, etc.).

Interpréter les résultats d'une étude épidémiologique

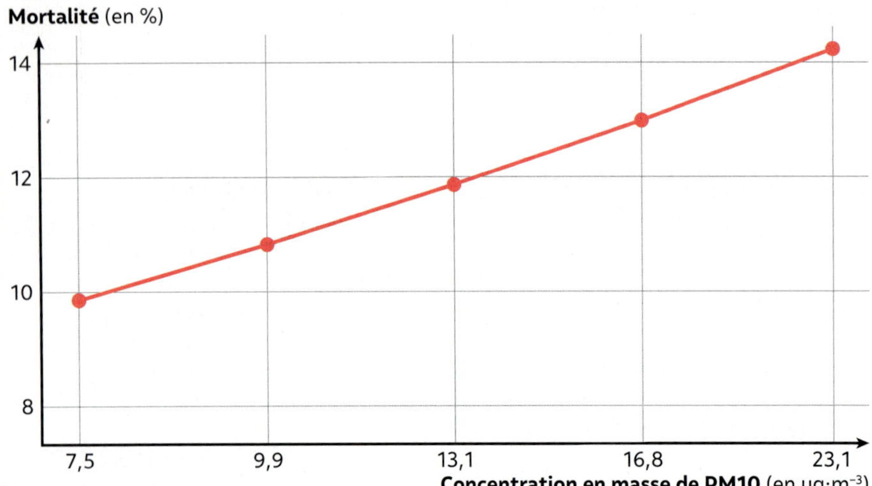

Cette étude est une étude épidémiologique dite de « cohorte ». Les scientifiques ont mis en relation deux séries de données : historique des taux de pollution mesurés et hospitalisation aux urgences de patients pour des problèmes respiratoires. Pour cette étude, 82 421 hospitalisations ont été suivies sur 13 années.

2 Pollution et mortalité
Analyse de la mortalité dans les 30 jours après l'hospitalisation de patients admis aux urgences pour des problèmes respiratoires en fonction de la concentration en masse de particules fines PM10 dans l'air le jour de l'hospitalisation.

Identifier les fonctions de l'organisme affectées par les polluants

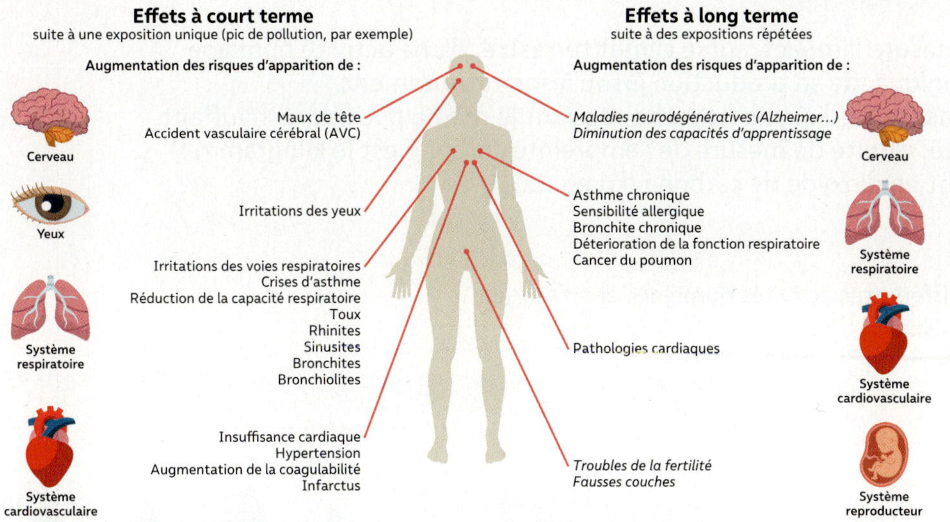

▲ Selon la nature des polluants, les conséquences pour l'organisme sont variées (par exemple, certaines espèces chimiques présentes dans l'air pollué sont cancérigènes). Pour la plupart des polluants, leur entrée dans l'organisme déclenche une réaction immunitaire, l'inflammation. De plus, de nombreux polluants sont responsables d'un stress oxydatif (réactions chimiques pouvant provoquer des lésions des cellules, de l'ADN, etc.).

▲ Dans le monde, 6,5 millions de décès sont causés chaque année par la pollution de l'air selon l'Organisation mondiale de la santé (OMS).

3 Quelques effets sur la santé des polluants primaires et secondaires présents dans l'air
Selon une étude de 2019, la pollution de l'air réduit l'espérance de vie de trois ans en moyenne dans le monde.
En italique : les liens entre la pollution de l'air et ces pathologies n'ont pas été encore totalement établis ; il n'y a pas, en l'état actuel des connaissances, de consensus scientifique.

Justifier les politiques publiques de prévision et de prévention

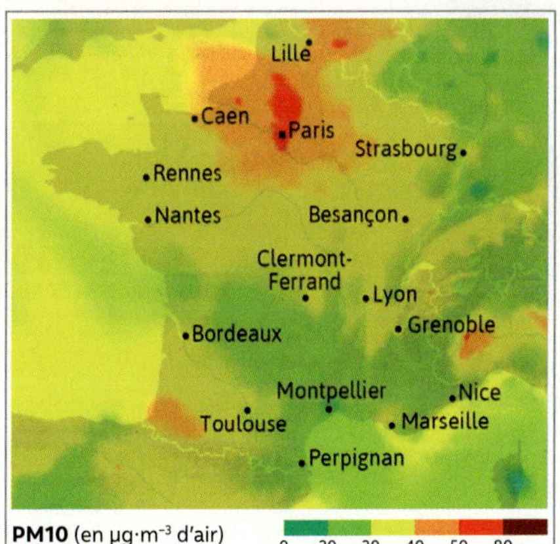

4 Prévision de la pollution aux particules fines PM10 pour la journée du 22 février 2019

5 Campagne de prévention du ministère des Solidarités et de la Santé en cas de pollution de l'air aux particules

COUPS DE POUCE

- Mettre en relation les produits libérés dans l'atmosphère par la combustion (doc. 1) et les conséquences sur la santé de différents polluants (doc. 2 et 3).
- Proposer une explication aux différences de concentration en masse de PM10 observables sur la carte de prévision (doc. 4).
- Mettre en relation les gestes à adopter en cas de pollution de l'air (doc. 5) avec les risques des polluants pour la santé (doc. 2 et 3).

UNITÉ 3

Empreinte carbone des activités et des personnes

L'empreinte carbone mesure l'impact, sur le climat terrestre, d'une activité humaine ou d'un objet technologique, de sa production jusqu'à son retraitement.
Pour la quantifier, la masse de dioxyde de carbone ayant le même pouvoir réchauffant sur le climat est utilisée. L'unité de mesure de l'empreinte carbone est le kilogramme (ou la tonne) équivalent en dioxyde de carbone (kg eq. CO_2).

OBJECTIF

Calculer les impacts de différentes activités humaines et envisager des pistes pour les minimiser.

Des carburants différents pour des technologies différentes

Le carburant essence utilisé dans les moteurs à combustion interne est un mélange d'un grand nombre d'hydrocarbures. Il est caractérisé par son indice d'octane. Ainsi le carburant SP95 a les mêmes propriétés d'inflammation qu'un mélange contenant une proportion volumique de 95 % d'isooctane et 5 % de pentane.

Le carburant kérosène est le combustible utilisé pour la propulsion des avions à turboréacteurs. Il est principalement composé de décane ($C_{10}H_{22}$).

$C_5H_{12}(\ell) + 8\ O_2(g) \rightarrow 5\ CO_2(g) + 6\ H_2O(g)$

$2\ C_8H_{18}(\ell) + 25\ O_2(g) \rightarrow 16\ CO_2(g) + 18\ H_2O(g)$

$2\ C_{10}H_{22}(\ell) + 31\ O_2(g) \rightarrow 20\ CO_2(g) + 22\ H_2O(g)$

▲ Équations de la combustion complète du pentane, de l'isooctane et du décane

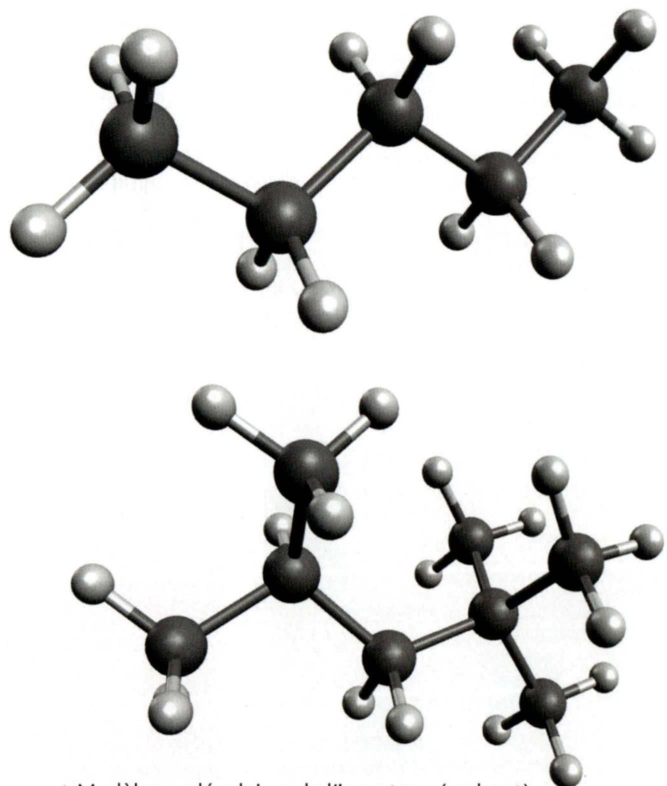

▲ Modèles moléculaires de l'isooctane (en haut) et du pentane (en bas)

1 Modélisation des carburants et des transformations chimiques dans les moteurs thermiques

Le **pouvoir calorifique** correspond à l'énergie libérée par la combustion complète d'un kilogramme de combustible. Une partie de cette énergie est stockée par l'eau sous forme de vapeur. Cette dernière ne peut pas être convertie en énergie mécanique dans les moteurs à combustion interne ou les turboréacteurs. Elle est donc soustraite au pouvoir calorifique pour obtenir le **pouvoir calorifique inférieur (PCI)**, qui mesure l'énergie, utilisable pour la propulsion, libérée par la combustion d'un kilogramme de combustible.

2 De l'énergie stockée dans les carburants

DONNÉES

- Masse volumique du pentane : 621 $g \cdot L^{-1}$.
- Masse volumique de l'isooctane : 690 $g \cdot L^{-1}$.
- Masse d'une mole de pentane : 72 g.
- Masse d'une mole d'isooctane : 114 g.
- Masse d'une mole de décane : 142 g.
- Masse d'une mole de dioxyde de carbone : 44 g.
- Masse volumique de l'essence : 740 $g \cdot L^{-1}$.
- Masse volumique du kérosène : 800 $g \cdot L^{-1}$.
- PCI de l'essence : 42,5 $MJ \cdot kg^{-1}$.
- PCI du kérosène : 42,8 $MJ \cdot kg^{-1}$.

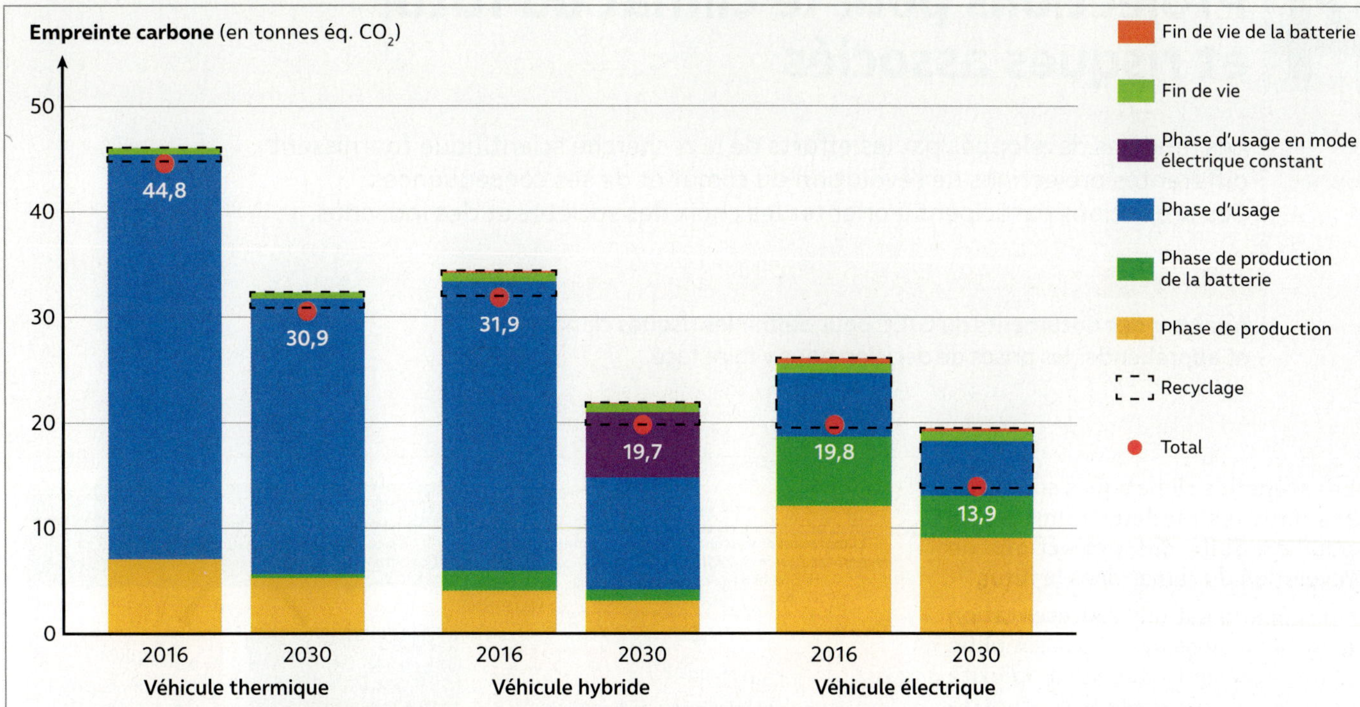

Pour l'utilisation des **véhicules thermiques**, les rejets en CO_2 sont estimés à 130 g·km^{-1} en 2016 et 95 g·km^{-1} en 2030.
Pour l'utilisation des **véhicules hybrides**, les rejets sont estimés à 81 g·km^{-1} en 2016 et 30 g·km^{-1} en 2030.

3 Empreinte carbone d'un véhicule d'une longévité de 250 000 km

La phase d'usage comprend la production du carburant ou d'électricité et l'utilisation du véhicule.

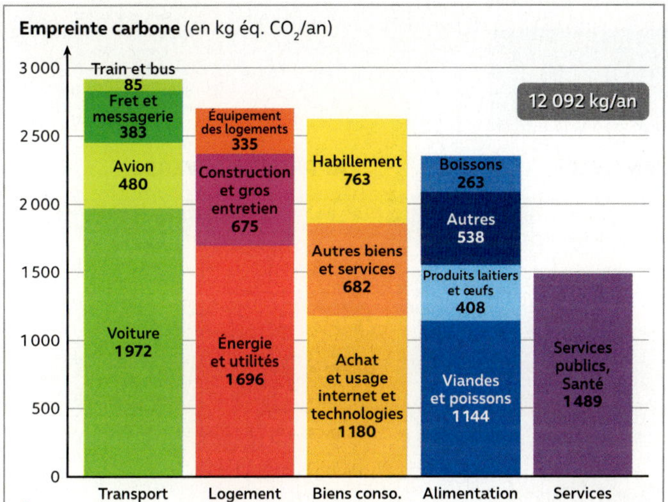

4 Empreinte carbone par habitant en France en 2015

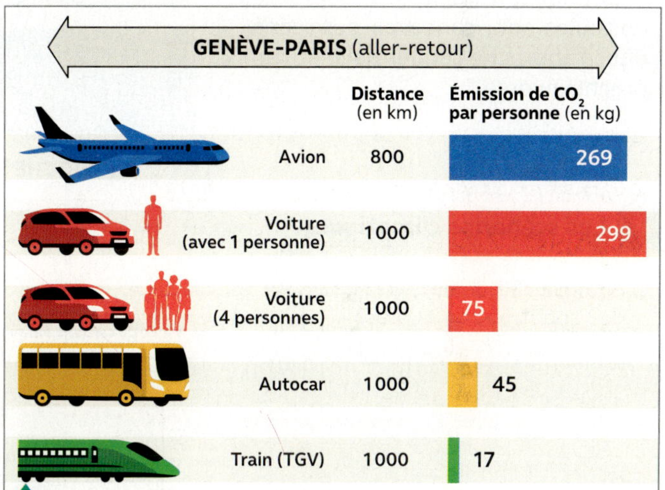

5 Empreinte carbone d'un aller-retour Paris-Genève en 2018

PISTES D'EXPLOITATION

1. **Vérifier** par le calcul qu'un litre d'essence a les mêmes propriétés de combustion qu'un mélange de 5,75 mol d'isooctane et de 0,431 mol de pentane.
2. **En déduire** que la masse de dioxyde de carbone produite est de 2,86 kg par kilogramme d'essence soit 67,3 g par unité d'énergie « utile » que l'on précisera.
3. **Comparer** au kérosène.
4. **Comparer** le bilan carbone d'un véhicule électrique à celui d'un véhicule thermique.
5. **Proposer** une politique publique visant à diminuer l'émission de dioxyde de carbone.

LE SAVIEZ-VOUS ?

Le taux d'occupation moyen d'un véhicule personnel est de 1,2.

VOCABULAIRE

Véhicule thermique : véhicule fonctionnant au moyen d'un moteur Diesel ou à essence.

Véhicule hybride : véhicule disposant d'un moteur thermique et de moteur et batteries électriques d'appoint.

UNITÉ 4

Projections pour le climat du futur et risques associés

Les modèles développés par les efforts de la recherche scientifique fournissent différentes projections de l'évolution du climat et de ses conséquences.
Ces projections participent à orienter les choix des sociétés et des individus.

OBJECTIF

Analyser des documents du GIEC pour définir les risques climatiques et appréhender les prises de décision pour y faire face.

Les **scénarios climatiques** sont utilisés dans les **modèles numériques** pour produire des **projections** de l'évolution du climat dans le futur.

Un **scénario** est une **représentation d'un futur possible**. Il est **simplifié** (il ne représente pas la complexité du monde), **plausible** (il ne contrevient pas aux lois de la physique et ne s'écarte pas trop de la théorie économique) et **non normatif** (il ne cherche pas à imposer les choix à faire par les sociétés pour le futur). Les scientifiques utilisent deux approches possibles pour concevoir des scénarios : l'approche séquentielle et l'approche inverse.

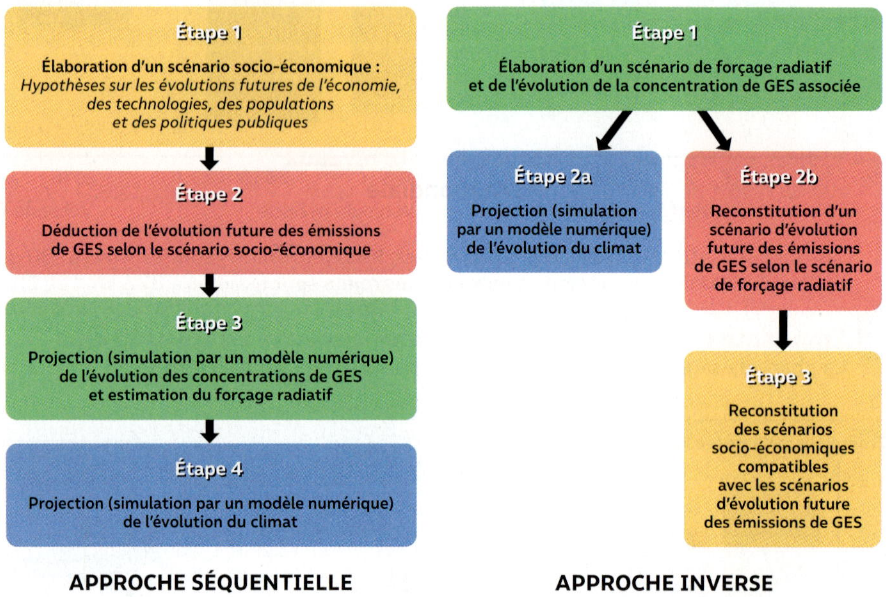

1 Les scénarios climatiques

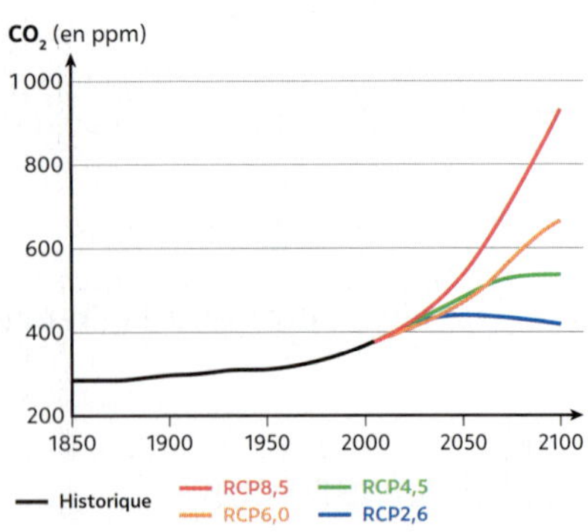

▲ Évolution de la proportion, en quantité de matière de CO_2 dans l'air (en ppm : partie par millions) selon différents scénarios RCP

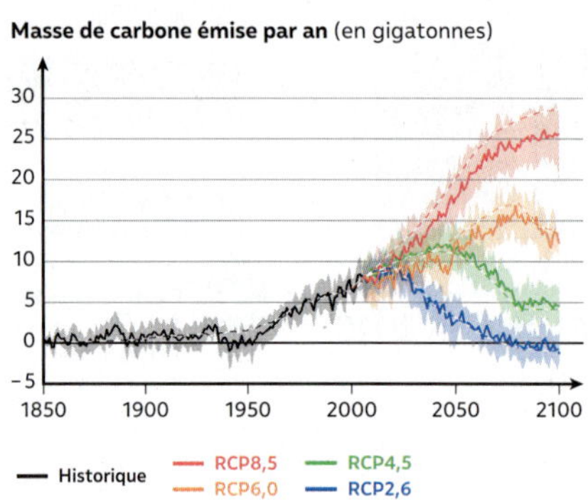

▲ Évolution des émissions annuelles de carbone d'origine anthropique selon différents scénarios RCP

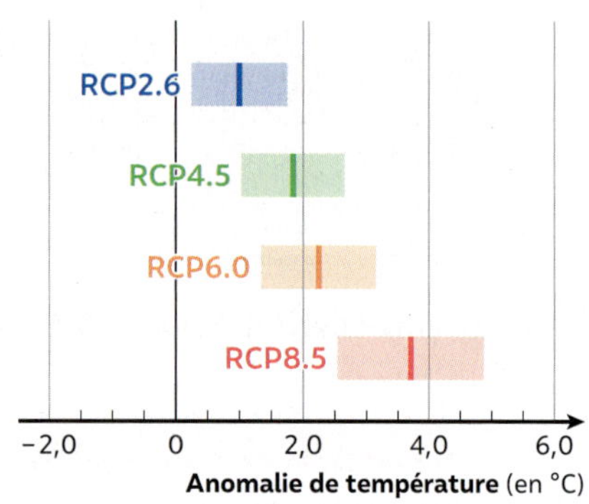

▲ Simulations de l'anomalie de température mondiale en 2100 selon les différents scénarios RCP. Cette anomalie correspond à la différence entre la moyenne des températures simulées entre 2081 et 2100 et la moyenne des températures mesurées entre 1986 et 2005

2 Les scénarios RCP du cinquième rapport du GIEC

Dans le cinquième rapport du GIEC, les scénarios utilisés sont les scénarios RCP (*Representative Concentration Pathway*). Ces scénarios sont identifiés par leur forçage radiatif en 2100 par rapport à 1850 (ex : RCP2.6 : 2,6 $W \cdot m^{-2}$). Le RCP2.6 est un scénario optimiste impliquant des politiques de réductions des émissions de gaz à effet de serre (GES). Le RCP8.5 est le scénario le plus pessimiste.

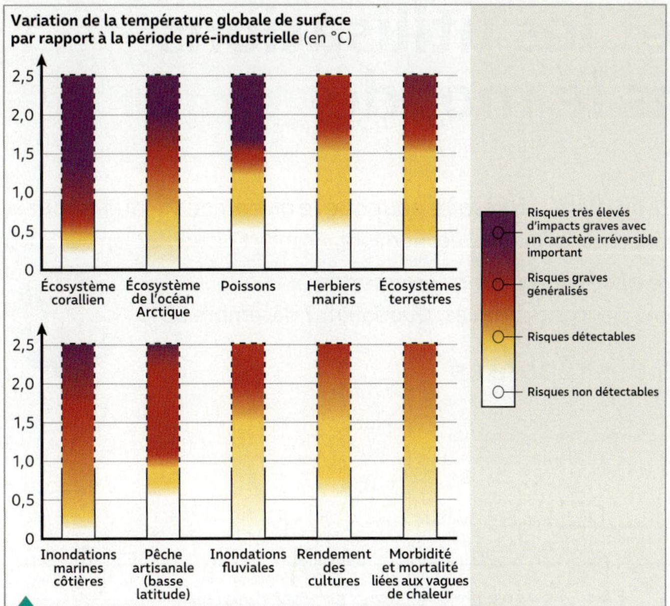

3 **Quelques risques associés à différents niveaux d'élévation de la température mondiale**

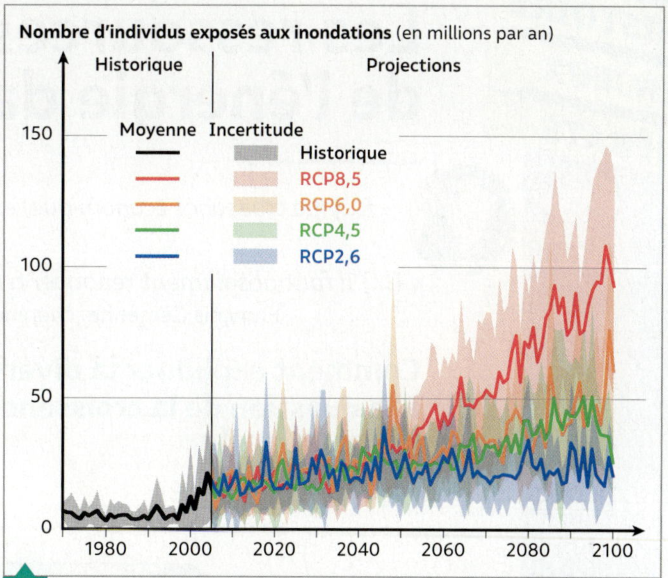

4 **Simulations de l'évolution du nombre d'habitants exposés aux inondations selon les différents scénarios RCP**

5 **Vue d'artiste d'une ville du futur**
La végétalisation permet de limiter les pics de chaleur : en plus de l'ombre apportée par les végétaux, leur évapotranspiration rafraîchit l'air.

6 **Construction d'une digue à Arles (Bouches-du-Rhône)** pour se protéger des inondations

PISTES D'EXPLOITATION

1. **Indiquer**, en justifiant, si les scénarios RCP du GIEC ont été obtenus par une approche séquentielle ou inverse.
2. **Comparer** les évolutions des émissions de dioxyde de carbone et de la température mondiale pour les projections des scénarios RCP2.6 et 8.5 et expliquer les différences.
3. **Comparer** les conséquences des scénarios RCP2.6 et 8.5 pour la biodiversité et pour les populations humaines.
4. **Expliquer** comment l'humain peut diminuer la vulnérabilité des populations humaines face au risque climatique.

Réflexion sur la science

Science et environnement

L'adaptation au changement climatique décrit les stratégies permettant de diminuer la vulnérabilité des écosystèmes et des systèmes humains contre les effets du réchauffement climatique.

Au-delà des mesures présentées dans cette unité, quelles autres mesures d'adaptation peuvent être mises en place ?

HISTOIRE
ENJEUX
DÉBATS

Les ressources et les utilisations de l'énergie dans le monde

« […] *(La croissance économique) est absolument nécessaire pour que le niveau de vie augmente* ».
Anne-Laure Delatte, économiste, *France Culture*, 22 janvier 2019

« […] *Il faut absolument renoncer à notre obsession pour la croissance.* »
François Gemenne, chercheur en sciences politiques, *Quotidien*, 2 décembre 2019

Comment expliquer la diversité des réponses à la question de la croissance ?

doc a

Les objectifs du développement durable
Selon l'Organisation des Nations unies, « le développement durable est un développement qui répond aux besoins du présent sans compromettre la capacité des générations futures de répondre aux leurs ».

doc b

PIB et IDH par pays en 2011
La surface attribuée à chaque pays est proportionnelle à la valeur de son PIB. L'IDH par pays est représenté par la nuance de couleur.

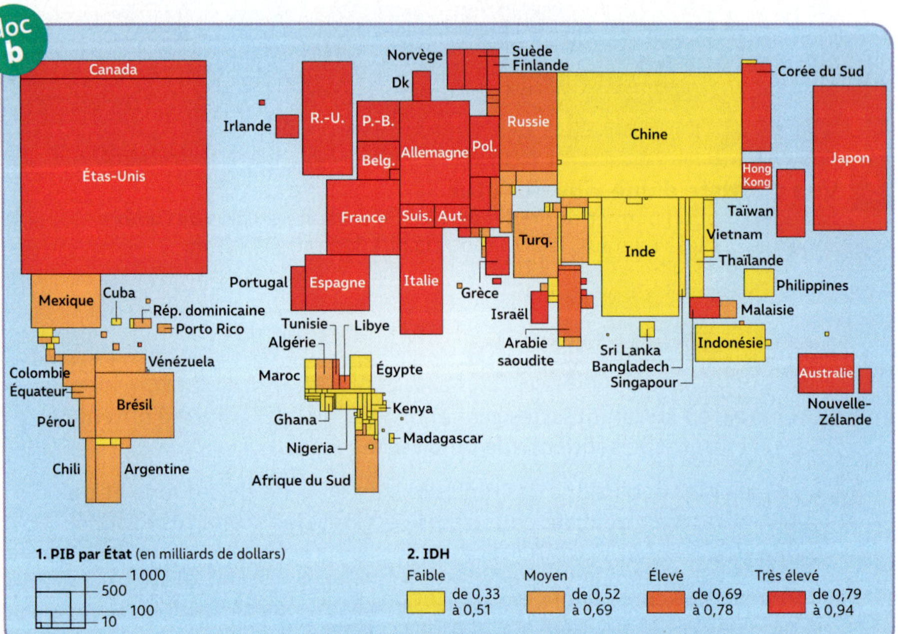

RESSOURCES

Le site OurWorldInData.org propose la visualisation de nombreuses données mondiales comme par exemple :

- le financement des soins de santé (*financing-healthcare*);
- l'espérance de vie (*life-expectancy*);
- la mortalité infantile (*child-mortality*);
- la faim et sous-alimentation (*hunger-and-undernourishment*);
- l'accès à l'eau propre (*water-access*).

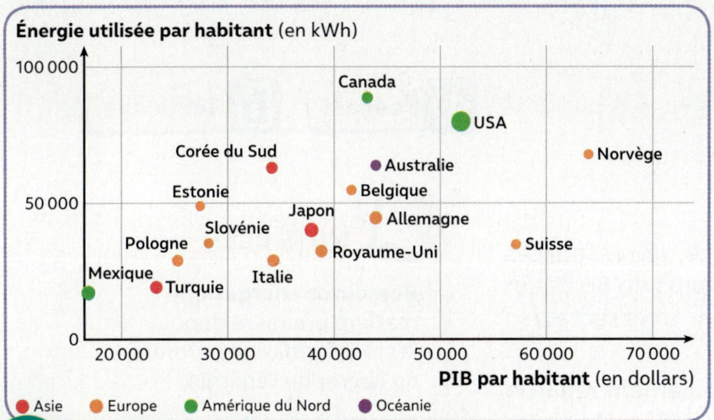

doc c **Énergie finale et PIB par habitant**
La surface des disques est proportionnelle à l'énergie finale totale du pays.

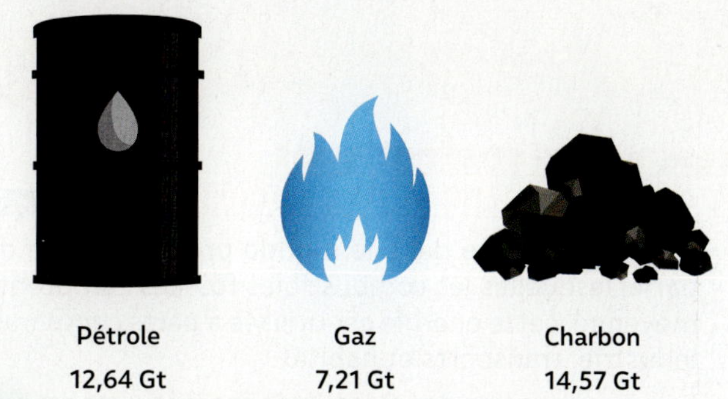

doc d **Émissions mondiales de CO_2 (en gigatonnes) en 2017 selon le combustible fossile utilisé**

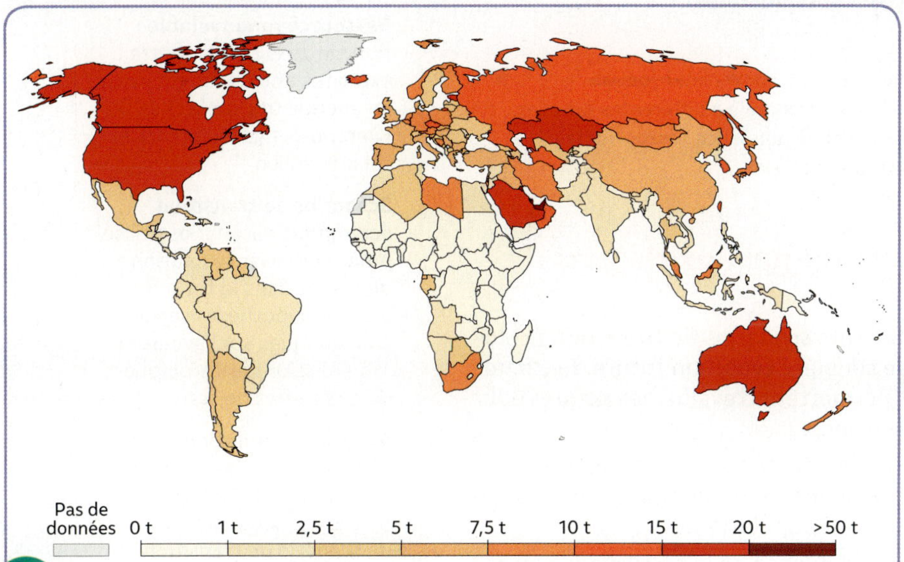

doc e **Répartition par pays de l'émission moyenne de CO_2 (en tonne par habitant) en 2017**

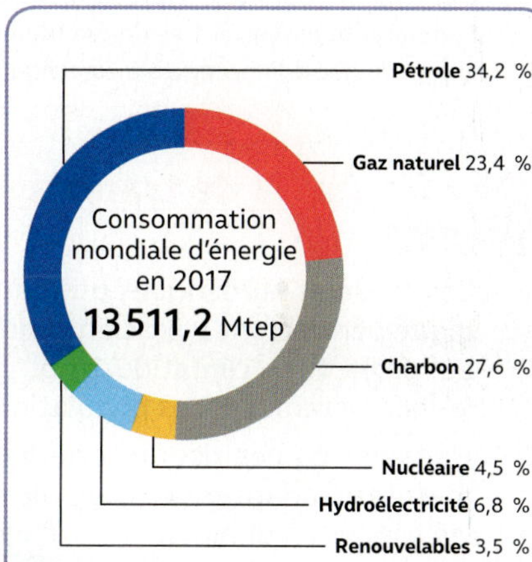

doc f **Répartition de l'utilisation des différentes ressources énergétiques**

DONNÉES

- Croissance économique : augmentation de la production de biens et de services dans une économie sur une période donnée. Cette croissance est souvent mesurée par l'augmentation du Produit intérieur brut (PIB).
- Indice de développement humain (IDH) : indice permettant d'évaluer le développement qualitatif (espérance de vie, santé, éducation, revenu, etc.) des habitants d'un pays.

En équipes !

Équipe 1
Établir des liens entre la croissance économique et ses impacts sur le climat.

Équipe 2
Établir des liens entre la croissance économique et ses impacts sur la santé humaine.

En commun oral
À partir des arguments identifiés en équipes, participez à un débat pour répondre à la problématique initiale.

SYNTHÈSE Énergie, choix de développement et futur climatique

MÉMO

Podcast | Texte dys

Ressources énergétiques et développement des sociétés UNITÉ 1 et HED

- L'énergie utilisée dans le monde provient d'une diversité de ressources parmi lesquelles les combustibles fossiles comptent pour plus de 80 %. En moyenne, cette énergie est utilisée à parts comparables par trois secteurs : industrie, transports et habitat.
- La consommation des **ressources énergétiques** est très inégalement répartie selon le développement des pays et la richesse des individus. Si cette croissance est mondiale, elle est directement liée au modèle de production, de consommation et de développement des sociétés.
- Les modèles économiques de croissance infinie semblent donc incompatibles avec les ressources énergétiques limitées sous forme de stocks (**ressources fossiles** et fissiles) ou de flux (**ressources renouvelables**).

SAVOIR-FAIRE
- Utiliser les différentes unités d'énergie employées et les convertir en joules.
- Exploiter des données de production et d'utilisation d'énergie à différentes échelles.
- Comparer quelques ordres de grandeur d'énergie et de puissance : corps humain, objets du quotidien, centrale électrique, flux radiatif solaire…

Des scénarios de transition écologique aux risques UNITÉS 2 et 4

- Les modèles numériques utilisant différents **scénarios de transition écologique** permettent aux scientifiques de simuler l'évolution future du climat. Les **projections climatiques** obtenues permettent d'évaluer les **risques** pour les écosystèmes et les populations humaines.
- L'analyse de ces risques oriente les prises de décision des sociétés. Des mesures d'adaptation (exemple : construction de digues) peuvent réduire les risques en diminuant la vulnérabilité des populations.
- Les risques ne sont pas seulement la conséquence de la hausse des températures. La combustion de carburants fossiles et des **carburants de biomasse** libère du CO_2 et d'autres substances (N_2O, O_3, produits soufrés) ainsi que des **aérosols** (suies), qui affectent la qualité de l'air et la santé humaine.

SAVOIR-FAIRE
- À partir de documents épidémiologiques, identifier et expliquer les conséquences sur la santé de certains polluants atmosphériques, telles les particules fines résultant de combustions.
- Calculer la masse de dioxyde de carbone produite par unité d'énergie dégagée pour différents combustibles.
- Analyser des extraits de documents du GIEC ou d'accords internationaux proposant différents scénarios.

L'empreinte carbone UNITÉ 3

- L'empreinte carbone mesure l'impact, sur le climat terrestre, d'une activité humaine ou d'un objet technologique, de sa production jusqu'à son retraitement. Pour la quantifier, on donne la masse de dioxyde de carbone ayant le même pouvoir réchauffant sur le climat. L'empreinte carbone se mesure en kilogrammes (ou tonnes) équivalent carbone (kg eq. CO_2).

SAVOIR-FAIRE
- À partir de documents, analyser l'empreinte carbone de différentes activités humaines et proposer des comportements pour la minimiser ou la compenser.

MOTS CLÉS

- **Ressource énergétique :** matière première dont la transformation permet de libérer de l'énergie.
- **Ressource fossile :** ressource énergétique provenant de la fossilisation de matière organique animale ou végétale. Exemples : charbon, pétrole, gaz naturel.
- **Ressource renouvelable :** flux naturels pouvant être exploités afin de les convertir en énergie utilisable. Exemples : hydroélectricité, solaire, éolien.
- **Scénarios de transition écologique :** scénarios utilisés pour modéliser l'évolution du climat dans le futur à partir d'hypothèses socio-économiques sur l'évolution des émissions anthropiques de gaz à effet de serre.
- **Projection climatique :** simulation par les modèles numériques de l'évolution future du climat selon un scénario de transition écologique donné.
- **Risque :** combinaison de l'aléa, de l'enjeu et de la vulnérabilité.
- **Carburants de biomasse :** combustibles constitués de matière organique d'origine végétale. Exemples : bois, paille, déchets verts.
- **Aérosols :** suspension, dans un gaz, de fines particules, solides ou liquides.

SCHÉMA

Bilan animé

Énergie, choix de développement et futur climatique

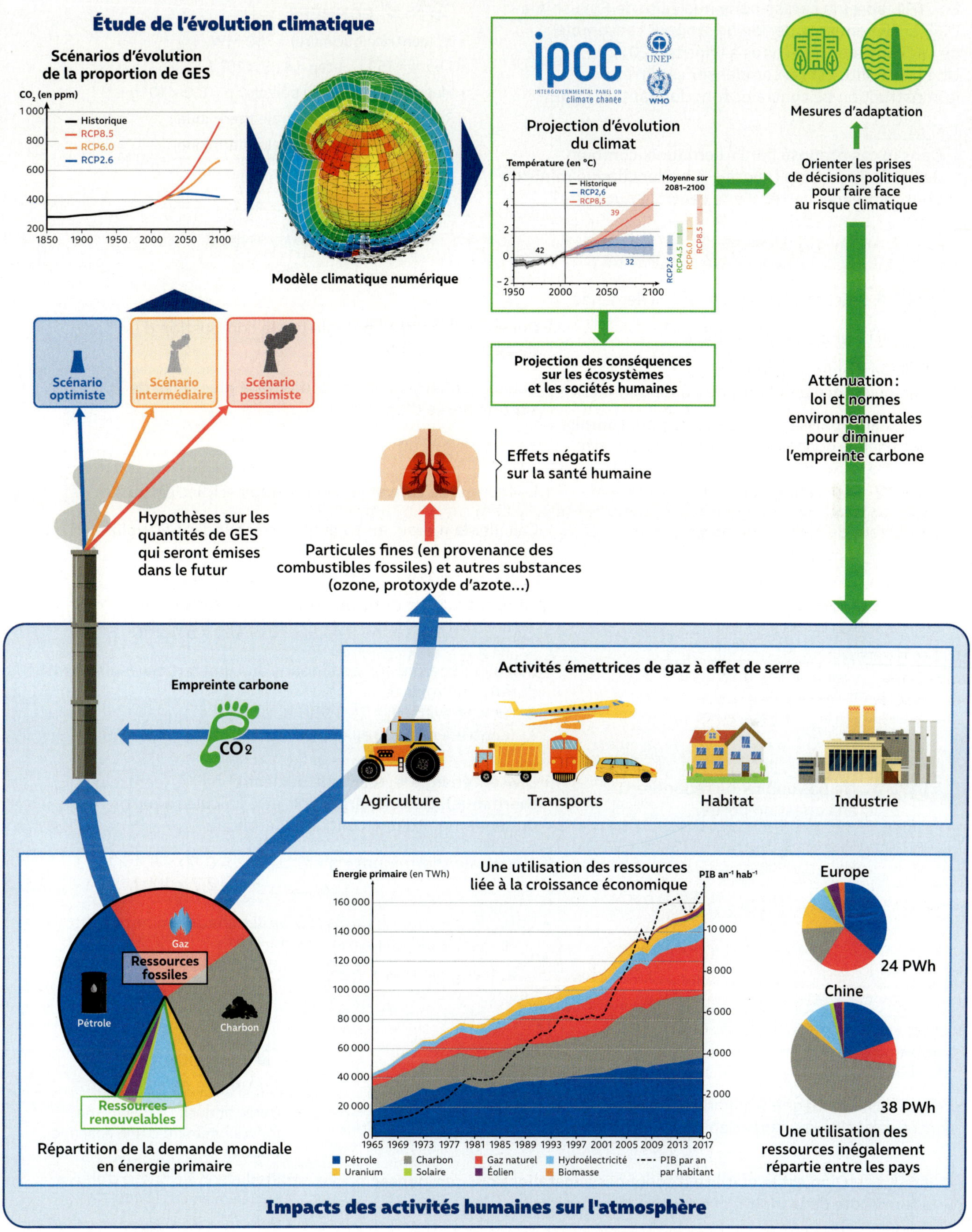

MÉTHODE Utiliser différentes unités d'énergie et de puissance

1 Exercice résolu

Énoncé

En 2011, après la catastrophe nucléaire de Fukushima-Daiichi, l'Allemagne décide de stopper l'ensemble de ses centrales nucléaires à l'horizon 2022.
Une possibilité est de compenser cet arrêt par la construction de centrales fonctionnant au fioul.

QUESTION
Dans le cas proposé par l'Allemagne, combien de barils de pétrole faudrait-il brûler chaque minute pour remplacer l'arrêt d'une centrale nucléaire?

DONNÉES
- $\mathcal{P}_e$ (centrale nucléaire) = 700 MW.
- 1 baril = 159 L, 1 tep = $41{,}9 \times 10^9$ J.
- Masse volumique du pétrole : $\rho = 8{,}0 \times 10^2$ g·L^{-1}.
- Rendement d'une centrale thermique :
$$\eta = \frac{\mathcal{P}_e \text{ (centrale thermique)}}{\mathscr{E}_{\text{combustion}}} = 50\ \%.$$

Méthode	Application
ÉTAPE 1 Identifier le type de travail demandé. **1.** Convertir une énergie en Joule. **2.** Calculer l'énergie transférée par une puissance pendant une durée donnée. **3.** Calculer la puissance nécessaire pour fournir une énergie donnée sur une durée déterminée.	• Convertir l'énergie libérable par la combustion d'un baril de pétrole en Joule. • Calculer l'énergie correspondant à la puissance de 700 W sur une durée d'une minute.
ÉTAPE 2 Dans chaque situation, utiliser : **1.** le facteur de conversion fourni ; **2.** la relation $\mathscr{E} = \mathcal{P} \times \Delta t$ **3.** la relation $\mathcal{P} = \frac{\mathcal{P}}{\Delta t}$	• Le facteur de conversion est : 1 tep = $41{,}9 \times 10^9$ J. • Calculer la masse, en tonnes, correspondant au volume d'un baril : $m = \rho \times V_{\text{baril}} = 159 \text{ L} \times 8{,}0 \times 10^2 \text{ g/L} = 1{,}3 \times 10^5$ g. Or 1 tonne = 10^6 g donc m = 0,13 tonne. Ainsi : $\mathscr{E}_{\text{combustion}} = 0{,}127 \text{ tonne} \times 41{,}9 \times 10^9 \text{ J/tep} = 5{,}4 \times 10^9$ J. • Calculer l'énergie correspondant au transfert de $\mathcal{P}$ = 700 MW durant une minute : $\mathscr{E} = \mathcal{P} \times \Delta t$ avec : $\mathcal{P}$ = 700 MW et Δt = 60 s : $\mathscr{E}_e$ (centrale nucléaire) = $700 \times 10^6 \text{ W} \times 60 \text{ s} = 4{,}2 \times 10^{10}$ J.
ÉTAPE 3 Ne pas oublier de répondre à la question posée.	• Diviser l'énergie $\mathscr{E}_e$ (centrale nucléaire) par $\mathscr{E}_e$ (centrale thermique). Cette énergie doit être calculée à partir du rendement d'une centrale thermique : $\mathscr{E}_e$ (centrale thermique) = $\eta \times \mathscr{E}_{\text{combustion}} = 0{,}50 \times 5{,}4 \times 10^9$ J $= 2{,}7 \times 10^9$ J. • Enfin, le nombre de barils N à brûler chaque minute est : $N = \frac{\mathscr{E}_e \text{ (centrale nucléaire)}}{\mathscr{E}_e \text{ (centrale thermique)}} = \frac{4{,}2 \times 10^{10} \text{ J}}{2{,}7 \times 10^9 \text{ J}} = 16.$

2 APPLICATION

En réalité, l'Allemagne a majoritairement compensé la fermeture de ses centrales nucléaires par le déploiement d'éoliennes et de panneaux solaires.

QUESTION **Quel est le nombre d'éoliennes à installer pour compenser la fermeture de la moitié des centrales nucléaires?**

DONNÉES
- 1,0 TWh = $3{,}6 \times 10^{15}$ J.
- Durée annuelle moyenne de fonctionnement d'une éolienne : 2000 h.
- Production électrique d'origine nucléaire en 2011 : 140 TWh.
- Puissance électrique moyenne d'une éolienne : 6 MW.

QUIZ Parmi les affirmations suivantes, choisissez la réponse exacte.

3 **L'énergie utilisée dans le monde provient principalement :**

a de ressources fossiles.
b de ressources renouvelables.
c de ressources nucléaires.
d de ressources hydroélectriques.

4 **La consommation des ressources énergétiques est :**

a également répartie dans le monde.
b également répartie selon les individus.
c en forte croissance.
d en forte décroissance.

5 **Les périodes de pics de pollution de l'air :**

a ne nécessitent pas de campagne de prévision et de prévention.
b sont la cause principale du réchauffement climatique.
c ont des conséquences sur la santé démontrées par des études épidémiologiques.
d nécessitent de pratiquer des efforts physiques en extérieur.

6 **Dans le monde, la consommation de ressources provient :**

a principalement du secteur industriel.
b principalement des transports.
c à part comparable pour le secteur industriel, les transports et le secteur de l'habitat.
d principalement de l'habitat.

▶ Corrigés p. 340

7 **CONSTRUIRE UNE CARTE MENTALE**

sur le thème « Les combustibles fossiles et leurs conséquences ».

▶ L'étiquette centrale s'intitulera

Combustion des carburants fossiles

▶ Associer l'étiquette centrale, par le moyen graphique de votre choix, à des étiquettes de votre initiative. Certaines peuvent être, par exemple :

Émission de CO_2 **Changement climatique** **Conséquences pour les humains**

QUESTION FLASH

oral

8 En vous appuyant sur vos connaissances et sur le document ci-dessous, présenter à l'oral, l'origine des polluants de l'air et leurs conséquences sur la santé humaine.

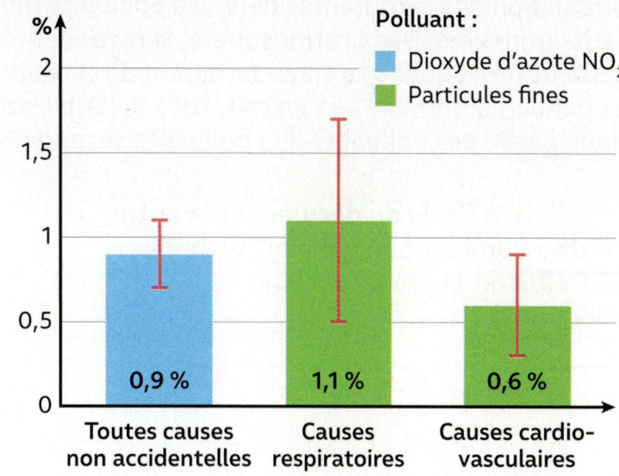

▲ Variation du pourcentage de mortalité lors d'une augmentation de 10 µg·m⁻³ de la concentration en masse de polluant

EXERCICES D'APPLICATION

9 Le gazole est un carburant principalement composé d'hexadécane de formule $C_{16}H_{34}$. Sa combustion complète dans le dioxygène est modélisée par la réaction d'équation :

$$2\ C_{16}H_{34}(\ell) + 49\ O_2(g) \rightarrow 32\ CO_2(g) + 34\ H_2O(g)$$

1. Calculer la quantité de matière n d'une masse de m_g = 1,0 kg de gazole.

2. En déduire la masse m de dioxyde de carbone formée par la combustion d'un kilogramme de gazole.

DONNÉES
- Masse d'une mole de CO_2 : 44 g.
- Masse d'une mole de $C_{16}H_{34}$: 226 g.

10 L'« esclave énergétique » est une unité de mesure de l'énergie : elle correspond au travail que pourrait effectuer un être humain en un an. On considère qu'un esclave énergétique travaille 210 jours par an et peut délivrer 0,5 kWh par jour de travail brut.

▶ Sachant, qu'un Français utilise en moyenne 6,5 GJ par an de travail mécanique pour se déplacer, calculer le nombre correspondant d'esclaves énergétiques.

DONNÉES
- 1,0 kWh = $3{,}6 \times 10^6$ J

11 Mortalité et pollution à l'ozone DIFFÉRENCIATION

OBJECTIF Identifier les conséquences sur la santé, de certains polluants à partir de documents épidémiologiques.

La combustion des carburants libère des polluants dits polluants primaires. Dans l'atmosphère, le rayonnement solaire peut provoquer une transformation de certains de ces polluants primaires en un gaz, l'ozone (O_3). L'ozone fait donc partie des polluants dits polluants secondaires.

QUESTION **À l'aide du document ci-contre, montrer comment un polluant secondaire peut affecter la santé humaine.**
[Aides, p. 339]

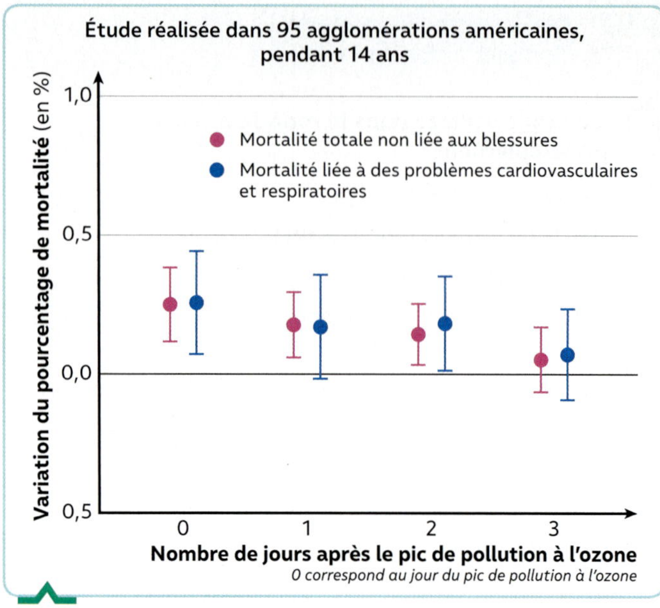

doc. Pourcentage de mortalité faisant suite à un pic d'ozone
Dans cette étude, un pic d'ozone correspond à une proportion d'ozone (en quantité de matière dans l'air) supérieure de 10 ppb par rapport à la proportion moyenne de la semaine précédente.

12 Avatar et empreinte carbone d'un Brésilien

OBJECTIF Comparer quelques ordres de grandeur d'énergie et de puissance

S'il y a en moyenne entre 10 000 et 15 000 avatars « vivants » dans *Second Life* à chaque instant, ceci signifie que la population moyenne de ce monde est de 12 500 personnes. Faire « vivre » ces 12 500 avatars nécessite 4 000 serveurs informatiques sans oublier les 12 500 ordinateurs personnels des alter ego réels des avatars. On peut considérer qu'un ordinateur consomme 120 W et qu'un serveur consomme 200 W. À ceci, se rajoute 50 W pour le refroidissement de chaque serveur.

Traduit d'après www.roughtype.com.

a. La consommation d'électricité par les avatars de *Second Life*

DONNÉES

Énergie finale moyenne par an et par habitant (Brésil, 2014) : 16 334 kWh.

Énergie finale moyenne par an et par habitant (Niger, 2014) : 1 658 kWh.

Source : Banque Mondiale.

b. Infographie illustrant la comparaison entre un avatar et un habitant du Brésil

QUESTIONS

1. Calculer la puissance moyenne utilisée par un avatar.
2. L'infographie (doc. b) est-elle honnête ou mensongère ?
3. Proposer une amélioration pour la rendre scientifiquement correcte.

13 Émissions d'une « supercar »

OBJECTIF Calculer la masse de dioxyde de carbone produite par unité d'énergie dégagée pour différents combustibles.

La voiture de sport photographiée ci-dessous a été conçue pour atteindre une vitesse de près de 500 km·h^{-1}.
À cette vitesse, le réservoir d'essence est vide en 15 minutes.

QUESTIONS

1. À l'aide de la fiche technique, estimer la taille (volume) du réservoir de la « supercar ».
2. Calculer l'émission de CO_2, en g·km^{-1}, de la voiture à sa vitesse maximale en considérant que la combustion de l'essence peut être modélisée par la réaction d'équation :
$$2\,C_8H_{18}(\ell) + 25\,O_2(g) \rightarrow 16\,CO_2(g) + 18\,H_2O(g)$$
3. Comparer aux données de la fiche technique et commenter.

FICHE TECHNIQUE	
Puissance maximale	1 500 ch
Couple maximal	1 600 Nm
Poids à vide	1 995 kg
Consommation mixte	22,5 L/100 km
Emissions de CO_2	516 g·km^{-1}

doc. **Fiche technique d'une « supercar »**

DONNÉES

- PCI (essence) = 42,5 MJ·kg^{-1}.
- Masse volumique : ρ(essence) = 740 g·L^{-1}.
- 1 ch = 735,5 W.
- Masse d'une mole de C_8H_{18} : 114 g.
- Masse d'une mole de CO_2 : 44 g.
- Rendement du moteur : $\eta = \dfrac{\mathcal{P}_{\text{méca}}}{\mathcal{P}_{\text{chimique}}} = 0{,}35$.

14 Dioxyde de carbone et développement de la végétation

OBJECTIF Analyser l'impact de l'augmentation de CO_2 sur le développement de la végétation.

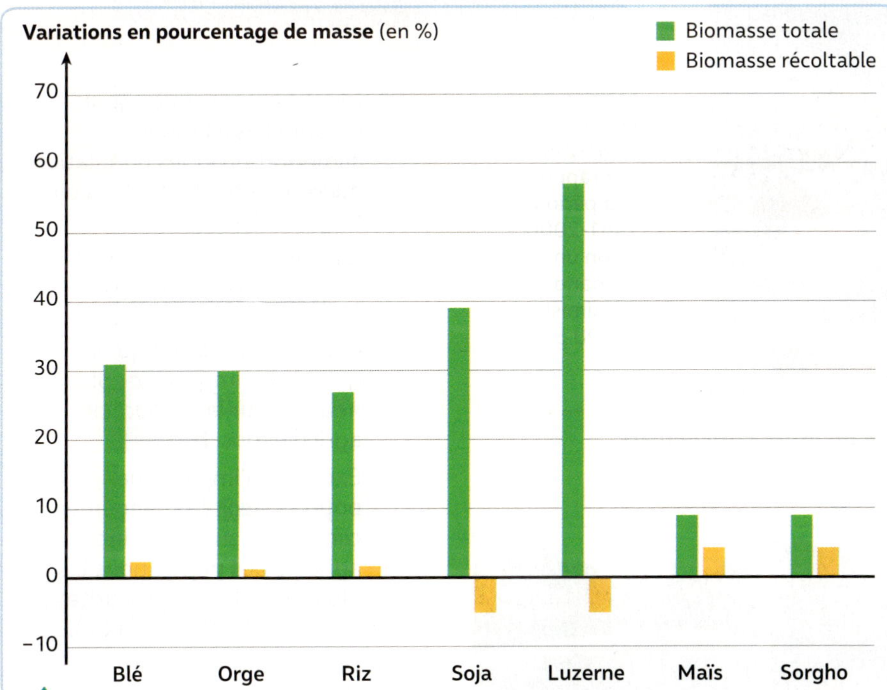

doc. **Expérience montrant les impacts d'un doublement de la quantité de dioxyde de carbone sur différentes plantes cultivées**
Lorsque les variations en % en masse sont négatives, ceci indique qu'il y a une diminution de la biomasse par rapport à celle récoltée dans le cas d'une concentration actuelle de CO_2.

QUESTIONS

1. Exploiter les résultats de l'expérience (**doc.** ci-contre) pour montrer l'impact que pourrait avoir le changement climatique actuel sur le développement des végétaux terrestres.
2. En utilisant vos connaissances sur la nutrition des végétaux, expliquer cet impact.

POUR ALLER PLUS LOIN :
Parmi les effets du changement climatique, le GIEC projette que pour certaines régions de la Terre, le rendement de nombreuses cultures devrait diminuer. À partir d'une recherche sur internet, chercher un effet du changement climatique qui pourrait expliquer la projection d'une diminution du rendement des cultures dans certaines régions.

Déjà vu au collège et au lycée

QUIZ

Parmi les affirmations suivantes, choisissez la réponse exacte.

EXO Exercices interactifs

	A	B	C
1. L'effet de serre est un phénomène :	naturel	artificiel	qui n'existe pas
2. Le schéma du montage électrique qui permet de réaliser la caractéristique d'un conducteur ohmique est :	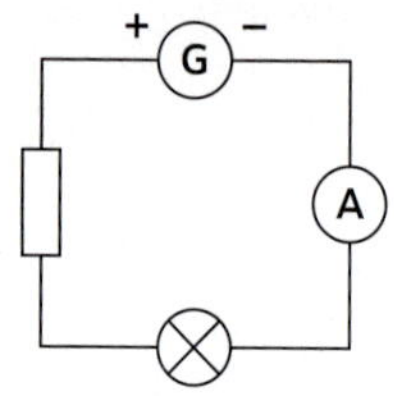	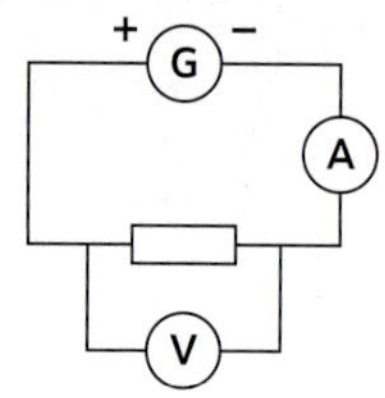	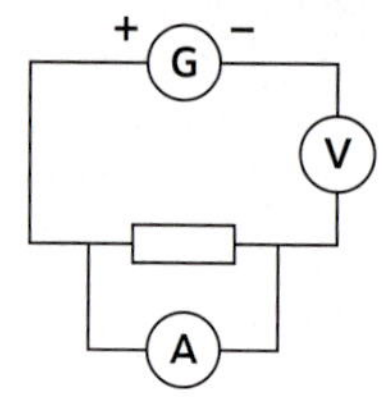
3. La puissance s'exprime en :	joule (J)	kilowattheure (kWh)	watt (W)
4. En mathématiques, un graphe est constitué :	de triangles et de rectangles (ou de carrés)	d'étoiles et de losanges (ou de cercles)	de sommets et d'arêtes (ou d'arcs)
5. Une fonction permet d'associer à un nombre :	un unique autre nombre	deux autres nombres	au moins trois autres nombres
6. Le spectre d'émission d'un rayonnement monochromatique est :			
7. Un spectre de raies d'émission :	est caractéristique de l'atome ou de l'ion qui émet la lumière	s'enrichit vers le violet quand la température augmente	est continu
8. L'énergie radiative reçue du Soleil :	peut être convertie en une autre forme d'énergie	ne peut pas être convertie en une autre forme d'énergie	ne peut pas être utilisée sur Terre
9. L'énergie cinétique d'un objet en mouvement dépend :	de la masse et de l'altitude de l'objet	de la valeur de la vitesse et de l'altitude de l'objet	de la masse et de la valeur de la vitesse de l'objet
10. Le convertisseur d'énergie ci-dessous peut correspondre à : 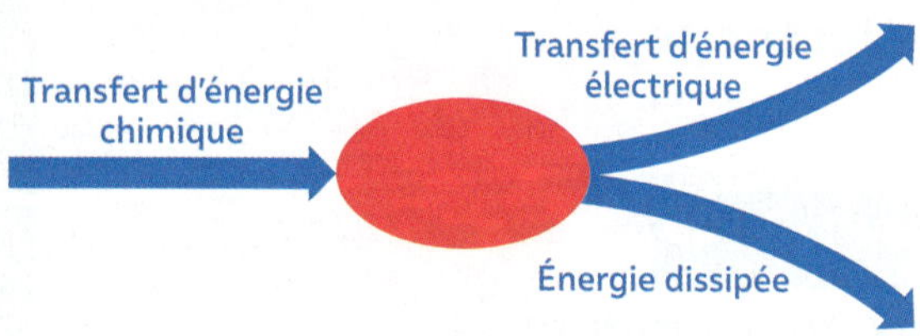	un alternateur de bicyclette 	une pile 	une lampe 
11. Un exemple de risque naturel est :	un incident dans une centrale nucléaire	l'éruption d'un volcan	un accident de la route
12. Une mesure qui permet d'avertir la population en cas de risque naturel ou technologique est une mesure :	de prévention	d'atténuation	de protection

→ Corrigés p. 340

FICHE 1 Effet de serre

Vu en Enseignement scientifique en 1re

- La Terre émet un rayonnement infrarouge.
Une partie de ce rayonnement est absorbée par l'atmosphère, qui elle-même émet un rayonnement infrarouge vers le sol et vers l'espace.
Ce phénomène naturel, dû à la présence de différentes espèces gazeuses dans l'atmosphère terrestre, est appelé l'effet de serre.
- L'effet de serre est nécessaire à la vie sur Terre telle que nous la connaissons. En effet, sans l'effet de serre naturel, la température moyenne à la surface de la Terre serait de – 18 °C, au lieu des 15 °C actuels. Cependant, si les concentrations dans l'atmosphère des gaz à effet de serre augmentent, la température moyenne à la surface terrestre augmentera également.

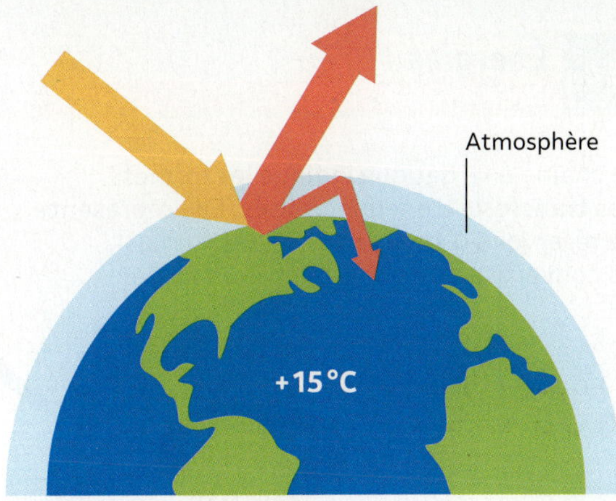

→ Chapitres 6 et 8

FICHE 2 Risques

Vu en SVT en 2de et au collège

- Un aléa de l'environnement est un phénomène que l'on ne peut pas prévoir. Il peut être naturel (séisme, éruption volcanique, inondation, etc.) ou lié aux activités humaines (incident dans une centrale nucléaire, pollution liée à une usine, etc.).
- Un risque existe quand un aléa est susceptible d'avoir lieu dans une zone habitée par l'Homme et que cela peut avoir des conséquences négatives pour lui ou son environnement.
- Il est souvent possible de mettre en place des mesures de protection ou de prévention des risques.

▲ Les effets d'un séisme sur les constructions humaines (Hualien, Taïwan, 8 février 2018)

→ Chapitre 8

FICHE 3 Graphe orienté

Vu en SNT en 2de

- Un graphe orienté est un modèle mathématique dont les arêtes sont orientées, c'est-à-dire qu'il est possible de distinguer l'extrémité initiale d'une arête de son extrémité finale (dans ce cas, on parlera d'arc plutôt que d'arête). Par exemple, les graphes orientés permettent de modéliser des routes car, dans le cas de voies à sens unique ou de lignes aériennes, il peut y avoir un chemin d'un point A à un point B mais pas de chemin du point B vers le point A.
- Utilisés en Terminale dans le cadre du transport d'électricité, les graphes sont également importants pour traiter des problèmes relevant de domaines variés : transport d'information dans un réseau informatique, réseaux sociaux, transactions financières, analyses génétiques, etc.

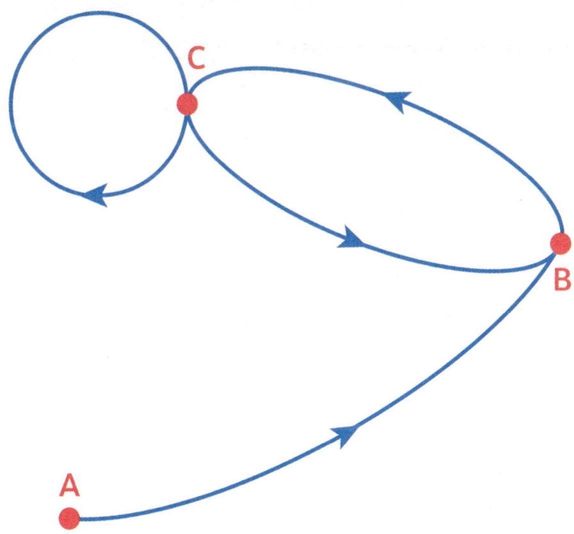

→ Chapitre 7

FICHE 4 Énergies

Vu en Physique-Chimie en 2de et au collège

- Une chaîne énergétique indique les formes et les transferts d'énergie utilisés. Elle représente :
  – les réservoirs d'énergie par un rectangle ;
  – les convertisseurs d'énergie par un ovale.

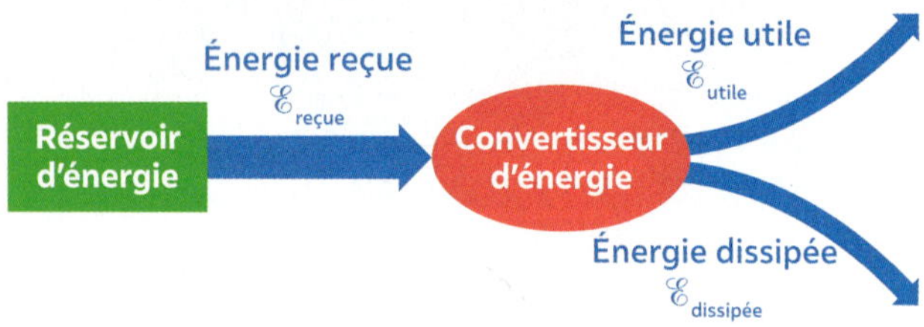

- L'énergie est une grandeur qui se conserve :

$$\mathscr{E}_{\text{reçue}} = \mathscr{E}_{\text{utile}} + \mathscr{E}_{\text{dissipée}}.$$

- Un corps en mouvement de masse m se déplaçant avec une vitesse de valeur v possède une énergie cinétique :

$$\mathscr{E}_c = \frac{1}{2} m\, v^2$$

Unités SI
$\mathscr{E}_c$ en joule (J)
m en kilogramme (kg)
v en mètre par seconde ($m \cdot s^{-1}$).

- Un corps en altitude par rapport au sol possède une énergie potentielle de pesanteur $\mathscr{E}_{pp}$.

→ Chapitres 5 et 6

FICHE 5 Circuits électriques

Vu en Physique-Chimie en 2de et au collège

- Un circuit électrique est constitué de composants électriques reliés entre eux par des fils de connexion.

- Un conducteur ohmique, photographié ci-contre, parfois aussi appelé résistance ou dipôle ohmique, est représenté par un rectangle. Il est caractérisé par sa résistance R, en ohm (Ω), et il suit la loi d'Ohm : la tension U à ses bornes est proportionnelle à l'intensité I du courant électrique qui le traverse.

$$U = R \times I$$

Unités SI
U en volt (V)
R en ohm (Ω)
I en ampère (A)

- La caractéristique d'un dipôle est la représentation graphique $U = f(I)$ de la tension électrique U aux bornes d'un dipôle en fonction de l'intensité I du courant électrique qui le traverse, ou la représentation graphique $I = f(U)$ de l'intensité I en fonction de la tension U.

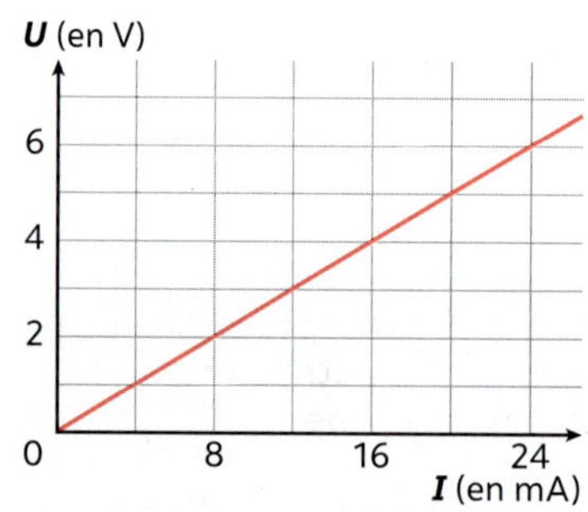

Caractéristique $U = f(I)$ d'un conducteur ohmique

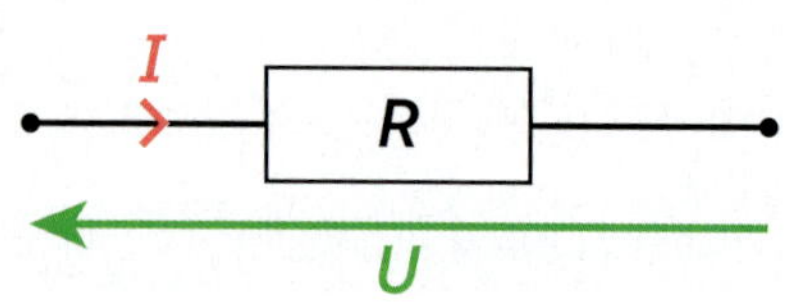

→ Chapitre 7

FICHE 6 Puissances
Vu en Physique-Chimie en 2de et au collège

- La puissance $\mathcal{P}$ est égale à l'énergie $\mathcal{E}$ transférée entre deux systèmes par unité de temps.
Si la puissance est constante au cours du temps :

$$\mathcal{P} = \frac{\mathcal{E}}{\Delta t}$$

Unités SI
$\mathcal{P}$ en watt (W)
$\mathcal{E}$ en joule (J)
Δt, la durée du transfert d'énergie en seconde (s).

- La puissance $\mathcal{P}$ reçue ou délivrée par un dispositif électrique est égale au produit de la tension U aux bornes du dispositif par l'intensité I du courant électrique qui le traverse :

$$\mathcal{P} = U \times I$$

Unités SI
$\mathcal{P}$ en watt (W)
U en volt (V)
I en ampère (A).

→ Chapitres 5, 6 et 7

FICHE 7 Fonctions
Vu en Mathématiques en 2de

- Une fonction est un procédé qui permet d'associer à un nombre, un unique autre nombre appelé image. Si on appelle f cette fonction, l'image de x par f est notée :

$$x \mapsto f(x) \text{ ou } f(x).$$

- Si f est une fonction définie sur un intervalle I et a désigne un nombre réel, dire que $f(a)$ est le minimum de f sur I signifie que, pour tout nombre réel x de I :

$$f(x) \geqslant f(a).$$

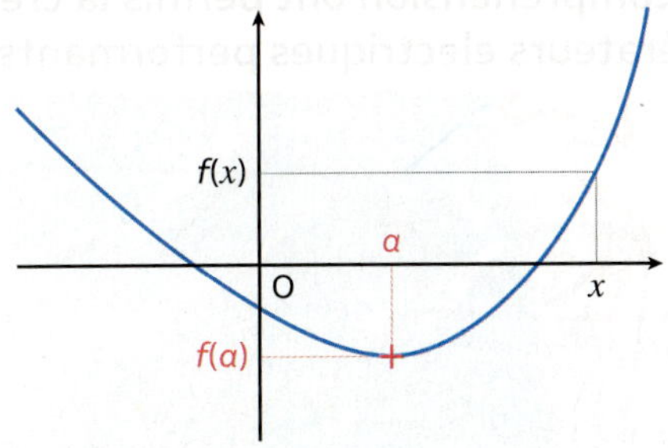

→ **Pour aller plus loin :** **fiche méthode 6**, page 333.

→ Chapitre 7

FICHE 8 Spectres de raies
Vu en Physique-Chimie en 2de

- Un rayonnement monochromatique est caractérisé par sa longueur d'onde λ.

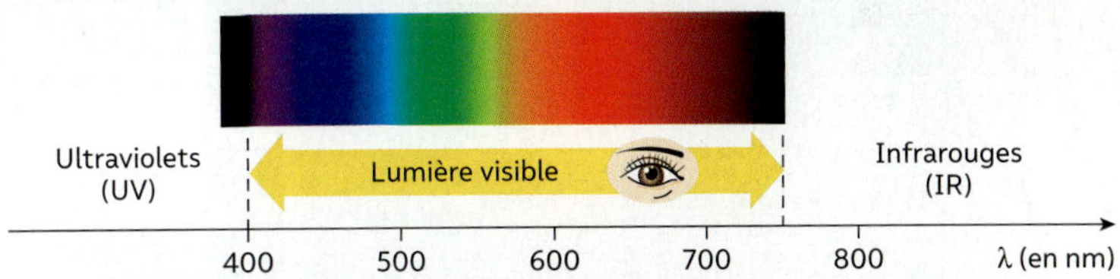

▲ Différents types de rayonnements

- Le spectre de la lumière émise par un gaz, porté à haute température ou traversé par une décharge électrique, est un spectre de raies. Le spectre de raies est caractéristique de l'atome ou de l'ion qui émet la lumière.

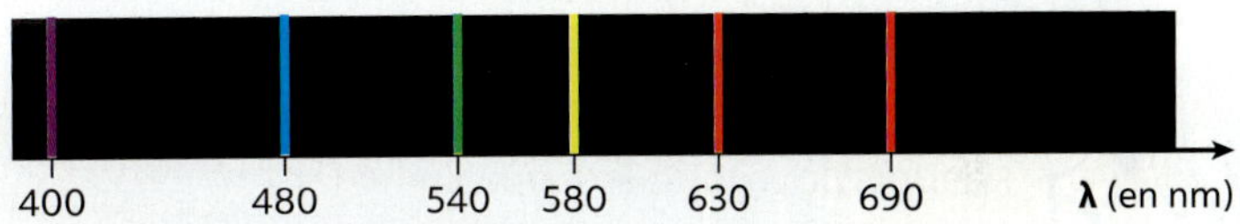

▲ Spectre de raies d'émission

→ Chapitre 5

FICHE 9 Combustion
Vu en Physique-Chimie en 2de et au collège

- Une combustion est une transformation chimique entre un combustible et un comburant (le plus souvent, le comburant est le dioxygène de l'air). La transformation chimique d'un tel système est exothermique, c'est-à-dire que le système qui se transforme cède de l'énergie par transfert thermique.
- Dans les centrales thermiques, la combustion du charbon, du gaz naturel ou du pétrole est utilisée pour convertir de l'énergie chimique en énergie électrique. Cependant, des gaz à effet de serre sont produits lors de ces combustions.

▲ La Porte de l'Enfer est un champ de gaz naturel (méthane) brûlant depuis 1971 au Turkménistan.

→ Chapitre 6

UNITÉ 1

Alternateur électrique

La plupart des centrales électriques (hydroélectrique, nucléaire, éolienne...), produisent de l'électricité grâce à un alternateur électrique.

OBJECTIF

Comprendre le fonctionnement d'un alternateur électrique et l'intérêt de son utilisation dans une centrale électrique.

Les expériences menées depuis 1820 sur l'électromagnétisme (→ **Histoire, Enjeux, Débats, p. 132**) ont montré que le passage d'un courant électrique dans un fil conducteur produit un champ magnétique : l'espace autour du fil conducteur acquiert des propriétés magnétiques comme autour d'un aimant.

En 1831, le scientifique britannique Michael Faraday (1791-1867) réalise l'expérience suivante. Il relie une **bobine** (bobine A) à une pile, et une autre bobine (bobine B) à un **galvanomètre**. Lors de l'établissement du courant électrique dans la bobine A, un champ magnétique est créé dans l'anneau de fer : Faraday constate alors que l'aiguille du galvanomètre relié à la bobine B dévie à cet instant avant de revenir à zéro, sa position initiale.

Lors de la déconnexion entre la pile et la bobine A, c'est-à-dire au moment de la disparition du champ magnétique créé par la bobine A dans l'anneau de fer, Faraday constate que l'aiguille du galvanomètre relié à la bobine B dévie également, mais en sens inverse, avant de revenir de nouveau à zéro.

Faraday a ainsi réussi à mettre en évidence la création d'un courant électrique « induit » dans un fil conducteur (la bobine B dans son expérience) lors de la variation d'un champ magnétique : c'est le phénomène d'induction électromagnétique. Ce phénomène sera ensuite modélisé au XXe siècle par Maxwell sous la forme d'équations mathématiques.

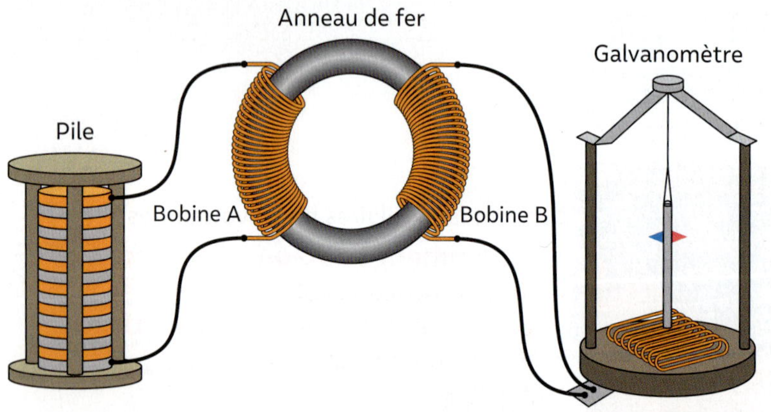

1 Expérience de Faraday

2 Dynamo d'un vélo
L'alternateur électrique d'un vélo, aussi appelé dynamo, permet de faire fonctionner des lampes grâce au phénomène d'induction électromagnétique.

VOCABULAIRE

Bobine : enroulement en spirale d'un fil conducteur, généralement en cuivre.

Galvanomètre : appareil permettant de détecter un courant électrique en mesurant son intensité.

Électroaimant : bobine se comportant comme un aimant lorsqu'elle est parcourue par un courant électrique.

ACTIVITÉ EXPÉRIMENTALE

OBJECTIF Mettre en évidence le phénomène d'induction électromagnétique.

PROTOCOLE

1. Brancher un voltmètre aux bornes d'une bobine.
2. Mesurer la tension électrique (indiquée sur le voltmètre) aux bornes de la bobine, lorsqu'un aimant immobile est placé près de celle-ci.
3. Observer la valeur de la tension électrique, indiquée par le voltmètre, à l'instant où l'aimant s'approche ou s'éloigne de la bobine.

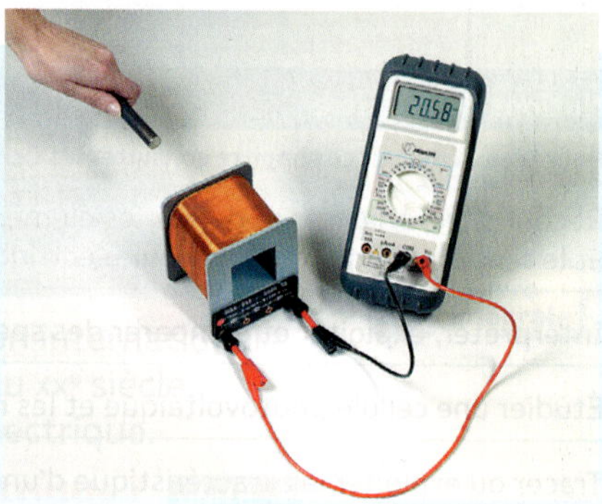

Vidéo

Un alternateur électrique est constitué de deux éléments :

- un aimant ou un **électroaimant**, c'est-à-dire une source de champ magnétique ;
- un fil conducteur, le plus souvent une **bobine**.

Ces deux éléments sont en mouvement l'un par rapport à l'autre, ce qui crée un courant électrique dans le fil conducteur.

Dans le référentiel terrestre, l'élément mobile de l'alternateur est appelé le rotor et l'élément fixe le stator.

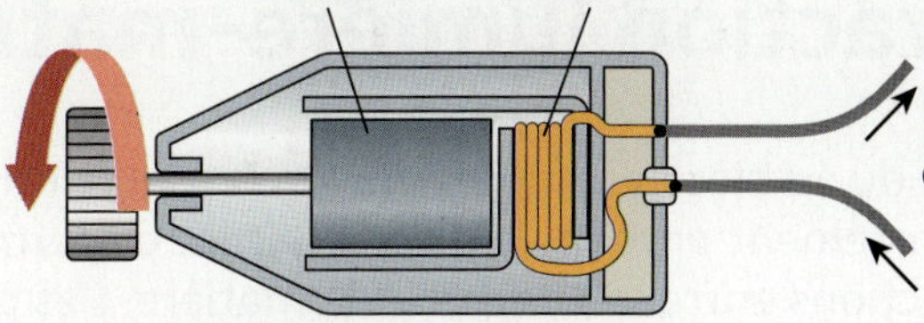

Alternateur de vélo

Alternateur industriel

3 Alternateur électrique

Le rendement η d'un alternateur électrique est le quotient de la puissance (ou de l'énergie) utile par la puissance (ou l'énergie) reçue :

$$\eta = \frac{\mathcal{P}_{utile}}{\mathcal{P}_{reçue}} = \frac{\mathcal{E}_{utile}}{\mathcal{E}_{reçue}}$$

Unités SI

$\mathcal{P}_{utile}$ et $\mathcal{P}_{reçue}$ en watt (W)
$\mathcal{E}_{utile}$ et $\mathcal{E}_{reçue}$ en joule (J)
η sans unité

L'énergie, ainsi que la puissance, se conservent : $\mathcal{E}_{reçue} = \mathcal{E}_{utile} + \mathcal{E}_{dissipée}$.

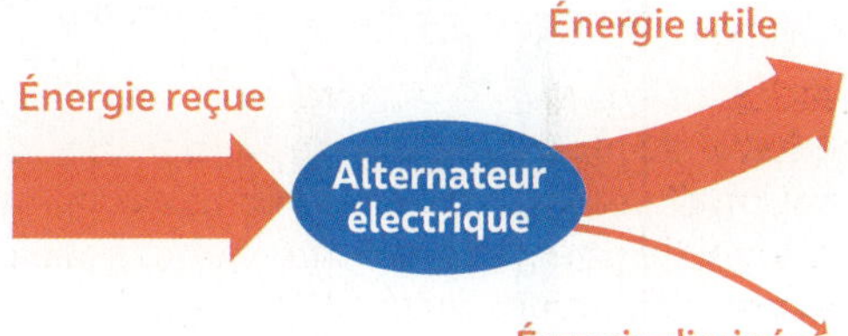

4 Rendement d'un alternateur électrique

La lettre grecque êta, d'écriture η, est la 7e lettre de l'alphabet grec.
Elle est souvent utilisée en physique-chimie pour désigner un rendement.

PISTES D'EXPLOITATION

1. **Indiquer** à l'aide du doc. 1, quel type de champ est créé par la bobine reliée à la pile dans l'expérience de Faraday.
2. **Réaliser et/ou observer** l'activité expérimentale, puis **indiquer** dans quel(s) cas une tension électrique apparaît aux bornes de la bobine. **Préciser** si le signe de la tension électrique produite aux bornes de la bobine est toujours le même.
3. **Étudier** expérimentalement un alternateur électrique, en se basant sur le doc. 3 et sur la question précédente.
4. **Calculer**, d'après le doc. 4, le rendement d'un alternateur industriel qui reçoit une puissance de 20 MW = 20×10^6 W et qui délivre au réseau électrique une puissance électrique utile de 19 MW = 19×10^6 W.

Pour aller plus loin : indiquer pourquoi le rendement d'un alternateur, même s'il est très élevé, est toujours inférieur à 1 (100 %) puis **expliquer** pourquoi son utilisation dans une centrale électrique est malgré tout très intéressante.

Réflexion sur la science

Démarche scientifique

En 1831, Faraday réalise une expérience montrant que la variation d'un champ magnétique peut générer un courant électrique.

Quelles découvertes scientifiques ont poussé Faraday à réaliser une telle expérience ?

UNITÉ 2

Interaction lumière-matière

Au début du XXe siècle, la mécanique quantique introduit la notion de comportement probabiliste de la nature et permet d'expliquer les interactions entre la lumière et la matière. Les progrès de la recherche scientifique dans ce domaine permettent ainsi de développer de nouveaux procédés pour produire de l'électricité.

OBJECTIF

Expliquer le choix des matériaux semi-conducteurs dans la fabrication des cellules photovoltaïques.

Albert Einstein (1879-1955) postule en 1905 que les échanges d'énergie entre la lumière et la matière sont **quantifiés** : ils se font uniquement par paquets d'énergie, appelés **photons**, dans le cadre du modèle particulaire de la lumière. Les atomes ont eux aussi des niveaux d'énergie quantifiés, caractéristiques de chacun d'entre eux.

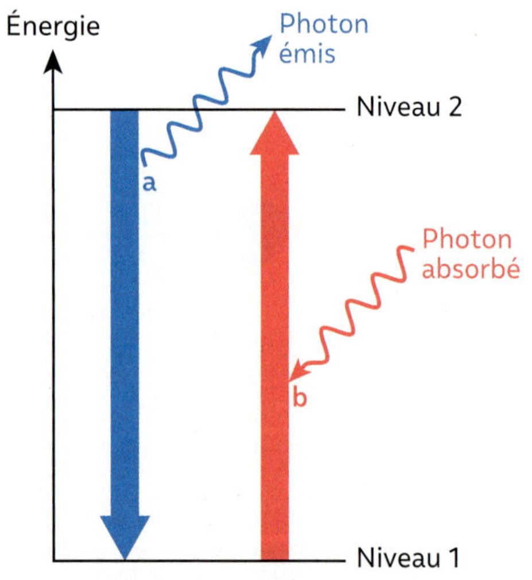

▲ Diagramme des niveaux d'énergie d'un atome

Lors d'une transition d'un niveau d'énergie donné d'un atome à un niveau d'énergie inférieur, l'atome cède de l'énergie en émettant un photon (situation **a** sur le schéma).

Un photon de même énergie peut également être absorbé par l'atome (situation **b** sur le schéma).

Les énergies des photons qu'un atome peut émettre ou absorber ne peuvent donc prendre que des valeurs particulières, appelées également valeurs discrètes ; ces valeurs sont les mêmes, que les photons soient émis ou absorbés par l'atome.

Ainsi, les spectres d'émission ou d'absorption de la lumière par un atome possèdent un nombre limité de raies, chaque raie (colorée ou sombre) correspondant à un photon émis ou absorbé.

▲ Spectres d'émission **a** et d'absorption **b** du sodium. Les raies possèdent la même longueur d'onde dans le orange, dans les deux spectres.

1 Échanges d'énergie entre la lumière et la matière

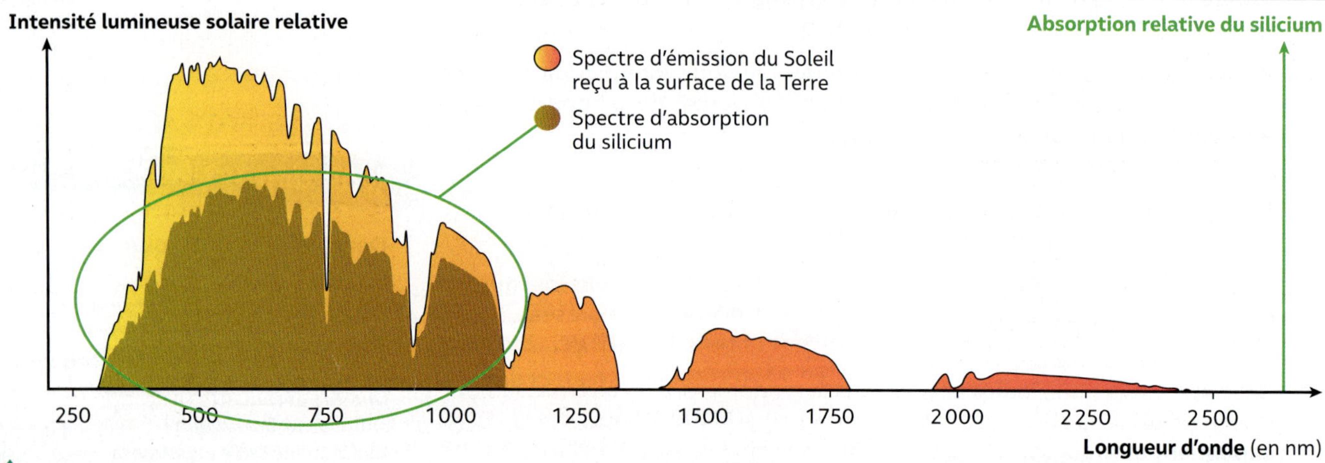

2 Spectre d'émission solaire et spectre d'absorption du silicium

Un matériau semi-conducteur, comme le silicium ou le germanium, a une conductivité électrique intermédiaire entre celle d'un matériau isolant et celle d'un matériau conducteur.

À température ambiante, le nombre d'électrons libres qui assurent le passage du courant électrique est très faible, ce qui explique sa faible conductivité électrique. Pour augmenter le nombre d'électrons libres, il est possible d'insérer des atomes d'autres éléments, appelés dopants, comme par exemple des atomes de phosphore dans du silicium. La conductivité électrique d'un matériau peut également augmenter – faiblement – avec la température.

Ces matériaux semi-conducteurs possèdent donc des propriétés électriques facilement contrôlables, ce qui permet de les utiliser pour fabriquer des composants électroniques (diodes, transistors) ou des cellules photovoltaïques. Par exemple, dans une cellule photovoltaïque, les photons provenant du rayonnement solaire apportent l'énergie nécessaire pour libérer et faire circuler des électrons du matériau semi-conducteur dans un circuit extérieur, produisant ainsi un courant électrique.

3 Exploitation technologique des matériaux semi-conducteurs

Vidéo

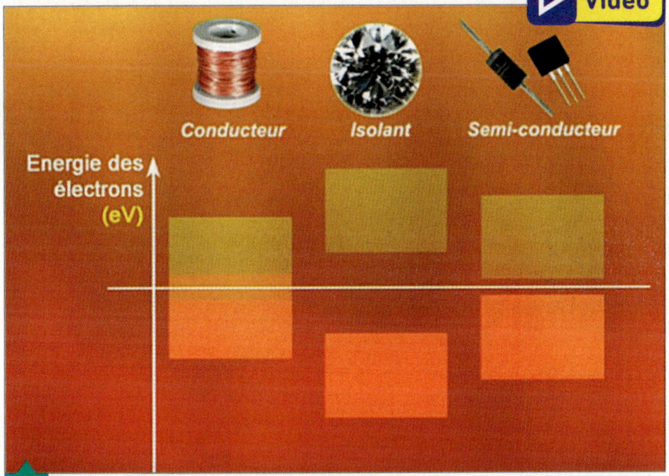

4 Propriétés électriques des matériaux conducteurs, semi-conducteurs et isolants

VOCABULAIRE

Grandeur quantifiée : grandeur qui ne peut prendre que certaines valeurs particulières, dites valeurs discrètes.

Photon : **quantum** d'énergie lumineuse (ou corpuscule de masse nulle). Dans le modèle particulaire de la lumière, cette dernière est modélisée par un déplacement de photons.

Quantum : quantité élémentaire (pluriel : quanta).

Électron-volt (eV) : unité d'énergie correspondant à l'énergie acquise par un électron soumis à une tension électrique de 1 volt : 1 électron-volt (eV) = $1,6 \times 10^{-19}$ joule (J).

PARCOURS 1

1. **Expliquer**, d'après le doc. 1, pourquoi les spectres d'émission et d'absorption du sodium possèdent des raies caractérisées par les mêmes valeurs de longueur d'onde.
2. **Vérifier**, d'après le doc. 2, que le silicium permet d'absorber des rayonnements du Soleil.
3. **Indiquer**, d'après le doc. 3, d'où provient l'énergie reçue par une cellule photovoltaïque, lui permettant de produire un courant électrique.
4. **Réaliser une synthèse** permettant de justifier l'utilisation industrielle du silicium pour fabriquer des cellules photovoltaïques. *oral*

PARCOURS 2

1. **Expliquer**, d'après le doc. 1, pourquoi un spectre de raies permet d'identifier un élément chimique.
2. **Comparer**, d'après le doc. 4, la conductivité électrique d'un matériau semi-conducteur avec celles d'un matériau isolant et d'un matériau conducteur puis **expliquer** les différences de conductivités électriques observées.
3. **Indiquer**, d'après le doc. 3, un moyen permettant de contrôler la conductivité électrique de matériaux semi-conducteurs constituant une cellule photovoltaïque.
4. **Réaliser une synthèse** permettant d'expliquer pourquoi les progrès scientifiques ont permis de développer de nouveaux procédés pour produire de l'électricité au début du XXe siècle. *oral*

UNITÉ 3

Caractéristique d'une cellule photovoltaïque

Une cellule photovoltaïque absorbe l'énergie radiative du Soleil et la convertit en énergie électrique. Pour fonctionner de manière optimale, elle est reliée à un dispositif électronique, le MPPT (*Maximum Power Point Tracking*).

MISSION Tâche complexe

Vous souhaitez installer des panneaux solaires photovoltaïques sur le toit de votre habitation. En assimilant le MPPT à un conducteur ohmique, déterminez la valeur de la résistance du MPPT permettant de maximiser la puissance électrique délivrée par une cellule photovoltaïque.

Schématiser la situation étudiée

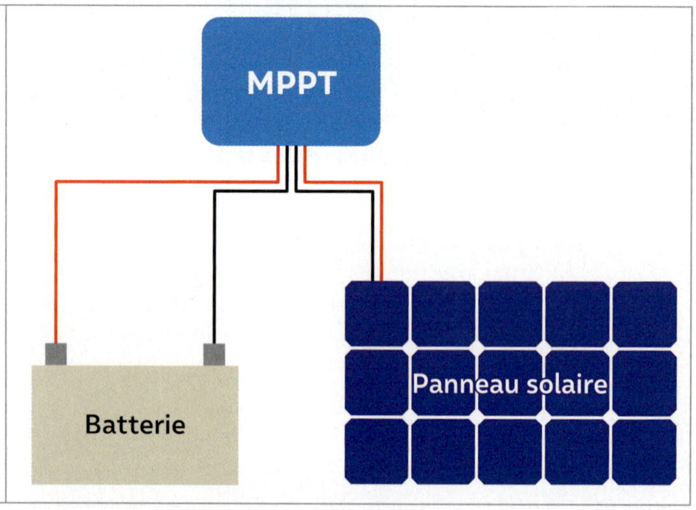

1 Principe de l'installation d'un panneau solaire constitué de cellules photovoltaïques

Exploiter des données expérimentales

Un rhéostat est un conducteur ohmique, de résistance variable. Il est utilisé pour faire varier l'intensité du courant électrique dans un circuit.

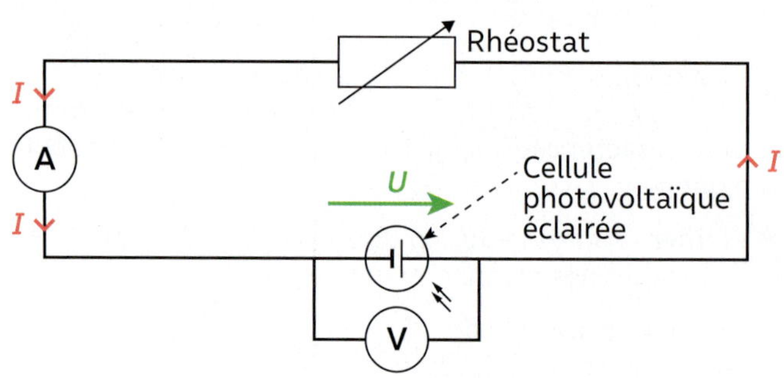

▼ Exemples de résultats expérimentaux

I (en mA)	5,13	5,70	6,44	7,32	8,54	9,71	11,26	12,82	14,45	14,5	19,0	23,1	24,4	27,6	30,2	32,7	36,5	37,9	39,1	39,2	39,3
U (en V)	0,511	0,510	0,510	0,509	0,508	0,507	0,505	0,503	0,501	0,500	0,493	0,483	0,478	0,467	0,455	0,438	0,403	0,380	0,347	0,326	0,314

2 Circuit électrique permettant d'étudier une cellule photovoltaïque éclairée

Évaluer la puissance électrique délivrée par une cellule photovoltaïque

Lorsqu'une cellule photovoltaïque est éclairée, une tension électrique U apparaît entre ses bornes et elle génère un courant d'intensité I.
La puissance électrique $\mathcal{P}$ fournie au circuit est donnée par la relation :

$$\mathcal{P} = U \times I$$

Unités SI
I en ampère (A)
U en volt (V)
$\mathcal{P}$ en watt (W)

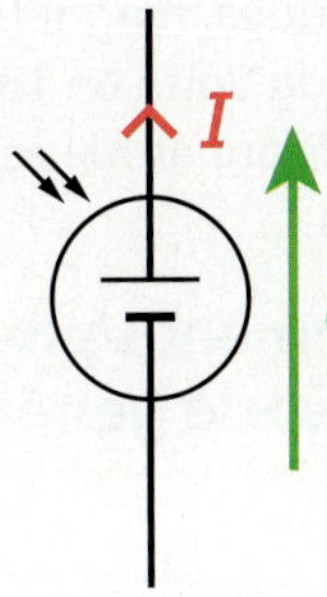

3 **Puissance électrique fournie par une cellule photovoltaïque éclairée**

La tension U aux bornes d'un conducteur ohmique, de résistance R, est proportionnelle à l'intensité I du courant électrique qui le traverse.
Ce dipôle suit la loi d'Ohm :

$$U = R \times I$$

Unités SI
U en volt (V)
R en ohm (Ω)
I en ampère (A)

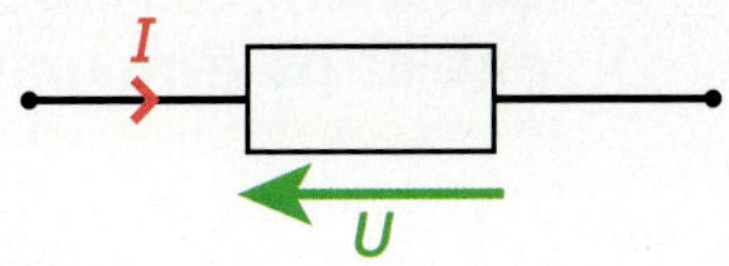

4 **Loi d'Ohm**

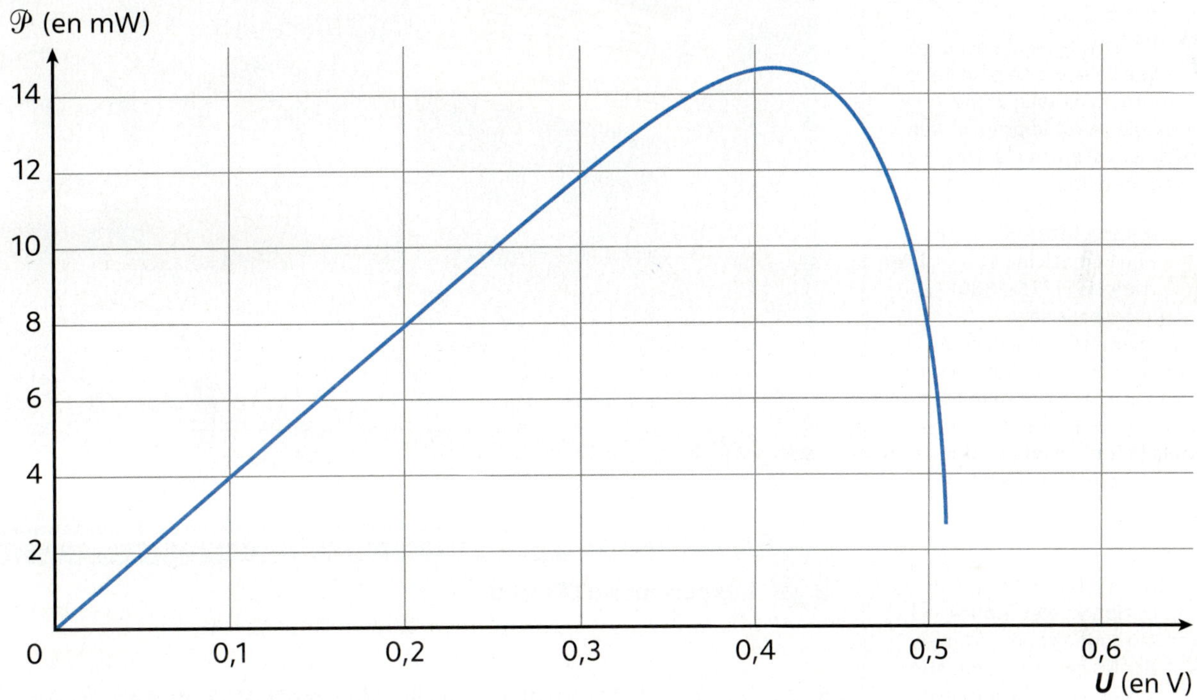

5 **Caractéristique puissance-tension $\mathcal{P} = f(U)$ de la cellule photovoltaïque éclairée**

6 **Georg Simon Ohm**
Physicien allemand (1789-1854). Il a découvert l'existence d'une relation de proportionnalité entre la tension électrique appliquée aux bornes de certains conducteurs et l'intensité du courant électrique qui les traverse.

COUPS DE POUCE

- Tracer la caractéristique courant-tension $I = f(U)$ de la cellule photovoltaïque.
- Déterminer la tension électrique aux bornes de la cellule photovoltaïque pour laquelle la puissance électrique délivrée est maximale.
- Utiliser la loi d'Ohm pour déterminer la valeur de la résistance optimale du MPPT.

HISTOIRE ENJEUX DÉBATS

L'essor de l'électromagnétisme au XIXe siècle

Au début du XIXe siècle, les phénomènes optiques, magnétiques (déviation de l'aiguille d'une boussole) et électriques (invention de la pile de Volta en 1800) sont interprétés par des théories indépendantes. Quelques décennies plus tard, leur étude est effectuée dans le cadre d'un unique domaine de la physique : l'électromagnétisme.

Comment ces trois types de phénomènes physiques ont-ils pu être unifiés dans une théorie générale ?

BIOGRAPHIES

Hans Christian Œrsted
Physicien et chimiste danois (1777-1851)
En avril 1820, il découvre que l'électricité peut faire tourner l'aiguille d'une boussole : c'est le premier lien expérimental entre électricité et magnétisme.

André-Marie Ampère
Mathématicien et physicien français (1775-1836)
Professeur de mathématiques à l'École Polytechnique, élu à l'Académie des sciences, il interprète l'expérience d'Œrsted en exprimant par une formule la force d'interaction entre un courant électrique et un aimant.

James Clerk Maxwell
Physicien écossais (1831-1879)
Il unifie les phénomènes optiques, électriques et magnétiques résumés par les célèbres « équations de Maxwell », fondations de tout l'électromagnétisme.

RESSOURCES

- *Pour la science – Les génies de la science*, n°24, août 2005 – Dossier Maxwell, par Giulio Peruzzi.
- Histoire de l'électricité et du magnétisme : http://www.ampere.cnrs.fr/histoire/
- Histoire de l'électromagnétisme – Podcast science : www.podcastscience.fm

Vidéo

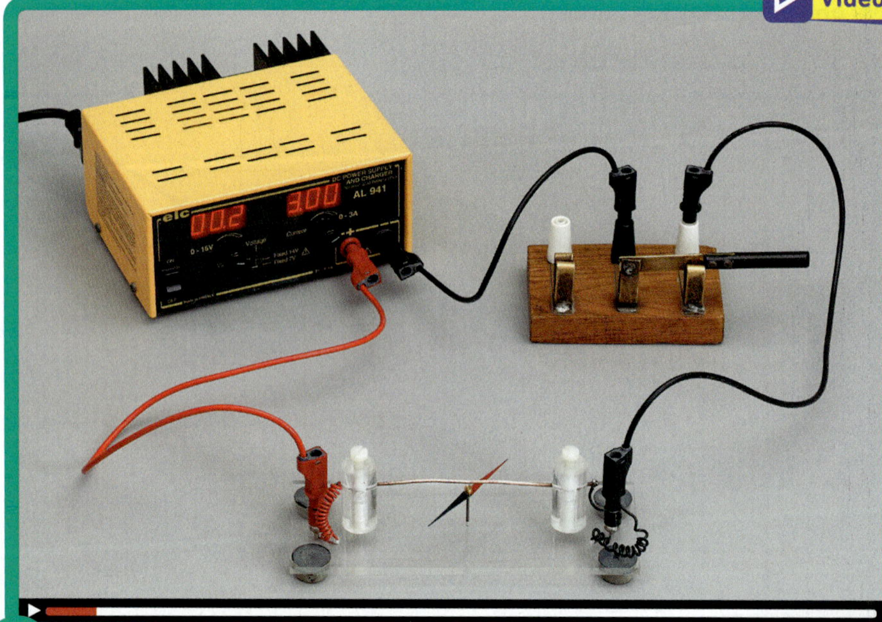

doc a L'expérience d'Œrsted

Les travaux d'Œrsted sont publiés en 1820 dans la revue française des Annales de chimie et de physique *: ils sont si étonnants dans le contexte de la physique mathématique française que François-Louis Arago, physicien et éditeur de la revue, accompagne le texte de la note suivante.*

Les lecteurs des *Annales* auront remarqué que nous n'accueillons pas, en général, trop à la légère, les annonces des découvertes extraordinaires, et jusqu'ici nous n'avons eu qu'à nous applaudir de cette réserve ; mais à l'égard du mémoire de M. Œrsted, les résultats qu'il renferme, quelques singuliers qu'ils puissent paraître, sont accompagnés de trop de détails pour donner lieu à aucun soupçon d'erreur.

D'après « Expériences sur l'effet du conflit électrique sur l'aiguille aimantée », *Annales de chimie et de physique*, 1820.

doc b L'accueil de l'expérience d'Œrsted en France

Fidèle à la tradition newtonienne, l'école française de physique mathématique s'était tout de suite lancée dans la recherche d'une expression générale de la force expliquant les nouveaux phénomènes électromagnétiques. La contribution la plus significative fut celle d'André-Marie Ampère. Initialement convaincu de la distinction entre fluides électriques et magnétiques, Ampère avait revu sa position après la découverte d'Œrsted. Il avait alors proposé que le magnétisme ne soit pas une substance différente de l'électrique, mais un aspect de l'électricité.

D'après Giulio Peruzzi, « L'état actuel de la science électrique », *Pour la science – Les génies de la science*, 2005.

◂ Manuscrit d'Ampère sur la force entre deux fils parcourus par un courant

doc c **Ampère à la recherche de l'expression d'une force pour les phénomènes électromagnétiques**

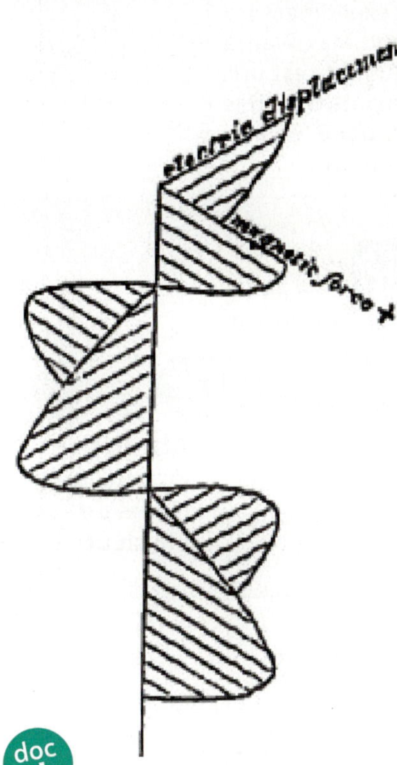

doc d **Dessin de Maxwell** représentant la propagation d'une onde électromagnétique, avec ses composantes électrique et magnétique perpendiculaires.

Au XIXe siècle, les phénomènes électriques et magnétiques étaient souvent décrits par des analogies avec la mécanique, notamment sous la forme d'ingénieux mécanismes à base de ressorts ou de roulement à billes. Pour James Clerk Maxwell (1831-1879), ces analogies ne sont là que pour guider l'imagination, mais elles ne fournissent pas d'explication. Il construit une théorie électromagnétique beaucoup plus générale en résumant toutes les observations et les interprétations en une vingtaine d'équations, reformulées dans les années 1890 par Heinrich Hertz (1857-1894) et Oliver Heaviside (1850-1925) sous la forme de quatre « équations de Maxwell » que nous connaissons aujourd'hui. Ces équations constituent des lois générales qui décrivent les actions du « champ électromagnétique » et elles rendent secondaires les interprétations mécaniques qui les ont précédées. La phrase de Hertz, « la théorie de Maxwell est le système des équations de Maxwell », traduit le changement de conception de la physique au cours du XIXe siècle : une théorie physique ne repose plus sur des interprétations et des analogies mécaniques mais elle est désormais constituée par des outils mathématisés. C'est toujours le cas aujourd'hui.

doc e **Une théorie en équations**

En équipes !

Équipe 1
Décrire par qui et comment les phénomènes électriques, magnétiques et optiques, considérés séparément au début du XIXe siècle, ont été unifiés en une théorie commune.

Équipe 2
Expliquer pourquoi le physicien français Arago a estimé utile d'adjoindre un texte d'accompagnement à l'article d'Œrsted au début du XIXe siècle.

En commun *oral*
En se fondant sur l'exemple de l'électromagnétisme, commenter l'évolution des scientifiques dans leur façon de concevoir la physique entre le début et la fin du XIXe siècle.

HISTOIRE
ENJEUX
DÉBATS

Einstein et les quanta

Au début du XXe siècle, deux phénomènes ne peuvent être expliqués par les théories classiques : le rayonnement thermique du corps noir et l'effet photoélectrique. Afin de résoudre ces problèmes expérimentaux, Max Planck puis Albert Einstein proposent de nouveaux modèles développés dans le cadre de la physique quantique.

Quelle découverte d'Albert Einstein a joué un rôle majeur dans l'avènement de la physique quantique ?

FRISE

Physiciens	Modèles de la lumière
Christiaan Huygens (1629-1695)	Onde
Isaac Newton (1642-1727)	Corpuscules
Thomas Young (1773-1829) **Augustin Fresnel** (1788-1827)	Onde électromagnétique
Max Planck (1858-1947)	Onde électromagnétique et quanta d'énergie
Albert Einstein (1879-1955)	Onde électromagnétique et quanta (plus tard photons)

doc a — **Du corps noir à la physique quantique**

Jusqu'à la fin du XIXe siècle, les physiciens modélisent la lumière comme un ensemble d'**ondes** électromagnétiques qui transportent une énergie de façon continue. Néanmoins, ce modèle ondulatoire classique prévoit que la puissance rayonnée par le **corps noir** ne cesse d'augmenter dans le domaine ultraviolet, ce qui est en désaccord avec les résultats expérimentaux (→ doc. c). Cela conduit le physicien allemand Max Planck à proposer un autre modèle dans lequel la lumière est une onde électromagnétique qui transporte des quanta d'énergie et ainsi à poser les bases de la **physique quantique**. Cela lui vaudra le prix Nobel de physique en 1918 (→ doc. b).

doc b — **Attribution de deux prix Nobel de physique**

Texte intégral — Lire la traduction

1918: to Max Planck, "in recognition of the services he rendered to the advancement of Physics by his discovery of energy quanta."

1921: to Albert Einstein, "for his services to Theoretical Physics, and especially for his discovery of the law of the photoelectric effect."

D'après www.nobelprize.org.

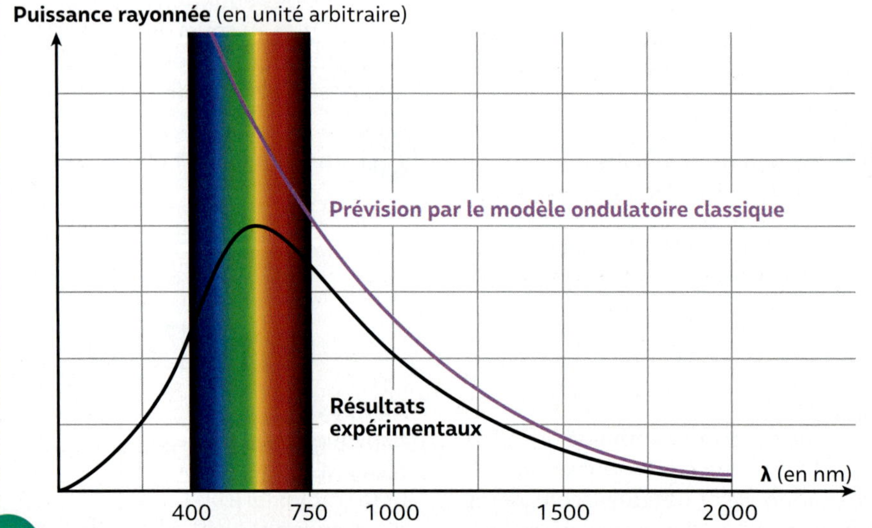

doc c — **Répartition spectrale du corps noir à 5 000 K**

La répartition spectrale du corps noir est la distribution de sa puissance rayonnée à une **température *T*** donnée en fonction de la longueur d'onde λ.

RESSOURCES

- Christelle Langrand et Jacques Cattelin, *La belle histoire de la physique*, De Boeck, 2018, p. 276 et 303.
- Mise en évidence de l'émission photoélectrique – vidéo (traduction disponible sur le site enseignement-scientifique.nathan.fr) : www.stem.org.uk
- Prix nobel : www.nobelprize.org

En 1901, Max Planck cherche à comprendre le rayonnement du corps noir. Il construit un modèle original selon lequel « ce rayonnement émet des petits paquets d'énergie, les quanta ».

Quatre ans plus tard, Albert Einstein entreprend de résoudre le mystère de l'effet photoélectrique qu'aucun modèle ne peut expliquer. Il s'appuie sur le modèle de Planck pour en proposer un autre encore plus révolutionnaire : la lumière transporte des quanta d'énergie et elle est elle-même constituée de quanta, autrement dit la lumière « est une onde composée de petits corpuscules et chaque **corpuscule** arrache un électron au métal. Il vient d'introduire l'idée qu'une onde peut aussi être composée de particules ».

D'après une intervention de Julien Bobroff dans l'émission de radio « Les Saventuriers », France Inter, 26 août 2018.

doc d **Des quanta de Planck aux quanta d'Einstein**

VOCABULAIRE

Onde : propagation d'une perturbation transportant de l'énergie.

Corps noir : modèle qui désigne un objet idéal absorbant l'intégralité du rayonnement électromagnétique qu'il reçoit.

Physique quantique : domaine de la physique qui modélise les entités microscopiques comme les atomes, les molécules et les ions ainsi que leurs interactions avec les rayonnements électromagnétiques.

Température absolue T, en kelvin (K) :
$T = \theta + 273$ avec θ la température en degré Celsius (°C).

Corpuscule : particule.

Vidéo

1 Lampe UV Selon la hauteur de la lampe, l'intensité de la lumière atteignant la plaque de zinc varie.

2 Plaque de zinc chargée négativement Des électrons peuvent être arrachés sous l'émission de la lumière : c'est l'émission photoélectrique.

3 Électroscope L'électroscope permet de suivre l'évolution de la charge négative de la plaque de zinc.

L'**effet photoélectrique** désigne l'obtention d'un courant et d'une tension électriques au sein de certains matériaux, comme le silicium, lorsque ceux-ci sont éclairés. Cet effet se décline de deux manières : l'effet photovoltaïque et l'émission photoélectrique.

L'**effet photovoltaïque**, c'est-à-dire la modification de la conductivité électrique de certains matériaux, est découvert par Antoine et Edmond Becquerel en 1839. Près de 70 ans plus tard, Albert Einstein introduit le modèle quantique de la lumière afin d'expliquer pourquoi l'amplitude de l'**émission photoélectrique** dépend de la longueur d'onde de la lumière éclairant certains matériaux. Par exemple, lorsqu'une plaque de zinc initialement chargée négativement est éclairée par de la lumière ultraviolette, elle se décharge. En revanche, la lumière blanche, même beaucoup plus intense, n'a aucun effet sur le zinc.

doc e **Effet photoélectrique**

doc f **Centrale solaire flottante**
Les cellules photovoltaïques sont fabriquées en silicium, un matériau semi-conducteur.

En équipes !

Équipe 1
Expliquer la démarche expérimentale de Max Planck qui l'a conduit à définir les quanta d'énergie de la lumière. À l'aide des documents et des acquis des années précédentes, montrer comment il a su utiliser les modèles de ses prédécesseurs afin de mieux les dépasser.

Équipe 2
Montrer en quoi l'interprétation de l'effet photoélectrique par Albert Einstein a été cruciale dans l'avènement de la physique quantique. Il est possible de réaliser l'expérience (doc. e) mettant en évidence cet effet afin d'expliciter les quanta d'Einstein.

En commun oral
Décrire comment les modèles de la nature de la lumière ont évolué au cours des siècles en soulignant plus particulièrement le rôle joué par Albert Einstein.

SYNTHÈSE Deux siècles d'énergie électrique

MÉMO

Podcast Texte dys

Alternateurs électriques UNITÉ 1

Description d'un alternateur électrique

- Depuis le XIXe siècle, les alternateurs électriques permettent de convertir de l'énergie mécanique en énergie électrique.
- Un alternateur électrique est constitué de deux éléments en mouvement l'un par rapport à l'autre :

– un aimant ou un **électroaimant**, c'est-à-dire une source de champ magnétique;

– un fil conducteur, le plus souvent une **bobine**.

- Dans le référentiel terrestre, l'élément mobile d'un alternateur électrique est appelé le rotor et l'élément fixe est appelé le stator.

Phénomène d'induction électromagnétique

- Les deux éléments d'un alternateur électrique sont en mouvement l'un par rapport à l'autre, ce qui crée un courant électrique dans le fil conducteur. C'est le phénomène d'induction électromagnétique découvert par Michael Faraday puis modélisé par James Clerk Maxwell.

Rendement

- Le **rendement** d'un alternateur électrique est très élevé et proche de 1 (100 %). La dissipation d'énergie est notamment due à l'**effet Joule**.

SAVOIR-FAIRE

- Reconnaître les éléments principaux d'un alternateur (source de champ magnétique et fil conducteur mobile) dans un schéma fourni.
- Analyser les propriétés d'un alternateur modèle étudié expérimentalement en classe.
- Définir le rendement d'un alternateur et citer un phénomène susceptible de l'influencer.

Cellules photovoltaïques UNITÉS 2 et 3

Mécanique quantique

- Au début du XXe siècle, la physique a connu une révolution conceptuelle à travers la vision quantique qui introduit un **comportement probabiliste de la nature**. Ce nouveau domaine de la physique, appelé **mécanique quantique**, s'intéresse aux interactions entre la lumière et la matière. Dans le cadre du modèle particulaire de la lumière, les échanges d'énergie entre la lumière et la matière sont quantifiés : l'énergie échangée ne peut prendre que certaines valeurs particulières, appelées valeurs discrètes.

Matériaux semi-conducteurs constituant une cellule photovoltaïque

- La mécanique quantique permet de comprendre les spectres d'émission atomiques et de modéliser le comportement électrique des matériaux semi-conducteurs, comme le silicium. Ces matériaux sont utilisés en électronique; ce sont des constituants des cellules photovoltaïques permettant de générer de l'énergie électrique à partir de l'énergie radiative issue du Soleil.

SAVOIR-FAIRE

- Interpréter et exploiter un spectre d'émission atomique.
- Comparer le spectre d'absorption d'un matériau semi-conducteur et le spectre solaire pour décider si ce matériau est susceptible d'être utilisé pour fabriquer un capteur photovoltaïque.
- Tracer la caractéristique $I = f(U)$ d'une cellule photovoltaïque et exploiter cette représentation pour déterminer la résistance d'utilisation maximisant la puissance électrique délivrée.

MOTS CLÉS

- **Électroaimant :** bobine se comportant comme un aimant lorsqu'elle est parcourue par un courant électrique.
- **Bobine :** enroulement en spirale d'un fil conducteur, généralement en cuivre.
- **Rendement :** quotient de la puissance (ou de l'énergie) utile par la puissance (ou l'énergie) reçue :

$$\eta = \frac{\mathcal{P}_{\text{utile}}}{\mathcal{P}_{\text{reçue}}} = \frac{\mathcal{E}_{\text{utile}}}{\mathcal{E}_{\text{reçue}}}$$

avec les puissances en watt (W) et les énergies en joule (J).

- **Effet Joule :** dissipation d'énergie par transfert thermique et par rayonnement lors du passage d'un courant électrique dans un matériau conducteur.
- **Comportement probabiliste de la nature :** la mécanique quantique permet uniquement de déterminer une probabilité pour une particule de se trouver dans tel ou tel état.
- **Mécanique quantique :** domaine de la physique qui étudie notamment le comportement d'objets microscopiques, c'est-à-dire à l'échelle nanométrique.

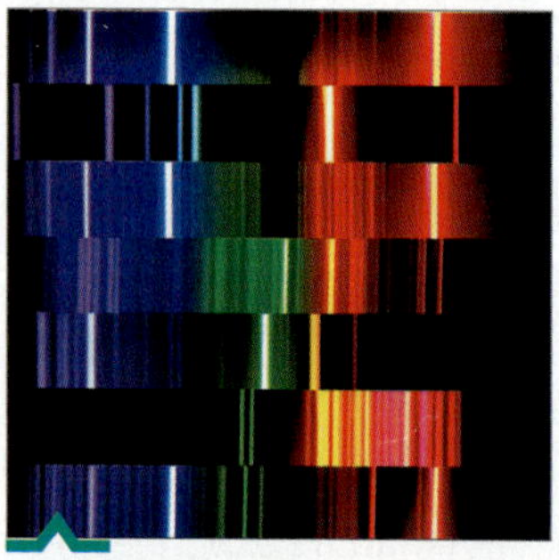

doc. Spectres de raies d'émission caractéristiques de quelques atomes
De haut en bas : deutérium (isotope de l'hydrogène), hélium, hydrogène, krypton, mercure, néon, xénon.

SCHÉMA

Bilan animé

Deux siècles d'énergie électrique

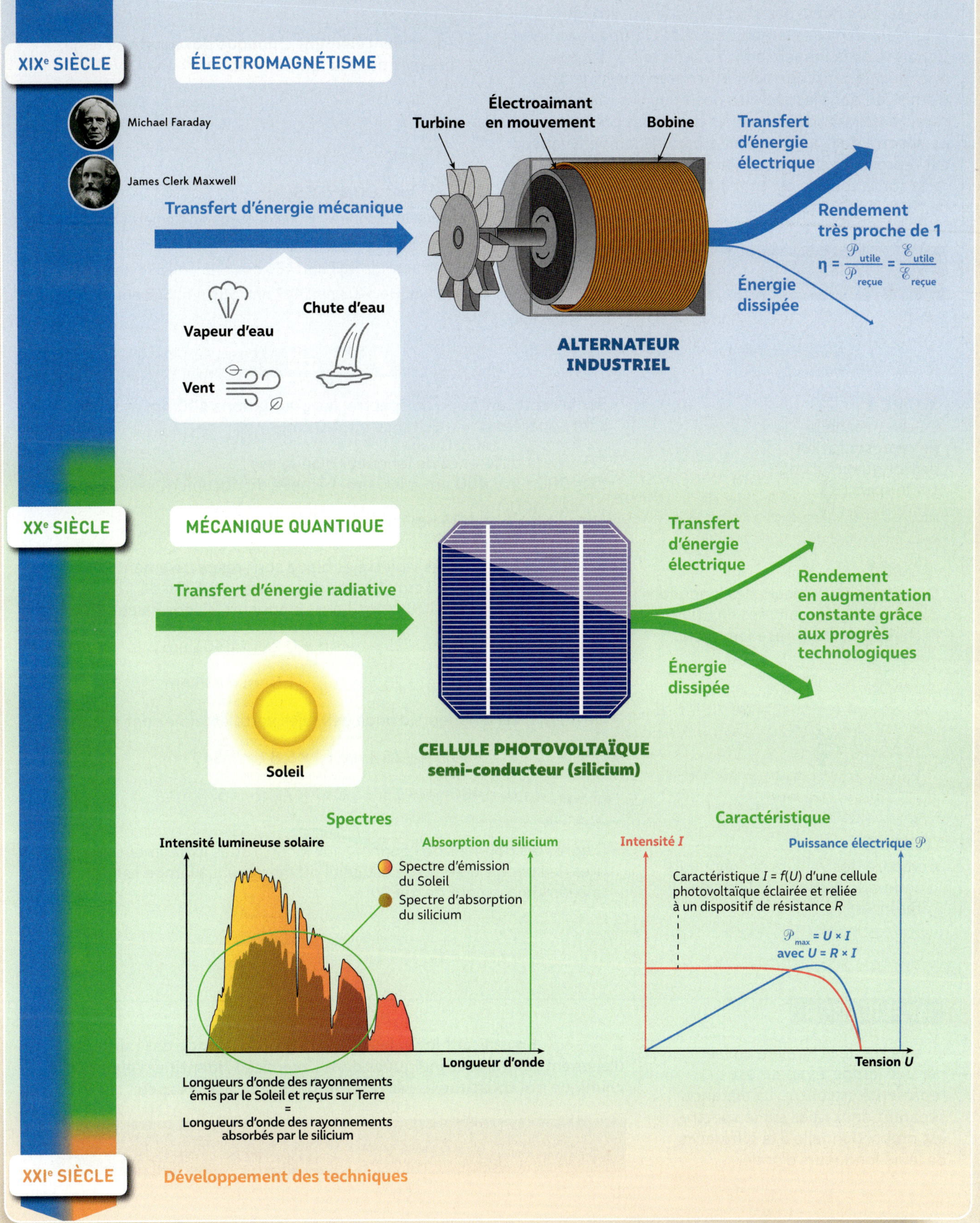

MÉTHODE Interpréter et exploiter un spectre d'émission

1 Exercice résolu

Énoncé

Les gaz sous faible pression peuvent émettre de la lumière dans des lampes, appelées lampes à vapeur. L'analyse de la lumière émise par de telles lampes avec un spectroscope permet d'obtenir des spectres d'émission dans lesquels les positions des raies sont caractéristiques des éléments chimiques présents. Le spectre de la lumière émise par une lampe à vapeur est représenté ci-dessous (la distance séparant deux raies sur le spectre est proportionnelle à la différence de leurs longueurs d'onde).

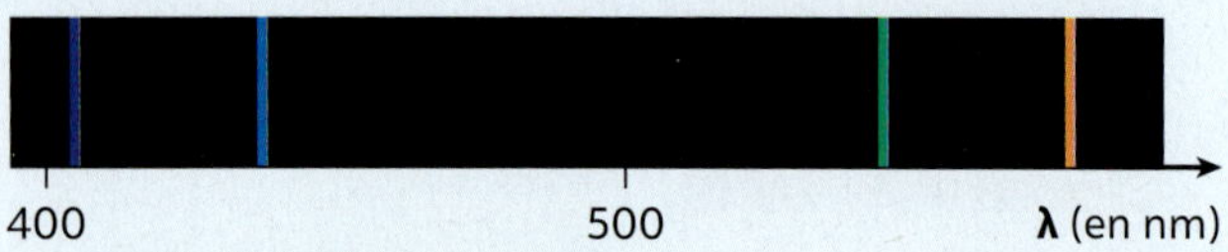

QUESTION

Identifier l'élément chimique qui constitue le gaz présent dans la lampe à vapeur.

DONNÉES

Longueurs d'onde λ de quelques raies d'éléments chimiques :

- Hydrogène H : 410 nm; 435 nm; 486 nm; 657 nm.
- Mercure Hg : 405 nm; 436 nm; 546 nm; 578 nm.
- Hélium He : 403 nm; 447 nm; 588 nm; 668 nm.

Méthode	Application
ÉTAPE 1 Calculer l'échelle de représentation des longueurs d'onde sur le spectre.	• Sur la représentation du spectre, les graduations 400 nm et 500 nm sont séparées d'une distance d = 4,0 cm. • Comme la différence de longueur d'onde est : $\Delta\lambda$ = 500 nm – 400 nm = 100 nm, l'échelle du document est : $k = \frac{\Delta\lambda}{d} = \frac{100 \text{ nm}}{4{,}0 \text{ cm}} = 25 \text{ nm·cm}^{-1}$.
ÉTAPE 2 Déterminer les valeurs des longueurs d'onde des raies colorées en utilisant l'échelle calculée précédemment.	• Sur le spectre, les raies violette et bleue sont respectivement à une distance d_1 = 0,2 cm et à une distance d_2 = 1,5 cm de la graduation « λ_{ref} = 400 nm ». Leurs longueurs d'onde valent donc : $\lambda_1 = \lambda_{ref} + k \times d_1$ = 400 nm + 25 nm·cm^{-1} × 0,2 cm = 405 nm ; $\lambda_2 = \lambda_{ref} + k \times d_2$ = 400 nm + 25 nm·cm^{-1} × 1,5 cm = 435 nm. • De même, les longueurs d'onde des raies verte et jaune sont égales à : $\lambda_3 = \lambda_{ref} + k \times d_3$ = 400 nm + 25 nm·cm^{-1} × 5,8 cm = 545 nm ; $\lambda_4 = \lambda_{ref} + k \times d_4$ = 400 nm + 25 nm·cm^{-1} × 7,1 cm = 578 nm.
ÉTAPE 3 Comparer les valeurs de longueurs d'onde calculées aux valeurs de référence.	• D'après les données de l'énoncé, aux incertitudes expérimentales près, le spectre d'émission est celui du mercure. La lampe est donc une lampe à vapeur de mercure.

2 APPLICATION

Le spectre de la lumière émise par une lampe à vapeur est représenté ci-contre. La distance séparant deux raies sur le spectre est proportionnelle à la différence de leurs longueurs d'onde.

QUESTION **En utilisant les valeurs des longueurs d'onde des raies d'éléments chimiques indiquées dans l'exercice 1, identifier l'élément chimique qui constitue le gaz présent dans la lampe à vapeur.**

QUIZ Parmi les affirmations suivantes, choisissez la réponse exacte.

3 Un alternateur électrique convertit de :

- **a** l'énergie électrique en énergie mécanique.
- **b** l'énergie mécanique en énergie électrique.
- **c** l'énergie radiative en énergie électrique.
- **d** l'énergie électrique en énergie radiative.

4 Le principal phénomène électromagnétique exploité dans un alternateur électrique est :

- **a** l'aimantation.
- **b** l'induction.
- **c** l'excitation.
- **d** la réfraction.

5 Le rendement d'un alternateur électrique peut s'exprimer sous la forme :

- **a** $\eta = \mathscr{P}_{\text{reçue}} \times \mathscr{P}_{\text{utile}}$.
- **b** $\eta = \dfrac{\mathscr{P}_{\text{reçue}}}{\mathscr{P}_{\text{utile}}}$.
- **c** $\eta = \dfrac{\mathscr{P}_{\text{utile}}}{\mathscr{P}_{\text{dissipée}}}$.
- **d** $\eta = \dfrac{\mathscr{P}_{\text{utile}}}{\mathscr{P}_{\text{reçue}}}$.

6 Une cellule photovoltaïque convertit de :

- **a** l'énergie mécanique en énergie électrique.
- **b** l'énergie électrique en énergie radiative.
- **c** l'énergie radiative en énergie électrique.
- **d** l'énergie électrique en énergie mécanique.

▶ Corrigés p. 340

7 CONSTRUIRE UNE CARTE MENTALE

sur le thème « production d'électricité grâce au Soleil ».

▶ L'étiquette centrale s'intitulera

Cellule photovoltaïque

▶ Associer l'étiquette centrale, par le moyen graphique de votre choix, à des étiquettes de votre initiative. Certaines peuvent être, par exemple :

Énergie électrique — **Conversion énergétique** — **Matériau semi-conducteur** — **Énergie radiative**

QUESTIONS FLASH

8 Le spectre d'absorption simplifié de la lumière d'une étoile est schématisé ci-dessous, suivi des spectres d'émission, obtenus dans les mêmes conditions, de deux éléments (sous forme gazeuse) notés A et B.

▶ Indiquer, en le justifiant, le(s) élément(s) présent(s) dans l'atmosphère de l'étoile.

9 Une éolienne produit de l'électricité grâce au vent qui fait tourner ses pales.

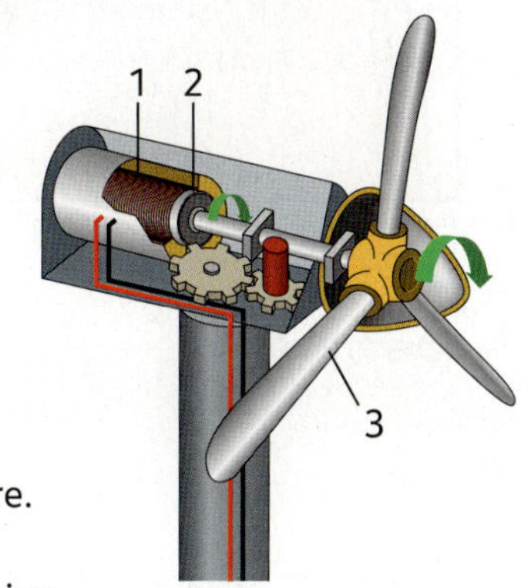

1. Associer les mots *électroaimant*, *pale* et *bobine* aux numéros du schéma ci-contre.

2. L'alternateur électrique d'une éolienne a un rendement $\eta = 0{,}97$ avec une puissance reçue $\mathscr{P}_{\text{reçue}} = 5{,}2\ \text{MW} = 5{,}2 \times 10^6\ \text{W}$.
Calculer la puissance électrique utile $\mathscr{P}_{\text{utile}}$ délivrée par cet alternateur.

EXERCICES D'APPLICATION

10 *oral* Préparer une présentation orale de deux minutes maximum afin d'expliquer à l'ensemble de la classe le principe de fonctionnement d'un alternateur électrique en se basant sur plusieurs exemples.

11 Le tableau ci-dessous donne l'intensité I du courant électrique généré par une cellule photovoltaïque éclairée en fonction de la tension U entre ses bornes.

U (en mV)	0	30	40	45	50	55	60	64	82
I (en mA)	62,0	61,8	61,6	61,2	60,5	59,0	56,0	50,7	20,0

▶ Tracer la caractéristique $I = f(U)$ de la cellule photovoltaïque.

12 Cellules photovoltaïques pour les satellites DIFFÉRENCIATION

OBJECTIF Comparer le spectre d'absorption d'un matériau semi-conducteur et le spectre d'émission solaire.

Les cellules photovoltaïques sont le principal fournisseur d'énergie électrique des satellites artificiels. Ces cellules sont composées de différents matériaux semi-conducteurs, comme le silicium et le germanium.

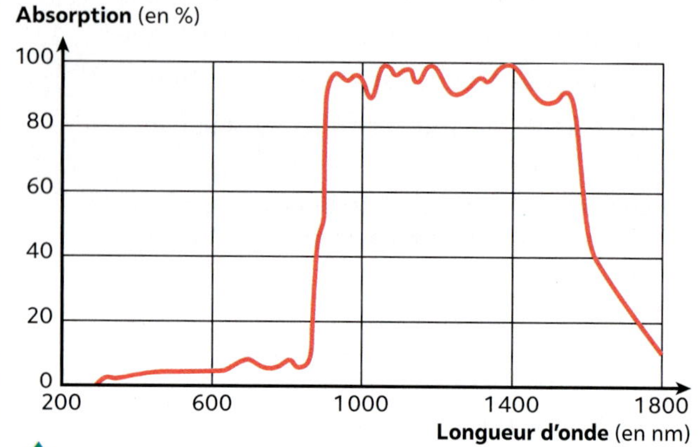

a. Spectre d'absorption du germanium

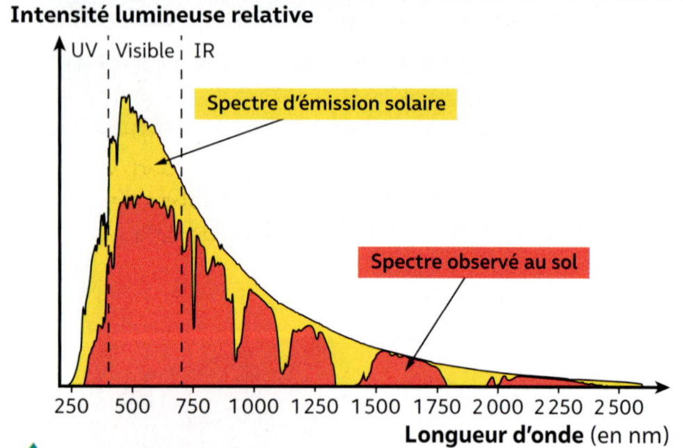

b. Spectre solaire

QUESTION En utilisant les documents, expliquer pourquoi le germanium peut être exploité pour fabriquer des cellules photovoltaïques destinées aux satellites. [Aides, p. 339]

13 Pertes énergétiques d'un alternateur électrique dans une voiture DIFFÉRENCIATION

OBJECTIF Calculer un rendement.

Une voiture est équipée d'un alternateur électrique avec redresseur intégré afin de produire un courant électrique continu permettant d'alimenter différents composants électriques.
La tension électrique aux bornes de ce dispositif vaut $U = 14$ V et un courant électrique d'intensité $I = 90$ A est fourni.

La puissance, en watt (W), dissipée par effet Joule dans un conducteur ohmique est donnée par la relation :

$$\mathcal{P}_{\text{dissipée}} = R \times I^2$$

avec R la résistance électrique du conducteur ohmique, en ohm (Ω), et I l'intensité du courant électrique qui le traverse, en ampère (A).

a. Pertes par effet Joule

La puissance électrique utile, en watt (W), délivrée par un alternateur avec redresseur intégré est donnée par la relation :

$$\mathcal{P}_{\text{utile}} = U \times I$$

avec U la tension, en volt (V), et I l'intensité du courant électrique, en ampère (A), délivré par l'alternateur.

b. Puissance électrique

QUESTIONS

1. La résistance électrique interne de l'alternateur avec redresseur intégré est égale à 0,10 Ω. Calculer la puissance dissipée par effet Joule dans l'alternateur avec redresseur intégré, en supposant que le courant électrique est continu dans tout le dispositif.
2. Calculer la puissance électrique utile délivrée par l'alternateur avec redresseur intégré, puis la puissance reçue par ce dispositif, en supposant que la puissance est uniquement dissipée par effet Joule. [Aide, p. 339]
3. Déterminer le rendement η de l'alternateur avec redresseur intégré.

14 Mise en évidence d'un gaz dans une lampe DIFFÉRENCIATION

OBJECTIF Interpréter et exploiter des spectres d'émission atomiques.

Deux spectres d'émission ont été réalisés dans des conditions similaires.

a. Spectre d'émission d'une lampe à vapeur de mercure

b. Spectre d'émission d'une lampe à vapeur contenant du mercure et d'autres gaz

c. Lampe à vapeur

DONNÉES

Longueurs d'onde (en nm) des raies principales :
- du mercure : 365; 405; 436; 546; 578,
- du cadmium : 466; 508; 648.

QUESTION **Rédiger un texte argumenté de quelques phrases, en s'appuyant sur des calculs, permettant de justifier la présence de cadmium dans la lampe à vapeur contenant du mercure et d'autres gaz.**
[Aide : p. 339 et reprendre l'exercice résolu, p. 138]

15 Exploitation optimale de cellules photovoltaïques DIFFÉRENCIATION

OBJECTIF Exploiter des représentations graphiques pour maximiser la puissance électrique délivrée par des cellules photovoltaïques.

Pour utiliser de manière optimale des cellules photovoltaïques, celles-ci sont réglées afin que leur puissance électrique utile délivrée soit maximale. Le point de charge idéal MPP des cellules correspond à cette puissance maximale.

On rappelle que la puissance utile est égale au produit de la tension électrique entre les bornes des cellules photovoltaïques et de l'intensité électrique du courant délivré.

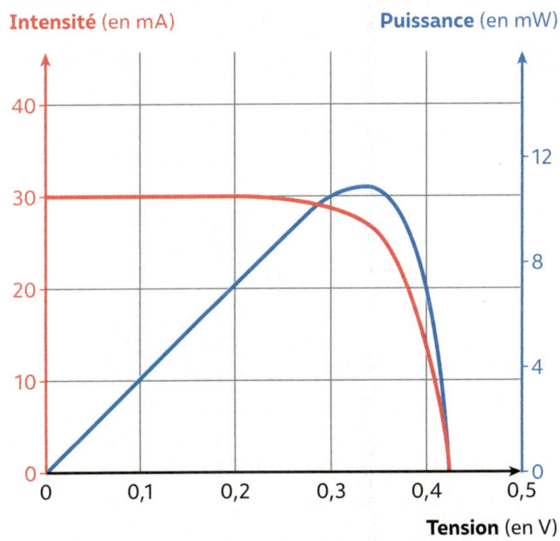

a. Utilisation de cellules photovoltaïques

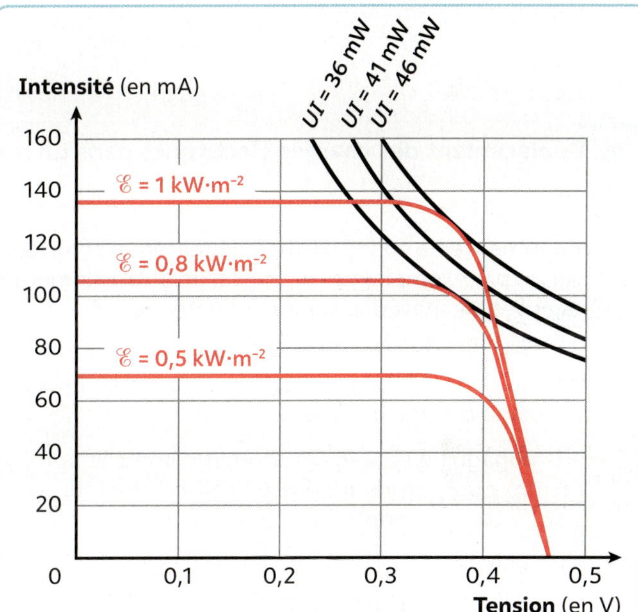

b. Influence de l'éclairement ℰ sur la caractéristique d'une cellule photovoltaïque

QUESTIONS

1. Par lecture graphique du doc. a, déterminer les valeurs d'intensité I_{MPP} et de tension U_{MPP} correspondant à une puissance $\mathcal{P}_{max}$ = 10,5 mW.
2. D'après le doc. b, indiquer pour quel éclairement d'une cellule photovoltaïque une puissance électrique de 46 mW peut être délivrée. [Aide, p. 339]

POUR ALLER PLUS LOIN : déterminer la valeur de la puissance électrique maximale délivrée pour un éclairement d'une cellule photovoltaïque $\mathcal{E}$ = 0,5 kW·m^{-2}.

16 Conductivité électrique des matériaux semi-conducteurs

OBJECTIF **Exploiter des documents.**

Les composants électroniques (diodes, transistors) et les cellules photovoltaïques utilisent des matériaux semi-conducteurs, que l'on dope pour contrôler leur conductivité électrique.

QUESTION
En quoi consiste le dopage d'un matériau semi-conducteur?

Dans un matériau semi-conducteur, certains électrons peuvent acquérir l'énergie nécessaire pour devenir mobiles et contribuer au passage du courant électrique (cet apport d'énergie peut provenir d'une élévation de température du matériau par exemple). Chaque électron libre, de charge électrique négative, laisse une place vide appelée « trou », ce qui équivaut à une charge électrique positive « sautant » d'atome en atome et participant également au passage du courant.

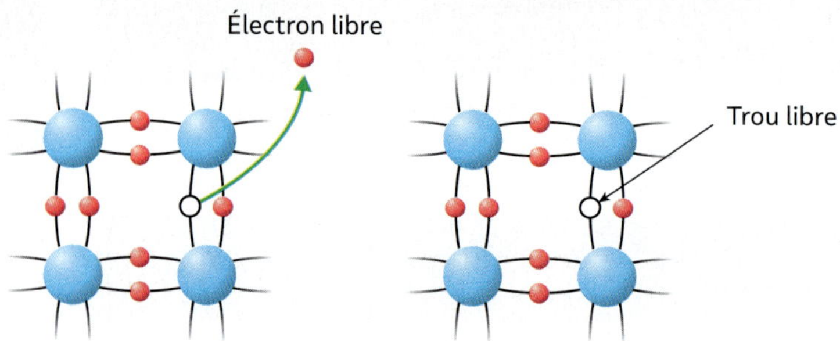

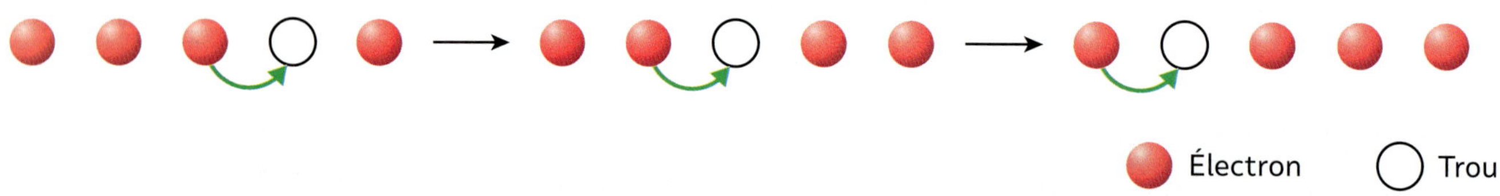

a. Déplacement des charges électriques dans un matériau semi-conducteur

Pour augmenter la conductivité d'un matériau semi-conducteur, comme le silicium par exemple, des atomes d'un autre élément chimique peuvent être ajoutés : le matériau semi-conducteur est dopé.

En ajoutant des atomes, comme le phosphore, ayant plus d'électrons que les atomes du matériau semi-conducteur, un surplus d'électrons libres est créé : c'est le dopage de type N.

Dans le dopage de type P, des atomes comme le bore, ayant moins d'électrons que ceux du matériau semi-conducteur, sont ajoutés, créant ainsi des « trous » supplémentaires.

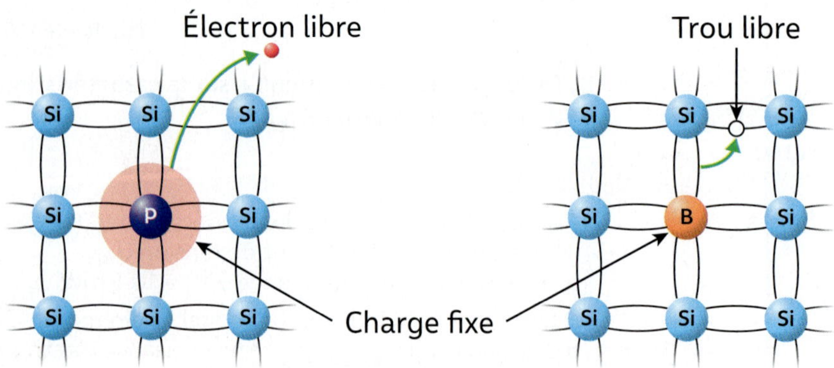

b. Dopage des matériaux semi-conducteurs

GUIDE D'EXPLOITATION

1. Indiquer à quoi correspondent les « charges » électriques positives responsables du passage du courant électrique dans un semi-conducteur.

2. Expliquer pourquoi le dopage du silicium au bore est noté « dopage P » alors que le dopage du silicium au phosphore est noté « dopage N ».

3. Expliquer en quoi le dopage d'un semi-conducteur permet de contrôler sa conductivité électrique.

17 Rendement d'une cellule photovoltaïque

OBJECTIFS **Exploiter des documents – Effectuer des calculs.**

Pour fonctionner de manière optimale, une cellule photovoltaïque est reliée à un dispositif électronique, le MPPT (*Maximum Power Point Tracking*), qui peut être assimilé à un conducteur ohmique de résistance *R*.
L'étude expérimentale décrite ci-dessous a permis de déterminer la valeur de la résistance du MPPT pour laquelle la puissance électrique délivrée par une cellule photovoltaïque éclairée est maximisée : $R_{max} = 15\ \Omega$.

Le circuit électrique schématisé ci-contre permet de mesurer la tension électrique *U* aux bornes d'une cellule photovoltaïque éclairée, ainsi que l'intensité *I* du courant électrique qu'elle génère.

Le rhéostat, qui est un conducteur ohmique de résistance variable, permet de faire varier l'intensité *I* du courant électrique.

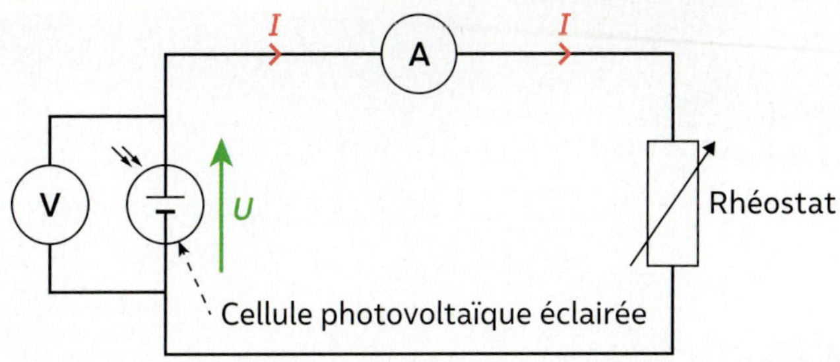

a. Dispositif expérimental

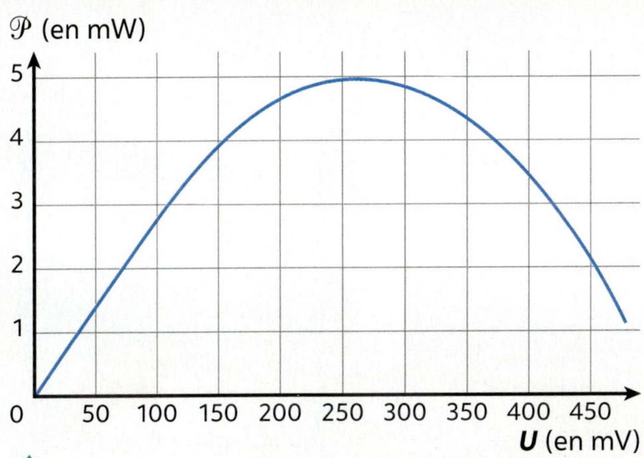

b. Puissance 𝒫 délivrée par la cellule photovoltaïque en fonction de la tension électrique *U* entre ses bornes

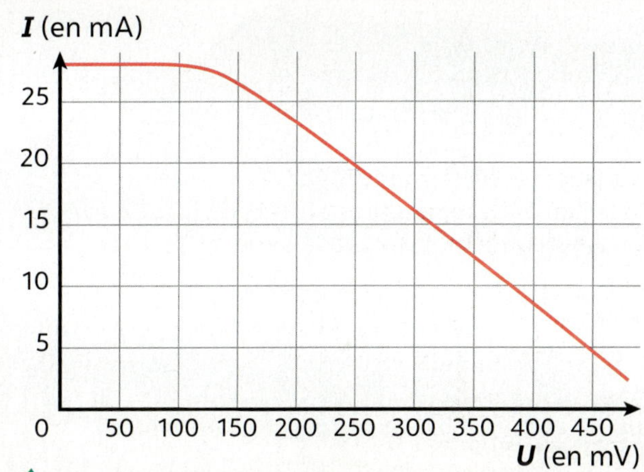

c. Caractéristique $I = f(U)$ de la cellule photovoltaïque

La tension *U* aux bornes d'un conducteur ohmique, de résistance *R*, est proportionnelle à l'intensité *I* du courant électrique qui le traverse.
Ce dipôle suit la loi d'Ohm :

$U = R \times I$

Unités SI
U en volt (V)
R en ohm (Ω)
I en ampère (A)

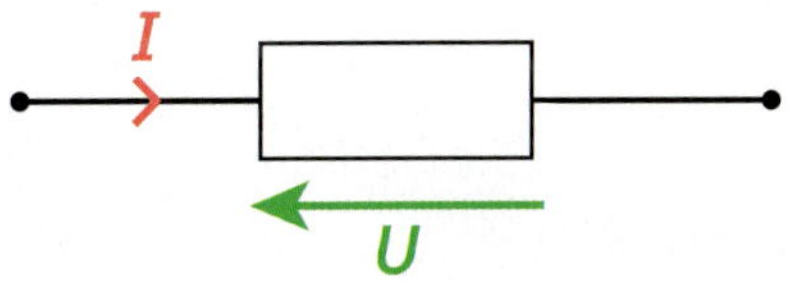

d. Loi d'Ohm

QUESTION

Expliciter la démarche permettant de retrouver la valeur R_{max} de la résistance du MPPT à partir des représentations graphiques ci-dessus.

CHAPITRE

6 Les atouts de l'électricité

L'énergie électrique présente de nombreux avantages : une distribution aisée, sûre et à faible impact écologique. Les procédés d'obtention d'énergie électrique sans combustion justifient le rôle central que cette forme d'énergie est amenée à jouer à l'avenir.

a. Les rayonnements du Soleil, le vent et l'eau stockée dans un barrage sont des ressources d'énergie renouvelables.

▶ **Quels sont les rendements globaux des différentes installations produisant de l'énergie électrique à partir de ressources d'énergie renouvelables ?** UNITÉ 1

b. Fonctionnement d'une centrale géothermique.

▶ **Quelles conversions d'énergie sont réalisées dans une centrale électrique ne nécessitant pas de combustion ?**

UNITÉ 1

c. Morceau de minerai d'uranium extrait d'une mine.

▶ **Quels sont les avantages et les inconvénients liés à l'utilisation de l'uranium dans les centrales nucléaires ?**

UNITÉ 2

d. Centrale solaire photovoltaïque recevant peu d'énergie radiative lors d'une journée très peu ensoleillée.

▶ **Comment gérer l'intermittence de la production et de la consommation d'électricité ?**

UNITÉ 3

Notions du chapitre	Unités	Exercices
Pour bien démarrer ce chapitre consulter les fiches 1, 4, 6 et 9 pages 121 à 123		
Décrire des exemples de chaînes énergétiques permettant d'obtenir de l'énergie électrique à partir de différentes ressources primaires d'énergie.	1	3, 7, 8, 9, 11, 13, 15
Calculer le rendement global d'un système de conversion d'énergie (éoliennes, panneaux photovoltaïques, centrales nucléaires, etc.).	1	1, 2, 4, 10, 12, 13
Analyser des documents présentant les conséquences de l'utilisation de ressources géologiques (métaux rares, etc.), et plus généralement les impacts sur l'environnement et la biodiversité des méthodes de production d'énergie électrique sans combustion.	2, 3	6, 15, 16, 17
Comparer différents dispositifs de stockage d'énergie selon différents critères (forme de l'énergie stockée, masses mises en jeu, capacité et durée de stockage, impact écologique, etc.).	3	5, 9, 11, 14, 16

UNITÉ 1

Ressources d'énergie et production d'électricité

Le vent, les rayons du Soleil, l'eau d'un barrage, l'uranium ou des éléments chimiques d'une pile sont des ressources d'énergie permettant de produire de l'électricité sans combustion.

OBJECTIF

Étudier différentes installations produisant de l'énergie électrique sans combustion.

ACTIVITÉ EXPÉRIMENTALE

OBJECTIF Produire de l'électricité sans combustion.

PROTOCOLE

1. Connecter deux demi-citrons entre eux avec des tiges de cuivre et de zinc afin de fabriquer une pile au citron.
2. Relier une petite horloge à cette pile au citron.

▲ Éolienne domestique

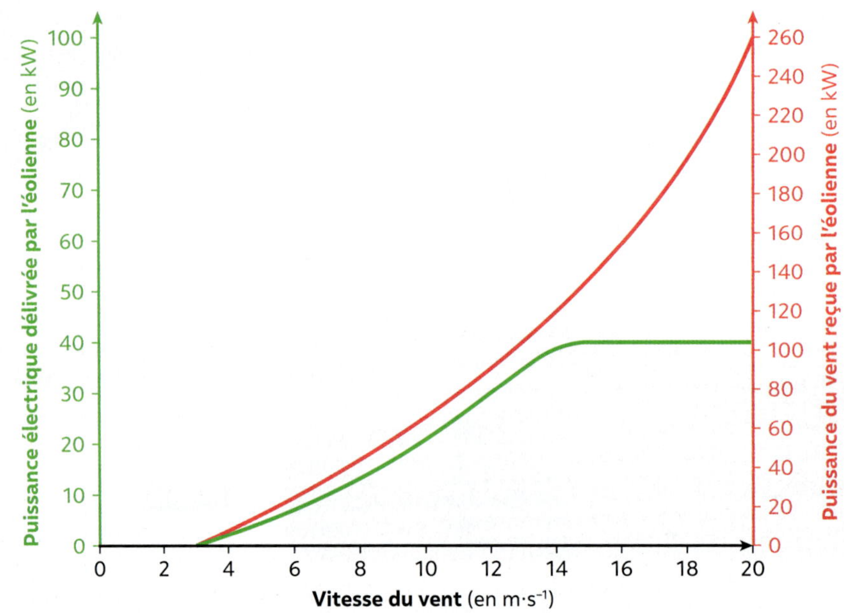

▲ Puissance du vent reçue et puissance électrique délivrée par une éolienne domestique en fonction de la vitesse du vent

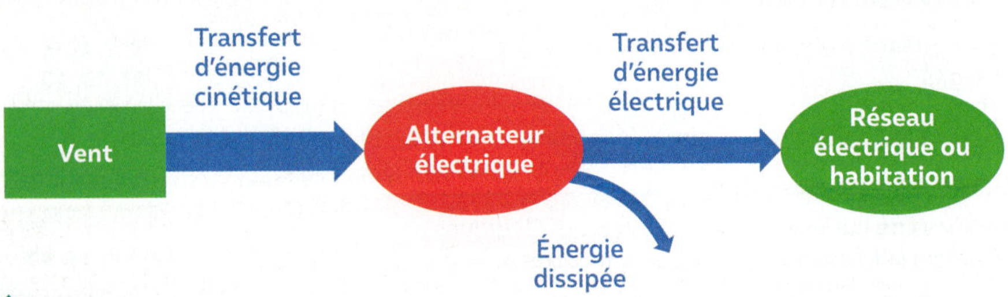

◀ Chaîne énergétique d'une éolienne

1 Éolienne

Une éolienne convertit l'énergie cinétique du vent en énergie électrique. L'énergie reçue par l'éolienne dépend de la vitesse du vent mais aussi de la taille de l'éolienne.

Les centrales photovoltaïque flottante et hydroélectrique les plus puissantes se trouvent en Chine :

- la centrale photovoltaïque flottante de Huainan s'étend sur une surface de plus de 800 000 m². Elle délivre une **puissance électrique** maximale de 40 **MW** grâce aux cellules photovoltaïques qui convertissent l'énergie radiative du Soleil en énergie électrique avec un **rendement global** de 0,2 (environ 20 %) ;
- la centrale hydroélectrique de Sandouping produit une puissance électrique maximale de 22 500 MW, avec un rendement de 0,7 (environ 70 %). Pour cela, l'eau est stockée dans le barrage des Trois Gorges, en amont de la centrale hydroélectrique, puis elle descend dans des tuyaux vers la centrale hydroélectrique en faisant tourner des turbines qui entraînent des alternateurs électriques, ce qui produit de l'électricité.

Vidéos

2 Centrales photovoltaïque et hydroélectrique

VOCABULAIRE

Puissance électrique $\mathcal{P}$: elle est reliée à l'énergie électrique $\mathcal{E}$ délivrée par la centrale et à la durée Δt de fonctionnement de la centrale par la formule : $\mathcal{P} = \frac{\mathcal{E}}{\Delta t}$, avec $\mathcal{P}$ en watt (W), $\mathcal{E}$ en joule (J) et Δt en seconde (s).

Mégawatt (MW) :
1 mégawatt (MW) = 1×10^6 watts (W).

Rendement global η : quotient de l'énergie utile (délivrée par le convertisseur) par l'énergie reçue par le convertisseur. Le rendement peut aussi s'exprimer par un quotient de puissances :

$$\eta = \frac{\mathcal{E}_{\text{utile}}}{\mathcal{E}_{\text{reçue}}} = \frac{\mathcal{P}_{\text{utile}}}{\mathcal{P}_{\text{reçue}}}.$$

La centrale nucléaire en fonctionnement la plus puissante se trouve à Bruce, au Canada. Elle est constituée de huit réacteurs nucléaires qui permettent d'obtenir de l'énergie électrique à partir d'uranium. La **puissance électrique** délivrée par un réacteur nucléaire est d'environ 800 **MW**, avec un **rendement global** de 0,3 (environ 30 %).

Vidéo

Fonctionnement d'une centrale nucléaire ▶

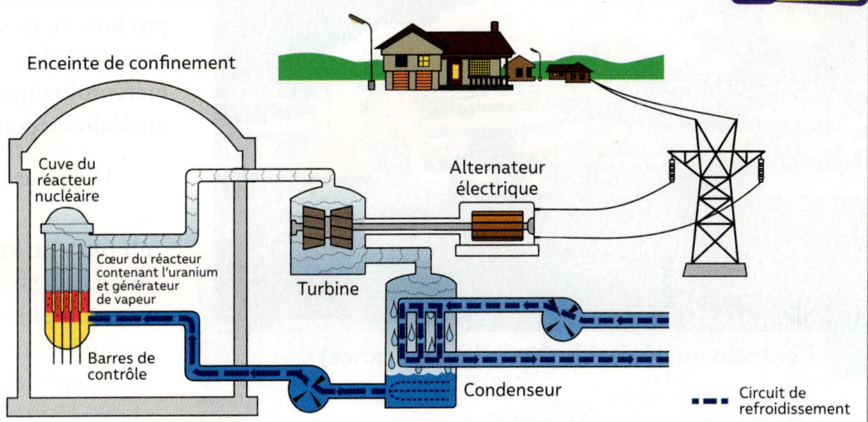

▼ Chaîne énergétique d'une centrale nucléaire

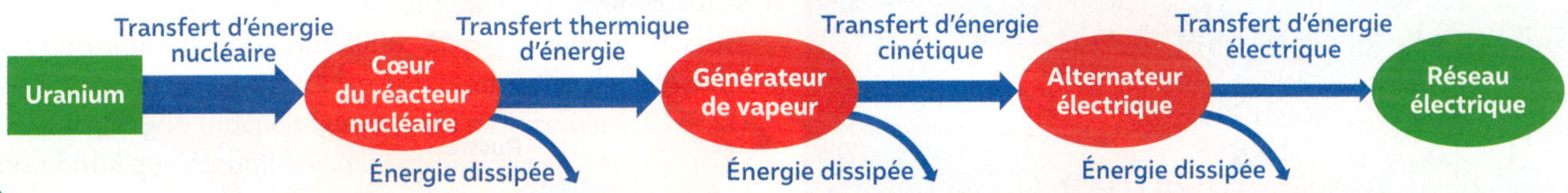

3 Centrale nucléaire

PARCOURS 1

1. a. **Réaliser et/ou observer** l'expérience avec une pile au citron reliée à une petite horloge.
   b. **Expliquer**, en s'aidant de la fiche 9, p. 123, pourquoi la production d'énergie électrique dans une pile s'effectue sans combustion.
2. **Schématiser**, sur le modèle du doc. 1, la chaîne énergétique d'une pile puis celles d'une centrale photovoltaïque et d'une centrale hydroélectrique, décrites dans le doc. 2. Comparer ces chaînes énergétiques entre elles puis avec celle d'une éolienne (doc. 1) et enfin avec celle d'une centrale nucléaire (doc. 3).
3. **Réaliser une synthèse** permettant d'expliquer l'intérêt de la production de l'énergie électrique sans combustion et donner différents exemples d'installations produisant de l'énergie électrique sans combustion. *oral*

PARCOURS 2

1. **Réaliser ou décrire** une expérience, autre que celle avec la pile au citron, permettant de produire de l'énergie électrique sans combustion, puis schématiser, sur le modèle du doc. 1, la chaîne énergétique correspondant à cette expérience.
2. a. **Calculer** le rendement global de l'éolienne présentée dans le doc. 1 pour un vent soufflant à une vitesse de 6 m·s⁻¹, 13 m·s⁻¹ et 17 m·s⁻¹.
   b. **Vérifier** que le rendement global de l'éolienne diminue à partir d'une certaine valeur de vitesse du vent et formuler une hypothèse permettant d'expliquer cette baisse de rendement.
3. **Réaliser une synthèse** permettant d'indiquer et de comparer quelques caractéristiques (rendement global, puissance électrique délivrée, etc.) d'installations produisant de l'énergie électrique sans combustion. *oral*

UNITÉ 3

Méthodes de stockage de l'électricité

Les ressources d'énergie renouvelables, comme le vent ou les rayonnements du Soleil, sont dépendantes de phénomènes extérieurs comme la météo. De même, la consommation d'électricité n'est pas toujours identique suivant les heures de la journée ou selon la saison. Pour faire face à l'intermittence de production et de consommation, il est donc nécessaire de pouvoir stocker l'énergie sous d'autres formes d'énergie.

OBJECTIF

Comparer et évaluer différents dispositifs de stockage d'énergie électrique.

Vidéo

1 Stockage de l'énergie

Bien que fonctionnant grâce à l'énergie radiative reçue du Soleil, la centrale électrique photovoltaïque de l'Ouest Guyanais fournit de l'énergie électrique aussi régulièrement qu'une centrale nucléaire. En effet, le surplus d'énergie électrique produit par la centrale est stocké :
- en formant du dihydrogène placé dans des bouteilles empilées dans des conteneurs ;
- en rechargeant des accumulateurs électrochimiques lithium-ion.

Le dihydrogène permet de stocker l'énergie pendant de longues durées, puis il peut être utilisé dans des piles à hydrogène pour produire à nouveau de l'énergie électrique. Les accumulateurs électrochimiques sont quant à eux capables de restituer l'énergie électrique très rapidement.

Un troisième dispositif de stockage de l'énergie, utilisant des supercondensateurs, est également à l'étude.

2 Stockage de l'énergie dans une centrale photovoltaïque

La centrale hydro-éolienne de l'île d'El Hierro, en Espagne, est constituée de cinq éoliennes et d'une installation hydroélectrique. Lorsque les éoliennes produisent un surplus d'énergie électrique (lors des heures de consommation électrique creuses ou lors d'un pic de vent), le surplus d'énergie électrique est utilisé pour pomper l'eau du bassin inférieur vers le bassin supérieur de l'installation. En l'absence de vent ou en cas de pic de consommation électrique, l'eau du bassin supérieur est relâchée, faisant tourner les turbines reliées aux alternateurs électriques de la centrale afin de produire de l'énergie électrique. On parle d'installation hydroélectrique réversible (par pompage et turbinage).

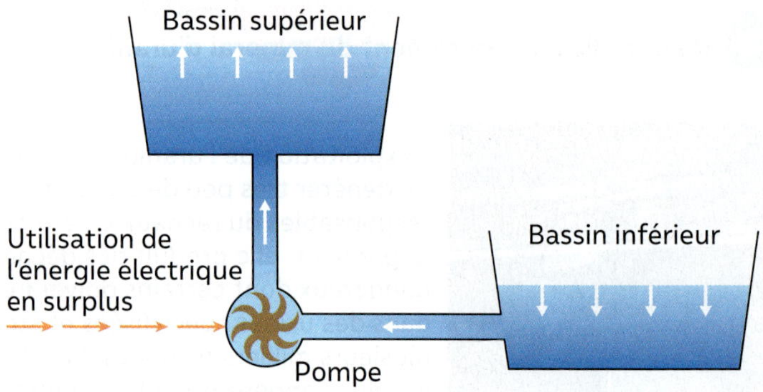

3 Stockage de l'énergie dans une centrale hydro-éolienne

Un **accumulateur électrochimique** délivre de l'électricité lors de sa décharge en convertissant de l'énergie chimique en énergie électrique. Lors de sa charge, les espèces chimiques consommées lors de la production d'énergie électrique sont reformées, c'est-à-dire que de l'énergie est stockée en convertissant de l'énergie électrique en énergie chimique.

Dans un **supercondensateur**, il n'y a pas de transformation chimique, c'est un champ électrique qui déplace quasi-instantanément des ions, stockant ainsi de l'énergie, ce qui permet à un véhicule électrique équipé d'un supercondensateur de se charger intégralement en quelques secondes. De plus, les supercondensateurs ont un rendement et une cyclabilité supérieurs à ceux des accumulateurs électrochimiques lithium-ion par exemple (rendement de 0,98 pour un supercondensateur contre 0,90 maximum pour un accumulateur électrochimique et nombre de cycles charge-décharge compris entre 500 000 et 20 millions pour un supercondensateur contre environ 1 000 pour un accumulateur électrochimique). Cependant, les supercondensateurs sont plus chers et ont aujourd'hui une capacité 25 fois plus faible que celle d'un accumulateur électrochimique, même si cette capacité pourrait être augmentée en intégrant des ions lithium dans ces supercondensateurs.

Chaînes énergétiques d'un accumulateur :

– lors de la décharge

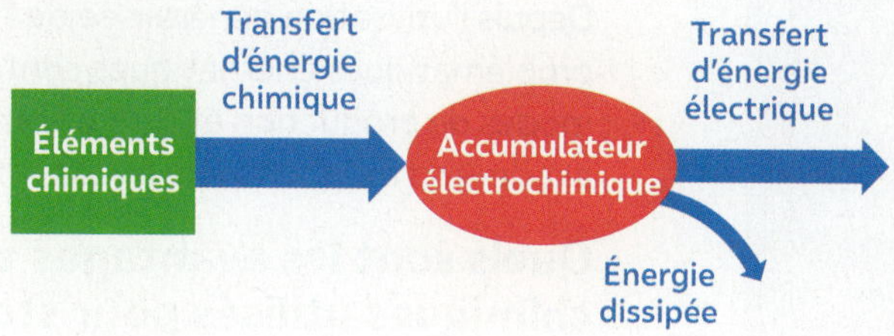

– lors de la charge

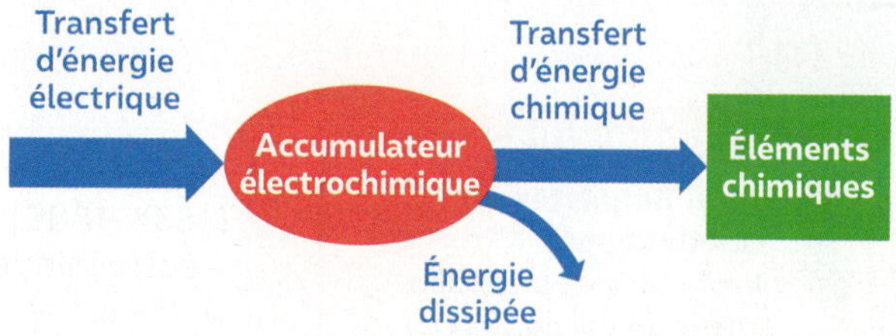

4 Principes de fonctionnement d'un accumulateur électrochimique et d'un supercondensateur

La plus grande réserve connue au monde de lithium (9 millions de tonnes) se trouve dans le sud du Salar en Bolivie. Ce minerai est considéré comme le pétrole de demain car c'est un composant essentiel à la fabrication des accumulateurs électrochimiques et des futurs supercondensateurs. Chaque smartphone en contient 2 à 3 grammes et un véhicule électrique jusqu'à 10 000 fois plus. Selon les estimations, il y aura plus de 5 milliards de smartphones ou objets connectés équivalents et environ 260 millions de voitures électriques dans le monde en 2040.

Pour extraire le lithium, des pompes aspirent l'eau sans relâche jusqu'à 20 mètres de profondeur. Extraire le lithium n'est donc pas sans conséquence pour l'environnement car la région est aride : pas une goutte de pluie de mars à décembre. Ainsi, cette extraction risque d'aggraver encore plus la pénurie d'eau douce dont souffrent les villageois.

5 Extraction du lithium

PISTES D'EXPLOITATION

1. **Expliquer** d'après la vidéo du doc. 1 pourquoi il est indispensable de stocker de l'énergie à partir de l'énergie électrique.
2. **Indiquer** sous quelle forme est stockée l'énergie dans la centrale hydro-éolienne de l'île d'El Hierro présentée dans le doc. 3.
3. **Expliquer** en une ou deux phrases, d'après les doc. 2, 3 et 4, pourquoi il est intéressant d'utiliser différents types de stockage de l'énergie.
4. **Lister** les avantages et les inconvénients des différents dispositifs de stockage présentés dans cette unité.

Pour aller plus loin : estimer, d'après le doc. 5, la masse de lithium nécessaire à la fabrication des voitures électriques en 2040.

Réflexion sur la science

Science et environnement

Le lithium semble être une solution d'avenir pour le stockage de l'énergie mais il n'a pas que des avantages.

Quels sont les problèmes environnementaux liés à l'utilisation du lithium, à partir de son extraction jusqu'à son éventuel recyclage ?

HISTOIRE ENJEUX DÉBATS

Les accumulateurs électrochimiques dans la société

Depuis l'utilisation généralisée de l'électricité dans la seconde moitié du XIXe siècle jusqu'aux problématiques énergétiques contemporaines dues notamment à l'intermittence de certains modes de production et de consommation de l'électricité, le stockage de l'énergie est devenu indispensable et constitue un défi scientifique important.

Quels sont les avantages et les inconvénients des dispositifs chimiques utilisés pour stocker de l'énergie ?

BIOGRAPHIES

John Bannister Goodenough
Professeur et physicien américain (né en 1922)

Michael Stanley Whittingham
Chimiste britannique (né en 1941)

Akira Yoshino
Chimiste japonais (né en 1948)

Ces trois scientifiques ont obtenu le prix Nobel de chimie 2019. D'après le comité Nobel, ce prix récompense l'invention des accumulateurs électrochimiques au lithium-ion, qui « ont révolutionné nos vies et sont utilisés partout, des téléphones portables aux ordinateurs en passant par les voitures électriques et qui ont permis de poser les fondations vers une société sans fil et libérée des ressources d'énergie fossiles ».

En 1860, l'ingénieur français Gaston Planté (1834-1889) fabrique le premier accumulateur électrochimique au plomb. Son premier modèle se compose de deux feuilles de plomb pur séparées par une toile grossière, le tout enroulé et plongé dans un récipient en verre contenant une solution d'acide sulfurique. Ce dispositif de stockage de l'énergie a connu, grâce à l'automobile, un développement considérable. En 1899, *La Jamais contente* est le premier véhicule – électrique ! – à dépasser les 100 km·h^{-1}. Sur un véhicule à essence, un accumulateur électrochimique au plomb assure encore aujourd'hui le lancement du moteur et intervient au niveau de l'éclairage et de la combustion du carburant. L'accumulateur au plomb sert en outre pour le stockage des énergies d'origines solaire et éolienne.

Dans les années 1990, les accumulateurs électrochimiques lithium-ion ont fait leur apparition et ont été intégrés dans la plupart des appareils nomades (téléphones, ordinateurs, appareils photo, etc.). Dans le contexte du développement des énergies issues de ressources renouvelables et des modes de transport électriques, la baisse du prix de ces accumulateurs a permis leur utilisation dans les véhicules électriques.

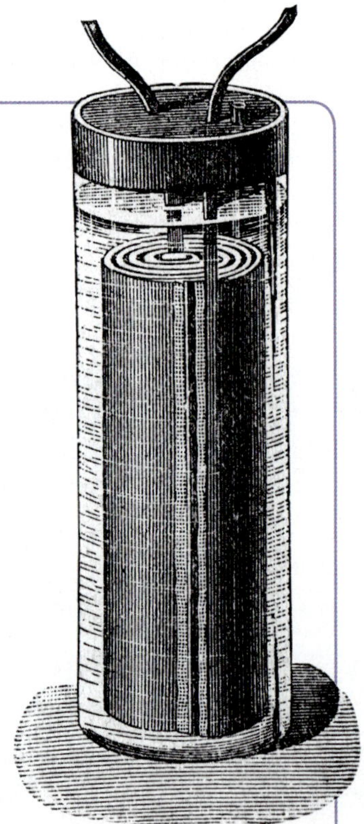

▲ Premier accumulateur électrochimique au plomb de Gaston Planté

doc a **Applications des accumulateurs électrochimiques au plomb et lithium-ion**

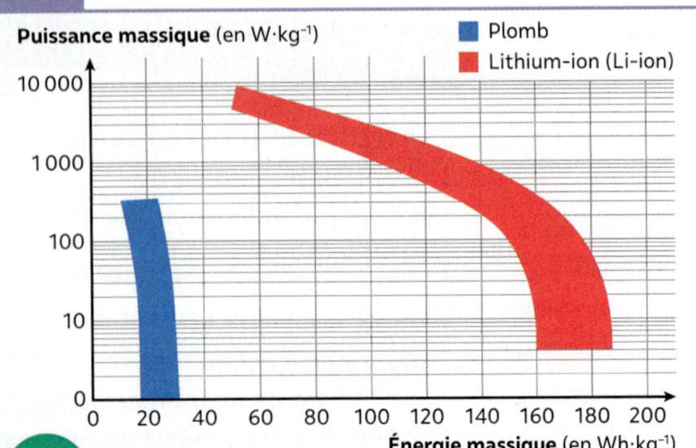

doc b **Comparaison des accumulateurs électrochimiques au plomb et lithium-ion**

Vidéo
Podcast

doc c ***La Jamais contente***
Camille Jenatzy, ingénieur et pilote automobile de renom, est le premier à avoir dépassé la vitesse de 100 km·h^{-1} en 1899, au volant de *La Jamais contente*, un véhicule électrique en forme d'obus.

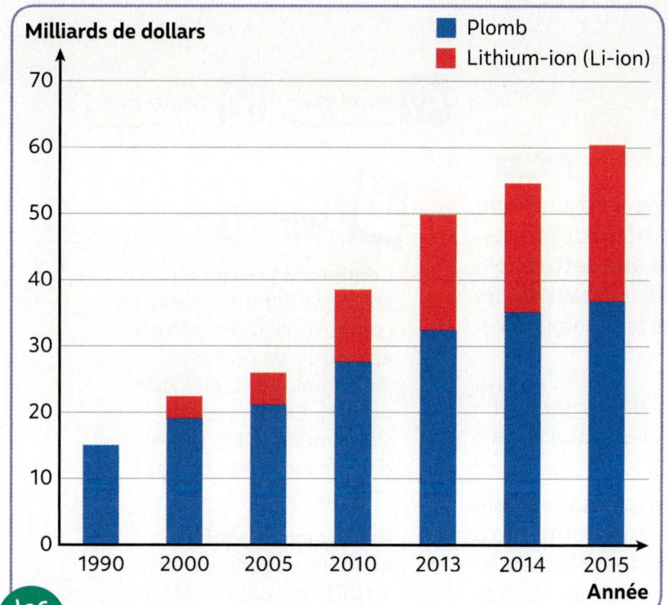

doc d **Évolution du marché mondial des accumulateurs électrochimiques au plomb et lithium-ion entre 1990 et 2015**

On sait depuis longtemps déjà emprisonner des quantités relativement considérables d'électricité. Nous écrivions en effet dès 1872 : « M. Gaston Planté est le premier qui soit parvenu à résoudre pratiquement le problème difficile d'emmagasiner à volonté l'électricité dynamique. Il recueille l'électricité, il la met en bouteilles, il l'enferme dans des flacons, dans des boîtes, dans des étuis : il en met partout, et quand il en a besoin, il n'a plus qu'à la laisser sortir. Rien n'empêcherait d'exporter jusqu'aux Indes l'électricité fabriquée en France ». Ce qui était vrai en 1872, l'est tout aussi bien aujourd'hui, en 1883. Il n'est pas douteux qu'il soit possible d'emmagasiner l'électricité ; mais ce qui est moins clair à préciser, c'est la dose exacte qui peut être ainsi enfermée. On avait été jusqu'à affirmer que, sous un poids de 75 kilogrammes, on accumulerait assez d'énergie pour donner pendant une heure la force d'un cheval-vapeur. On est bien revenu aujourd'hui de ces illusions de la première heure. Il ne semble pas que, jusqu'ici du moins, on ait très notablement dépassé les résultats obtenus dès le début par M. Gaston Planté.

D'après Henri de Parville, *L'Électricité et ses applications – Exposition de Paris*, 2e éd., 1883.

doc e **Avis sur les accumulateurs électrochimiques en 1883**

Vidéo

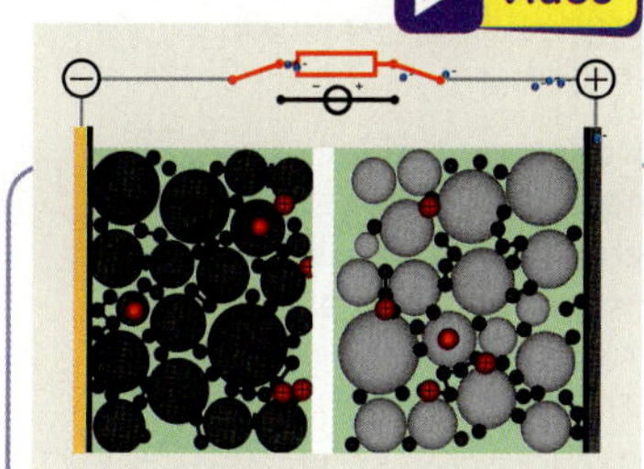

La borne négative d'un **accumulateur électrochimique** lithium-ion est constituée de lithium inséré dans du graphite, la borne positive contient un oxyde de lithium et d'un autre métal, souvent du cobalt.

• Quand l'accumulateur est **relié à un générateur électrique extérieur** (branché au secteur, par exemple) qui impose le sens de circulation des électrons, l'accumulateur se **charge**. Son fonctionnement simplifié peut être décrit par les réactions électrochimiques suivantes :

– à la borne négative : $Li^+ + 6\,C + e^- \rightarrow LiC_6$

– à la borne positive : $LiCoO_2 \rightarrow Li^+ + CoO_2 + e^-$

Une fois chargé et déconnecté du générateur extérieur, l'accumulateur **stocke l'énergie sous forme chimique**.

• Lorsque l'accumulateur est déconnecté du générateur extérieur et **relié à l'appareil qu'il doit alimenter**, il se **décharge**. Les réactions précédentes sont inversées :

– à la borne négative : $LiC_6 \rightarrow Li^+ + 6\,C + e^-$

– à la borne positive : $Li^+ + CoO_2 + e^- \rightarrow LiCoO_2$

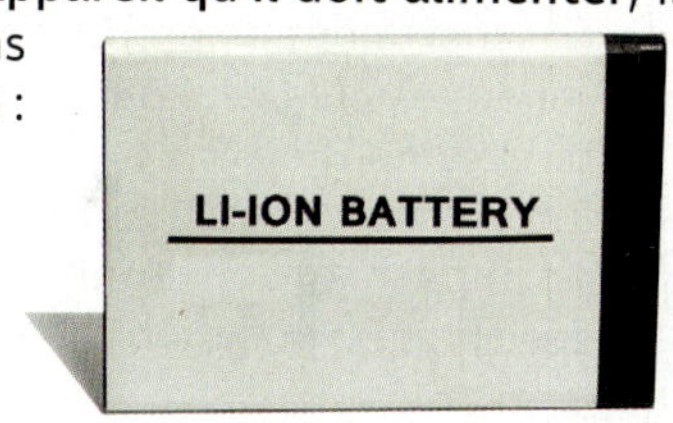

doc f **Fonctionnement d'un accumulateur électrochimique lithium-ion**

En équipes !

• **Équipe *Accumulateur électrochimique au plomb***
Henri de Parville était assez dubitatif en 1883 sur le stockage de l'énergie grâce aux accumulateurs électrochimiques au plomb (doc. e). Sachant qu'un cheval-vapeur est égal à 735,5 watts, déterminer si, aujourd'hui, on considère comme une illusion que « sous un poids de 75 kilogrammes, on accumulerait assez d'énergie pour donner pendant une heure la force d'un cheval-vapeur ».

• **Équipe *Accumulateur électrochimique lithium-ion***
D'après le doc. f, analyser et comparer les déplacements des particules au cours de la charge et de la décharge d'un accumulateur électrochimique lithium-ion, en lien avec les réactions se produisant aux deux électrodes.

• **En commun** *oral*
En vous fondant sur les documents de cette activité, de l'unité 3 ainsi que sur des connaissances, organiser un débat contradictoire sur les avantages et les inconvénients relatifs aux accumulateurs électrochimiques au plomb et lithium-ion.

SYNTHÈSE Les atouts de l'électricité

MÉMO

Podcast | Texte dys

Obtention d'énergie électrique sans combustion UNITÉ 1

- L'énergie électrique présente de nombreux avantages parmi lesquels une distribution aisée et sûre. De plus, l'existence de dispositifs d'obtention d'énergie électrique sans **combustion** justifie le rôle central que cette énergie est amenée à jouer dans l'avenir. Leur **rendement global** est par ailleurs intéressant et en augmentation constante grâce aux progrès technologiques.

Conversion directe ou indirecte d'énergie mécanique

- Dans une dynamo, une éolienne, une **hydrolienne** ou un barrage hydroélectrique, la conversion d'**énergie mécanique** en énergie électrique se fait directement grâce à un alternateur électrique.
- Dans une centrale nucléaire, une centrale solaire thermique ou une centrale géothermique, la production d'énergie électrique est également obtenue à partir de la conversion d'énergie mécanique grâce à un alternateur électrique. Toutefois, dans ces centrales, l'énergie mécanique est elle-même le résultat de conversions à partir d'autres formes d'énergie.

Conversion de l'énergie radiative

- Dans des panneaux photovoltaïques, la conversion de l'énergie radiative reçue du Soleil en énergie électrique a lieu dans des cellules photovoltaïques.

Conversion de l'énergie chimique

- Dans des piles ou des accumulateurs électrochimiques, l'énergie électrique est produite à partir d'énergie chimique.

SAVOIR-FAIRE

- Décrire des exemples de chaînes de transformations énergétiques permettant d'obtenir de l'énergie électrique à partir de différentes ressources primaires d'énergie.
- Calculer le rendement global d'un système de conversion d'énergie.

Impacts de la production d'électricité UNITÉS 2 et 3

- Ces méthodes de production de l'électricité, à partir de **ressources d'énergie renouvelables**, d'uranium ou d'autres éléments chimiques, ne produisent pas directement de gaz à effet de serre. Elles sont donc mises en avant dans la lutte contre le réchauffement climatique. Néanmoins, ces méthodes ont un impact sur l'environnement, sur la biodiversité et présentent des risques spécifiques : pollution chimique, **déchets radioactifs**, accidents industriels, etc.

SAVOIR-FAIRE

- Analyser des documents présentant les conséquences de l'utilisation de ressources géologiques (métaux rares, etc.).

Stockage de l'énergie UNITÉ 3

- Certains modes de production de l'électricité sans combustion sont intermittents. De même, la consommation d'électricité n'est pas constante et dépend de l'heure de la journée ou encore de la saison. Il est donc nécessaire d'avoir recours à un stockage de l'énergie en convertissant l'énergie électrique lorsque celle-ci est disponible en une autre forme d'énergie.
- Pour cela, des accumulateurs électrochimiques convertissent de l'énergie électrique en énergie chimique, des barrages convertissent de l'énergie électrique en énergie potentielle ou des supercondensateurs convertissent de l'énergie électrique en énergie électromagnétique.

SAVOIR-FAIRE

- Comparer différents dispositifs de stockage d'énergie selon différents critères (masses mises en jeu, capacité et durée de stockage, impact écologique).

MOTS CLÉS

- **Combustion :** réaction chimique durant laquelle un combustible (bois, pétrole, etc.) brûle en présence d'un comburant (dioxygène de l'air). Cette réaction s'accompagne très souvent d'un dégagement de gaz à effet de serre.
- **Rendement global η :** quotient de l'énergie utile, ou de la puissance utile, par l'énergie, ou la puissance, reçue :
$$\eta = \frac{\mathscr{E}_{\text{utile}}}{\mathscr{E}_{\text{reçue}}} = \frac{\mathscr{P}_{\text{utile}}}{\mathscr{P}_{\text{reçue}}}$$
Dans le cas de dispositifs produisant de l'électricité, l'énergie utile est l'énergie électrique.
- **Hydrolienne :** turbine immergée qui utilise l'énergie des courants marins, et parfois fluviaux, pour produire de l'énergie électrique.
- **Énergie mécanique :** énergie d'un système emmagasinée sous forme d'énergie cinétique et/ou d'énergie potentielle.
- **Ressource d'énergie renouvelable :** ressource dont la durée de reconstitution est inférieure à la durée d'exploitation. Le Soleil est aussi considéré comme une source d'énergie renouvelable.
- **Déchets radioactifs :** déchets produits par les activités nucléaires. Ces déchets se composent d'éléments qui émettent des rayonnements radioactifs pouvant être dangereux pour la santé.

SCHÉMA

Bilan animé

Les atouts de l'électricité

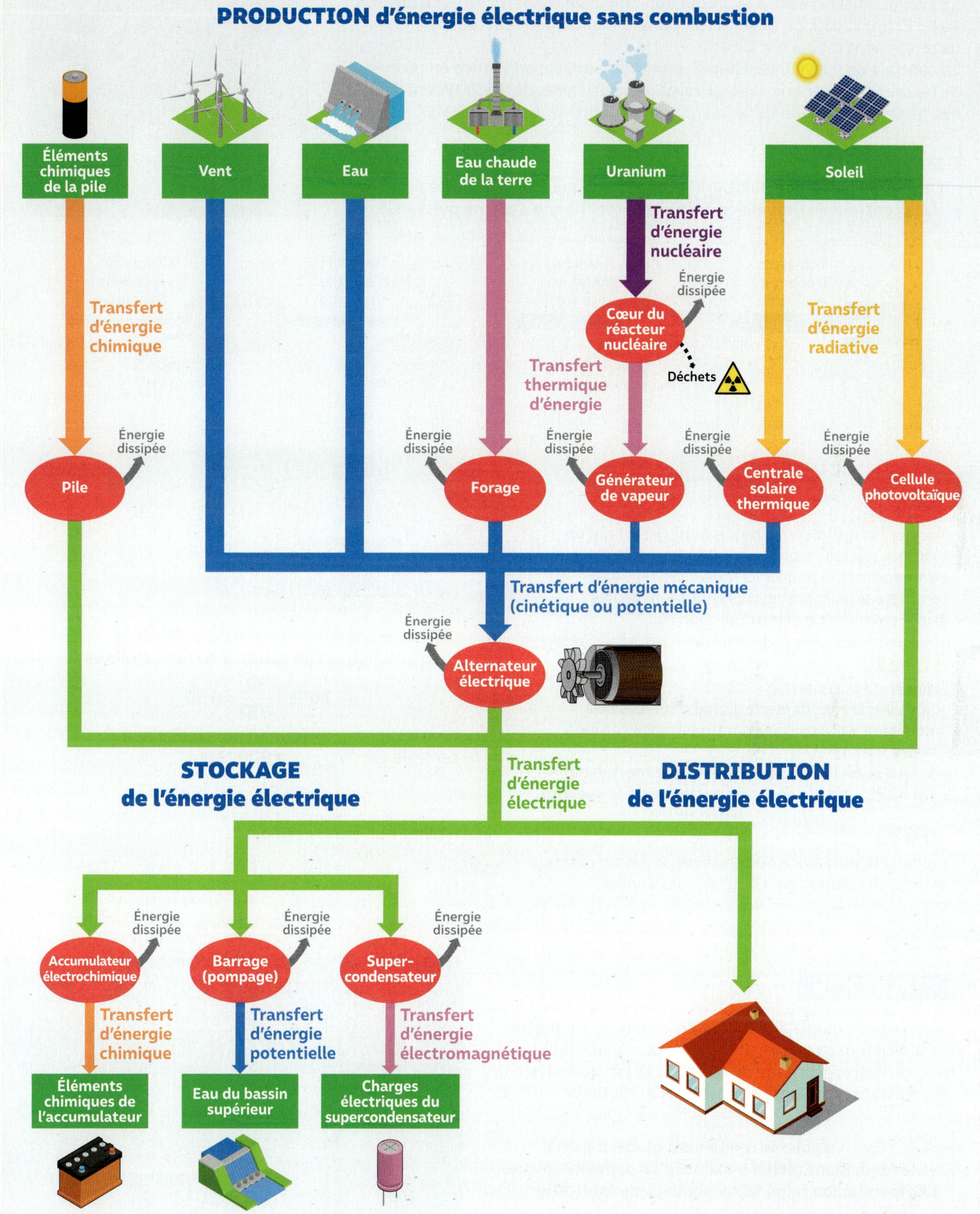

MÉTHODE Calculer ou utiliser un rendement global

1 Exercice résolu

Énoncé

La part du nucléaire dans la production mondiale d'électricité est d'environ 10 %. En mai 2019, on dénombrait dans le monde 450 réacteurs de rendement global η = 30 %.
La centrale de Gravelines est la plus grande centrale en France en termes de puissance électrique avec six réacteurs nucléaires de 900 MW chacun : elle génère donc à elle seule une puissance électrique de 5400 MW.

QUESTION
Calculer la puissance nucléaire reçue par chaque réacteur nucléaire de la centrale de Gravelines, lorsqu'elle fonctionne à pleine puissance.

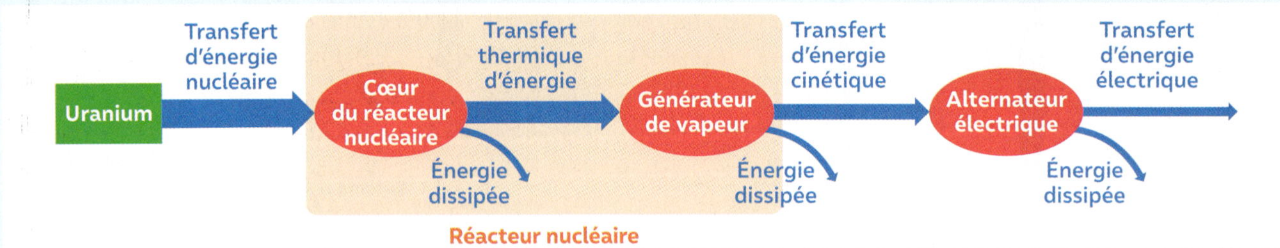

Méthode	Application
ÉTAPE 1 Donner l'expression du rendement global η d'un réacteur nucléaire produisant de l'énergie électrique puis exprimer la puissance nucléaire reçue par ce réacteur en fonction du rendement global et de la puissance électrique fournie.	$\eta = \frac{\mathcal{E}_{utile}}{\mathcal{E}_{reçue}} = \frac{\mathcal{P}_{utile}}{\mathcal{P}_{reçue}} = \frac{\mathcal{P}_{électrique}}{\mathcal{P}_{nucléaire}}$ donc : $\mathcal{P}_{nucléaire} = \frac{\mathcal{P}_{électrique}}{\eta}$
ÉTAPE 2 Relever dans l'énoncé : – la valeur du rendement global d'un réacteur nucléaire et l'exprimer par un nombre compris entre 0 et 1 ; – la valeur de la puissance électrique fournie par un réacteur de la centrale nucléaire de Gravelines.	Le rendement global d'un réacteur de la centrale est : $\eta = 30\ \% = \frac{30}{100} = 0{,}30$. La puissance électrique fournie par un réacteur de la centrale est : $\mathcal{P}_{électrique}$ = 900 MW.
ÉTAPE 3 Calculer la puissance nucléaire reçue par un réacteur. Donner le résultat en n'oubliant pas l'unité.	La puissance nucléaire reçue par le réacteur nucléaire est égale à : $\mathcal{P}_{reçue} = \frac{900}{0{,}30} = 3{,}0 \times 10^3$ MW, soit environ 3000 MW.

2 APPLICATION

Selon la technologie de fabrication employée, un mètre carré de panneau solaire photovoltaïque peut produire une puissance électrique de 60 à 200 W lorsqu'il reçoit une puissance radiative du Soleil égale à 1000 W.

QUESTION **Calculer le rendement global minimal et le rendement global maximal d'un panneau solaire photovoltaïque selon sa technologie de fabrication.**

QUIZ Parmi les affirmations suivantes, choisissez la réponse exacte.

3 Une éolienne convertit :

a de l'énergie électrique en énergie cinétique.
b de l'énergie cinétique en énergie électrique.
c de l'énergie chimique en énergie électrique.
d de l'énergie électrique en énergie chimique.

4 Une expression du rendement global d'une installation électrique peut être :

a $\eta = \frac{\mathscr{P}_{utile}}{\mathscr{P}_{reçue}}$.
b $\eta = \mathscr{P}_{utile} \times \mathscr{P}_{reçue}$.
c $\eta = \frac{\mathscr{P}_{reçue}}{\mathscr{P}_{utile}}$.
d $\eta = (\mathscr{P}_{utile})^2$.

5 Pour être stockée, de l'énergie électrique peut être convertie en :

a énergie cinétique.
b énergie radiative.
c énergie nucléaire.
d énergie potentielle.

6 La plupart des méthodes de production d'électricité sans combustion :

a n'ont aucun impact sur l'environnement.
b ont un impact sur l'environnement.
c sont en déclin.
d sont interdites.

▸ Corrigés p. 340

7 CONSTRUIRE UNE CARTE MENTALE
sur le thème « production d'énergie électrique sans combustion ».

▸ L'étiquette centrale s'intitulera
Énergie électrique

▸ Associer l'étiquette centrale, par le moyen graphique de votre choix, à des étiquettes de votre initiative. Certaines peuvent être, par exemple :

Énergie chimique **Éolienne** **Énergie mécanique**

QUESTIONS FLASH

oral

8 Donner oralement trois exemples de production d'énergie électrique sans combustion à partir de trois ressources primaires d'énergie différentes.

9 Dans une voiture hybride, l'énergie générée lors des freinages est convertie en énergie électrique puis stockée dans un accumulateur électrochimique. Cette énergie est ensuite à nouveau convertie pour alimenter un moteur électrique.

1. Indiquer sous quelle forme est stockée l'énergie dans l'accumulateur électrochimique.
2. Indiquer à quelle phase de charge ou de décharge de l'accumulateur électrochimique correspond la chaîne énergétique ci-dessous :

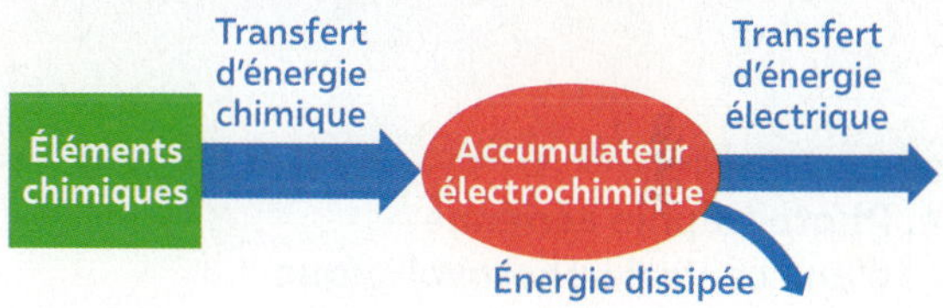

EXERCICES D'APPLICATION

oral

10 Rendement global
Préparer une présentation orale de deux minutes maximum pour expliquer à l'ensemble de la classe la notion de rendement global d'une installation produisant de l'électricité.

11 Venturi Eclectic
La Venturi Eclectic est un véhicule électrique équipé d'accumulateurs lithium-ion se rechargeant notamment grâce à des ressources d'énergie renouvelables solaire et éolienne. La recharge des accumulateurs est également possible grâce à l'électricité délivrée par le réseau électrique. L'autonomie de ce véhicule peut aller jusqu'à 50 km pour une vitesse de 50 $km \cdot h^{-1}$.

1. Schématiser la chaîne énergétique d'un accumulateur lorsque le véhicule est en mouvement.
2. Schématiser la chaîne énergétique d'un accumulateur lors de sa charge grâce à :
   a. une éolienne.
   b. un panneau photovoltaïque.

12 Centrale photovoltaïque DIFFÉRENCIATION

OBJECTIF Calculer un rendement global.

La centrale photovoltaïque de Cestas, au sud de Bordeaux, fournit au réseau électrique une puissance électrique globale de 300 MWc. La centrale est composée de 983 500 modules de panneaux photovoltaïques, ayant chacun une aire de 1,9 m^2.

doc. Photographie aérienne d'une centrale photovoltaïque

DONNÉES

La puissance d'un panneau photovoltaïque peut être exprimée en watt crête (Wc). Il s'agit de la puissance fournie par un panneau d'aire égale à un mètre carré (m^2) qui reçoit une puissance radiative de 1000 watts (W).

QUESTIONS

1. Calculer l'aire totale des panneaux photovoltaïques de la centrale de Cestas.
2. Calculer la puissance électrique fournie par un mètre carré (m^2) de panneaux photovoltaïques en watt crête (Wc).
3. En déduire le rendement global de la centrale photovoltaïque. [→ Aide : reprendre l'exercice résolu, p. 156]

13 Fonctionnement d'une centrale géothermique DIFFÉRENCIATION

OBJECTIFS Schématiser une chaîne énergétique et utiliser un rendement global.

Une centrale géothermique produit de l'électricité sans combustion. Un transfert thermique d'énergie existe entre l'eau contenue dans les nappes souterraines et le fluide de la centrale qui se transforme en vapeur. Le mouvement de la vapeur sous pression permet de faire tourner une turbine entraînant un alternateur électrique, qui produit alors de l'énergie électrique.

QUESTIONS

1. Schématiser la chaîne énergétique d'une centrale géothermique à partir de l'eau pompée dans le sol. [→ Aides, p. 339]
2. Une centrale géothermique reçoit une puissance de 11 460 MW. Son rendement global est de 9,6 %. Calculer la puissance électrique fournie par la centrale.

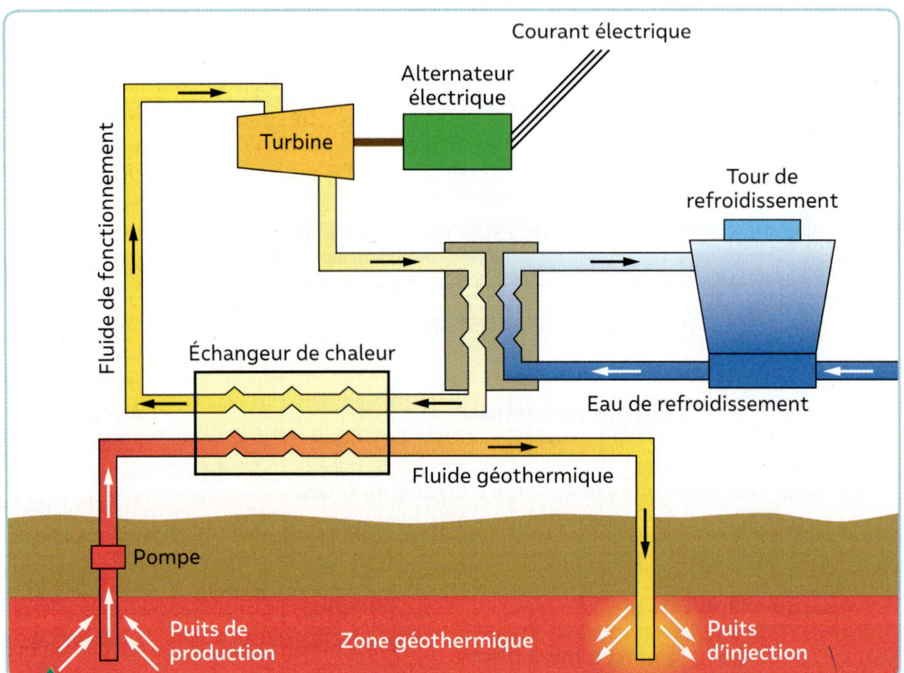

doc. Schéma simplifié du fonctionnement d'une centrale géothermique

14 Supercondensateur et accumulateur DIFFÉRENCIATION

OBJECTIF Comparer différents dispositifs de stockage.

La plupart des smartphones fonctionnent aujourd'hui grâce à un accumulateur électrochimique interne, communément appelé batterie lithium-ion. L'échange réversible d'ions lithium entre une électrode le plus souvent en dioxyde de cobalt ou de manganèse, et une électrode en graphite (formé d'atomes de carbone) permet à l'accumulateur électrochimique interne de se décharger ou de se charger.

Nom	Volume	Masse	Capacité de l'accumulateur
Smartphone 1	103,88 cm^3	178 g	4 000 mA·h
Smartphone 2	88,43 cm^3	164 g	3 140 mA·h

doc. Présentation de deux smartphones

DONNÉES

Capacité d'un accumulateur : un accumulateur de 3000 mA·h par exemple, est capable de délivrer un courant électrique d'intensité I = 3000 milliampères (mA) = 3 ampères (A) pendant une durée Δt = 1 heure, ou un courant électrique d'intensité I = 6 A pendant Δt = 0,5 heure, ou un courant électrique d'intensité I = 1,5 A pendant Δt = 2 heures, etc.

QUESTIONS

1. En supposant que l'accumulateur électrochimique interne doive délivrer un courant électrique d'intensité moyenne égale à 230 mA pendant le fonctionnement du smartphone, calculer la durée d'autonomie, en heures et en minutes, de chaque smartphone présenté ci-contre. [→ Aide, p. 339]
2. Indiquer certains inconvénients liés à une plus grande autonomie d'un accumulateur électrochimique interne d'un smartphone.
3. Donner au moins une autre caractéristique importante, non notée dans le document, d'un accumulateur électrochimique interne utilisé dans un smartphone.

15 Hydrolienne DIFFÉRENCIATION

OBJECTIFS
Schématiser une chaîne énergétique et analyser l'impact environnemental.

QUESTIONS

1. Schématiser la chaîne énergétique d'une hydrolienne.
2. Indiquer, en se basant sur le document, si l'utilisation d'une hydrolienne semble respecter ou non l'environnement.

POUR ALLER PLUS LOIN :
Effectuer une recherche sur les difficultés de mise en œuvre d'une hydrolienne et indiquer, en se basant sur cette recherche, si l'utilisation d'une hydrolienne respecte ou non l'environnement. [Aide, p. 339]

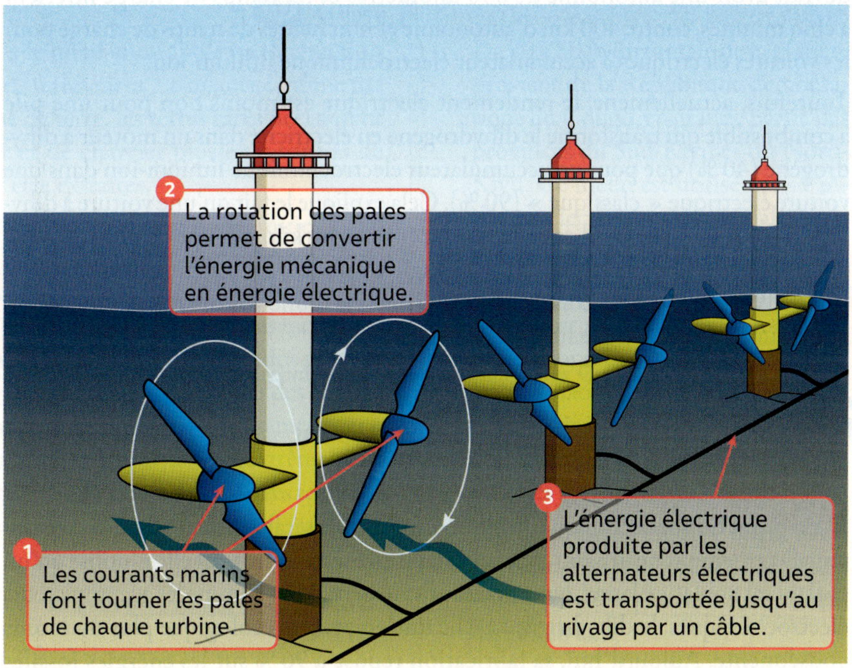

Les hydroliennes exploitent l'énergie marémotrice, qui est une source d'énergie naturelle, non polluante, gratuite et surtout inépuisable et continue. Les courants marins sont prévisibles, on peut donc estimer avec précision la quantité d'électricité produite. Les pales de la turbine ne sont pas dangereuses car elles tournent à un rythme de dix à quinze tours par minute, ce qui limite les turbulences et ne perturbe pas la faune marine. Enfin, ce dispositif ne rejette aucun déchet. Les hydroliennes ne provoquent pas de gênes sonores (elles sont silencieuses au fond de l'eau et inaudibles en surface) et la plupart d'entre elles sont invisibles hors de l'eau.

doc. Fonctionnement d'une hydrolienne

UNITÉ 1

Réseau électrique

Dans un réseau électrique, l'électricité est transportée sous différentes tensions afin de satisfaire tous les utilisateurs (usines, maisons individuelles…) et minimiser les pertes.

OBJECTIF

Identifier l'influence de la résistance, de l'intensité et de la tension électriques sur les pertes par effet Joule lors du transport de l'électricité.

Animation

L'électricité est acheminée depuis les sites de production (centrales thermiques, hydroélectriques, éoliennes…) jusqu'aux sites de consommation (entreprises, particuliers…) grâce à un réseau électrique constitué de lignes aériennes, de câbles souterrains et de postes de transformation.

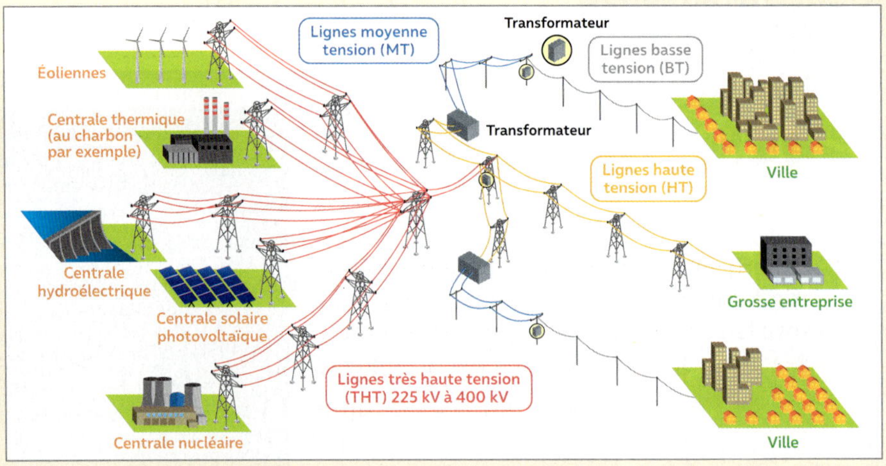

Trois niveaux peuvent être distingués dans le réseau électrique :
- le réseau de grand transport qui achemine, sous une tension de 400 kV (400 × 10^3 volts) ou 225 kV (225 × 10^3 volts), de grandes quantités d'énergie électrique sur de longues distances avec un faible niveau de perte ;
- les réseaux régionaux de répartition qui répartissent localement l'énergie électrique et alimentent en 225 kV, 90 kV et 63 kV les réseaux de distribution publique et les gros clients industriels ;
- les réseaux de distribution de 230 V à 20 kV, qui desservent les consommateurs finaux, c'est-à-dire les particuliers ainsi que les petites et les moyennes entreprises.

En France, le réseau électrique, d'une longueur supérieure à 1,3 million de kilomètres, est parcouru par du courant électrique alternatif.

D'après www.cre.fr, 2018.

1 **Réseau électrique**

ACTIVITÉ EXPÉRIMENTALE

OBJECTIF Mettre en évidence l'effet Joule.

PROTOCOLE

1. Relier deux piles de 4,5 V à une mine de graphite à l'aide de pinces « crocodile ».
2. Observer la mine de graphite lorsque du courant électrique y circule.

Lorsqu'un courant électrique circule dans un conducteur ohmique de résistance r, il y a dissipation d'énergie, c'est l'effet Joule. Dans le cas d'un **courant électrique continu** d'intensité I, la puissance électrique $\mathcal{P}_J$ dissipée par effet Joule dans le conducteur est égale à :

$$\mathcal{P}_J = r \times I^2$$

Unités SI
$\mathcal{P}_J$ en watt (W)
r en ohm (Ω)
I en ampère (A).

De plus, la puissance électrique $\mathcal{P}$ utilisée, délivrée ou transportée par un dispositif électrique est égale à :

$$\mathcal{P} = U \times I$$

Unités SI
$\mathcal{P}$ en watt (W)
U la tension électrique aux bornes du dispositif, en volt (V)
I l'intensité du courant électrique entrant, sortant ou traversant le dispositif, en ampère (A).

2 Puissances

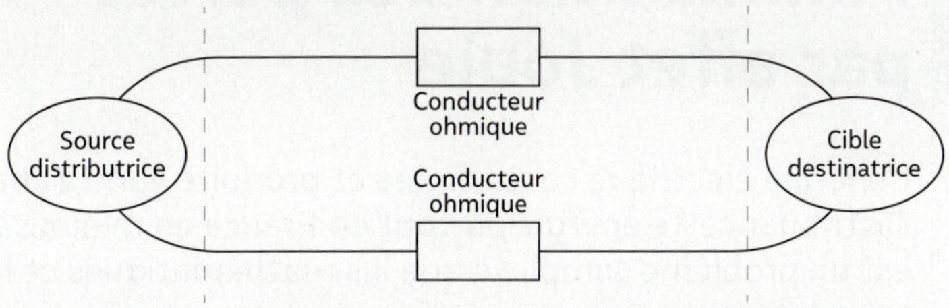

▲ Première modélisation d'une ligne à haute tension

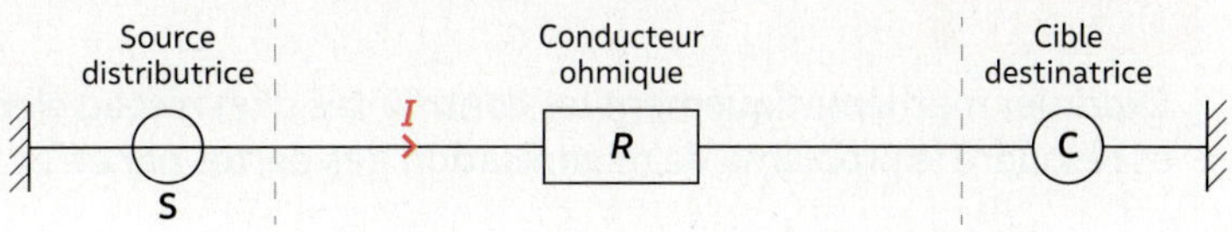

▲ Modélisation plus simple d'une ligne à haute tension

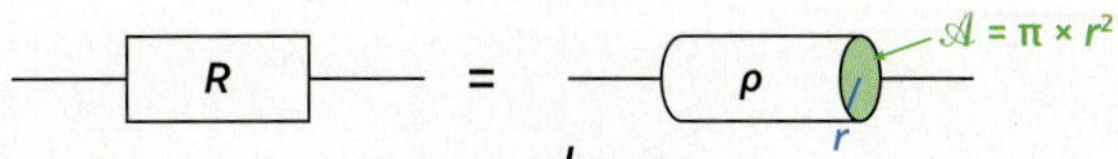

$R = \rho \times \dfrac{L}{\mathcal{A}}$ avec :

R la résistance de la ligne électrique, en ohm (Ω) ;
ρ la résistivité de la ligne électrique, dépendant du matériau conducteur (le plus souvent du cuivre), en ohm·mètre (Ω·m) ;
L la longueur de la ligne électrique, en mètre (m) ;
$\mathcal{A}$ l'aire de la section de la ligne électrique, en mètre carré (m²).

▲ Résistance R du conducteur ohmique modélisant le plus simplement possible une ligne à haute tension

3 Schémas de circuits électriques modélisant des lignes à haute tension
Afin de modéliser une ligne à haute tension, des schémas différents de circuits électriques peuvent être proposés, suivant la complexité du modèle.

VOCABULAIRE

Courant électrique alternatif : la tension et l'intensité d'un courant électrique alternatif ne sont pas constantes, elles changent régulièrement de signe et leurs valeurs varient au cours du temps. En France et dans la plupart des pays, le transport de l'électricité s'effectue avec du courant alternatif.

Courant électrique continu : la tension et l'intensité d'un courant électrique continu sont constantes au cours du temps. En Chine, dans certaines lignes électriques ultra-haute tension, le transport de l'électricité s'effectue avec du courant continu.

PISTES D'EXPLOITATION

1. **Préciser** l'expression du doc. 1 « faible niveau de perte » en explicitant le terme « perte ».
2. **Réaliser et/ou observer** l'activité expérimentale puis **expliquer** pourquoi elle permet de mettre en évidence l'effet Joule.
3. **Indiquer** à l'aide du doc. 2 l'évolution de la puissance dissipée par effet Joule lorsque la résistance augmente, et lorsque l'intensité du courant électrique augmente.
4. **Recopier le schéma** du doc. 3 représentant un circuit électrique qui modélise de la manière la plus simple possible une ligne à haute tension reliant une centrale nucléaire à un transformateur.
5. **Déduire** des questions 3 et 4 en quoi, pour transporter une même puissance électrique, l'utilisation d'une tension plus élevée dans une ligne électrique permet de minimiser les pertes énergétiques.

Pour aller plus loin : utiliser une application ou un logiciel dédié à la géométrie et à l'algèbre (type GeoGebra) pour modéliser la minimisation des pertes par effet Joule dans une ligne électrique. Fichier numérique

Réflexion sur la science

Science et société

La Chine a mis en service fin 2018 une ligne ultra-haute tension en courant continu (UHVDC). Longue de plus de 3 000 km, parcourue par un courant électrique continu de tension 1 100 kV, elle permet de distribuer une puissance électrique de 12 GW (12×10^9 W).

Quel est l'intérêt d'élever encore davantage la tension électrique dans une ligne à haute tension dans un pays comme la Chine ?

UNITÉ 2

Minimisation des pertes par effet Joule

L'énergie électrique consommée et produite varie à chaque instant. Distribuer cette énergie partout en France en minimisant les pertes est un problème complexe que les mathématiques et la physique permettent de résoudre.

Activité utilisant une application ou un logiciel dédié à la géométrie et à l'algèbre (type GeoGebra).

OBJECTIF

Exprimer mathématiquement les contraintes d'un réseau électrique et résoudre le problème de minimisation des pertes par effet Joule.

Vidéo

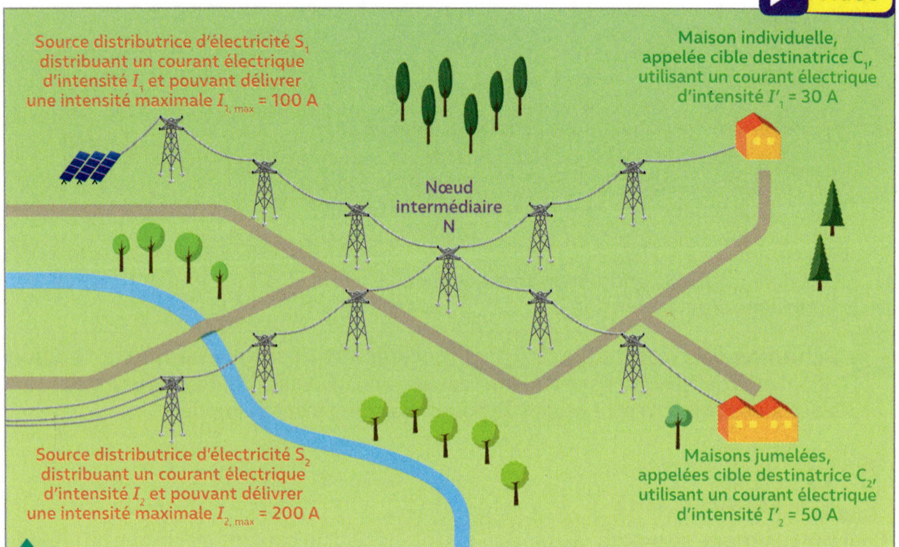

1 Exemple d'un réseau de distribution électrique

Monde réel	Modèle
Valeurs des tensions différentes dans les différentes lignes électriques.	Valeur U de la tension identique dans toutes les lignes électriques du réseau.
Courant électrique alternatif dans les lignes électriques (en France et en Europe notamment).	Courant électrique continu, d'intensité I, dans chaque ligne électrique transportant une puissance électrique $\mathcal{P} = U \times I$.
Lignes électriques caractérisées par des grandeurs physiques différentes.	Lignes électriques modélisées par des circuits électriques constitués uniquement de conducteurs ohmiques de résistance r. Dans ce réseau, la résistance de la ligne électrique entre la source distributrice S_1 et le nœud intermédiaire vaut $r_1 = 0{,}6\ \Omega$ et les résistances des trois autres lignes électriques sont égales à $r_2 = r'_1 = r'_2 = 1\ \Omega$.
Pertes dans les lignes électriques dues à l'effet Joule ainsi qu'à d'autres phénomènes.	Pertes dans les lignes électriques dues uniquement à l'effet Joule, avec une puissance $\mathcal{P}_J$ dissipée par effet Joule égale à : $\mathcal{P}_J = r \times I^2$.

Les différentes valeurs de tension, d'intensité et de puissance électriques sont toujours positives dans ce modèle.

2 Modélisation du réseau de distribution électrique par des circuits électriques simples

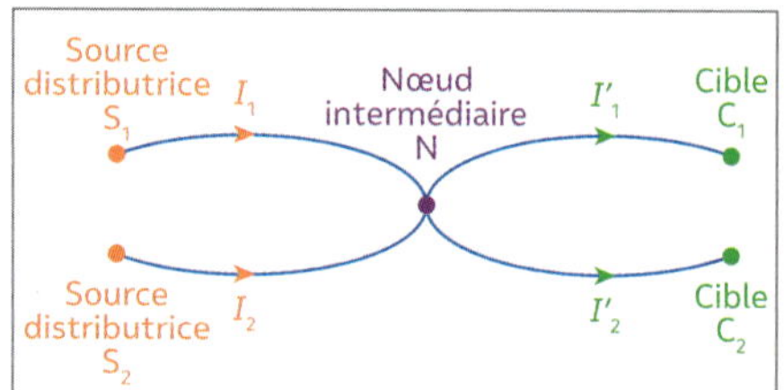

Un réseau électrique peut être modélisé mathématiquement par un graphe orienté dont :

- les **sommets** représentent les sources distributrices, les nœuds intermédiaires et les cibles destinatrices ;
- les **arcs** représentent les lignes électriques, avec une orientation dans le sens de circulation du courant électrique.

Les contraintes subies par ce réseau sont les suivantes :

- l'intensité totale I_1 ou I_2 du courant électrique sortant de la source distributrice S_1 ou S_2 est limitée par la puissance électrique maximale distribuée ;
- l'intensité totale $I_1 + I_2$ des courants électriques entrant dans le nœud intermédiaire est égale à l'intensité totale $I'_1 + I'_2$ des courants électriques qui en sortent ;
- l'intensité totale I'_1 ou I'_2 du courant électrique arrivant à une cible C_1 ou C_2 est imposée par la puissance électrique qui y est utilisée.

3 Modélisation par un graphe orienté et contraintes du réseau de distribution électrique

La puissance dissipée par effet Joule dans l'ensemble des quatre lignes du réseau électrique du doc. 1 est minimale lorsque la fonction f de la variable $x = I_1$ (en A) est minimale, avec f une fonction définie par :
$f(x) = 1{,}6\,x^2 - 160\,x + 9\,800$ avec $0 \leq x \leq 80$.

Suivant l'enseignement de mathématiques suivi, différentes méthodes existent afin de déterminer la valeur de x de l'intervalle [0 ; 80] pour laquelle la fonction f atteint son minimum.

Méthode 1 à partir de la courbe de la fonction

Avec la calculatrice, on conjecture que la fonction f admet sur l'intervalle [0 ; 80] un minimum en $x = 50$.

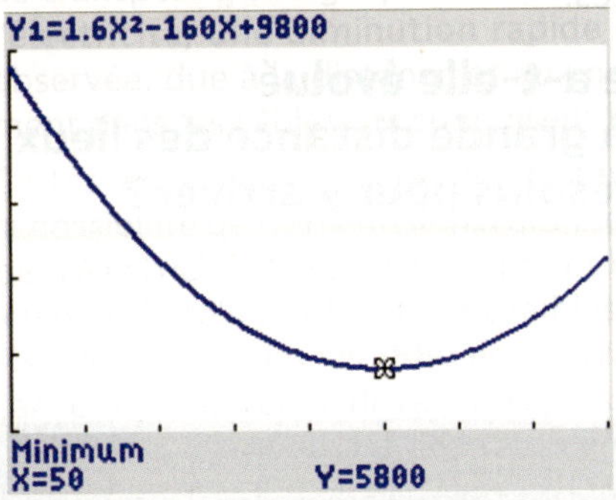

X	Y1
0	9800
10	8360
20	7240
30	6440
40	5960
50	5800
60	5960
70	6440
80	7240

Méthode 2 à partir de la dérivée de la fonction

f est un polynôme du second degré dérivable sur [0 ; 80] et sa fonction dérivée est égale à :

$$f'(x) = 3{,}2x - 160.$$

Ainsi, sur l'intervalle [0 ; 80] :

x	0		50		80
$f'(x)$		–	0	+	
$f(x)$		↘		↗	

La fonction f admet sur l'intervalle [0 ; 80] un minimum qui est atteint en $x = 50$.

Méthode 3 avec une application ou un logiciel dédié à la géométrie et à l'algèbre

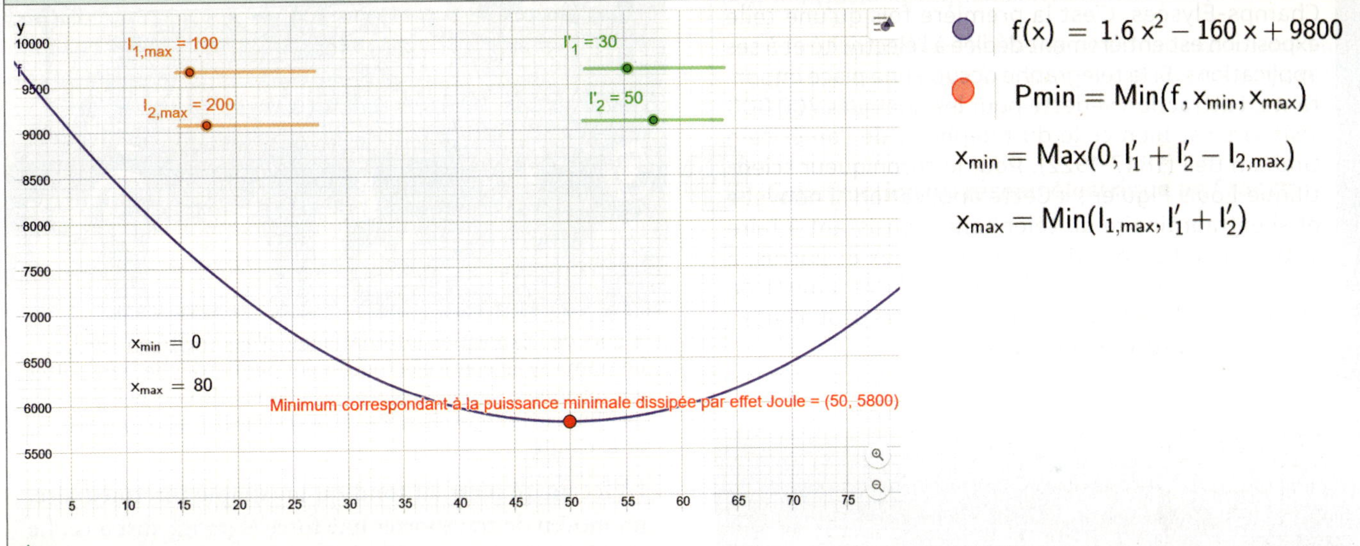

4 Minimisation d'une fonction

Aides

Fichiers numériques

PARCOURS 1

1. **Visionner** la vidéo du doc. 1 pour comprendre comment fonctionne un réseau électrique.
2. **Exprimer** mathématiquement les contraintes subies par le réseau et décrites dans le doc. 3, puis exprimer I_2 en fonction de I_1, I'_1 et I'_2.
3. **Exprimer**, à l'aide du doc. 2, les pertes par effet Joule sur chacune des quatre lignes du réseau électrique.
4. **Réaliser** la méthode 1 et/ou la méthode 3 du doc. 4 pour vérifier la valeur de I_1 qui permet de minimiser les pertes par effet Joule dans le réseau. **En déduire** la valeur de I_2 minimisant les pertes par effet Joule.

PARCOURS 2

1. **Exprimer** mathématiquement les contraintes subies par le réseau électrique et décrites dans le doc. 3.
2. **Exprimer**, à l'aide du doc. 2, les pertes par effet Joule sur chacune des quatre lignes du réseau électrique.
3. **Vérifier**, à l'aide des doc. 1, 2 et 3, l'expression de la fonction f à minimiser donnée dans le doc. 4, afin que la puissance dissipée par effet Joule dans l'ensemble des quatre lignes du réseau soit minimale.
4. **Réaliser** la méthode 2 et/ou la méthode 3 du doc. 4 pour vérifier la valeur de I_1 qui permet de minimiser les pertes par effet Joule dans le réseau. **En déduire** la valeur de I_2 minimisant les pertes par effet Joule.

MÉTHODE Modéliser un réseau de distribution électrique

1 Exercice résolu

Énoncé

Le réseau de distribution électrique d'un village, alimenté par deux postes source distribuant respectivement des courants électriques d'intensité I_1 et d'intensité I_2, est supposé être constitué de lignes électriques de même tension U.

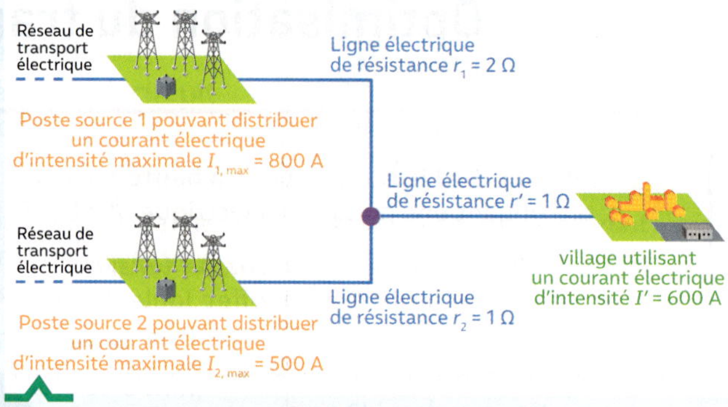

doc. Modélisation du réseau électrique

QUESTION **Exprimer la fonction f_1 de la variable $x = I_1$ à minimiser, afin que la puissance dissipée par effet Joule dans la ligne électrique reliant le poste source 1 au nœud intermédiaire soit minimale.**

Méthode

ÉTAPE 1 Modéliser mathématiquement le réseau par un graphe orienté dont les arcs représentent les lignes électriques et dont les sommets représentent :

- les postes source, c'est-à-dire les sources distributrices S_1 et S_2 du réseau électrique ;
- le nœud intermédiaire N du réseau électrique ;
- le village C, c'est-à-dire la cible destinatrice.

Application

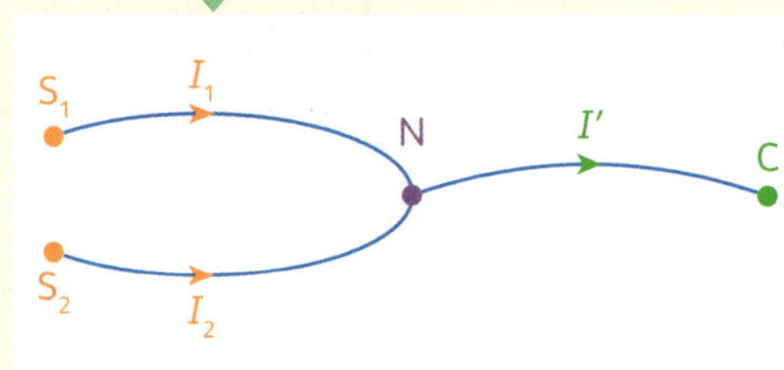

ÉTAPE 2 Exprimer mathématiquement les contraintes subies par le circuit électrique modélisant le réseau :

- l'intensité totale I_1 ou I_2 du courant électrique sortant de la source distributrice S_1 ou S_2 est limitée par la puissance électrique maximale distribuée ;
- l'intensité totale $I_1 + I_2$ des courants électriques entrant dans le nœud intermédiaire est égale à l'intensité totale I' du courant qui en sort ;
- l'intensité totale I' du courant arrivant à la cible C est imposée par la puissance qui y est utilisée.

La tension U est supposée être la même dans tout le réseau de distribution, et la puissance électrique $\mathcal{P}$ est égale à $\mathcal{P} = U \times I$, avec $\mathcal{P}$, U et I des valeurs positives dans le cadre de cette modélisation.

Ainsi $I_1 + I_2 = I'$ avec $\begin{cases} 0 \leq I_1 \leq I_{1,\max} \\ 0 \leq I_2 \leq I_{2,\max}. \end{cases}$

ÉTAPE 3 Relier les différentes équations entre elles pour donner une expression de la fonction f_1 de la variable $x = I_1$ à minimiser, afin que la puissance $\mathcal{P}_{J,1}$ dissipée par effet Joule dans la ligne électrique reliée à la source distributrice S_1 soit minimale.

Remarque : la ligne électrique est modélisée en première approximation par un circuit électrique constitué d'un conducteur ohmique, de résistance r_1, dans lequel circule un courant électrique supposé continu d'intensité I_1, et dont la puissance $\mathcal{P}_{J,1}$ dissipée par effet Joule est égale à $\mathcal{P}_{J,1} = r_1 \times I_1^2$.

La puissance $\mathcal{P}_{J,1}$ dissipée par effet Joule est égale à :

$\mathcal{P}_{J,1} = r_1 \times I_1^2$ avec $\begin{cases} 0 \leq I_1 \leq I_{1,\max} \\ 0 \leq I_2 \leq I_{2,\max}. \end{cases}$

Or, $I_1 = I' - I_2$, donc :

$\mathcal{P}_{J,1} = r_1 \times I_1^2$ avec $\begin{cases} 0 \leq I_1 \leq I_{1,\max} \\ I' - I_{2,\max} \leq I_1 \leq I'. \end{cases}$

A.N. : $I' - I_{2,\max} = 600 - 500 = 100$ A > 0 et $I' = 600$ A $< I_{1,\max}$.

La fonction f_1 à minimiser est donc, avec $x = I_1$ (en A) : $f_1(x) = 2x^2$ avec $100 \leq x \leq 600$.

2 APPLICATION

Dans le réseau électrique décrit dans l'**exercice 1**, exprimer la fonction f de la variable $x = I_1$ à minimiser afin que la puissance $\mathcal{P}_J$ dissipée par effet Joule dans l'ensemble des trois lignes électriques du réseau soit minimale.

QUIZ

Parmi les affirmations suivantes, choisissez la réponse exacte.

3 Lors du transport de l'électricité :

a il n'y a pas d'énergie dissipée.

b une partie de l'énergie est dissipée dans l'environnement.

c toute l'énergie est dissipée dans l'environnement.

d de l'énergie est créée.

4 Les pertes par effet Joule sont :

a nulles dans toutes les lignes électriques.

b nulles dans les lignes électriques à basse tension.

c plus importantes dans les lignes électriques à basse tension.

d plus importantes dans les lignes électriques à haute tension.

5 Dans le cadre du modèle d'un courant continu, la puissance électrique peut s'exprimer sous la forme :

a $\mathcal{P} = U \times I$. b $\mathcal{P} = \frac{U}{I}$. c $\mathcal{P} = \frac{I}{U}$. d $\mathcal{P} = I - U$.

6 D'après la loi des nœuds, l'intensité totale du courant électrique entrant dans chaque nœud intermédiaire d'un réseau de distribution électrique est :

a nulle.

b inférieure à l'intensité totale du courant qui en sort.

c égale à l'intensité totale du courant qui en sort.

d supérieure à l'intensité totale du courant qui en sort.

▸ Corrigés p. 340

7 CONSTRUIRE UNE CARTE MENTALE

sur le thème « minimisation des pertes par effet Joule dans un réseau électrique ».

▸ L'étiquette centrale s'intitulera

Modélisation d'un réseau électrique

▸ Associer l'étiquette centrale, par le moyen graphique de votre choix, à des étiquettes de votre initiative. Certaines peuvent être, par exemple :

Modèle du circuit électrique **Contraintes** **Modèle mathématique de graphe**

QUESTIONS FLASH

8 Schéma électrique
Réaliser le schéma d'un circuit électrique modélisant le plus simplement possible une ligne à haute tension reliant une source distributrice à une cible destinatrice.

9 Réseau de production et de transport électrique
Un réseau simplifié de production et de transport électrique est schématisé ci-dessous.

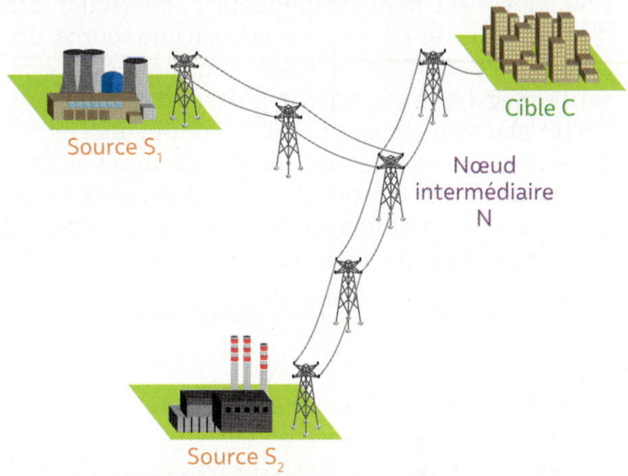

▸ Modéliser mathématiquement ce réseau électrique par un graphe orienté.

EXERCICES D'APPLICATION

10 Pertes par effet Joule
Une ligne électrique est modélisée par un circuit électrique constitué d'un conducteur ohmique, de résistance r, parcouru par un courant supposé continu d'intensité I.

1. Donner la formule littérale reliant la puissance électrique $\mathcal{P}_J$ dissipée par effet Joule, I et r.
2. Identifier l'influence des grandeurs I et r sur l'effet Joule.

11 *oral* Préparer une présentation permettant d'expliquer oralement, sans note, et en deux minutes maximum à l'ensemble de la classe, pourquoi l'utilisation de la haute tension dans les lignes électriques limite les pertes par effet Joule, à puissance transportée fixée.

12 Pertes par effet Joule dans une ligne électrique DIFFÉRENCIATION

OBJECTIF Identifier l'influence de différentes grandeurs sur l'effet Joule.

Les lignes électriques permettent de transporter de l'énergie électrique d'une source distributrice à un nœud intermédiaire ou à une cible destinatrice, comme une habitation par exemple.

Une ligne électrique, de longueur L, de section droite d'aire $\mathscr{A}$ et de résistivité ρ est reliée à une source, distribuant un courant électrique de tension U et une puissance électrique $\mathscr{P}_S$. Elle peut être modélisée par un circuit électrique constitué d'un conducteur ohmique de résistance r dans lequel circule un courant électrique supposé continu d'intensité I. Dans le cadre de cette modélisation, la puissance $\mathscr{P}_J$ dissipée par effet Joule dans cette ligne est égale à :

$$\mathscr{P}_J = r \times I^2 = \frac{r \times \mathscr{P}_S{}^2}{U^2} \text{ avec } r = \rho \times \frac{L}{\mathscr{A}}$$

a. Puissance dissipée par effet Joule

b. Lignes électriques

QUESTION Indiquer l'influence des différentes grandeurs sur la puissance dissipée par effet Joule dans une ligne électrique. [→ Aides, p. 339]

13 Modélisation de lignes à haute tension DIFFÉRENCIATION

OBJECTIFS Réaliser le schéma d'un circuit électrique modélisant une ligne à haute tension et étudier l'influence de différentes grandeurs sur l'effet Joule.

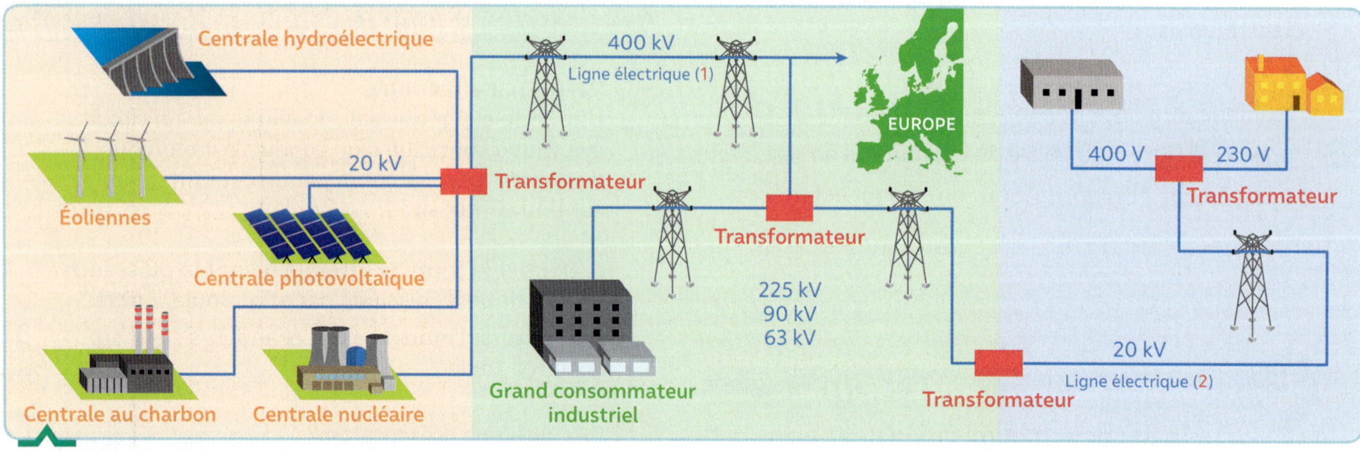

a. Schéma simplifié d'un réseau électrique

Dans une ligne électrique modélisée par un circuit électrique constitué d'un conducteur ohmique, de résistance r, parcouru par un courant supposé continu d'intensité I, la puissance électrique $\mathscr{P}_J$ dissipée par effet Joule est égale à

$$\mathscr{P}_J = r \times I^2.$$

b. Effet Joule

QUESTIONS

1. Réaliser le schéma d'un circuit électrique modélisant la ligne à haute tension (1) représentée dans le doc. a. [→ Aide : relire la fiche 5, p. 122]
2. Les résistances totales des conducteurs ohmiques dans les circuits électriques modélisant les lignes électriques (1) et (2) sont supposées égales pour une même longueur de ligne. Comparer les puissances dissipées par effet Joule dans ces deux lignes électriques pour une même puissance électrique transportée dans une même longueur de ligne.
3. Expliquer pourquoi le transport de l'électricité sur de grandes distances s'effectue dans des lignes électriques à haute ou très haute tension.

14 Contraintes d'un réseau électrique DIFFÉRENCIATION

OBJECTIF Modéliser un réseau électrique et exprimer ses contraintes.

Un village et un chalet isolé sont alimentés en électricité par un poste source. Ce réseau électrique est supposé être constitué uniquement de lignes à basse tension.

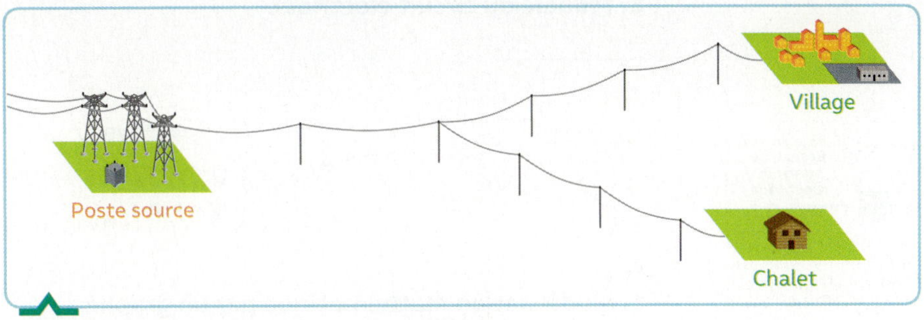

doc. **Schéma du réseau de distribution**

QUESTIONS

[→ Aide : reprendre l'exercice résolu, p. 172]

1. Modéliser mathématiquement le réseau de distribution électrique par un graphe orienté, en explicitant les notations utilisées.
2. Indiquer les contraintes du réseau électrique puis exprimer mathématiquement ces contraintes, en explicitant les notations utilisées.

15 Dissipation de l'énergie DIFFÉRENCIATION

OBJECTIF Étudier un document et calculer un pourcentage.

Lors de son transport entre les lieux de production et les lieux de consommation, l'électricité subit des pertes en ligne dont le volume dépend de la distance de transport et des caractéristiques du réseau. Près de 80 % de ces pertes correspondent à l'énergie dissipée par effet Joule sur les lignes à haute et très haute tension.

Les pertes sont fonction de l'intensité du courant circulant dans les lignes électriques, elles sont d'autant plus importantes que la consommation est élevée. Afin de réduire l'impact du transport d'électricité sur l'environnement, il faut minimiser les pertes énergétiques dans le réseau électrique, en optimisant le chemin parcouru par l'électricité et en exploitant au mieux les marges de manœuvre dans l'exploitation du réseau.

D'après www.rte-france.com, 2014.

doc. **Transport de l'énergie électrique**

DONNÉES

- Énergie électrique transportée en France en 2018 : $509{,}3 \times 10^9$ kWh.
- Pertes d'énergie durant le transport de l'électricité en France en 2018 : $11{,}0 \times 10^9$ kWh.

QUESTIONS

1. Calculer le pourcentage des pertes d'énergie durant le transport de l'électricité en France en 2018.
[→ Aides, p. 339]
2. Calculer l'énergie électrique, en kilowattheure (kWh), à disposition des consommateurs en France en 2018.
[→ Aides, p. 339]
3. Justifier la phrase du document : « Afin de réduire l'impact du transport d'électricité sur l'environnement, il faut minimiser les pertes énergétiques dans le réseau électrique ».

POUR ALLER PLUS LOIN : proposer plusieurs solutions qui permettraient de limiter les pertes énergétiques lors du transport de l'énergie électrique.

16 Réseau de production électrique DIFFÉRENCIATION

OBJECTIF Exprimer une fonction à minimiser.

Un réseau de production électrique, constitué d'une centrale nucléaire et d'une centrale hydroélectrique, délivrant respectivement des courants électriques d'intensité I_1 et I_2, est supposé être constitué uniquement de lignes à haute tension.

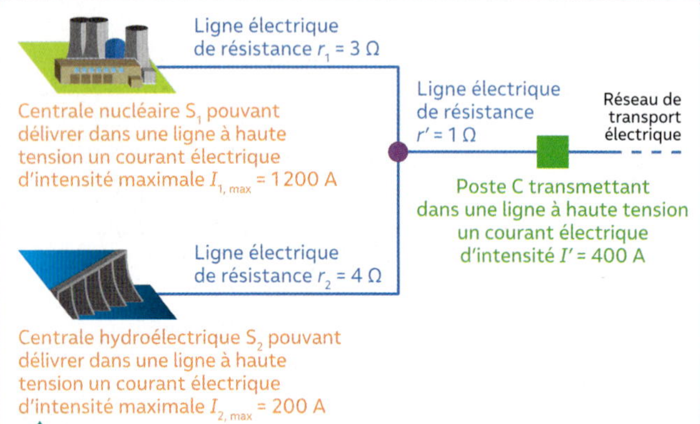

b. Modélisation du réseau par un schéma

Chaque ligne électrique du réseau est modélisée par un circuit électrique constitué d'un conducteur ohmique, de résistance r, dans lequel circule un courant électrique supposé continu d'intensité I. Dans le cadre de cette modélisation, la puissance $\mathcal{P}_J$ dissipée par effet Joule est égale à $\mathcal{P}_J = r \times I^2$.

a. Modèle du circuit électrique

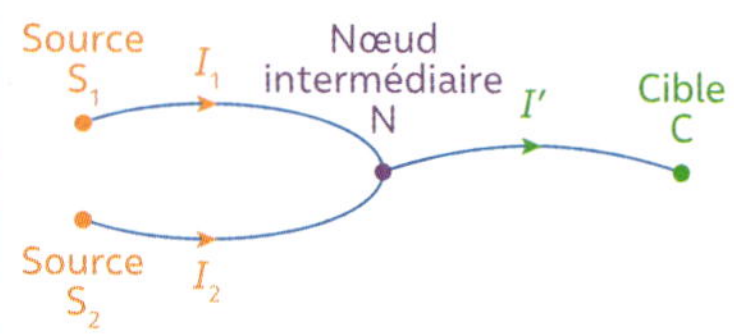

$I_1 + I_2 = I'$ avec :

$$\begin{cases} 0 \leq I_1 \leq I_{1,\text{max}} \\ 0 \leq I_2 \leq I_{2,\text{max}}. \end{cases}$$

c. Modélisation mathématique par un graphe orienté et expression des contraintes du réseau

QUESTION Exprimer la fonction f de la variable $x = I_1$ à minimiser, afin que la puissance dissipée par effet Joule dans l'ensemble des trois lignes électriques du réseau soit minimale. [→ Aide : reprendre l'exercice résolu, p. 172]

17 Réseau de distribution électrique d'un hameau et d'une ferme DIFFÉRENCIATION

Aides

Fichier numérique

OBJECTIF Résoudre le problème de minimisation des pertes par effet Joule.

Un réseau de distribution électrique comprend deux postes source S_1 et S_2 distribuant respectivement des courants électriques d'intensité I_1 et I_2. Un hameau est alimenté par ces deux postes source tandis qu'une ferme isolée est alimentée uniquement par le poste source 1.

Présentation de la modélisation

Dans le cadre de la modélisation choisie, la puissance dissipée par effet Joule dans l'ensemble du réseau électrique est minimale lorsque la fonction f de la variable $x = I_2$ (en A) est minimale :

$f(x) = 3x^2 - 600x + 50\,400$ avec $0 \leq x \leq 180$.

a. Minimisation des pertes par effet Joule dans le réseau

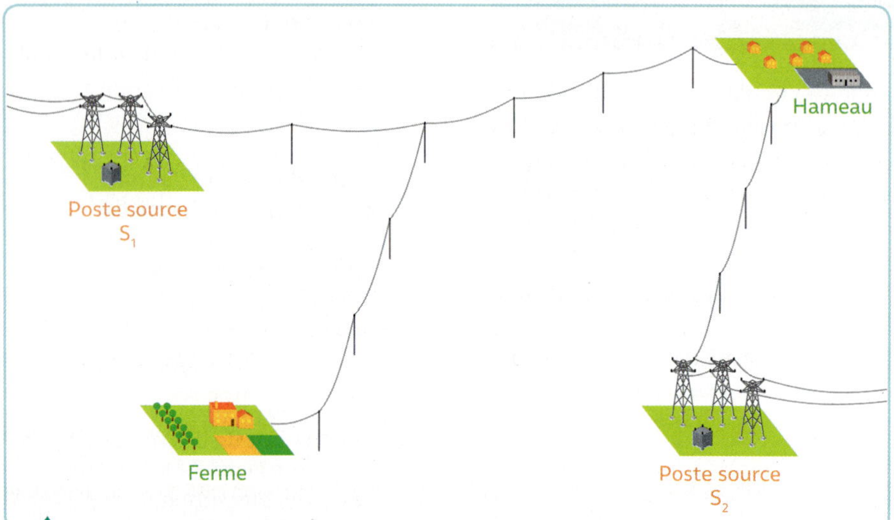

b. Schéma simplifié du réseau de distribution électrique

QUESTIONS

1. Vérifier que la fonction f admet sur l'intervalle [0 ; 180] un minimum en $x = 100$.
2. Sachant que la somme des intensités des courants électriques utilisés par le hameau et la ferme vaut I' = 180 A et que $I_1 + I_2 = I'$, en déduire les valeurs des intensités I_1 et I_2 permettant de minimiser les pertes par effet Joule dans ce réseau.

18 Réseau électrique avec des panneaux photovoltaïques DIFFÉRENCIATION

Aides

OBJECTIF Résoudre le problème de minimisation des pertes par effet Joule.

Un poste source, distribuant un courant électrique d'intensité I_1, alimente un hameau. Des panneaux solaires photovoltaïques distribuant un courant électrique I_2, fournissent également de l'électricité à ce hameau ainsi qu'à un chalet isolé. Ce réseau de distribution électrique est supposé être constitué uniquement de lignes de même tension.

	Midi		Soirée	
	Été	Hiver	Été	Hiver
Intensité I'_1 du courant électrique utilisé par le hameau (en A)	120	150	300	400
Intensité I'_2 du courant électrique utilisé par le chalet (en A)	7	10	25	30
Intensité maximale $I_{1,\max}$ du courant distribué par le poste source (en A)	390	400	480	500
Intensité maximale $I_{2,\max}$ du courant distribué par les panneaux photovoltaïques et leurs accumulateurs (en A)	120	90	30	30
Intensité I_1 du courant électrique distribué par le poste source (en A)	x	x	x	x

a. Intensités en fonction de l'heure de la journée et de la saison

Les intensités I'_1 et I'_2 des courants électriques utilisés par le hameau et par le chalet ainsi que les intensités maximales $I_{1,\max}$ et $I_{2,\max}$ des courants électriques pouvant être distribués varient en fonction de l'heure de la journée, de la saison et de la météo.

Fichier numérique

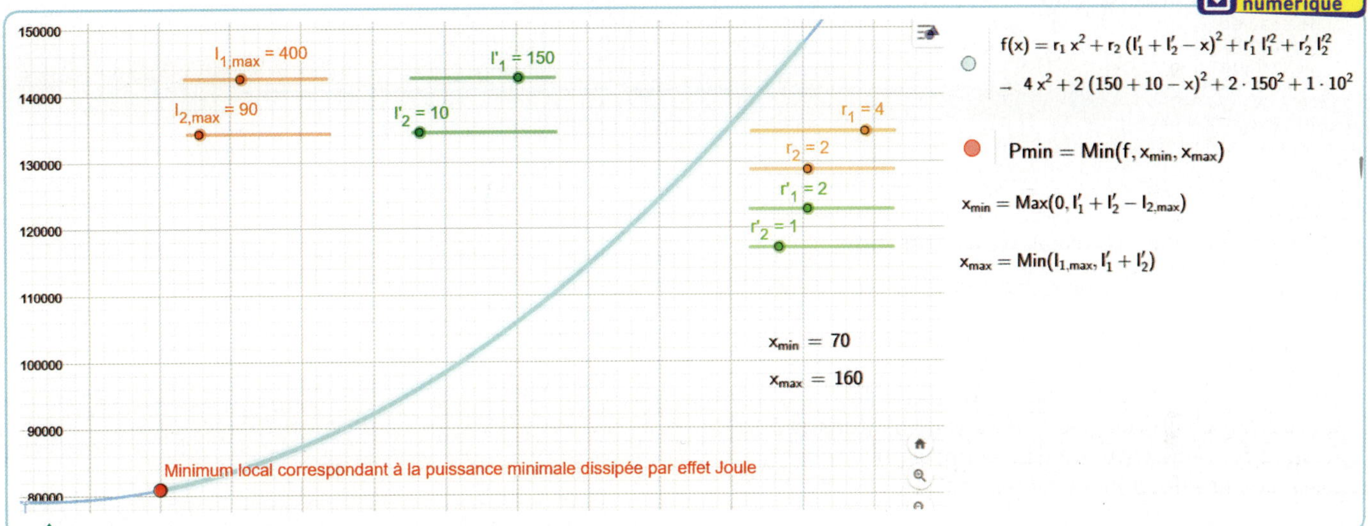

b. Minimisation d'une fonction avec une application ou un logiciel dédié à la géométrie et à l'algèbre (type GeoGebra)

Présentation de la modélisation

Dans le cadre de la modélisation choisie, la puissance dissipée par effet Joule dans l'ensemble des quatre lignes du réseau électrique est minimale lorsque la fonction f est minimale, avec f une fonction définie par :

$$f(I_1) = 4\,I_1^2 + 2\,(I'_1 + I'_2 - I_1)^2 + 2\,I'^2_1 + I'^2_2$$

avec $I'_1 + I'_2 - I_{2,\max} \leq I_1 \leq I'_1 + I'_2$
étant donné que $I'_1 + I'_2 - I_{2,\max} > 0$,
que $I'_1 + I'_2 < I_{1,\max}$ et que $I_{2,\max} \geq I'_2$.

c. Minimisation des pertes par effet Joule dans le réseau

QUESTIONS

1. Vérifier que la fonction f de la variable $x = I_1$ (en A) à minimiser est définie, à midi en hiver, par :
$f(x) = 6x^2 - 640x + 96\,300$ avec $70 \leq x \leq 160$.
2. Déterminer la valeur de x de l'intervalle [70 ; 160] pour laquelle la fonction f atteint un minimum.
3. En déduire les valeurs des intensités I_1 et I_2 des courants électriques distribués permettant de minimiser les pertes par effet Joule dans le réseau à midi en hiver.

POUR ALLER PLUS LOIN : en utilisant les données du doc. a et le programme du doc. b, expliquer pourquoi les problèmes mathématiques de transport de l'électricité et d'optimisation sous contraintes nécessitent des traitements numériques pour être résolus.

19 Minimisation des pertes par effet Joule dans un réseau électrique

OBJECTIFS **Exploiter des documents – Organiser, effectuer et contrôler des calculs.**

Le réseau de distribution électrique d'un immeuble et d'une maison, alimentés par deux postes source distribuant respectivement des courants électriques d'intensité I_1 et I_2, est supposé être constitué uniquement de lignes à basse tension.

QUESTION **Comment minimiser les pertes par effet Joule dans ce réseau électrique?**

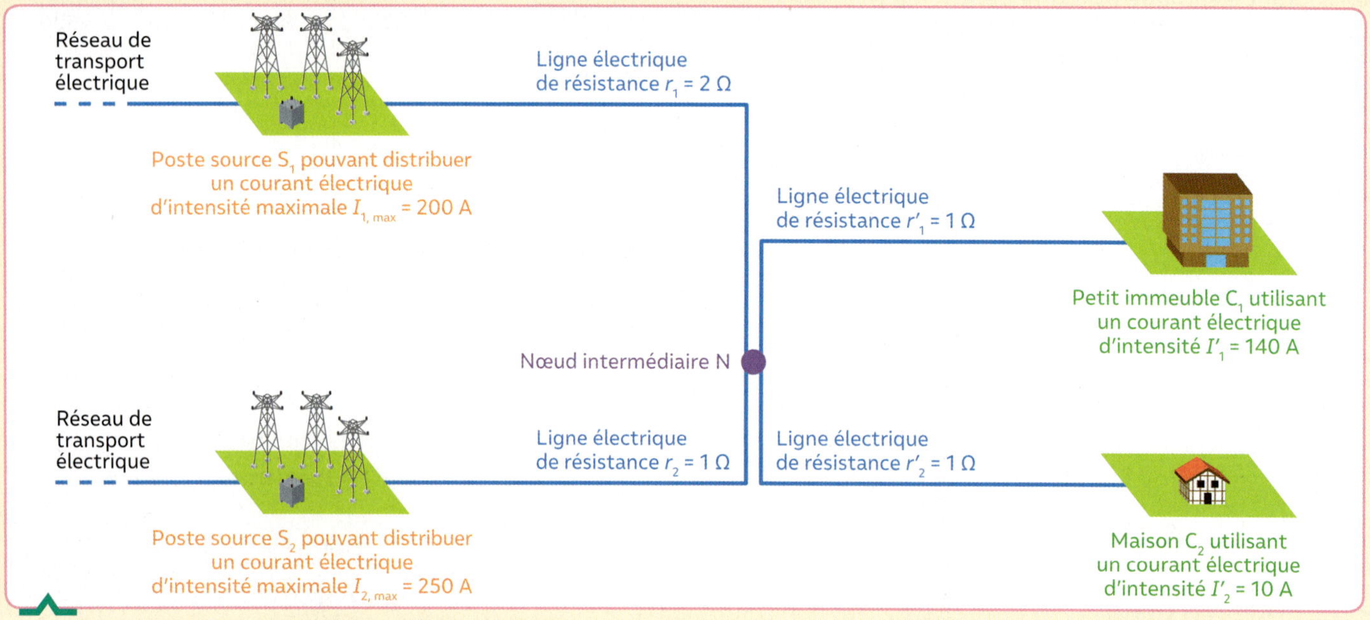

a. Modélisation du réseau de distribution

Chaque ligne électrique du réseau est modélisée par un circuit électrique constitué d'un conducteur ohmique, de résistance r, dans lequel circule un courant électrique supposé continu d'intensité I. Dans le cadre de cette modélisation, la puissance $\mathcal{P}_J$ dissipée par effet Joule est égale à :

$$\mathcal{P}_J = r \times I^2$$

Unités (SI)
$\mathcal{P}_J$ en watt (W)
r en ohm (Ω)
I en ampère (A).

b. Pertes par effet Joule

Afin de résoudre le problème de minimisation des pertes par effet Joule, le réseau électrique est modélisé avec les contraintes suivantes :

- l'intensité totale du courant sortant d'une source est limitée par la puissance maximale distribuée;
- l'intensité totale des courants électriques entrant dans chaque nœud intermédiaire est égale à l'intensité totale des courants qui en sortent;
- l'intensité totale du courant arrivant à chaque cible est imposée par la puissance qui y est utilisée.

c. Contraintes du réseau

GUIDE D'EXPLOITATION

1. Modéliser le réseau par un graphe orienté puis exprimer mathématiquement ses contraintes, en explicitant les notations utilisées.
2. Vérifier l'expression suivante de la fonction f de la variable $x = I_1$ (en A) à minimiser, afin que la puissance dissipée par effet Joule dans l'ensemble des quatre lignes électriques du réseau soit minimale :
$f(x) = 3x^2 - 300\,x + 42\,200$ avec $0 \leq x \leq 150$.
3. Déterminer la valeur de x de l'intervalle [0; 150] pour laquelle la fonction f atteint son minimum.
4. En déduire les valeurs des intensités I_1 et I_2 des courants électriques distribués par les postes source S_1 et S_2 permettant de minimiser les pertes par effet Joule dans le réseau.

20 Utilisation de modèles

OBJECTIFS **Exploiter des documents – Effectuer et contrôler des calculs – Rédiger une argumentation scientifique.**

En Espagne, au sud de Tenerife, un village bioclimatique est alimenté en électricité pendant la journée par des panneaux solaires photovoltaïques et par des éoliennes, distribuant respectivement des courants électriques d'intensité I_1 et I_2.
Pour résoudre le problème de minimisation des pertes par effet Joule dans ce réseau de distribution électrique, le modèle du circuit électrique et le modèle mathématique de graphe orienté sont utilisés.

QUESTION **Quelles sont les limites de ces modèles?**

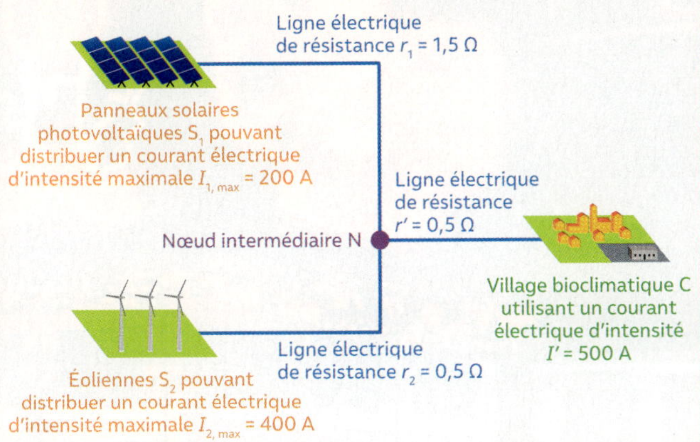

a. Modélisation du réseau de distribution par un schéma

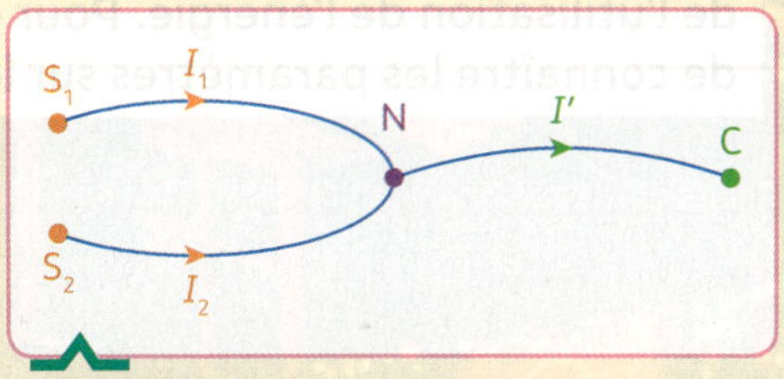

b. Modélisation mathématique du réseau par un graphe orienté

Monde réel	Modèle
Courant alternatif dans les lignes électriques	Courant continu, d'intensité I, dans les lignes électriques
Tensions différentes dans les différentes lignes électriques	Tension U identique dans toutes les lignes électriques du réseau considéré

c. Quelques caractéristiques du modèle du circuit électrique

D'après le modèle du circuit électrique décrit dans le **doc. c** :

- la puissance électrique $\mathcal{P}$ distribuée ou utilisée est égale à $\mathcal{P} = U \times I$;
- la puissance $\mathcal{P}_J$, en watt (W), dissipée par effet Joule dans le réseau électrique est égale à :
  $\mathcal{P}_J = r_1 \times I_1^2 + r_2 \times I_2^2 + r' \times I'^2$
  $\mathcal{P}_J = r_1 \times I_1^2 + r_2 \times (I' - I_1)^2 + r' \times I'^2$, d'où :
  $\mathcal{P}_J = 2\,I_1^2 - 500\,I_1 + 500^2$
  avec I_1, l'intensité, en ampère (A), du courant électrique distribué par le poste source S_1 telle que $100 \leq I_1 \leq 200$;
- l'intensité I_1 du courant électrique distribué par le poste source S_1 permettant de minimiser les pertes par effet Joule dans le réseau vaut : $I_1 = 125$ A.

d. Résolution du problème de minimisation des pertes par effet Joule

GUIDE D'EXPLOITATION

1. Réaliser le schéma d'un circuit électrique modélisant une ligne électrique.

2. En utilisant les formules littérales données dans le **doc. d**, identifier l'influence de différentes grandeurs (intensité I du courant, tension U, résistance r d'une ligne électrique) sur l'effet Joule.

3. D'après le **doc. d**, calculer les puissances $\mathcal{P}_J$ dissipées par effet Joule dans le réseau pour les valeurs suivantes de I_1 : 100 A, 125 A, 150 A, 175 A, 200 A.

4. Indiquer, en justifiant les réponses, si la modélisation proposée dans cet exercice est adaptée pour :
- identifier l'influence de différentes grandeurs (intensité, tension, résistance) sur l'effet Joule ;
- déterminer la valeur de l'intensité I_1 du courant électrique distribué par les panneaux photovoltaïques permettant de minimiser les pertes par effet Joule dans le réseau ;
- calculer la valeur de la puissance $\mathcal{P}_J$ dissipée par effet Joule dans le réseau.

L'énergie nucléaire à travers le monde

Depuis le début des années 1970, suite au premier choc pétrolier, l'état français prend la décision d'assurer son indépendance énergétique en amplifiant le développement de la production d'énergie électrique grâce à des transformations nucléaires.

OBJECTIF

Analyser d'un point de vue global les impacts du choix de la production d'énergie électrique grâce à des transformations nucléaires.

1 Mine d'uranium en Namibie
La Namibie, pays du Sud-Ouest de l'Afrique, recèle d'importants gisements d'uranium.

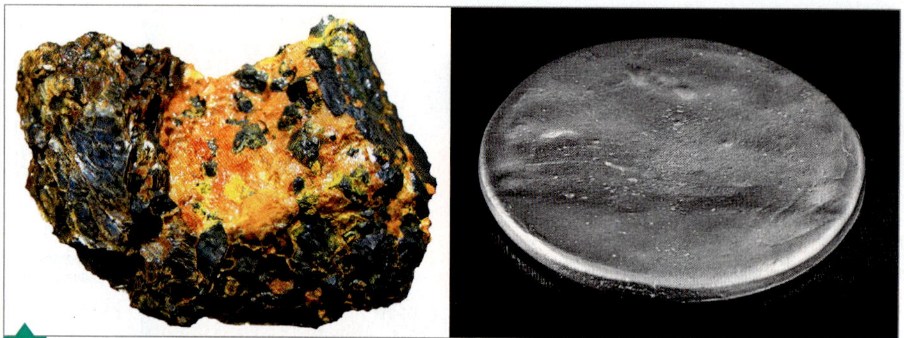

2 Minerai d'uranium et lingots d'uranium enrichi
En moyenne, il faut 100 kg de minerai d'uranium pour produire 1 kg d'uranium enrichi.

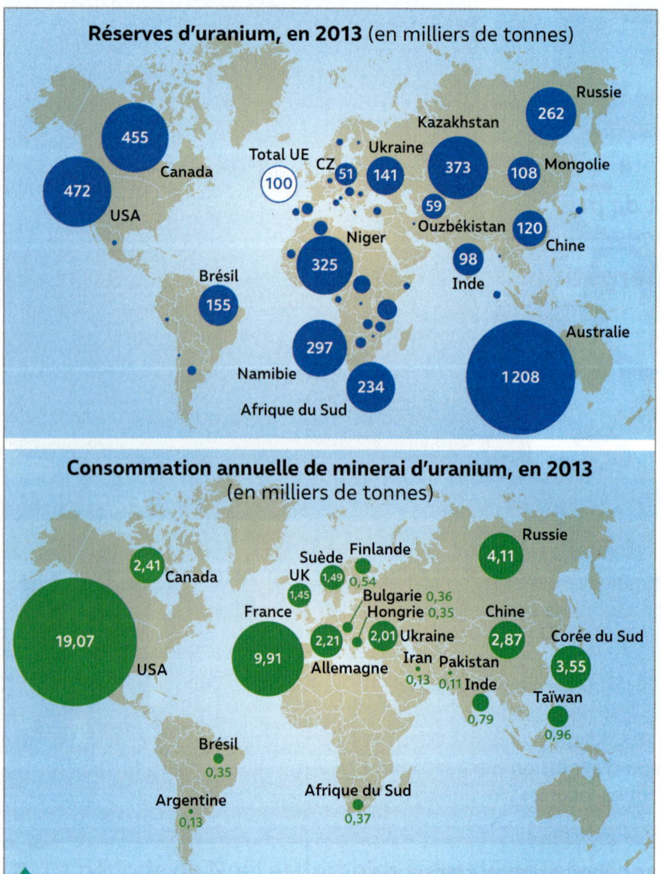

3 Minerai d'uranium : réserves et consommation dans le monde

L'uranium naturel extrait dans les mines est principalement constitué de deux isotopes, l'uranium-235 dont le symbole du noyau est ^{235}U et l'uranium-238. Seul l'isotope de 235 nucléons subit des transformations nucléaires dans une centrale électrique. Cet isotope représente seulement 0,7 % en masse de l'uranium naturel.

Dans une centrale électrique, de l'uranium-235 subit une collision avec des neutrons (symbole $^{1}_{0}n$), provoquant la fission du noyau, selon la réaction d'équation :

$$^{235}_{92}U + ^{1}_{0}n \rightarrow ^{94}_{38}Sr + ^{139}_{54}Xe + 3\,^{1}_{0}n$$

parfois qualifiée de **réaction en chaîne**. Le contrôle de cette transformation nécessite des installations de grande technicité.

Processus réalisé	Énergie libérée
Fission d'un gramme d'uranium-238	80 millions de kilojoules
Combustion d'un gramme de pétrole	50 kilojoules

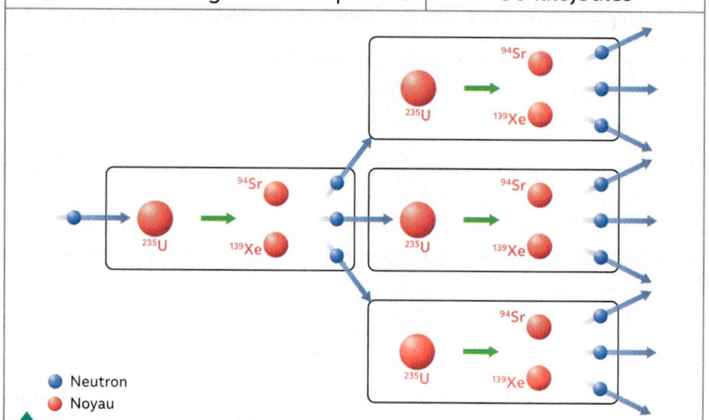

4 Transformation nucléaire dans une centrale

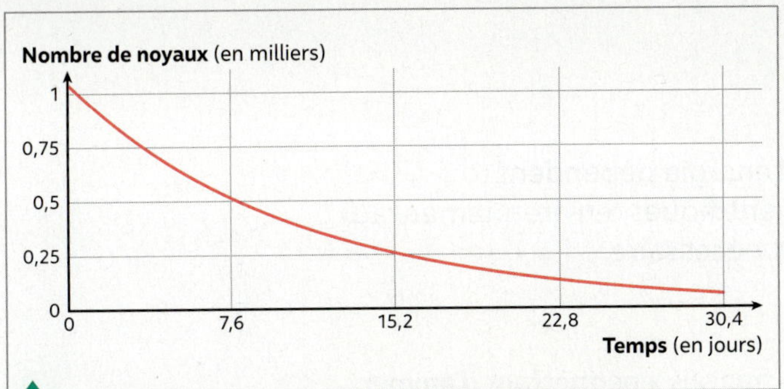

5 **Courbe du nombre de noyaux d'iode-131 dans un échantillon au cours du temps**

Noyau	Temps de demi-vie
iode-129	16 millions d'années
césium-137	30 ans

6 **Les produits de la fission nucléaire**

Lors des transformations nucléaires ayant lieu dans une centrale nucléaire, divers noyaux sont formés (comme l'iode-129, l'iode-131 ou encore le césium-137), produisant notamment des rayonnements gamma lors de leurs transformations nucléaires. Ces rayonnements sont nocifs pour la santé.

Type de centrale	Masse de dioxyde de carbone produit par kilowattheure d'énergie électrique libérée
Centrale à charbon	950 g
Centrale solaire photovoltaïque	de 60 à 150 g
Centrale éolienne	3 à 22 g
Centrale hydraulique	4 g
Centrale nucléaire	6 g

7 **Masse de dioxyde de carbone produit pour chaque mode de production d'énergie**

Quelle que soit la méthode utilisée, toute production d'énergie électrique entraîne la formation de dioxyde de carbone. Afin de pouvoir comparer chaque méthode, il est nécessaire de prendre en compte dans ce bilan aussi bien la formation de dioxyde de carbone résultant du fonctionnement direct de la centrale électrique, mais aussi de la construction puis du démantèlement de cette centrale.

« Le chantier de construction de ce réacteur a accumulé les déboires et les retards depuis son lancement en 2007. Des anomalies concernant la composition de l'acier du couvercle et du fond de la cuve ont ainsi été découvertes. L'ASN a exigé que le couvercle de la cuve soit remplacé avant la fin 2024. »

Ouest-France, 29 janvier 2018.

8 **Gestion des risques dans l'industrie nucléaire civile**

L'ASN est une autorité administrative dirigée par cinq commissaires nommés pour un unique mandat de six ans. Trois sont nommés par le chef de l'état, un par le président du Sénat et un par le président de l'Assemblée nationale. Une fois nommés, ces commissaires sont irrévocables.

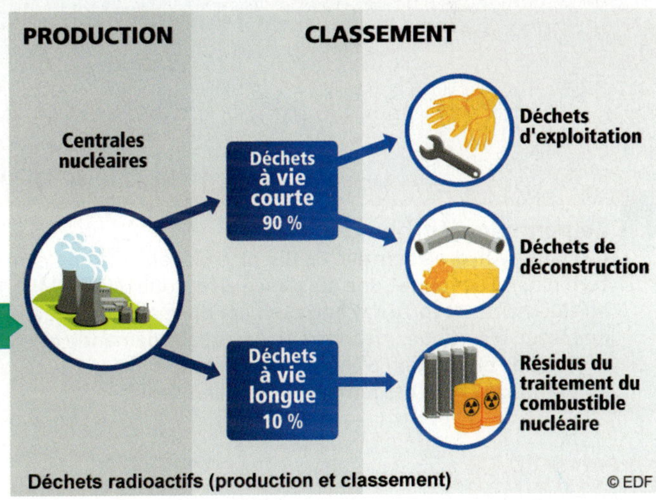

9 **Les déchets de l'industrie électronucléaire**

Les déchets de l'industrie électronucléaire représentent 60 % du volume des déchets radioactifs produits en France. Des installations classées à risques servent de site de stockage. Le projet Cigéo, à Bure (entre Meuse et Haute-Marne) permettra le stockage géologique profond des déchets à vie longue issus des centrales électronucléaires.

PISTES D'EXPLOITATION

1. **Proposer** une explication quant à la nécessité de grande technicité des centrales électriques nucléaires (doc. 4).
2. **Déterminer** s'il y a adéquation entre la disponibilité géographique des ressources en uranium et les besoins. Imaginer quelle pourrait être une conséquence de l'inadéquation (doc. 1, 2 et 3).
3. **Déterminer** le temps de demi-vie de l'iode-131. Comparer l'impact de l'utilisation de l'uranium comme source d'énergie à l'impact d'autres sources d'énergie. (doc. 5, 6 et 7).
4. **Citer** des arguments faisant souvent dire que l'ASN est une autorité indépendante des producteurs d'énergie (doc. 8).
5. **Réaliser** une recherche internet sur le projet Cigéo et la problématique des déchets radioactifs (doc. 9).

Réflexion sur la science

Sciences et philosophie

Selon la philosophe Isabelle Stengers, l'incidence de la science sur la société incite à poser la question de la pertinence des savoirs scientifiques. Pour elle, la réponse ne peut émaner que d'un débat démocratique.

La seule connaissance d'une technique scientifique autorise-t-elle son utilisation par quiconque ?

UNITÉ 2 Des choix raisonnés

Les choix de production et de consommation d'énergie dépendent d'un grand nombre de facteurs, techniques, scientifiques, environnementaux, socio-économiques. Un compromis est souvent nécessaire.

MISSION

Réaliser un poster sur le thème « le mix énergétique français » permettant d'animer un débat dans la classe entre les partisans d'une électricité totalement d'origine nucléaire et ses détracteurs.

Expliquer quels avantages peut avoir le mix énergétique

1 Le pompage-turbinage

La centrale hydroélectrique de Bissorte (Savoie) est une centrale de pompage-turbinage. Elle fournit une puissance électrique de 750 MW. Lorsque la demande en électricité est forte, la centrale fonctionne en turbinage, et fournit de l'électricité au réseau électrique. Au contraire, lorsque la demande est faible et que les autres moyens de production d'électricité tournent à plein régime, elle fonctionne en pompage : l'eau est remontée dans la réserve.

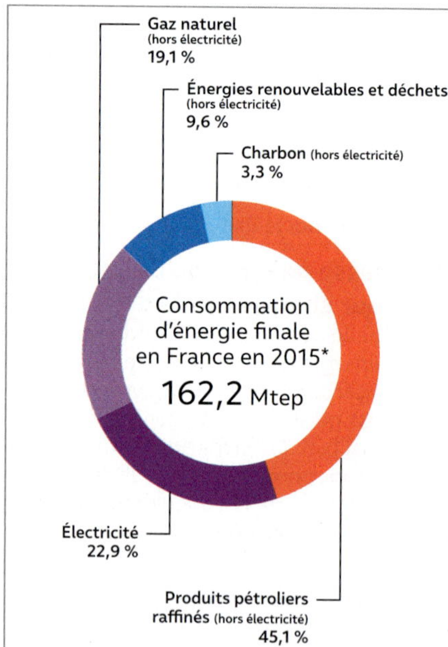

* Consommation corrigée des variations climatiques

2 Le mix énergétique français

Déterminer comment modifier notre production et consommation d'énergie

Consommation annuelle (en kWh)
Chauffage et eau chaude : 12 000
Éclairage et équipements électriques : 3 000

Production annuelle (en kWh)
Photovoltaïque : 5 700
Capteur solaire thermique : 4 300
Pompe à chaleur : 6 000

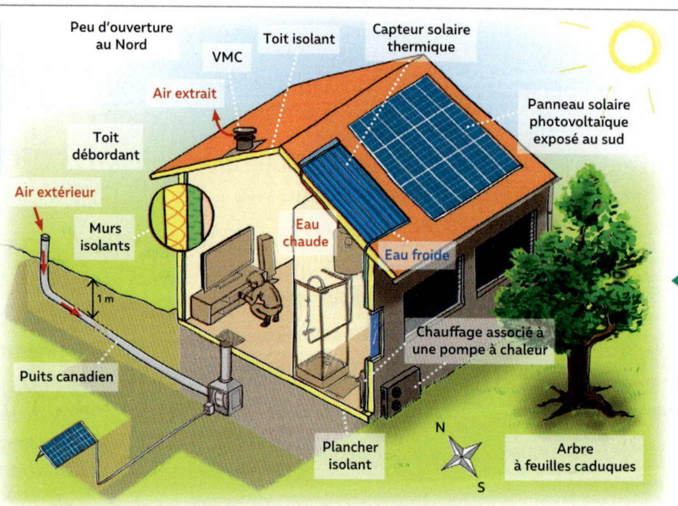

3 Exemple d'une construction à énergie positive de 150 m²

Lorsque l'habitation produit plus d'énergie électrique qu'elle n'en consomme, l'excédent énergétique est fourni au réseau électrique local.

L'objectif de cette centrale, située à Combrand (79), est d'obtenir du biogaz (c'est-à-dire du gaz combustible non issu de l'industrie pétrolière) grâce aux matières organiques collectées dans les exploitations environnantes et de l'injecter ensuite directement dans le réseau de gaz naturel.

L'unité permettra de valoriser les effluents d'élevages, fumiers et pailles de leurs exploitations afin de produire chaque année plus de 2,5 millions de mètres-cubes de biométhane, soit l'équivalent de la consommation annuelle de 3 000 foyers.

4 Implantation locale d'une centrale de méthanisation

Comprendre la notion de risque

5 Centrale nucléaire de Flamanville

Le choix d'implantation d'une centrale nucléaire n'est pas anodin. Techniquement, la centrale a besoin d'être constamment alimentée en eau pour refroidir le « combustible » nucléaire. D'autre part, une telle industrie est génératrice d'emploi, aussi bien lors de sa construction que lors de son fonctionnement.

Toute activité peut engendrer des accidents, qu'ils soient involontaires, dus à la négligence ou à la malveillance. La fréquence de ces accidents constitue **l'aléa**.

Une activité industrielle expose sa population proche au danger. Ceci constitue la **vulnérabilité**.

La combinaison de l'aléa et de la vulnérabilité constitue le **risque** de l'activité.

6 Aléa, vulnérabilité et risque

Trois accidents majeurs ont émaillé l'industrie de l'énergie nucléaire dans le monde :
- 1979, *Three Mile Island* (États-Unis d'Amérique) ;
- 1986, Tchernobyl, Union Soviétique ;
- 2011, Fukushima, Japon.

7 Les accidents nucléaires majeurs

COUPS DE POUCE

- Expliquer quel peut être l'intérêt du turbinage d'une centrale hydroélectrique doc. 1.
- Faire le bilan énergétique de la maison du doc. 3.
- Établir une liste d'arguments permettant d'établir si l'industrie de production d'énergie d'origine nucléaire est ou n'est pas à risque.

VOCABULAIRE

Mix énergétique : diversification des modes de conversion de l'énergie.

Vulnérabilité : la vulnérabilité d'une technique est l'évaluation du nombre personnes exposées au risque engendré par cette technique.

Aléa : l'aléa d'un événement est l'évaluation de la fréquence de cet événement.

Risque : le risque dû à l'utilisation d'une technique est la combinaison de sa vulnérabilité et de son aléa.

UNITÉ 3

La transition écologique des sociétés

Afin de limiter l'impact des sociétés humaines sur l'environnement, il est nécessaire d'opérer des changements dans nos comportements, et de réaliser des choix dans nos modes de production énergétiques.

MISSION Tâche complexe

Vous êtes journaliste dans un magazine web consacré à l'environnement, et vous avez à rédiger un article sur la transition écologique et ses perspectives dans le monde.

Comparer les situations énergétiques dans différentes régions du monde

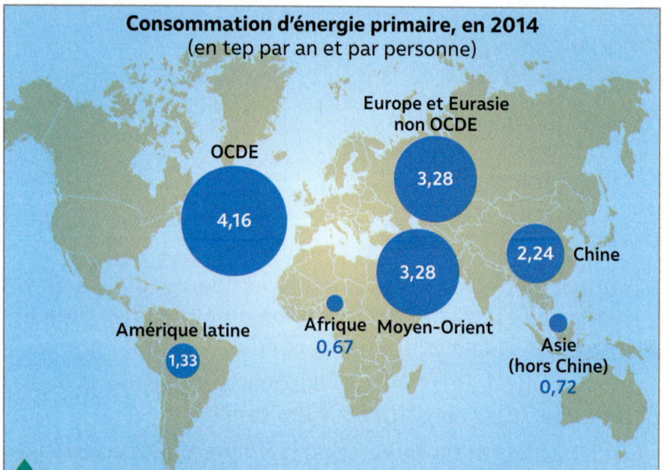

1 **Consommation d'énergie primaire en 2014, en tonnes d'équivalent pétrole (tep) par an et par personne**

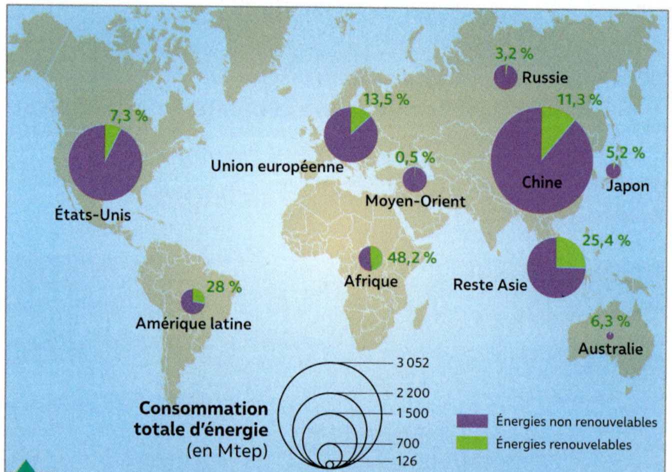

2 **Part des énergies renouvelables dans la consommation totale d'énergie dans le monde**

Expliquer en quoi les projets locaux présentés sont des solutions innovantes

- La Côte d'Ivoire va construire la première centrale électrique solaire flottante d'Afrique, a annoncé le ministère ivoirien de l'énergie, qui veut augmenter la part des énergies renouvelables dans le mix énergétique du pays. Les installations se feront sur des plans d'eau, lagune ou mer, abondants en Côte d'Ivoire.

- La Côte d'Ivoire, leader dans le secteur de l'électricité en Afrique de l'Ouest, est cependant en retard dans les énergies renouvelables, l'hydroélectrique mis à part. La production d'électricité ivoirienne (avec une puissance de 2 000 MW) est assurée à hauteur de 75 % par des centrales à combustion et le reste provient des barrages hydroélectriques. En 2018, la puissance électrique produite par le pays par les centrales solaires est d'à peine un mégawatt.

- La Côte d'Ivoire veut faire passer les énergies renouvelables à 11 % de son mix énergétique d'ici à 2020, puis à 16 % en 2030. Plusieurs projets sont en préparation, comme la construction de plusieurs centrales à biomasse. Ces centrales doivent être alimentées par les résidus de palmiers à huile ou de l'industrie du cacao.

- Première puissance économique d'Afrique de l'Ouest francophone, la Côte d'Ivoire dispose actuellement d'un réseau de 5 000 km de lignes à haute tension et d'une puissance installée de 2 200 mégawatts. Le gouvernement mise sur un programme de développement de son réseau et ambitionne d'atteindre la barre des 4 000 MW en 2020 et 6 600 MW en 2030.

D'après *Le Monde*, 2018.

3 **La Côte d'Ivoire va construire la première centrale solaire flottante d'Afrique**

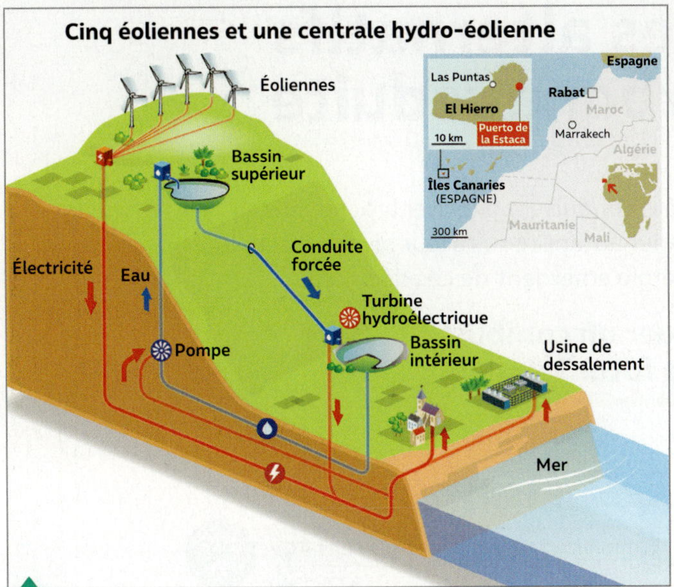

4 El hierro, l'île où l'éolien est continu

L'île espagnole d'El Hierro, au large du Maroc, a misé sur un mix énergétique permettant de pallier l'intermittence des vents. Pour cela elle a construit un circuit qui permet un pompage d'eau dans un bassin supérieur, eau qui servira au turbinage en absence de vent.

5 Un atoll au Danemark

Au Danemark, le laboratoire national Risø et des architectes travaillent à une île avec un réservoir de 3,3 km² pouvant produire 2,75 GWh d'énergie d'origine électrique : Green Power Island.

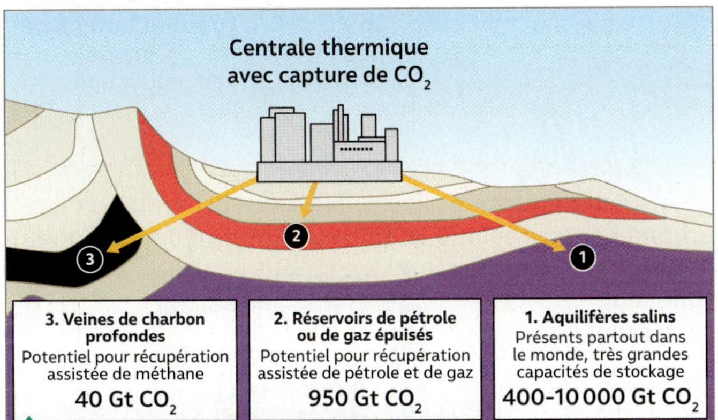

6 Séquestrer le dioxyde de carbone

Il est possible de récupérer le CO_2 produit dans les centrales thermiques et de le réinjecter soit dans des réservoirs de pétrole ou de gaz, soit dans des veines de charbon, soit dans des aquifères salins. Pour un meilleur rendement de l'enfouissement la centrale thermique doit réaliser de l'oxycombustion (combustion avec du dioxygène pur) afin de ne pas réinjecter 78 % de diazote.

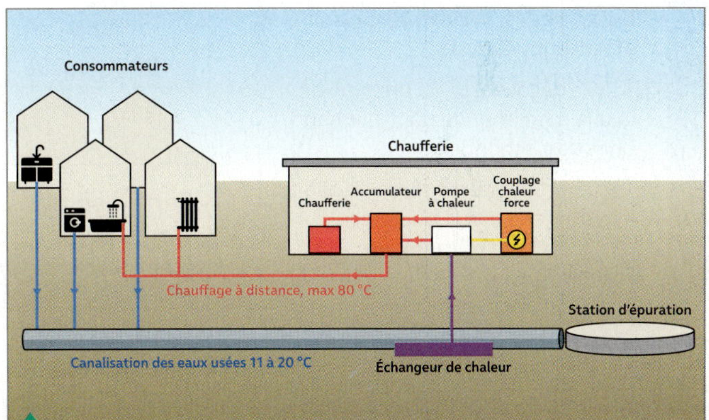

7 Récupérer l'énergie des égouts

Les eaux usées collectées dans les habitations possèdent deux sources d'énergie récupérables. Tout d'abord il est possible de récupérer la chaleur via des pompes à chaleur. Par ailleurs l'eau s'écoulant par gravité, il est aussi possible de faire du turbinage pour produire de l'électricité.

COUPS DE POUCE

- Réaliser, grâce aux doc. 1 et 2, les classements des continents les plus avancés dans l'utilisation du renouvelable, et les moins consommateurs en énergie.
- Déterminer quelles problématiques énergétiques et environnementales sont résolues par les projets proposés.

VOCABULAIRE

Transition écologique :
La transition écologique désigne l'ensemble des comportements collectifs et individuels permettant la résilience d'un écosystème.

HISTOIRE ENJEUX DÉBATS

Les combustibles alternatifs à empreinte carbone réduite

Les décisions politiques dans notre société conduisent à inciter les citoyens à réduire leur empreinte carbone, sans pour autant réduire leur niveau d'activité. De nouveaux modes de production d'énergie émergent de ces décisions.

Le dihydrogène peut-il constituer un combustible utilisé à grande échelle dans le futur ?

REPÈRES

- 1766 : découverte du dihydrogène par le scientifique Britannique Henry Cavendish
- 1800 : découverte de la première pile par le chimiste Italien Alessandro Volta
- 1800 : première électrolyse de l'eau par deux chimistes britanniques, William Nicholson et Anthony Carlisle
- 1839 : découverte du principe de la pile à hydrogène par l'allemand Christian Schönbein.
- 1932 : premier prototype de pile à hydrogène d'une puissance de 1 kW par le britannique Francis Bacon

RESSOURCES

- Animation sur le fonctionnement d'une pile à hydrogène : www.cea.fr
- À écouter : www.franceculture.fr/emissions/la-methode-scientifique

Combustibles	Émissions directes	Émissions ACV
Charbon	345	377
Fioul lourd	283	324
Fioul domestique	272	324
Gazole	256	323
Essence	253	314
GPL	204	260
Gaz naturel	204	243
Bois	18,8	29,5
Dihydrogène	0	280

doc a **Empreinte carbone de combustibles**
L'empreinte carbone du dihydrogène est une moyenne mondiale. Sa valeur locale dépend fortement de son mode de production.

Certaines transformations chimiques ont lieu grâce à des échanges d'électrons. Lorsque cet échange entre réactifs se fait par l'intermédiaire d'un fil électrique, le flux d'électrons ainsi créé s'accompagne d'un transfert d'énergie électrique.

Il en est ainsi pour la combustion du dihydrogène, un combustible non carboné. L'équation de la combustion ayant lieu dans une pile à combustible s'écrit :

$$2\,H_2(g) + O_2(g) \rightarrow 2\,H_2O(\ell)$$

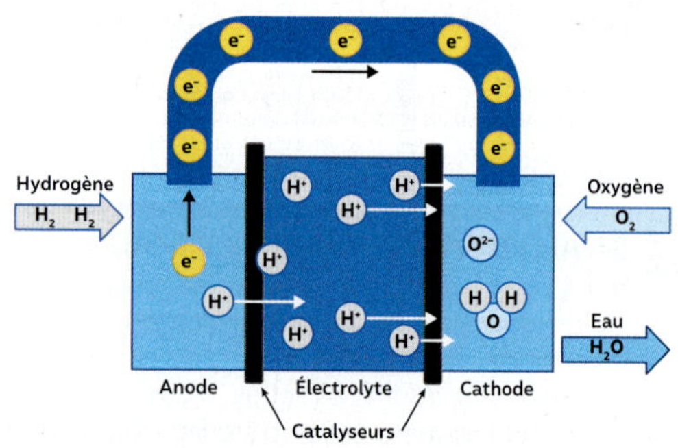

doc b **Pile à combustible dihydrogène-dioxygène**

doc c **Véhicule à hydrogène**

Un **véhicule à hydrogène** est un moyen de transport qui utilise une transformation chimique du dihydrogène pour transformer l'énergie chimique en énergie cinétique. En particulier, une **voiture à hydrogène** est un véhicule à propulsion électrique muni d'une pile à combustible utilisant le plus souvent le dihydrogène et le dioxygène de l'air comme espèces chimiques. Ce véhicule est presque décarboné car la transformation chimique réalisée ne produit pas de dioxyde de carbone. Toutefois, la production préalable du dihydrogène est le plus souvent concomitante de la formation de dioxyde de carbone.

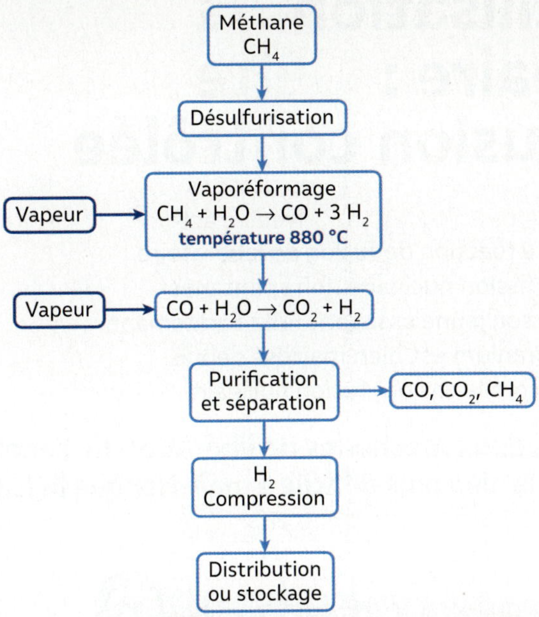

doc d **Production de dihydrogène par vaporéformage du gaz naturel, le méthane**

Le dihydrogène peut être synthétisé à partir du gaz naturel, principalement constitué de méthane. Des étapes de transformations chimiques produisent le méthane en utilisant de la vapeur d'eau, puis des étapes de séparation des différentes espèces chimiques sont nécessaires.

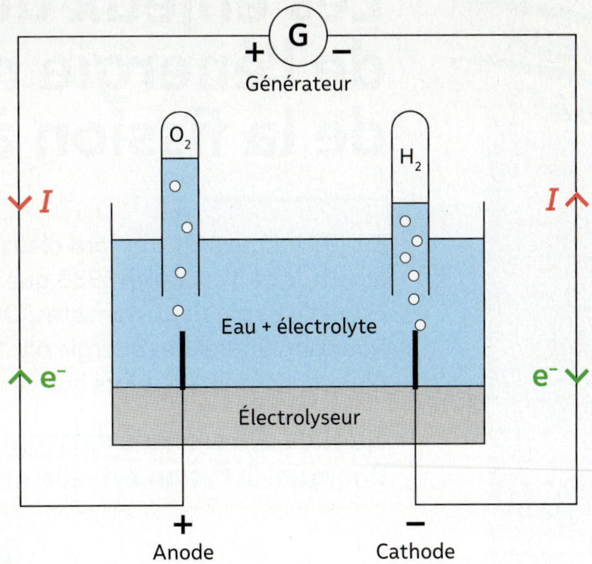

doc e **Production de dihydrogène par électrolyse**

Lorsqu'une tension électrique suffisante est établie entre deux électrodes plongées dans une solution aqueuse d'acide sulfurique, il se forme du dihydrogène par la réaction opposée à celle de la combustion du dihydrogène par le dioxygène.

L'équation de la réaction se déroulant s'écrit :

$$2\ H_2O(\ell) \rightarrow 2\ H_2(g) + O_2(g)$$

- Masse d'une mole : 2,0 g
- Température d'ébullition : – 253 °C
- Concentration en masse maximale dans l'eau : 2 mg·L^{-1} à 0 °C
- Pictogrammes de danger :

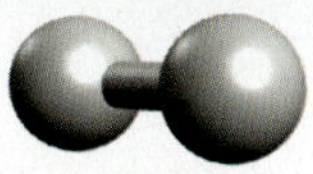

doc f **Données sur le dihydrogène**

VOCABULAIRE

ACV : analyse du cycle de vie.
Cette analyse prend en compte toutes les sources d'émission : émission engendrée par l'extraction ou la production, par l'utilisation, par le recyclage, etc.

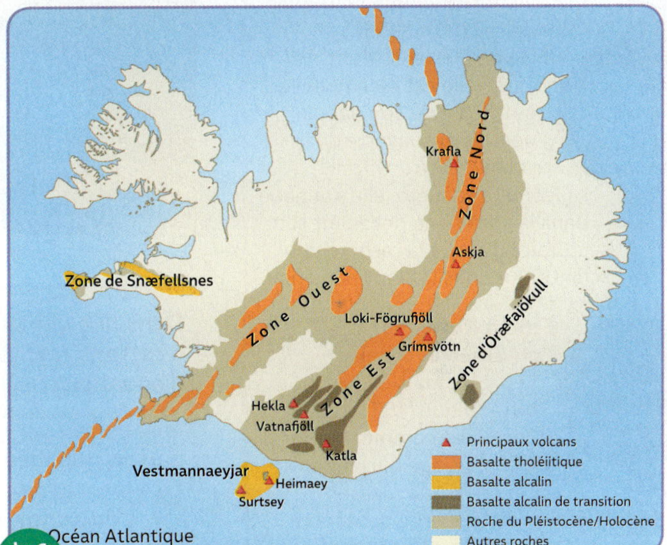

doc g **Ressources énergétiques en Islande**

Près de 70 % de la consommation d'énergie en Islande est d'origine géothermique : l'eau chaude captée en profondeur permet de faire fonctionner les turbines des centrales électriques.

En équipes !

Équipe 1
Discuter des émissions directes de dioxyde de carbone pour le calcul de l'empreinte carbone du dihydrogène.

Équipe 2
Discuter des émissions de dioxyde de carbone en analyse de cycle de vie (ACV) du dihydrogène.

En commun oral
Vous êtes un journaliste islandais d'une revue spécialisée en automobile. Rédiger un discours afin de convaincre vos lecteurs de développer l'industrie des véhicules fonctionnant au dihydrogène en le couplant à la géothermie.

HISTOIRE
ENJEUX
DÉBATS

Les enjeux de l'utilisation de l'énergie nucléaire : de la fission à la fusion contrôlée

En 1934, Ernest Rutherford réalise la première réaction de fusion en laboratoire, alors que ce n'est qu'en 1938 que la première fission nucléaire non spontanée est réalisée par deux chimistes, Otto Hahn et son jeune assistant Fritz Strassmann. Pourtant, libérer de l'énergie par fission de l'uranium est bien maîtrisé depuis plusieurs décennies, alors que ce n'est pas encore le cas par fusion nucléaire.

Quelles différences existent entre ces deux méthodes de libération de l'énergie? Pourquoi la fusion est-elle une technique bien plus difficile à maîtriser que la fission?

BIOGRAPHIES

Bernard Bigot
chimiste français (né en 1950)
Spécialiste de chimie quantique, il dirige depuis 2015 le projet international ITER.

Irène Joliot-Curie
physicienne et femme politique française (1897-1956)
Fille de Pierre et Marie Curie, elle est récompensée en 1935 avec son époux pour sa découverte de la radioactivité artificielle. Tout comme sa mère, elle s'engage dans la société en devenant sous-secrétaire d'état à la recherche scientifique sous le front populaire.

Ernest Rutherford
physicien et chimiste néo-zélandais et britannique (1871-1937)
Considéré comme le père de la physique nucléaire, il est le premier à réaliser la fusion d'atomes de deutérium, un isotope de l'hydrogène.

RESSOURCES

- Alessandra Benuzzi-Mounaix, *La fusion nucléaire : Un espoir pour une énergie propre et inépuisable* - Pour la science, coll. « Bibliothèque scientifique », 2008.
- Dossier *Énergie nucléaire* du Commissariat à l'énergie atomique et aux énergies alternatives (CEA), www.cea.fr
- Article *Le combustible nucléaire*, Centre national de la recherche scientifique (CNRS) lejournal.cnrs.fr

doc a **Cœur d'un réacteur nucléaire**

Dans une centrale électrique, de l'uranium-235 subit une collision avec des neutrons (symbole $^{1}_{0}n$), provoquant la fission du noyau, selon la réaction d'équation :

$$^{235}_{92}U + ^{1}_{0}n \rightarrow ^{94}_{38}Sr + ^{139}_{54}Xe + 3\,^{1}_{0}n$$

parfois qualifiée de réaction en chaîne.

doc b **L'équation de la réaction de fission de l'uranium**

Un réacteur nucléaire permet de produire une réaction de fission en chaîne et d'en contrôler l'intensité. Cinq constituants principaux sont nécessaires pour concevoir un réacteur nucléaire :

- un combustible dans lequel se produit la fission ;
- un fluide caloporteur, liquide ou gazeux, qui transporte l'énergie hors du cœur du réacteur pour ensuite actionner une turbine (turboalternateur) permettant la production d'électricité ;
- un modérateur (sauf pour les réacteurs à neutrons rapides) qui permet de ralentir les neutrons afin de favoriser la réaction en chaîne ;
- un moyen de contrôle de la réaction en chaîne ;
- des corps dissous dans l'eau dont on peut faire varier la concentration au cours du temps (par exemple du bore sous forme d'acide borique).

doc c **Principes de fonctionnement d'un réacteur nucléaire**

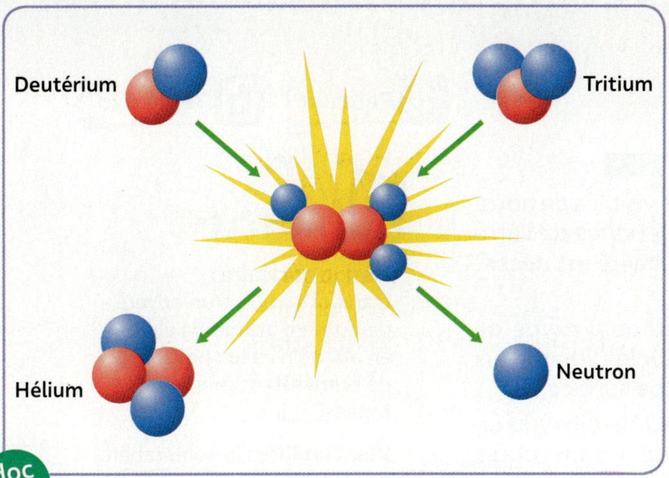

doc d **Schématisation de la fusion nucléaire**

doc e **Un tokamak pour reproduire une transformation nucléaire ayant lieu dans le soleil**

La fusion nucléaire produit dans le tokamak un milieu dont la température est de 150 millions de degrés. Aucun « récipient » ne peut résister à de telles températures. Le milieu doit donc être confiné grâce à de puissants champs magnétiques de manière à ne pas toucher les parois. Ce défi technologique est immense.

ITER (en latin le « chemin »), *International Thermonuclear Experimental Reactor*, est l'un des projets les plus ambitieux au monde dans le domaine de l'énergie. En France, dans le département des Bouches-du-Rhône, 35 pays sont engagés dans la construction du plus grand tokamak jamais conçu, une machine qui doit démontrer que la fusion peut être utilisée comme source d'énergie à grande échelle pour produire de l'électricité.

doc f **Le projet international ITER**

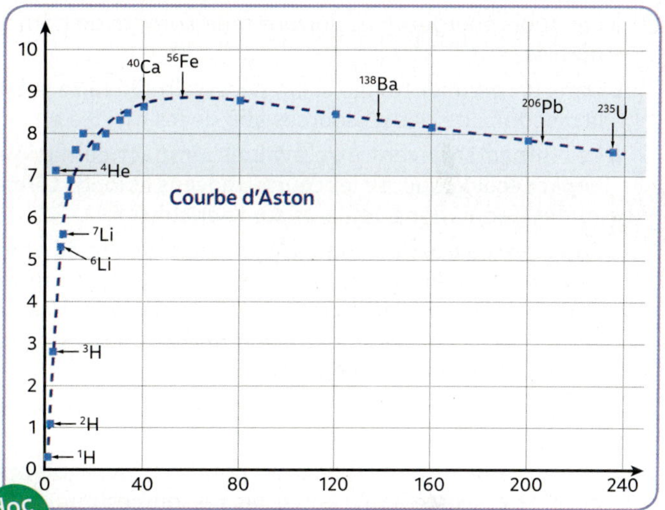

doc g **Énergie d'un noyau en fonction de son nombre de nucléons (courbe d'Aston)**

Le nombre de nucléons (somme du nombre de protons et du nombre de neutrons) du noyau considéré est porté en abscisse.

L'énergie **par nucléon** du noyau considéré, exprimée en mégaélectronvolt (MeV), est portée en ordonnée.

Conversion : 1 Mev = $1{,}6 \times 10^{-13}$ J.

En équipes !

Équipe 1

Déterminer pourquoi la réaction de fission de l'uranium est qualifiée de réaction en chaîne. Expliquer alors pourquoi un réacteur nucléaire doit comporter des éléments modérateurs.

Équipe 2

Déterminer si la fusion nucléaire d'un noyau de deutérium ^{2}H et d'un noyau de tritium ^{3}H libère plus d'énergie que la fusion d'un noyau d'uranium. Expliquer alors pourquoi la fusion doit être réalisée dans un tokamak.

En commun *oral*

Préparer sur un support visuel un tableau présentant les points communs et les différences de la fission et de la fusion nucléaire. Faire une présentation orale s'appuyant sur ce support visuel.

SYNTHÈSE Choix énergétiques et impacts sur les sociétés

MÉMO

Podcast | Texte dys

Compréhension globale du système Terre UNITÉ 1

- L'évolution de nos sociétés s'accompagne de modifications visibles de notre environnement. Afin d'attenuer l'impact des choix énergétiques de l'être humain, une compréhension du système Terre dans sa globalité est nécessaire.
- L'utilisation de ressources énergétiques produisant peu de dioxyde de carbone est une alternative pour minimiser notre impact sur le climat, mais elles ne sont pas sans effet : déchets, paysage, utilisation de surface…
- La production d'énergie par **fission nucléaire** produit peu de dioxyde de carbone, mais sa mise en œuvre complexe n'est pas maîtrisable dans toutes les sociétés, et produits de déchets nocifs pour la vie, sur de longues durées.

SAVOIR-FAIRE
- Analyser d'un point de vue global les impacts de choix énergétiques majeurs : exemple du nucléaire.

Le mix énergétique UNITÉ 2

- Les choix énergétiques doivent tenir compte de nombreux critères et paramètres.
- Dans un premier temps, il est nécessaire de faire le bilan des besoins et de la disponibilité des ressources afin de les mettre en adéquation.
- Les impacts doivent être évalués : impact climatique sur le long terme, impact écologique sur les courts, moyens et longs termes, impacts sanitaires sur les populations, impacts sur l'agriculture.
- La **vulnérabilité** des populations aux techniques employées, ainsi que les **aléas** permettent d'établir le **risque**. Sa gestion fait partie des contraintes imposées lors de l'exploitation de la technique. Une fois l'ensemble établi, l'étude de faisabilité amène à prendre la décision de mettre en œuvre ou pas la technique de production d'énergie.
- Les choix effectués ont des conséquences économiques et sociales, comme par exemple la création d'emplois.
- Le plus souvent, la solution répondant favorablement à l'ensemble des critères consiste à diversifier les ressources énergétiques, que ce soit au niveau local comme national, diversification appelée **mix énergétique**.

SAVOIR-FAIRE
- Analyser des choix énergétiques locaux selon les critères et les paramètres mentionnés.

La transition écologique des sociétés UNITÉ 3

- Le plus souvent, la production d'énergie nécessite des infrastructures lourdes dont la construction et la durée d'utilisation s'étalent sur une ou deux générations. Certains projets d'avenir, comme celui de l'exploitation de la fusion nucléaire engage nos sociétés sur plusieurs générations.
- L'évolution de nos sociétés nécessite de repenser nos comportements individuels, comme par exemple nos choix de modes de transports, et collectifs. Elle engage des nouveaux choix politiques internationaux, en particulier entre les pays du Nord et ceux du Sud.

MOTS CLÉS

- **Fission nucléaire :** transformation d'un noyau de numéro atomique élevé en au moins deux noyaux de numéros atomiques plus faibles.
- **Vulnérabilité :** la vulnérabilité d'une technique est l'évaluation du nombre de personnes exposées au risque engendré par cette technique.
- **Aléa :** l'aléa d'un événement est l'évaluation de la fréquence de cet événement.
- **Risque :** le risque dû à l'utilisation d'une technique est la combinaison de sa vulnérabilité et de son aléa.
- **Mix énergétique :** diversification des modes de conversion de l'énergie.

SCHÉMA

Bilan animé

Le mix énergétique

Stocker l'énergie (par exemple avec le turbinage)

Augmenter la distance pour diminuer le risque

Des choix individuels et collectifs

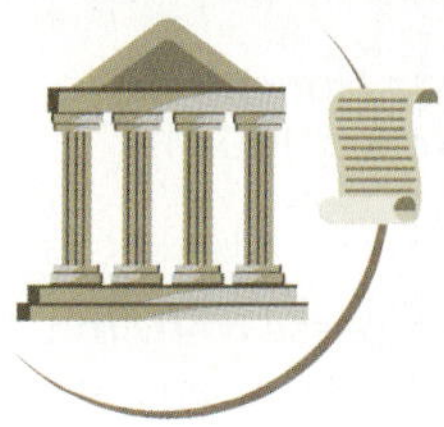

Des infrastructures à développer sur tout un territoire

Penser l'avenir

- Augmenter les rendements de conversion d'énergie
- Diversifier les modes de production d'énergie
- Poursuivre les recherches sur la fusion nucléaire
- Développer la recherche sur les économies d'énergies

MÉTHODE Lire un diagramme en aires

1 Exercice résolu

Énoncé

Il est possible de connaître en temps réel, pour un pays donné, les différentes origines de l'énergie électrique produite. Le graphique ci-contre représente la production d'électricité par filière dans le sud-ouest de la Norvège, le 2 janvier 2020.

QUESTION **Décrire l'évolution de la production d'électricité en fonction du temps.**

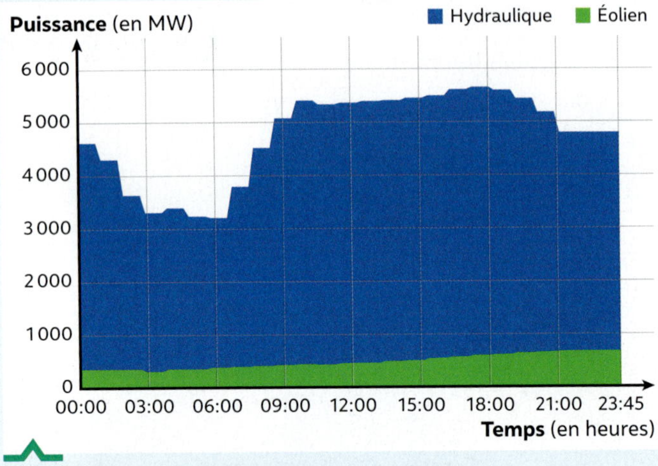

doc. Production d'électricité par filière dans le sud-ouest de la Norvège le 2 janvier 2020

Méthode | **Application**

Un diagramme en aires permet de représenter la contribution de différents facteurs à un même paramètre global. L'aire occupée par les différents facteurs est proportionnelle à leur contribution au paramètre mesuré.

ÉTAPE 1 Identifier l'évolution globale du paramètre mesuré.	La puissance électrique produite dans le sud-ouest de la Norvège varie au cours de la journée. Elle est minimale la nuit, à environ 3 000 MW et est maximale en journée à environ 5 000 MW.
ÉTAPE 2 Identifier la contribution de chaque facteur à l'évolution du paramètre global.	• La puissance électrique produite par la filière éolienne passe d'environ 300 MW à 600 MW entre 3 h et 23 h. Cette production reste cependant faible par rapport à la production d'origine hydraulique, qui représente 2 700 MW à 3 h (3 000 – 300) et 4 400 MW à 23 h (5 000 – 600). • La variation de la production totale d'électricité dans le sud-ouest de la Norvège est donc essentiellement due à des variations de la production d'origine hydraulique.

2 APPLICATION

QUESTION **Décrire l'évolution de la puissance électrique produite en France le 1er janvier 2020.**

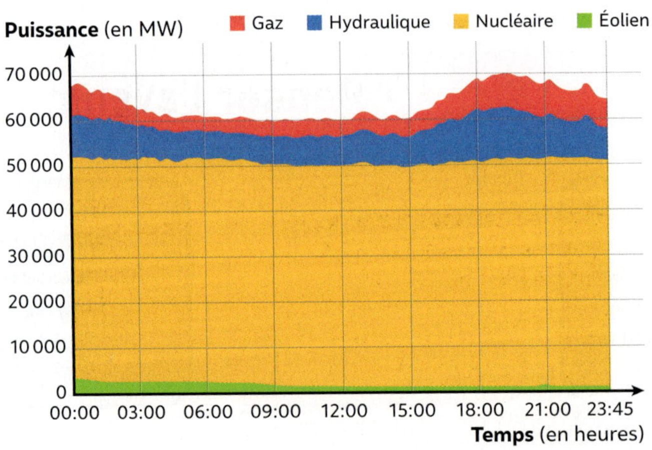

doc. Puissance électrique produite par filière en France le 1er janvier 2020

QUIZ Parmi les affirmations suivantes, choisissez la réponse exacte.

3 Quelle est la phrase correcte ?

- **a** La gestion d'un risque doit prendre en compte l'aléa et la vulnérabilité.
- **b** La vulnérabilité dépend de l'aléa.
- **c** L'aléa dépend de la vulnérabilité.
- **d** Le risque est indépendant de l'aléa et de la vulnérabilité.

4 Le mix énergétique correspond à :

- **a** la façon dont sont mélangées les énergies dans les fils électriques.
- **b** la façon dont sont mélangées les énergies dans les centrales électriques.
- **c** la répartition des différentes sources d'énergies primaires consommées dans une zone géographique donnée.
- **d** la répartition de l'électricité dans les différents appareils électriques.

5 La source d'énergie qui émet le moins de gaz à effet de serre par unité d'énergie est :

- **a** le charbon.
- **b** le nucléaire.
- **c** le pétrole.
- **d** le gaz naturel.

6 Laquelle de ces mesures constitue une adaptation au réchauffement climatique ?

- **a** Privilégier les énergies renouvelables.
- **b** Utiliser les transports en commun plutôt que des véhicules personnels.
- **c** Utiliser un véhicule électrique.
- **d** Cultiver des espèces végétales résistantes aux températures élevées.

▸ Corrigés p. 340

7 CONSTRUIRE UNE CARTE MENTALE

sur le thème « choix énergétiques ».

▸ L'étiquette centrale s'intitulera

Choix énergétiques

▸ Associer l'étiquette centrale, par le moyen graphique de votre choix à des étiquettes de votre initiative. Certaines peuvent être, par exemple :

Disponibilité des ressources

Conséquences économiques et sociales

Vulnérabilité et gestion des risques

Comportements individuels et collectifs

QUESTIONS FLASH

oral

8 Citer à l'oral les avantages et les inconvénients de l'utilisation du nucléaire pour la production d'électricité.

9 Expliquer, à l'aide de vos connaissances, si l'isolation des logements est une mesure d'adaptation au changement climatique, d'atténuation du changement climatique, ou les deux.

▲ L'isolation d'un logement permet de réduire les transferts thermiques d'énergie entre l'intérieur et l'extérieur de celui-ci.

10 Expliquer à l'oral la distinction entre l'adaptation au changement climatique et l'atténuation du changement climatique. Donner des exemples.

EXERCICES D'APPLICATION

11 Contamination d'un sol par l'uranium-235

L'uranium-235 est un isotope de l'uranium utilisé dans les centrales nucléaires.

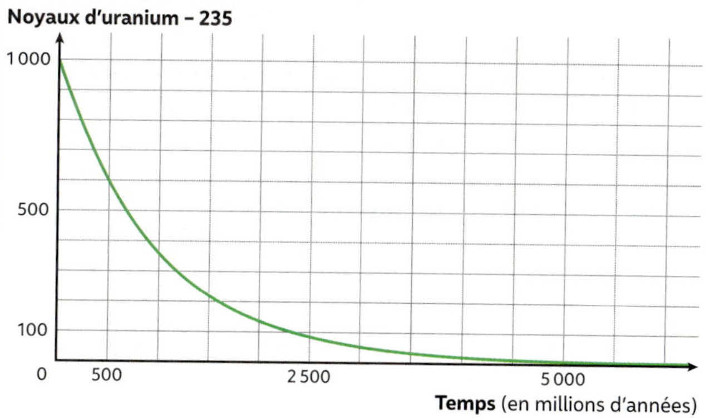

1. À l'aide du graphique, déterminer le temps de demi-vie de l'uranium-235.
2. Un sol a été contaminé avec de l'uranium-235. Au bout de combien de temps ne restera-t-il dans le sol que 12,5 % de la quantité initiale de cet isotope radioactif ?

EXERCICES S'entraîner

12 Les conséquences d'un choix individuel de consommation

OBJECTIF Comprendre l'impact de choix individuels.

Vous souhaitez changer l'ampoule de l'un de vos luminaires, qui est allumé en moyenne une heure par jour, tous les jours de l'année. Le magasin de bricolage dans lequel vous vous rendez vend deux types d'ampoules qui conviennent à votre luminaire et qui produisent une lumière d'une intensité lumineuse identique.

	Ampoule halogène	Ampoule LED
Prix (euros)	1,95	4,99
Puissance (W)	46	8
Durée de vie (h)	2 000	10 000

QUESTIONS

1. Calculer le coût total (achat + consommation électrique) de chacune des ampoules sur une année.
2. Calculer la durée d'utilisation pour laquelle le coût de l'ampoule LED devient inférieur à celui de l'ampoule halogène.
3. Sachant qu'en France, la production d'une énergie d'un kWh est responsable de l'émission de 60 g d'équivalent CO_2, calculer les émissions induites sur une année par la consommation d'électricité de ces deux types d'ampoules.

13 Émissions d'un véhicule électrique et mix énergétique DIFFÉRENCIATION

OBJECTIF Comprendre l'influence du mix énergétique sur les émissions de dioxyde de carbone.

Un véhicule électrique en fonctionnement n'émet pas de dioxyde de carbone. Ces voitures sont donc souvent présentées comme « propres ». Cependant, la production de l'électricité qui alimente ces véhicules peut quant à elle être responsable d'émissions de dioxyde de carbone et d'autres gaz à effet de serre.

Pour tenir compte de l'impact global des voitures électriques, il est donc possible de calculer les émissions de CO_2 du puits à la roue (*from well to wheel*, WTW en anglais).

QUESTIONS

À l'aide des documents et de vos connaissances, expliquer pourquoi les voitures électriques sont indirectement responsables de l'émission de dioxyde de carbone et pourquoi leur utilisation en Pologne libère, indirectement, plus de CO_2 qu'en France.

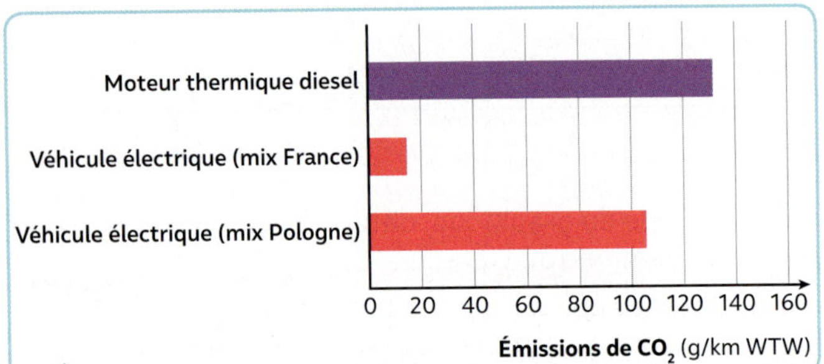

a. Émissions de CO_2 WTW
pour un véhicule électrique utilisé en France ou en Pologne, comparées à celles d'un véhicule diesel.

Production d'électricité par source d'énergie en Pologne (2016)

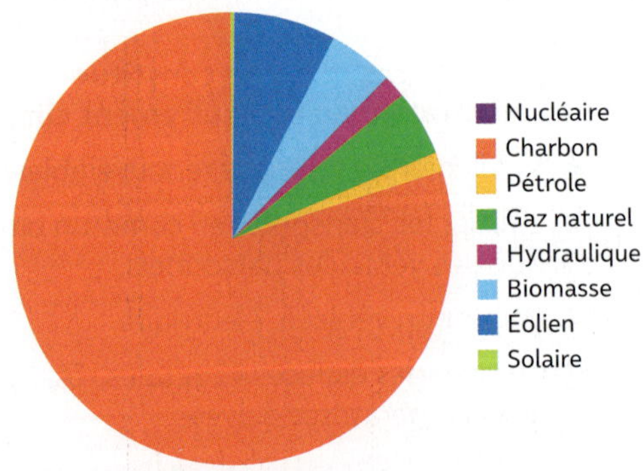

Production d'électricité par source d'énergie en France (2018)

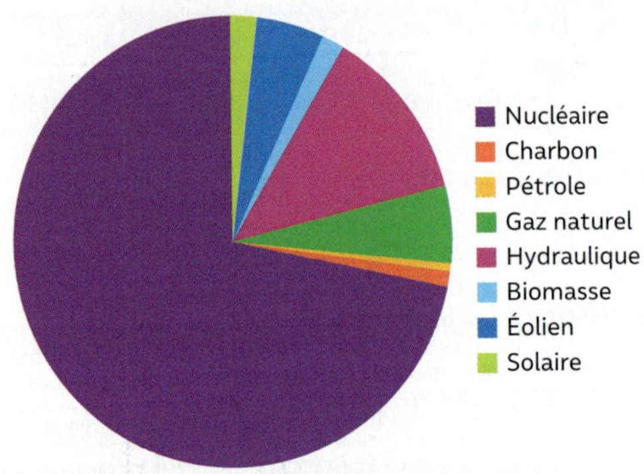

b. Comparaison des mix énergétiques polonais et français

14 Les conséquences d'un déplacement

OBJECTIF Envisager les conséquences d'un choix de mode de déplacement.

Votre ami Stéphane doit aller à Nice le mois prochain. Habitant à Paris, il hésite entre prendre le train à la gare de Lyon ou l'avion à l'aéroport d'Orly et vous demande conseil.

DONNÉES

- Durée du trajet appartement Stéphane – gare de Lyon : 38 minutes (en métro, 27 g de CO_2 émis).
- Durée du trajet appartement Stéphane – aéroport Orly : 1 h 01 (en bus, 1 927 g de CO_2 émis).
- Durée du vol Paris-Nice : 1 h 25.
- L'enregistrement doit se faire au plus tard 30 min avant le départ.
- L'avion considéré comporte 177 places.
- Durée du trajet Paris-Nice en train : 5 h 57.
- Durée gare de Nice – centre-ville (à pied) : 10 min.
- Durée aéroport de Nice – centre-ville (en bus) : 22 min.
- Prix du vol Paris-Nice : 37 euros.
- Prix du trajet Paris-Nice en train : 72 euros.
- Distance Paris-Nice : 687 km.
- Pour simplifier, on considérera que la distance parcourue en avion ou en train est la même.
- La combustion d'un litre de kérosène libère 3 kg de CO_2.

QUESTIONS

1. En vous aidant des documents et de vos connaissances, expliquer à Stéphane les conséquences du choix d'un mode de transport, pour lui et pour l'environnement.
2. Proposer une explication à l'effet du nombre de sièges sur la consommation de kérosène.

Distance (km)	0 à 50 sièges	50 à 100 sièges	100 à 180 sièges	180 à 250 sièges
0 – 1 000	0,123	0,0813	0,0563	0,0525
1 000 – 2 000	0,163	0,0563	0,0463	0,0388
2 000 – 3 000	0,215	0,0380	0,0430	0,0380

a. Volume de kérosène consommé par un avion, en litre par kilomètre et par passager

Description (selon la nature du moyen de transport et la source d'énergie utilisée)	**Masse de CO_2 produit par unité transportée et par km**
Train à grande vitesse – Électricité	3,71 g CO_2 / (passager.km)
Train grandes lignes – Électricité	5,63 g CO_2 / (passager.km)
Train express régional – Électricité	8,94 g CO_2 / (passager.km)
Train express régional – Gazole non routier	76,8 g CO_2 / (passager.km)

b. Masse de CO_2 produit par le transport ferroviaire

15 Électricité, émissions de CO_2 et mix énergétique DIFFÉRENCIATION

OBJECTIF Analyser les impacts de choix énergétiques majeurs.

Le document ci-contre représente, pour 10 pays européens, la production de gaz à effet de serre en fonction de la production d'électricité. Pour un pays donné, chaque point coloré correspond à une heure de production et d'émission, au cours de l'année 2018.

QUESTIONS À l'aide du document et de vos connaissances, expliquer les différences constatées entre les pays européens. Appuyer votre discussion sur au moins deux exemples de pays.

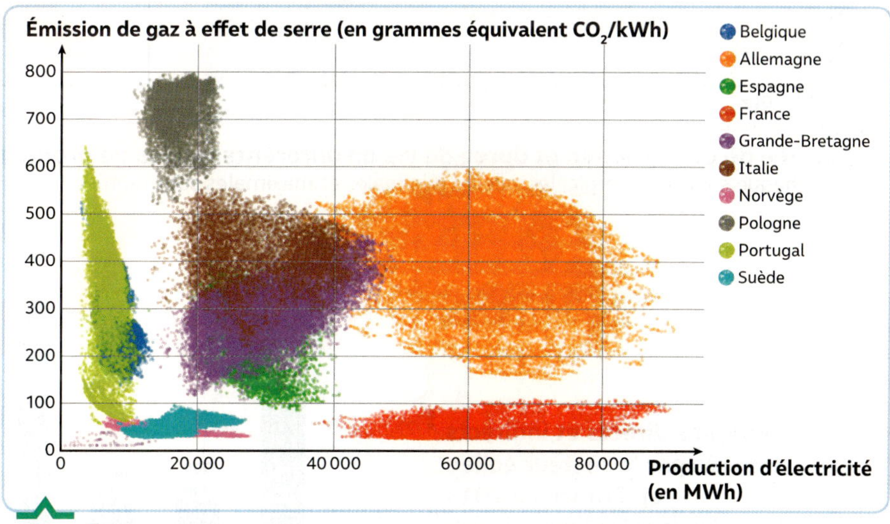

doc. Émissions de gaz à effet de serre par kWh d'énergie consommée en fonction de la production d'électricité, année 2018.

Bien DÉMARRER Déjà vu au collège et au lycée

QUIZ

Exercices interactifs

Parmi les affirmations suivantes, choisissez la réponse exacte.

	A	B	C
1. Les allèles d'un même gène correspondent :	à différents chromosomes	à des séquences nucléotidiques possibles de ce gène	à des cellules différentes
2. Les allèles ont pour origine :	la reproduction sexuée	la sélection naturelle	des mutations
3. La biodiversité :	se modifie constamment	est globalement stable au cours du temps	est favorisée par les activités humaines
4. La sélection naturelle :	favorise la survie des individus dont un ou des caractères leur donnent un avantage	modifie de manière aléatoire la fréquence des caractères au sein d'une population	permet de maintenir stable la fréquence des caractères au sein d'une population
5. Plus deux espèces sont apparentées :	plus elles partagent en commun d'états dérivés de caractères	plus elles partagent en commun d'états ancestraux de caractères	moins elles partagent d'ancêtres communs

→ Corrigés p. 341

FICHE 1 L'information génétique

Vu en 2de

- Lors de la reproduction (sexuée ou asexuée), la transmission des chromosomes permet le transfert d'informations héréditaires à la génération suivante.
- Chaque chromosome est constitué d'ADN. Les gènes, fragments d'ADN, portent l'information des caractères héréditaires des individus.
- Chaque espèce est définie par ses gènes, qui possèdent tous une position précise sur chacun des chromosomes. Un gène peut exister sous différentes versions nommées allèles. L'ensemble des allèles permet de définir le génotype.
- Le génotype est en partie responsable du phénotype d'un individu, c'est-à-dire de l'ensemble de ses caractéristiques. Au sein d'une espèce il existe une grande variabilité des phénotypes qui peut être reliée à l'existence d'une grande diversité d'allèles.

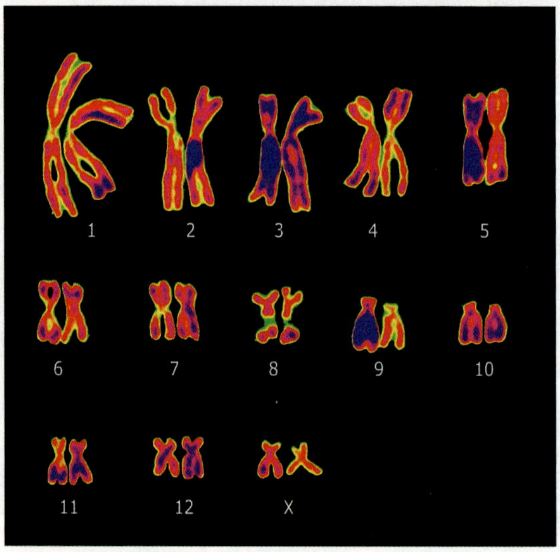

→ Chapitre 9

FICHE 2 L'origine des allèles
Vu en 2de

- Des mutations (modification de la molécule d'ADN) peuvent survenir naturellement ou être provoquées par des agents mutagènes. Elles sont à l'origine de nouveaux allèles, donc de phénotypes différents.
- Les mutations peuvent affecter toutes les cellules d'un organisme. Lorsque les cellules reproductrices sont touchées, la mutation est transmise à la descendance.

→ Chapitres 9 et 10

FICHE 3 La biodiversité terrestre
Vu au collège et en 2de

- La biodiversité caractérise la diversité des êtres vivants présents sur Terre. Elle peut être définie à différentes échelles :
  - la diversité des écosystèmes, c'est-à-dire la diversité des milieux de vie et l'association d'êtres vivants ;
  - la diversité spécifique, c'est-à-dire l'ensemble des espèces du monde vivant, une espèce étant un ensemble d'individus qui se ressemblent et qui peuvent se reproduire et avoir une descendance fertile ;
  - la diversité intraspécifique, c'est-à-dire la diversité existant entre différents individus d'une même espèce.
- La biodiversité change au cours du temps : des espèces disparaissent et d'autres émergent.
- Les activités humaines ont un impact sur la biodiversité.

→ Chapitres 9 et 10

FICHE 4 De l'évolution des populations à l'émergence de nouvelles espèce
Vu au collège et en 2de

- Certains caractères donnent un avantage aux individus dans leur environnement, ces individus survivent alors mieux et se reproduisent davantage. Ils transmettent donc leurs caractères à leurs descendants et la fréquence de ces caractères augmente dans la population : c'est la sélection naturelle.
- Si ces caractères ne confèrent aucun avantage, leur fréquence évolue au gré du hasard, selon les individus qui se rencontrent et se reproduisent, on parle alors de dérive génétique.
- Dérive génétique et sélection naturelle conduisent sur des temps courts à une modification des populations.
- Sur un temps long, l'évolution de deux populations géographiquement séparées peut aboutir à des différences telles que la reproduction devient impossible entre elles. Ce phénomène est à l'origine de l'émergence de nouvelles espèces.

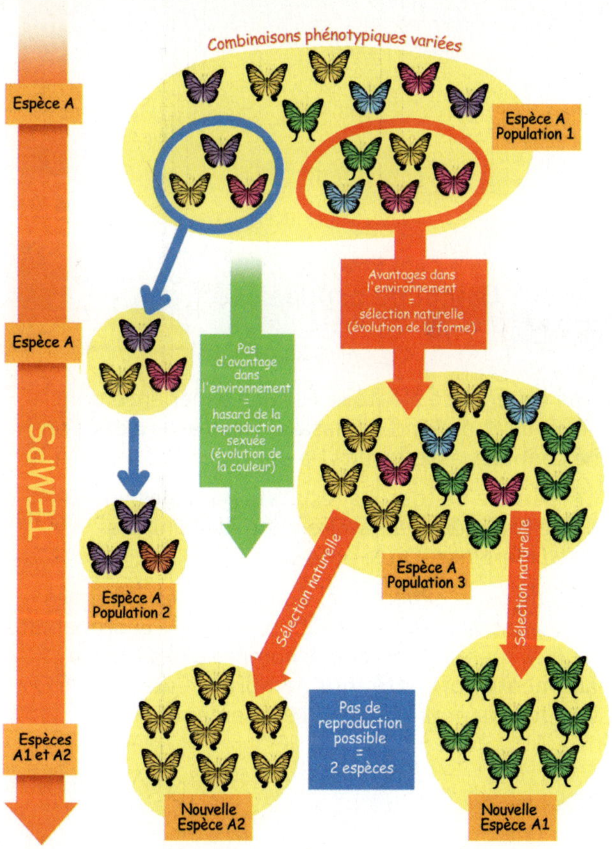

→ Chapitre 9

Bien DÉMARRER Déjà vu au collège et au lycée

FICHE 5 Utiliser les parentés pour les classer

Vu en cycle 4

- Le passage de l'état ancestral à un état dérivé de caractères est appelé innovation évolutive. Plus les espèces partagent des états dérivés de caractères, plus elles ont des ancêtres communs et plus leur parenté est forte.
- La classification scientifique des êtres vivants est fondée sur les relations de parenté entre les espèces. Sa lecture permet de reconstituer l'histoire évolutive des espèces. Deux représentations de cette classification sont possibles : en groupes emboîtés et en arbre de parenté.
- Chaque groupe d'êtres vivants est défini par un ensemble d'états dérivés de caractères (exemple : la présence de poils caractérise les mammifères).
- La notion, théorique, d'ancêtre commun n'est visualisable que sur un arbre de parenté (ou arbre phylogénétique), au niveau des nœuds. Plus des espèces sont apparentées, plus elles partagent des ancêtres communs qui leur ont transmis leurs caractères.

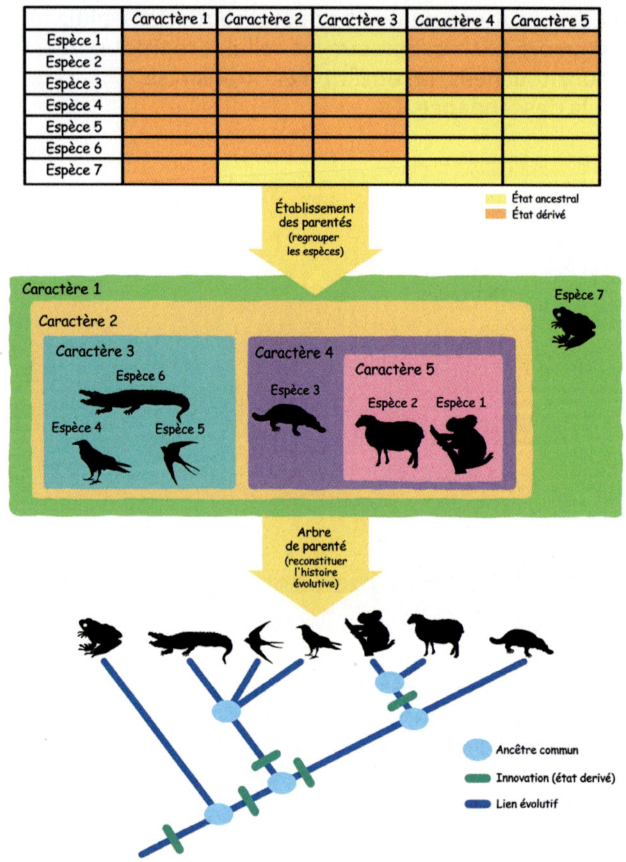

→ Chapitres 10 et 11

FICHE 6 Calcul de probabilité

Vu en 2de

- Une expérience aléatoire est une expérience dont le résultat dépend du hasard, c'est-à-dire que l'on ne connaît pas le résultat *a priori*.
- L'ensemble de tous les résultats possibles d'une expérience aléatoire s'appelle l'univers de l'expérience. On le note Ω.
- Lors de cette expérience, les fréquences obtenues pour chaque résultat se rapprochent de la probabilité d'un évènement lorsque le nombre d'expérience augmente (loi des grands nombres). Cette valeur s'appelle la probabilité de l'événement E.

→ Chapitre 9

FICHE 7 Proportions et pourcentages

Vu en cycle 4

- Soit E un ensemble non vide ayant un nombre fini d'éléments et P un sous-ensemble de E.
On note n_E et n_A respectivement le nombre d'éléments de E et de P.
Alors, la proportion d'éléments de P parmi ceux de E est le nombre $\frac{n_P}{n_E}$.
Le pourcentage d'éléments de P parmi ceux de E est : $\frac{n_P}{n_E} \times 100$.

→ Chapitre 12

FICHE 8 Échantillonnage et fluctuation d'échantillonnage

Vu en 2de

- Quand on prélève au hasard et avec remise *n* individus dans une population, on obtient un échantillon de taille *n*.
- La fréquence *f* du caractère de l'échantillon est alors connue. Suivant la taille de l'échantillon qui est prélevé, la fréquence *f* peut varier. Ce phénomène dû au hasard est appelé **fluctuation d'échantillonnage**.
- La proportion *p* du caractère sur toute la population est inconnue, mais peut être estimée, car si l'échantillonnage est répété un grand nombre de fois, alors *f* se rapproche de *p*.

→ Chapitre 9

FICHE 9 Fonction de variable réelle

Vu en 2de

- Soit *D* une partie de l'ensemble $\mathbb{R}$ des nombres réels.
- Une **fonction** f définie sur *D* associe à tout nombre réel x de *D* un unique nombre réel, noté $f(x)$.
- *D* est appelé l'**ensemble de définition** de la fonction f.
- La courbe d'équation $y = f(x)$ est l'ensemble des points du plan dont les coordonnées $(x ; y)$ vérifient $y = f(x)$.

→ Chapitre 12

FICHE 10 Représentation graphique de droite

Vu en au collège

- Pour tracer une droite, il faut en connaître deux points. Pour cela il suffit de calculer l'image de deux valeurs différentes de x.

→ Chapitre 12

FICHE 11 Fonction affine

Vu en 3e

- On appelle fonction affine, une fonction f qui à un nombre x associe un nombre $y = ax + b$, où a et b sont des nombres réels donnés.
  - a se nomme le coefficient directeur
  - b se nomme l'ordonnée à l'origine.
- Toute fonction affine est représentée graphiquement par une droite.

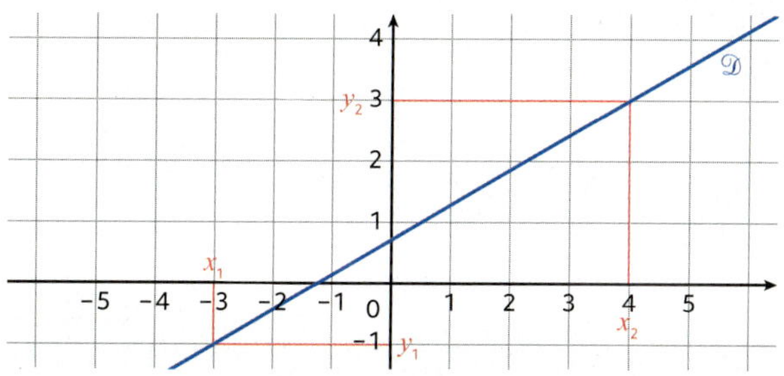

- Pour déterminer a et b connaissant la représentation graphique de f : commencer par déterminer a.
- Si f est une fonction affine, prendre deux points de la droite tels que $f(x_1) = y_1$ et que $f(x_2) = y_2$ alors $a = \frac{(y_2 - y_1)}{(x_2 - x_1)}$.
- Pour b :
  - soit lire directement y pour $x = 0$, y est alors égal à b ;
  - soit prendre un point quelconque de la droite et calculer b par $b = y_1 - ax_1$.

→ Chapitre 12

CHAPITRE

9 La biodiversité et son évolution

La biodiversité actuelle correspond à la diversité qui existe aujourd'hui dans le monde vivant. Elle varie au cours du temps et est issue d'une longue histoire, celle de la vie. Ses variations peuvent être décrites et analysées avec des modèles mathématiques.

a. Les expéditions de la goélette *Tara* font partie des grandes explorations scientifiques actuelles. Ce bateau parcourt les mers du globe à la découverte du monde planctonique et récolte des données pour les scientifiques du monde entier.

▶ **Comment échantillonner et faire l'inventaire de la biodiversité d'un écosystème ?** UNITÉ 1

b. L'écosystème de la montagne Pelée en Martinique regroupe des espèces particulières, où chacune a un effectif qui lui est propre.

▶ Comment estimer l'effectif d'une espèce ?

UNITÉ 2

c. Les guppy sont des petits poissons d'eau douce très colorés. Au sein d'une même espèce, les individus sont différents.

▶ Quels paramètres font varier la composition génétique d'une population au cours du temps ?

UNITÉS 3 et 4

Vidéo

d. La vie des oiseaux dans la forêt équatoriale fragmentée de Guyane.

▶ Quelle est l'influence des humains sur la biodiversité ? UNITÉ 5

Notions du chapitre	Unités	Exercices
Pour bien démarrer ce chapitre, consulter les fiches 1, 2, 3, 4, 6 et 8, pages 206 à 209		
Exploiter des données obtenues au cours d'une sortie de terrain ou d'explorations scientifiques pour estimer la biodiversité et quantifier l'effectif d'une population ou d'un taxon plus vaste à partir de résultats d'échantillonnage.	1, 2	8, 9, 10, 13, 14, 18, 19
Pour la transmission de deux allèles dans le cadre du modèle de Hardy-Weinberg, établir les relations entre les probabilités des génotypes d'une génération et celles de la génération précédente.	3, 4	12, 16, 18
À partir d'un logiciel de simulation, montrer l'impact d'un faible effectif de population sur la dérive génétique et l'évolution rapide des fréquences alléliques. Identifier des critères de gestion durable d'un écosystème. Envisager des solutions pour un environnement proche.	5	11, 15, 17, 18, 19

UNITÉ 1

Le recensement de la biodiversité d'un écosystème

Pour comprendre le fonctionnement d'un écosystème, les différentes espèces qui y vivent doivent être identifiées. Plusieurs techniques, complémentaires, permettent d'estimer la richesse en espèces, ou richesse spécifique, de cet écosystème.

MISSION Tâche complexe

Vous accompagnez la mission Tara. Réalisez un poster scientifique présentant les méthodes utilisées pour établir la biodiversité planctonique de l'écosystème océan et présentez ce poster à l'oral.

Expliquer une méthode d'échantillonnage et d'identification des espèces

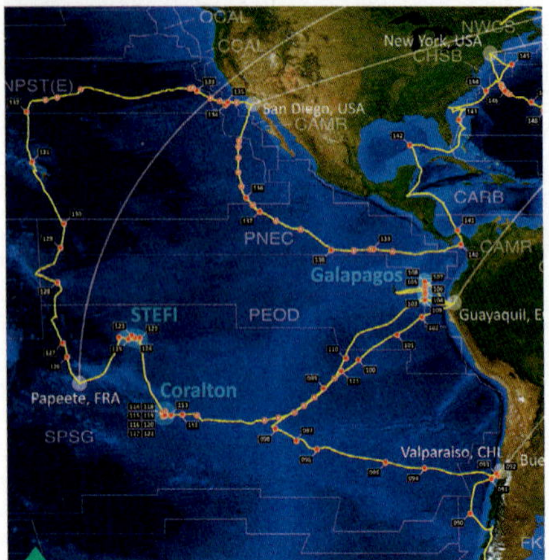

1 Le trajet de la goélette *Tara* dans le Pacifique
L'expédition « Tara Océans » (2009-2012) a eu en partie pour objectif de caractériser la biodiversité planctonique.

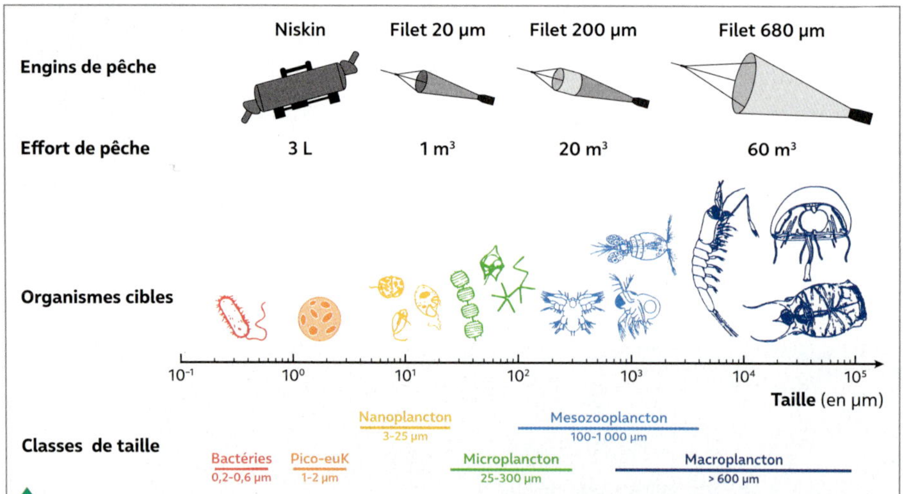

2 La collecte des animaux lors des expéditions *Tara*
Des filets reliés à des collecteurs sont traînés dans l'eau par le bateau. En fonction de la taille des mailles du filet, les échantillons peuvent aller du virus (quelques nm) au plancton (2 mm).

▼ **Le Zooscan** identifie automatiquement le zooplancton.

◀ **L'Underwater Vision Profiler** observe le plancton pendant la collecte.

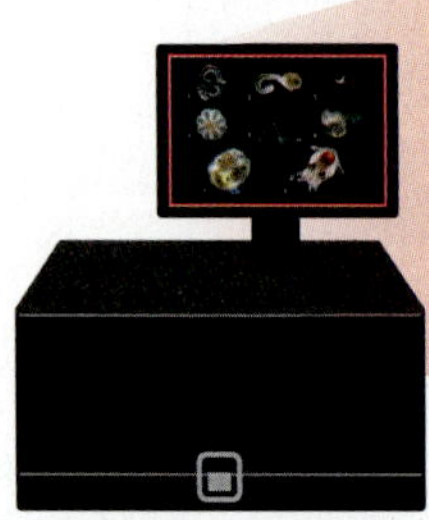

▲ **Le FlowCam** fait défiler des organismes à grande vitesse dans le faisceau d'un laser, en les comptant et en les caractérisant.

▲ Le plancton ramené dans les filets est observé et identifié. Le nombre d'individus d'une population peut alors être estimé. Au milieu des organismes connus, de nouvelles espèces sont sans cesse découvertes

1. Ver polychète
2. Ver polychète en cours de métamorphose
3. Crevette
4. Larve de corail
5. Larve d'hémichordé Tonaria (*Ptychodera flava*)
6. Larve de poisson
7. Mollusque planctonique
8. Larve de calamar

▲ Inventaire des espèces ramenées dans les filets

3 Analyse des échantillons récoltés (données planctoniques) et inventaire des espèces présentes

Expliquer l'exploitation de l'ADN récolté dans un environnement

Vidéo

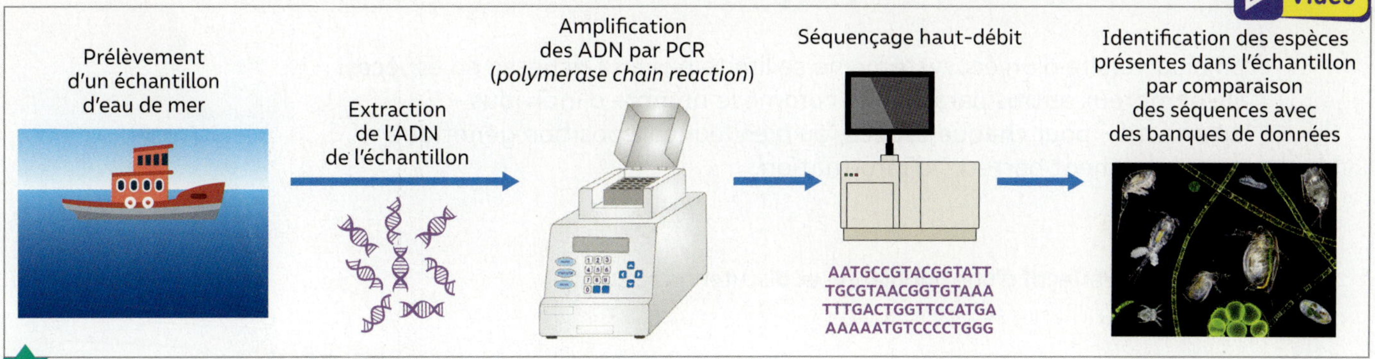

4 L'utilisation de l'ADN environnemental (ou ADNe)
Les ADN présents dans un environnement (eau de mer par exemple) proviennent de nombreuses espèces. Leur séquençage, qui consiste à déterminer l'ordre des nucléotides (A, T, G, C) de l'ADN, permet d'identifier les espèces et d'estimer leur abondance.

ACTIVITÉ NUMÉRIQUE

BLAST

OBJECTIF Identifier des espèces à partir de l'ADNe récolté en utilisant le comparateur de données BLAST.

Le logiciel BLAST (*Basic Local Alignment Search Tool*) permet de comparer les ADN obtenus dans un environnement à des bases de données internationales et de déterminer une espèce à partir d'une séquence d'ADN.

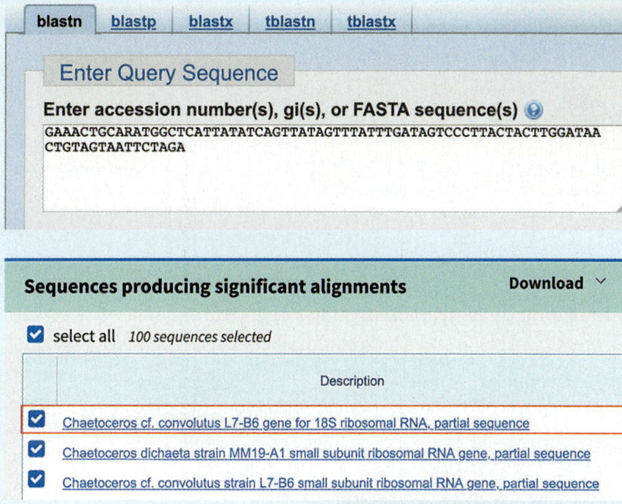

PROTOCOLE

1. Entrer la séquence d'ADNe inconnue dans le logiciel BLAST (ci-contre : séquence obtenue par *Tara*).
2. Comparer cette séquence à la base de données BLAST afin d'identifier l'espèce à laquelle elle appartient. Cela est possible si le pourcentage d'identité est supérieur à 85 %. Dans certains cas, l'espèce n'est pas connue.
3. Observer le résultat. L'ADN permet ici de déterminer la présence de *Chaetoceros convolutus* sans l'avoir observé.

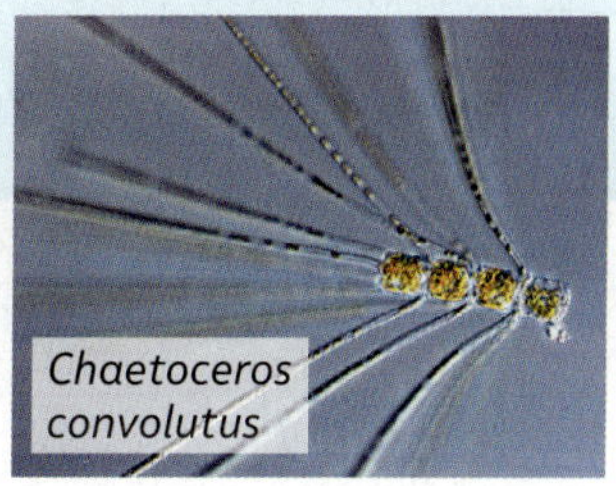
Chaetoceros convolutus

Comparer les résultats obtenus par les deux méthodes

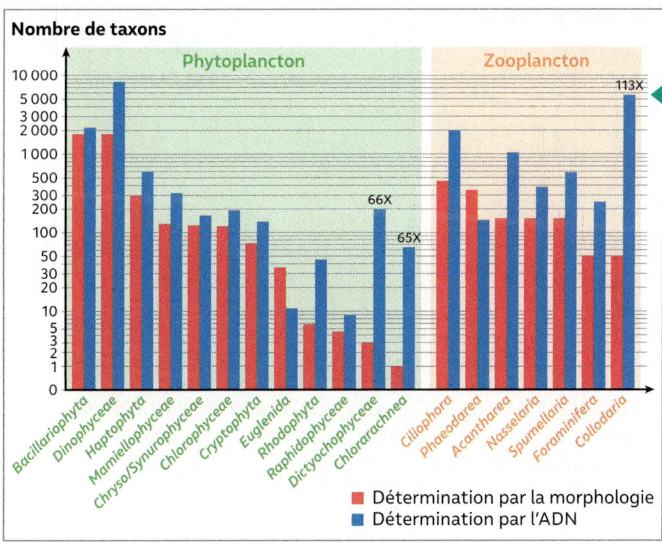

5 Histogramme des résultats
Un taxon comporte plusieurs espèces.

COUPS DE POUCE

- La richesse spécifique est le nombre d'espèces d'un écosystème.
- Les espèces se distinguent par des critères morphologiques mais également par leur programme génétique.
- L'abondance des taxons les uns par rapport aux autres est également un critère de la biodiversité.

UNITÉ 2

L'effectif d'une population

La biodiversité d'un écosystème ne se limite pas à sa richesse en espèces. De nombreux autres paramètres comme le nombre d'individus – ou effectif – pour chaque espèce, ou bien leur composition génétique sont également porteurs d'information.

OBJECTIF

Déterminer l'effectif d'une population et discuter du résultat.

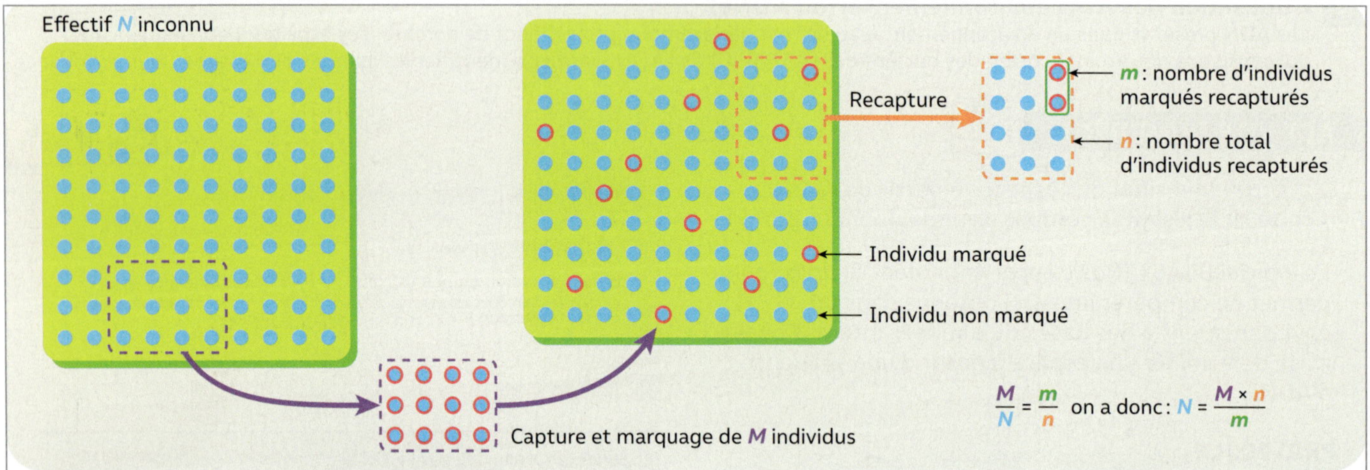

▲ Méthode de capture-marquage-recapture

▲ La Cistude d'Europe est une espèce protégée de tortues dont on souhaite connaître l'effectif des populations. Le marquage est réalisé par une encoche sur la carapace.

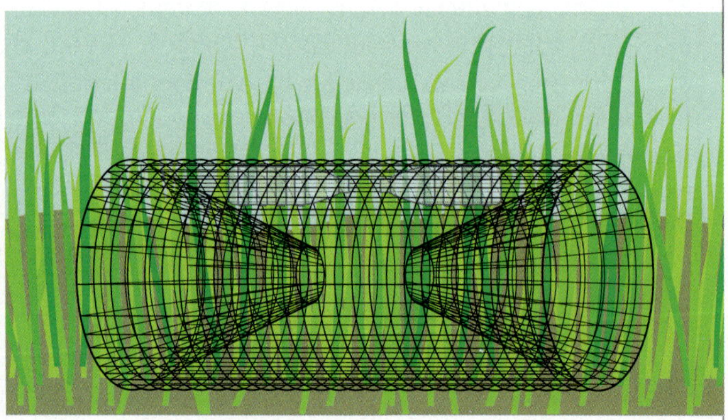

▲ Dispositif de piégeage sur un étang (nasse)

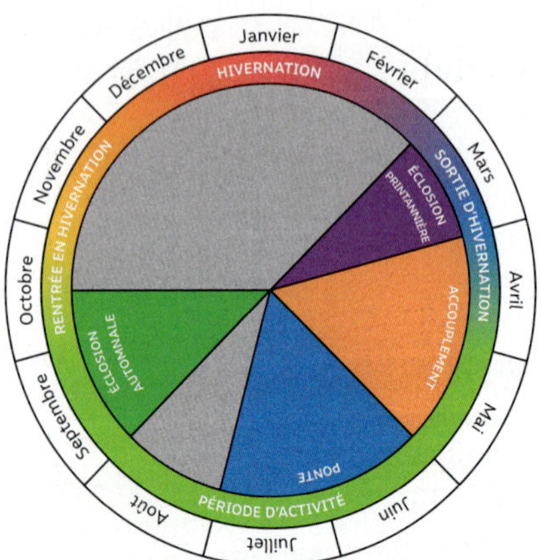

◀ Cycle de vie annuel de la Cistude d'Europe

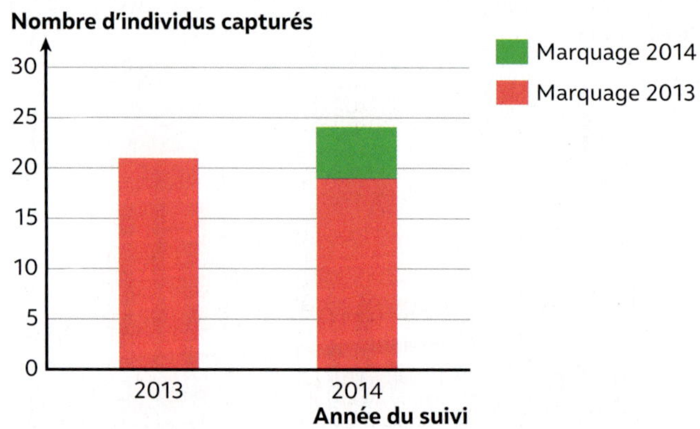

▲ Exemple d'un résultat de suivi sur l'étang de la Goujonne (Seine-et-Marne) après marquage sur la carapace des Cistudes d'Europe.

1 La méthode capture-marquage-recapture

Des animaux sont prélevés, marqués puis relâchés dans l'écosystème. Une deuxième capture permet d'évaluer l'effectif d'une population.

ACTIVITÉ NUMÉRIQUE

Tableur

OBJECTIF Simuler à l'aide d'un tableur les résultats d'un échantillonnage aléatoire dans une population.

Le pourcentage d'individus femelles au sein d'une population de Cistudes d'Europe est estimé à 37 % +/– 3 %. L'utilisation d'un tableur permet de simuler les résultats de plusieurs échantillonnages et de les comparer entre eux afin de vérifier s'il existe une fluctuation importante ou non.

PROTOCOLE

1. Simuler un choix binaire (mâle = 0 ou femelle = 1) avec une probabilité p = 0,37 pour le choix 1.
ENT(ALEA()+p)
- ENT arrondit à un nombre entier
- ALEA() renvoie un nombre aléatoire dans l'intervalle [0;1[

2. Appliquer la formule sur 100 lignes afin de simuler un échantillonnage.

3. Calculer la moyenne obtenue pour chaque colonne.
=MOYENNE(A1:A100)

95	1	1	1	1
96	1	1	0	0
97	0	0	1	0
98	1	0	0	1
99	0	1	0	0
100	1	0	0	0
101				
102	0,46	0,39	0,34	0,41

2 Simulation des échantillons obtenus par tirage aléatoire avec un tableur

On étudie un caractère dans une population (par exemple, le caractère femelle ou mâle). On cherche à estimer la probabilité p de rencontrer un individu possédant ce caractère. Pour cela, on extrait un échantillon de n individus de la population, puis on dénombre le nombre d'individus possédant le caractère spécifique donné, puis on calcule la fréquence f pour ce caractère.

L'intervalle de confiance pour la proportion p au niveau de confiance à 0,95 correspond alors à l'intervalle :

$$\left[f - \frac{1}{\sqrt{n}} ; f + \frac{1}{\sqrt{n}}\right].$$

L'intervalle ainsi calculé a 95 % de chance de contenir la valeur qui aurait été déterminée en analysant l'ensemble des individus de la population.
Pour utiliser l'intervalle de confiance, on vérifie toujours que :
– $n \geq 30$. Le nombre d'individus compris dans l'échantillon doit être supérieur ou égal à 30.
– $n \times f \geq 5$
– $n \times (1 - f) \geq 5$.

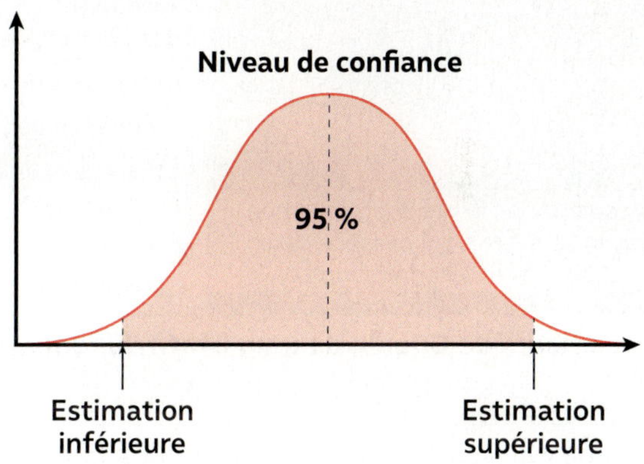

Application numérique

Soit la population de la Cistude d'Europe sur les marges de l'étang de l'Or (site de Tartuguière, Hérault). Dans un échantillon de 100 individus capturés, on dénombre 27 tortues femelles, 65 tortues mâles et 8 tortues encore immatures.

3 Le calcul d'un intervalle de confiance : de l'échantillon vers la population

PISTES D'EXPLOITATION

1. **Appliquer** la méthode capture-marquage-recapture pour évaluer l'effectif des tortues sur l'étang de la Goujonne. Comparer cette méthode à un comptage direct des tortues (doc. 1).
2. **Utiliser** le cycle de vie pour établir les limites de cette méthode (doc. 1) puis **utiliser un tableur** pour simuler un échantillonnage d'individus dans un écosystème (doc. 2).
3. **Établir** la proportion d'individus femelles au sein de la population des Cistudes de l'étang de l'Or dans un intervalle de confiance de 95 % (doc. 3).
4. **Discuter** de la validité du résultat d'un échantillonnage dans une population.

Réflexion sur la science

Science et société

Les sondages d'opinion sont toujours réalisés avec un intervalle de confiance sur un nombre plus ou moins important de personnes. Les résultats devraient être fournis sous forme d'une fourchette de valeurs.

Pourquoi est-il plus pertinent de donner une fourchette de valeurs avec un indice de confiance plutôt qu'une valeur moyenne ?

UNITÉ 3

L'évolution de la composition génétique des populations

La biodiversité change au cours du temps. Ces changements reposent sur des forces évolutives : les mutations, la sélection naturelle et la dérive génétique. Les travaux de Godfrey Hardy et Wilhelm Weinberg ont permis de modéliser la structure génétique d'une population au fil des générations dans certaines conditions.

OBJECTIF

Comprendre le modèle de Hardy-Weinberg, confronter ce modèle à une situation biologique pour identifier les forces évolutives et le mettre à l'épreuve avec un logiciel de simulation.

La couleur des fleurs est gouvernée par un seul gène qui possède deux allèles : A et a codominants.

Phénotypes			
Effectif	164	192	44
Fréquence des phénotypes	164/400 = 0,41	192/400 = 0,48	44/400 = 0,11
Génotypes des individus	AA	Aa	aa
Fréquence des allèles	Fréquence p de l'allèle A p = [(2 x 164)+192]/800 = 0,65		Fréquence q de l'allèle a q = [(2 x 44)+192]/800 = 0,35
	$p + q$ = 0,65 + 0,35 = 1		

▲ Résultat d'un échantillonnage de 400 fleurs dans une prairie et calculs des fréquences phénotypiques et alléliques donnant la structure génétique de la population

1 Des fleurs de Gueule de loup (*Antirrhinum majus*)

Le modèle de Hardy-Weinberg prédit que la structure génétique d'une population est conservée de génération en génération si les conditions suivantes sont respectées :
- l'effectif de la population est de grande taille et on peut appliquer la loi des grands nombres (la probabilité de transmission d'un allèle est égale à sa fréquence) ;
- il n'y a pas de mutation ;
- il n'y a pas de migration entre des populations différentes ce qui pourrait amener de nouveaux allèles ;
- il n'y a pas de sélection naturelle.

Tableau de croisement (cas d'un gène avec deux allèles A et a)		Gamètes femelles	
		A (p)	a (q)
Gamètes mâles	A (p)	AA (p^2)	Aa (pq)
	a (q)	Aa (pq)	aa (q^2)

2 Le modèle de Hardy-Weinberg

À la génération suivante, les fréquences des phénotypes sont :

$$f_D = \text{Freq(AA)} = p^2$$

$$f_H = \text{Freq(Aa)} = 2pq \qquad f_R = \text{Freq(aa)} = q^2$$

Les fréquences alléliques p' et q' sont :

$$p' = p^2 + pq = p(p+q) = p \quad \text{et} \quad q' = q^2 + pq = q(p+q) = q$$

3 Prédictions du modèle de Hardy-Weinberg

Pour un gène avec deux allèles A et a :

1 On mesure les effectifs des différents phénotypes.

Génotypes	AA	Aa	aa	Total
Effectifs	n_{AA}	n_{Aa}	n_{aa}	N

2 On calcule les fréquences alléliques :

$$p = \frac{(2\,n_{AA} + n_{Aa})}{2N} \qquad q = \frac{(2\,n_{aa} + n_{Aa})}{2N}.$$

3 En utilisant ces fréquences, on calcule les effectifs attendus à la génération suivante et on les compare avec les effectifs observés :

Génotypes	AA	Aa	aa	Total
Effectifs attendus	p^2N	$2pqN$	q^2N	N

Par exemple, effectifs attendus pour la Gueule de loup :

Génotypes	AA	Aa	aa	Total
Effectifs attendus	169	182	49	400

L'équilibre de Hardy-Weinberg est respecté.

4 Test de conformité au modèle de Hardy-Weinberg

Si le modèle n'est pas vérifié, il faut rechercher quelle condition du modèle n'est pas respectée.

Génotype	Phénotype drépanocytaire	Paludisme (infection sanguine due à un parasite transmis par les moustiques : le *Plasmodium falciparum*)
HbS HbS	Individu atteint de drépanocytose. Les molécules d'hémoglobine s'assemblent et déforment les hématies. L'individu présente de nombreux symptômes et le taux de survie est faible en l'absence de traitement.	
HbS HbA	Porteur sain. Les molécules d'hémoglobine s'assemblent peu.	Les hétérozygotes ont une sensibilité réduite à l'infection par le plasmodium.
HbA HbA		Les risques de contracter le paludisme dans une région infestée est 2,17 fois plus fort pour les individus (HbA/HbA) que (HbS/HbS).

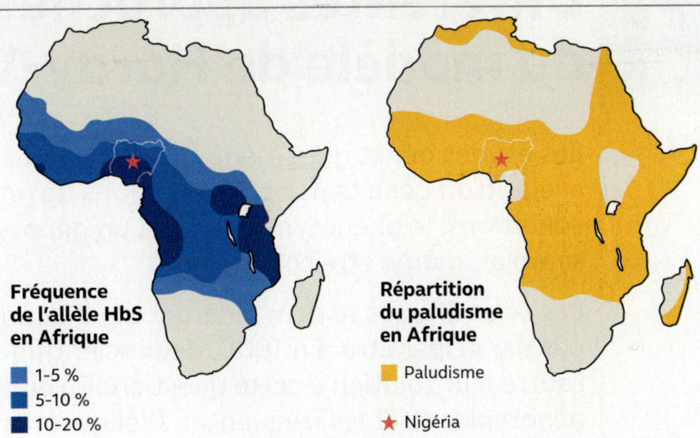

Analyse des génotypes de 12 387 personnes au Nigéria ▶

Génotype	Nombre d'individus observés
HbS HbS	29
HbA HbS	2 993
HbA HbA	9 365
Total	**12 387**

◀ Phénotypes de différents génotypes. La chaîne β de l'hémoglobine est codée par un gène pour lequel il existe deux allèles : HbA et HbS. HbS code une chaîne anormale.

5 Étude de la composition génétique d'une population du Nigéria en présence du paludisme

ACTIVITÉ NUMÉRIQUE

PopGen

OBJECTIF Tester le modèle de Hardy-Weinberg en simulant différents paramètres.

Le logiciel PopGen est un logiciel de simulation permettant de tester le modèle de Hardy-Weinberg et de faire varier différents paramètres comme l'effectif de la population, le nombre de générations et le taux de mutations.

PROTOCOLE

1. Compléter les paramètres relatifs à la population (par exemple : effectif de 10 000 et fréquence allélique de $A_1 = 0.3$).
2. Indiquer le nombre de populations étudiées (par exemple : 5) ainsi que le nombre de générations (par exemple : 50).
3. Analyser les variations des fréquences alléliques au cours du temps.
4. Modifier les différents paramètres et faire le lien avec les hypothèses du modèle de Hardy-Weinberg.

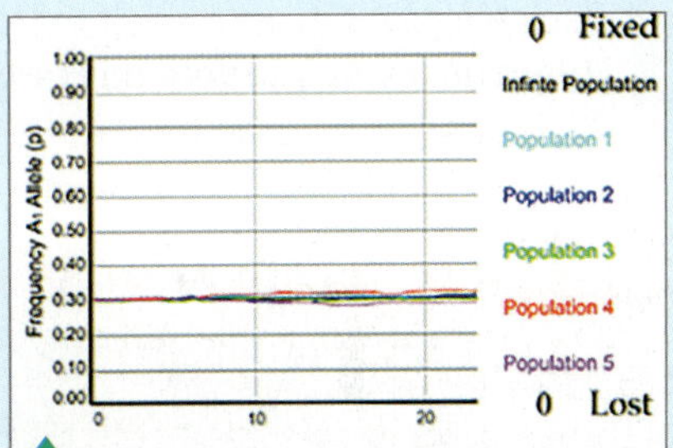

6 Résultats obtenus avec PopGen

PISTES D'EXPLOITATION

1. **Refaire** les calculs du tableau d'échantillonnage de 400 fleurs et **tester** le modèle de Hardy-Weinberg sur cet exemple (doc. 1 à 4).
2. **Appliquer** le modèle de Hardy-Weinberg à l'exemple du gène codant la chaîne β de l'hémoglobine et **déterminer** s'il est vérifié ou non (doc. 5).
3. **Proposer** des hypothèses expliquant les résultats obtenus (doc. 5).
4. **Faire varier** les paramètres du logiciel de simulation pour appliquer le modèle de Hardy-Weinberg puis les **modifier** pour comprendre leur importance (activité numérique).

Réflexion sur la science

Nature du savoir scientifique

Les outils mathématiques permettent de modéliser les phénomènes biologiques sachant que p + q = 1.
Le langage de programmation Python permet de simuler le modèle de Hardy-Weinberg.

Quel est l'intérêt d'une modélisation mathématique ?

UNITÉ 4

Différentes approches mathématiques du modèle de Hardy-Weinberg

Les études génétiques menées à la fin du XIXe siècle sur les variations de fréquence des allèles d'un gène dans des populations de grande taille, ont montré que dans certaines conditions, le phénotype associé à un génotype double récessif ne disparaissait pas et semblait même être constant.

Les scientifiques se demandèrent alors pourquoi ce phénotype « rare » ne finissait pas par disparaître. En 1908, deux scientifiques publient indépendamment l'un de l'autre leur solution à cette question. En décrivant les relations entre les fréquences génotypiques et les fréquences alléliques, ils y exposent la même loi de stabilité.

MISSION Tâche complexe

Montrer la convergence des différentes approches du modèle de Hardy-Weinberg dans le cas de l'étude d'un gène existant sous deux formes alléliques *A* et *a*, *A* étant dominant sur *a*, en considérant les hypothèses décrites ci-dessous.
[→ Fiche méthode 11, page 338]

On suppose que :
- (H1) au sein de la population, le choix du partenaire sexuel se fait au hasard ;
- (H2) la population est de grande taille (en fait de taille infinie) : on peut « confondre » fréquence, proportion et probabilité ;
- (H3) il n'y a pas de migration : aucune copie allélique n'est apportée de l'extérieur ;
- (H4) il n'y a pas de mutation ;
- (H5) il n'y a pas de sélection ;
- (H6) les générations sont séparées : pas d'union possible entre des individus de générations différentes.

1 Hypothèses du modèle de Hardy-Weinberg

2 G. H. Hardy/W. Weinberg
L'un est un mathématicien de Cambridge déjà célèbre, G. H. Hardy, qui publie dans une revue prestigieuse. L'autre, W. Weinberg, est un médecin qui publie dans un journal moins connu et dont on ne redécouvrira l'article que plusieurs décennies après sa publication. On a finalement donné le nom de loi de Hardy-Weinberg à la loi de stabilité des génotypes.

Tester une justification géométrique de la loi de Hardy-Weinberg

Notons p la proportion de l'allèle A et q celle de a dans la génération des parents, dite génération 0.
À l'aide des figures (a) et (b), nous pouvons « lire » géométriquement la relation entre fréquence allélique des parents et fréquence génotypique des enfants.

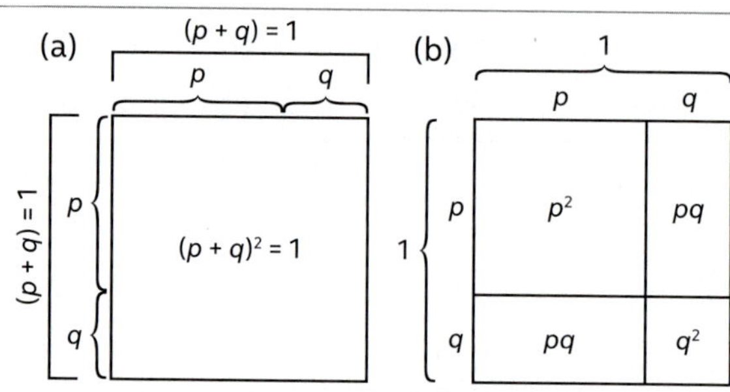

3 Aires, proportions et prédictions

QUESTIONS

- Quelles sont les proportions des génotypes *AA*, *Aa* et *aa* dans la génération des enfants, dite génération 1 ?
- Justifier à l'aide de la figure (b) que, dans la génération 1 des enfants, la proportion $p(A)$ de l'allèle *A* vaut $p^2 + pq$. Donner de même une expression de la proportion de l'allèle *a*.
- Montrer que les proportions de l'allèle *A* et de l'allèle *a* sont constantes entre la génération 0 et la génération 1. Que peut-on dire des fréquences alléliques au cours du temps ?
- Déduire de ce qui précède la loi de Hardy-Weinberg.

Tester expérimentalement l'équilibre de Hardy-Weinberg

ACTIVITÉ EXPÉRIMENTALE

MATÉRIEL

- Environ 100 morceaux de papiers bleus et autant de rouges. Les papiers bleus correspondent aux génotypes récessifs (ici *aa*) et les rouges aux génotypes dominants (*Aa* ou *AA*).
- Un grand récipient dans lequel tous ces morceaux de papier seront réunis.
- Autant de plateaux que de groupes faisant l'expérience : un tableau par groupe.

Génération	Nombre de papiers bleus	Nombre de papiers rouges	p	q	p^2	$2pq$	q^2
1							
2							
3							
4							
5							

PROTOCOLE

Pour chaque groupe

1. Retirer au hasard 10 papiers du récipient et les placer dans son plateau.
2. Noter le nombre de papiers bleus et rouges dans la ligne « génération 1 » du tableau.
3. Choisir au hasard trois de ces papiers et les jeter.
4. Retirer au hasard trois papiers du grand récipient et les placer sur son plateau pour remplacer les précédents.
5. Réitérer ces opérations jusqu'à la 5ᵉ génération.
6. Compléter ensuite les colonnes p, q, p^2, $2pq$, q^2 où p correspond à la proportion d'allèles dominants et q à celle des récessifs.

Utiliser les représentations géométrique et graphique des fréquences génotypiques

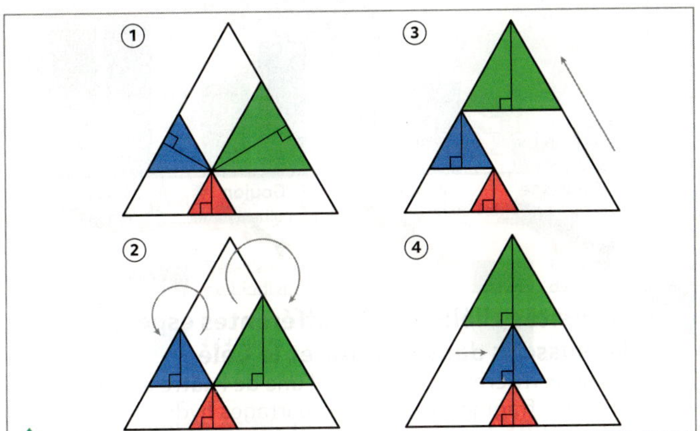

4 Le théorème de Viviani

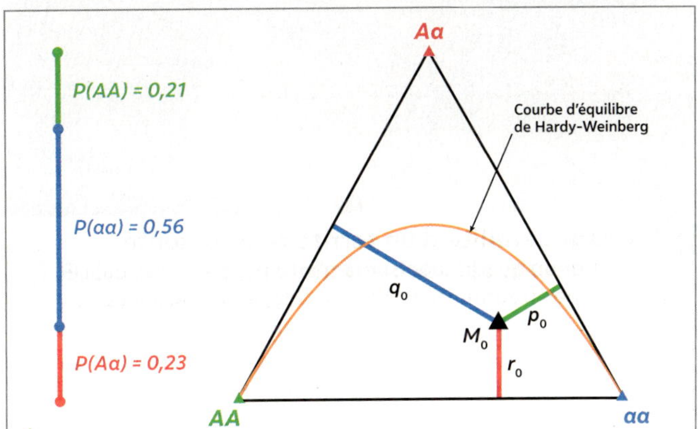

5 Le diagramme de De Finetti

QUESTIONS

- Énoncer la propriété qu'illustre la figure (doc 3).
- Dans tout ce qui suit, on suppose que l'on connaît la proportion p_0 du génotype *AA*, la proportion q_0 du génotype *aa* et la proportion r_0 du génotype *Aa* dans la population de la génération 0.
  a. Donner une expression de la proportion α_0 de l'allèle *A* et β_0 de l'allèle *a* dans la population de la génération 0.
  b. Justifier rapidement pourquoi à n'importe quel point M_0 à l'intérieur du triangle équilatéral de hauteur 1 correspond un triplet $(p_0 ; q_0 ; r_0)$ de proportions génotypiques.
- Notons x la proportion de l'allèle *A* et $1 - x$ celle de *a* à la génération n.
  a. Rappeler les expressions des proportions $p(AA)$ du génotype *AA*, puis $p(Aa)$ et $p(aa)$ en fonction de x.
  b. On suppose que l'on est dans le cas d'équilibre de Hardy-Weinberg. Placer sur la figure le point M_1 correspondant au triplet $(p_1 ; q_1 ; r_1)$ des proportions génotypiques de la génération 1. On justifiera la réponse.
  c. Où se trouvent les points M_i des générations suivantes ?

HISTOIRE
ENJEUX
DÉBATS

Biodiversité et impacts des actions humaines

Le terme « biodiversité » est un néologisme récent, qui s'est rapidement imposé de par les enjeux essentiels dont il est porteur. La vitesse inédite à laquelle la biodiversité se dégrade actuellement s'explique par les activités humaines, dont l'agriculture.

Quelles sont les interactions entre biodiversité et agriculture ?

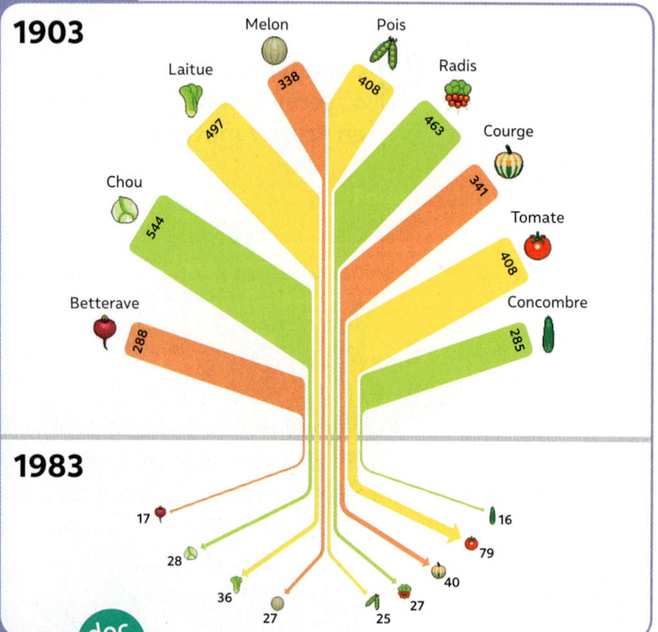

doc a **Perte de diversité de légumes aux USA**
La diversité est estimée par le nombre de variétés disponibles.

- Restaurer les écosystèmes dégradés par l'Homme passe par une réforme du système agro-alimentaire et des changements des modèles de production et de consommation.
- 1 million d'espèces sur les 8 millions estimées sont menacées d'extinction. Les coupables sont dans l'ordre : l'agriculture et la déforestation, la pêche et la chasse, le changement climatique, les pollutions et les espèces invasives.

Extrait de « Rapport sur la biodiversité : un million d'espèces menacées d'extinction », *HuffingtonPost*, 2019

doc b **Les menaces actuelles qui pèsent sur la biodiversité**

Vidéo

doc c **Réserve mondiale de semences du Svalbard**
Cette chambre forte creusée dans une montagne, à environ 1 000 km du pôle Nord, abrite des graines de plantes cultivées originaires de tous les continents. Elle a pour but de préserver leur diversité pour faire face aux aléas. La biodiversité des variétés cultivées est assez bien représentée, mais la biodiversité génétique individuelle au sein de chaque variété est faible dans cette réserve.

Localisation et date	Culture	Conséquences
Irlande, 1846 	Pommes de terre : nombre très faible de variétés, ravagées par un champignon parasite, le mildiou, auquel elles étaient toutes sensibles.	Grande famine : 1 million de morts. Émigration : 1,5 million d'émigrés.
USA, années 1930 	Céréales : monoculture, dans d'anciennes zones de prairies arides. Elles ont succombé à des épisodes de sécheresse et ont laissé les sols à nu.	Tempêtes de poussières inédites, aggravant les pertes agricoles : exode de 3 millions de personnes ; 500 000 émigrés ; centaines de morts (maladies respiratoires).
Indonésie, 1974-1977 	Riz : dégâts causés par un insecte (cicadelle brune, voir photo) et un virus.	3 millions de tonnes détruites.

doc d **Catastrophes agricoles historiques dues à l'uniformité génétique des cultures**

A-Z **VOCABULAIRE**

Biodiversité : terme inventé en 1985 par Rosen, puis popularisé par Wilson, en remplacement de « biodiversité biologique », jugé moins efficace en termes de communication.

C'est à partir de 1992, après la Conférence de Rio de Janeiro, que ce terme a été popularisé *via* les médias dans le grand public.

Actuellement, la biodiversité est définie comme la diversité :
- des écosystèmes planétaires ;
- des espèces au sein des écosystèmes ;
- des individus au sein des espèces (biodiversité génétique).

RESSOURCES
- Vidéo : *Qu'est-ce que la biodiversité ?* edu.mnhn.fr
- Vidéo : *Le « Global Seed Vault » en Norvège ; les semences du monde à l'abri* franceinfo.fr

Correspondance quantitative	Exemples
95 %	Melons, pastèques
65 %	Pommes, cerises, concombres, cornichons
25 %	Aubergines, tournesols, groseilles, figues, fraises
5 %	Oranges, tomates
0	Céréales

doc e

Les services de pollinisation chez les plantes cultivées

84 % des espèces cultivées dépendent directement des espèces pollinisatrices pour leur reproduction. Cette dépendance peut être mesurée par la perte relative de production agricole qui serait provoquée par la disparition des insectes pollinisateurs : c'est ce que l'on nomme « correspondance quantitative ».

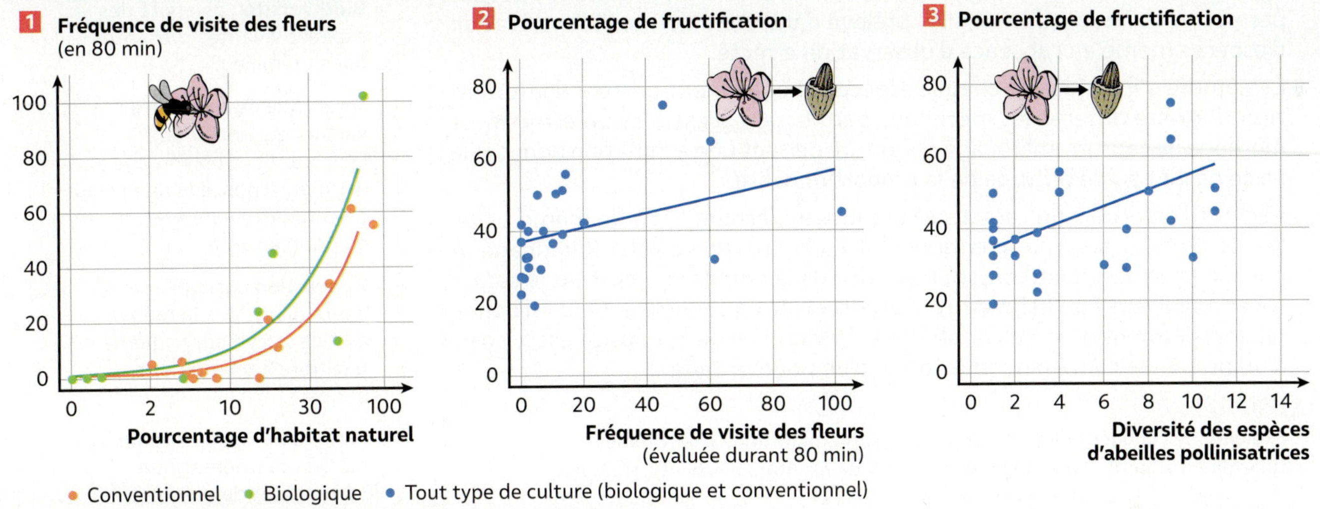

Une étude sur des amandiers californiens a évalué (**1**) les impacts du type d'habitat et du type d'agriculture (biologique ou conventionnelle) sur la pollinisation. Les types d'habitats pris en compte sont ceux situés dans un rayon d'1 km autour des plantations. Deux types d'habitats ont été distingués : naturels ou artificialisés (urbain ou agricole). L'impact de la pollinisation sur la transformation des fleurs en fruits (**2**, **3**) a aussi été étudié.

doc f

Pollinisation d'amandiers par des espèces d'abeilles sauvages

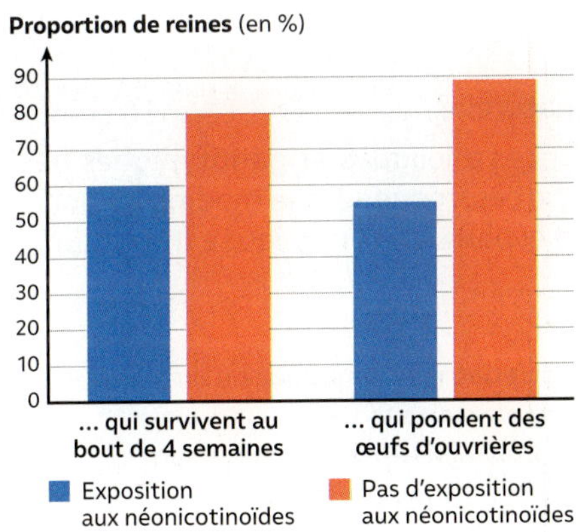

Des chercheurs ont étudié l'impact de l'exposition de pollen (aliment des abeilles) aux néonicotinoïdes à des doses comparables à celles retrouvées dans les champs. Chez les abeilles, les reines sont les seules à pondre des œufs.

doc g

Impact d'insecticides néonicotinoïdes sur la survie et la reproduction des abeilles

L'utilisation des insecticides néonicotinoïdes, disponibles depuis les années 1990, est interdite en France depuis le 1er septembre 2018 (malgré des dérogations possibles jusqu'en 2020). Cette interdiction a été motivée par des résultats d'études scientifiques tels que ceux présentés dans ce document.

En équipes !

oral

Équipe 1
Présenter l'impact de l'agriculture moderne sur la biodiversité génétique des espèces cultivées.
Expliquer quelles en sont les conséquences en vous appuyant sur un des exemples présentés ici, complété de recherches personnelles.

Équipe 2
Présenter l'impact de l'agriculture moderne sur la biodiversité des espèces d'insectes.
Expliquer quelles en sont les conséquences en vous appuyant sur les exemples présentés ici, complétés de recherches personnelles.

En commun
Réaliser un poster présentant l'organisation « idéale » d'un champ cultivé (caractéristiques des plants cultivés, organisation de la culture et des parcelles proches…). Vous pouvez y intégrer les informations apportées dans l'unité 3.
Présenter le poster à la classe.

SYNTHÈSE La biodiversité et son évolution

MÉMO

Podcast Texte dys

Le recensement de la biodiversité UNITÉS 1 et 2

- Les espèces vivant dans un milieu constituent sa **richesse spécifique**. L'inventaire de ces espèces et de leurs effectifs rend compte de cette **biodiversité**.
- L'échantillonnage d'individus dans un milieu permet leur observation et leur identification directe en se basant sur des critères morphologiques. Toutes ces espèces se distinguent également par leur ADN. De nouvelles techniques permettent ainsi d'utiliser l'ADN prélevé dans un milieu et l'identification d'espèces même en l'absence d'observation directe.
- Le nombre d'individus de chaque espèce est également porteur d'information. Il existe différentes méthodes permettant d'estimer un effectif. La méthode de capture-marquage-recapture permet une estimation ponctuelle en se basant sur le principe de la proportionnalité.
- Lorsque l'on étudie un caractère sur plusieurs échantillons de même taille, les résultats ne sont pas identiques : il y a fluctuation d'échantillonnage. À partir d'un seul échantillon, la proportion de la population portant le caractère étudié peut être estimée avec un intervalle de confiance. Celui-ci donne un encadrement de la valeur obtenue. L'**intervalle de confiance** est associé à un niveau de confiance, sous forme d'un pourcentage.

SAVOIR-FAIRE

- Exploiter des données de sortie de terrain ou d'explorations scientifiques.
- Quantifier l'effectif d'une population à partir de résultats d'échantillonnage.

A-Z MOTS CLÉS

- **Richesse spécifique :** nombre d'espèces d'un milieu.
- **Biodiversité :** diversité des espèces vivantes présentes dans un milieu.
- **Intervalle de confiance :** valeurs qui encadrent la valeur que l'on cherche à estimer. Il possède un niveau de confiance exprimé en pourcentage.
- **Population :** groupe d'organismes de la même espèce qui vit sur le même territoire à un moment donné.
- **Modèle de Hardy-Weinberg :** modèle mathématique permettant de prédire la structure génétique d'une population dans certaines conditions.
- **Fragmentation :** morcellement d'un écosystème.

L'évolution de la composition génétique des populations UNITÉS 3 et 4 [→ Fiche méthode 11, page 338]

- La composition génétique d'une **population** peut changer au cours du temps. Le modèle mathématique de Hardy-Weinberg permet d'étudier l'évolution des fréquences alléliques dans certaines conditions :
  - une population de grande taille ce qui permet d'appliquer la loi des grands nombres (la probabilité de la transmission d'un allèle est égale à sa fréquence);
  - une absence de mutation;
  - une absence de migration entre populations différentes et de sélection naturelle.
- Dans ces conditions, le **modèle de Hardy-Weinberg** prédit que les fréquences alléliques et génotypiques ne changent pas au cours du temps. Si le test de conformité permet de révéler que ces fréquences se modifient, alors il faut rechercher laquelle des conditions n'est pas respectée et quelle force évolutive est impliquée (mutation, sélection, dérive, etc.).

SAVOIR-FAIRE

- Pour la transmission de deux allèles dans le cadre du modèle de Hardy-Weinberg, établir les relations entre les probabilités des génotypes d'une génération et celles de la génération précédente.
- Produire une démonstration mathématique ou un calcul sur tableur ou un programme en Python pour prouver ou constater que les probabilités des génotypes sont constantes à partir de la seconde génération.

L'influence des activités humaines sur la biodiversité UNITÉ 5

- Les activités humaines ont de nombreuses conséquences sur la biodiversité. Elles modifient globalement le climat, impactant de ce fait tous les milieux. Certains habitats sont détruits et de nombreuses espèces sont menacées ou disparaissent. La **fragmentation** d'une population en petits groupes entraîne par dérive génétique, un appauvrissement de la diversité génétique.
- Des mesures de protection sont définies avec, par exemple, la mise en place de corridors écologiques entre les réservoirs de biodiversité.

SAVOIR-FAIRE

- À partir d'un logiciel de simulation, montrer l'impact d'un faible effectif de population sur la dérive génétique et l'évolution rapide des fréquences alléliques.
- Analyser des documents pour comprendre les mesures de protection de populations à faibles effectifs.

SCHÉMA

Bilan animé

La biodiversité et son évolution

BIODIVERSITÉ PLANÉTAIRE

Évaluer la biodiversité à différents niveaux

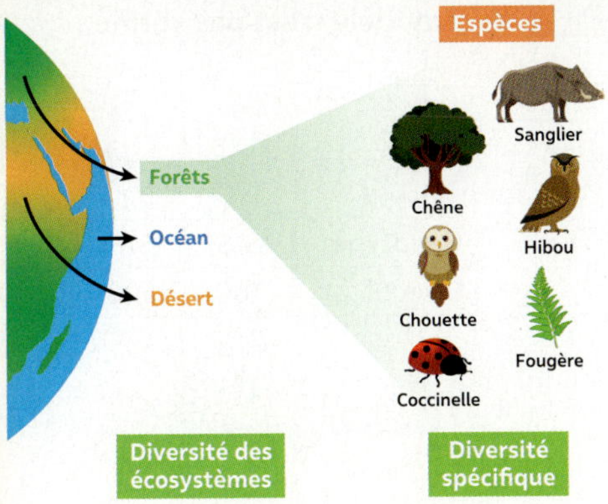

Recenser la biodiversité

Techniques d'estimation
- Échantillonnage
- Fluctuation d'échantillonnage
- Capture-marquage-recapture

	Richesse spécifique			
	connue			inconnue
Espèce	A	B	C	?...
Effectif	218	38	72	*x*

Taxon

Abondance relative
Diversité génétique

Estimation des paramètres de la biodiversité

Étude de l'évolution de la composition génétique des populations d'une espèce au cours du temps : le modèle de Hardy-Weinberg

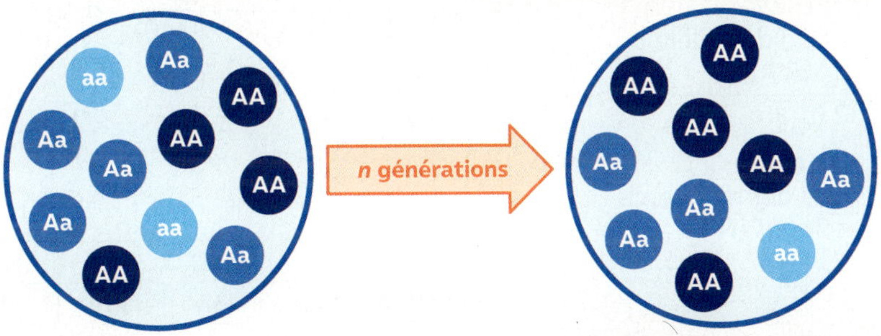

F(A) = p
F(a) = q
Population

F(A) = p
F(a) = q
Population future selon le modèle de Hardy-Weinberg et ses conditions (absence de migration, de mutation, de sélection et grand effectif)

Test de conformité au modèle en étudiant l'évolution d'une population au cours du temps

Si $F(AA) = p^2$, $F(Aa) = 2pq$, $F(aa) = q^2$: Modèle validé

Si $F(AA) \neq p^2$, $F(Aa) \neq 2pq$, $F(aa) \neq q^2$: Modèle invalidé → Hypothèse explicative

DÉGRADATION

Fragmentation des populations
Pollution
Destruction d'écosystèmes
Surexploitation d'espèces

→ Biodiversité modifiée :
- Richesse spécifique
- Abondance relative
- Diversité génétique

SAUVEGARDE

Action de protection et de préservation

Gestion raisonnée des écosystèmes

Mesures de prévention

Mesures compensatoires

Mesures de restauration

Activités humaines et biodiversité

MÉTHODE Tester le modèle de Hardy-Weinberg

1 Exercice résolu

Énoncé

Dans une population de grande taille, où certaines conditions sont respectées, les fréquences alléliques restent constantes de génération en génération. Les processus de reproduction sexuée, méiose et fécondation, ne modifient pas ces proportions.

	Exemple
Espèce étudiée	Souris
Effectif de la population étudiée	1 000
Phénotype étudié	Enzyme (alcool déshydrogénase) fonctionnelle ou non
Gène responsable	Gène ADH
Allèles	S et F

QUESTION
Pour un gène possédant deux allèles, vérifier le modèle de Hardy-Weinberg et rechercher une hypothèse explicative si le modèle n'est pas vérifié.

Génotype	(S/S)	(S/F)	(F/F)
Effectif	160	500	340

Méthode

ÉTAPE 1 Calculs des fréquences alléliques des deux allèles (ex : A et B) à partir des effectifs *n*.

Génotype (A/A) Effectif : n_1 — Génotype (A/B) Effectif : n_2 — Génotype (B/B) Effectif : n_3

Fréquence *p* de l'allèle A

$$p = \frac{2n_1 + n_2}{2\,(n_1 + n_2 + n_3)}$$

Fréquence *q* de l'allèle B

$$q = \frac{n_2 + 2n_3}{2\,(n_1 + n_2 + n_3)}$$

ÉTAPE 2 Prédiction des effectifs théoriques des différents génotypes pour une population de même effectif ($N = n_1 + n_2 + n_3$).

(A/A) ↓ $n_{1th} = p^2N$

(A/B) ↓ $n_{2th} = 2pqN$

(B/B) ↓ $n_{3th} = q^2N$

ÉTAPE 3 Comparaison des effectifs théoriques avec les effectifs observés.

Cas 1 : effectifs théoriques = effectifs observés
→ la population suit la loi de Hardy-Weinberg.

Cas 2 : effectifs théoriques ≠ effectifs observés
→ la population ne suit pas la loi de Hardy-Weinberg.

Application

$$S \rightarrow p = \frac{(2 \times 160) + 500}{2 \times (160 + 500 + 340)} = 0{,}41$$

$$F \rightarrow q = \frac{500 + (2 \times 340)}{2 \times (160 + 500 + 340)} = 0{,}59$$

Génotype	(S/S)	(S/F)	(F/F)
Effectif théorique	168	500	348

Les effectifs théoriques sont proches des effectifs observés.

Les fréquences alléliques et génotypiques sont conservées : la population suit la loi de Hardy-Weinberg.

ÉTAPE 4 Cas 2 : recherche d'une hypothèse explicative.
Une (ou plusieurs) de ces conditions n'est (ne sont) pas respectée(s) ou si les processus de reproduction sont différents : l'effectif de la population est de grande taille ; il n'y a pas de mutation ; il n'y a pas de migration entre des populations différentes ; il n'y a pas de sélection naturelle.

2 APPLICATION

En Europe, une étude des groupes sanguins de 3100 personnes a montré que : 1100 individus sont de groupe MM ; 1520 sont de groupe MN ; 480 sont de groupe NN.

QUESTION **Après avoir calculé les fréquences alléliques des allèles M et N, vérifier que cette population suit bien la loi de Hardy-Weinberg.**

Vérifier ses connaissances

QUIZ

Parmi les affirmations suivantes, choisissez la réponse exacte.

3 **La loi de Hardy-Weinberg :**

a permet de prédire les variations des fréquences alléliques même s'il y a des migrations.

b est un modèle mathématique de prévision des fréquences alléliques et génotypiques.

c encadre les résultats obtenus dans un intervalle de confiance.

d est toujours vérifiée si la population est de grande taille.

4 **La fragmentation d'une population :**

a entraîne un appauvrissement génétique de la population quelle que soit la taille de l'effectif.

b est toujours due à l'activité humaine.

c peut être en partie compensée par la gestion de l'écosystème.

d la sépare en deux groupes d'effectifs identiques.

5 **L'échantillonnage :**

a permet directement d'estimer l'effectif d'une population.

b permet toujours d'identifier des espèces uniquement à partir de leur ADN.

c est indispensable dans la méthode de « capture-marquage-recapture ».

d se fait toujours par une observation directe.

6 **La biodiversité :**

a évolue au cours du temps.

b est modifiée de façon importante par l'humain.

c est la richesse spécifique d'un milieu.

d n'est pas impactée par la fragmentation d'un écosystème.

▶ Corrigés p. 341

7 **CONSTRUIRE UNE CARTE MENTALE**

sur le thème « la biodiversité et son évolution ».

▶ L'étiquette centrale s'intitulera

Biodiversité

▶ Associer l'étiquette centrale, par le moyen graphique de votre choix, à des étiquettes de votre initiative. Certaines peuvent être, par exemple :

Espèces **Individus** **Composition génétique** **Évolution** **Effectifs**

QUESTIONS FLASH

oral

8 Expliquer deux méthodes d'identification de la richesse spécifique d'un milieu.

9 *n* individus sont prélevés dans une population d'effectif inconnu N. Ces individus sont marqués puis relâchés dans le milieu. Expliquer comment procéder pour déterminer l'effectif N. Comment s'appelle cette méthode ?

EXERCICES D'APPLICATION

oral

10 Faire une recherche documentaire sur le voyage de Charles Darwin sur le *Beagle* (un navire de la Royal Navy) et préciser son importance dans la compréhension de la biodiversité. Préparer une présentation orale de 5 minutes de vos conclusions.

11 Une forêt doit être prochainement coupée par une nouvelle autoroute. Expliquer, en vous appuyant sur un schéma, les conséquences sur la diversité génétique des espèces de la forêt.

12 Le phylloxéra (*Daktulosphaira vitifoliae*) est un puceron parasite de la vigne, introduit accidentellement au XIXe siècle en Europe. Il se reproduit par reproduction sexuée ou asexuée. La structure génétique d'une population européenne de phylloxéra a été étudiée en utilisant un gène présentant deux allèles : A_1 et A_2. Les résultats sont les suivants :
- Génotype (A_1/A_1) : 246
- Génotype (A_2/A_2) : 109
- Génotype (A_1/A_2) : 138

▲ Phylloxéra sur une feuille de vigne

▶ Cette population vérifie-t-elle l'équilibre de Hardy-Weinberg ? Proposer une explication.

13 Une épidémie due à un virus a entraîné la mort d'environ 1 000 cerfs de Virginie dans le New Jersey (États-Unis). Dans un échantillon de 146 victimes, on dénombre 41 mâles. Quel est l'intervalle de confiance à 95 % du pourcentage de cerfs mâles morts lors de cette épidémie ?

EXERCICES S'entraîner

14 Effectif d'une population de papillons DIFFÉRENCIATION

OBJECTIF Évaluer un effectif par la méthode de capture-marquage-recapture.

On cherche à évaluer l'effectif d'une population de papillons Azuré du Serpolet dans un milieu. Pour cela, 346 papillons sont capturés, marqués puis relâchés. Pour le marquage, les papillons sont saisis au niveau du thorax afin de ne pas endommager leurs ailes. Le marquage est effectué à l'aide d'un feutre inodore et permanent. Quelques jours plus tard, on capture 380 papillons l'un après l'autre que l'on relâche immédiatement. On observe que 208 papillons sont marqués.

QUESTIONS

1. Quel est l'intérêt des différentes étapes de la procédure du marquage ?
2. Estimer le nombre de papillons Azuré du Serpolet dans le milieu étudié.
3. Estimer la proportion d'individus de cette population possédant un marquage par un intervalle de confiance au niveau de confiance de 95 %.

[Aide, p. 339]

doc. Marquage au feutre d'un papillon Azuré du Serpolet

15 Fragmentation des écosystèmes et biodiversité

OBJECTIF Comprendre les effets de la fragmentation sur différents paramètres de la biodiversité.

L'exploitation de la forêt amazonienne entraîne son morcellement, ou fragmentation, ce qui a des effets sur la biodiversité qu'elle contient.

a. Photo aérienne de forêt fragmentée au Brésil (10 ha et 1 ha)

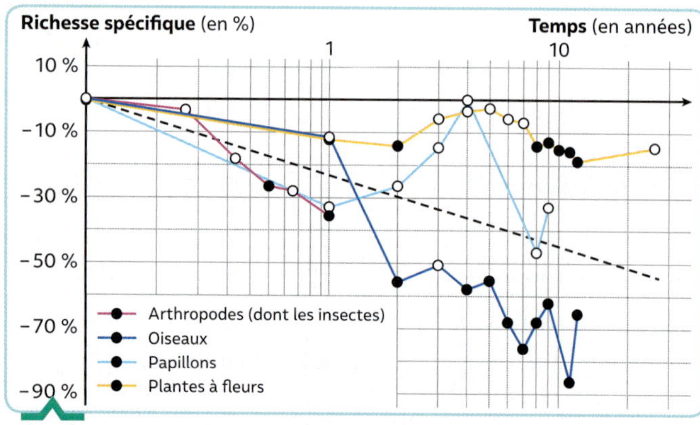

b. Évolution de la richesse spécifique dans les espaces issus de la fragmentation

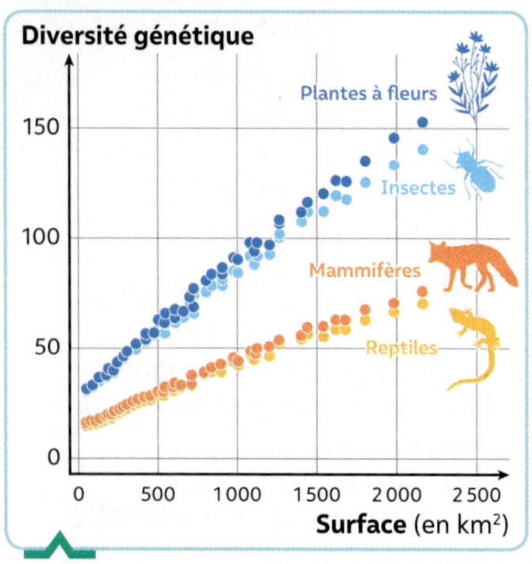

c. Diversité génétique en fonction de la surface de la parcelle

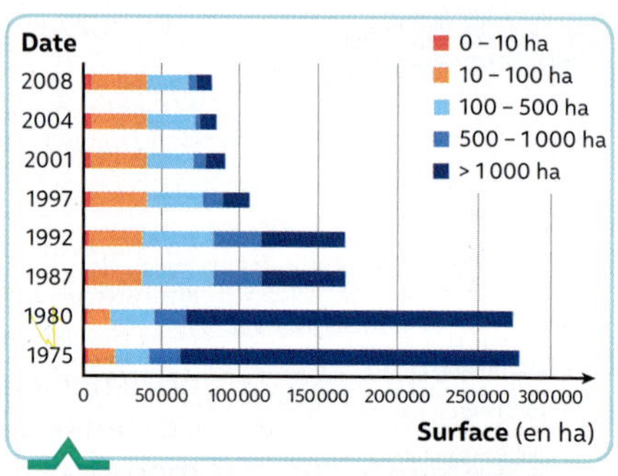

d. Distribution des cinq classes de surface dans une forêt du Brésil

QUESTIONS

1. Définir la fragmentation d'un écosystème.
2. Comment évolue la surface totale de la forêt au cours du temps ?
3. Comment évoluent les surfaces des parcelles de la forêt brésilienne en fonction du temps ?
4. Quelles sont les conséquences possibles de la fragmentation ?

16 Poules d'ornement et loi de Hardy-Weinberg DIFFÉRENCIATION

OBJECTIF Appliquer le modèle mathématique de Hardy-Weinberg à un exemple.

Les poules d'ornement possèdent un plumage souvent différent parfois dit « frisé ». Ce caractère du plumage est sous le contrôle d'un gène qui possède deux allèles N et F. Sur un échantillon de 1 000 poules d'ornement des États-Unis, on a trouvé 800 poules au plumage frisé (N/F), 150 poules au plumage normal (N/N) et 50 poules au plumage crépu (F/F).

doc. Poules d'ornement avec un plumage frisé

QUESTIONS

1. Calculer les effectifs attendus à la génération suivante.
2. Rappeler les conditions de la loi de Hardy-Weinberg.
3. Cette population est-elle en équilibre avec la loi de Hardy-Weinberg ? Si non, proposer une explication.

[Aide, p. 339]

17 L'extinction des primates

OBJECTIFS Localiser les primates et faire le lien entre les activités humaines et leur risque d'extinction.

Les primates, grands singes et lémuriens, vivent essentiellement en forêt. Les forêts peuvent également être exploitées par les humains pour leurs ressources.

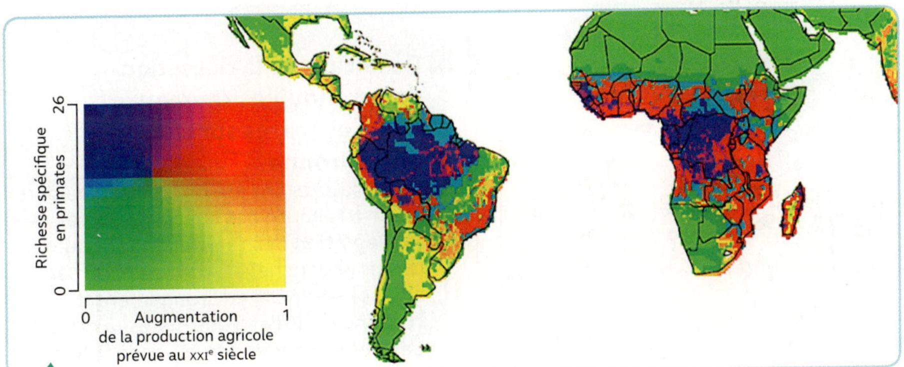

a. Tendances mondiales de l'expansion agricole prévue pour le XXIe siècle et richesse spécifique en primates

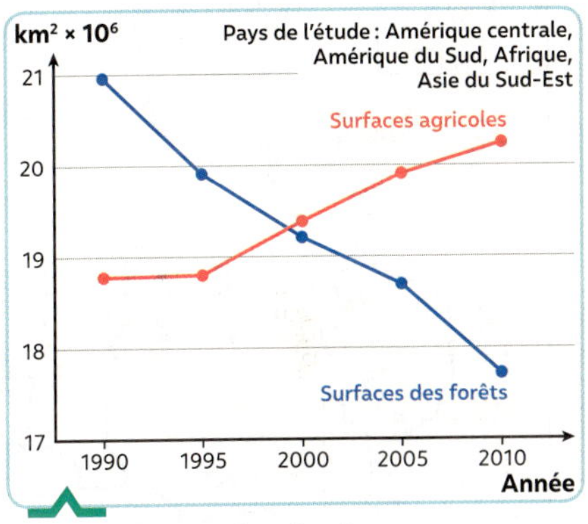

c. Surfaces des forêts et des terres agricoles

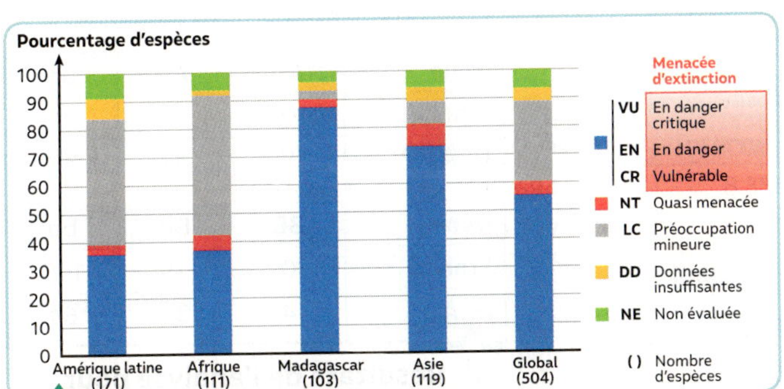

b. Pourcentages d'espèces de primates dans les différentes catégories de l'Union internationale pour la conservation de la nature (UICN)

Chaque catégorie correspond à un état de conservation de l'espèce.

QUESTIONS

1. Dans quelles régions du monde la richesse spécifique en primates est-elle la plus importante ?
2. a. Comment évolue la surface agricole par rapport à la surface de la forêt ?
   b. Dans quels pays la production agricole va-t-elle augmenter de façon importante dans des zones riches en primates ? Quelles zones forestières semblent épargnées ?
3. Les primates constituent-ils des espèces menacées ?

UNITÉ 1

L'évolution de l'œil des vertébrés

Structure simple à l'origine, l'œil des vertébrés s'est progressivement complexifié par mutations aléatoires et sélection des individus les plus aptes.

OBJECTIF

Montrer que les yeux sont le résultat de la sélection naturelle : ce sont des structures dont certaines variations, héritables génétiquement, ont conféré un avantage aux individus porteurs.

Vidéo

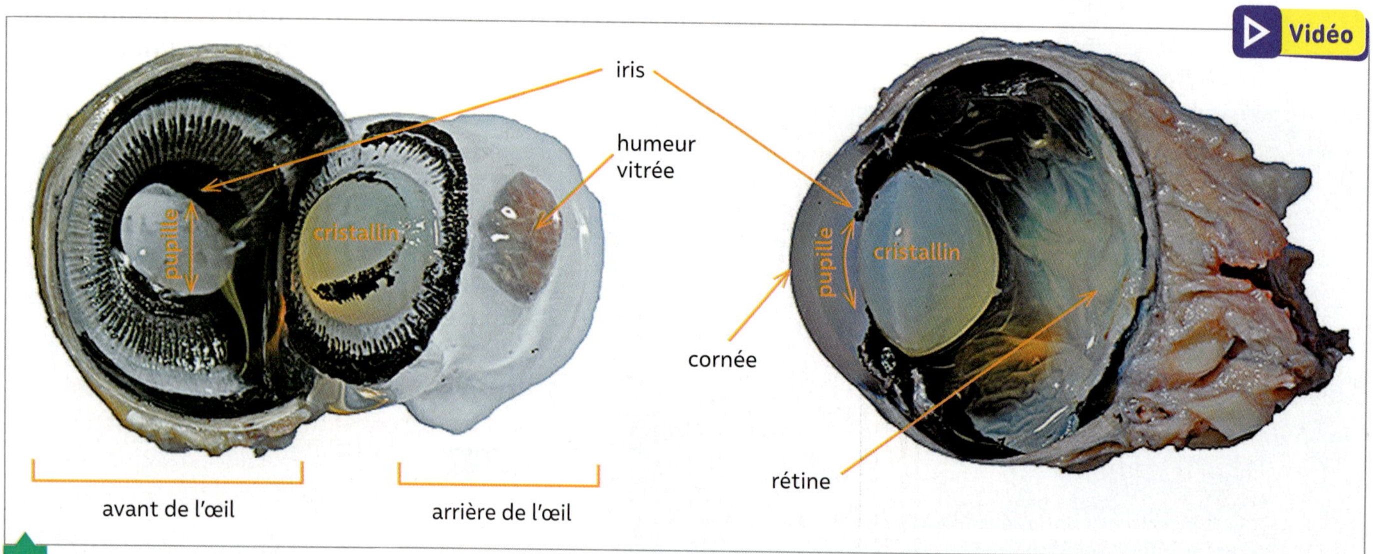

1 Structure d'un œil de veau disséqué

Vidéo

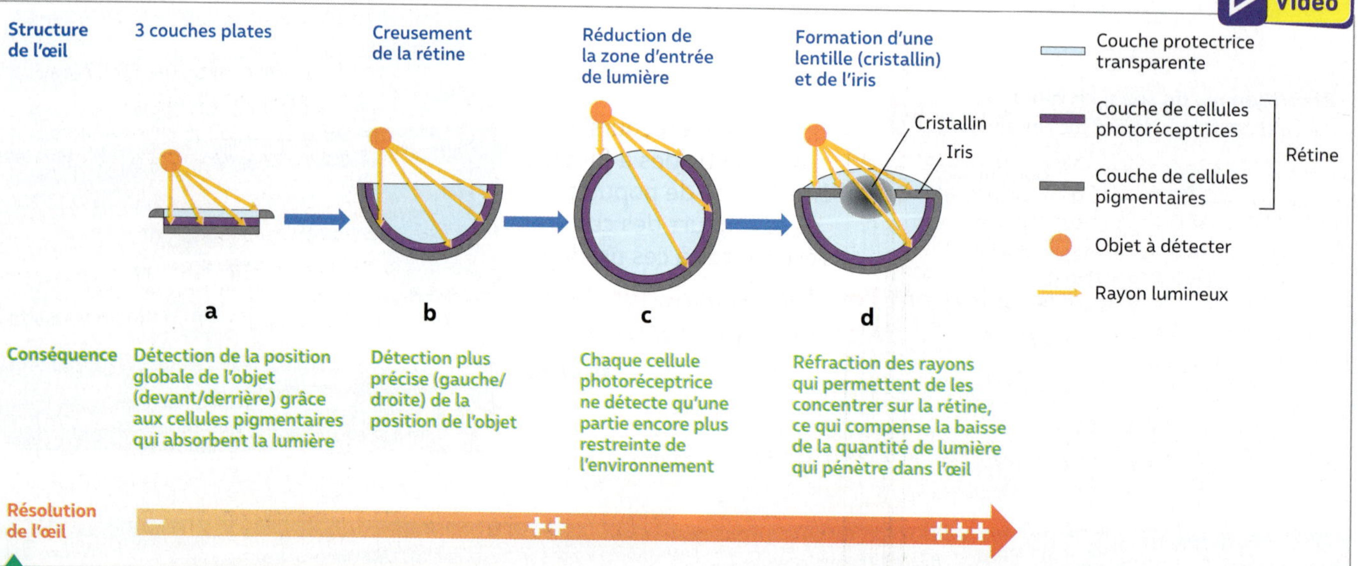

2 Étapes évolutives menant à un œil de vertébré

Un modèle mathématique a été proposé pour estimer le temps nécessaire à l'évolution d'un œil simple (**a**) à complexe (**d**) par **sélection naturelle**. Si l'œil simple se modifie de 1 % à chaque étape évolutive (que ce soit en largeur, longueur, concentration en protéine, etc.), 1829 étapes seraient nécessaires pour aboutir à un œil complexe. Même en modélisant un effet très modéré de la sélection naturelle (changement de 0,005 % du caractère à chaque génération), les chercheurs ont calculé que le nombre de générations permettant le passage d'un œil simple à un œil complexe est largement compatible avec celui estimé à partir de l'observation des fossiles. Il peut être calculé en résolvant l'équation suivante : $1{,}01^{1829} = 1{,}00005^{n}$ où n est le nombre de générations ; on obtient alors $n = 363\,992$ générations.

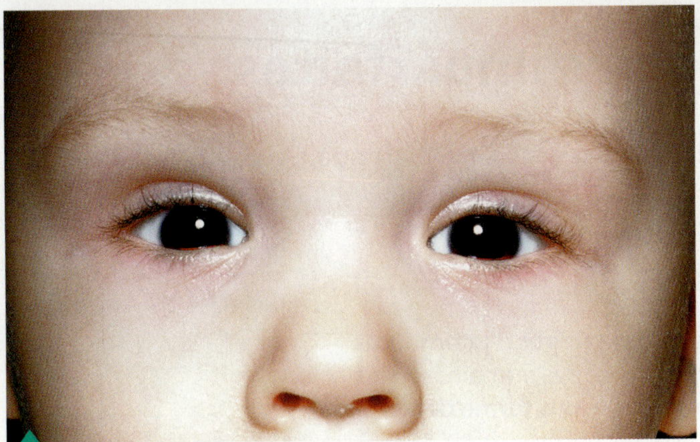

3 **Jeune enfant souffrant d'aniridie**

Certaines malformations affectent des organes impliqués dans la vision. C'est le cas de l'aniridie (absence d'iris) qui peut s'accompagner d'une cataracte (opacification du cristallin), d'un mauvais développement du nerf optique, etc. Chez certaines personnes atteintes de ces malformations (qui mènent souvent à une cécité), on a détecté la présence de mutations dans le gène *PAX6*.

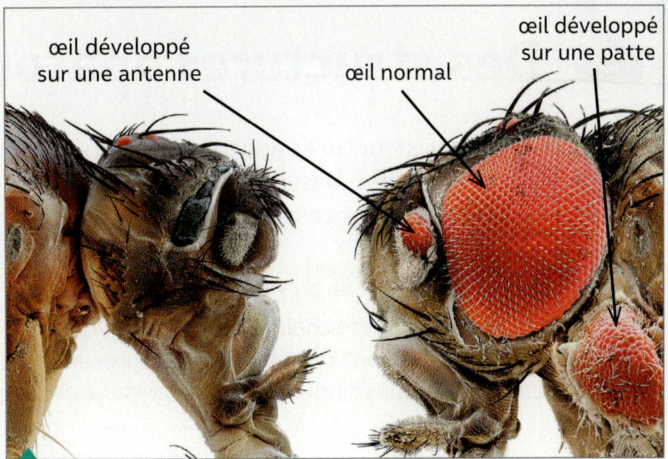

4 **Rôle du gène *PAX6* dans la formation de l'œil**

Des chercheurs ont inactivé le gène *PAX6* lors du développement de la drosophile de gauche. Au contraire, la drosophile de droite a subi une stimulation de l'expression du gène *PAX6* dans les cellules à l'origine des pattes et antennes lors de son développement. Ce type de drosophile peut aussi être obtenu en insérant le gène *PAX6* de souris dans leurs cellules, signe que *PAX6* a un rôle semblable chez les insectes et les mammifères, bien que leurs yeux soient différents.

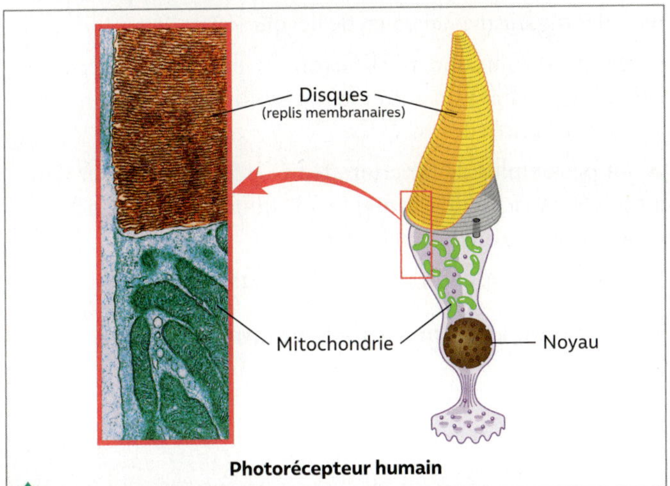

5 **Structure d'un photorécepteur humain (observation microscopique et schéma)**

Les photorécepteurs sont des cellules présentes dans la rétine, responsables de la perception de la lumière dans l'œil. Ils produisent des pigments, présents dans leur membrane (au niveau des disques), qui captent la lumière et la traduisent en un message électrique transmis au cerveau.

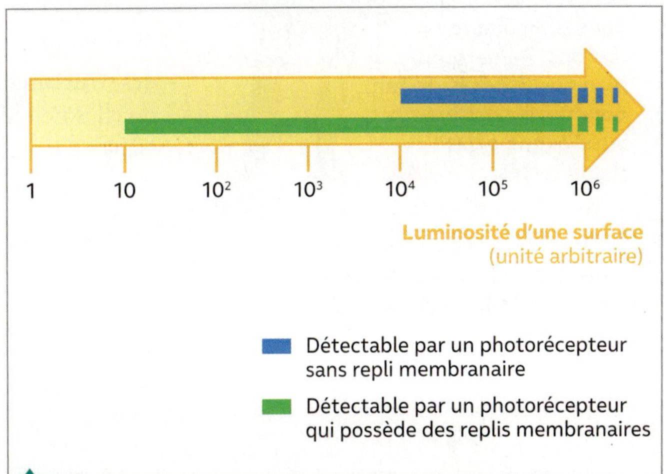

6 **Capacité des photorécepteurs à réagir à différentes intensités lumineuses**

Les chercheurs pensent que les premiers types de photorécepteurs ne possédaient pas de replis membranaires.

PISTES D'EXPLOITATION

1. **Montrer**, à partir de votre propre expérience et des documents, qu'il existe des variations entre individus dans la structure de l'œil.
2. **Montrer** que les variations de la structure de l'œil peuvent être héritées génétiquement (doc. 3 et 4).
3. **Associer** la structure actuelle des photorécepteurs (doc. 5 et 6) aux changements qui ont eu lieu dans la structure de l'œil au cours de l'évolution (doc. 2)
4. **Estimer** le temps nécessaire à l'apparition de la structure actuelle de l'œil des vertébrés (en choisissant un temps de génération de 30 ans par exemple) (doc. 2).
5. **Montrer** que des variations de la structure de l'œil, liées à des mutations aléatoires, ont pu être sélectionnées pour mener à l'œil actuel des vertébrés.

VOCABULAIRE

Sélection naturelle : mécanisme par lequel certaines variations génétiquement héritables tendent à être de plus en plus fréquentes dans une population. L'environnement, responsable d'une différence de succès reproducteur entre individus variables pour certains caractères, « sélectionne » les individus les plus aptes.

UNITÉ 2

Des structures anatomiques imparfaites

Certaines structures anatomiques humaines (dents de sagesse, nerf laryngé, téton masculin, bassin féminin) présentent des caractéristiques qui peuvent paraître étonnantes au vu de leur fonction.

MISSION Travail en groupe d'experts

Youtubeur sur une chaîne scientifique, vous lisez des commentaires d'internautes qui se demandent ce qui explique la présence de certains organes humains, ou les caractéristiques singulières qu'ils présentent. Répondez-leur sous forme de vidéo.

« Tout est au mieux dans le meilleur des mondes possibles. Il est démontré que les choses ne peuvent être autrement : car tout étant fait pour une fin, tout est nécessairement pour la meilleure des fins. Remarquez bien que le nez a été fait pour porter des lunettes, aussi avons-nous des lunettes. »

1 Pangloss, précepteur de Candide dans le conte philosophique de Voltaire

En 1979, Gould et Lewontin émettent des critiques contre la vision « panglossienne » de l'évolution présente dans l'esprit de certains chercheurs. En effet, la plupart ne proposait que des explications « adaptatives » à l'évolution des caractères : chaque caractère d'un organisme aurait été façonné de façon optimale grâce à la sélection naturelle. Or, certaines particularités anatomiques non optimales ne peuvent être expliquées qu'en considérant certaines « contraintes » qui se sont exercées sur les caractères des organismes au cours de l'évolution :

- la mise en place des organes est contrainte par l'histoire évolutive de l'espèce. Le développement diffère d'un groupe à un autre ; les possibilités d'évolution sont donc limitées par l'anatomie héritée des ancêtres.
- des structures qui n'ont pas ou plus de fonction dédiée peuvent persister tant qu'elles ne réduisent pas la capacité de l'individu à produire des descendants viables par rapport à des individus qui les auraient perdues.
- l'optimisation d'un organe peut être contrainte par l'évolution d'un autre.

2 Critiques de la vision « panglossienne » de l'évolution

Valider une hypothèse sur l'origine de la réduction des dents de sagesse (équipe 1)

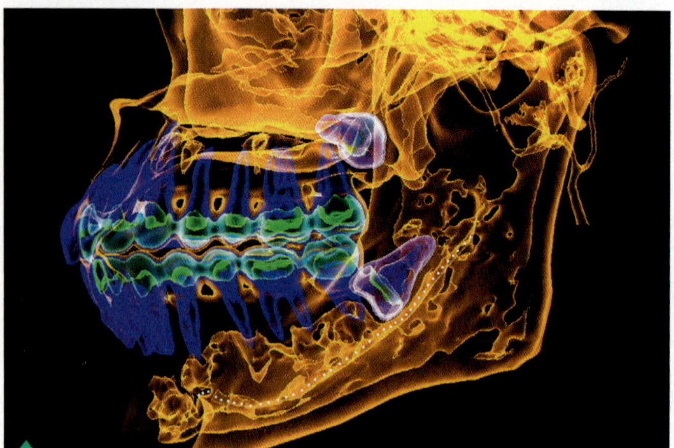

3 Dents de sagesse incluses (scanner)

Les dents de sagesse (violet) ne percent pas la gencive et restent incluses dans l'os chez 25 % des individus, faute de place dans la mâchoire. Il est également fréquent qu'elles ne se forment pas (agénésie). Deux hypothèses ont été proposées pour expliquer la forte proportion actuelle d'agénésie : ces dents auraient régressé car devenues sous-utilisées ; ou une sélection aurait eu lieu contre les dents qui restent incluses à cause des infections qu'elles peuvent provoquer.

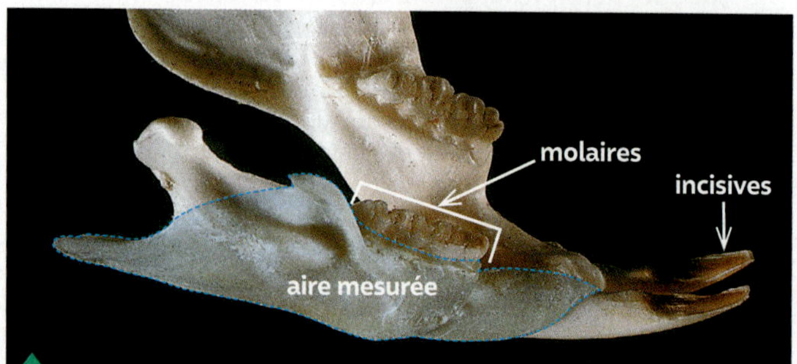

4 Alimentation et développement de la mâchoire

L'inclusion des dents de sagesse est 10 fois plus fréquente chez les individus qui ont une nourriture industrielle que chez les chasseurs cueilleurs.

Pour évaluer l'impact de l'alimentation sur la taille de la mâchoire, des rats ont été nourris avec des aliments mous (simulant l'alimentation industrielle) et d'autres avec des aliments durs. Après 21 semaines, l'aire de la mâchoire inférieure mesurait en moyenne 236 mm² pour les premiers et 249 mm² pour les seconds.

En revanche, les chercheurs qui ont évalué la relation entre proportion d'agénésie et usure des dents de sagesse (signe de leur utilisation) n'ont trouvé aucune corrélation entre ces deux paramètres.

Associer le trajet du nerf laryngé à l'histoire évolutive humaine (équipe 2)

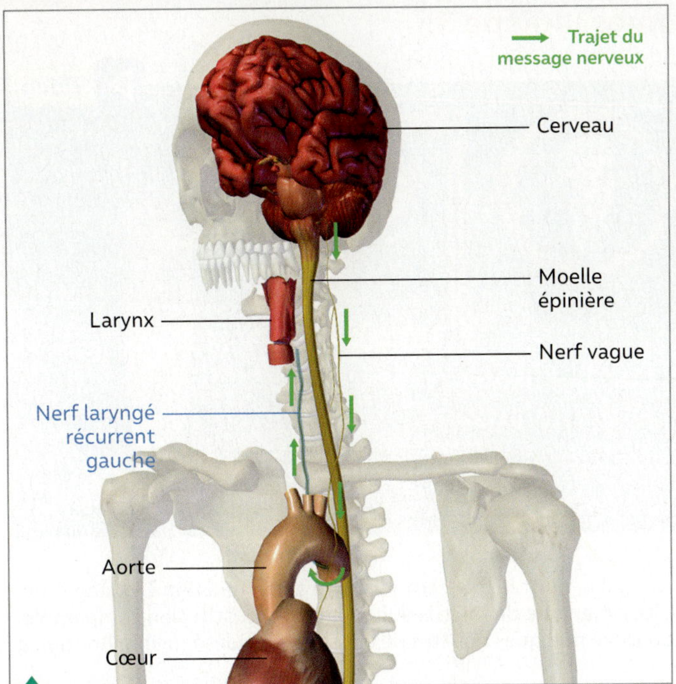

5 Trajet du nerf laryngé récurrent gauche chez l'être humain

Le nerf vague, qui prend son origine dans le cerveau, relaie les informations vers différents organes. Le nerf laryngé récurrent gauche est une branche du nerf vague qui innerve le larynx (organe situé dans le cou, qui abrite les cordes vocales).

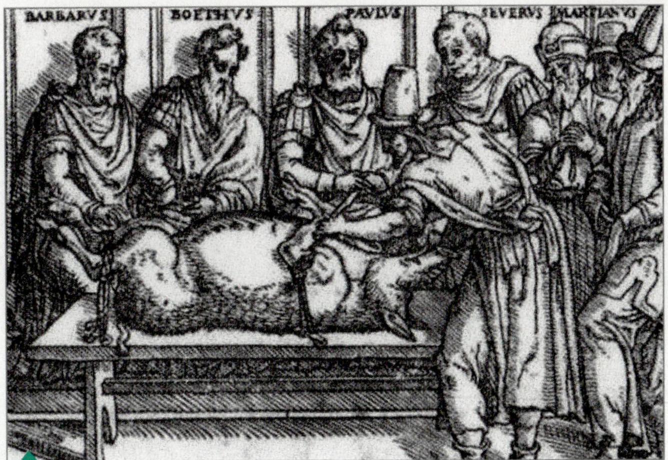

6 Rôle du nerf laryngé, gravure de 1541

Claude Galien, médecin grec du IIe siècle, pratiqua une section du nerf laryngé sur un porc vivant. Quand le nerf fut sectionné, les cris du porc cessèrent immédiatement.

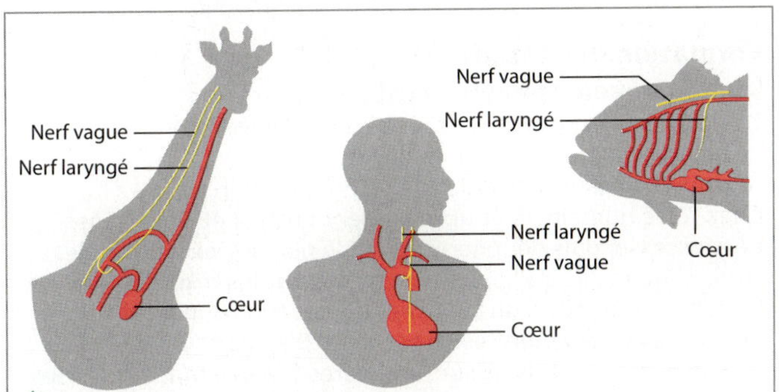

7 Trajet du nerf laryngé chez trois vertébrés

Le trajet du nerf laryngé récurrent gauche paraît « aberrant » chez les mammifères adultes : alors que les points de départ (cerveau) et d'arrivée (larynx) de l'information nerveuse ne sont situés qu'à une quinzaine de centimètres l'un de l'autre, le trajet total réellement effectué par l'information nerveuse est plus que doublé chez l'être humain. Chez les espèces à longs cous comme la girafe, le détour est de plusieurs mètres. Ce n'est pas le cas chez les espèces de vertébrés sans cou, comme les poissons téléostéens.

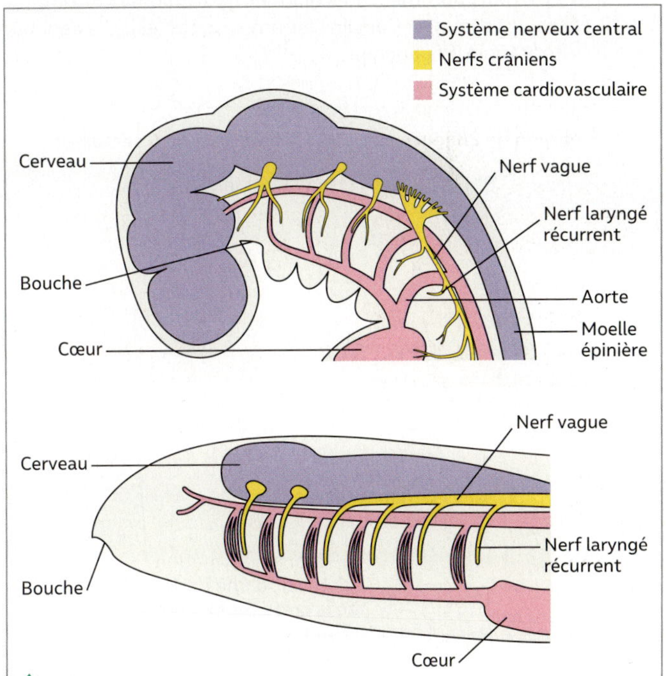

8 Anatomie d'un embryon de mammifère de 30 jours (schéma du haut, le cou n'est pas encore développé) **et de poisson téléostéen** (schéma du bas)

On pense que chez l'ancêtre des vertébrés, la disposition des organes étudiés ici était similaire à celle des poissons téléostéens actuels (bien que les poissons téléostéens actuels possèdent de grandes différences avec cet ancêtre pour d'autres caractères).

COUPS DE POUCE

Équipe 1
Associez le changement de régime alimentaire récent à une modification du développement de la mâchoire, et à la possibilité que les dents de sagesse percent la gencive.

Équipe 2
Expliquez la longueur aberrante du nerf laryngé par des étapes du développement embryonnaire héritées de nos ancêtres.

Expliquer la présence de tétons chez les hommes (équipe 3)

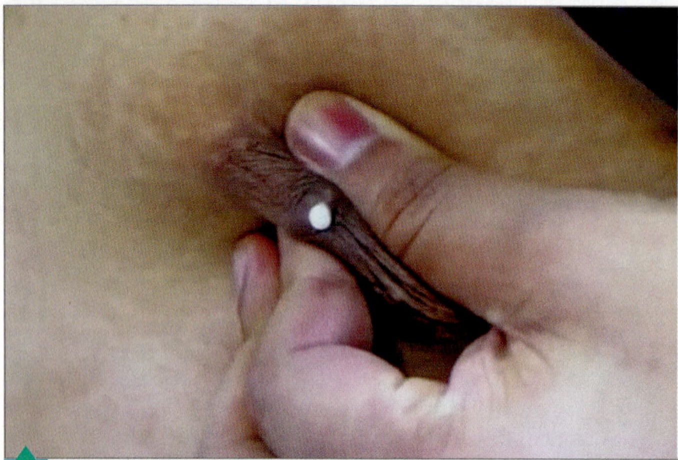

9 Pourquoi les hommes ont-ils des tétons ?
Les scientifiques se sont questionnés sur la persistance du téton masculin, dont le rôle semble limité à une fonction érogène (chez certains hommes). Les glandes mammaires des hommes adultes, bien que de taille réduite, ont une constitution comparable à celles des femmes. Certains hommes sont d'ailleurs capables de produire quelques gouttes de lait suite à un déséquilibre hormonal (photographie de gauche).

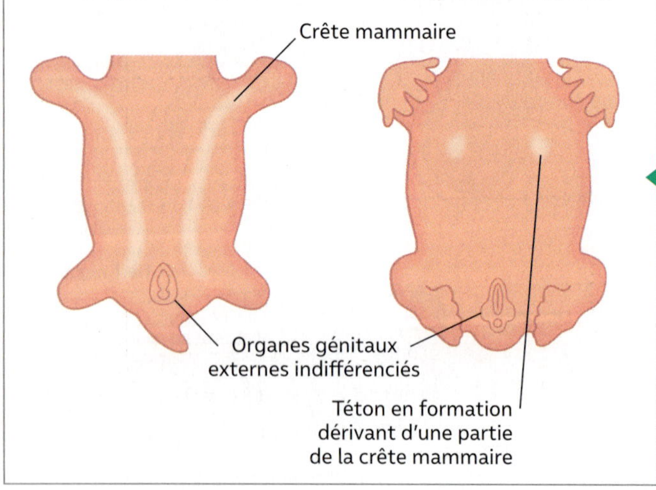

10 Formation des tétons lors du développement embryonnaire
Des crêtes mammaires sont visibles sur l'embryon des mammifères en début de développement : ce sont des cellules d'épiderme en prolifération.
Chez l'être humain, elles apparaissent entre 4 et 6 semaines de grossesse, puis dégénèrent pour la plupart, excepté celles situées au niveau du thorax, qui formeront les futurs tétons.
Le coût énergétique de la formation des tétons masculins lors du développement est très faible. D'ailleurs, 2 à 5 % des individus ont des tétons surnuméraires à la naissance, localisés au niveau des anciennes crêtes mammaires embryonnaires.

11 Différenciation de l'appareil sexuel mâle
Au début du développement, l'appareil génital est indifférencié. Ce n'est qu'après 6 semaines de développement, suite à l'expression du gène *SRY*, que les gonades puis les autres organes se différencient en organes masculins.

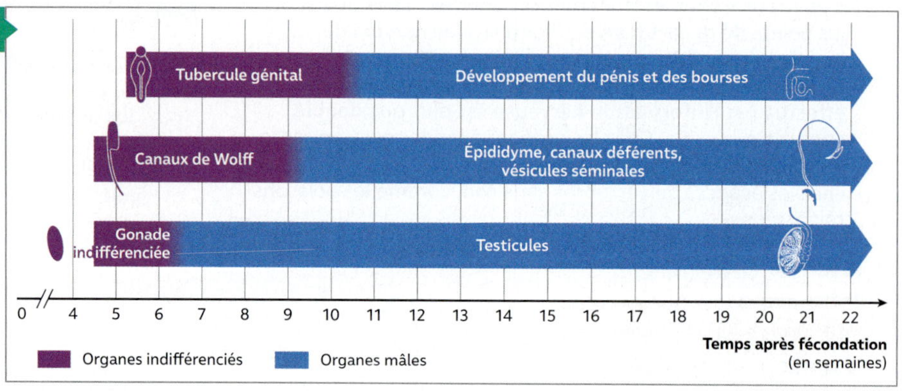

Montrer que la taille du bassin féminin et celle du cerveau à la naissance sont le résultat d'un compromis sélectif (équipe 4)

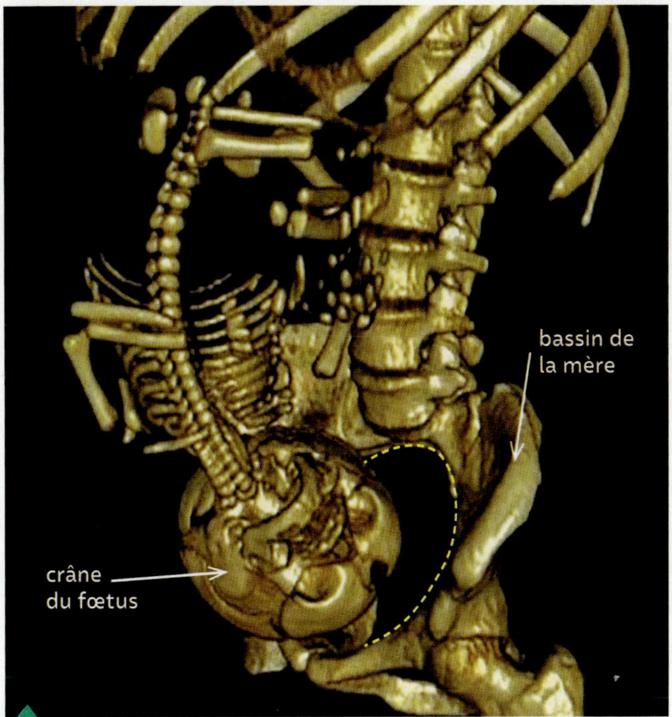

12 Squelette d'une femme en fin de grossesse et de son fœtus (image obtenue par scanner)

Le bassin est constitué d'un ensemble d'os qui délimitent un canal de naissance (pointillés jaunes) par lequel le fœtus est expulsé lors de l'accouchement. Chez l'être humain, l'accouchement est plus long que celui des espèces proches : 9 heures pour un premier enfant contre 2 heures en moyenne chez les autres grands singes.

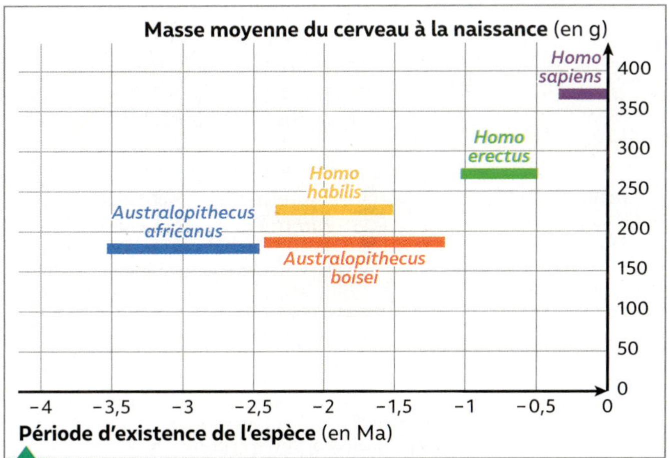

13 Évolution de la masse moyenne du cerveau à la naissance

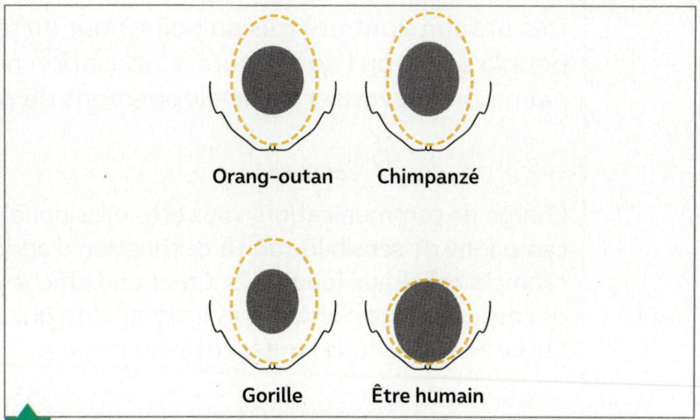

14 Tailles relatives du canal de naissance (pointillés jaunes) et du diamètre crânien du fœtus (disque gris) chez des espèces proches

La particularité anatomique humaine illustrée ici a mené les chercheurs à penser qu'il doit exister une pression de sélection qui a eu tendance à maintenir une certaine étroitesse des bassins féminins. En 1960, Washburn a proposé l'hypothèse du « dilemme obstétrical » : les bassins féminins trop larges n'auraient pas été sélectionnés car ils rendraient plus difficile la marche bipède. D'autres chercheurs ont proposé plus récemment qu'un bassin trop large rendrait plus difficile le maintien des viscères et du fœtus dans l'abdomen durant la gestation.

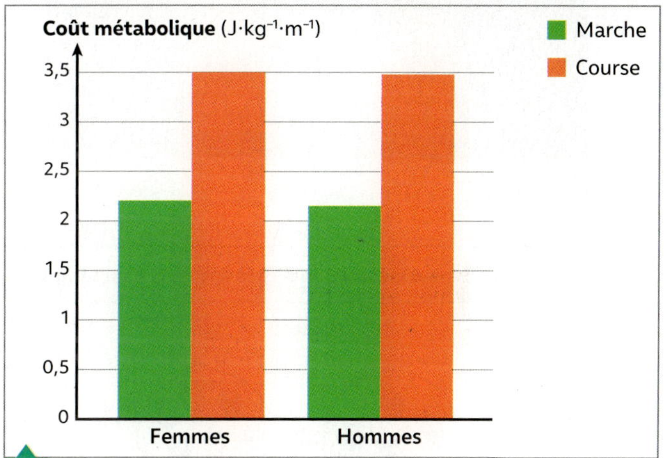

15 Test de l'hypothèse de Washburn

En 2015, des chercheurs ont testé si le bassin des femmes, en moyenne plus large que celui des hommes, rendait leur locomotion plus difficile. Pour cela, ils ont estimé le coût métabolique de la marche et de la course de femmes et d'hommes, en mesurant la quantité de dioxygène consommée par chaque individu.

VOCABULAIRE

Compromis sélectif : a lieu quand une modification avantageuse d'un caractère mène à une modification désavantageuse d'un autre caractère, en termes de sélection naturelle. Les changements des deux caractères sont alors limités.

COUPS DE POUCE

▸ Équipe 3
Associez les étapes de la différenciation des organes génitaux masculins (doc. 11) à celle de la formation des tétons (doc. 10).Utilisez les informations du doc. 2 pour expliquer la présence de tétons chez les hommes.

▸ Équipe 4
Reliez l'évolution de la taille du cerveau (doc. 13) aux particularités de l'accouchement chez l'être humain. Validez ou invalidez l'hypothèse proposée par Washburn (doc. 15).

UNITÉ 3

Pratiques humaines et évolution d'espèces indésirables

Des produits ont été mis au point pour lutter contre des espèces indésirables pour la santé ou l'agriculture. L'utilisation non raisonnée de ces substances peut néanmoins favoriser le développement de populations d'individus résistants.

MISSION Tâche complexe

Chargé de communication, vous êtes missionné par les pouvoirs publics pour une campagne de sensibilisation à destination d'agriculteurs (équipe 1) ou de patients de cabinets médicaux (équipe 2). Créez une affiche présentant l'origine de la résistance des espèces contre lesquels ils luttent, ainsi que des recommandations qui permettraient de limiter ce phénomène.

Identifier les facteurs favorisant la résistance à un antibiotique

Vidéo

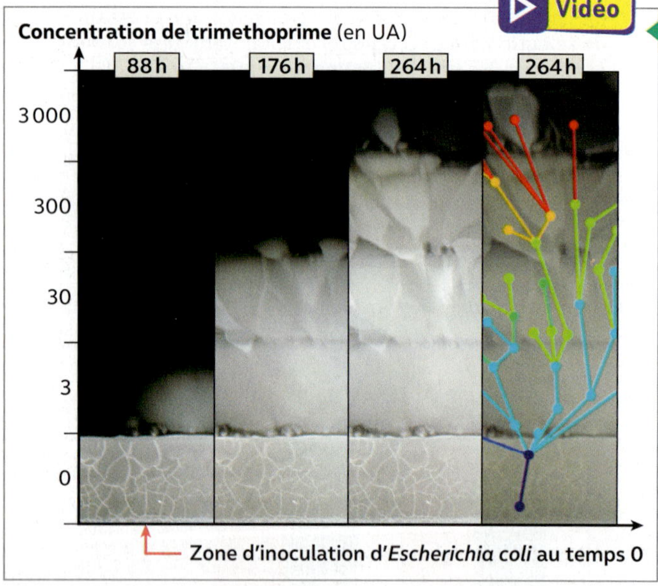

1 L'évolution de la résistance bactérienne visible au laboratoire

Une souche de la bactérie *Escherichia coli* est cultivée sur un milieu de culture (en noir sur la photo) imprégné d'un antibiotique, le trimethoprime. Les concentrations en **antibiotique** sont croissantes de bas en haut. Lorsqu'elles se multiplient, les colonies bactériennes forment un tapis qui apparaît blanc en surface. En début d'expérience, quelques bactéries ont été déposées au bas du milieu de culture (inoculation). La majeure partie était sensible à l'antibiotique. Les chercheurs ont ensuite suivi leur évolution durant 12 jours. Les points de couleur sur la dernière photographie traduisent différents événements de mutations des bactéries au cours des générations.

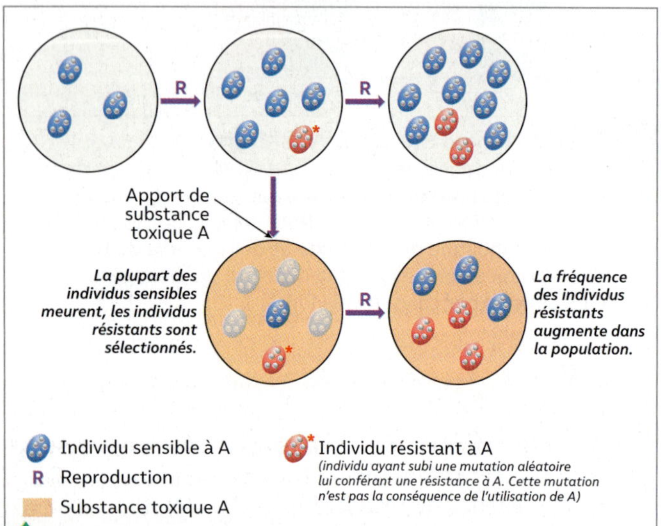

2 Mécanisme d'évolution de la résistance à une substance toxique

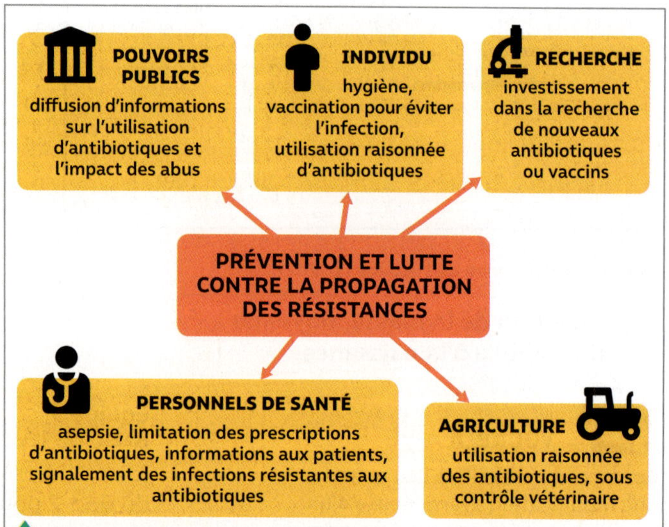

3 Stratégies prophylactiques contre le développement de résistances

Identifier les facteurs favorisant la résistance à un insecticide

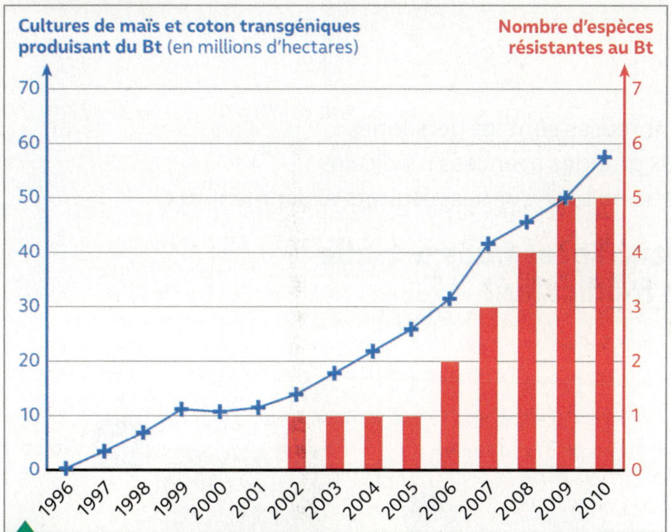

4 **Évolution du nombre d'espèces résistantes au Bt et des surfaces cultivées**

Les chercheurs ont dénombré les espèces d'insectes dont plus de la moitié des individus sont résistants à un **produit phytosanitaire** (Bt, une protéine insecticide) produit par des cultures transgéniques de maïs et coton.

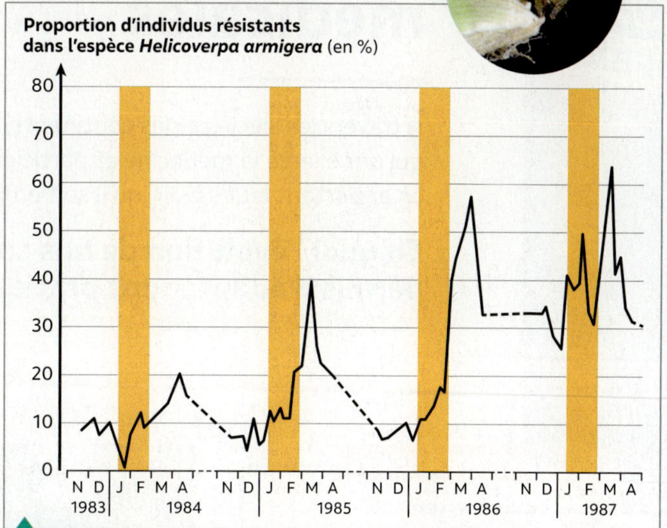

5 **Évolution de la résistance d'une chenille à un insecticide**

La résistance a été évaluée de novembre à avril durant plusieurs années. L'insecticide était pulvérisé en janvier et février. L'hiver, la baisse de la proportion de résistants peut s'expliquer par l'arrivée d'individus sensibles à l'insecticide en provenance d'autres zones ou la plus faible compétitivité des résistants dans un environnement sans insecticide.

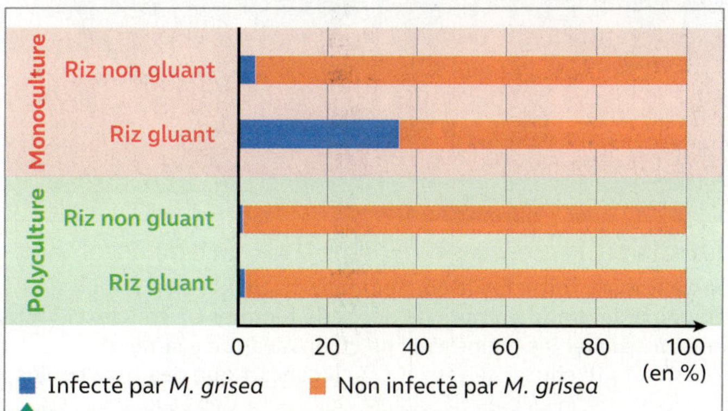

6 **Impact de la monoculture sur le parasitisme**

Magnaporthe grisea est la principale espèce de champignon parasite du riz. Le riz gluant, variété de plus grande valeur commerciale que le riz non gluant, est très sensible à ce parasite. Une étude à grande échelle a été menée dans des champs de riz cultivés classiquement, en monoculture, et d'autres dans lesquels une rangée de riz gluant était plantée entre 4 rangées de riz non gluant (polyculture).

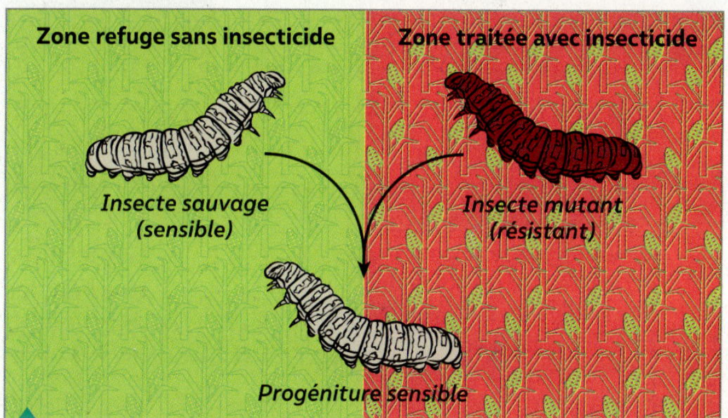

7 **Une stratégie pour ralentir l'évolution de la résistance**

Des chercheurs ont proposé de créer des parcelles dépourvues d'insecticide (zones refuges) à proximité des zones traitées. Cela permet de maintenir des insectes sensibles à l'insecticide dans les zones refuges. Comme ils se reproduisent avec les résistants, cela conserve les allèles conférant la sensibilité dans les générations suivantes.

COUPS DE POUCE

- Établissez un lien entre utilisation de produit toxique (insecticide, antibiotique) et proportion d'individus résistants (doc. 4 et 5).
- Expliquez ce lien grâce aux informations du doc. 2, en étant vigilant sur la place des mutations dans ce processus.
- Proposez des recommandations pour lutter contre ce phénomène (doc. 3, 6 et 7).

VOCABULAIRE

Antibiotique : substance qui détruit les bactéries ou inhibe leur développement.

Monoculture : culture d'une seule espèce végétale.

Produit phytosanitaire (pesticide) : produit utilisé pour améliorer la santé des plantes face aux plantes compétitrices, aux prédateurs et aux parasites.

Stratégie prophylactique : ensemble de moyens mis en œuvre pour prévenir les maladies.

HISTOIRE
ENJEUX
DÉBATS

Histoire des grandes avancées médicales

À travers les siècles et les continents, nombreuses sont les personnes qui ont exercé la médecine et participé aux grandes avancées médicales en apportant leur savoir, qu'il soit empirique ou basé sur des résultats expérimentaux.

En quoi l'évolution de nos connaissances nous a-t-elle permis d'adapter nos pratiques médicales ?

BIOGRAPHIES

Louis Pasteur
Scientifique français (1822-1895)
Il consacre une grande partie de sa vie à l'étude des microorganismes et à la lutte contre les maladies infectieuses. On lui doit notamment le développement de pratiques d'asepsie et la mise au point du vaccin contre la rage en 1885.

Marie Curie
Physicienne et chimiste française (1867-1934)
Première femme à avoir reçu un prix Nobel (de Physique, en 1903, avec son mari Pierre Curie et Henri Becquerel pour leurs recherches sur la radioactivité), et la seule à en avoir reçu deux (prix Nobel de Chimie, en 1911, pour ses travaux sur le polonium et le radium).

RESSOURCES

- Vidéo : *1847, Semmelweis et l'asepsie* reseau-canope.fr
- Vidéo : *Histoires 14-18 : Les « petites Curie »* france3-regions.francetvinfo.fr
- Vidéo : *Les découvertes faites par hasard ; le vaccin* arte.tv

Vidéo

doc a **Semmelweis contrôlant les mesures d'hygiène dans un établissement médical** (peinture de Robert Tom). En 1846, Semmelweis, médecin à l'Hôpital de Vienne, est intrigué par le grand nombre de décès de femmes en couche (12 %). Il oblige ses étudiants à se laver les mains avec du chlore avant d'examiner les patientes, et réussit à faire chuter ce taux à 2 %. Il conclut que des « particules cadavériques » infectieuses et invisibles circulaient des mains des étudiants aux patientes. Ce n'est qu'en 1879 que Pasteur en trouve la cause : un microorganisme nommé *Streptococcus pyogenes*.

Vidéo

Lors de la première guerre mondiale, Marie Curie décide d'utiliser ses connaissances pour introduire les nouvelles techniques de radiographie sur le front. En août 1914, elle met en place le premier service de radiologie mobile : plus de 200 véhicules nommés les « Petites Curies » circulent près des champs de bataille. Elle crée aussi de nombreux postes de radiologie fixes dans les hôpitaux militaires. Grâce aux rayons X, les projectiles restés à l'intérieur de soldats blessés sont repérés, ce qui permet aux chirurgiens de les extraire rapidement et d'être plus efficaces dans leurs soins. À 17 ans, sa fille Irène la rejoint sur le front pour la seconder.

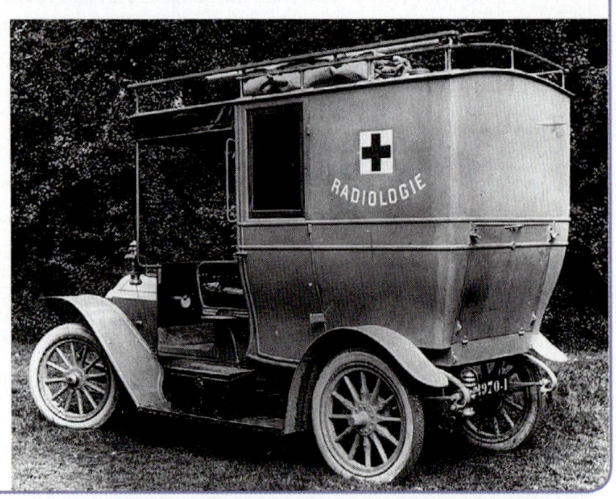

doc b **Photo d'une « Petite Curie », véritable service de radiologie ambulant mis au point par Marie Curie lors de la Première Guerre mondiale**

On dit doucement, dans l'Europe chrétienne, que les Anglais sont des fous et des enragés : des fous, parce qu'ils donnent la petite vérole à leurs enfants, pour les empêcher de l'avoir ; des enragés, parce qu'ils communiquent de gaieté de cœur à ces enfants une maladie certaine et affreuse, dans la vue de prévenir un mal incertain. Les Anglais, de leur côté, disent : « les autres Européens sont des lâches et des dénaturés : ils sont lâches, en ce qu'ils craignent de faire un peu de mal à leurs enfants ; dénaturés, en ce qu'ils les exposent à mourir un jour de la petite vérole ».

D'après Voltaire, *Lettres philosophiques*, 1734.

doc c **Le principe de la vaccination commenté par Voltaire dès le début du XVIIIe siècle**

doc d **Jenner immunise un enfant contre la variole**

Edward Jenner constate en 1796 qu'en inoculant la variole des vaches (ou vaccine) à une personne saine, elle était protégée contre la variole humaine (ou petite vérole). Par la suite, grâce à ses travaux sur le choléra des poules, Pasteur, constate qu'il peut protéger un individu contre un microorganisme pathogène grâce à des souches dont il atténue la virulence artificiellement. Il appelle cette méthode la « vaccination » en hommage à Jenner. Il généralise cette méthode et met au point, en 1885, le vaccin contre la rage.

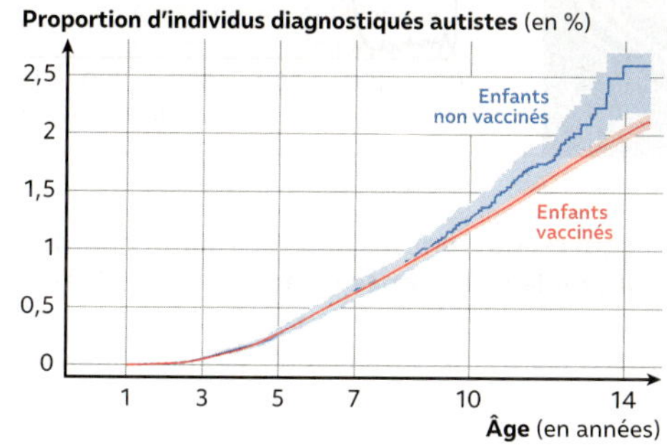

En 1998, une étude menée sur 12 enfants avait instillé le doute sur un lien possible entre le vaccin ROR et le développement de l'autisme. Aujourd'hui, nous savons que les résultats de cette « étude » ont été falsifiés, mais la perte de confiance envers les vaccins a été durable chez de nombreuses personnes.

Depuis 1998, aucune des nombreuses études menées n'a permis d'établir de lien entre autisme et vaccination. En 2019, une étude qui a porté sur 650 000 enfants nés entre 1999 et 2010 a été publiée et a mis définitivement fin à la controverse. Un des résultats de cette étude est présenté sur le graphique ci-dessus.

doc e **Le lien entre autisme et vaccination démenti**

En 1928, Alexander Fleming remarque que certaines de ses cultures de staphylocoques (bactéries) sont contaminées par des champignons du genre *Penicillium*. Autour d'eux, les bactéries ne s'y développent pas : les champignons libèrent une molécule qui inhibe la croissance bactérienne. Le premier antibiotique est ainsi découvert, qu'il nomme pénicilline.

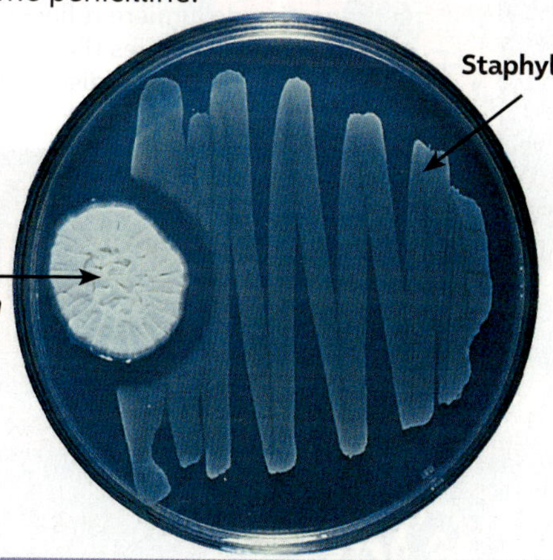

doc f **La découverte du premier antibiotique**

En équipes !

Équipe 1
Recueillir des informations sur les découvertes scientifiques passées qui ont un impact actuel en médecine (date, personnes impliquées, techniques, etc.). Utiliser les données issues des documents et de vos recherches.

Équipe 2
Recueillir des informations sur l'évolution de la perception de certaines techniques médicales, comme la vaccination, qui ont suscité la controverse. Utiliser les données issues des documents et de vos recherches.

En commun
Coopérer pour représenter les informations obtenues par chaque équipe sur une frise chronologique commune.

SYNTHÈSE L'évolution comme grille de lecture du monde

MÉMO

Podcast | Texte dys

L'anatomie humaine, résultat de l'évolution UNITÉS 1 et 2

- Les caractères anatomiques peuvent être le résultat d'une **adaptation** à un milieu donné, par mutations aléatoires et **sélection naturelle**. C'est notamment le cas d'organes complexes comme l'œil.
À chaque génération, de petites variations de ces organes apparaissent aléatoirement par mutations, chez certains individus. Celles qui ont permis aux ancêtres de mieux percevoir leur environnement leur ont conféré un avantage. Ils ont laissé plus de descendants que les autres, à qui ils les ont transmises. En quelques milliers de générations, les variations sélectionnées se sont accumulées pour permettre la formation des yeux actuels.
- L'évolution n'engendre pas toujours des structures anatomiques optimales. Certains caractères anatomiques sont mieux expliqués par l'héritage de l'histoire évolutive que par leur fonction.
- Les possibilités de variations des caractères sont limitées par l'anatomie héritée des ancêtres (contrainte historique). En effet, les variations s'effectuent à partir des structures déjà existantes : l'évolution fait « du neuf avec du vieux ». Les processus impliqués dans le développement embryonnaire font partie des caractères hérités; ils contraignent les variations possibles au sein d'une espèce (contrainte de construction). Ils peuvent expliquer la présence de certaines structures anatomiques sans fonction apparente.
- De plus, les organes qui n'ont plus de fonction avérée ne régressent pas forcément : ils ne sont pas éliminés par sélection naturelle s'ils ne pénalisent pas la reproduction ou la survie des individus.
- Enfin, l'évolution de chaque organe est également contrainte par le développement des autres organes : cela mène à des **compromis sélectifs**.

SAVOIR-FAIRE

- Expliquer l'origine d'une structure anatomique en mobilisant les concepts de hasard, de variation, de sélection naturelle et d'adaptation (exemple de l'œil).
- Les caractéristiques anatomiques humaines peuvent être mises en relation avec des contraintes historiques, de construction, des compromis sélectifs ou des régressions.

L'impact des pratiques humaines sur l'évolution d'espèces indésirables UNITÉ 3

- La résistance de microorganismes aux traitements s'explique par une évolution par sélection naturelle : dans un environnement riche en **antibiotiques**, les quelques bactéries ayant subi une mutation aléatoire leur conférant une résistance survivent mieux que les autres et se reproduisent plus, transmettant cette mutation à leurs descendants. La proportion de bactéries résistantes augmente alors au cours des générations.
- L'évolution rapide des organismes microbiens nécessite d'adapter les **stratégies prophylactiques**, les vaccins et les antibiotiques.
- Depuis la révolution agricole, la pratique intensive de la **monoculture**, la domestication et l'utilisation de produits phytosanitaires ont aussi un impact sur la **biodiversité** et son évolution.
- L'uniformité génétique des plants cultivés les rend moins adaptables donc plus vulnérables face aux épidémies. Le recours accru aux **produits phytosanitaires** en réponse à cette vulnérabilité favorise le phénomène de résistance des ravageurs des cultures par sélection naturelle.

A-Z MOTS CLÉS

- **Adaptation :** processus par lequel un caractère se modifie sous l'effet de mutations et de la sélection naturelle.
- **Sélection naturelle :** mécanisme par lequel certaines variations génétiquement héritables tendent à être de plus en plus fréquentes dans une population. L'environnement, responsable d'une différence de succès reproducteur entre individus variables pour certains caractères, « sélectionne » les individus les plus aptes.
- **Compromis sélectif :** a lieu quand une modification avantageuse d'un caractère mène à une modification désavantageuse d'un autre caractère, en termes de sélection naturelle. Les changements des deux caractères sont alors limités.
- **Stratégie prophylactique :** ensemble de moyens mis en œuvre pour prévenir les maladies.
- **Antibiotique :** substance qui détruit ou inhibe le développement de bactéries.
- **Monoculture :** culture d'une seule espèce végétale.
- **Produit phytosanitaire (pesticide) :** produit utilisé pour améliorer la santé des plantes face aux plantes compétitrices, aux prédateurs et aux parasites.
- **Biodiversité :** diversité du vivant, définie à trois échelles : écosystème, espèce, génétique.

SCHÉMA

Bilan animé

Évolution d'un organe par mutations et sélection naturelle

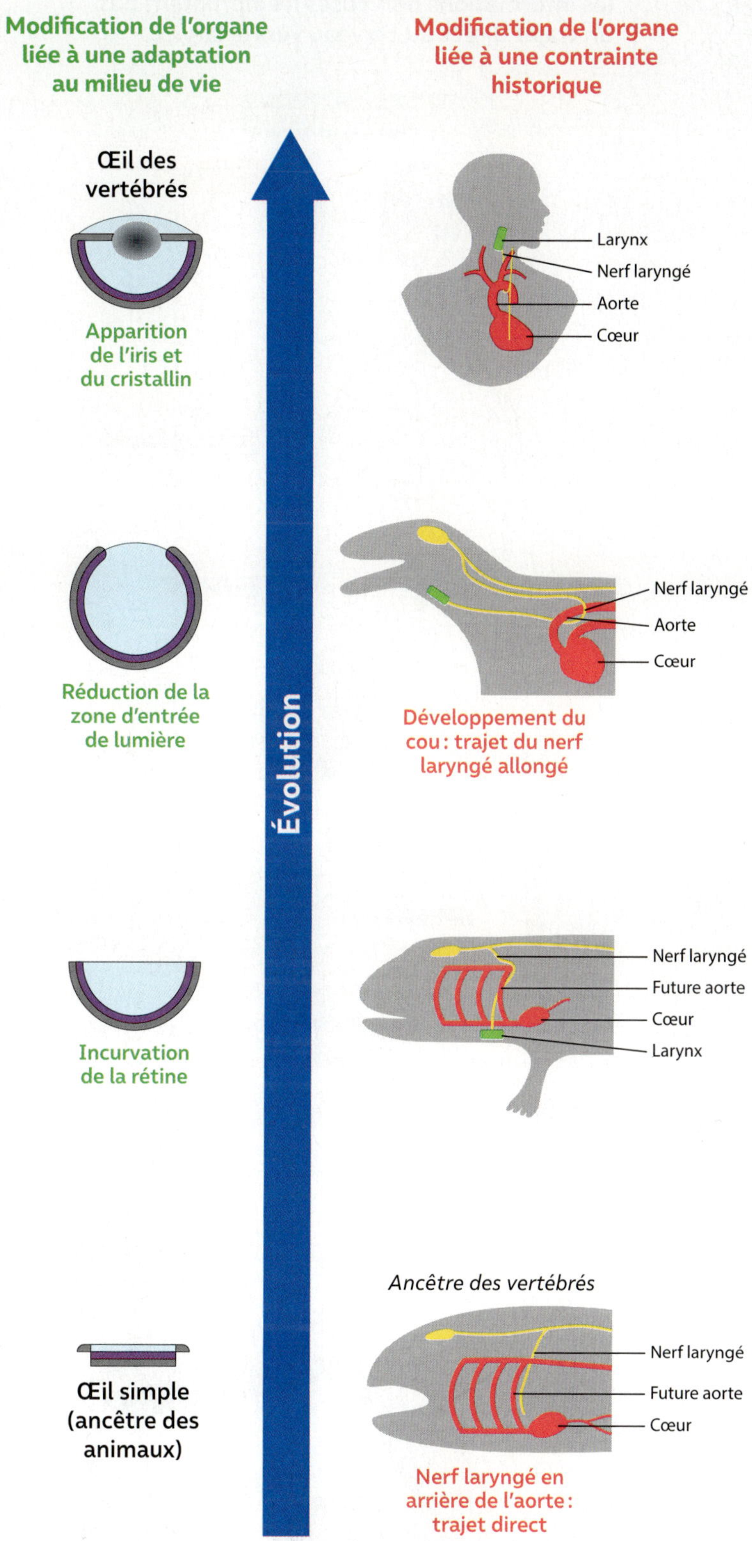

Impact des pratiques humaines sur l'évolution de certaines populations

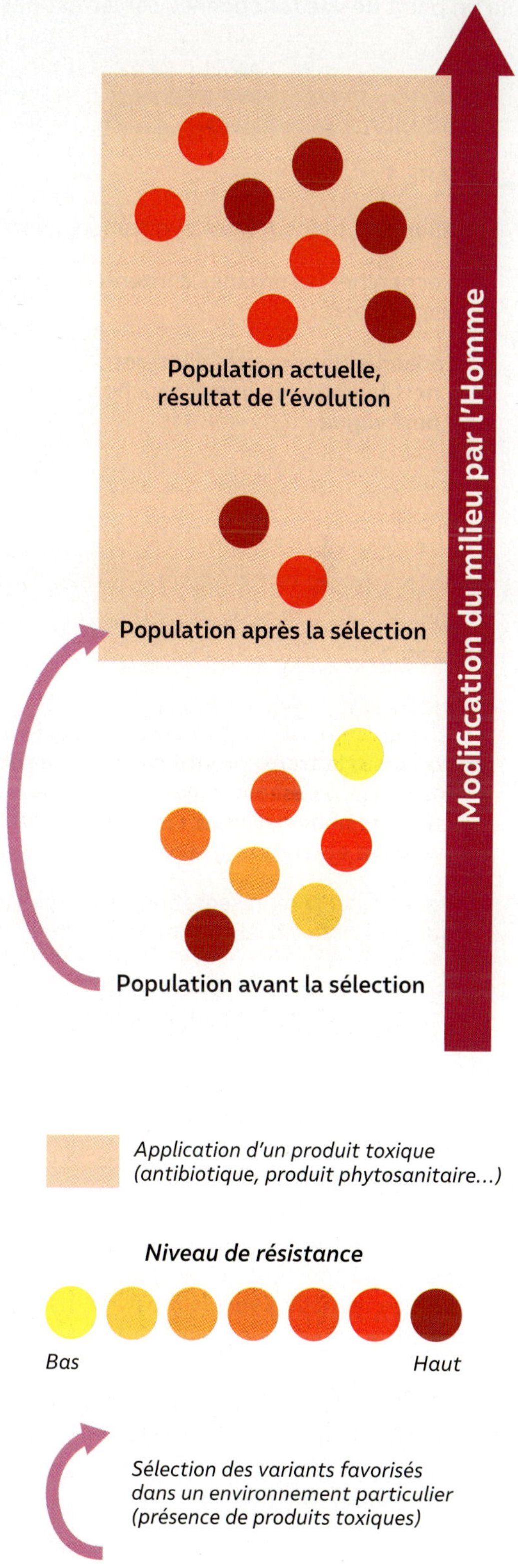

MÉTHODE Utiliser un logiciel de visualisation 3D

1 Exercice résolu

Énoncé

Le nerf laryngé transmet les informations en provenance du cerveau vers le larynx. Son trajet est étonnant d'un point de vue fonctionnel, car il n'est pas direct.

QUESTION **En utilisant le logiciel proposé, montrer que les informations nerveuses n'empruntent pas un trajet direct du cerveau vers le larynx.**

Méthode

ÉTAPE 1

a) Aller sur : https://www.zygotebody.com

b) Rechercher les organes d'intérêt à afficher (en anglais).

c) Conserver les organes d'intérêt :
- **nerf laryngé récurrent gauche** ;
- **nerf vague**.

Application

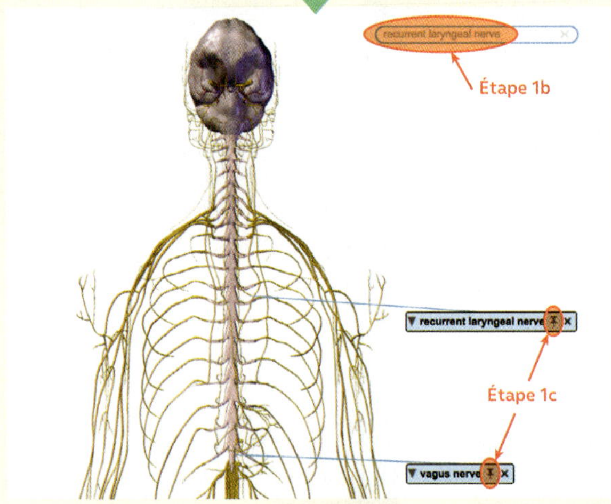

Méthode

ÉTAPE 2

a) Changer le mode de visualisation des organes.

b) Jouer sur la transparence des groupes d'organes (os, nerfs, vaisseaux sanguins, etc.) grâce aux curseurs pour visualiser au mieux les organes d'intérêt et leur localisation dans le corps.

c) Pour affiner la représentation, cliquer sur les organes qui gênent la visualisation, et les masquer.

d) Éventuellement, faire une capture d'écran et légender les organes sur le logiciel de votre choix.

Application

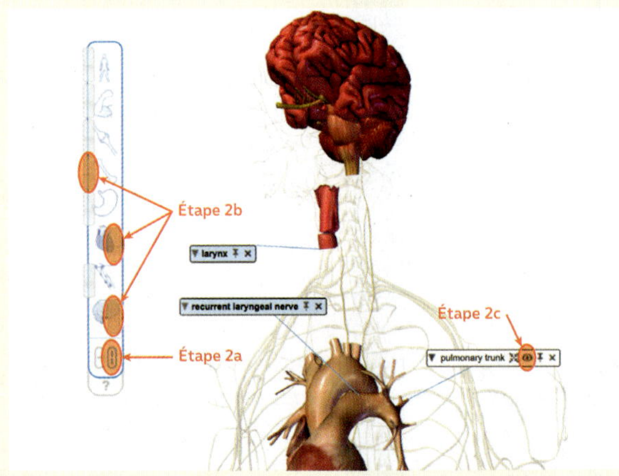

2 APPLICATION

Les canaux déférents font partie des voies génitales mâles. Ils permettent le transport des spermatozoïdes depuis les testicules vers la prostate. Ils se mettent en place lors du développement embryonnaire.

QUESTION **En utilisant le logiciel proposé, montrer quelle est la particularité du trajet des canaux déférents.**
→ voir aussi exercice 11

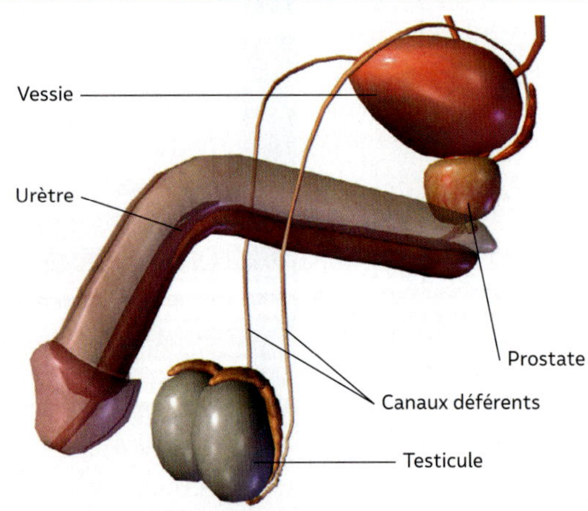

QUIZ Parmi les affirmations suivantes, choisissez la réponse exacte.

3 La sélection naturelle est un mécanisme :

a aléatoire.

b orienté, par l'environnement.

c orienté, par la volonté de l'Homme.

d menant à des structures anatomiques parfaites.

4 L'apparition d'organes complexes comme l'œil s'est faite :

a suite au besoin de voir de certains individus.

b grâce à l'évolution progressive par sélection naturelle d'organes simples à l'origine.

c de façon aléatoire.

d sur une période de temps d'une dizaine de générations.

5 La résistance des bactéries aux antibiotiques s'explique par :

a la dérive génétique.

b l'apparition de mutations provoquées par les antibiotiques.

c des conditions d'hygiène insuffisantes.

d la sélection de variants résistants.

6 La monoculture :

a permet d'augmenter la diversité végétale.

b est un mode de culture peu développé en Occident.

c favorise le développement des pollinisateurs.

d accroît la vulnérabilité des cultures aux épidémies

▶ Corrigés p. 341

7 CONSTRUIRE UNE CARTE MENTALE

sur le thème « Évolution ».

▶ L'étiquette centrale s'intitulera

Évolution d'une population

▶ Associer l'étiquette centrale, par le moyen graphique de votre choix à des étiquettes de votre initiative. Certaines peuvent être, par exemple :

Pression de l'environnement — **Survie des variants plus aptes** — **Résistance des ravageurs aux pesticides** — **Formation d'organes complexes** — **Formation aléatoire de variants**

QUESTIONS FLASH

8 Placer les légendes suivantes dans le schéma de l'œil : cornée, cristallin, rétine, iris, pupille, humeur vitrée.

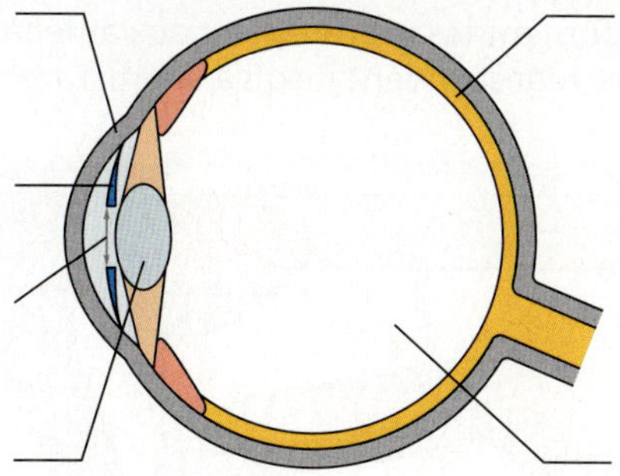

9 À l'oral, présenter les impacts que peut avoir la monoculture sur la biodiversité. oral

EXERCICE D'APPLICATION

10 Interprétation d'un antibiogramme

Afin de déterminer quel est l'antibiotique le plus efficace contre une souche bactérienne, les médecins peuvent réaliser un antibiogramme. Il s'agit d'une culture bactérienne sur un milieu nutritif, sur lequel sont déposées des pastilles imprégnées de différents antibiotiques.

La photo ci-dessous présente le résultat d'un antibiogramme. Les colonies bactériennes apparaissent en beige clair.

1. Identifier le(s) antibiotique(s) pour le(s)quel(s) cette souche bactérienne est résistante.
2. Proposer un scénario expliquant l'origine possible de cette résistance.

11 Le trajet des canaux déférents chez les mâles

OBJECTIF Expliquer le trajet d'un organe par une histoire évolutive.

Les canaux déférents (surlignés en jaune sur les documents a et b) sont des organes qui transportent les spermatozoïdes depuis les testicules jusqu'à la prostate. Leur trajet n'est pas direct : ils remontent au-dessus de la vessie, contournent les uretères (canaux amenant l'urine à la vessie) et redescendent jusqu'à la prostate.

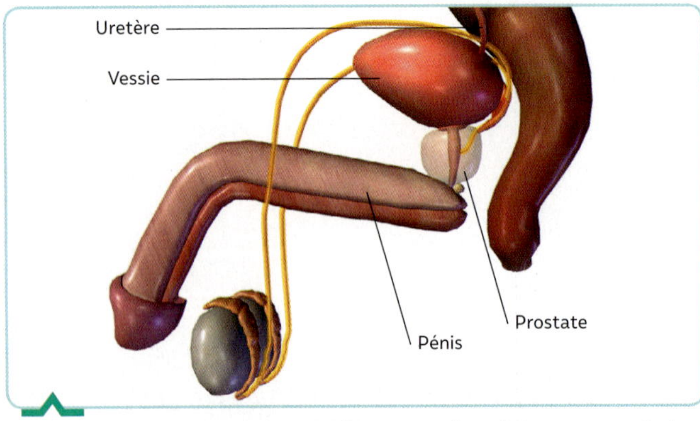

a. Trajet des canaux déférents chez l'homme adulte
(obtenu avec zygotebody.com)

QUESTION **Expliquer en quoi les contraintes qui se sont appliquées au cours de l'évolution de notre espèce sont responsables de ce trajet étonnament long des canaux déférents humains.**

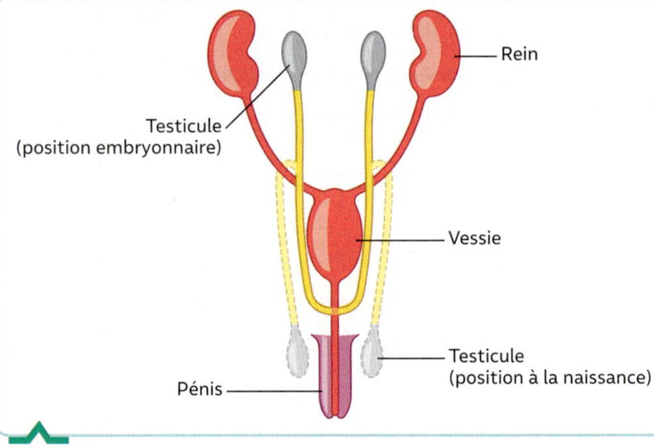

b. Position des testicules et des canaux déférents durant le développement embryonnaire et à la naissance
Durant la première moitié du développement embryonnaire des hommes, les testicules sont situés, comme les ovaires, dans l'abdomen. Ce n'est qu'à partir de la 20e semaine de développement qu'ils entament leur migration vers les bourses, où ils sont situés à la naissance. Cette disposition extra-abdominale permet de maintenir les testicules à une température inférieure de 2 °C à celle de l'abdomen. Chez nos ancêtres à sang froid, les testicules des adultes étaient en position intra-abdominale.

12 L'évolution de la perception visuelle des papillons DIFFÉRENCIATION

OBJECTIF Argumenter l'acquisition d'une capacité visuelle par sélection naturelle.

La diversité des yeux est très grande chez les espèces animales. De nombreuses espèces, notamment d'insectes, sont capables de percevoir des longueurs d'ondes invisibles pour l'être humain. C'est le cas des papillons dont les yeux possèdent des photorécepteurs capables de détecter le rayonnement ultraviolet.

QUESTION **Montrer que la capacité de percevoir les UV par les yeux des papillons a pu évoluer par sélection naturelle.** [Aides, p. 339]

a. Coloration des ailes des papillons mâles et femelles de l'espèce *Eurema hecabe* sous lumière visible par l'être humain (gauche) et ultra-violette (droite)
L'analyse de la réflexion des rayons UV par les ailes de l'espèce *E. hecabe* révèle des motifs invisibles à l'œil humain.

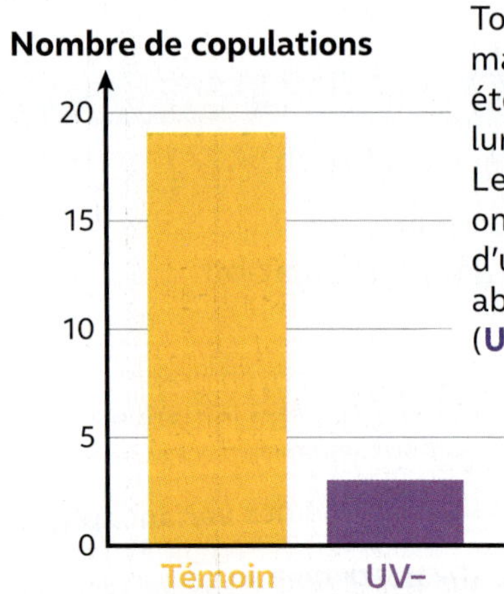

Toutes les manipulations ont été réalisées sous une lumière solaire normale. Les cages des papillons ont été recouvertes d'un film transparent absorbant les rayons UV (UV-) ou non (témoin).

b. Effet d'une suppression des rayons UV sur la reproduction des papillons *E. hecabe*

13 Le mouvement des oreilles humaines

OBJECTIF Expliquer la présence d'organes sans fonction avérée.

Beaucoup de mammifères ont la capacité d'orienter les pavillons de leurs oreilles en fonction des sons qui les entourent, ce qui leur permet de mieux capter leur environnement.
Chez les humains, 80 % des individus n'ont pas la capacité de faire bouger leurs oreilles. Pourtant, nous possédons tous des muscles auriculaires, hérités de nos ancêtres, connectés à nos oreilles (muscles 1 à 3 du doc. b).
Ces muscles sont atrophiés chez les humains.

QUESTIONS

1. Montrer que les muscles auriculaires des humains sont toujours fonctionnels, bien que le mouvement des oreilles ne soit pas toujours possible.
2. Proposer une explication à la présence de ces muscles, sans fonction apparente, chez l'humain actuel.

Vidéo

a. Pavillon des oreilles d'un renard à oreilles de chauve-souris

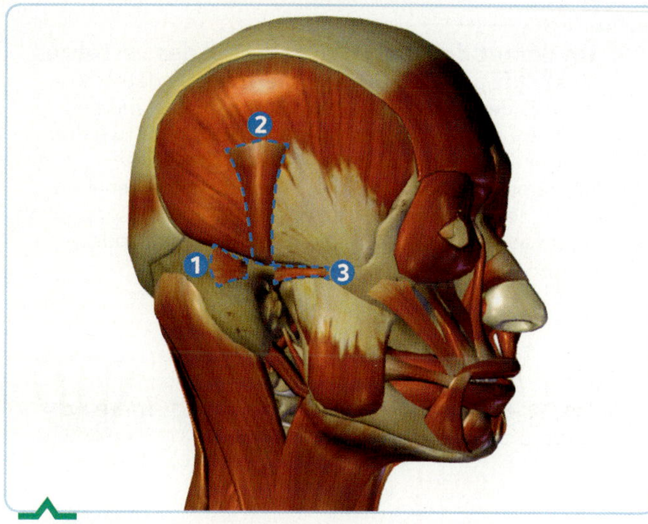

b. Localisation des muscles auriculaires
(1 à 3, image obtenue via zygotebody.com)

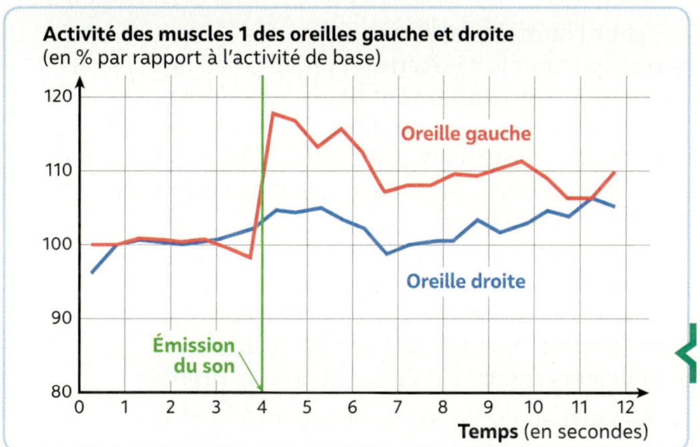

c. Activité du muscle auriculaire postérieur 1 en réponse à un son
Le son a été émis pendant plusieurs secondes, via un haut-parleur situé à gauche des sujets testés.

14 La résistance aux antibiotiques

OBJECTIF Associer le phénomène de résistance des bactéries à la consommation d'antibiotiques.

QUESTIONS

1. Présenter la relation existante entre consommation d'antibiotiques et résistance des pneumocoques.
2. Construire un schéma expliquant l'origine évolutive de cette relation.
3. Formuler des recommandations pour limiter ce phénomène de résistance.

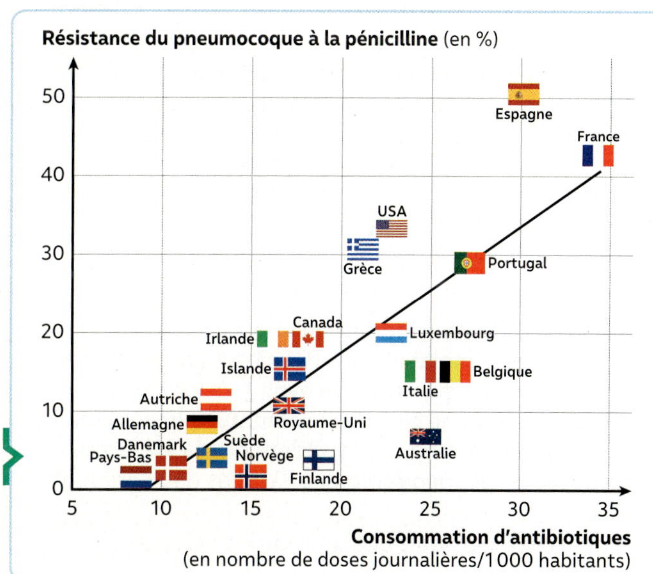

doc. Résistance du pneumocoque à la pénicilline dans différents pays
Le pneumocoque est une bactérie qui peut provoquer des pneumonies.

15 Évolution non optimale de l'œil

OBJECTIF **Associer une structure anatomique particulière à une histoire évolutive.**

Les vertébrés et les mollusques céphalopodes (comme la pieuvre ou la seiche) ont des yeux de structure semblable (yeux camérulaires). Pourtant, certaines différences, notamment dans leur rétine, sont responsables de capacités visuelles distinctes.

QUESTION

Montrer que la structure de l'œil des vertébrés, bien que façonnée par la sélection naturelle, présente des « imperfections » liées à leur histoire évolutive.

a. Un défaut de la structure de l'œil des vertébrés

Une petite partie du champ visuel n'est pas détectable par l'œil des vertébrés. Cette particularité est mise en évidence par l'expérience de Mariotte : fermer l'œil droit et fixer l'astérisque avec l'œil gauche. Approcher doucement votre œil du livre ; à une distance d'environ 25 cm, le cercle semble disparaître. Ce « défaut » de vision n'est pas présent chez les mollusques céphalopodes.

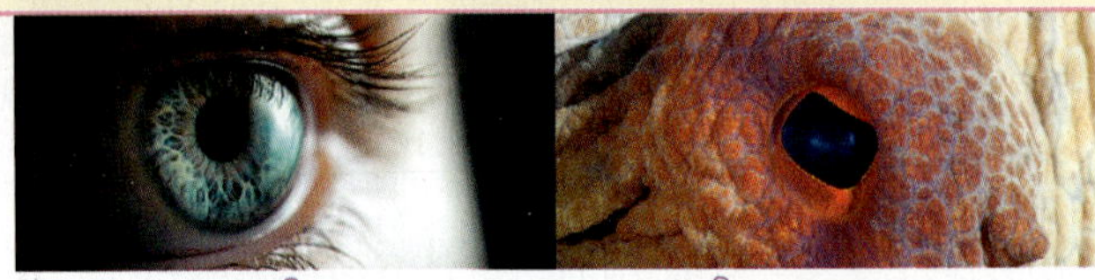

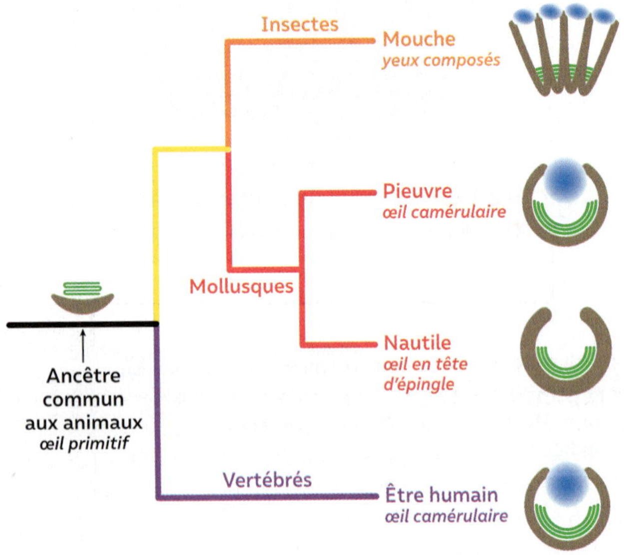

L'ancêtre commun aux animaux possédait un œil primitif probablement constitué d'une seule cellule photoréceptrice et d'une cellule pigmentaire. Plusieurs structures d'œil ont évolué à partir de cet œil primitif. Toutes sont constituées de cellules photoréceptrices (vert) et pigmentaires (marron). Des lentilles convergentes (bleu) comme le cristallin sont aussi apparues dans plusieurs groupes.

Les chercheurs considèrent qu'une structure anatomique semblable dans deux groupes d'espèces est issue de la même histoire évolutive lorsque tous les descendants de leur lignée commune la possèdent. Dans le cas contraire, on considère que la structure est apparue indépendamment dans les deux groupes.

b. Parenté de quelques animaux et structure de leur œil

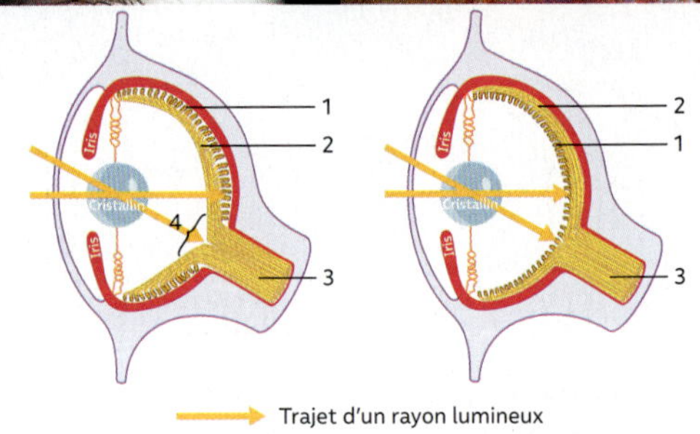

La disposition des cellules de la rétine (jaune) est différente :
– chez l'humain, les fibres nerveuses (2) qui transportent le message en provenance des cellules photoréceptrices (1) sont situées au-dessus de ces cellules. Le passage des fibres au niveau du nerf optique (3) contraint à l'absence de photorécepteurs dans cette zone (4). On appelle donc cette zone « point aveugle ».
– chez les pieuvres, les cellules photoréceptrices (1) sont situées au-dessus des fibres nerveuses (2). Cette disposition favorise une meilleure capture de la lumière, et permet une disposition des photorécepteurs sur l'ensemble de la rétine.

L'ancêtre des pieuvres était vraissemblablement chasseur ; une bonne acuité visuelle a donc probablement été sélectionnée. Celui des vertébrés se nourrissait quant à lui en filtrant l'eau, sans chasser activement ; une acuité visuelle plus faible devait être suffisante pour sa survie.

c. Structure simplifiée d'un oeil humain (gauche) et de pieuvre (droite)

GUIDE D'EXPLOITATION

1. Relier les différentes capacités visuelles de l'être humain et de la pieuvre (doc. a) à une différence de structure de leur œil (doc. c).
2. À l'aide de vos connaissances et d'informations du doc. c, montrer que la sélection a été un facteur d'évolution de l'œil dans ces deux espèces.
3. Expliquer les différences de structures de l'oeil (doc. c) par des différences d'histoire évolutive de ces espèces (doc. b).

16 Symbiose et résistance aux insecticides

OBJECTIF **Établir le mécanisme à l'origine de la résistance à un insecticide.**

Le fénitrothion est un insecticide très puissant utilisé dans le monde entier dans la lutte contre les moustiques et dans le domaine agricole. Sur l'île japonaise de Minami Daito dans laquelle il a été utilisé massivement dans les cultures, 8 % des individus d'une population de punaises ont développé une résistance à cet insecticide via un procédé original.

QUESTION **À l'aide de l'exploitation des documents et de vos connaissances, présenter le scénario probable à l'origine de la résistance des punaises de l'île japonaise de Minami Daito.**

Riptortus pedestris est une punaise qui ravage les cultures. Elle abrite dans son intestin des bactéries symbiotiques du genre *Burkholderia*, dont l'ADN a été coloré en rouge, qui favorisent sa croissance. D'autres espèces de bactéries du même genre vivent libres dans le sol.

a. Photographie de *Riptortus pedestris* et de son tube digestif

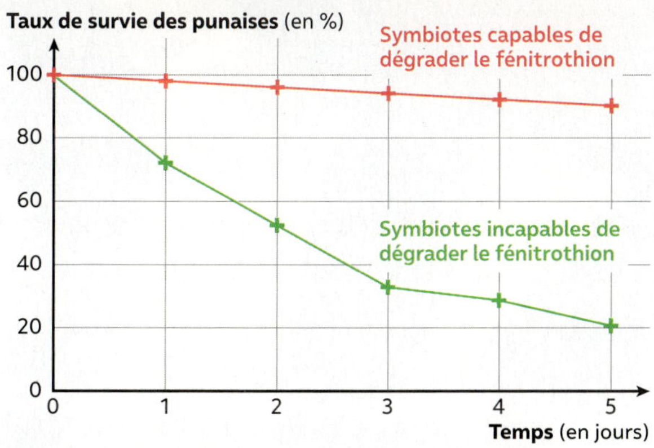

Des chercheurs ont étudié la survie de deux lots de punaises élevées sur des plantes traitées au fénitrothion : un lot auquel ils ont inoculé des bactéries incapables de dégrader le fénitrothion, et un autre auquel ils ont inoculé des bactéries qui sont capables de le dégrader.

c. Effet du type de bactérie symbiotique sur la survie des punaises

Parmi les espèces non symbiotiques de bactéries *Burkholderia* qui vivent dans les sols, certaines, très minoritaires, ont la capacité de dégrader le fénitrothion. Des chercheurs ont cherché à savoir si ces espèces pouvaient devenir symbiotiques. Pour cela, ils ont prélevé des échantillons de sol qu'ils ont arrosé régulièrement avec de l'eau distillée (A) ou de l'eau contenant du fénitrothion (B), puis ils ont évalué l'abondance des bactéries capables de dégrader le fénitrothion.

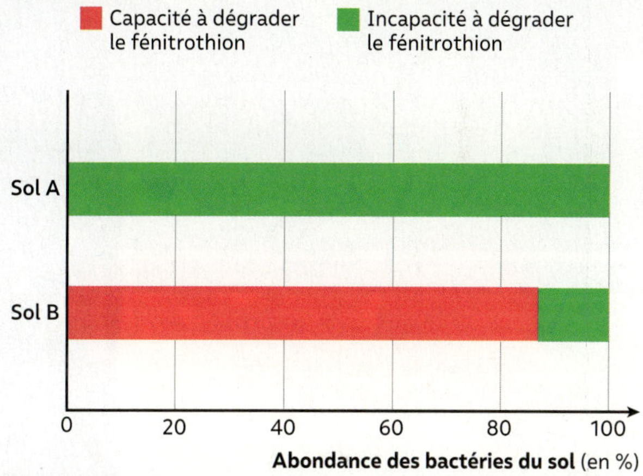

Ils ont ensuite cultivé des plants de soja sur ces deux types de sols et ont fait éclore des œufs de punaise. Une fois les punaises devenues adultes, ils ont prélevé les bactéries symbiotiques dans leur intestin, et ont évalué leur capacité à dégrader le fénitrothion.

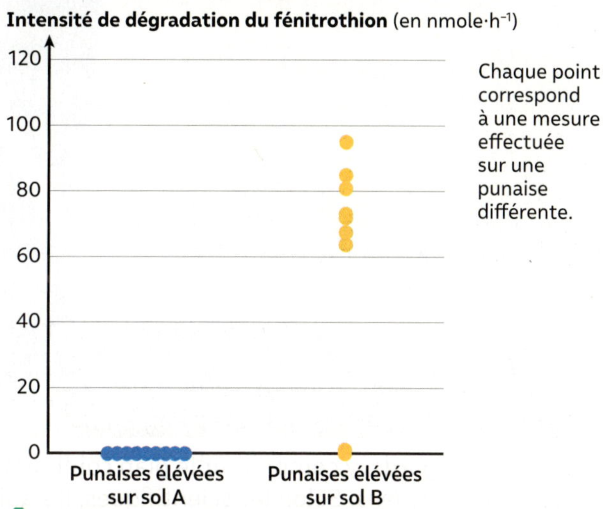

b. Capacité de dégradation du fénitrothion dans deux conditions

UNITÉ 1

Les plus proches parents d'*Homo sapiens*

Dans l'un de ses entretiens, le paléoanthropologue Pascal Picq déclare : « Les chimpanzés et les bonobos sont plus proches de nous que les gorilles ».

OBJECTIF

En exploitant des caractères morpho-anatomiques et des données génétiques, prouver la plus étroite parenté entre *Homo sapiens*, les chimpanzés et les bonobos qu'entre *Homo sapiens* et les autres primates.

1 Différentes espèces de grands singes
Dans une classification évolutive, *Homo sapiens* est rangé dans le groupe des grands singes.

ACTIVITÉ NUMÉRIQUE

Phylogène

OBJECTIF Construire avec le logiciel Phylogène une matrice espèces/caractères contenant des primates dont des grands singes.

PROTOCOLE

1. Choisir la collection Archontes (Primates) puis la fonctionnalité « Construire » dans le menu « Activités ».
2. Pour générer la matrice, sélectionner en bas de l'écran les espèces souhaitées en cliquant sur chacune d'elles.
   • Espèces à sélectionner : Chimpanzé, Gibbon, Bonobo, Orang-Outan, Gorille, Homme, Babouin, Toupaïe et Macaque. Toutes ces espèces sauf le Toupaïe font partie des primates.
3. Choisir les caractères dans le menu déroulant.
   • Caractères à sélectionner : Pouce, Queue, Terminaison des doigts.
4. Remplir la matrice vide en cliquant dans chacune des cases et en utilisant les informations qui apparaissent en bas et à droite de l'écran.
5. Vérifier l'exactitude de la matrice et corriger si nécessaire.

	Pouce	Queue	Terminaison des doigts
Chimpanzé	Opposable	Absente	Ongles
Gibbon	Opposable	Absente	Ongles
Bonobo	Opposable	Absente	Ongles
Orang-outan	Opposable	Absente	Ongles
Gorille	Opposable	Absente	Ongles
Homme	Opposable	Absente	Ongles
Babouin	Opposable	Présente	Ongles
Toupaïe	Non opposable	Présente	Griffes
Macaque	Opposable	Présente	Ongles

2 Matrice espèces/caractères construite avec le logiciel Phylogène
Les données colorées en vert correspondent à des **innovations évolutives**.

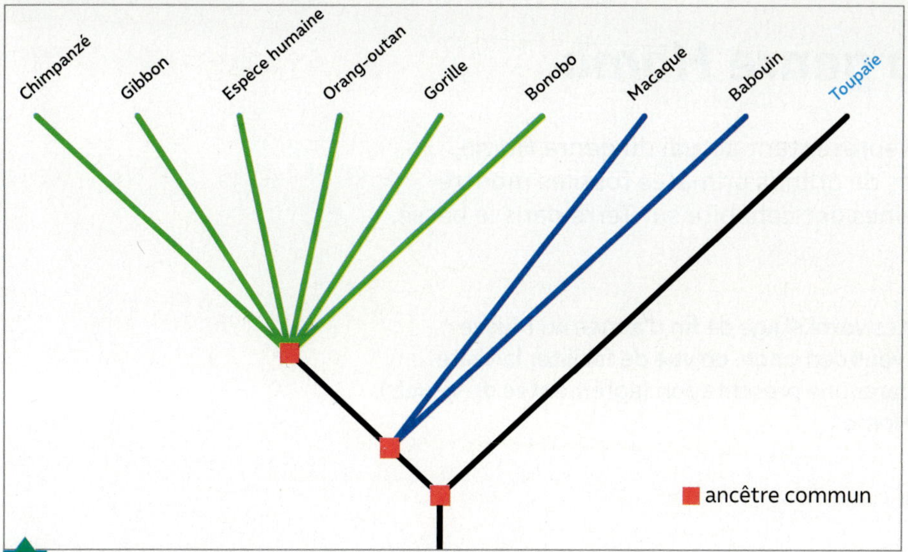

3 Construction d'un arbre phylogénétique
Si deux (ou plusieurs) espèces ont une **innovation évolutive** en commun, on l'interprète par l'existence d'un ancêtre commun qui leur est propre (■ sur le schéma), qu'elles ne partagent pas avec les autres espèces.

Article en ligne

Suite au séquençage du génome humain en 2001, et du génome du chimpanzé en 2005, une analyse comparative « globale » de l'ensemble des deux génomes a pu être réalisée. Cette analyse publiée dans la revue *Nature* en 2005, conclut à un taux de différence nucléotidique de 1,23 %. [...] En 2006, sur 22 000 gènes étudiés, une équipe rapporte que 1 418 chez l'Homme n'ont pas leurs équivalents chez le chimpanzé, en d'autres termes que 6,4 % des gènes humains sont spécifiques à l'Homme.

D'après Delphine Trochet, « Quelles différences génétiques entre l'Homme et le chimpanzé ? », 2001, www.edu.mnhn.fr.

4 Le point sur les différences génétiques entre l'humain et le chimpanzé

Séquences	NAD_Chimpanzé	NAD_Bonobo	NAD_Homme	NAD_Gorille	NAD_Orang-outan
NAD_Chimpanzé	100,00 %	100,00 %	89,03 %	87,76 %	76,37 %
NAD_Bonobo		100,00 %	89,03 %	87,76 %	76,37 %
NAD_Homme			100,00 %	86,50 %	75,53 %
NAD_Gorille				100,00 %	74,68 %
NAD_Orang-outan					100,00 %

5 Matrice des ressemblances construite avec le logiciel GeniGen
Cette matrice donne le pourcentage de ressemblances dans les séquences de nucléotides du **gène NAD** pour quelques primates. Des espèces sont d'autant plus apparentées que les séquences nucléotidiques de leurs gènes sont semblables.

VOCABULAIRE

Une **innovation évolutive** est une nouveauté correspondant à l'apparition, la disparition ou la transformation d'un caractère. La présence d'ongle en est un exemple.

Le **gène NAD** permet la fabrication d'une espèce chimique qui intervient dans les transports d'électrons lors du métabolisme.

PARCOURS 1

1. **Justifier**, à l'aide des données de la matrice (doc. 2), les relations de parenté exprimées dans l'arbre phylogénétique (doc. 3).
2. **Positionner** sur l'arbre phylogénétique (doc. 3) le singe-araignée (espèce possédant des pouces opposables, des ongles et une queue).
3. **Déterminer** les caractères propres aux primates et ceux propres aux grands singes.
4. **Exploiter** les données génétiques (doc. 4 et 5) pour préciser les relations de parenté entre *Homo sapiens* et les autres grands singes.
5. **Résumer** les arguments en faveur de l'affirmation de Pascal Picq.

PARCOURS 2

1. **Établir** avec le logiciel Phylogène (activité numérique) la matrice espèces/caractères et l'arbre de parenté lui correspondant.
2. **Sélectionner** (doc. 5) les données génétiques utiles pour préciser la parenté entre *Homo sapiens* et les autres grands singes.
3. **Montrer** que les parentés déduites des caractères morpho-anatomiques et les données génétiques sont complémentaires et corroborent l'affirmation de Pascal Picq.

UNITÉ 2

Un portrait du genre *Homo*

Si *Homo sapiens* est le seul représentant actuel du genre *Homo*, l'analyse comparée d'espèces de grands primates fossiles montre que plusieurs espèces humaines ont cohabité sur Terre dans le passé.

MISSION Tâche complexe

Étudiant en Licence 3, vous faites votre stage de fin d'année au Musée de l'Homme. Votre employeur vous demande, en vue de faciliter la visite du musée par le public, de préparer une présentation (agrémentée de visuels) dressant un portrait du genre *Homo*.

Comparer les squelettes d'*Homo sapiens* et du chimpanzé

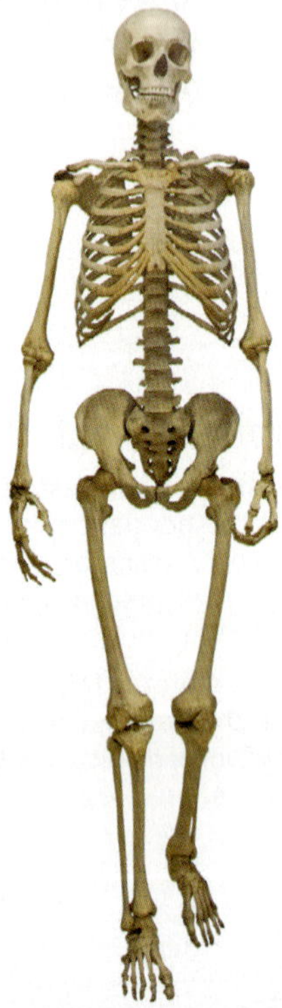

▲ Squelette d'*Homo sapiens*

▲ Crâne d'*Homo sapiens* vu de profil

▲ Crâne de chimpanzé vu de profil

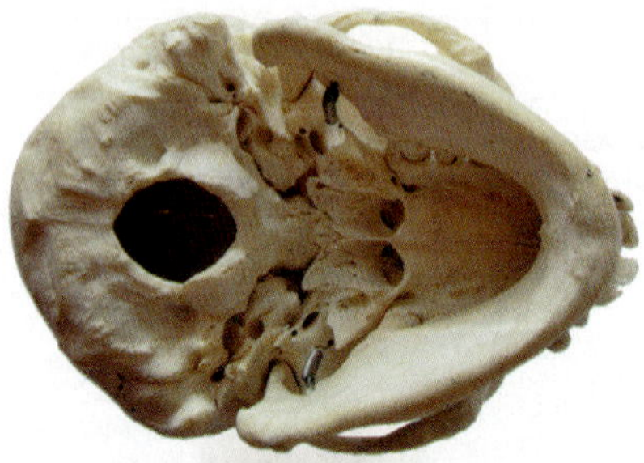

▲ Crâne d'*Homo sapiens* vu de dessous
Le volume endocrânien moyen est de 1450 cm^3

▲ Crâne de chimpanzé vu de dessous
Le volume endocrânien moyen est de 450 cm^3

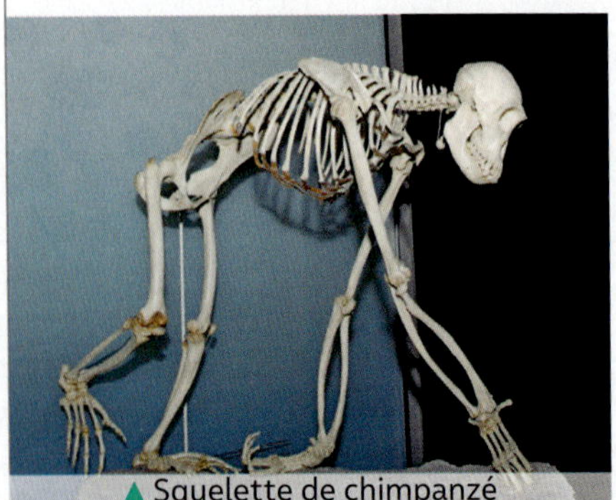

▲ Squelette de chimpanzé

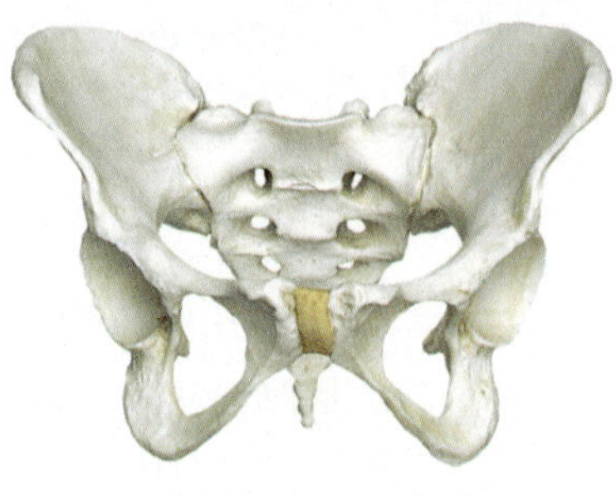

▲ Bassin d'*Homo sapiens*

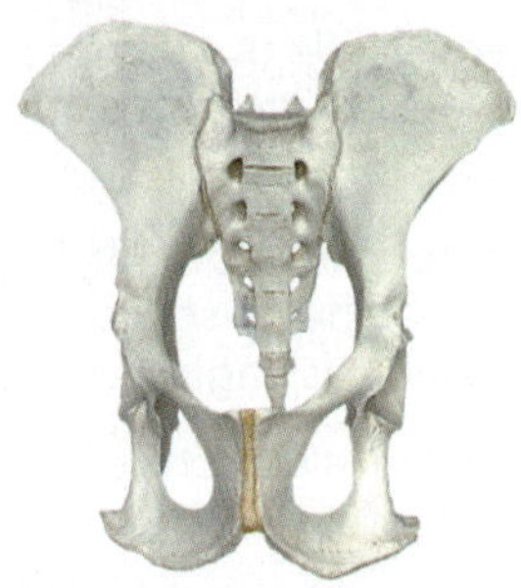

▲ Bassin de chimpanzé

1 Observation du squelette entier ou partiel d'*Homo sapiens* et du chimpanzé (*Pan troglodytes*)
[→ **Méthode – Analyser un squelette, p. 268**]

Identifier des caractères propres au genre *Homo* en observant les fossiles de la lignée humaine

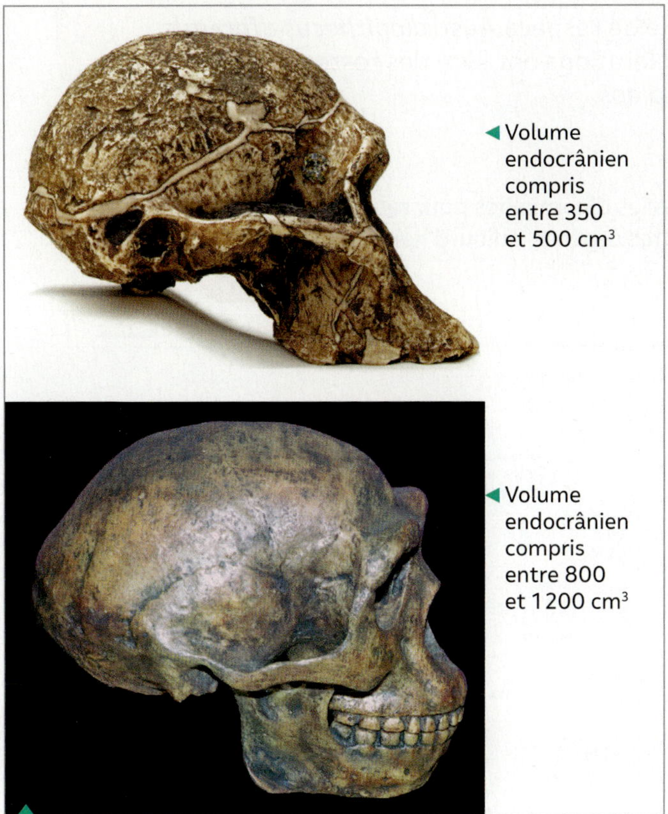

2 **Crânes d'*Australopithecus africanus* (haut) et d'*Homo erectus* (bas) vus de profil**

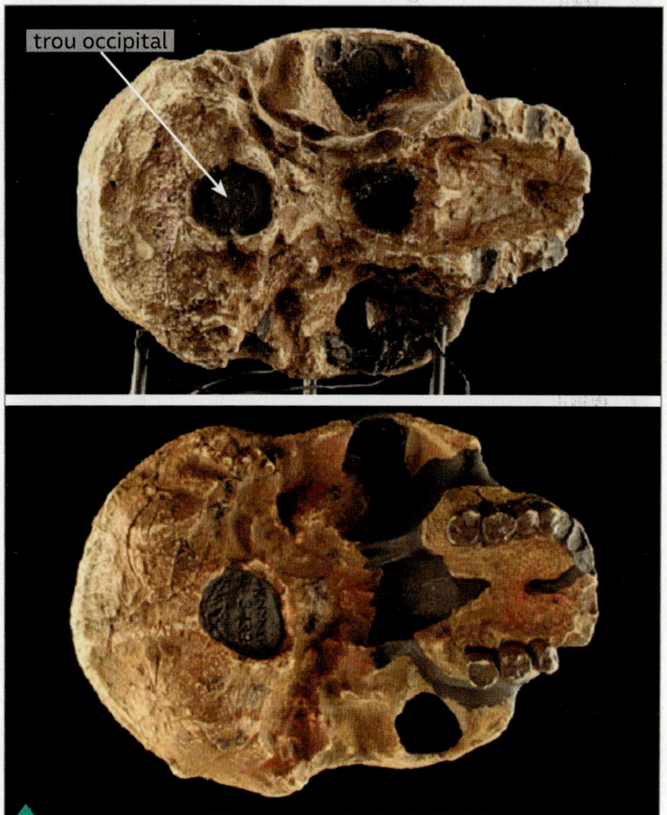

3 **Crânes d'*Australopithecus africanus* (haut) et d'*Homo erectus* (bas) vus de dessous**

ACTIVITÉ NUMÉRIQUE

Hominidés

OBJECTIF Observer des crânes et des bassins en 3D et les mesurer avec le logiciel Homininés.

PROTOCOLE

1. Dans la banque des grands primates fossiles, accéder aux pièces du squelette (crânes et bassins) de différentes espèces d'Homininés.

2. À l'aide de la fiche technique, intégrée au logiciel, mesurer les distances Q'F et Q'V sur différents crânes de grands primates fossiles. Comparer le degré d'avancement du trou occipital des espèces choisies.

3. Mesurer la hauteur et la largeur d'un bassin d'*Homo habilis* et d'un bassin d'une espèce du genre *Australopithecus*. [→ Méthode – Analyser un squelette, p. 268].

COUPS DE POUCE

- La position du trou occipital renseigne sur le degré de bipédie : les bipèdes affirmés ont un trou occipital plus avancé.
- Le crâne vu de dessous permet d'apprécier la forme de la mâchoire.
- Pour trouver les caractères propres aux humains, exploitez d'une part, la comparaison entre *Homo sapiens* et le chimpanzé et, d'autre part, la comparaison des représentants fossiles du genre *Homo*. Il est conseillé de construire un tableau de comparaison des caractéristiques des différentes espèces.

Merge Cube

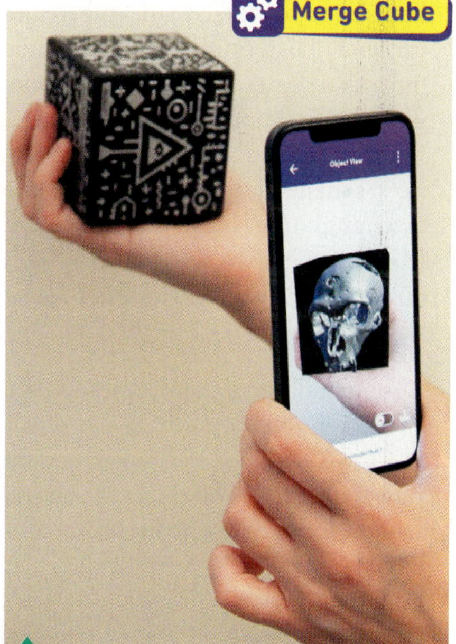

4 **Des crânes en réalité augmentée**
L'application mobile de réalité augmentée, Merge Cube, permet de visualiser des crânes en 3D de différentes espèces de grands primates.

UNITÉ 3 Les parentés entre *Homo sapiens* et des espèces éteintes de la lignée humaine

Depuis la découverte en 1974 de Lucy, un fossile de l'espèce *Australopithecus afarensis* sur le site de Hadar en Éthiopie, différentes explorations ont livré des restes fossiles utiles pour établir des liens de parenté avec *Homo sapiens*.

OBJECTIF

Utiliser les informations livrées par les différents fossiles d'hominidés pour reconstituer les relations de parenté entre *Homo sapiens* et d'autres espèces, aujourd'hui disparues.

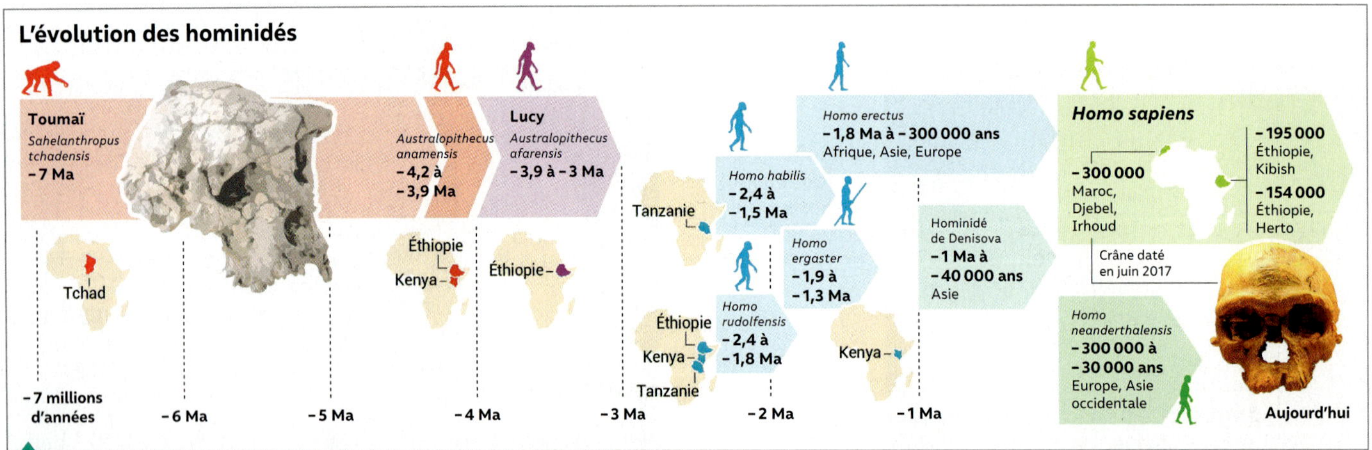

1 Périodes de vie (en millions d'années, Ma) de différents représentants de la lignée humaine
Les flèches indiquent la succession des espèces, mais en aucun cas des relations de parenté.

Article en ligne

Les Australopithèques utilisaient des outils en os pour déterrer des tubercules et éventrer les termitières mais les outils qui se sont le mieux conservés au cours de l'histoire humaine sont en pierre. Les plus anciens (2,2 millions d'années) sont de simples galets taillés à une extrémité ce qui la rend tranchante. On leur donne le nom de galets aménagés ou choppers. Ils sont attribués à *Homo habilis*.

Dans le million d'années qui va suivre l'espèce humaine taille la pierre sur toute sa surface pour fabriquer un outil caractéristique : le biface. Les éclats qui sautent lors de la taille du biface sont eux aussi utilisés pour fabriquer des outils plus petits.

D'après www.evolution-biologique.org.

2 Des outils découverts avec les ossements des différents représentants de la lignée humaine

▲ Photographie des célèbres « Footprints of Laetoli »

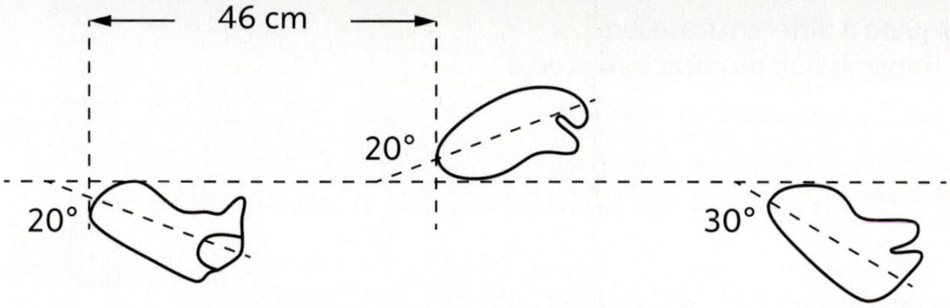

▲ Schéma interprétatif des empreintes

Les spécialistes notent que le gros orteil s'écarte vers l'intérieur : il y a un espace entre le premier orteil et les quatre doigts latéraux. L'enfoncement dans le sol se fait par un appui plus marqué du bord externe du pied. Le profil du talon était pointu et non pas arrondi comme sur les empreintes humaines.

3 Les empreintes de pas de Laetoli en Tanzanie
Datées de – 3,5 millions d'années, elles sont attribuées à des Australopithèques.

Il est établi qu'à diverses époques, les Néandertaliens et *Homo sapiens* se sont métissés, principalement au Proche-Orient. Les scientifiques estiment que tous les Eurasiens possèdent 1 à 3 % de gènes néandertaliens. Grâce à la bio-informatique, on sait aussi qu'une partie du génome de l'Homme de Denisova se retrouve chez certains *Homo sapiens* : moins de 1 % chez les populations asiatiques et amérindiennes, jusqu'à 5 % pour les Aborigènes d'Australie ou les Papous de Nouvelle-Guinée.

En 2018, l'analyse génétique de l'ADN d'un minuscule fragment d'os daté de plus de 50 000 ans, trouvé dans une grotte en Sibérie, a prouvé son appartenance à une jeune fille, dont la mère était Néandertalienne et le père Dénisovien.

4 L'analyse de l'ADN de fossiles pour reconstituer une histoire évolutive

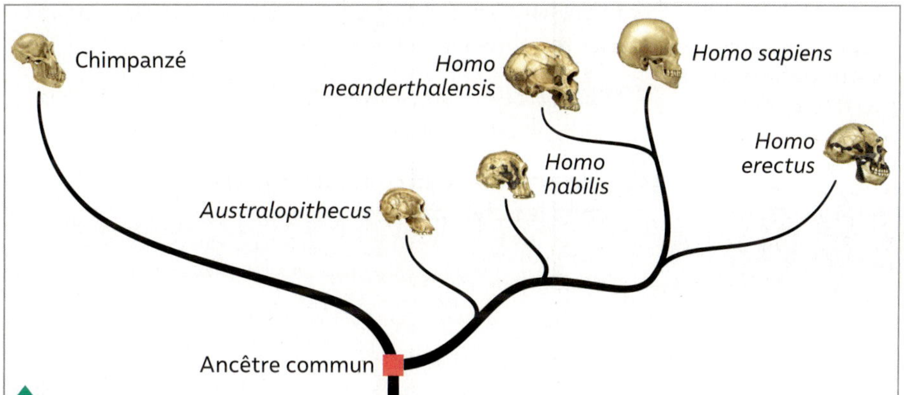

5 Un arbre phylogénétique possible ?

Le crâne d'*Homo sapiens* et d'*Homo neanderthalensis* est volumineux (au minimum 1 400 cm³). Les deux espèces utilisent des pierres taillées sophistiquées et des outils destinés à la chasse. Elles sont connues pour pratiquer l'art et les sépultures.

6 Les innovations évolutives propres à *Homo sapiens* et *Homo neanderthalensis*

PISTES D'EXPLOITATION

1. **Identifier** des innovations évolutives communes justifiant l'arbre phylogénétique (doc. 5). Penser à intégrer des données de l'unité 2.
2. **Justifier** que les pas de Laetoli (doc. 3) ne soient pas attribués à une espèce du genre *Homo*.
3. **Utiliser** les apports de l'analyse de l'ADN des fossiles (doc. 4) pour déterminer la parenté de *Homo sapiens* avec les autres espèces du genre *Homo*.
4. **Enrichir** l'arbre phylogénétique (doc. 5) en proposant le placement de l'Homme de Denisova.
5. **Résumer** les arguments utilisés pour établir les relations de parenté entre *Homo sapiens* et les espèces d'hominidés fossiles.

Réflexion sur la science

Nature du savoir scientifique

Lorsque les paléoanthropologues menés par Yves Coppens ont découvert le squelette de Lucy, ils pensaient détenir notre ancêtre. Or, on sait aujourd'hui que la lignée des Australopithèques est bien distincte de celle des espèces du genre Homo.

Qu'est-ce qui fait la pertinence du savoir scientifique sur l'évolution humaine ?

UNITÉ 4

Des caractères transmis de manière non génétique

L'espèce humaine possède un certain nombre de caractéristiques qui lui sont propres. Mais toutes ne résultent pas d'une transmission génétique.

MISSION Tâche complexe

CLASSE INVERSÉE

Identifiez les caractéristiques transmises de manière non génétique.
- **Avant la classe: étudiez les informations scientifiques sur les différentes voies de transmission d'un caractère.**
- **Pendant la classe: participez par équipe à différents ateliers afin de discuter de la modalité de transmission du caractère étudié.**

Avant la classe Découvrir les différentes voies de transmission d'un caractère

Les scientifiques connaissent différentes possibilités de transmission d'un caractère :
- **une transmission de manière génétique :** par exemple, un gène nommé ASPM est connu pour être impliqué dans la multiplication des cellules du cortex cérébral. La durée d'expression de ce gène pendant la vie embryonnaire est plus longue chez *Homo sapiens* que chez le chimpanzé, ce qui peut expliquer le volume cérébral plus important chez l'humain. Un autre exemple est le gène FOXP2 qui joue un rôle déterminant dans l'élocution. La séquence de ce gène est très différente chez *Homo sapiens* et chez le chimpanzé ;
- **une transmission de manière non génétique :** certains caractères sont appris au contact des congénères (l'apprentissage d'une langue étrangère ou d'une technique, etc.), certains peuvent résulter d'une imitation ou correspondre à une transmission culturelle comme par exemple la taille des outils en pierre par nos ancêtres *Homo*.

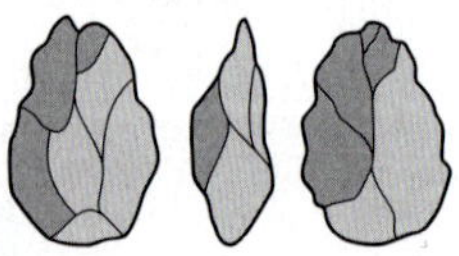

1 Les transmissions d'un caractère

Article en ligne

En Afrique, certains comportements observés au sein de différents groupes de chimpanzés sont propres à ces groupes. Les chimpanzés d'Afrique de l'Ouest utilisent des pierres et des branches pour casser les noix. Et ceci est essentiel pour eux. Cette technique n'est par contre utilisée ni par les chimpanzés d'Afrique de l'Est, ni – ce qui est plus intéressant encore – par ceux d'Afrique de l'Ouest qui vivent sur la rive Est d'une grande rivière. [...] Les observations montrent que la transmission du savoir d'un individu à l'autre se fait aisément chez les chimpanzés. En captivité lorsqu'une nouvelle connaissance est acquise, elle se transmet rapidement aux autres membres du groupe.

D'après *Futura sciences*, « Une utilisation encore plus sophistiquée des outils par les chimpanzés », 2006, www.futura-sciences.com.

2 Observation des comportements chez les chimpanzés

Atelier 1 Des habitudes alimentaires

▲ Petit déjeuner à la japonaise

▲ Petit déjeuner à l'anglaise

▲ Petit déjeuner à la française

3 Les cultures alimentaires de l'espèce humaine
Au-delà des célèbres hamburgers, hot dog, chips et sodas, l'alimentation américaine est influencée par les immigrants qui apportent des cultures alimentaires très variées.

Atelier 2 Vocalisations *versus* langage articulé

Le livre *L'enfant sauvage*, de Tom Coraghessan Boyle, est inspiré d'un fait réel. Il retrace l'histoire de Victor de l'Aveyron, un enfant trouvé par des paysans dans une forêt. Victor est sourd et muet. Le docteur Itard, qui le prend en charge, estime que le retard mental apparent de Victor résulte d'une absence prolongée de contact avec les humains. Il entreprend de le réinsérer dans la communauté des hommes et lui enseigne, avec beaucoup de patience, et peu de succès, le langage. Dans le livre, comme dans la réalité, il est fait preuve de l'influence de l'apprentissage dans la communication orale.

▲ Hommage décalé du film *L'Enfant sauvage* de François Truffaut, par Marcel Gotlib dans la bande dessinée *Rubrique-à-Brac*, et mettant en scène les difficultés de la communication entre Victor, l'enfant sauvage, et le docteur Itard qui tente de l'éduquer au langage.

4 L'histoire de « L'enfant sauvage »

Article en ligne

Aujourd'hui, les tentatives d'apprentissage d'un langage articulé par des singes se sont soldées par des échecs, dans la mesure où l'appareil phonatoire du chimpanzé rend difficile la production de sonorités ouvertes, comme les voyelles. Lorsque dans les années 1950, Cathy et Keith Hayes élèvent un chimpanzé dénommé Vicki, ils obtiennent, après des années d'apprentissage, l'articulation pénible de quatre vocalisations ressemblant aux mots anglais *papa*, *mama*, *cup* (« bol ») et *up* (« en haut »).

D'après Jacques Vauclair, « Les chimpanzés et le langage », *Pour la science*, n° 34, 2002, www.pourlascience.fr.

5 Les chimpanzés et le langage

Atelier 3 Notre microbiote

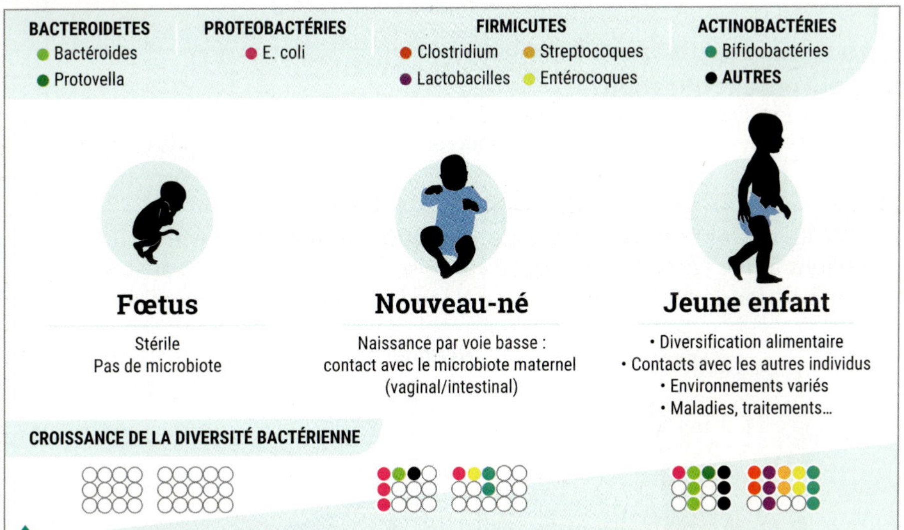

6 Acquisition et modulation du microbiote au cours de la vie
La composition du microbiote est corrélée à certaines caractéristiques de l'individu. Par exemple, le ratio Firmicutes/Bacteroidetes est plus élevé chez les personnes obèses que chez les individus qui ne sont pas en surpoids.

Des études ont montré que la porphyranase, une enzyme qui dégrade les glucides présents dans la paroi de l'algue marine Porphyra utilisée pour la confection des sushis, est possédée par les bactéries du microbiote intestinal des Japonais alors qu'elle est absente de celui des Nord-Américains.

7 Les Japonais digèrent-ils mieux les sushis ?

COUPS DE POUCE

- Comparer les différentes habitudes alimentaires et argumenter en faveur d'un déterminisme non génétique de l'alimentation.
- Montrer dans quelle mesure l'apprentissage contribue au langage articulé.
- Trouver des arguments prouvant que la présence de notre microbiote et la particularité de sa composition ne sont pas des traits génétiques.

HISTOIRE
ENJEUX
DÉBATS

Histoire de l'évolution humaine et découverte de fossiles par les paléontologues

La lignée humaine est formée d'un ensemble d'espèces qui s'est individualisé de la lignée des chimpanzés à partir du dernier ancêtre commun de *Homo sapiens* avec son plus proche parent, le chimpanzé.

Comment la mise au jour de fossiles d'hominidés alimente-t-elle les discussions sur l'histoire de l'évolution humaine ?

Vidéo

doc a

Des découvertes qui posent question

Le crâne de Toumaï (*Sahelanthropus tchadensis*) daté de – 7 millions d'années, a été découvert au nord du Tchad en juillet 2001 par l'anthropologue Michel Brunet. Sa capacité crânienne est de l'ordre de 360 à 370 cm^3.

En 2012, des os fossilisés datés de – 90 000 ans sont découverts. Ils appartiennent à une jeune fille baptisée « Denisova 11 », morte à 13 ans. Son ADN a parlé : la jeune fille avait une mère Néandertalienne et un père Dénisovien.

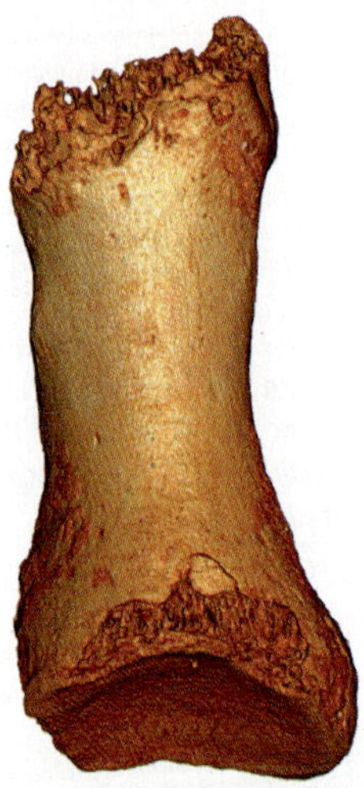

▲ Phalange trouvée en 2010 dans la grotte de Denisova en Sibérie

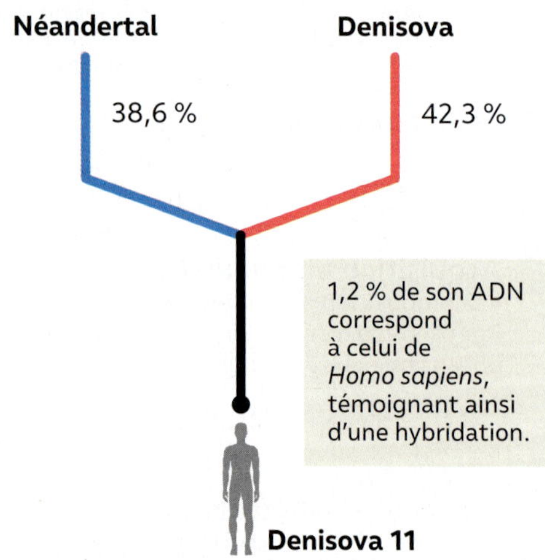

▲ Provenance du génome de Denisova 11

doc b

Des parentés révélées par l'analyse de l'ADN

Le groupe des Dénisoviens a été défini d'après l'ADN de la phalange plutôt que par des caractères morphologiques.

RESSOURCES

- Dossier sur « La lignée humaine », www.u-picardie.fr.
- Dossier sur l'« Évolution biologique et culturelle de la lignée humaine », www.edu.mnhn.fr.
- « Qui était vraiment Lucy l'australopithèque?, www.sciencesetavenir.fr.
- Vidéo France Culture « Origine des hommes : l'enjeu des récentes découvertes », avec Jean-Jacques Hublin, #CulturePrime.

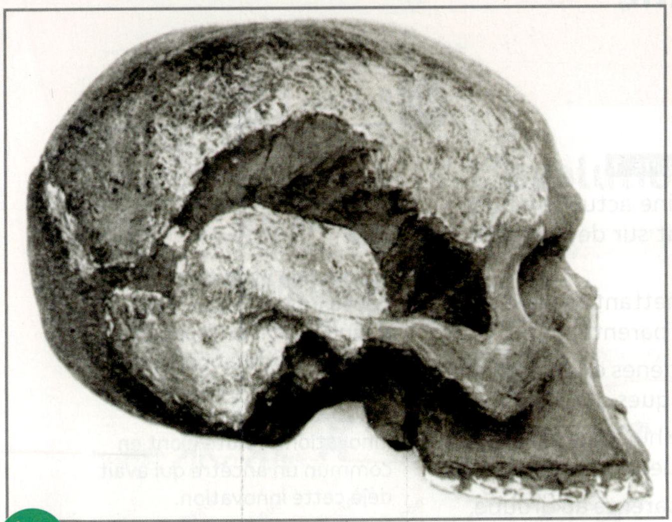

doc c **Un canular scientifique : l'homme de Piltdown**

Ce faux crâne fossile, découvert en 1912, a été présenté par des chercheurs comme une espèce humaine inconnue. Il s'agissait d'une supercherie : la mandibule et une canine ont été artificiellement fixées sur le crâne avec du mastic.

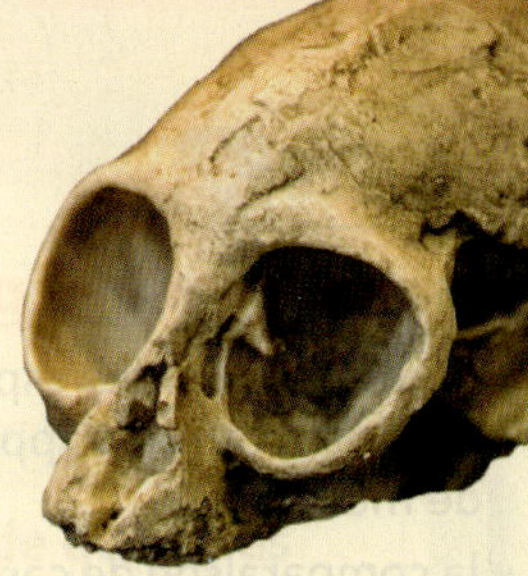

Le lac Turkana, au Kenya, regorge de fossiles de la lignée humaine, apparue il y a 7 millions d'années. Mais la récente découverte d'un crâne de singe de 13 millions d'années y est exceptionnelle ! Il a été classé dans le genre *Nyanzapithécus*, « le groupe le plus proche de celui qui a donné naissance aux gibbons et aux grands singes, donc à l'humain », précise Isaiah Nengo, auteur de l'analyse publiée par *Nature*. La divergence aurait eu lieu il y a 30 millions d'années dans l'Est africain.

www.science-et-vie.com, 2017.

doc d **À la recherche de l'ancêtre commun à l'humain et aux grands singes**

Ce crâne pas plus gros qu'un citron a 13 millions d'années.

Vidéo

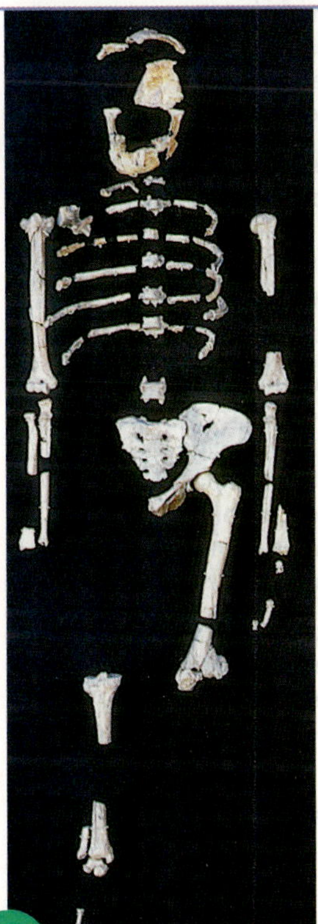

En 1974, le paléontologue et paléoanthropologue français Yves Coppens part fouiller dans l'Afar (en Éthiopie) dans le cadre d'une expédition internationale. L'équipe met au jour 52 fragments d'ossements appartenant au même hominidé.

Il s'agit d'un *Australopithecus afarensis*, âgé de 3,2 millions d'années. C'est parce que les chercheurs chargés de marquer ses os écoutaient la chanson des Beatles « Lucy in the Sky with Diamonds », qu'ils décident de surnommer l'hominidé Lucy.

doc e **Lucy, un célèbre Australopithèque**

Reconstitution du squelette de Lucy à partir des 52 ossements découverts en Éthiopie en 1974.

En 1999, la paléontologue Brigitte Senut découvre *Orrorin tugenensis*, âgé de 6 millions d'années, dans la formation de Lukeino au Kenya. La morphologie de son fémur (photo ci-dessus), plus proche de celle de l'humain que du chimpanzé, prouve une marche debout.

doc f **Le fémur d'Orrorin**

En équipes !

Équipe 1
Discuter, à la manière des scientifiques, de la parenté éventuelle entre Toumaï, Orrorin et des espèces du genre *Homo*.

Équipe 2
Mettre en relief des précautions, des controverses et des débats autour de la découverte de nouveaux fossiles.

En commun oral
Préparer un exposé oral de présentation de la démarche scientifique permettant de construire une histoire de l'évolution humaine.

MÉTHODE Analyser un squelette

1 Exercice résolu

Énoncé

En prenant appui sur les squelettes d'un individu de l'espèce humaine actuelle et du chimpanzé, mener les observations utiles pour décrire les caractères crâniens des spécimens étudiés et relier les particularités de leur squelette à une bipédie plus ou moins prononcée.

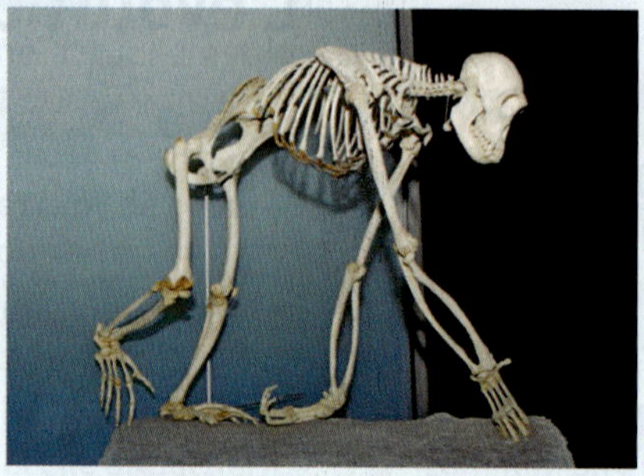

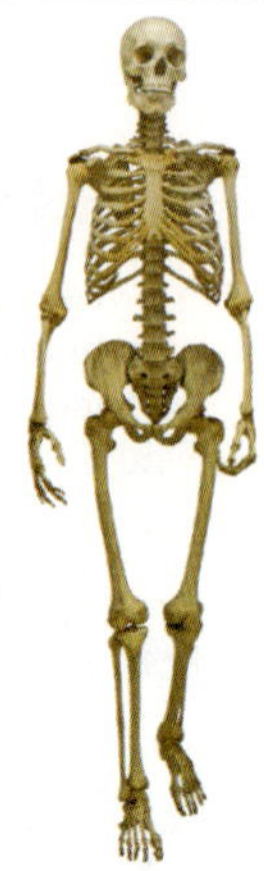

Méthode	Application
ÉTAPE 1 Observation du crâne • Observer le crâne de profil afin de déterminer si la face est verticale (c'est-à-dire plate) ou prognathe (les mâchoires sont projetées vers l'avant). • Observer la forme dessinée par la mandibule (partie osseuse sur laquelle s'implantent les dents) : forme de U ou forme parabolique. • Estimer la position du trou occipital, qui réalise l'articulation du crâne avec la colonne vertébrale : avancée ou reculée.	• **Chez *Homo sapiens***, la face est verticale. Les mâchoires sont peu volumineuses et de forme parabolique. Le trou occipital est en position avancée : le crâne est « sur » la colonne vertébrale. C'est la signature d'une bipédie affirmée. • **Chez le chimpanzé**, la face est prognathe. Les mâchoires sont volumineuses et en forme de U. Le trou occipital est en position reculée : le crâne est « en avant de » la colonne vertébrale. Cela ne favorise pas la bipédie.
ÉTAPE 2 Observation du squelette entier et du bassin • Squelette entier : apprécier la proportion relative du membre inférieur (ou postérieur) par rapport au membre supérieur (ou antérieur). • Bassin : observer la forme des deux os iliaques (c'est-à-dire les os du bassin) dans les deux dimensions (larges ou étroits, courts ou longs). Il s'agit d'un indicateur de la surface disponible pour l'insertion des muscles fessiers qui assurent la station debout.	**Observation du squelette entier** • **Chez *Homo sapiens***, le membre supérieur est plus court que le membre inférieur (rapport MS/MI = 0,9). Ceci est en relation avec la bipédie affirmée (longues jambes). • **Chez le chimpanzé**, le membre antérieur est plus long que le membre postérieur (rapport MA/MP = 1,5). C'est plutôt un indicateur de quadrupédie. **Observation du bassin** • **Chez *Homo sapiens***, les deux os iliaques sont courts et larges. Ceci est en lien avec sa bipédie prolongée : une grande surface osseuse est présente pour l'insertion des muscles fessiers. 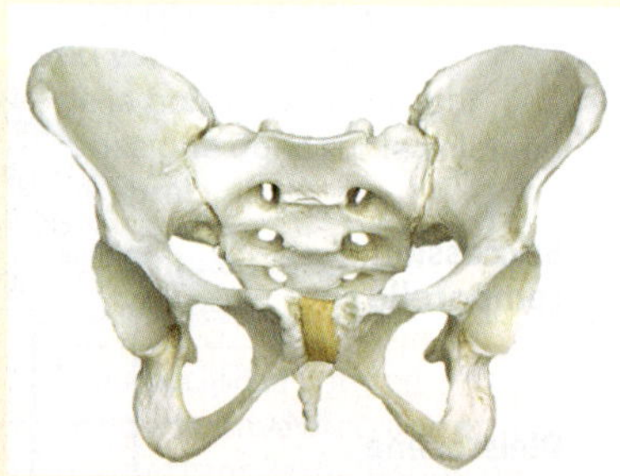 • **Chez le chimpanzé**, les os iliaques sont longs et étroits.

2 APPLICATION

L'espèce humaine actuelle fait partie du groupe des primates. Les espèces actuelles et fossiles de primates sont toutes apparentées, mais elles le sont plus ou moins étroitement.

QUESTION **Présenter, en l'argumentant, la place de *Homo sapiens* parmi les espèces actuelles de primates, puis son degré de parenté avec des espèces d'hominidés ayant autrefois existé.**

QUIZ

Parmi les affirmations suivantes, choisissez la réponse exacte.

3 **La parenté étroite entre l'espèce humaine actuelle et les chimpanzés est attestée par :**

a des données morpho-anatomiques uniquement.

b des données génétiques uniquement.

c des données morpho-anatomiques et des données génétiques.

d des données numériques.

4 **Le genre *Homo* comporte :**

a uniquement des espèces actuelles.

b uniquement des espèces fossiles.

c une seule espèce actuelle et un certain nombre d'espèces fossiles.

d des milliers d'espèces.

5 **Le genre *Homo* se distingue par :**

a une capacité crânienne importante et une bipédie affirmée.

b une capacité crânienne peu importante et une bipédie affirmée.

c une capacité crânienne importante et une bipédie imparfaite.

d une capacité crânienne faible et une bipédie inexistante.

6 **L'espèce humaine actuelle, *Homo sapiens*, est un primate car elle a une innovation évolutive propre à ce groupe qui est :**

a l'absence de queue.

b un trou occipital avancé.

c des pouces opposables.

d un important volume crânien.

▸ Corrigés p. 341

7 **CONSTRUIRE UNE CARTE MENTALE**

sur le thème « le genre *Homo* ».

▸ L'étiquette centrale s'intitulera

Homo sapiens

▸ Associer l'étiquette centrale, par le moyen graphique de votre choix, à des étiquettes de votre initiative. Certaines peuvent être, par exemple :

Hominidés actuels — **Hominidés fossiles** — **Lignée humaine** — **Développement cérébral** — **Bipédie prolongée**

QUESTIONS FLASH

oral

8 Expliquer oralement, en deux minutes maximum, pourquoi l'affirmation « l'Homme descend du singe » n'est pas correcte.

9 Indiquer les caractéristiques communes aux espèces du genre *Homo*.

EXERCICES D'APPLICATION

10 Des restes osseux de deux spécimens de grands primates fossiles, attribués par les spécialistes à deux espèces connues A et B, ont été mis au jour. À l'aide de vos connaissances, montrer que seul un des deux spécimens découverts appartient à une espèce du genre *Homo* et que l'autre n'est pas un fossile de chimpanzé.

Espèce A

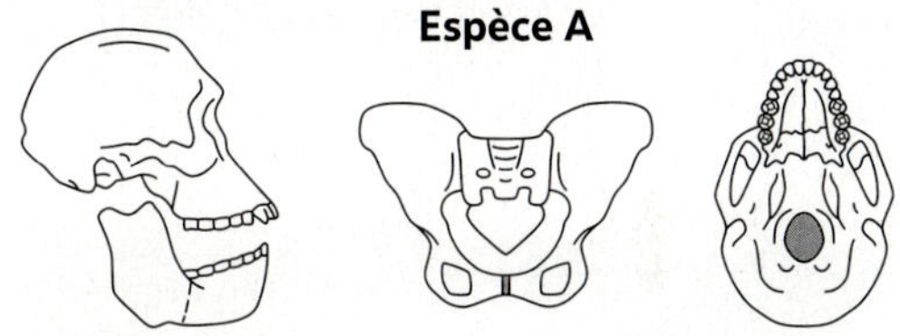

Volume cérébral : 450 cm³ environ

Espèce B

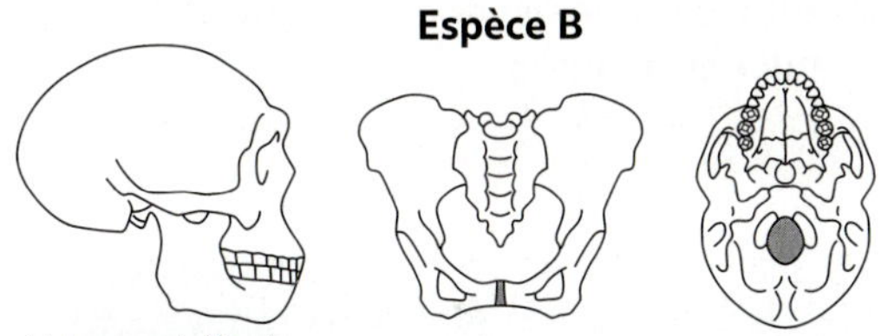

Volume cérébral : 850 à 1 110 cm³

11 À l'aide de vos connaissances et du document ci-dessous, présenter des innovations évolutives propres au genre *Homo*.

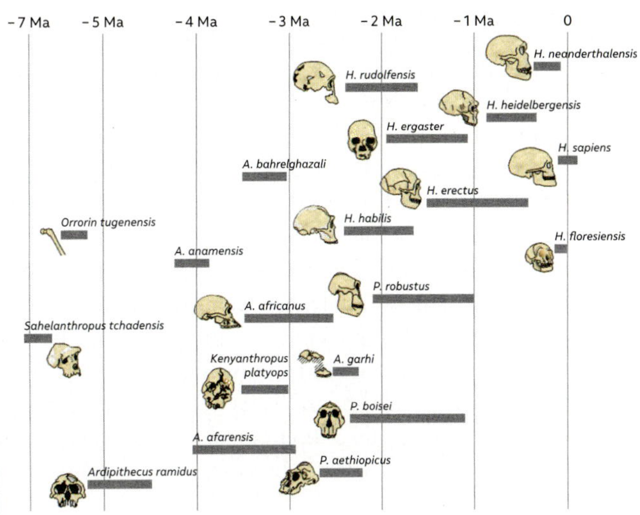

12 Marcher sur les phalanges DIFFÉRENCIATION

OBJECTIF Analyser des matrices de comparaison de caractères morpho-anatomiques afin d'établir des liens de parenté et construire un arbre phylogénétique.

Le *knuckle-walking*, ou marche sur les phalanges, désigne une forme très particulière de marche quadrupède dans laquelle l'individu utilise un appui sur les articulations des doigts fléchis de ses membres antérieurs.

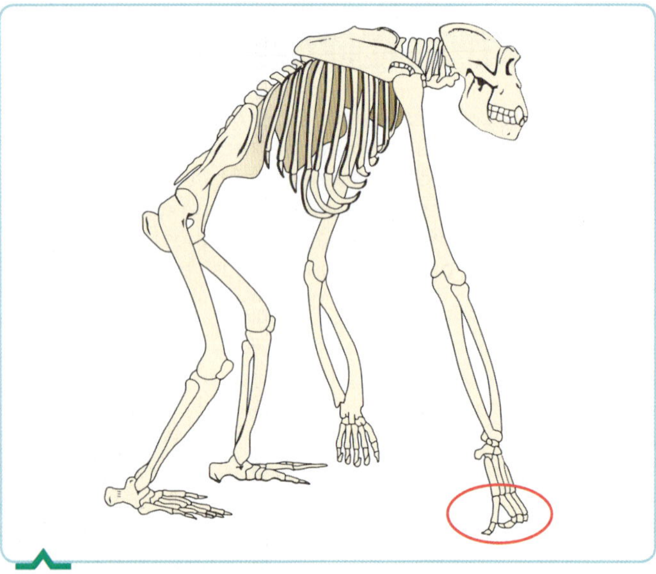

a. Squelette d'une espèce pratiquant le *knuckle-walking*

QUESTIONS

1. En supposant que le *knuckle-walking* résulte, comme l'opposabilité du pouce et la disparition de la queue, d'une innovation évolutive, construire un arbre phylogénétique des grands singes.
2. Justifier le fait que la relation de parenté obtenue puisse intriguer la communauté scientifique.

[Aides, p. 339]

	Knuckle-walking	Pouce	Queue
Bonobo	Oui	Opposable	Absente
Chimpanzé	Oui	Opposable	Absente
Gibbon	Non	Opposable	Absente
Gorille	Oui	Opposable	Absente
Homme	Non	Opposable	Absente
Orang-outan	Non	Opposable	Absente

b. Matrice de caractères morpho-anatomiques pour différentes espèces de grands primates

13 La bipédie plus ou moins prononcée des grands singes

OBJECTIF Extraire des informations à propos du degré de bipédie.

QUESTIONS

1. Présenter dans un tableau la diversité des modes de locomotion des grands singes.
2. Rechercher dans le texte un (des) argument(s) en faveur d'une plus étroite parenté entre *Homo sapiens* et le bonobo qu'entre *Homo sapiens* et les autres grands singes.

Les orangs-outans, aux mœurs peu terrestres, sont très rarement bipèdes. Les gorilles, aux mœurs très terrestres, sont peu bipèdes, sauf quand ils menacent en frappant la poitrine de leurs poings. Les chimpanzés sont plus éclectiques. Ils sont bipèdes en se déplaçant les pieds sur des grosses branches et en se tenant à l'aide d'un bras saisissant une branche plus élevée. Ils marchent debout lorsqu'ils transportent des bâtons ou certaines nourritures. La bipédie fait partie de leur répertoire locomoteur, même si elle intervient dans à peine 5 % de leurs déplacements. Connus et observés que depuis peu de temps, les bonobos ne cessent de nous surprendre. Plus arboricoles que les autres chimpanzés, ils ont une morphologie plus longiligne. Au sol, ils utilisent aussi le « marcher sur les phalanges » et très volontiers la bipédie. Ils se révèlent beaucoup plus bipèdes que tous les autres grands singes connus et, en raison de leur morphologie longiligne qui rappelle celle de l'Homme, suscitent des ressemblances étonnantes. Quant à l'Homme, il se distingue comme un bipède exclusif qui conserve de belles aptitudes pour la suspension.

D'après un entretien de Pascal Picq, Collège de France « La bipédie humaine. Origine et évolution », 2001, www.ens-lyon.fr.

doc. Les répertoires locomoteurs des grands singes

14 Pour ou contre l'appartenance de *Homo naledi* au genre *Homo*

OBJECTIF Positionner une espèce fossile dans un arbre phylogénétique, à partir de l'étude de ses caractères ou de ses productions.

En 2015, le paléoanthropologue et archéologue américain Lee Berger et son équipe révèlent la découverte, dans une chambre d'une grotte près de Johannesburg, de 15 000 ossements fossilisés correspondant à une quinzaine de grands primates. Cette découverte divise la communauté scientifique. Certains pensent qu'il s'agit de représentants d'une espèce inconnue du genre *Homo*, aussitôt baptisée *Homo naledi*. Pour d'autres, ce sont des fossiles d'Australopithèques.

QUESTIONS

1. Étudier chaque document afin d'établir le portrait de *Homo naledi*.
2. Argumenter en faveur de l'une ou l'autre des deux hypothèses.

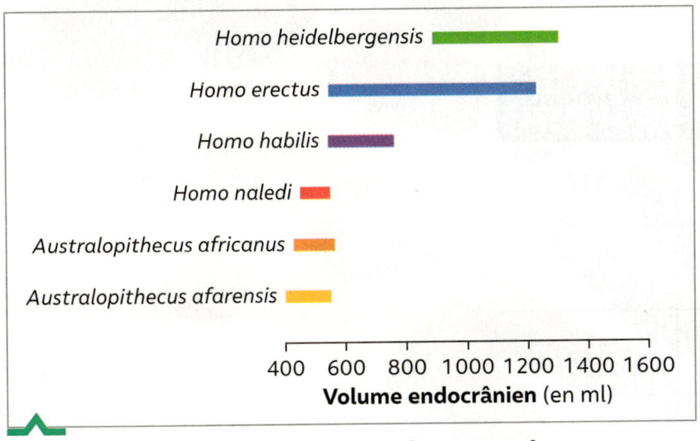

a. Volume endocrânien de quelques espèces

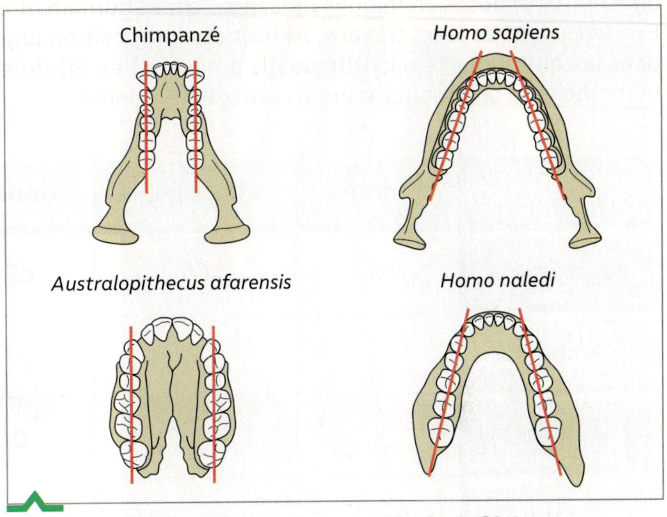

b. Arcade dentaire de la mandibule inférieure de quatre espèces

15 Un petit homme mystérieux dans la grotte de Liang Bua DIFFÉRENCIATION

OBJECTIF Positionner une espèce fossile dans un arbre phylogénétique, à partir de l'étude de ses caractères ou de ses productions.

Dans la grotte de Liang Bua (île de Florès en Indonésie), une équipe australo-indonésienne a découvert en 2004 un fossile très complet de grand primate fossile (spécimen nommé LB1). Le volume crânien du fossile LB1 est d'environ 400 cm^3 et sa taille dépasse à peine un mètre. Si l'identité et l'origine de l'Homme de Florès font actuellement l'objet de controverses dans la communauté scientifique, chacun s'accorde à penser qu'il s'agit bel et bien d'un représentant du genre *Homo*.

QUESTIONS

1. Justifier le fait que les chercheurs aient décidé de placer l'Homme de Florès dans le genre *Homo*.
2. Soutenir le point de vue de ceux qui proposent de créer une nouvelle espèce baptisée *Homo floresiensis* plutôt que de rattacher l'Homme de Florès à une espèce déjà connue.

[Aides, p. 339]

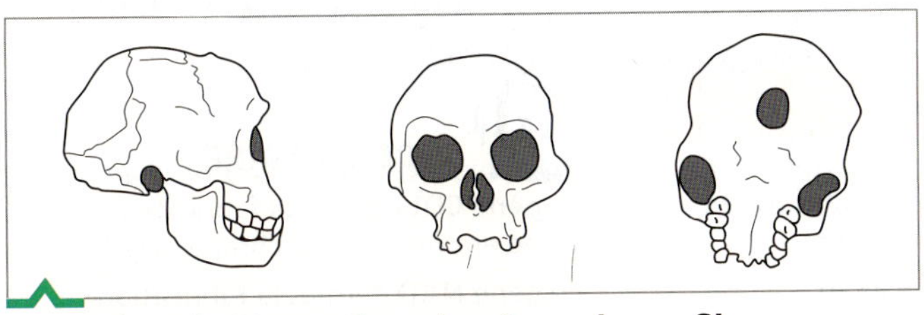

a. Crâne de *Homo floresiensis* vu de profil, de face et de dessous (schémas)

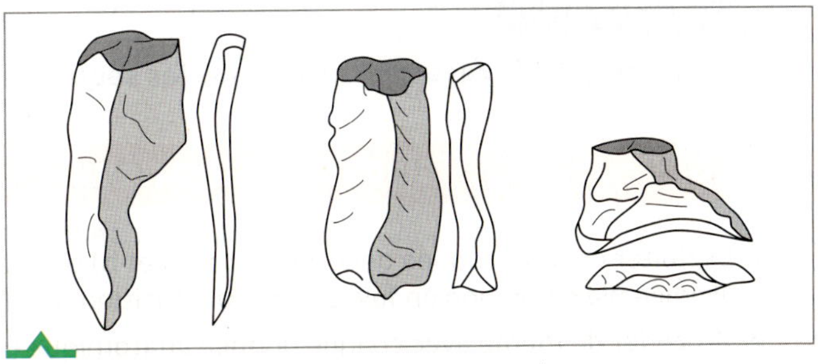

b. Outils retrouvés sur le site avec les ossements
Schémas de lames, grattoirs et poinçons (face et profil).

UNITÉ 1

Un premier modèle démographique dit à croissance linéaire

L'étude des effectifs d'une population montre que parfois, ceux-ci évoluent d'une manière presque linéaire au cours du temps. Il est alors possible de construire un modèle démographique mathématique décrivant ces évolutions et permettant de prévoir son évolution.

OBJECTIF

Vous êtes en charge de la construction des écoles dans une ville où les naissances croissent de manière similaire à celle de la population européenne. Proposer une expression mathématique donnant l'effectif de cette grandeur discrète *u* après *n* intervalles de temps.

1 **Illustration *L'Union Européenne entre « hiver démographique » et crise des migrants, Les Grands Dossiers de Diplomatie* n° 36, janvier 2017**

Nous étions, nous les Européens, 20 % sur toute la population mondiale en 1900, [...] et nous serons 4 % à la fin de ce siècle.

Discours du Président Juncker à l'Institut d'études européennes de l'UCL, le 23/02/2017, cité par Gérard-François Dumont.

2 **Évolution de la proportion de la population européenne par rapport à la population mondiale**

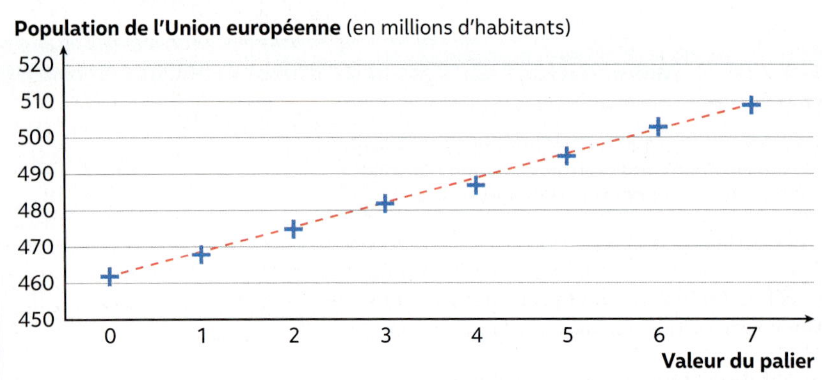

Palier numéro *n*	Année	Population au 1er janvier (en millions d'habitants)
0	1980	462
1	1985	468
2	1990	475
3	1995	482
4	2000	487
5	2005	495
6	2010	503
7	2015	509

3 **Population de l'Union Européenne (1980-2015)**, source : Eurostat

Palier numéro n	Année	Population réelle (1er janvier)	Variation absolue
0	1980	53,9	
1	1985	55,3	1,4
2	1990	56,7	1,4
3	1995	57,8	1,1
4	2000	59,0	1,2
5	2005	61,2	2,1
6	2010	62,8	1,6
7	2015	64,4	1,6

4 Population de la France (en millions d'habitants)
source : Insee.

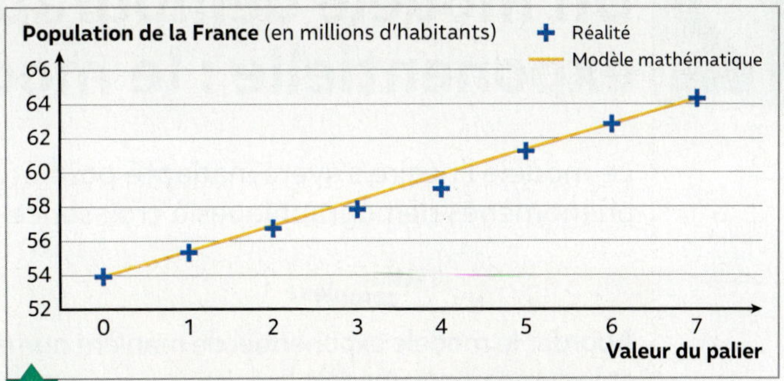

5 Population en France de 1980 à 2015
Les données démographiques réelles sont représentées par un **nuage de points** correspondant à des mesures ponctuelles. Le modèle mathématique est représenté par une droite.

Palier numéro n	Année	Population du modèle (1er janvier)	Variation absolue
0	1980	53,9	
1	1985	55,4	1,5
2	1990	56,9	1,5
3	1995	58,4	1,5
4	2000	59,9	1,5
5	2005	61,4	1,5
6	2010	62,9	1,5
7	2015	64,4	1,5

6 Un modèle mathématique construit à partir des données du doc. 4, dans lequel on suppose que la croissance est linéaire de 1980 à 2015
Les valeurs du modèle mathématique sont choisies de manière à ce que $u(7)$ et $u(0)$ coïncident avec la réalité. Ainsi $u(7) = u(0) + 7 \times r$ avec $u(0) = 53{,}9$ et $u(7) = 64{,}3$. Cette équation permet de déterminer $r = \dfrac{u(7) - u(0)}{7}$ soit $r \approx 1{,}5$.

NOTIONS MATHÉMATIQUES

- La pente d'une droite D d'équation $y = p \times x + m$, appelée aussi **coefficient directeur** de cette droite, est le nombre p.
- Si l'on connaît deux points distincts $A(x_A ; y_A)$ et $B(x_B ; y_B)$ de D, le coefficient directeur de D est $p = \dfrac{y_B - y_A}{x_B - x_A}$.
- Le nombre m est appelé **ordonnée à l'origine**.

- La **variation absolue** entre deux nombres u et v est $v - u$.

- Une **grandeur discrète** u est une fonction définie sur l'ensemble des entiers naturels $\mathbb{N}$ (ou sur une partie de cet ensemble). En mathématiques, u désigne une **suite numérique** de terme général $u(n)$, aussi noté u_n.
- En **démographie**, une grandeur discrète est une **suite numérique finie**.

- Notons $u(n)$ la population au palier de valeur n.
- Dans le cas où la variation absolue $u(n+1) - u(n)$ est indépendante de n, en la notant r, alors : $u(1) = u(0) + r$.
- De même $u(2) = u(1) + r = u(0) + 2 \times r$ et $u(3) = u(0) + 3 \times r$.
- De proche en proche, il est possible d'établir la relation $u(n) = u(0) + n \times r$.

PISTES D'EXPLOITATION

1. **Déterminer** l'équation de la droite passant par les points de coordonnées (0 ; 462) et (7 ; 509) dans le diagramme de l'évolution de la population de l'Union Européenne de 1980 à 2015 (doc. 2). **Calculer** une prévision de l'effectif de la population de l'Union Européenne en 2020 en s'appuyant sur cette équation.
2. **Indiquer** quand la croissance d'une grandeur est linéaire. À l'aide de la notion de variation absolue, comment formaliser mathématiquement le fait qu'une grandeur discrète u varie de manière linéaire (doc. 3, 4 et 5) ?
3. **Retrouver**, à l'aide de la formalisation précédente, la valeur de la variation absolue utilisée dans le modèle de l'évolution de la population française de 1980 à 2015.

VOCABULAIRE

Modèle mathématique : relation mathématique liant le plus souvent deux grandeurs, permettant de rendre compte de l'évolution d'une grandeur en fonction de l'autre.

Démographie : science dont l'objet est l'étude statistique des collectivités humaines dans leurs structures fondamentales, sociales, intellectuelles, etc.

Nuage de points : représentation graphique d'un ensemble fini de points $A_i(x_i ; y_i)$.

Discret : se dit d'une grandeur ne pouvant prendre qu'un nombre fini (ou dénombrable) de valeurs, par opposition à continu, qui peut prendre une infinité de valeurs sur un intervalle de nombres réels.

UNITÉ 2

Un modèle démographique à croissance exponentielle : le modèle de Malthus

Le modèle linéaire s'avère inadapté pour étudier et prévoir certains phénomènes démographiques à croissance ou décroissance rapide.

MISSION Tâche complexe

Aborder le modèle exponentiel de manière numérique et graphique et le comparer au modèle linéaire.

Identifier différentes croissances démographiques

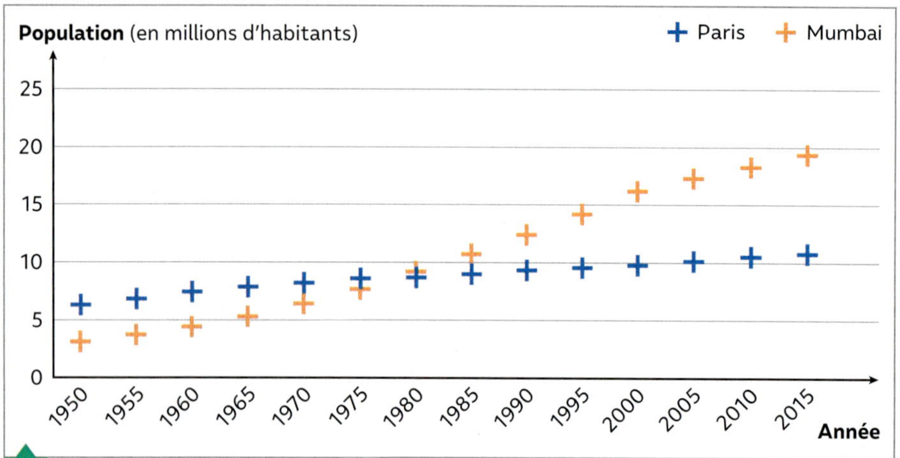

1 Population des agglomérations de Paris et Mumbai (1950-2015)

NOTIONS MATHÉMATIQUES

- La **variation relative** (ou **taux de variation**) d'une grandeur qui passe de la valeur a non nulle à la valeur b est : $\frac{b-a}{a}$.

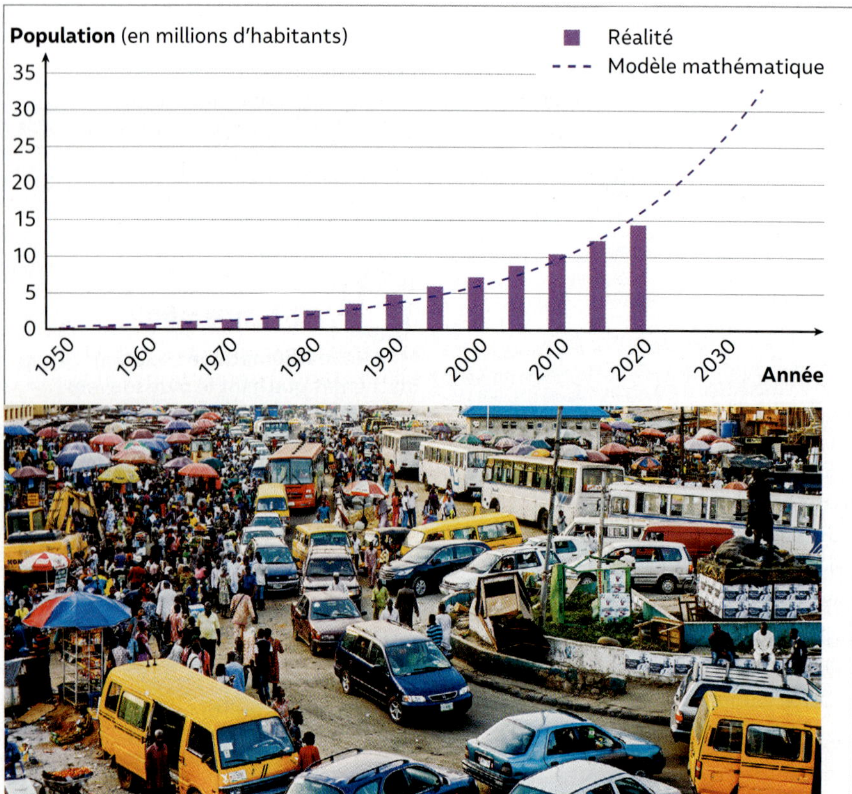

Année	Population (en millions)	Variation absolue	Taux de variation
1950	0,33		
1955	0,47	0,14	0,44
1960	0,76	0,29	0,63
1965	1,14	0,37	0,49
1970	1,41	0,28	0,24
1975	1,89	0,48	0,34
1980	2,57	0,68	0,36
1985	3,50	0,93	0,36
1990	4,76	1,26	0,36
1995	5,98	1,22	0,26
2000	7,28	1,30	0,22
2005	8,86	1,58	0,22
2010	10,44	1,58	0,18
2015	12,24	1,80	0,17
2020	14,37	2,13	0,17
2025	17,16	2,79	0,19
2030	20,60	3,44	0,20
2035	24,42	3,82	0,19

2 Population de Lagos (1950-2015) ; projection (2020-2035)

Caractériser le modèle exponentiel ou modèle géométrique

« Si le nombre des habitants d'une province s'accroît tous les ans d'un trentième, et qu'il y ait au commencement 100 000 habitants ; on veut savoir combien il y en aura au bout de 100 ans.

Soit, pour abréger, le nombre donné des habitants = n_0, de sorte que $n_0 = 100\,000$; au bout d'un an le nombre des habitants sera $= \left(1+\frac{1}{30}\right)n_0 = \frac{31}{30}n_0$; au bout de deux ans $= \left(\frac{31}{30}\right)^2 n_0$, au bout de cent ans $= \left(\frac{31}{30}\right)^{100} n_0 = \left(\frac{31}{30}\right)^{100} \times 100\,000$. »

3 ***Introduction à l'analyse des infiniment petits***
Publié par Euler en 1748, l'un des ouvrages les plus importants de l'histoire des mathématiques.

n	Année	Recensement	Taux de variation (réel)	Modèle	Taux de variation (modèle)
0	1950	857		857	
1	1960	750	– 0,125	727	– 0,152
2	1970	622	– 0,170	617	– 0,152
3	1980	453	– 0,272	523	– 0,152
4	1990	397	– 0,124	444	– 0,152
5	2000	348	– 0,122	376	– 0,152
6	2010	319	– 0,083	319	– 0,152

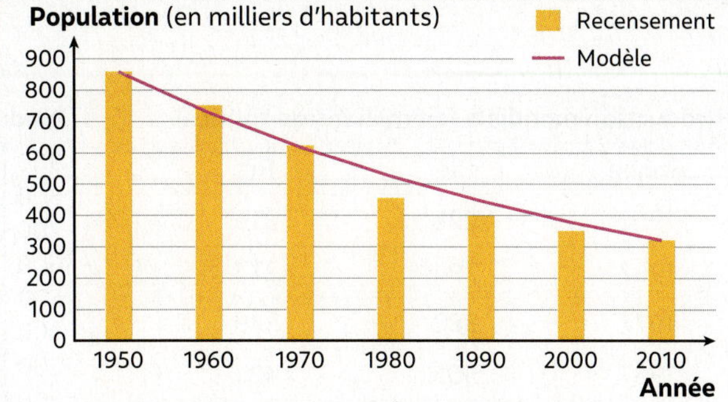

4 **Population de Saint-Louis**
Le graphique ci-dessus permet d'envisager un modèle de décroissance exponentielle, c'est-à-dire une décroissance avec un taux de variation constant. Dans le cadre de ce modèle, la population de Saint-Louis a décru tous les 10 ans d'environ 15,2 %.

n	Année	Effectif de la population	Nombre de naissances	Nombre de décès	Taux de variation
0	2010	1 234	247	99	
1	2011	1 382	276	111	0,12
2	2012	1 548	310	124	0,12
3	2013	1 734	347	139	0,12
4	2014	1 942	388	155	0,12
5	2015	2 175	435	174	0,12
6	2016	2 436	487	195	0,12
7	2017	2 728	546	218	0,12
8	2018	3 055	611	244	0,12
9	2019	3 422	684	274	0,12
10	2020	3 833	767	307	0,12

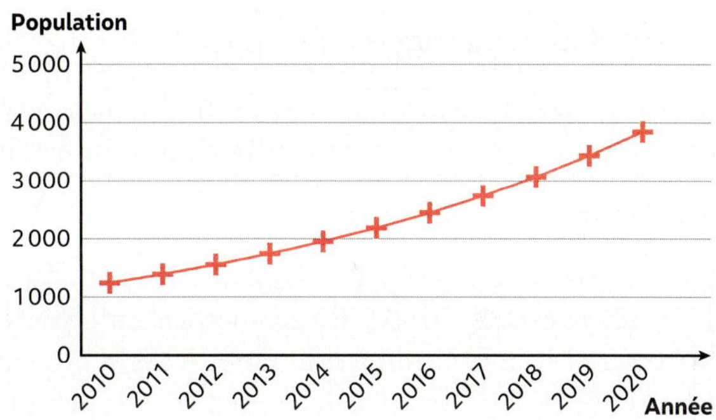

5 **Modèle démographique de Malthus**
Dans une ville fictive, les seuls phénomènes qui contribuent à l'évolution de la population sont les naissances et les décès. Si l'on note $u(n)$ l'effectif de la population après n intervalles de temps, on suppose qu'il existe b et d deux nombres réels tels que le nombre de naissances après n intervalles de temps vaut $b \times u(n)$ et le nombre de décès $d \times u(n)$. Supposons que la population de cette ville en 2010 soit de 1 234 habitants, que $b = 1{,}2$ et $d = 0{,}8$.

QUESTIONS

- Comparer les croissances des villes de Paris, Mumbai et Lagos. Quels problèmes pourrait rencontrer ou rencontre déjà la population de Lagos ?
- Indiquer, dans le problème proposé par Euler, en quelle année la population aura doublé.
- Calculer le taux de variation de la population de Saint-Louis entre 1950 et 2010. Est-il correct de dire que Saint-Louis a perdu près de 63 % de sa population durant ces soixante années ?
- Indiquer, à l'aide du modèle exponentiel, quelle pourrait être la population de Saint-Louis en 2020.
- Indiquer, dans le modèle démographique de Malthus, à quelle condition sur b et d la population décline vers 0. Semble exploser vers l'infini ?
- On considère une grandeur discrète u de terme général $u(n)$. À l'aide de $u(n+1)$ et $u(n)$, formaliser mathématiquement le fait que u est une suite géométrique. Avec cette formalisation, comment serait-il possible d'obtenir l'effectif de la population à la date n en fonction de l'effectif initial ?

UNITÉ 3

Comparer croissance linéaire et croissance exponentielle

python

Le texte original de Malthus permet d'introduire mathématiquement la notion de ressources nécessaires à la survie d'une population, qui donnera lieu aux controverses autour du malthusianisme (→ HED p. 284).

OBJECTIF

L'outil informatique (tableur ou programme en langage python) permet d'effectuer des simulations et d'exploiter de manière systématique le formalisme mathématique.

Production mondiale (en millions de tonnes)		
Année	Blé	Riz
1961	222	216
1967	294	277
1977	382	369
1987	505	461
1997	615	577
2007	607	657
2017	772	770

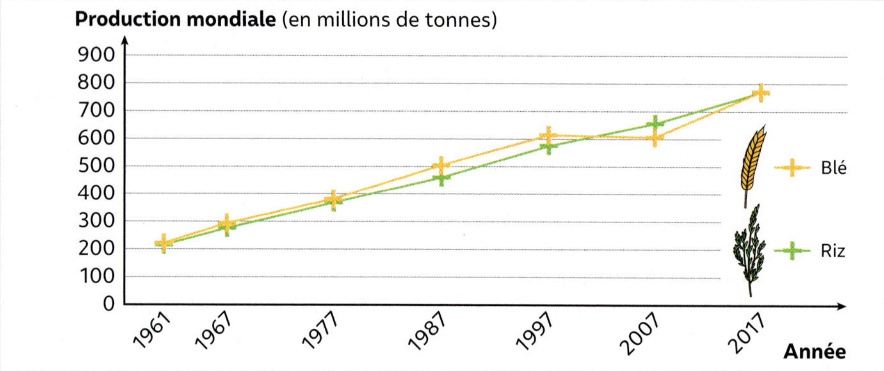

1 Production mondiale de blé en millions de tonnes

Traduction

I think I may fairly make two postulata. First, that food is necessary to the existence of man. Secondly, that the passion between the sexes is necessary and will remain nearly in its present state. (...) Assuming then my postulata as granted, I say, that the power of population is indefinitely greater than the power in the earth to produce subsistence for man. Population, when unchecked, increases in a geometrical ratio. Subsistence increases only in an arithmetical ratio. A slight acquaintance with numbers will shew the immensity of the first power in comparison of the second. (...)

I said that population, when unchecked, increased in a geometrical ratio, and subsistence for man in an arithmetical ratio. (...) In the United States of America, (...), the population has been found to double itself in twenty-five years. This ratio of increase, (...) we will take as our rule, and say, that population, when unchecked, goes on doubling itself every twenty-five years or increases in a geometrical ratio.

An Essay on the Principle of Population, 1798, Malthus

2 Modèle d'évolution de la population anglaise, par Malthus

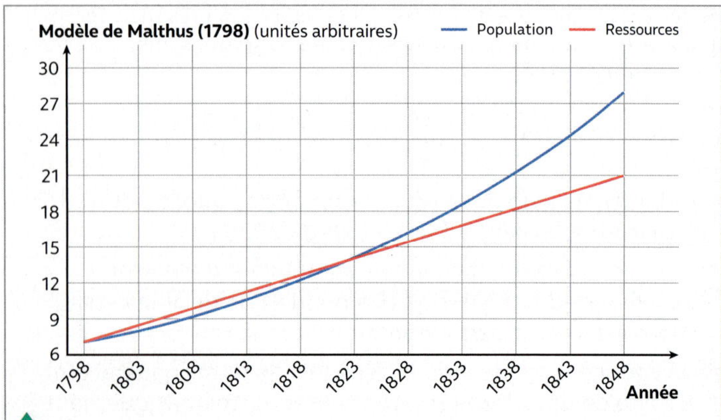

3 Représentation graphique de l'évolution de la population et des ressources dans le modèle de Malthus

Traduction

Let us then take this for our rule, though certainly far beyond the truth, and allow that (...) the whole produce of the Island might be increased every twenty-five years, by a quantity of subsistence equal to what it at present produces. (...)

Let us now bring the effects of these two ratios together. The population of the Island is computed to be about seven millions, and we will suppose the present produce equal to the support of such a number.

AN
ESSAY
ON THE
PRINCIPLE OF POPULATION,
AS IT AFFECTS
THE FUTURE IMPROVEMENT OF SOCIETY.
WITH REMARKS
ON THE SPECULATIONS OF MR. GODWIN,
M. CONDORCET,
AND OTHER WRITERS.
LONDON:
PRINTED FOR J. JOHNSON, IN ST. PAUL'S CHURCH-YARD.
1798.

4 Influence de l'évolution des ressources sur l'évolution de la population
Malthus suppose qu'il y a une croissance linéaire des ressources concernant le nombre de personnes que l'agriculture peut nourrir, à l'instar de la production mondiale de riz et de blé depuis les années 1960.

On note $u(n)$ la population de la Grande-Bretagne et $v(n)$ le nombre de personnes que la production de ressources en Grande-Bretagne permet de nourrir après n années. D'après le texte de Malthus, $v(0) = 7 \times 10^6$ et $v(25) = 14 \times 10^6$ et on suppose que la suite v est arithmétique, c'est-à-dire varie de manière linéaire.

5 Données initiales

Python

```
def popu1(n) :
  u=7
  for k in range(n) :
    u=1,028*u
  return u

def popu2(n) :
  return 7*1,028**n
```

Algorithme 1

```
population=7
ressources=7
t=0,028
r=0,28
n=0
Tant que population<2*ressources faire
  n=n+1
  ressources=ressources+r
  population=population*(1+t)
Fin tant que
```

6 Code Python permettant de calculer l'effectif de la population en tenant compte des ressources

PISTES D'EXPLOITATION

1. **Indiquer**, en vous appuyant sur le texte de Malthus, ce que valent $u(0)$, $u(25)$ et $u(50)$.
2. **Déterminer** la relation entre $u(1)$, $u(0)$ et τ, si l'on note τ le taux de croissance annuel de la population de la Grande-Bretagne. Plus généralement, déterminer la relation entre $u(n+1)$, $u(n)$ et τ.
3. **Déduire** de la question précédente, en procédant de proche en proche, une relation entre $u(n)$, $u(0)$ et τ. Exprimer $u(25)$ en fonction de $u(0)$ et de τ pour vérifier avec la calculatrice ou le tableur que $\tau \approx 2{,}8$ %.
4. **Expliquer**, pour un entier naturel n, ce que renvoient les exécutions des fonctions popu1(n) et popu2(n).
5. Notons r la raison de la suite v. Déterminer la relation entre $v(n+1)$, $v(n)$ et r. **Exprimer** $v(25)$ en fonction de $v(0)$ et de r puis en déduire r.
6. **Déterminer** la première année au cours de laquelle la population de Grande-Bretagne connaîtra la famine selon le modèle de Malthus. Calculer à partir de quelle année la population sera deux fois plus importante que ce que les ressources permettent de nourrir.

Modèles mathématiques

python

En s'appuyant sur la controverse liée à Malthus, on peut construire un modèle mathématique tenant compte des limitations liées aux ressources nécessaires à la survie d'une population. Ce modèle, dû à Verhulst, est un modèle classique de dynamique des populations.

MISSION Tâche complexe

Vous êtes statisticien. Utiliser l'outil informatique (tableur et programme en langage python) pour effectuer vos simulations.

Analyser un premier modèle démographique

En 1859, Thomas Austin, un immigré britannique adepte de la chasse, importe 12 couples de lapins dans sa propriété d'Australie. Grâce à l'absence de prédateurs et aux conditions favorables à leur reproduction, on en dénombre 14 000 en 1866, sur sa seule propriété. Des lapins s'échappent de la propriété et, cinquante ans plus tard, 600 millions de lapins ont colonisé 60 % du territoire australien. En dévorant la végétation ils contribuent à la désertification et à la réduction des ressources alimentaires, menaçant indirectement des espèces animales natives telles que les wallabies. Les lapins sont à l'origine d'une des plus graves catastrophes écologiques de l'Australie.

Oryctolagus cuniculus, nom latin du lapin de Garenne, à l'origine de nombreux dégâts en Australie

1 Les causes d'une catastrophe écologique en Australie

QUESTIONS

- Calculer le nombre de couples de lapins au 1er juin. Autrement dit, calculer $F(5)$.
- Vérifier, à l'aide d'un tableur, qu'au premier janvier de l'année suivante il y a 233 couples de lapins, c'est-à-dire : $F(12) = 233$.
- Déterminer ce qu'il suffit de connaître pour calculer le nombre $F(n)$ de lapins après n mois, où n est ici un nombre entier supérieur à 2. Proposer une relation permettant de calculer le nombre $F(n)$ de lapins après n mois.

Pour comprendre et prévoir l'évolution du nombre de lapins, envisageons un modèle de reproduction des lapins inspiré de celui des abeilles.

Choix du modèle :
- chaque mois, chaque couple adulte se reproduit ;
- un couple est adulte après deux mois de vie ;
- un couple donne toujours naissance à un unique couple, une femelle et un mâle ;
- la durée de gestation est considérée comme nulle.

Notons $F(n)$ le nombre de couples de lapins après n mois. Pour simplifier, supposons qu'au début du premier mois on ait un couple de jeunes lapins. Donc $F(0) = 1$.
Les lapins ne pouvant procréer qu'après deux mois de vie révolus, jusqu'à la fin du second mois, on n'a toujours un seul couple de lapins : $F(1) = 1$.

Au début du troisième mois, le couple de lapins est maintenant adulte et peut donc procréer : il engendre alors un nouveau couple. Ainsi $F(2) = 2$.

	mois		Nb de couples adultes (A)	Nb de couples enfants (E)	Nb total de couples
0	janvier	E	0	1	1
1	février	A	1	0	1
2	mars	A E	1	1	2
3	avril	A E A	2	1	3
4	mai	A E A A E	3	2	5

Le nombre de couples de lapins au 1er mai est la somme :
- du nombre $F(3)$ de couples de lapins au 1er avril ;
- du nombre de couples de lapins naissant au 1er mai, égal au nombre de couples de lapins adultes au 1er avril, qui correspond en fait au nombre $F(2)$ de couples de lapins au 1er mars.

Ainsi, on peut écrire la relation liant F(2), F(3) et F(4) :
$F(4) = F(3) + F(2)$.

2 Évolution de la population de couples de lapins durant les cinq premiers mois

Étudier la suite de Fibonacci

```
def fibo1(n):
    F=[0]*(n+1)
    F[0]=1
    F[1]=1
    for i in range(n-1):
        F[i+2]=F[i]+F[i+1]
    return F

def seuil(A):
    n=0
    while fibo2(n)<A:
        n=n+1
    return n
```

```
def fibo2(n):
    a=1
    b=1
    for i in range(n):
        c=a
        a=b
        b=c+b
    return a
```

3 Trois programmes Python

QUESTIONS

- Que renvoient ces deux fonctions pour $n = 0$? Pour $n = 1$? Pour $n = 3$? Pour n entier naturel quelconque ?
- Indiquer la différence entre ces deux fonctions Python.
- Comment modifier la fonction fibo1 pour que, pour un entier naturel n donné, les valeurs obtenues par l'exécution de fibo2(n) et de fibo1(n) soient égales ?
- À l'aide d'un tableur, pour quelle valeur de n, le nombre de lapins F(n) après n mois, dépasse-t-il 2 500 ? 2 500 000 ?
- Quelles valeurs renvoient seuil(6) et seuil(2 500 000) ?
- Plus généralement, pour un entier naturel A donné, que renvoie l'exécution de seuil(A) ?

Modéliser avec Malthus puis avec Verhulst

• Le modèle malthusien donné par la relation $P(n+1) = (1+r) \times P(n)$ implique que si $r > 0$, la population tend vers l'infini, ce qui rend ce modèle irréaliste pour prévoir l'évolution d'une population sur du long terme.

Dans ce modèle, le taux de variation r reste constant. Si l'on trace le taux de variation $\dfrac{\Delta P(n)}{P(n)}$ en fonction de $P(n)$ où $\Delta P(n) = P(n+1) - P(n)$, en reliant les points de coordonnées $\left(P(n)\,;\dfrac{\Delta P(n)}{P(n)}\right)$ on obtient le **graphique a**.

a ▶

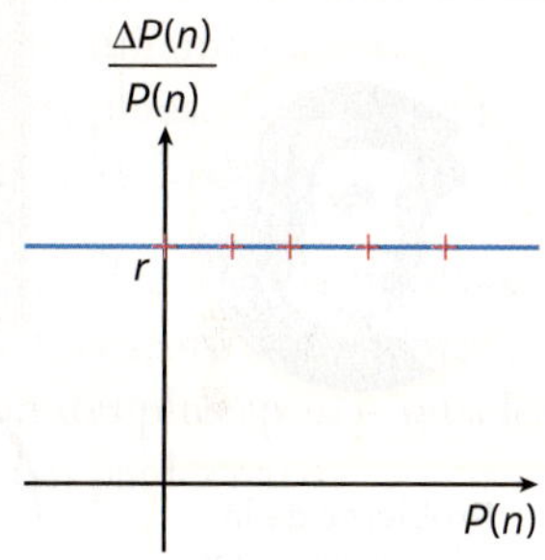

• Supposons maintenant que, pour chaque population étudiée, il existe un nombre d'individus maximal que le milieu peut supporter. Ce nombre, noté K, s'appelle la capacité porteuse. En tenant compte de cette contrainte des ressources du milieu, supposons que le taux de croissance diminue et qu'il est nul lorsque la population a atteint la capacité porteuse.
Le graphique le plus simple que l'on puisse envisager pour représenter le taux de croissance $\dfrac{\Delta P(n)}{P(n)}$ en fonction de $P(n)$ serait alors une droite décroissante, d'ordonnée à l'origine r et s'annulant en $P(n) = K$ (**graphique b**).

b ▶

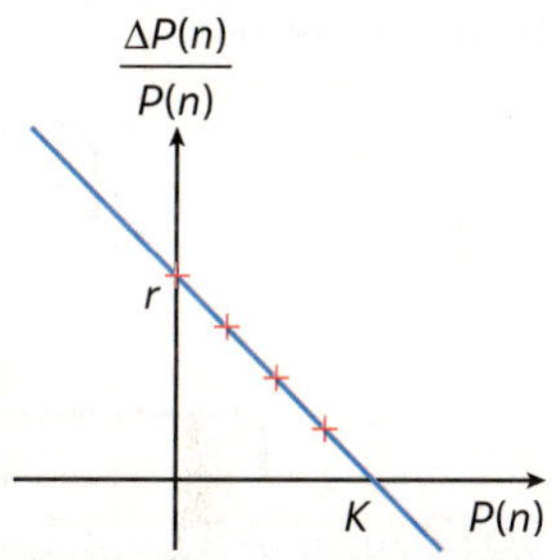

4 Du modèle de Malthus à celui de Verhulst

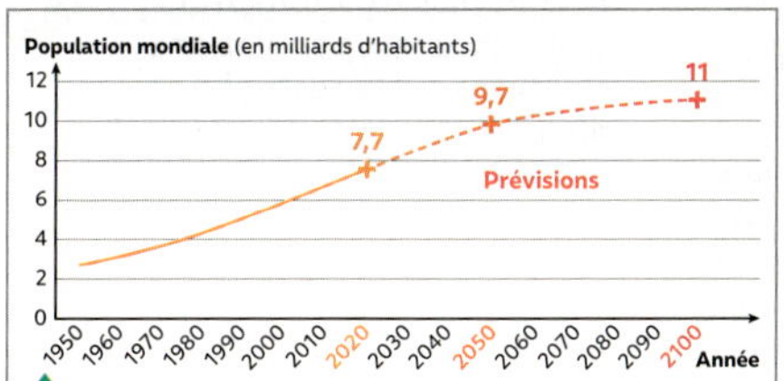

5 Évolution de la population mondiale

```
def Verhulst1(n,r,p,K):
    V=[0]*(n+1)
    V[0]=......
    for i in range(n):
        V[i+1]=V[i]*(......)
    return......
```

6 Fonction Python

QUESTIONS

- En posant $\dfrac{\Delta P(n)}{P(n)} = a \times P(n) + b$ pour décrire la droite ci-dessus, que peut-on dire du signe de a et de celui de b ? Plus précisément, que vaut b ?
- Justifier que, pour tout entier naturel n, $\dfrac{\Delta P(n)}{P(n)} = r\left(1 - \dfrac{P(n)}{K}\right)$.
- En déduire pour tout entier naturel n, $P(n+1) = P(n) \times \left(1 + r \times \left(1 - \dfrac{P(n)}{K}\right)\right)$.
- En vous inspirant des fonctions fibo1 et fibo2, écrire un algorithme puis une fonction Verhulst2 qui ne nécessite qu'une seule variable locale V.
- La population mondiale au 1er janvier 2020 est estimée par l'ONU à 7,7 milliards d'individus. En supposant qu'en 2020 on ait $r = 0{,}012$, que la capacité porteuse de la Terre soit $K = 50$ et que l'évolution de la population mondiale soit approchée par le modèle de Verhulst, quelle serait la population mondiale en 2050 ? En 2100 ? Comparer vos résultats avec les projections émises par l'ONU en juin 2019 qui prévoient qu'il y aura 9,7 milliards d'individus sur Terre en 2050 et 11 milliards en 2100.

MÉMO Les modèles démographiques

Modèles démographiques discrets UNITÉ 1

- Un modèle démographique est une formalisation mathématique de certaines caractéristiques d'une population dont le but est de représenter, d'étudier et de prévoir l'évolution de ces caractéristiques. Par exemple, on pourra étudier l'évolution de l'effectif des habitants de Bordeaux, de 1990 à 2020.
- Les modèles considérés ici sont dits discrets : l'évolution de phénomènes est étudiée à intervalles de temps donnés et non de manière continue. Par exemple, le nombre d'habitants de Bordeaux est mesuré tous les 5 ans.
- Pour modéliser l'évolution d'une caractéristique d'une population au cours du temps, on utilise une grandeur discrète associée à cette caractéristique. Si cette grandeur est notée u, $u(0)$ représente sa valeur initiale et $u(n)$ sa valeur après n intervalles de temps (année, 5 ans, décennie, etc.). Avec l'exemple précédent, $u(0)$ correspond à l'effectif de la population bordelaise en 1990 et $u(6)$ à celui après 6 intervalles de temps, c'est-à-dire en 2020.
- Pour représenter graphiquement l'évolution de cette grandeur u, les points de coordonnées $(n\,;\,u(n))$ sont placés dans un repère du plan. La forme du nuage de points de coordonnées $(n\,;\,u(n))$ obtenu est un premier indicateur sur le modèle adapté à la description de cette évolution.
- Établir un modèle démographique pour étudier une grandeur u consiste donc à isoler les grandeurs pertinentes, à négliger les autres et à trouver une fonction numérique reliant u aux grandeurs retenues, dont le temps.

Croissance linéaire, croissance exponentielle UNITÉS 1 et 2

- Pour mesurer l'évolution d'une grandeur u qui passe d'une valeur initiale $u(i)$ à une valeur finale $u(f)$, nous disposons de deux outils :
  1. la variation absolue, égale à $u(f) - u(i)$;
  2. la variation relative, ou taux de variation, $\tau = \dfrac{u(f) - u(i)}{u(i)}$, qui tient compte de l'évolution par rapport à la valeur initiale.

Cas où la variation absolue $u(n+1) - u(n)$ est constante UNITÉ 1

- S'il existe une valeur constante a telle que, quel que soit l'entier naturel n choisi, la variation absolue $u(n+1) - u(n)$ est égale à cette constante a, la croissance est dite linéaire. Alors pour tout entier naturel n, $u(n+1) = u(n) + a$. En mathématiques, la suite u de terme général $u(n)$ est dite arithmétique de raison a et de premier terme $u(0)$. En calculant de proche en proche, on a :

$$u(1) = u(0) + a = u(0) + 1 \times a, \qquad u(2) = u(1) + a = u(0) + 2a, \qquad u(3) = u(2) + a = u(0) + 3a, \text{ etc.}$$

- On admet que, dans le cas d'une croissance linéaire, pour tout entier naturel n, $u(n) = u(0) + n \times a$.
- Les points de coordonnées $(n\,;\,u(n))$ sont donc situés sur la droite d'équation $y = u(0) + a \times x$.

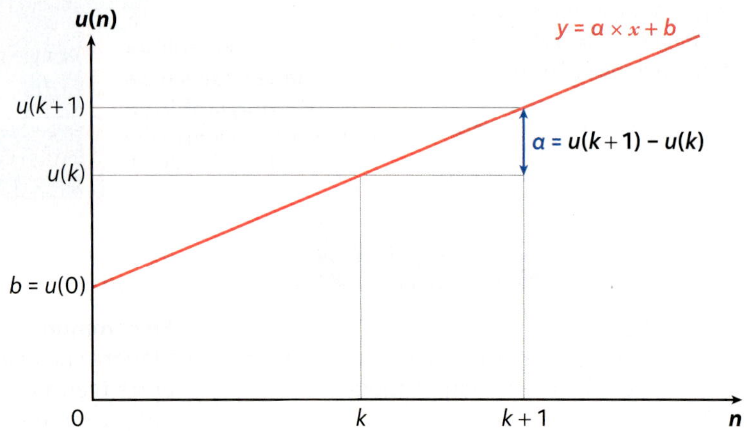

▲ Une représentation graphique de suite arithmétique

Cas où la variation absolue $u(n+1) - u(n)$ est proportionnelle à $u(n)$ UNITÉ 2

- S'il existe une valeur constante τ telle que, quel que soit l'entier naturel n choisi, la variation relative $\frac{u(n+1) - u(n)}{u(n)}$ est égale à cette constante τ, la croissance est dite exponentielle. Alors, pour tout entier naturel n, $u(n+1) = (1+\tau)\,u(n)$. En mathématiques, la suite u de terme général $u(n)$ est dite géométrique de raison $1+\tau$ et de premier terme $u(0)$. En calculant de proche en proche, on a :

$u(1) = (1+\tau)^1\,u(0)$, $u(2) = (1+\tau)\,u(1) = (1+\tau)^2\,u(0)$, $u(3) = (1+\tau)\,u(2) = (1+\tau)^3\,u(0)$, etc.

- On admet que, dans le cas d'une croissance exponentielle, pour tout entier naturel n, $u(n) = (1+\tau)^n\,u(0)$.

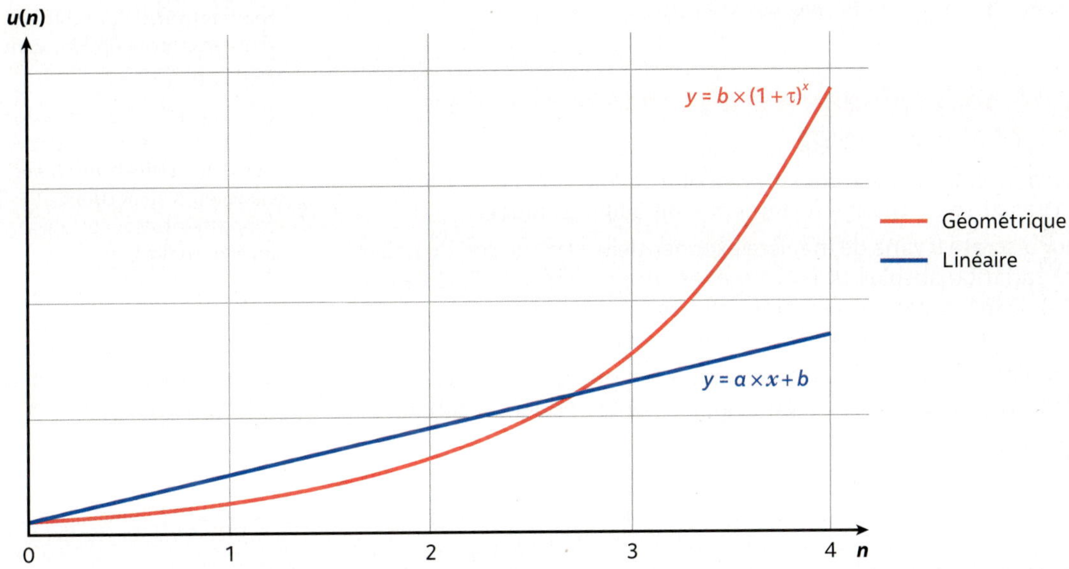

▲ Comparaison des croissances géométrique et linéaire

- Le modèle démographique de Malthus (→ unité 2) est un modèle à croissance exponentielle pour lequel on pose l'hypothèse que : le taux de natalité b et le taux de mortalité d sont proportionnels au nombre d'individus et que les seuls changements qui contribuent à l'évolution du nombre d'individus sont le nombre de décès et le nombre de naissances. Ainsi, dans le modèle de Malthus, pour tout entier n, on a $u(n+1) - u(n) = b \times u(n) - d \times u(n)$, c'est-à-dire $u(n+1) = (1+b-d)\,u(n)$.
Plusieurs cas sont possibles :
  - si le taux de natalité est strictement inférieur à celui de mortalité ($b < d$), alors l'effectif de la population décroît vers 0 ;
  - si le taux de natalité est strictement supérieur à celui de mortalité ($b > d$), alors l'effectif de la population croît vers l'infini. Ceci constitue une limite à l'exploitation sur un temps long du modèle de Malthus : l'insuffisance des ressources constitue un facteur bloquant à une telle expansion.

SYNTHÈSE Les modèles démographiques

MÉMO

Podcast · Texte dys

Un premier modèle démographique dit à croissance linéaire UNITÉ 1

- Un **modèle mathématique** simple est le modèle linéaire.
- Une grandeur **discrète** u varie de manière linéaire en fonction d'un palier entier n si sa variation absolue $u(n+1) - u(n)$ est constante. Les points $(n\,;u(n))$ sont situés sur une droite. La suite de terme général $u(n)$ est arithmétique.
- Dans la réalité, pour une population dont la variation absolue est presque constante d'un palier à l'autre, on peut ajuster le **nuage de points** qui la représente par une droite (modèle linéaire).

SAVOIR-FAIRE
- Exprimer $u(n)$ en fonction de $u(0)$ et n. Produire et interpréter des graphiques statistiques traduisant l'évolution d'effectif d'une population ou de ressources, notamment sous forme de nuages de points.
- À l'aide d'une calculatrice ou d'un tableur, ajuster un nuage de points par une droite et utiliser ce modèle linéaire pour effectuer des prévisions.

Un modèle démographique à croissance exponentielle : le modèle de Malthus UNITÉ 2

- Le modèle linéaire est inadapté pour représenter l'évolution d'une grandeur dont la variation absolue change fortement d'un palier à l'autre.
- Une grandeur discrète u varie de manière exponentielle en fonction du palier entier n si sa variation absolue $u(n+1) - u(n)$ est proportionnelle à sa valeur courante $u(n)$. Dans ce cas, sa variation relative (ou taux de variation) est constante et la suite de terme général $u(n)$ est géométrique.
- Pour une population dont le taux de variation est presque constant d'un palier à l'autre, on peut ajuster le nuage de points par un modèle exponentiel.

SAVOIR-FAIRE
- À partir de données démographiques, calculer le taux de variation d'une population entre deux dates. Calculer l'effectif final d'une population à partir de son effectif initial, de son taux de natalité et de son taux de mortalité. Selon le modèle de Malthus, prédire l'effectif d'une population au bout de n années.

MOTS CLÉS

- **Modèle mathématique :** relation mathématique liant le plus souvent deux grandeurs, permettant de rendre compte de l'évolution d'une grandeur en fonction de l'autre.
- **Discret :** se dit d'une grandeur ne pouvant prendre qu'un nombre fini (ou dénombrable) de valeurs.
- **Nuage de points :** représentation graphique d'un ensemble fini de points $A_i(x_i\,;y_i)$.
- **Démographie :** science dont l'objet est l'étude statistique des collectivités humaines dans leurs structures fondamentales, sociales, intellectuelles, etc.
- **Évolution exponentielle :** une grandeur discrète suit une évolution exponentielle lorsqu'à chaque itération elle est multipliée par le même nombre.

Comparer croissance linéaire et croissance exponentielle : vers la controverse de Malthus UNITÉ 3

- Le modèle démographique de Malthus est un modèle **exponentiel** d'évolution de l'effectif de la population. Il prévoit que l'effectif de la population décroît vers 0 si le taux de mortalité est supérieur au taux de natalité et croît vers l'infini si le taux de natalité est supérieur au taux de mortalité.
- Si les prédictions du modèle de Malthus peuvent se révéler correctes sur un temps court, elles sont irréalistes sur un temps long, notamment en raison de l'insuffisance des ressources disponibles.

SAVOIR-FAIRE
- À l'aide d'un tableur, d'une calculatrice ou d'une représentation graphique, calculer le temps de doublement d'une population sous l'hypothèse de croissance exponentielle.

Pour aller plus loin dans les modèles UNITÉ 4

- Des modèles plus élaborés prévoient que la population mondiale atteindra environ 10 milliards d'humains en 2050.

SAVOIR-FAIRE
- À partir de documents fournis, proposer un modèle de croissance de ressources alimentaires et la comparer à une croissance exponentielle.
- Comparer les valeurs fournies par un modèle à des données réelles afin de tester sa validité.

SCHÉMA

Bilan animé

Les modèles démographiques : un exemple de démarche mathématique pour prédire l'évolution d'un système

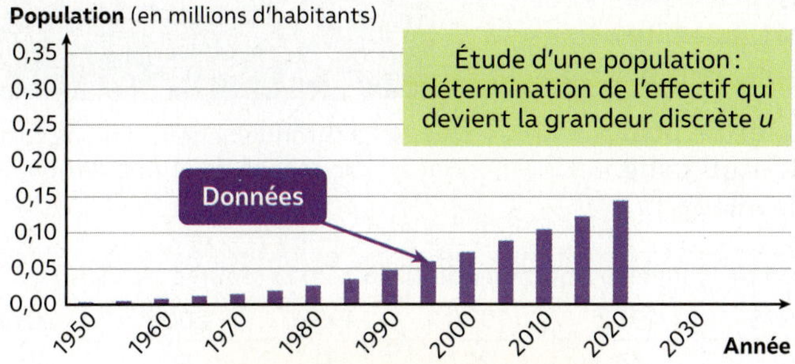

Quelle population en 2050 ?

Élaboration d'un modèle mathématique s'ajustant à la variation

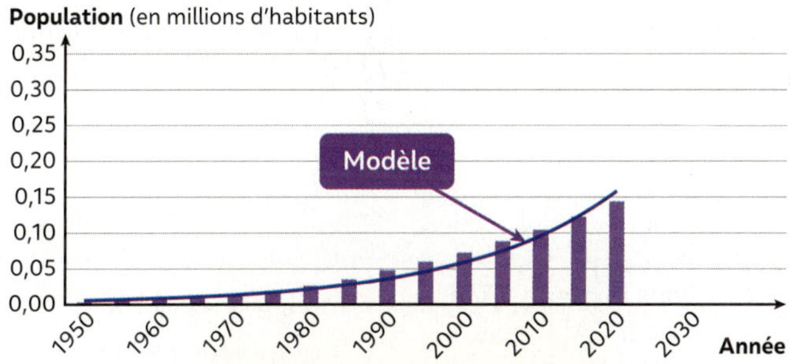

Polémique possible si plusieurs modèles possibles

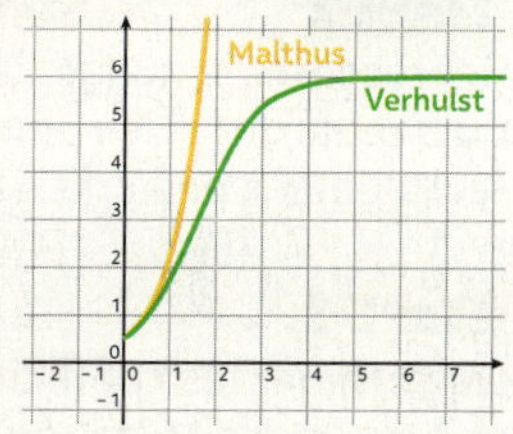

Prévision des variations futures de *u* en utilisant le modèle

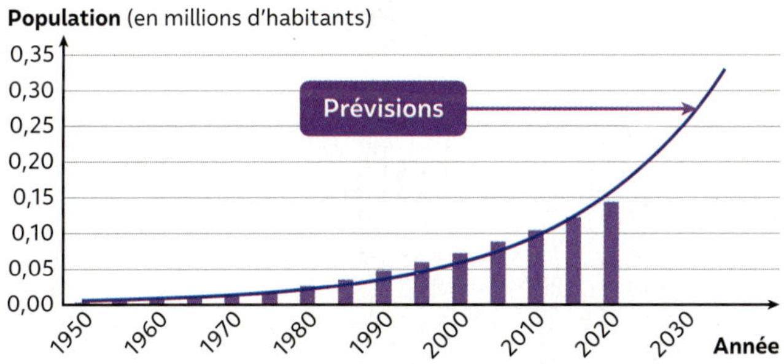

Pour 2050 → **10 milliards d'humains**

MÉTHODE Réaliser un ajustement affine de données

1 Exercice résolu

Énoncé

Les données sur la population de Nouvelle-Aquitaine sont fournies dans le tableau ci-dessous. La population de l'année 1968 + *n* est notée $u(n)$.
On veut construire un modèle qui puisse « relier » une variable notée y (ou ici $u(n)$) en fonction d'une variable notée x (ici n). Lorsque les données expérimentales représentées par le nuage de points $(x\,;y)$ (ou ici $(n,u(n))$) semblent presque alignés, on peut modéliser cette relation à l'aide d'une droite : on parle alors d'ajustement affine (ou de régression linéaire). Pour construire cette droite, les calculatrices utilisent une méthode dite des moindres carrés, méthode d'optimisation que nous n'explicitons pas ici.

▲ La Gironde bénéficie d'une forte croissance de sa population.

QUESTIONS **À l'aide de votre calculatrice, tracer le nuage de points représentant l'évolution de la population de Nouvelle-Aquitaine. Déterminer l'équation du modèle affine modélisant le mieux cette évolution.**

	Population de Nouvelle-Aquitaine de 1968 à 2013 (Source : INSEE)						
Année	1968	1975	1982	1990	1999	2008	2013
n* tel que Année = 1968 + *n	0	7	14	22	31	40	45
Population *u*(*n*) (en millions d'habitants)	4,68	4,82	4,96	5,11	5,26	5,67	5,84

Méthode	Application – Casio	Application – TI	Application – Numworks
ÉTAPE 1 Entrer les données statistiques dans la machine.	Choisir le menu STAT, puis CALC puis SET. Complétez les colonnes 2Var Xlist et 2Var Ylist	Choisir le menu STAT, puis CALC puis SetUp. En dessous de 2-Var Stats complétez Xlist et Ylist	Choisir l'application Régressions, puis entrer les données dans le tableau à deux colonnes.
ÉTAPE 2 Représenter le nuage de points puis regarder si les points semblent « à peu près » alignés.	Dans le même menu STAT, choisir le menu GRPH puis GRPH1	Combinaison de touches [2nde GRAPH STATS], sélectionner Graph 1	Il suffit de choisir l'onglet Graphique et c'est terminé.
ÉTAPE 3 Déterminer les coefficients a et b de la droite de régression d'équation $y = a \times x + b$.	Dans le même menu STAT, choisir le menu CALC puis REG	Dans le menu STAT, choisir CALC puis LinReg(ax+b)	Il suffit de lire le graphique précédent.

Voici le résultat obtenu avec le tableur de LibreOffice :

L'équation du modèle affine modélisant le mieux cette évolution est $y = 0{,}025 \times x + 4{,}620$.

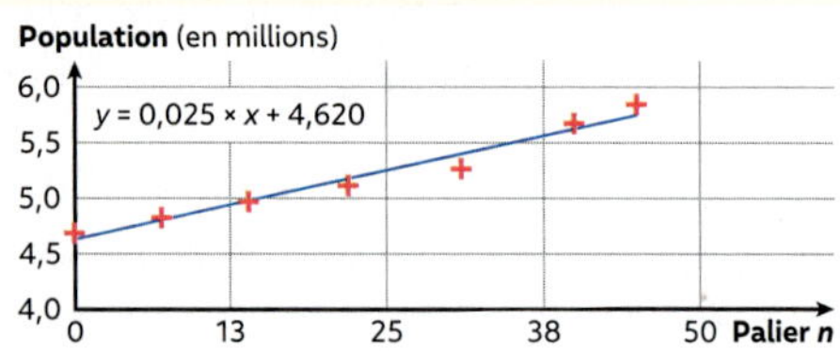

2 APPLICATION

Le tableau ci-contre donne la population de trois départements aquitains en millions d'habitants (source INSEE).

QUESTIONS **Donner l'équation de la droite de régression pour chacune de ces populations. Entre les Landes et les Pyrénées-Atlantiques, quel est le département dont la population croît le plus vite depuis 1968 ?**

Année	Palier	Gironde	Landes	Pyrénées-Atlantiques
1968	0	10,09	2,77	5,09
1975	7	10,61	2,88	5,35
1982	14	11,28	2,97	5,56
1990	22	12,13	3,11	5,79
1999	31	12,88	3,27	6,00
2006	38	13,94	3,63	6,37
2011	43	14,64	3,88	6,57
2013	45	15,06	3,97	6,64

QUIZ Parmi les affirmations suivantes, choisissez la réponse exacte.

3 La variation absolue pour passer de $u(0) = 2$ à $u(1) = 5$ est :

a 3. b – 3. c $\frac{3}{7}$. d Aucun de ces nombres.

4 Le taux de variation pour passer de $u(0) = 2$ à $u(1) = 5$ est :

a 3. b $\frac{3}{5}$. c $\frac{3}{2}$. d $\frac{2}{3}$.

5 Une suite u est arithmétique lorsque :

a la variation absolue $u(1) - u(0)$ est constante.

b il existe une constante r telle que, pour tout entier naturel n, la variation absolue $u(n+1) - u(n)$ vaut r.

c il existe une constante r telle que, pour tout entier naturel n, $u(n) = n \times r$.

d il existe une constante r telle que, pour tout entier naturel n, la variation relative $\frac{u(n+1) - u(n)}{u(n)}$ vaut r.

6 Une grandeur discrète u varie de manière exponentielle lorsque :

a il existe une constante q telle que, pour tout entier naturel n, la variation absolue $u(n+1) - u(n)$ vaut q.

b il existe une constante q telle que, la variation absolue $u(1) - u(0)$ vaut $q \times u(0)$.

c il existe une constante q telle que, pour tout entier naturel n, le taux de variation $\frac{u(n+1) - u(n)}{u(n)}$ vaut q.

d il existe une constante q telle que, pour tout entier naturel n, $u(n) = n^2$.

▸ Corrigés p. 340

7 CONSTRUIRE UNE CARTE MENTALE sur le thème « démographie ».

▸ L'étiquette centrale s'intitulera

Croissance démographique

▸ Associer l'étiquette centrale, par le moyen graphique de votre choix à des étiquettes de votre initiative. Certaines peuvent être, par exemple :

Grandeur discrète u — **Variation absolue** — **Taux de variation** — **Arithmétique** — **Constant/constante** — **Modélise population au temps n** — **Géométrique**

QUESTIONS FLASH

oral

8 Pour une ville donnée, les seuls facteurs qui contribuent à la dynamique de sa population sont la natalité, dont le taux est de 5 %, et la mortalité, dont le taux est de 2 %. Que peut-on dire de l'évolution de l'effectif de la population de la ville chaque année ?

9 L'effectif de la population de l'année $(1950+n)$ d'un pays est noté $u(n)$. On note :

- a le nombre annuel de naissances,
- b le nombre annuel de décès,
- c le nombre annuel de personnes entrant dans le pays (immigrés),
- d le nombre annuel de personnes sortant du pays (émigrés).

Pendant la durée d'observation, ces nombres sont constants.

▸ Déterminer l'expression de la population $u(n+1)$ en $(1950+n+1)$ en fonction de $u(n)$.

EXERCICES D'APPLICATION

10 Population à croissance linéaire
On note $(U(n))$ le nombre d'habitants d'une ville au 1er janvier de l'année $2020+n$. On suppose que la croissance de l'effectif de la population est linéaire.

1. Que peut-on dire des points de coordonnées $(n\,;\,U(n))$?
2. Quelle relation existe-t-il entre $U(n+1)$, $U(n)$ et le coefficient directeur de la droite passant par les points de coordonnées $(n\,;\,U(n))$?

11 Population à croissance exponentielle
On note $(U(n))$ le nombre d'habitants d'une ville au 1er janvier de l'année $2020+n$. On suppose que la croissance de l'effectif de la population est exponentielle, avec un taux annuel de 3 %.

1. Quelle relation existe-t-il entre $U(n+1)$ et $U(n)$?
2. Quel est le taux de variation de la population entre 2020 et 2030 ?

12 Croissance, décroissance
On considère la suite arithmétique $U(n)$ de premier terme $U(0) = 1000$ et de raison $r = -3$. $U(n)$ correspond au nombre d'habitants d'une ville au 1er janvier de l'année $2020+n$.

1. Le nombre d'habitants de la ville augmente-t-il ?
2. Écrire l'équation $y = a \times x + b$ de la droite passant par les points de coordonnées $(n\,;\,U(n))$.

13 Croissance d'une population d'étudiants

OBJECTIF Exprimer $u(n)$ en fonction de $u(0)$ et de n.

À l'Université de Pau et des Pays de l'Adour, il y avait en 2016, 13 000 étudiants inscrits. On suppose que chaque année depuis 2016, 2 000 étudiants quittent l'Université et 2 150 nouveaux s'y inscrivent. Le nombre d'étudiants inscrits à l'Université lors de l'année 2016 + n est modélisé par une suite U de terme général $U(n)$.

QUESTIONS

1. Donner la valeur de $U(0)$. Calculer le nombre d'étudiants inscrits en 2017.
2. Pour un entier naturel n, écrire une relation entre $U(n+1)$ et $U(n)$.
3. Justifier que, pour tout entier naturel n, $U(n) = U(0) + n \times 150$
4. La capacité d'accueil de l'Université de Pau est de 15 000 étudiants. Calculer en quelle année l'Université devra construire de nouveaux locaux pour accueillir tous ses étudiants.

14 Utilisation des réseaux sociaux

OBJECTIF Modéliser l'effectif d'une population.

L'évolution du nombre d'utilisateurs de Facebook entre 2008 et 2019 est représentée ci-contre. On suppose qu'en 2008 il y avait 100 millions utilisateurs.

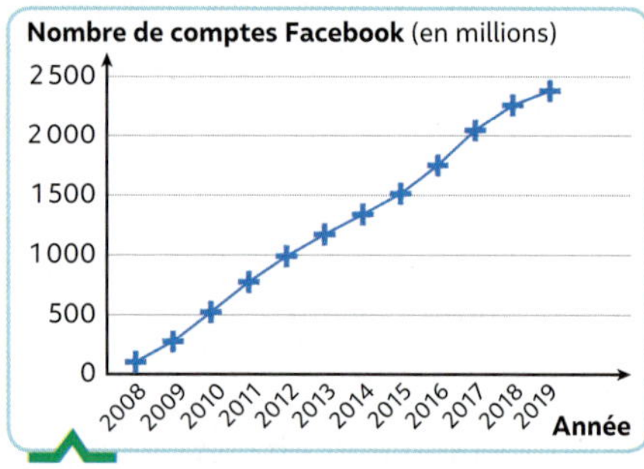

doc. Nombre de comptes Facebook (en millions) de 2008 à 2019

QUESTIONS

1. La croissance du nombre d'utilisateurs de Facebook entre 2008 et 2019 vous semble-t-elle varier de manière linéaire ? Exponentielle ? Ni l'un ni l'autre ?
2. Le nombre d'utilisateurs au 1er janvier de l'année 2008+n est modélisé par une suite U de terme général $U(n)$. Chaque année il y a 207 millions nouveaux utilisateurs.Écrire en python une fonction population telle que population(n) renvoie le nombre d'utilisateurs au 1er janvier de l'année 2008+n.
   En 2019, il y avait environ 2 400 millions d'utilisateurs. Déterminer si cela est cohérent avec votre modèle.
3. Depuis 2017, 0,1 % des utilisateurs ferment leur compte chaque année.
   Le nombre d'utilisateurs au 1er janvier de l'année 2017+n est modélisé par une suite V de terme général $V(n)$.
   a. Calculer le nombre d'utilisateurs en 2018 et en 2019.
   b. Pour un entier naturel n, justifier que $V(n+1) = 0{,}9V(n) + 207$.
   c. Écrire en python une fonction population2 telle que population2(n) renvoie le nombre d'utilisateurs au 1er janvier de l'année 2017+n.

15 Analyser un algorithme

OBJECTIF Prédire l'évolution d'une population au bout de n années.

Une population dont l'effectif à la date 2020+n est modélisé par une suite U de terme général $U(n)$. Pour un entier naturel n, $U(n)$ est déterminé par l'algorithme ci-contre.

```
U←50000
r←450
Pour i allant de 1 à n faire
  U ← U+r
Fin pour
```

QUESTIONS

1. Expliquer à quoi correspondent les valeurs $U(0)$ et $U(1)$ et quels sont les effectifs de la population en 2020 et en 2021.
2. Déterminer la nature arithmétique ou géométrique de la suite U. Justifier.
3. Représenter sur un graphique l'évolution de la population de 2020 à 2030.
4. Déterminer l'année pour laquelle la population aura doublé.
5. Plus généralement, écrire une fonction python nommée seuil, telle que seuil(A) renvoie la première année où l'effectif de la population dépasse ce nombre entier A.

16 Facebook, San Francisco et modèle malthusien

OBJECTIF Exploiter deux modèles.

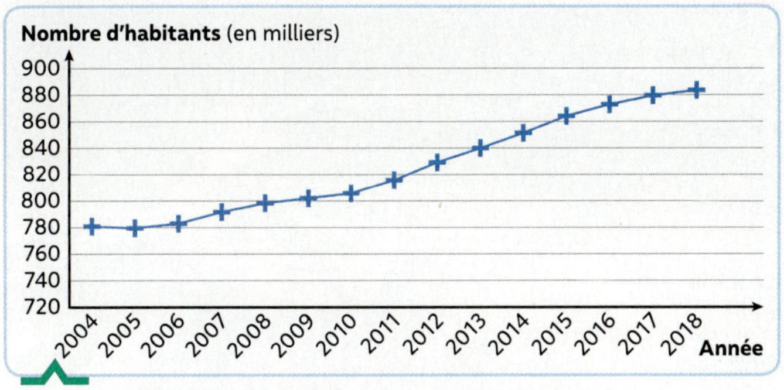

a. Nombre d'habitants de San Francisco

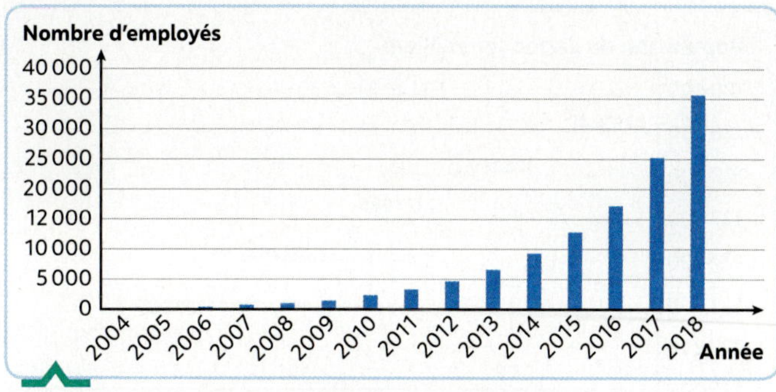

b. Nombre d'employés de Facebook

I. Étude de l'évolution de la population de San Francisco

On souhaite modéliser l'évolution de la population de San Francisco de 2004 à 2018. On utilise pour cela un modèle à croissance linéaire. On modélise l'effectif de cette population à la date $2004+n$ par une suite U.
La population de San Francisco s'élevait en 2004 à environ 781 000 habitants et en 2018 à 883 000 habitants.

QUESTIONS

1. Déterminer la nature de la suite $(U(n))$, $n \in [0;14]$ dans ce modèle.
2. Donner la valeur de $U(0)$. Calculer la valeur de n pour laquelle $U(n) = 883\,000$.
3. On note r le nombre de nouveaux habitants qui vivent à San Francisco chaque année. Déterminer le lien entre $U(n+1)$ et $U(n)$; entre $U(n)$ et $U(0)$.
4. À l'aide de la question précédente et des données de l'énoncé, déterminer r à l'unité près.
5. Expliquer ce que renvoie la fonction python suivante en fonction du paramètre n, entier naturel :

```
def SF(n) :
    return 781000+7286*n
```

II. Étude de l'évolution du nombre d'employés de Facebook

On souhaite maintenant modéliser l'évolution du nombre d'employés temps plein de Facebook de 2004 à 2018.
On utilise pour cela un modèle à croissance exponentielle.
On modélise l'effectif de cette population à la date $2004+n$ par une suite V. D'après la page officielle https://about.fb.com/company-info/, $V(0) = 7$ et $V(14) = 35\,587$.

QUESTIONS

1. Déterminer la nature de la suite $(V(n))$, $n \in [0;14]$ dans ce modèle.
2. Calculer le taux de variation T entre $V(0)$ et $V(14)$.
3. Le taux de variation entre $V(n)$ et $V(n+1)$ est noté τ. Déterminer la relation entre $V(n+1)$ et $V(n)$, puis entre $V(n)$ et $V(0)$.
4. Déduire de la question précédente une approximation de τ au centième.
5. Écrire une fonction python nommée FB qui, pour un n renseigné par l'utilisateur, renvoie la nombre d'employés de Facebook à la date $2004+n$.

III. Comparaison des croissances de la population de San Francisco et du nombre d'employés de Facebook

Les deux modèles précédents sont exploités pour étudier l'évolution des deux populations : celle de San Francisco et celle constituée par les employés de Facebook. Tous les employés de Facebook sont supposés choisis parmi les habitants de San Francisco.

QUESTIONS

1. Dans le cadre de ces modèles, déterminer si la population de San Francisco permettra de fournir assez d'employés à Facebook dans les années à venir. Justifier.
2. Écrire un algorithme qui donne la première année pour laquelle le nombre d'habitants de San Francisco sera inférieur à celui de Facebook. Justifier rapidement pourquoi cet algorithme s'arrête.
3. Après l'exécution du programme python suivant : la commande print(n) renvoie 20. Expliquer comment interpréter ce résultat.

```
n=0
while  FB(n)<SF(n):
  n=n+1
```

4. Calculer en quelle année Facebook emploiera tous les habitants de la ville de San Francisco.

17 Évolution démographique du Japon de 2013 à 2018

OBJECTIFS Exploiter des documents – Effectuer des calculs.

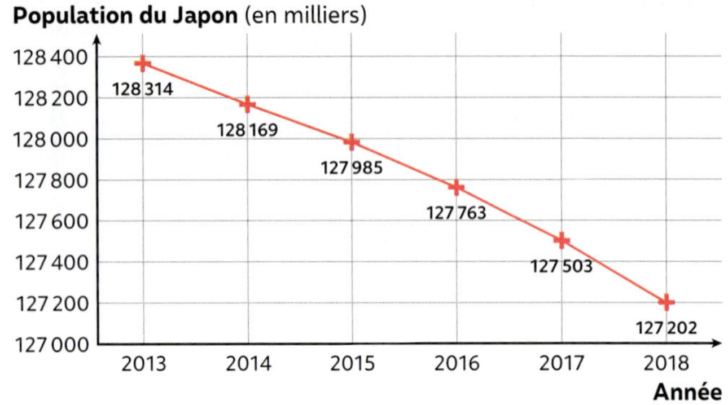

▲ Points de coordonnées (n ; $U(n)$) où $U(n)$ est l'effectif de la population du Japon lors de l'année $2013+n$.

En 2015, 26,6 % de la population japonaise est âgée de 65 ans et plus.

a. Population du Japon, de 2013 à 2018. Source : ONU

Année	Espérance de vie à la naissance des femmes en Espagne	Espérance de vie à la naissance des femmes au Japon
1960	71,7	70,3
1970	74,9	75
1980	78,5	78,9
1990	80,5	81,9
2000	82,5	84,5
2010	84,7	86,2

b. Données de l'OMS sur l'espérance de vie

La population du Japon poursuit son inquiétant déclin : L'Institut pour la population et la sécurité sociale évalue à 88 millions le nombre probable de Japonais en 2065.

Le Monde, 9 janvier 2018.

c. Prévision de la population du Japon

En 2040, l'Espagne pourrait se retrouver en tête d'un palmarès de l'espérance de vie, détrônant le Japon, tandis que les États-Unis chuteraient de la 43e à la 64e place.

Le Figaro, 17 octobre 2018.

d. L'Espagne en tête

Dire qu'en 2020 l'espérance de vie à 65 ans pour les femmes est de 22 ans signifie que les femmes qui ont 65 ans en 2020 vivront en moyenne 22 ans sous l'hypothèse que les conditions de mortalité rencontrées par ces femmes dans le futur soient les mêmes que celles observées en 2020. L'espérance de vie à la naissance (donc à l'âge 0) représente la durée de vie moyenne d'une génération active qui serait soumise à chaque âge aux conditions de mortalité de l'année de naissance.
En 2002, Oeppen et Vaupel ont étudié les espérances de vie des femmes de six pays, dont le Japon, de 1840 à 2000 et ont conclu que l'espérance de vie a augmenté de manière linéaire de 3 mois par an entre 1840 et 2000.

e. Espérance de vie

QUESTIONS

1. a. L'effectif de la population du Japon lors de l'année $2013+n$ est modélisé par une suite U de terme général $U(n)$.
À l'aide de votre calculatrice, donner une équation de la droite d'ajustement affine de y en fonction de x du nuage de points du **doc. a**.
La pente et l'ordonnée à l'origine seront arrondis à l'unité.

b. À l'aide de ce modèle, estimer la population du Japon en 2065.
Déterminer si l'affirmation du **doc. c** est cohérente avec votre estimation.

2. a. Déterminer si le modèle de Oeppen et Vaupel décrit dans le **doc. e** est vérifié pour les femmes japonaises.

b. Calculer l'espérance de vie dans 4 000 ans pour les femmes japonaises dans le modèle de Oeppen et Vaupel.

c. À l'aide du **doc. b** et du tableur, le nuage de points correspondant à l'espérance de vie des femmes espagnoles est ajusté par la droite d'équation : $y = 0,26x - 430,5$. De même, pour l'espérance de vie des femmes japonaises, l'ajustement est donné par la droite d'équation : $y = 0,32x - 550,1$. Sans calcul, déterminer si cette modélisation confirme l'article du Figaro.

18 Espèces en voie d'extinction

OBJECTIFS Exploiter des documents – Effectuer des calculs.

Dans une réserve naturelle, l'évolution de la population d'une espèce de singes en voie d'extinction à cause d'une maladie est étudiée.

Une étude sur cette population de singes a montré que leur nombre baisse de 15 % chaque année.

Au 1er janvier 2004, la population était estimée à 25 000 singes. La population au 1er janvier de chaque année est modélisée par une suite. Pour tout entier naturel n, le premier terme $u(n)$ de la suite représente le nombre de singes au 1er janvier de l'année $2004+n$. On a ainsi $u(0) = 25\,000$.

a. Baisse géométrique d'une population de primates

QUESTIONS

1. Calculer l'effectif de cette population de singes :
   a. au 1er janvier 2005 ;
   b. au 1er janvier 2006, en arrondissant à l'entier.
2. Justifier que, pour tout entier naturel n, $u(n) = 25\,000 \times 0{,}85^n$.
3. Suivant ce modèle, on souhaite savoir, à l'aide d'un algorithme, au bout de combien d'années après le 1er janvier 2004 le nombre de singes sera inférieur à 5 000. Recopier et compléter les lignes L3, L4 et L5 de l'algorithme ci-dessous.

```
L1 : u prend la valeur 25000
L2 : n prend la valeur 0
L3 : Tant que ........... faire
L4 :        u prend la valeur ...........
L5 :        n prend la valeur ...........
L6 : Fin Tant que
L7 : Afficher n
```

4. Montrer que la valeur n affichée après l'exécution de l'algorithme est 10.

Au 1er janvier 2014, une nouvelle étude a montré que la population de cette espèce de singes, dans la réserve naturelle, ne comptait plus que 5 000 individus. La maladie prenant de l'ampleur, on met en place un programme de soutien pour augmenter le nombre de naissances.

À partir de cette date, on estime que, chaque année, un quart des singes disparaît et qu'il se produit 400 naissances. La population de singes dans la réserve naturelle est modélisée à l'aide d'une nouvelle suite. Pour tout entier naturel n, le terme $v(n)$ de la suite représente le nombre de singes au 1er janvier de l'année $2014+n$. Ainsi $v(0) = 5\,000$.

b. Une suite arithmético-géométrique

QUESTIONS

1. a. Calculer $v(1)$ et $v(2)$.
   b. Justifier que, pour tout entier naturel n, $v(n+1) = 0{,}75 \times v(n) + 400$.
2. On considère la suite w définie pour tout entier naturel n par $w(n) = v(n) - 1600$.
   a. Montrer que w est une suite géométrique de raison 0,75. Préciser la valeur de $w(0)$.
   b. Pour tout entier naturel n, exprimer $w(n)$ en fonction de n.
   c. En déduire que pour tout entier naturel n, on a $v(n) = 1600 + 3400 \times 0{,}75^n$.
   d. Calculer la limite de la suite v et interpréter ce résultat.

UNITÉ 1

L'histoire du traitement de l'information

Le mot français « informatique », utilisé pour la première fois en 1962, est le néologisme par contraction des mots « information » et « automatique ». Le terme désigne de nos jours à la fois le domaine industriel en rapport avec l'ordinateur et la science du traitement des informations par des algorithmes. Le traitement de l'information est aujourd'hui un élément majeur de notre quotidien.

OBJECTIF

Relever les grandes étapes de l'évolution des machines servant au traitement de l'information, et décrire l'évolution de la notion d'information.

Afin d'aider les marins dans leur navigation, Babbage envisage en 1822 de créer une machine qui produise une feuille de route en calculant la carte du ciel jour après jour pour les semaines à venir. Il réalise en 1834, qu'il peut créer une machine plus performante, capable d'exécuter n'importe quelle tâche qui pourrait lui être décrite. Inspiré par le métier à tisser de Jacquard, il envisage que cette description, qui n'est qu'une succession de calculs, soit réalisée par des cartes perforées.

Ada Lovelace va réellement comprendre tout ce que la machine analytique de Babbage rend possible et créer en 1843 le premier programme de l'histoire. Elle introduit alors la notion d'instruction conditionnelle.

« **La machine analytique n'a nullement la prétention de créer quelque chose par elle-même. Elle peut exécuter tout ce que nous saurons lui ordonner d'exécuter […] Son rôle est de nous aider à effectuer ce que nous savons déjà dominer.** »

Ada Lovelace

1 Cartes utilisées pour la machine analytique
Les cartes d'instructions que la machine effectue sont au premier plan et celles des données en arrière-plan.

Peut-on tout calculer ? Pour toute propriété mathématique, peut-on dire si elle est vraie ou fausse ? Pour répondre à ces questions, Alan Turing publie en 1937 l'article considéré comme fondateur de la science informatique : il y propose une machine abstraite, qui n'est pas destinée à être fabriquée concrètement, et formalise la notion d'algorithme. « Cette machine se décrit très simplement. Elle utilise un ruban qui contient une suite de cases dans lesquelles sont inscrites des données (des 0 et des 1). La machine est capable de lire ce qu'il y a dans les cases, de se déplacer sur le ruban d'une case à gauche ou à droite, et d'écrire dans une case. »

Avec cette machine, Alan Turing montre qu'il est possible de remplacer n'importe quelle autre machine, en écrivant sur le ruban le « programme » de la machine remplacée (par exemple la multiplication) et ensuite les « données » sur lesquelles appliquer ce programme. Cette façon de mettre ensemble le programme et les données dans une machine est fondamentale et se trouve aujourd'hui dans tous les ordinateurs.

D'après pixees.fr/eclairage-scientifique-petite-histoire-de-linformatique.

2 D'un questionnement mathématique à l'informatique moderne : le rôle d'Alan Turing

Von Neumann, en s'inspirant des travaux de Babbage et de Turing, comprend que la façon de mettre ensemble le programme (les instructions) et les données dans une machine de Turing est fondamentale.

Il élabore en 1945 la première description d'un ordinateur dont le programme est stocké dans sa mémoire : ici, l'ordinateur dispose d'un processeur pour exécuter les instructions et d'une structure de stockage unique pour conserver à la fois les instructions et les données demandées ou produites par le calcul. C'est le premier modèle de calculateur universel programmable concret dont le premier modèle sera commercialisé en 1951.

3 Von Neumann : inventeur de l'architecture des ordinateurs

4 Grace Hopper devant l'UNIVAC en 1951

5 L'usage quotidien des machines programmables en 2020

PISTES D'EXPLOITATION

1. **Recenser** les différentes situations de la vie courante où sont utilisés les ordinateurs, et **identifier** lesquels sont programmables et par qui. (doc. 5).
2. **Montrer** comment les avancées technologiques se sont construites en utilisant les technologies antérieures (doc. 1 à 3).
3. **Montrer**, à l'aide de recherches personnelles complémentaires, comment les femmes ont façonné l'évolution des technologies de l'information.

VOCABULAIRE

Algorithme : vient du nom du grand mathématicien persan Al Khwarizmi (vers l'an 820) et désigne une méthode ou « procédure mécanique » pour résoudre un type de problèmes.

UNITÉ 2 La numérisation de l'information

python

Pour qu'une machine puisse opérer de manière automatique sur des informations, une première étape consiste à les numériser : on transforme alors sous forme de suites de nombres textes, images ou sons. Les programmes, en tant que textes, sont aussi des données que la machine peut alors stocker, transporter et traiter.

OBJECTIF

Illustrer à l'aide d'exemples ce qu'est la numérisation d'informations, puis décrire comment, et avec quelles unités, cette numérisation nous permet d'attribuer une taille à l'information stockée (fichier exécutable ou fichier de données).

Dans son article fondateur de la Théorie de l'Information *A Mathematical Theory of Communication* publié en 1948, Claude Shannon définit la notion de bit comme abréviation de *binary digit*, élément binaire : un bit ne peut donc prendre que deux valeurs, par exemple 0 ou 1.

En théorie de l'information, un bit est la quantité minimale d'information transmise par un message, c'est le plus petit élément d'information stockable par un ordinateur.

1 Claude Shannon, le père de la théorie de l'information

1000111111010111111101010

2 Une image de chat et un codage possible

La numérisation est l'opération qui consiste à convertir les informations contenues dans un support (texte, audio, image, vidéo) en **données numériques**, principalement une séquence de 0 et de 1.

Par exemple, la numérisation d'une image en niveaux de gris est un tableau dont chaque élément, appelé *PICture Element* ou plus simplement pixel, est un nombre entier compris ici entre 0 et 255 :

d'après images.math.cnrs.fr

48	49	46	42	44
110	79	54	47	48
190	192	190	153	99
150	166	189	203	183
131	140	145	161	165

▲ La valeur 0 correspond au noir, et la valeur 255 correspond au blanc. Les valeurs intermédiaires correspondent à des niveaux de gris allant du noir au blanc. Le stockage en machine est ensuite effectué en codant les éléments du tableau sous forme binaire, c'est à dire à l'aide d'une suite de 0 et de 1.

3 Numérisation d'une image

Le stockage d'un document numérisé consiste en une suite de 0 et de 1. Avec l'exemple de la photo de fleur (**doc. 3**), on écrit par exemple 131, le pixel en bas à gauche, en binaire. On effectue des divisions par 2 successives suivant le schéma ci-dessous :

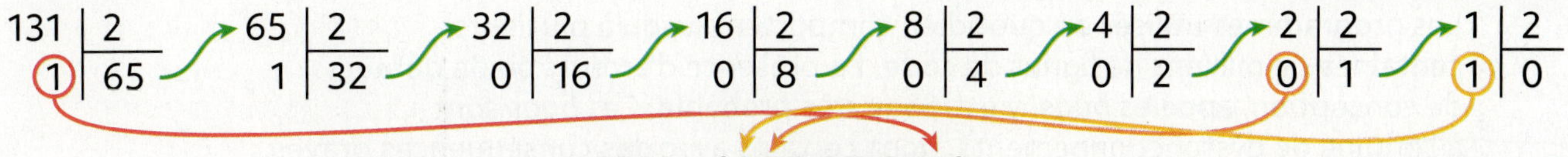

$$131 = (10000011)_2$$

Ainsi : $131 = 0 \times 2^7 + 0 \times 2^6 + 0 \times 2^5 + 0 \times 2^4 + 0 \times 2^3 + 0 \times 2^2 + 1 \times 2^1 + 1 \times 2^0$

On écrit : $131 = (10000011)_2$ et on dit que l'on a codé 131 à l'aide de 8 symboles élémentaires, donc sur 8 bits. On appelle **octet** toute suite de 8 bits. L'image du pétale ci-dessus est codée avec un tableau de 240 lignes sur autant de colonnes, et chaque nombre entier compris entre 0 et 255 est codé à l'aide de 8 bits.

4 Écriture en binaire d'un entier positif

Pour numériser ou encoder des textes, on traduit les caractères en nombres. Pour cela, on dispose de plusieurs standards, dont Unicode et ASCII. En ASCII, chaque caractère est codé à l'aide d'un nombre entier compris entre 0 et 127. On ne peut donc coder qu'au plus $2^7 = 128$ caractères.

Chaque caractère est encodé par un octet (8 bits).
Par exemple le code 97 représente 'a', 65 repésente 'A', 63 représente '?' et 32 un espace.

Le fichier python **tailles.py** contient les 207 caractères ci-contre :

```
#fonctions python qui calculent la taille d'une image et d'un texte
def taille_image(n,p) : #tableau de n lignes, p colonnes
  return n*p*8
def taille_texte(c) : #c=nombre de caractères du texte
  return c*8
```

5 Le codage ASCII : un codage des symboles

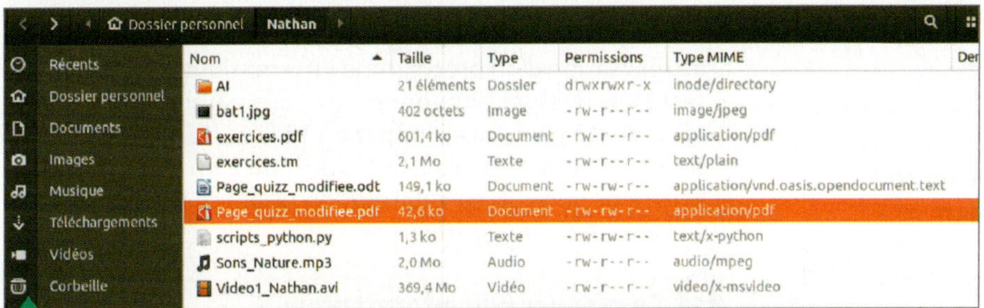

6 Gestionnaire de fichiers d'un système d'exploitation basé sur Linux

Avec l'architecture de Von Neumann, nos outils numériques (ordinateur, smartphones, etc.), stockent à la fois des instructions et des données. Sous leurs systèmes d'exploitation (Windows, MacOS, Ubuntu, Android, etc.), on peut distinguer les instructions, dits **fichiers exécutables**, des données. Il suffit de paramétrer un gestionnaire de fichiers afin que le type de fichiers apparaissent.

VOCABULAIRE

Bit : contraction de *Binary digit*, qui signifie chiffre binaire et apparaît en 1948. Le bit représente la plus petite unité de mémoire utilisable sur un ordinateur. Cette mémoire ne peut prendre que deux valeurs, symbolisées le plus souvent par 0 ou 1.

Octet : un octet est composé de huit bits.

Fichier exécutable : un fichier exécutable est un fichier contenant un programme et identifié comme tel par le système d'exploitation. Le chargement d'un fichier exécutable entraîne la création d'un processus et l'exécution du programme.

PISTES D'EXPLOITATION

1. **Proposer** un codage du chat sous forme de tableau. Créer une image en noir et blanc sur une grille 5×5, numériser ensuite cette image à l'aide d'une suite de 0 et de 1 (1 pour noir et 0 pour blanc). Donner votre numérisation à un camarade qui doit reconstituer l'image qu'il a reçue. Comment pourrait-on compresser votre numérisation ?

2. **Justifier** que l'on peut coder tous les entiers de 0 à 255 avec un codage binaire en 8-bits. Quelle est la taille de la photo du pétale en bits ? En octets ?

3. **Indiquer** la taille du fichier texte **tailles.py** encodé au format ASCII. Une numérisation au format ASCII de la nouvelle de Borgès intitulée *La bibliothèque de Babel* contient 18 278 caractères. Quelle est la taille de ce fichier ?

4. **Expliquer** les différences de taille entre les fichiers de la capture d'écran du gestionnaire de fichiers.

Pour aller plus loin : De combien de bits pourrait-on se contenter pour encoder chaque caractère en ASCII ? À l'aide de recherches personnelles, expliquer deux différences entre les standards ASCII et Unicode.

UNITÉ 3

Les *bugs* informatiques

Les programmes utilisés au quotidien comportent jusqu'à plusieurs centaines de millions de lignes de code. La présence d'erreurs ou de défauts de conception, appelés *bugs*, y est donc très probable. Ces *bugs* sont à l'origine de dysfonctionnements, dont certains avec des conséquences graves.

OBJECTIF

Identifier quelques *bugs* célèbres, puis utiliser un outil pour tester et éventuellement corriger des programmes.

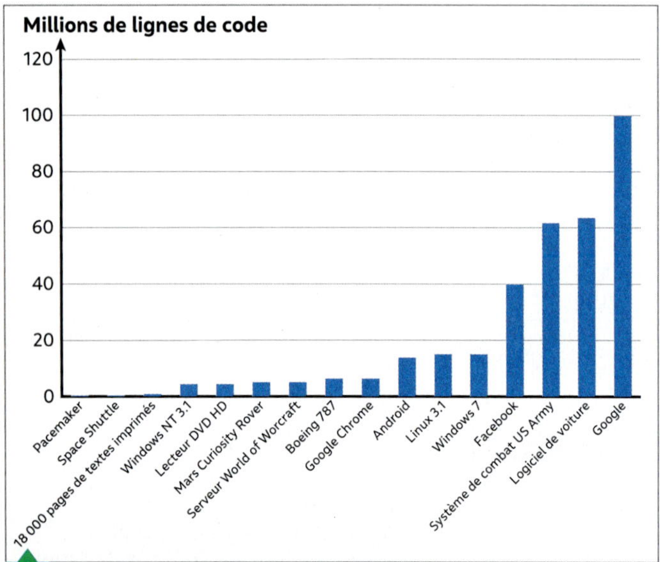

1 Augmentation du nombre de lignes de code des programmes utilisés au quotidien

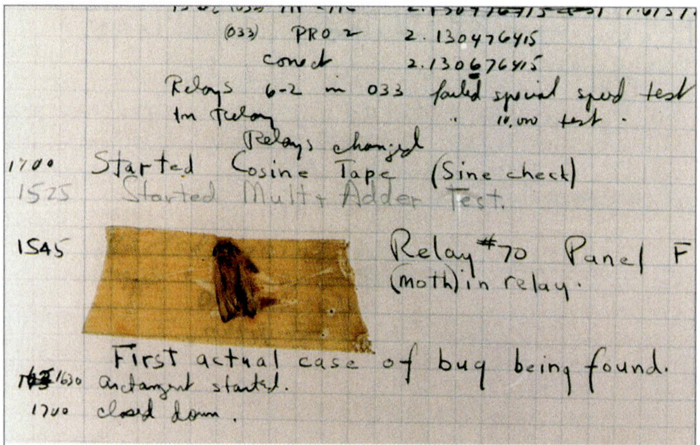

Un bug informatique désigne un défaut de conception ou de réalisation d'un programme informatique, qui se manifeste par dysfonctionnement de l'ordinateur. Le terme a été inventé par Grace Hopper en 1947 suite à un dysfonctionnement du calculateur Mark II dû à un insecte. Dans le livre de suivi du calculateur, on peut lire : « *first actual case of a bug being found.* »

2 Le premier *bug* informatique

Depuis Ariane 4, les valeurs positives de l'accélération de la fusée étaient stockées sur 15 bits : les seules accélérations que l'ordinateur pouvait stocker étaient donc des nombres entre 0 et $2^{15}-1=32\,767$. Or, l'accélération d'Ariane 5, plus de 5 fois supérieure à celle d'Ariane 4, a produit un nombre supérieur à 32 767, excédant ce que peut exprimer un nombre entier à 16 bits.

ACTIVITÉ NUMÉRIQUE — Python

L'exécution de l'instruction **import numpy as np** ajoute des fonctions utiles pour nos expérimentations numériques.
En exécutant **np.int16(3568248)** on demande à stocker le nombre entier 3 568 248 sur 16 bits.

3 L'explosion d'Ariane 5 après 40 secondes de vol constitue l'un des *bugs* les plus chers de l'histoire.
Il est dû à un *bug* de type « dépassement de capacité » ou *integer overflow*.

ACTIVITÉ NUMÉRIQUE — Python

```
import numpy as np #
#on importe ici une bibliothèque pour effectuer du calcul numérique
a=np.int32(2**31-1)
b=np.int32(1)
a+b
```

4 Un nombre négatif de vues sur Youtube
Le 15 juillet 2002, le site youtube.com a connu un *bug* de même type de dépassement d'entier où le nombre de vues du clip musical le plus visionné est devenu négatif.

Afin d'éviter les *bugs*, un logiciel est testé puis validé. Dans *The Art of Software Testing*, Glenford Myers propose la définition de test de logiciel suivante : « *Testing is the process of executing a program with the intent of finding errors* ».

Pour tester un programme, on commence par le tester sur un jeu de données, c'est à dire un ensemble de valeurs pour lesquelles les résultats attendus sont connus.

D'après Glenford Myers, *The Art of Software Testing*, 1979.

5 Un outil pour traquer les *bugs*

6 Un *bug* impactant une série de véhicules
En 2015, Ford rappelle 433 000 voitures car elles souffrent d'un *bug* logiciel qui pourrait empêcher les conducteurs d'éteindre leurs moteurs.

Dans la station de ski de Luz-Ardiden, le forfait journée coûte 35 euros. Les enfants de moins de 5 ans skient gratuitement, ceux de 6 à 17 ans et les seniors de plus de 65 ans ont 20 % de réduction sur le forfait journée. On considère le jeu de données :

{4 ans, 12 ans, 35 ans, 72 ans}.

Le programme suivant calcule le prix du forfait en fonction de l'âge.

```
def prix_forfait(age) :
  if age<6 :
    prix=0
  else :
    if age<=17 and age>64:
      prix=35*0,8
    else :
      prix=35
  return prix
```

7 Un exemple de jeu de données

En 2017, des scientifiques ont estimé la masse totale de déchets plastiques dans les océans à 300 millions de tonnes et ont prévu une augmentation de 5,4 % par an au cours des prochaines années. L'algorithme ci-contre a pour objectif de déterminer en quelle année la masse totale de ces déchets plastiques dépassera 500 millions de tonnes.

D'après Bac STMG 2019.

```
N ← 2017
U ← 300
Tant que U > 500
  N ← N+1
  U ← U+U*5.4
Fin Tant que
```

8 Correction d'un algorithme

PISTES D'EXPLOITATION

1. **Expliquer** rapidement le lien entre chacune des expérimentations numériques des doc. 3 et 4 et les *bugs* associés.
2. **Indiquer** si la présence de *bugs* logiciels dans les véhicules est surprenante. En quoi la définition de test logiciel de Myers peut-elle étonner ? (doc. 5)
3. **Tester** le jeu de données dans le calcul du prix du forfait, et corriger le programme si besoin (doc. 7).
4. **Implanter** l'algotithme du doc. 8 par un programme Python, le tester et le corriger si besoin.

UNITÉ 4

L'intelligence artificielle

Marvin Minsky propose en 1968 la première définition de ce qu'est l'intelligence artificielle : « *Artificial Intelligence* [...] *is the science of making machines do things that would require intelligence if done by men.* »

OBJECTIF

Face à la difficulté de définir ne serait-ce que l'intelligence, recenser les objectifs que l'on peut raisonnablement attendre d'une intelligence artificielle. Puis, sans ordinateur ni programmation, développer une intelligence artificielle capable de jouer et gagner au jeu de Nim.

Mais qu'est-ce que l'intelligence ? La notion d'intelligence artificielle est difficile à cerner et à l'heure actuelle aucune définition n'est unanimement acceptée. Stuart Russell et Peter Norvig proposent dans leur ouvrage de référence, *Artificial Intelligence, A Modern Approach*, de mieux circonscrire ce que l'on peut attendre d'une intelligence artificielle à l'aide du tableau ci-contre.

Le second tableau recense quelques définitions possibles de l'intelligence artificielle.

a	**Penser comme un humain** Se dit d'une machine dont le mode de fonctionnement interne reproduit le mode de pensée humain.	**Penser rationnellement** Se dit d'une machine dont le mode de fonctionnement interne ne se base que sur des déductions logiques.	b
c	**Agir comme un humain** Se dit d'une machine capable de reproduire un comportement qui ressemble, vu de l'extérieur, à celui d'un humain.	**Agir rationnellement** Se dit d'une machine dont le comportement, vu de l'extérieur, semble rationnel.	d

1	*The exciting new effort to make computers think... machines with minds, in the full and literal sense.* (Haugeland, 1985)	*The study of the computations that make it possible to perceive, reason, and act.* (Winston, 1992)	2
3	*The art of creating machines that perform functions that require intelligence when performed by people.* (Kurzweil, 1990)	*Computational Intelligence is the study of the design of intelligent agents.* (Poole et *al.*, 1998)	4

1 Objectifs d'une intelligence artificielle

2 AlphaGo, une intelligence artificielle experte au jeu de Go
Le champion de Go, Lee Sedol, passe en revue les derniers mouvements après avoir capitulé sur sa première partie contre le programme d'intelligence artificielle AlphaGo.

3 Une voiture autonome
La voiture sans conducteur de Google, est une voiture autonome en cours de développement. Le projet est lancé par Sebastian Thrun, également co-inventeur de l'application *Google Street View*.

L'usage des pesticides comporte des risques : dégâts causés à l'environnement, aux écosystèmes locaux voire à la santé humaine. Il est essentiel de pouvoir garantir leur utilisation optimale. Des sociétés spécialisées dans la vision par ordinateur ont développé des drones qui apprennent automatiquement et décident en fonction de ce qu'ils voient si la plante est à traiter et le cas échéant la traitent avec la quantité de pesticide adaptée. Alors que les traitements avaient lieu jusqu'à présent à l'échelle du champ, ils ont maintenant lieu à l'échelle de la plante.

4 Intelligence artificielle et agriculture

Dès 1943, Donald Michie et Alan Turing envisagent la possibilité de créer des machines qui pourraient faire preuve d'intelligence et être capables d'apprendre par elles-mêmes à jouer aux échecs. En 1961, Donald Mitchie développe une machine, nommée MENACE, qui apprend à jouer au Morpion. Elle est composée de... 304 boîtes d'allumettes vides et de perles de couleur. L'objectif de Donald Michie est de construire un dispositif qui ne connaît que les règles du jeu et devient un joueur expert avec de la pratique.

5 **Une intelligence artificielle en boîtes d'allumettes**

ACTIVITÉ EXPÉRIMENTALE

OBJECTIF Comme Donald Michie, créer une IA qui apprenne à jouer au Nim et devienne experte.

MATÉRIEL

- 8 stylos
- 8 verres numérotés de 1 à 8
- 21 jetons en papier dont 8 portant le n° 1, 7 le n° 2 et 6 le n° 3

Principe du jeu de Nim : faire s'affronter deux joueurs qui prendront chacun leur tour un, deux ou trois stylos. Celui ou celle qui prend le (ou les) derniers stylos a gagné.

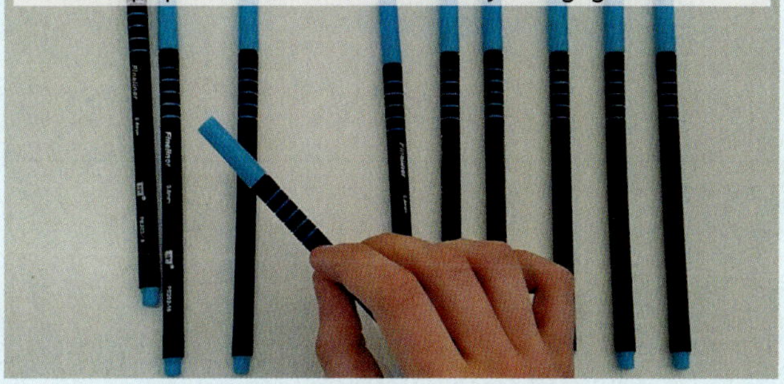

PRÉPARATION DE L'ACTIVITÉ

Mettre un jeton n° 1 dans le verre n° 1, un jeton n° 1 et un jeton n° 2 dans le verre n° 2 et un jeton n° 1, n° 2 et n° 3 dans chacun des autres verres. Aligner les stylos et les verres sur la table.

APPRENTISSAGE DE LA « MACHINE »

1. Pour simplifier l'apprentissage, l'humain commence toujours le premier à jouer.

2. Quand c'est à la machine de jouer, son tour consiste en une séquence d'instructions :
- elle compte le nombre de stylos restants et choisit le verre correspondant (par exemple : le n° 6 s'il reste 6 stylos sur la table) ;
- elle pioche au hasard un jeton dans le verre choisi, le pose sur la table devant le verre ;
- elle retire le nombre de stylos indiqué par le jeton pioché à l'étape précédente.

3. En fin de partie :
- si la machine a gagné, elle remet chaque jeton dans le verre où elle l'a pioché ;
- si la machine a perdu, le dernier coup qu'elle a joué a conduit à sa défaite. La machine retire donc ce dernier jeton tiré en le mettant de côté. Elle remet chaque autre jeton dans le verre où elle l'a pioché.

4. On continue à entraîner la machine en effectuant des parties, et dès qu'un verre est vide (parce que par exemple avec 4 stylos il n'y a pas de bon choix), la machine le retire en le retournant à l'envers. À partir de ce moment-là, si lors d'un tour, la machine doit utiliser un verre retourné, elle abandonne la partie, décide qu'elle a perdu (car elle sait qu'elle va perdre) et applique son algorithme de partie perdue (remettre tous les jetons piochés dans leur gobelet sauf le dernier).

D'après Marie Duflot-Kremer

PISTES D'EXPLOITATION

1 **Traduire** puis essayer d'associer chacune des définitions du document 1 à l'un des objectifs tels que définis par Stuart Russell et Peter Norvig dans leur tableau. Pouvez-vous illustrer, en justifiant votre réponse, chacun de ces objectifs à l'aide de héros de fiction (films, romans, bandes dessinées) ?

2 **Donner** des arguments pour justifier la définition de l'intelligence artificielle de Stuart Russel et Peter Norvig comme science dont l'objectif est la « conception d'agents rationnels ».

3 **Donner** des exemples d'utilisation d'intelligence artificielle dans votre vie quotidienne.

Pour aller plus loin :
Dans une tribune du journal *Le Monde* du 07/02/2020, l'informaticien Vincent Bérenger écrit : « Le terme IA est tellement sexy qu'il fait prendre des calculs pour de l'intelligence ». En vous appuyant sur les définitions et exemples de l'unité, débattez sur ces propos.

UNITÉ 5

L'apprentissage automatique : de l'importance des données

L'apprentissage automatique ou apprentissage machine (*Machine Learning* en anglais) est un domaine de l'IA dont le but est de doter une machine de la capacité d'apprendre en s'entraînant sur des données. En utilisant des outils mathématiques, la machine améliore sa capacité et ses performances à résoudre des tâches pour lesquelles elle n'a pas été explicitement programmée. Cet apprentissage nécessite une première phase d'élaboration d'un modèle à partir de données observées. S'ensuit alors la phase d'utilisation pratique du modèle d'IA ainsi obtenu.

OBJECTIF

Distinguer différents types d'apprentissage automatique d'une programmation traditionnelle. Définir la qualité et la représentativité des données sur lesquelles la machine va s'entraîner pour son apprentissage.

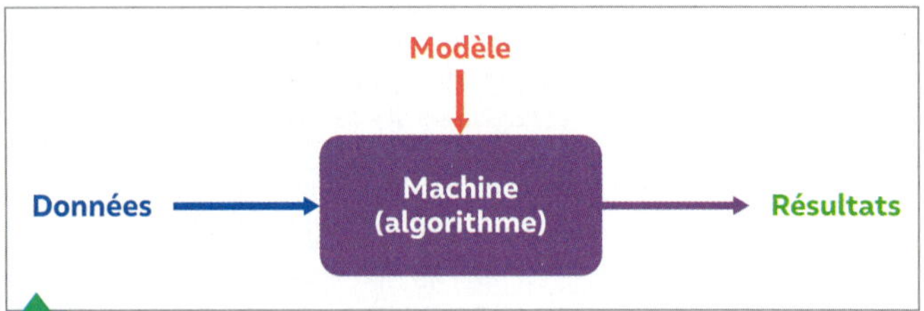

1 La programmation traditionnelle

Le *machine learning* ou apprentissage automatique s'appuie sur deux piliers fondamentaux, aussi importants l'un que l'autre :

1. **les données** à partir desquelles la machine (en fait l'algorithme) va apprendre ;
2. **l'algorithme d'apprentissage**, qui est la procédure que l'on entraîne sur ces données pour produire un modèle.

2 L'apprentissage automatique

L'apprentissage automatique supervisé

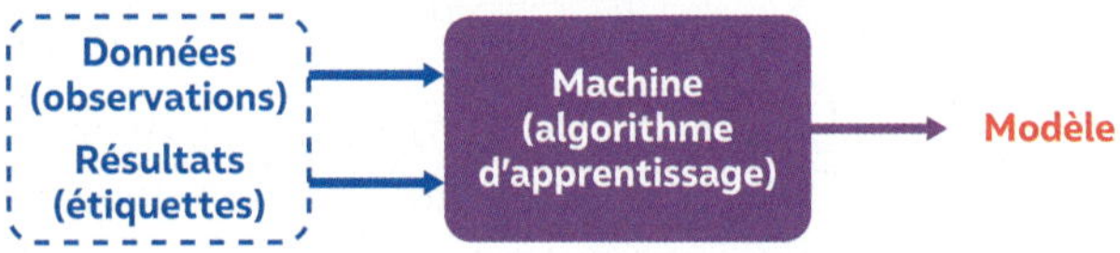

L'apprentissage automatique supervisé a pour but d'apprendre à construire un **modèle prédictif** à partir de **données** dont on connaît les valeurs à prédire.
Ces valeurs connues sont appelées **étiquettes** et permettent, telles un professeur, de superviser l'apprentissage dans la construction du modèle.

L'apprentissage automatique non supervisé

L'apprentissage non supervisé a pour but de dégager des structures à partir de **données non étiquetées**, ceci afin de mieux les comprendre. Par exemple :
– on peut créer un modèle qui regroupe les données : on parle de **partitionnement** ou de ***clustering*** des données ;
– on peut aussi créer un modèle qui simplifie la représentation des données : on parle alors de **réduction de dimension**.

3 Apprentissage automatique supervisé et non supervisé

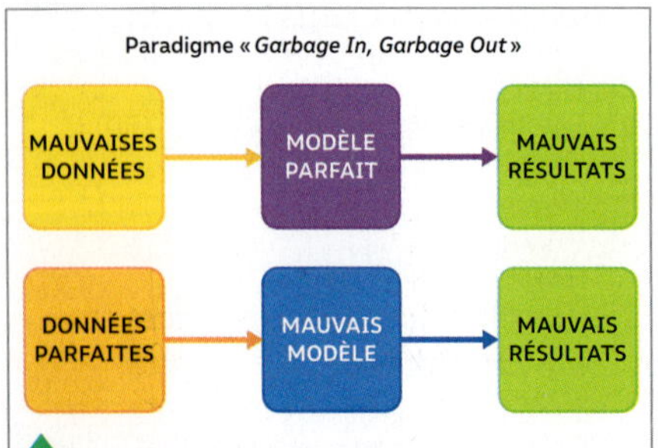

4 Le paradigme GIGO

En référence aux structures de données dites *last in, first out* et *first in, first out*, il existe un adage, appelé GIGO : *Garbage in, garbage out*.

Au début des années 1980, la *St George's Hospital Medical School* a utilisé un algorithme pour aider à sélectionner les candidats à un poste au sein de l'établissement. Cet algorithme avait été entraîné en se basant sur les données des admissions des dix années précédentes.

Au cours de cette décennie, les responsables des admissions avaient favorisé les hommes au détriment des femmes et les noms européens en discriminant ceux ne semblant pas d'origine européenne. Comme le dit Cathy O'Neil, « la machine a appris à partir des humains comment discriminer, et a fait le travail avec une efficacité à couper le souffle ».

D'après Cathy O'Neil, *Weapons of Math Destruction* (2016).

5 Un exemple de données biaisées

- COMPAS est un algorithme d'intelligence artificielle prédictif, utilisé par des tribunaux américains pour fournir aux juges une évaluation du risque de récidive d'un accusé. En 2014, Éric Holder, procureur général des États-Unis, lance une première alerte sur le risque de biais des jugements engendrés par l'accès à ces scores de risque. En 2016, ProPublica, une institution dédiée au journalisme d'investigation, publie une étude montrant effectivement qu'avec l'algorithme COMPAS, une personne noire a deux fois plus de chances d'être considérée à tort comme un potentiel récidiviste qu'une personne blanche.
- Depuis 2018, VaakEye, logiciel de la société Vaak, analyse les clients des magasins sur les vidéos et détecte par vision informatique les mouvements et comportements suspects des personnes. Cet algorithme d'auto-apprentissage s'est entraîné sur plus de 100 000 heures d'enregistrements. Il détermine ensuite la probabilité de vol et alerte la sécurité du magasin.

6 Justice, potentialité de crime et IA

7 *Minority Report*
Film de science-fiction américain réalisé par Steven Spielberg (2002). Il place le spectateur dans un futur proche, à Washington en 2054 où des êtres humains mutants, les précogs, peuvent prédire les crimes à venir grâce à leur don de précognition.

Si les cours à distance laissaient jusqu'ici libre choix aux élèves d'être attentifs ou non, le logiciel Nestor pourrait à terme faire régner la discipline. Cette intelligence artificielle est en effet capable de détecter le manque de concentration d'un élève. Cet algorithme fondé sur la reconnaissance des évolutions du visage, est capable d'analyser et de comprendre 300 réactions différentes.

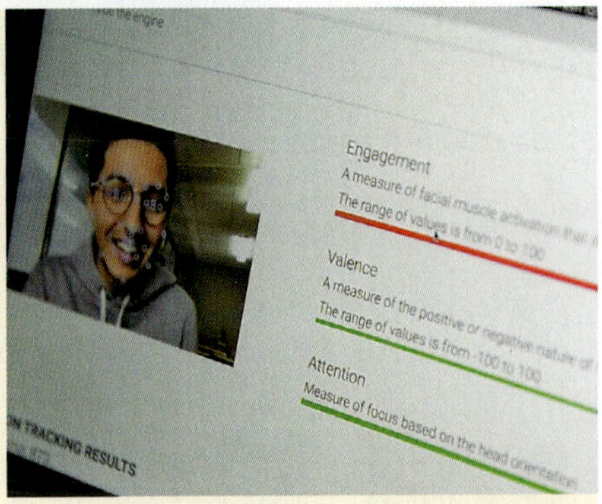

Nestor, comme toute intelligence artificielle, n'a pas manqué de s'attirer quelques critiques, notamment sur l'ingérence dans la sphère privée. Son concepteur a toutefois assuré que les données collectées resteraient anonymes.

D'après https://www.educadis.fr, 2017.

8 E-learning Nestor
L'intelligence artificielle qui détecte le manque d'attention des élèves.

Une IA digne de confiance comporte les trois éléments suivants :
1. elle doit être licite, en assurant le respect des législations et réglementations applicables ;
2. elle doit être éthique, en assurant l'adhésion à des principes et valeurs éthiques,
3. elle doit être robuste, sur le plan tant technique que social car, même avec de bonnes intentions, les systèmes d'IA peuvent causer des préjudices involontaires.

Groupe d'experts de haut niveau sur l'intelligence artificielle constitué par la Commission européenne, en 2018.

9 Recommandations pour l'élaboration d'IA

PISTES D'EXPLOITATION

1. **Expliquer** en quelques mots les différences entre programmation traditionnelle et apprentissage automatique supervisé, puis entre apprentissage automatique supervisé et apprentissage automatique non supervisé.
2. **Donner** des exemples de la vie courante qui, d'après vous, utilisent un algorithme d'apprentissage automatique supervisé. De même avec un algorithme d'apprentissage non supervisé.
3. **Expliquer** ce qu'il s'est passé pour le recrutement des candidats au *St George's Hospital Medical School*. Un biais peut intervenir dans les données d'entraînement d'un algorithme d'apprentissage : soit lorsque les données ne représentent pas vraiment la réalité, soit lorsqu'elles sont le reflet d'une discrimination ou d'un préjudice déjà existant. À l'aide, entre autres, d'exemples de cette unité, illustrer ces deux types de biais possibles.

Réflexion sur la science

Parmi les orientations essentielles dérivées du rapport du groupe d'experts européens, on peut lire : « mettre au point, déployer et utiliser des systèmes d'IA en respectant les principes éthiques suivants : respect de l'autonomie humaine, prévention de toute atteinte, équité et explicabilité ».

À quels droits fondamentaux ces quatre principes éthiques vous semblent-ils rattachés ?

UNITÉ 6 L'apprentissage automatique : quelques algorithmes d'apprentissage

L'apprentissage automatique s'appuie sur deux piliers : les données et les algorithmes d'apprentissage. Après avoir abordé la notion de données, il s'agit ici d'étudier quelques algorithmes utilisés en apprentissage automatique pour reconnaître une image, estimer une valeur numérique ou encore fournir une aide à la décision probabiliste.

OBJECTIF

Illustrer avec des exemples simples les notions de réseau de neurones, de régression et d'inférence bayésienne.

Réaliser un apprentissage automatique supervisé consiste à entraîner la machine sur des données étiquetées et propices à l'apprentissage.

L'objectif est d'indiquer à la machine que pour une série de données et pour une observation précise, la valeur à prédire est par exemple un chat, une maison, une voiture ou encore une valeur numérique. Lorsqu'il s'agit de prédire une valeur numérique, nous parlerons de régression et dans le cas contraire, nous parlerons de classification.

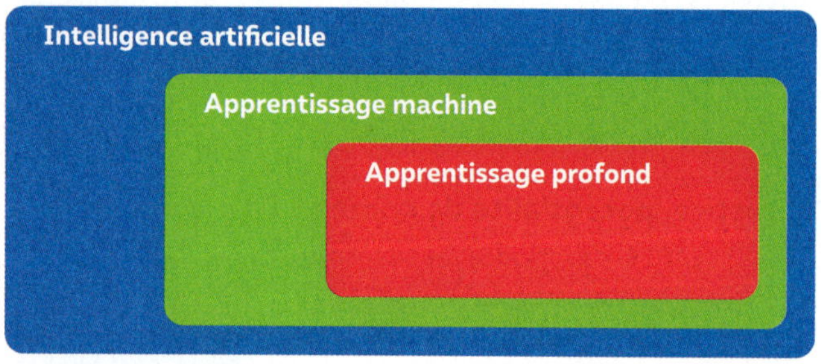

1 Apprentissage automatique supervisé : classification ou régression

ACTIVITÉ EXPÉRIMENTALE

OBJECTIF Création d'une IA de reconnaissance d'images (un algorithme de classification d'apprentissage profond avec un réseau de neurones).

MATÉRIEL :

Pour réaliser cette expérimentation, vous devez être par groupes de 3 et utiliser :
- un ensemble de photos contenant chacune un chat, une voiture ou une maison ;
- des feuilles de papier et deux crayons ;
- un chronomètre ;
- le tableau ci-contre.

	Formes rectangulaires	Formes triangulaires	Formes circulaires
Chat	non	oui	oui
Maison	oui	oui	non
Voiture	oui	non	oui

PROTOCOLE :

Chaque membre du groupe aura une et une seule tâche bien précise à effectuer.
Ces tâches s'effectuent séquentiellement.

1. Le premier choisit une photo au hasard dans le paquet, ne la montre pas à ses deux camarades et en fait deux croquis en moins de 30 secondes chacun.

2. Sans les montrer au troisième membre du groupe, il donne ses deux croquis au second qui complète alors le tableau ci-dessous et le donne au troisième.

3. Le troisième décide en fonction du tableau reçu si la photo représente un chat, une maison ou une voiture.

4. Le premier valide ou non cette décision.

Dans ce qui précède, chaque élève correspond à une couche du réseau, profond car il compte 3 couches. Chaque couche remplit une fonction bien précise et communique son résultat à la couche suivante.

	Formes rectangulaires	Formes triangulaires	Formes circulaires
Photo			

Exemple de traitement de données pour la prédiction de la hauteur d'un arbre pour un diamètre donné.

Avec cet algorithme, on cherche à établir un modèle, sous la forme d'une droite (ou fonction affine), d'une relation entre une variable expliquée et une variable explicative.

Dans notre exemple, ce sera prédire la hauteur d'un arbre (variable expliquée) « en fonction » de son diamètre (variable explicative).

On représente les données d'une série d'observations sous forme d'un nuage de points et l'on cherche à trouver une droite passant « au plus près » de ces points.

Diamètre (cm)	Hauteur (cm)
10	2,8
17	4,6
14	4
9	2,6
21	5,8
20	6,9
31	8,8
12	3,4
23	6,6
32	9
31	8,7
11	3
13	3,8

2 Données obtenues en effectuant des coupes dans une forêt

Un patient présente les symptômes d'une maladie qui touche 1 % de la population. Le médecin effectue un test de dépistage qui se révèle positif. Après avoir effectué ce test sur 10 000 personnes, le laboratoire qui fournit ce test garantit que si le patient est malade, ce test est positif dans 99 % des cas et si le patient n'est pas malade, ce test est négatif dans 98 % des cas.

La question qui se pose alors est : sachant que son test est positif, quelle est la probabilité que ce patient soit effectivement malade ? Sur les 10 000 personnes, 100 sont malades et 9 900 non malades.

On sait que sur les 100 malades, 99 ont un test qui sera positif et sur les 9 900 non malades, $9\,900 \times 98\,100 = 9\,702$ auront un test négatif. Ainsi, en complétant, il y a 297 personnes avec un test positif et parmi celles-ci, 99 sont malades. Donc, si le test est positif, la probabilité d'être vraiment malade est : $99 \div 297 \approx 0{,}33$.

	Test positif	Test négatif	Total
Malade	99	1	100
Non malade	198	9 702	9 900
Total	297	9 703	10 000

3 L'inférence bayésienne

On estime à près de 90 % le taux de spams dans le trafic des courriels, la plupart étant déjà filtrés par les opérateurs. On souhaite créer une méthode de filtrage des spams.
« être malade » : être un spam
« test positif » : contenir l'expression « gagner beaucoup d'argent »

Sur 100 courriels reçus, 10 % sont des spams ; si le courriel est un spam, il contient « gagner beaucoup d'argent » dans 80 % des cas et si le courriel n'est pas un spam il ne contient pas « gagner beaucoup d'argent » dans 90 % des cas.

4 Filtrage anti-spam

5 Thomas Bayes

Le révérend Thomas Bayes (1702-1761) est un mathématicien et pasteur britannique. Ses découvertes en probabilités ont été résumées dans son *Essay Towards Solving a Problem in the Doctrine of Chances* publié à titre posthume en 1763 par l'un de ses amis. On lui doit notamment le théorème de Bayes, très utilisé dans tout ce qui relève du classement automatique (diagnostic médical, filtrage de spams, etc.).

PISTES D'EXPLOITATION

1. **Traiter**, dans l'activité expérimentale, après plusieurs essais, le cas d'une image d'un autre animal (chien, cheval, poule, etc.). Comment faire évoluer le réseau de neurones pour qu'il puisse reconnaître ce nouvel animal ? Pouvez-vous imaginer un jeu de données d'entraînement qui aboutisse à un biais dans la reconnaissance d'image ?
2. **Donner** une hauteur approximative d'un arbre de cette forêt dont le diamètre du tronc mesure 19 cm. Entrer les valeurs dans un tableur, représenter le nuage de points et demander la courbe de régression linéaire. Vérifier votre estimation précédente.
3. Pour l'algorithme de filtrage anti-spams, on fixe un seuil de rejet à 0,65 : si la probabilité qu'un courriel contenant l'expression « gagner beaucoup d'argent » soit un spam est supérieure à ce seuil, on considère ce courriel comme un spam. Pensez-vous que notre filtre sera efficace ?

HISTOIRE
ENJEUX
DÉBATS

Bogues (ou *bugs*) et failles de sécurité des systèmes informatiques

Une faille de sécurité, appelée aussi vulnérabilité, est une faiblesse logicielle ou matérielle d'un système informatique permettant à une personne de porter atteinte à l'intégrité de ce système, c'est-à-dire à son fonctionnement normal, à la confidentialité ou à l'intégrité des données qu'il contient.

La cybersécurité doit-elle rester un sujet de technophiles avertis ?

En 2018, des failles présentes depuis des dizaines d'années dans les processeurs des ordinateurs sont découvertes. L'Agence Nationale de la Sécurité des Systèmes d'Information, l'ANSSI, recommande d'appliquer l'ensemble des mises à jour proposées par les éditeurs de logiciels et les concepteurs matériels, même si, il n'y a pas à ce jour d'exploitation avérée de ces failles de sécurité appelées *Meltdown* et *Spectre*. Ces failles peuvent permettre à des cybercriminels de contourner les systèmes de sécurité de presque tous les processeurs récents : les PC, les serveurs, les smartphones, les tablettes et même les appareils IoT (*Internet of Things*) tels que les télévisions connectées peuvent être affectés.

doc a **Un exemple de faille de sécurité matérielle**

La région Grand-Est paralysée plusieurs jours par un rançongiciel

Le 13 février au soir, les 80 serveurs informatiques de la région Grand Est ont été corrompus par une cyberattaque. Le virus informatique de type « rançongiciel », qui chiffre et rend inutilisable le contenu d'un ordinateur, s'est ensuite répandu vendredi 14 février sur tout le réseau informatique, infectant quelque 7 500 postes de travail. Une demande de rançon a été faite, à laquelle la région n'a pas répondu.

D'après *Le Monde*, février 2020.

doc b **Des bandits de grand chemin modernes**

Le cauchemar de la voiture piratée

Le nombre d'incidents de cyber sécurité explose sur les voitures récentes toujours plus connectées et donc exposées aux hackers potentiellement malveillants.

D'ici à 2023, 775 millions de véhicules privés seront connectés, contre 330 millions en 2018, d'après un rapport de Juniper Research.

« Il y a cinq ans, ce n'était pas un sujet d'inquiétude. Mais aujourd'hui, avec la connectivité, il est devenu nécessaire de penser chaque élément de l'automobile avec la cyber sécurité en tête », constate Henry Bzeih, ancien membre du Conseil pour la Cyber sécurité automobile.

En 2019, la société israélienne Upstream a recensé plus de 150 incidents connus de cyber sécurité automobile, deux fois plus qu'en 2018.

D'après *Le Point*, 2020.

doc c **Cyber sécurité routière**

Les smartphones, maillon faible de la sécurité informatique

Selon Dell, 56 % des transactions marchandes sur la toile sont désormais réalisées sur smartphone, et, conséquence directe de ces nouvelles pratiques, 71 % des fraudes et escroqueries ont désormais lieu sur ces appareils. Les attaquants introduisent dans les smartphones des programmes malveillants capables d'intercepter les communications, de voler des identifiants et mots de passe pour les réseaux sociaux et sites de commerce en ligne, de détourner les applications bancaires pour siphonner les comptes des utilisateurs… Ainsi, une faille de sécurité appelée StrandHogg était déjà exploitée par 36 apps du playstore d'Android lorsque la société norvégienne de sécurité informatique Promon l'a rendu publique en décembre 2019 et Kr00k, révélée en février 2020, concerne près d'un milliard de smartphones de toute marque.

doc d **Les smartphones, nouveau terrain de jeu des pirates**

Wikileaks, Snowden, « Panama papers » : trois déflagrations mondiales

En six ans, la planète a été secouée par plusieurs révélations fracassantes à partir de données cryptées, sur les secrets du Pentagone, les écoutes des services américains et les paradis fiscaux.

D'après *Le Point*, 2016.

doc e **De nouvelles sources d'information**

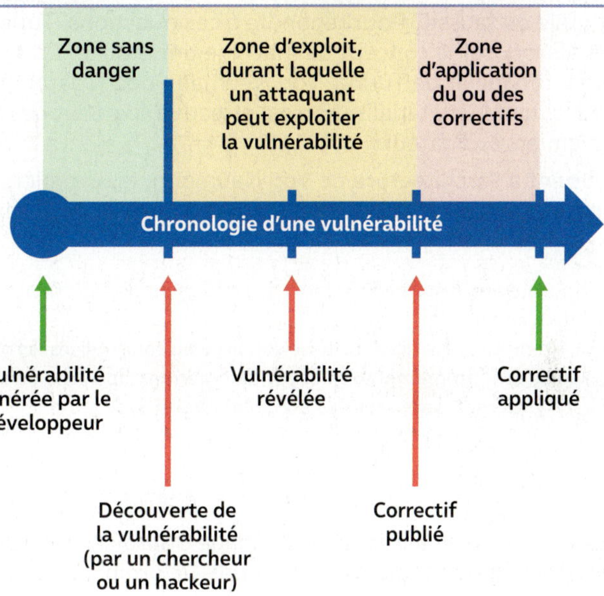

doc f **Chronologie d'une vulnérabilité**

Le 12 mai 2017, une cyberattaque massive a suscité l'inquiétude dans le monde entier. Mais les hackers rançonneurs ne sont pas les seuls à peupler la galaxie numérique. D'autres personnages comme les leakers et les lanceurs d'alerte existent. Comment distinguer ces trois profils souvent amalgamés ?

D'après Nathalie Devillier, *The Conversation*, 2017.

doc g ***Hackers*, *leakers* et lanceurs d'alerte**

En équipes !

Équipe 1
En lien avec l'unité 3, quelle différence pourriez-vous faire entre un bug et une vulnérabilité d'un logiciel ?

Équipe 2
Dans les exemples précédents et à l'aide d'éventuelles recherches complémentaires, quelles sont les vulnérabilités qui semblent relever d'une faille logicielle et celles qui semblent relever d'une faille matérielle ?

En commun *oral*
Essayer de définir plus précisément chacun des termes du titre du doc. g et relever dans les documents de l'unité des exemples illustrant l'un ou l'autre de ces termes.

SYNTHÈSE L'intelligence artificielle

MÉMO

Podcast | Texte dys

L'histoire du traitement de l'information UNITÉ 1

- Jusqu'au début du XXe siècle, les machines traitant l'information sont limitées à une ou quelques tâches prédéterminées : tisser grâce à un ruban ou des cartes perforées, trier un jeu de cartes perforées, séparer des cartes selon un critère, sommer des valeurs indiquées sur ces cartes, etc. Comme le montre l'exemple de la machine analytique imaginée par Babbage (1834) et celle du métier à tisser configurable de Jacquard (1801), les progrès techniques du traitement de l'information se sont construits en utilisant et en adaptant les techniques antérieures.
- Au début du XXe siècle, des questions mathématiques nouvelles émergent : peut-on tout calculer? Pour toute propriété mathématique, peut-on décider si elle est vraie ou fausse? Pour répondre à ces questions, Turing (1936) est le premier à proposer le concept de machine universelle. En s'inspirant des travaux de Babbage et de Turing, Von Neumann décrit l'architecture d'une telle machine dont la matérialisation est effective au début des années 1950 avec les premiers ordinateurs.
- Conformément à l'architecture de Von Neumann, les premiers ordinateurs sont constitués à minima d'un processeur et d'une mémoire vive.

SAVOIR-FAIRE
- Analyser des documents historiques relatifs au traitement de l'information et à son automatisation.
- Recenser les différentes situations de la vie courante où sont utilisés les ordinateurs, identifier lesquels sont programmables et par qui (thermostat d'ambiance, smartphone, box internet, ordinateur de bord d'une voiture...).

MOTS CLÉS

- **Fichier exécutable :** un fichier exécutable est un fichier contenant un programme et identifié comme tel par le système d'exploitation. Le chargement d'un fichier exécutable entraîne la création d'un processus et l'exécution du programme.
- **Octet :** un octet est composé de huit bits.
- **Bit :** contraction de *Binary digit*, qui signifie chiffre binaire et apparaît en 1948. Le bit représente la plus petite unité de mémoire utilisable sur un ordinateur. Cette mémoire ne peut prendre que deux valeurs, symbolisées le plus souvent par 0 ou 1.

La numérisation de l'information UNITÉ 2

- La première machine analytique de Babbage utilisait des cartes perforées. Pour n'effectuer et programmer (Lovelace, 1843) que des calculs numériques, un ordinateur actuel manipule des données de natures diverses une fois qu'elles ont été numérisées : textes, images, sons. Pour contrôler les actions qu'un ordinateur exécute, on utilise des programmes écrits avec des langages de programmation comme Python ou Scratch.
- Les programmes sont donc également des données : comme les données numérisées, ils peuvent être stockés, transportés, et traités par des ordinateurs. En particulier, un programme écrit dans un langage de programmation de haut niveau (Python, Scratch) peut être traduit en instructions spécifiques à chaque type de processeur.

SAVOIR-FAIRE
- Savoir distinguer les fichiers exécutables des autres fichiers sous un système d'exploitation donné.
- Connaître l'ordre de grandeur de la taille d'un fichier image, son, vidéo. Savoir calculer la taille en octets d'une page de texte (en ASCII et non compressé).

Les bugs UNITÉ 3

- Comme c'est le cas par exemple pour une voiture autonome, un programme peut comporter jusqu'à plusieurs centaines de millions de lignes de code. La présence d'erreurs, de défauts de conception, appelées bogues (ou *bugs*) est donc très probable.
- Ces erreurs peuvent conduire un programme à avoir un comportement inattendu et gênant et, dans certains cas, entraîner des conséquences graves. L'utilisation de jeux de données est un des outils qui peut permettre d'éviter l'apparition de bugs.

SAVOIR-FAIRE
- Étant donné un programme très simple, proposer des jeux de données d'entrée permettant d'en tester toutes les lignes.
- Corriger un algorithme ou un programme bogué simple.

SCHÉMA

Bilan animé

Les cinq composantes de l'intelligence artificielle

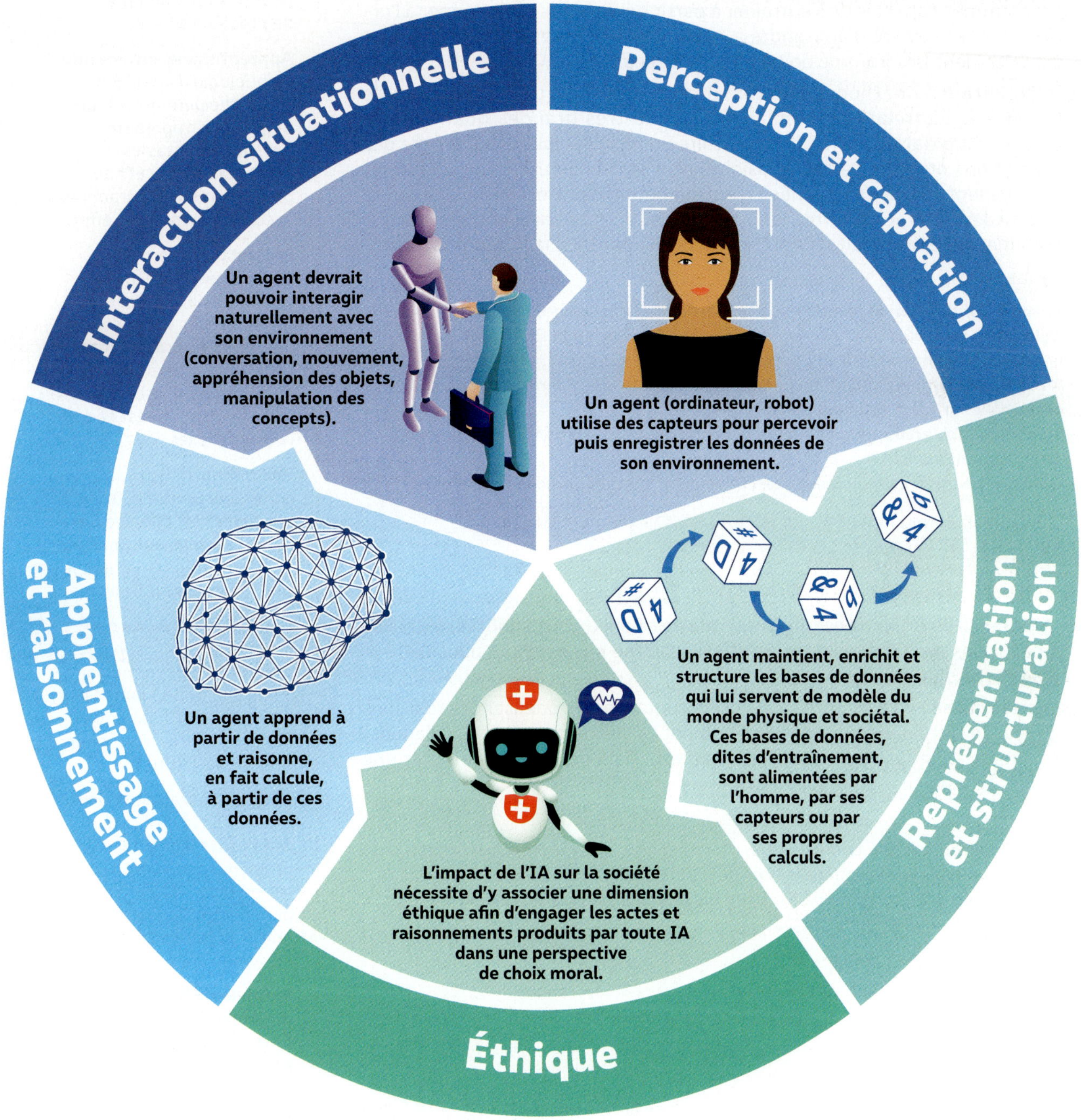

SYNTHÈSE L'intelligence artificielle

MÉMO

Podcast | Texte dys

L'intelligence artificielle et l'apprentissage machine UNITÉ 4

- Le terme « intelligence artificielle » (ou IA), inventé en 1956, recouvre un ensemble de théories et de techniques qui traite de problèmes dont la résolution fait appel à l'intelligence humaine.
- Pour résoudre certains de ces problèmes, en particulier ceux dont la description **algorithmique** semble complexe, on utilise l'apprentissage machine ou **apprentissage automatique**. L'apprentissage automatique utilise des programmes capables de s'entraîner à partir de données pour donner à l'ordinateur la capacité d'apprendre à résoudre des tâches sans qu'il ne soit explicitement programmé pour chacune d'elles.
- Il exploite des méthodes mathématiques qui, à partir du repérage de **tendances** (corrélations, similarités) sur de très grandes quantités de données (**big data**), permet de construire un modèle pour ensuite faire des prédictions ou prendre des décisions sur d'autres données. La qualité et la représentativité des données d'entraînement sont essentielles pour la qualité des résultats. En effet, les biais dans les données peuvent se retrouver amplifiés dans les résultats obtenus suite à l'apprentissage automatique.

SAVOIR-FAIRE

- Analyser des documents relatifs à une application de l'intelligence artificielle.
- Utiliser une courbe de tendance (encore appelée courbe de régression) pour estimer une valeur inconnue à partir de données d'entraînement.
- Analyser un exemple d'utilisation de l'intelligence artificielle : identifier la source des données utilisées et les corrélations exploitées.
- Sur des exemples réels, reconnaître les possibles biais dans les données, les limites de la représentativité.
- Expliquer pourquoi certains usages de l'IA peuvent poser des problèmes éthiques.

Inférence bayésienne et apprentissage automatique UNITÉ 6

- L'inférence bayésienne est une méthode de calcul de **probabilités de causes** à partir des probabilités de leurs effets, comme par exemple peut l'être le **diagnostic** d'un médecin.
- Elle est utilisée en apprentissage automatique pour modéliser des relations au sein de systèmes complexes, notamment en vue de prononcer un diagnostic (médical, industriel, détection de **spam**). Cela permet de détecter une anomalie à partir d'un test imparfait.

SAVOIR-FAIRE

- À partir de données, par exemple issues d'un diagnostic médical fondé sur un test, produire un tableau de contingence afin de calculer des fréquences de **faux positifs**, faux négatifs, vrais positifs, **vrais négatifs**. En déduire le nombre de personnes malades suivant leur résultat au test.

A-Z MOTS CLÉS

- **Algorithme :** vient du nom du grand mathématicien persan Al Khwarizmi (vers l'an 820) et désigne une méthode ou « procédure mécanique » pour résoudre un type de problèmes.
- **Apprentissage automatique :** technologie d'intelligence artificielle permettant aux machines d'apprendre à résoudre certaines tâches sans avoir été au préalablement programmées spécifiquement à cet effet.
- **Big data :** l'ensemble des données numériques produites par l'utilisation des nouvelles technologies. Ces données présentent une grande variété, arrivent en volumes croissants et à grande vitesse. C'est ce que l'on appelle les trois « V ».
- **Spam (pourriel) :** toute communication électronique non sollicitée, diffusée de façon massive, automatisée et ciblant principalement les messageries électroniques.
- **Courbe de tendance :** représentation graphique d'une fonction permettant d'illustrer les tendances des données existantes et de fournir des prévisions pour des données futures.
- **Diagnostic :** raisonnement menant à l'identification de la cause (l'origine) d'un problème observé. Dans le cas médical, raisonnement permettant d'identifier une probable maladie à partir de symptômes.
- **Formule de Bayes ou formule de probabilité des causes :** formule fondamentale en probabilités qui, connaissant la probabilité des événements A et B et celle de B sachant A, permet de calculer la probabilité de A sachant B. La formule est :
$$P_B(A) = \frac{P_A(B)P(A)}{P(B)} \text{ où } P(B) \neq 0.$$

MÉMO

L'inférence bayésienne : une formalisation mathématique UNITÉ 6

- Considérons l'expérience aléatoire « choisir au hasard, à un instant donné, un habitant de Bordeaux » et l'événement M « être malade ». Notons $f_n(M)$ la fréquence d'apparition de M lorsque l'on réitère l'expérience aléatoire n fois. On a $f_n(M) = \dfrac{\text{nombre de malades d'un échantillon de } n \text{ habitants}}{n}$.

  On admet que, lorsque n devient très grand, $f_n(M)$ tend vers $p(M)$, la probabilité d'être malade.
- Supposons maintenant que l'on ne s'intéresse qu'aux habitants pour lesquels l'événement T^+ « avoir un test de dépistage positif » a été vérifié. Nous voudrions définir la probabilité, notée $P_{T^+}(M)$, que l'un de ces habitants soit effectivement malade, c'est à dire la probabilité que M ait lieu sachant que T^+ est vrai. Il nous suffit donc de regarder, parmi les habitants de Bordeaux qui vérifient T^+ (en supposant qu'il y en ait au moins un) ceux qui vérifient aussi M.

MOTS CLÉS

- **Faux positif :** se dit d'un individu qui, bien qu'ayant un test de dépistage d'une maladie positif, n'est pas atteint par cette maladie.
- **Vrai négatif :** se dit d'un individu qui, ayant un test de dépistage d'une maladie négatif, n'est pas atteint par cette maladie.

- Dans un échantillon de n personnes prises parmi tous les habitants de Bordeaux, le nombre d'occurences pour lesquelles M et T^+ sont simultanément vérifiées vaut $n \times f_n(M \cap T^+)$ et le nombre d'occurences de T^+ vaut $n \times f_n(T^+)$. Ainsi, la fréquence d'apparition de malades parmi ceux dont le test est positif, c'est à dire la fréquence de M sachant T^+ est $\dfrac{n \times f_n(M \cap T^+)}{n \times f_n(T^+)} = \dfrac{f_n(M \cap T^+)}{f_n(T^+)}$. Lorsque n tend vers $+\infty$, $\dfrac{f_n(M \cap T^+)}{f_n(T^+)}$ tend vers la valeur de $P_{T^+}(M)$.

- Plus généralement, pour deux événements A et B définis sur un même espace probabilisé, si $P(B) \neq 0$, on définit la probabilité de A sachant B, notée $P_B(A)$, par : $P_B(A) = \dfrac{P(A \cap B)}{P(B)}$.

- Supposons qu'une étude statistique fournisse les valeurs de $P(M)$, $P_M(T^+)$ et $P_{\overline{M}}(T^-)$ où $T^- = \overline{T^+}$ est l'événement « avoir un test négatif ». On veut déterminer $P_{T^+}(M)$ en ne s'appuyant que sur ces valeurs précédentes. Comme $P_{T^+}(M) = \dfrac{P(M \cap T^+)}{P(T^+)}$, il nous faut déterminer $P(M \cap T^+)$ et $P(T^+)$.

- Commençons par $P(M \cap T^+)$. On sait que $P(M \cap T^+) = P(T^+ \cap M)$ et que $P_M(T^+) = \dfrac{P(T^+ \cap M)}{P(M)}$. Donc :

$$P(M \cap T^+) = P(M) \times P_M(T^+).$$

Nous pouvons déjà énoncer le théorème de Bayes qui dit simplement que :

$$P_{T^+}(M) = \frac{P(M) \times P_M(T^+)}{P(T^+)}$$

- Déterminons maintenant $P(T^+)$. C'est un peu plus long sans être plus compliqué. On cherche la probabilité que le test soit positif. Deux cas sont possibles : « la personne a un test positif et n'est pas malade » ou « la personne a un test positif et est malade ». Comme on ne peut pas être « malade » et « non malade », on a

$$P(T^+) = P(T^+ \cap M) + P(T^+ \cap \overline{M}).$$

- On sait déjà que $P(T^+ \cap M) = P(M \cap T^+) = P(M) \times P_M(T^+)$.

  Par ailleurs, $P(T^+ \cap M) = P_{\overline{M}}(T^+)P(\overline{M})$. Comme on ne peut pas être « malade » et « non malade », on a : $P(M) + P(\overline{M}) = 1$. D'où : $P(\overline{M}) = 1 - P(M)$. De même, sachant que l'on est « non malade », on ne peut pas avoir un test positif et un test négatif, on a : $P_{\overline{M}}(T^+) + P_{\overline{M}}(T^-) = 1$. D'où $P_{\overline{M}}(T^+) = 1 - P_{\overline{M}}(T^-)$.

- Nous avons maintenant tous les éléments nécessaires pour exprimer $P_{T^+}(M)$ en fonction des valeurs $P(M)$, $P_M(T^+)$ et $P_{\overline{M}}(T^-)$:

$$P_{T^+}(M) = \frac{P(M) \times P_M(T^+)}{P(M) \times P_M(T^+) + (1 - P(M))\,(1 - P_{\overline{M}}(T^-))}$$

MÉTHODE L'inférence bayésienne

1 Exercice résolu

Énoncé

L'inférence bayésienne est une méthode probabiliste qui, à partir d'effets (par exemple un test médical positif), fournit une estimation quantifiée de leur probable cause (être malade par exemple).

DONNÉES

- Une maladie touche 0,2 % de la population.
- Après des tests cliniques sur un échantillon représentatif de 10000 personnes, on sait que si l'on est malade le test se révèle positif dans 92 % des cas et que si l'on n'est pas malade, le test est négatif dans 96 % des cas.

QUESTION Le test de dépistage étant positif, quelle est la probabilité d'être vraiment malade?

Méthode

ÉTAPE 1

Construire un tableau de contingence en lien avec l'échantillon.

1. On complète la cellule du tableau correspondant à la taille de l'échantillon total, ici 10 000 (1).
2. Comme l'échantillon est représentatif, on complète le nombre total de malades : $0,2 \times 10\,000 \div 100 = 20$ (2). Il y a donc $10\,000 - 20 = 9\,980$ (3) personnes non malades dans l'échantillon.
3. On sait que parmi les 20 malades, le test sera positif pour $92 \times 20 \div 100 \approx 18$ (4) d'entre elles. Le test sera donc négatif pour $20 - 18 = 2$ (5) personnes malades. On parle de faux négatif.
4. Parmi les 9 980 non malades, le test sera négatif pour $9\,980 \times 96 \div 100 \approx 9\,581$ (6) d'entre eux. Le test sera donc positif pour $9\,980 - 9\,581 = 399$ (7) personnes non malades de l'échantillon clinique. On parle de faux positif.
5. Enfin, il y aura donc $399 + 18 = 417$ (8) personnes dont le test sera positif et $9\,581 + 2 = 9\,583$ (8) dont le test sera négatif.

Application

	Test positif	Test négatif	Total
Malades	18 (4)	2 (5)	20 (2)
Non malades	399 (7)	9 581 (6)	9 980 (3)
Total	417 (8)	9 583 (8)	10 000 (1)

Arbre probabiliste pour représenter ces données :

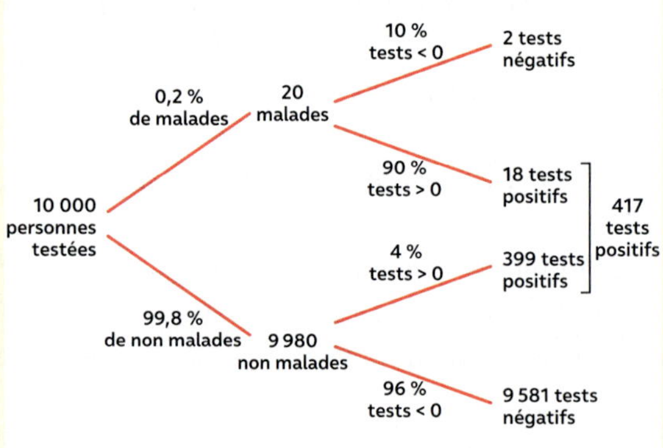

ÉTAPE 2

Rédiger la réponse à la question posée.

On suppose que l'échantillon des 10 000 personnes du test clinique est représentatif de la population dont il est extrait. On effectue les calculs sur cet échantillon pour en déduire une information valable pour n'importe quel individu de la population globale. Il y a 417 personnes dont le test est positif et parmi celles-ci, 18 sont vraiment malades. Donc, la proportion de malades parmi les personnes ayant un test positif vaut $18 \div 417 \approx 4$ %. Autrement dit, la probabilité pour une personne dont le test est positif d'être malade est d'environ 0,04.

2 APPLICATION

QUESTION Reprendre les questions et calculs précédents lorsque la prévalence, c'est à dire le taux de pourcentage de malades dans la population, vaut 0,01 % puis lorsqu'elle vaut 10 %.

QUIZ

Parmi les affirmations suivantes, choisissez la réponse exacte.

3 L'intelligence artificielle permet actuellement :

a à un agent d'agir et de penser comme un être humain.

b à un agent de penser comme un être humain.

c à un agent de résoudre ou d'aider à la décision pour quelques problèmes spécifiques relevant de l'intelligence humaine.

d à l'homme de réfléchir.

4 L'apprentissage automatique est :

a un algorithme d'apprentissage.

b une technique d'apprentissage par entraînement sur des données.

c une technique d'apprentissage permettant de réussir brillamment son baccalauréat.

d un apprentissage de l'homme sur la machine.

5 Pour l'apprentissage automatique :

a plus il y a de données, moins il y a de biais dans les résultats produits.

b moins il y a de données, plus il y a de biais dans les résultats produits.

c les données sont aussi importantes que les algorithmes afin d'éviter les biais.

d si le modèle est bon, peu importe les données.

6 Un bug en informatique est :

a un insecte qui paralyse la souris.

b un défaut de conception d'un programme entraînant son dysfonctionnement.

c un défaut de conception d'un programme sans effet sur son fonctionnement.

d une fonctionnalité imprévue du programme.

▶ Corrigés p. 340

7 CONSTRUIRE UNE CARTE MENTALE

sur le thème « intelligence artificielle ».

▶ L'étiquette centrale s'intitulera

Apprentissage automatique

▶ Associer l'étiquette centrale, par le moyen graphique de votre choix, à des étiquettes de votre initiative. Certaines peuvent être, par exemple :

Classification **Supervisé** **Non supervisé** **Régression** **Données** **Partitionnement** **Algorithmes**

QUESTIONS FLASH

oral

8 **Présenter oralement à la classe**, en trois minutes maximum, cinq grandes idées qui caractérisent l'intelligence artificielle.

EXERCICES D'APPLICATION

9 Taille d'un fichier vidéo

Déterminer la taille d'un fichier vidéo non compressé d'une durée de 1 h 27, enregistré à 25 images par seconde avec une définition HD, c'est-à-dire composé d'image de 1280 × 720 pixels, chaque pixel étant codé sur 3 octets.

10 Certification de logiciel

On vous demande de tester un logiciel de messagerie éco-responsable qui interdit les pièces jointes de plus de 1 Mo et n'accepte que les fichiers joints aux formats jpg, gif ou png. Proposer un jeu de données permettant de tester ce logiciel.

11 Programmation traditionnelle VS apprentissage automatique

À l'aide de schémas, présenter les différences entre programmation traditionnelle et apprentissage automatique supervisé.

12 Empreinte carbone et courriels

Mike Berners-Lee estime dans son livre *How bad are bananas? The carbon footprint of everything* qu'un courriel sans pièce jointe génère 4 g de CO_2 et avec pièce jointe de 1 Mo, 50 g de CO_2. En 2018, on estime que chaque jour 280 milliards de courriels ont été délivrés.

1. Combien de tonnes de CO_2 l'envoi des courriels a-t-il généré en 2018 ?
2. Plus de 80 % des courriels sont considérés comme des spams et ne sont pas délivrés par les opérateurs. On estime à 0,3 g de CO_2 émis par spam non délivré. Donner une estimation plus réaliste de la production carbone liée aux courriels en 2018. Pour comparaison, d'après l'IATA, les émissions dues au transport aérien s'élevaient en 2017 à 859 millions de tonnes de CO_2.

13 Machine de Turing

OBJECTIF Exemple simple d'une machine de Turing.

▶ Course du *National Physical Laboratory* en 1946 à laquelle Alan Turing arriva 2nd.

Notre première machine de Turing consiste en un ruban, supposé de longueur infinie, contenant une suite de cases.

Dans chaque case, il y a un « 1 », un « 0 » ou il n'y a aucun symbole.

Sur cette bande roule un robot capable de s'arrêter sur chaque case et d'effectuer trois opérations élémentaires : lire le contenu d'une case ; modifier le contenu ; se déplacer à gauche ou à droite d'une case.

Pour écrire la suite 1 1 0 sur une bande ne contenant initialement aucune donnée :

1. On place le robot en position sur une case de la bande.
2. Le robot écrit 1 sur la case au-dessus de laquelle il se trouve.
3. Le robot se déplace d'une case vers la droite.
4. Le robot écrit 1 sur la case au-dessus de laquelle il se trouve.
5. Le robot se déplace d'une case vers la droite.
6. Le robot écrit 0 sur la case au-dessus de laquelle il se trouve.

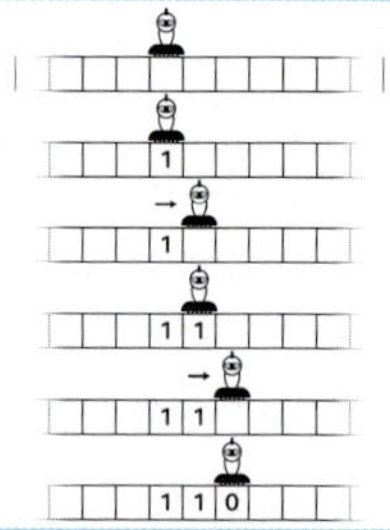

Nous programmons le robot de la façon décrite dans le tableau :

Instruction de lecture	Instruction d'écriture	Instruction de déplacement
Symbole lu : aucun	N'écrire aucun symbole	Aucun déplacement
Symbole lu : « 0 »	Écrire « 1 »	Se déplacer à gauche
Symbole lu : « 1 »	Écrire « 0 »	Se déplacer à gauche

Ainsi, si le robot se trouve sur une case contenant le symbole « 1 » : il lit ce symbole puis écrit un « 0 » à la place puis se déplace vers la gauche.

Avec le programme précédent, notre robot lit indéfiniment la case vide sur laquelle il se trouve : il ne s'arrête donc jamais. Afin de pouvoir stopper le robot, nous introduisons la notion d'état du robot. Dans le tableau ci-dessous, q_0 désigne l'état initial et q_1 l'état d'arrêt, état pour lequel la machine n'exécute plus aucune action (d'où la ligne vide).

État	Lecture	Écriture	Déplacement	Nouvel état
q_0	Aucun	Aucun symbole	Aucun	q_1
q_0	« 0 »	Écrire « 1 »	Se déplacer à gauche	q_0
q_0	« 1 »	Écrire « 0 »	Se déplacer à gauche	q_0
q_1				

Ainsi, si le robot est en l'état q_0 et s'il se trouve sur une case contenant le symbole « 1 » : il lit ce symbole, puis écrit un « 0 » à la place, puis se déplace vers la gauche et enfin passe à l'état q_0.

QUESTIONS

1. Que fait le robot si la case ne contient aucun symbole ? Si elle contient le symbole « 0 » ?

2. Supposons que nous sommes dans la configuration initiale suivante :

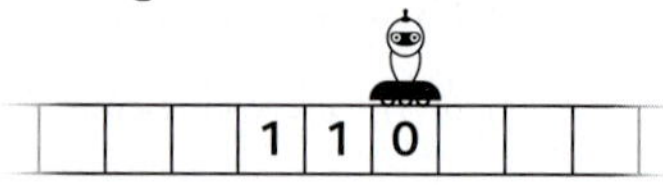

Exécuter le programme en illustrant rapidement chacune des étapes.

3. Que fait le programme précédent ? D'après-vous, le robot s'arrête-t-il d'exécuter une ou plusieurs instructions ?

On considère la machine de Turing suivante :

État	Lecture	Écriture	Déplacement	Nouvel état
q_0	Aucun symbole	Aucun symbole	Se déplacer à droite	q_1
q_0	« 0 »	Écrire « 1 »	Se déplacer à gauche	q_0
q_0	« 1 »	Écrire « 0 »	Se déplacer à gauche	q_0
q_1	Aucun symbole	Aucun symbole	Se déplacer à gauche	q_2
q_1	« 0 »	Écrire « 1 »	Se déplacer à droite	q_1
q_1	« 1 »	Écrire « 0 »	Se déplacer à droite	q_1

QUESTIONS

4. Quel est maintenant l'état d'arrêt de la machine ?

5. Si la machine est en l'état $q0$ et qu'elle se trouve sur une case contenant le symbole « 1 », quelle suite d'instructions exécute-t-elle ?

6. Supposons que nous sommes dans la configuration initiale suivante :

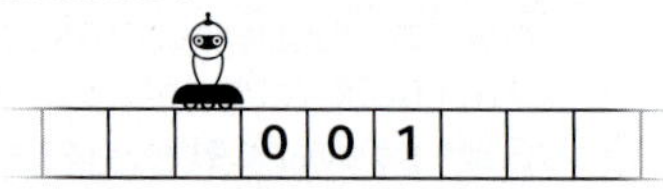

Exécuter le programme en illustrant rapidement chacune des étapes.

14 Arbre de décision   Python

OBJECTIF Formalisation d'un outil d'aide à la décision

Un arbre décisionnel est un outil d'aide à la décision utilisé en intelligence artificielle et représentant une suite logique de questions/réponses. Par exemple, un loueur automobile ne loue ses véhicules qu'aux conducteurs munis d'un permis de conduire européen délivré plus de 3 ans avant le premier jour de la location (**doc. a**).

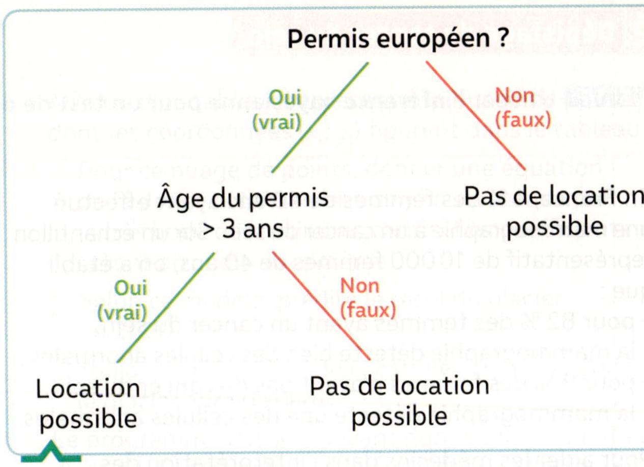

a. **Arbre de décision**

b. **Sports d'hiver**

QUESTIONS

1. Écrire un arbre décisionnel permettant de connaître le prix du forfait journée de la station de Luz-Ardiden (→ **unité 3**) en fonction de l'âge de la personne.

2. Dans le cadre du calendrier grégorien, une année est bissextile uniquement dans l'un des deux cas suivants :
- si elle est divisible par 4 mais ne l'est pas par 100 ;
- si elle est divisible par 400.

a. Dessiner un arbre décisionnel permettant, à partir d'un entier n, de déterminer si l'année correspondante est bissextile ou non.

b. Écrire l'algorithme correspondant.

c. Implanter cet algorithme avec un programme Python et proposer un jeu de données pour tester votre programme.

15 Dépistage d'une maladie

OBJECTIF Appliquer la méthode d'inférence bayésienne

Une personne vient de passer un test de dépistage d'une maladie dont on sait qu'elle ne touche que 0,1 % de la population. Au médecin qui lui annonce que le résultat du test est positif, le patient, inquiet, demande si le test est fiable. Le médecin, en lisant les spécificités du test, répond : « d'après les résultats des tests effectués sur 10 000 personnes, si vous êtes malade, le test est positif dans 90 % des cas et si vous n'êtes pas malade, il est négatif dans 97 % des cas. » Dans la suite de l'exercice, on admet que la population de référence de 10 000 personnes ayant passé le test (appelée échantillon de calibrage) est un échantillon représentatif de la population totale.

QUESTIONS

1. Parmi les 10 000 personnes de la population de référence, combien ne sont pas malades ?

2. Dans le tableau de contingence ci-dessous :

	Test positif ($T+$)	Test négatif	Total
Malades (M)			
Non Malades			
Total			10 000

a. Que représente la cellule correspondant à la ligne « Non malades » et à la colonne « Test négatif » ?

b. De même, que représente la cellule correspondant à la ligne « Total » et à la colonne « Test positif » ?

3. Recopier et compléter le tableau de contingence.

4. Que signifie ici être « faux positif », « faux négatif », « vrai positif » et « vrai négatif » ? Calculer les fréquences de faux positifs, faux négatifs, vrais positifs, vrais négatifs.

5. Lorsque le patient s'inquiète de la fiabilité du test, que veut-il en fait savoir ? Reformuler cette question à l'aide des termes qui apparaissent dans le tableau de contingence. En tant que médecin, quelle réponse pourriez-vous alors donner au patient ?

Réaliser une carte mentale

- Une carte mentale est une représentation personnelle et synthétique d'un sujet ou d'une leçon. C'est un moyen de communication qui permet de s'organiser, de mémoriser, d'identifier les points importants, de faire des choix et de découvrir des relations entre différentes notions.
- Plusieurs logiciels permettent de créer facilement des cartes mentales: Freeplane, Freemind, XMind, WIKImindmap, Mindmeister, Keynotes, etc.
- Une carte mentale peut aussi être réalisée à la main, en mettant en avant ses qualité artistiques.

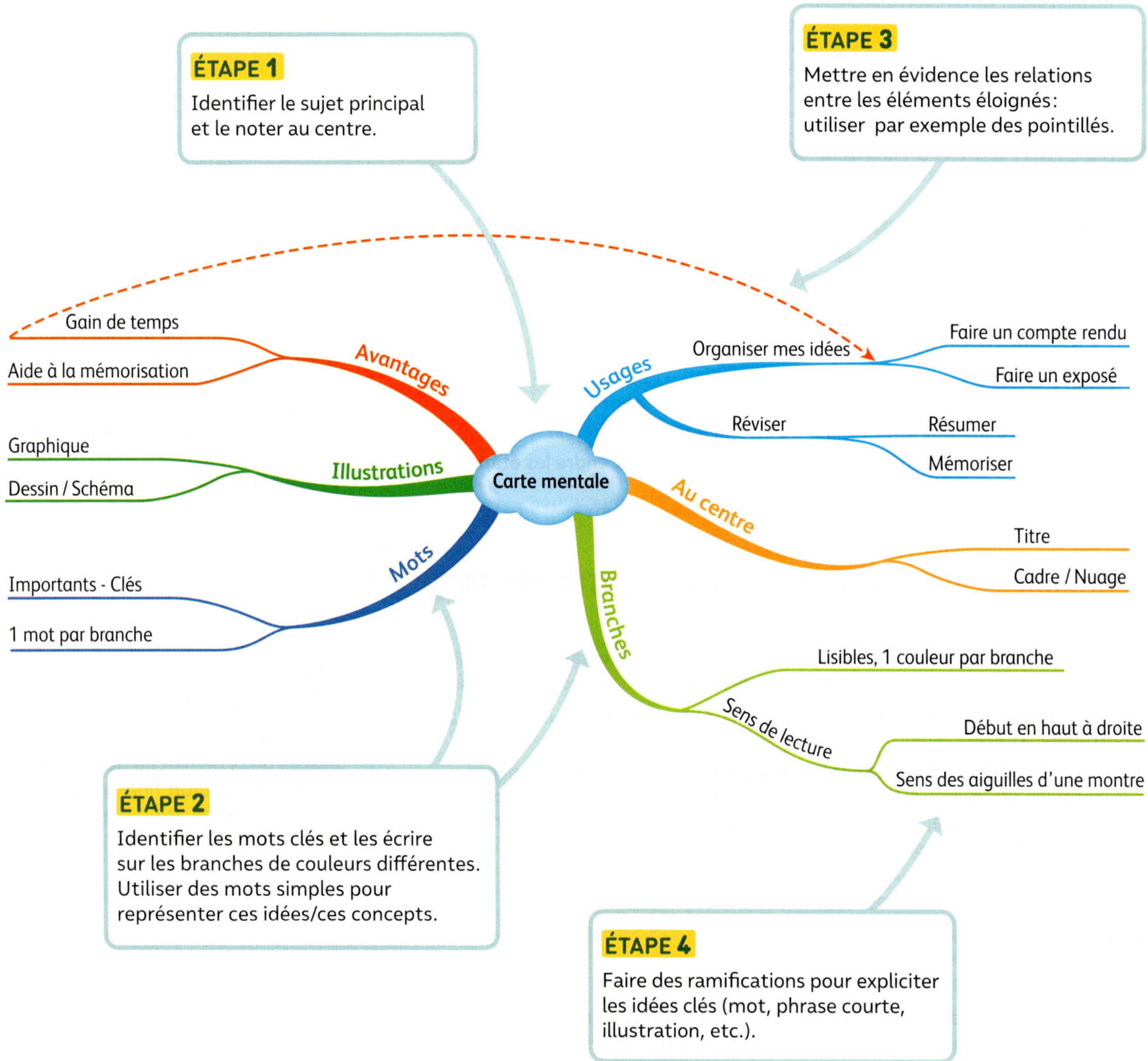

- L'usage de différentes couleurs facilite la lisibilité mais ces couleurs ne doivent pas être trop proches. Il n'y a pas de bonne ou de mauvaise carte mentale. Chaque carte mentale correspond à votre façon de penser un sujet. En revanche, la logique d'association de chaque notion doit être rigoureuse car elle permet de structurer la carte avec vos idées.

Réaliser un schéma fonctionnel

- Un schéma fonctionnel est une représentation simplifiée et interprétative d'un processus.
- Le schéma fonctionnel doit représenter les éléments essentiels ainsi que leurs relations, afin de proposer une explication du mécanisme étudié. On utilise pour cela:
  - des symboles (par exemple, des formes géométriques pour désigner des structures);
  - des flèches (pour désigner des relations, un effet, une action);
  - des couleurs et des motifs.
- La signification de tous ces codes doit rester la même dans l'ensemble du schéma. Elle doit également être définie dans une légende, dans un cartouche ou directement sur le schéma.
- Il existe certaines «habitudes», par exemple le dioxygène O_2 est souvent représenté en rouge et le dioxyde de carbone CO_2 en bleu.

PRÉPARATION DU SCHÉMA

- Bien cerner le sujet étudié, pour ne pas mettre d'élément hors sujet.
- Lister les éléments essentiels à représenter, en essayant de ne rien oublier.
- Réfléchir à la disposition des éléments (éléments placés dans un ordre logique), aux relations entre eux et à la façon de les coder.

RÉALISATION DU SCHÉMA

- Représenter de façon simple et soignée les différents éléments essentiels par des symboles.
- Établir les relations fonctionnelles entre les différents éléments par des flèches.
- Indiquer la légende des codes utilisés (formes, symboles, couleurs).
- Inscrire le titre au schéma.

CONSEIL

Bien prendre le temps de relire le schéma en s'assurant que:
- le code couleur adopté est logique;
- chacune des flèches représente un phénomène;
- les flèches relient une cause vers sa conséquence;
- une légende complète et un titre approprié sont présents;
- la description des différents éléments limite les intersections entre les flèches.

Photosynthèse végétale

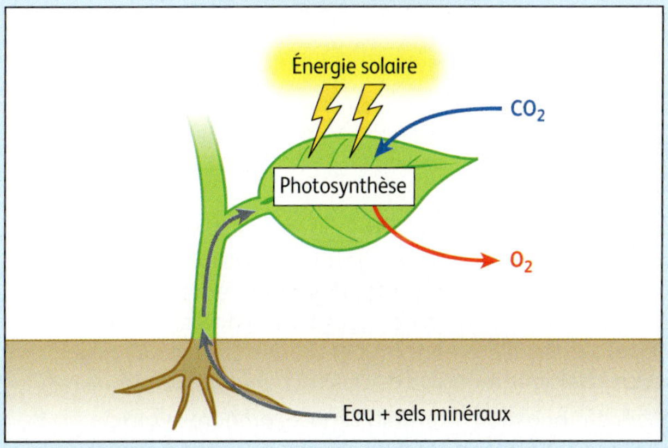

Révolution de la Lune autour de la Terre

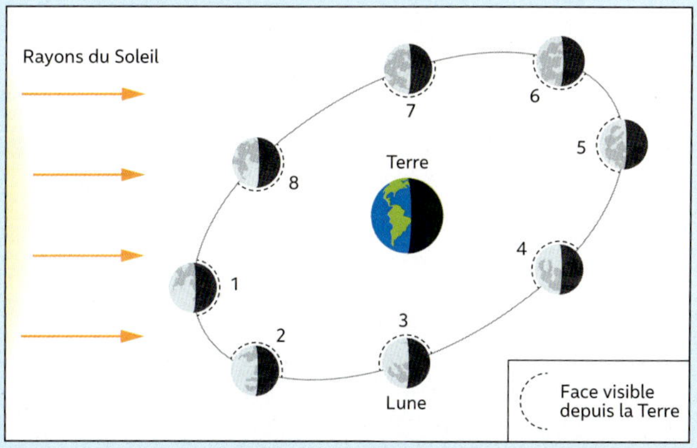

▲ Exemples de schémas fonctionnels

Préparer un exposé oral

Un exposé oral doit être préparé soigneusement.
Voici une méthode de travail possible.

LE TRAVAIL DE RECHERCHE

- Avant de débuter le travail de recherche, établir la liste des données et des informations manquantes pour mener à bien le projet à exposer à l'oral.
- Se familiariser avec les différents lieux et moyens de recherche : Internet, le CDI, les bibliothèques, les médiathèques, etc.
- Il est indispensable de toujours vérifier les données trouvées sur Internet en recoupant les sources et en s'assurant de leur fiabilité. Les adresses URL commençant par exemple par cnrs.fr, education.fr, academiedessciences.fr sont fiables.

CONSEIL

Le professeur documentaliste est présent au CDI pour vous aider dans toutes vos recherches. Il ne faut surtout pas hésiter à lui poser des questions!

LA PRÉPARATION DE LA PRÉSENTATION ORALE

- Établir un plan logique et cohérent, visant à répondre à la problématique, sans oublier l'introduction et la conclusion. Il faudra en effet souvent justifier ce plan le jour de l'exposé oral.
- Réfléchir à la forme de l'exposé dès le commencement du projet. Par exemple, si un poster, une affiche ou un diaporama est prévu, il faudra utiliser des photographies, des schémas ou des graphiques pour pouvoir l'illustrer. De plus, si c'est un diaporama, il faudra privilégier la simplicité et la clarté en n'écrivant que les points essentiels et les mots clés et pas des phrases entières.
- Anticiper les questions : imaginer les questions qui pourraient être posées à la fin de l'exposé et en dresser une liste. Il faut être capable de répondre à toutes!

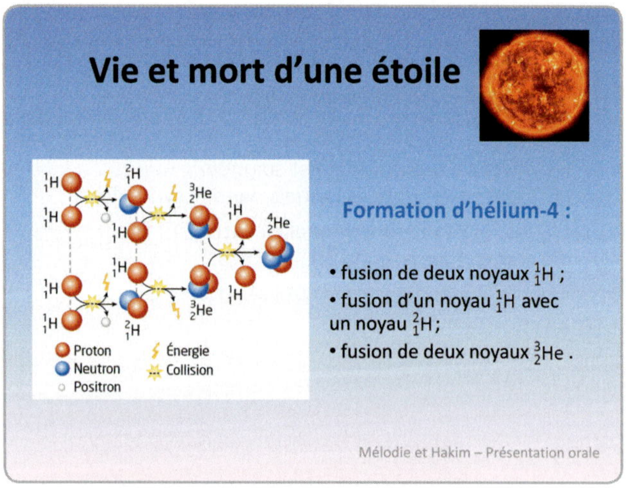

▲ **Exemple de présentation simple : un titre, une image et quelques points essentiels.**

RECOMMANDATIONS

- Avant la présentation, relire plusieurs fois les documents qui seront présentés pour vérifier qu'il ne reste pas de fautes d'orthographe. Ne pas oublier la clé USB qui contient le diaporama accompagnant l'exposé.
- Enregistrer le diaporama sous plusieurs formats (.pdf, .ppt, etc.) pour être sûr qu'au moins une version fonctionne sur n'importe quel ordinateur.
- Le jour de la présentation orale, s'habiller convenablement, rester « zen » et détendu, sans mâcher de chewing-gum.
- Lors de l'exposé, se tenir droit, parler distinctement et clairement en utilisant un vocabulaire clair et précis. Ne pas hésiter à écrire des informations importantes au tableau et éviter au maximum de regarder ses notes. Penser à regarder régulièrement les personnes qui vous écoutent : accrocher leur regard, c'est accrocher leur attention.
- Lors des questions suivant l'exposé, prendre le temps de bien réfléchir au sens de chaque question avant d'y répondre. Donner des réponses précises et détaillées : ne pas se contenter de répondre par « oui » ou par « non ».

Définir et utiliser une fonction

FONCTION MATHÉMATIQUE

- En mathématiques, définir une fonction f sur un ensemble de définition D, c'est associer à chaque nombre x de D un unique nombre y. y s'appelle l'image de x par la fonction f. On le note aussi $f(x)$ qui se lit « f de x ».
- Une fonction peut être définie par une expression algébrique. Par exemple : $f(x) = x^2 - 3$.
- La représentation graphique d'une fonction permet d'associer à chaque couple $(x, y = f(x))$ un point d'abscisse x et d'ordonnée $y = f(x)$.
- Une fonction f est **croissante** sur un intervalle I signifie que pour tous les réels a et b de l'intervalle I, on a :

  si $a < b$ alors $f(a) \leq f(b)$.
- Une fonction f est **décroissante** sur un intervalle J signifie que pour tous les réels c et d de l'intervalle J, on a :

  si $c < d$ alors $f(c) \geq f(d)$.
- Certaines informations sont résumées dans un **tableau de variation** de la fonction.

Exemple

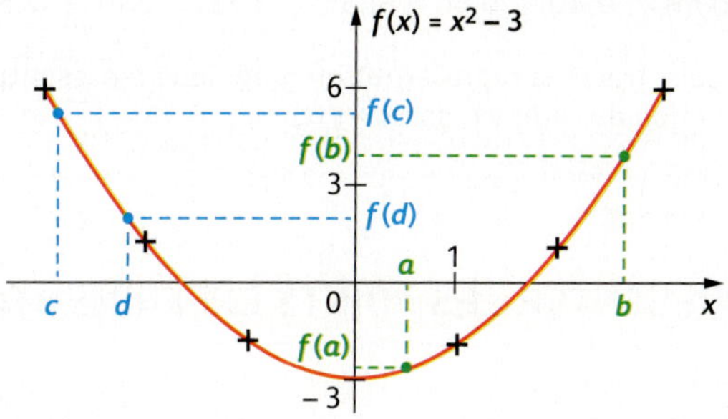

x	-3	0	3
Variation de f	6 ↘	−3 ↗	6

Sur l'intervalle $[-3 ; 0]$, la fonction f est décroissante.
Sur l'intervalle $[0 ; +3]$, la fonction f est croissante.

UTILISATION DES FONCTIONS EN PHYSIQUE

- En physique, la variable x est souvent une grandeur physique. On préfère alors lui substituer une lettre qui évoque ce paramètre, comme par exemple la lettre t pour le temps.
- De la même manière, la fonction est souvent une grandeur physique, comme par exemple une tension électrique U. La tension électrique U en fonction du temps est alors notée $U(t)$. Souvent, on confond la valeur de U et l'image $U(t)$ de t par U.
- La représentation graphique de la fonction fait apparaître l'unité de t en abscisse et l'unité de U en ordonnée.
- Si la fonction U étudiée est une fonction du temps t, alors U est périodique de période T si, pour toute valeur de t (t_0, t_1, t_2, etc.), alors $U(t + T) = U(t)$, et T est la plus petite valeur positive ayant cette propriété.

Exemple

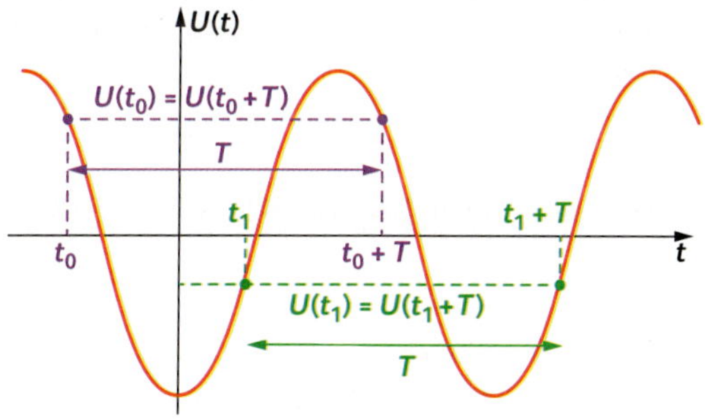

Si $U(t)$ périodique n'est pas constante, alors $U(t)$ est successivement croissante, puis décroissante, puis croissante, etc.

FICHE MÉTHODE 7

Réaliser et exploiter un graphique

Exemple

Le mouvement d'un palet de hockey sur glace est filmé et la distance *d* qu'il parcourt en fonction du temps *t* est mesurée. L'objectif est de déterminer une relation entre ces deux grandeurs physiques.

t (en s)	0,04	0,08	0,12	0,16	0,20	0,24	0,28	0,32
d (en m)	0,40	0,80	1,35	1,75	2,10	2,55	3,05	3,40

Pour cela, tracer la représentation graphique représentant la distance *d* en fonction du temps *t*, soit $d = f(t)$.

REPRÉSENTER LES POINTS EXPÉRIMENTAUX

- Construire un repère :
  - tracer deux axes perpendiculaires, l'un horizontal et l'autre vertical. Écrire à l'extrémité de chaque axe la grandeur représentée et son unité ;
  - graduer les deux axes et indiquer clairement l'échelle choisie.
- Chaque couple du tableau est représenté par un point repéré par une croix dans ce repère. L'ensemble forme un « nuage de points ».
- Mentionner le titre du graphique. On obtient le « nuage » de points ci-contre.

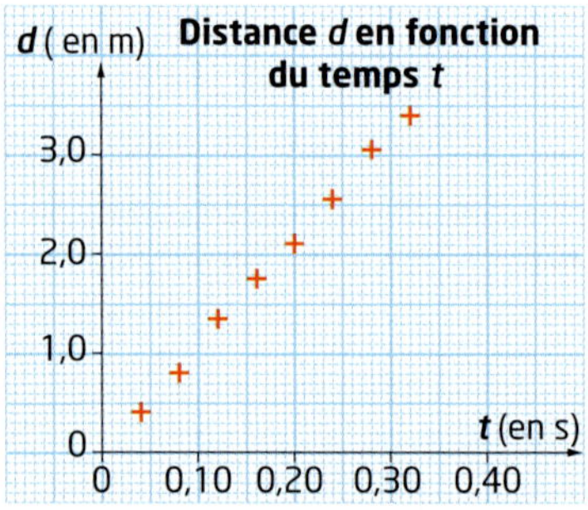

EXPLOITER LE GRAPHIQUE

- Dans certains cas, il est possible de tracer une courbe simple qui passe au plus près de l'ensemble des points.
  Attention. Ne jamais joindre les points par des segments de droite car cela n'a pas de signification.
- Cette opération peut être effectuée à l'ordinateur, avec un logiciel approprié comme un tableur-grapheur.
- Dans notre exemple, il est possible de faire passer une droite de façon à avoir presque autant de points aléatoirement répartis au-dessus et en dessous de la droite.

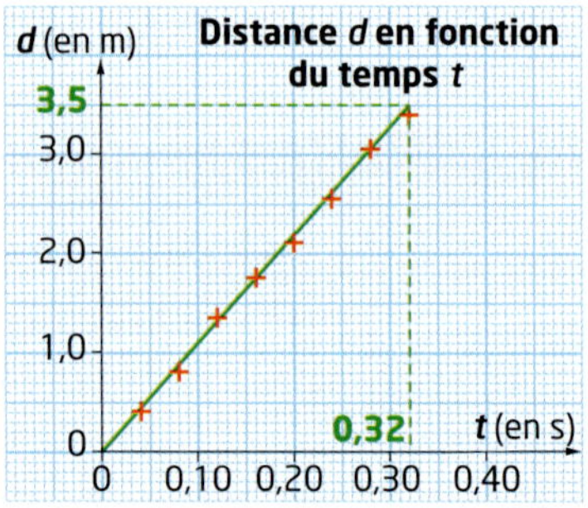

« MODÉLISER » LA SITUATION EXPÉRIMENTALE

- L'équation de la courbe fournit une relation mathématique qui lie les deux grandeurs. La situation expérimentale est ainsi modélisée par cette relation.
- Dans le cas d'une droite, on peut déterminer son équation à partir du graphique.
  L'équation de toute droite non parallèle à l'axe des ordonnées est $y = ax + b$, où *a* est le coefficient directeur de la droite et *b* l'ordonnée à l'origine.
  La droite passe par l'origine, donc $b = 0$. Le coefficient directeur est calculé par :

$$a = \frac{d(t_2) - d(t_1)}{t_2 - t_1} = \frac{3{,}5 \text{ m} - 0 \text{ m}}{0{,}32 \text{ s} - 0 \text{ s}} = 11 \text{ m}\cdot\text{s}^{-1}.$$

Ainsi, les mesures expérimentales peuvent être modélisées par une droite d'équation $d = 11 \times t$ (*d* en m et *t* en s).
Attention. Le coefficient directeur a l'unité de la grandeur en ordonnée, divisée par l'unité de la grandeur en abscisse.
L'ordonnée à l'origine a l'unité de la grandeur en ordonnée.

Réaliser une application numérique

D'après le guide pratique *Proportionnalité. Calculs avec unités de grandeurs. Isolement de terme*, mars 2018, IREM de Paris, réalisé en collaboration avec l'Inspection de physique-chimie.

SIMPLIFICATION DES PUISSANCES DE 10

- Il arrive souvent de faire des erreurs en tapant une application numérique trop complexe sur une calculatrice. Il est donc parfois préférable de simplifier l'application numérique avant de la taper sur la calculatrice.
- Pour toutes valeurs de a et b, positives, négatives ou nulles, on a :

$$10^a \times 10^b = 10^{a+b} \quad \text{et} \quad \frac{10^a}{10^b} = 10^{a-b}$$

- Comme $10^0 = 1$, on peut également écrire : $\frac{1}{10^b} = 10^{-b}$.

RAPPEL

Lorsque plus de deux grandeurs sont multipliées entre elles, on peut les commuter :
$a \times b \times c = a \times c \times b = b \times c \times a$, etc.

ANALYSE DES UNITÉS

Pour une unité U donnée et pour toutes valeurs de a et b, positives, négatives ou nulles :

$$U^a \cdot U^b = U^{a+b} \quad \text{et} \quad \frac{U^a}{U^b} = U^{a-b}$$

U^0 correspond à une absence d'unité.

ASTUCE

Écrire les unités dans les étapes intermédiaires d'une application numérique n'est pas obligatoire. C'est toutefois un outil très utile.

L'unité est en revanche indispensable dans l'écriture du résultat final.

Exemple 1

La concentration en masse c_m de fructose dans un échantillon de jus de fruit de volume $V = 1 \times 10^{-2}$ L contenant une masse $m = 2 \times 10^{-2}$ g de fructose est :

$$c_m = \frac{m}{V}$$

Application numérique (A.N.) :

$$c_m = \frac{2 \times \cancel{10^{-2}}\ \text{g}}{1 \times \cancel{10^{-2}}\ \text{L}} = \frac{2\ \text{g}}{1\ \text{L}} = 2\ \text{g} \cdot \text{L}^{-1}.$$

Exemple 2

La distance d parcourue par un satellite ayant une valeur de vitesse $v = 2{,}0 \times 10^3\ \text{m} \cdot \text{s}^{-1}$ pendant la durée $\Delta t = 4{,}0 \times 10^2$ s est $d = v \times \Delta t$.

A.N. :

$$\begin{aligned} d &= 2{,}0 \times 10^3\ \text{m} \cdot \text{s}^{-1} \times 4{,}0 \times 10^2\ \text{s} \\ &= 2{,}0 \times 4{,}0 \times 10^{3+2}\ \text{m} \cdot \cancel{\text{s}^{-1}} \cdot \cancel{\text{s}} \\ &= 8{,}0 \times 10^5\ \text{m}. \end{aligned}$$

Exemple 3

La présence des unités dans les calculs facilite les conversions.

Par exemple, pour une voiture se déplaçant à une vitesse de valeur $v = 72\ \text{km} \cdot \text{h}^{-1}$:

$$\begin{aligned} v &= 72\ \text{km} \cdot \text{h}^{-1} \\ &= \frac{72\ \text{km}}{1\ \text{h}} \\ &= \frac{72 \times 10^3\ \text{m}}{3600\ \text{s}} \\ &= \frac{72 \times \cancel{10^3}\ \text{m}}{3{,}6 \times \cancel{10^3}\ \text{s}} \\ &= \frac{20\ \text{m}}{1\ \text{s}} = 20\ \text{m} \cdot \text{s}^{-1}. \end{aligned}$$

ÉTAPES CLÉS

1. Écrire entièrement sur sa copie le calcul numérique à réaliser, en précisant éventuellement les unités si cela peut aider.
2. Sur sa copie, simplifier le plus possible les puissances de 10 et les unités.
3. Si le calcul restant est très simple, le réaliser par un calcul mental ; sinon, le taper sur une calculatrice.
4. Écrire le résultat final, sans oublier l'unité, et le mettre en évidence en l'encadrant ou en le soulignant.

Utiliser un tableur-grapheur

PRÉSENTATION

- Un tableur-grapheur est un logiciel qui permet de créer et de manipuler des tableaux de données.
- À l'ouverture du logiciel (LibreOffice, Excel, etc.), apparaît sur l'écran une feuille de calculs composée de lignes et de colonnes formant des cellules.
- Chaque cellule est repérée par sa position par rapport aux lignes et aux colonnes.

B4 | 18

	A	B	C
1	0	0	
2	10	1	
3	20	9	
4	30	18	
5			

◂ Exemple : le nombre 18 est dans la cellule B4

CALCULS DANS UN TABLEUR

- Un tableur est un logiciel de calcul qui possède de nombreuses fonctions mathématiques préprogrammées.

Exemple de calcul simple

1. Dans la cellule sélectionnée, écrire une formule qui commence toujours par le signe =.
2. Un appui sur la touche Entrée valide le calcul et le résultat de l'opération s'affiche. « =A3+B4 » est remplacé par 38.
3. Le résultat est modifié automatiquement si le contenu des cellules A3 ou B4 est modifié.

	A	B
1	0	0
2	10	1
3	20	9
4	30	18
5		=A3+B4

	A	B
1	0	0
2	10	1
3	20	9
4	30	18
5		38

Exemple de calcul utilisant la fonction sinus

Objectif : afficher dans la colonne B les sinus des angles de la colonne A.

1. À l'aide du menu Insertion/Fonction, écrire la formule « =SIN(RADIANS(A2)) » dans la cellule B2.
2. Recopier le contenu de la cellule B2 dans les autres cellules de la colonne B.

	A	B	C
1	angle	sinus	
2		=SIN(RADIANS(A2))	
3	10		
4	20		
5	30		

	A	B
1	angle	sinus
2	0	0
3	10	0,17
4	20	0,34
5	30	0,50

REPRÉSENTATION DES GRAPHIQUES

- Associé au tableur, le grapheur permet de représenter sous forme graphique des données numériques. On utilise le menu **Insertion/Diagramme** ou **Graphique**.

Exemple

Objectif : représenter graphiquement *d* en fonction de *t*.

1. Sélectionner la zone à représenter.
2. Choisir un mode de représentation.
3. Pour obtenir la droite moyenne, utiliser le menu **Graphique/Ajouter une courbe de tendance**.

	A	B
1	t	d
2	0,04	0,40
3	0,08	0,80
4	0,12	1,35
5	0,16	1,75
6	0,20	2,10
7	0,24	2,55
8	0,28	3,05
9	0,32	3,40

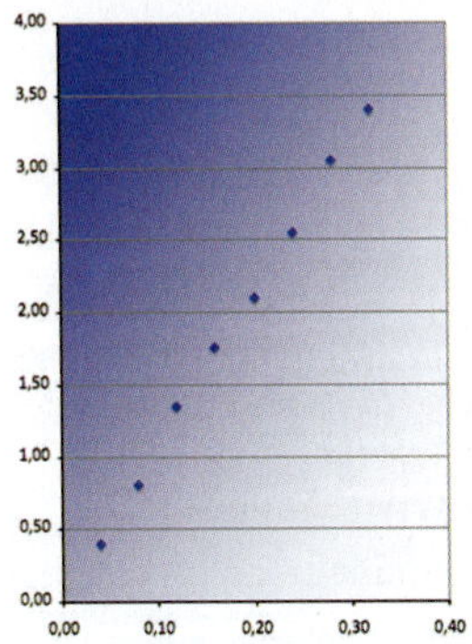

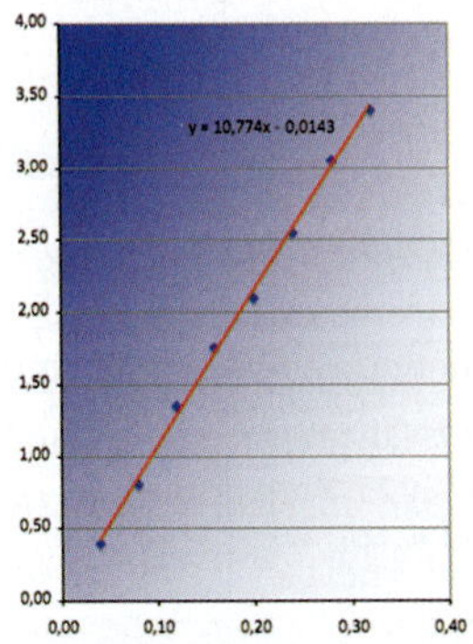

CONSEIL

Mémo afin d'éviter les erreurs :
- toutes les valeurs ont été saisies ;
- les axes des abscisses et des ordonnées n'ont pas été inversés ;
- le graphique et les axes comportent chacun un titre ;
- les unités des axes sont précisées ;
- une légende est présente ;
- le graphique est lisible : les données sont bien mises en évidence et les textes écrits suffisamment gros.

Utiliser le langage de programmation Python

INSTALLATION

- Python est le langage de programmation choisi pour développer les capacités numériques au lycée. La version Python utilisée pour l'ensemble des fichiers numériques accessibles sur le site **lyceen.nathan.fr** est Python 3.7.
- Pour écrire un programme Python, un simple éditeur de texte suffit. Cependant, il est préférable d'utiliser un environnement de développement intégré (EDI) où le programme et le résultat de son exécution s'affichent dans la même fenêtre. Le choix a été fait d'utiliser les environnements **Spyder** (**DOC. 2**) et **JupyterLab** (**DOC. 3**) de la suite **Anaconda** (**DOC. 1**) téléchargeable grâce au lien suivant : anaconda.com/download.

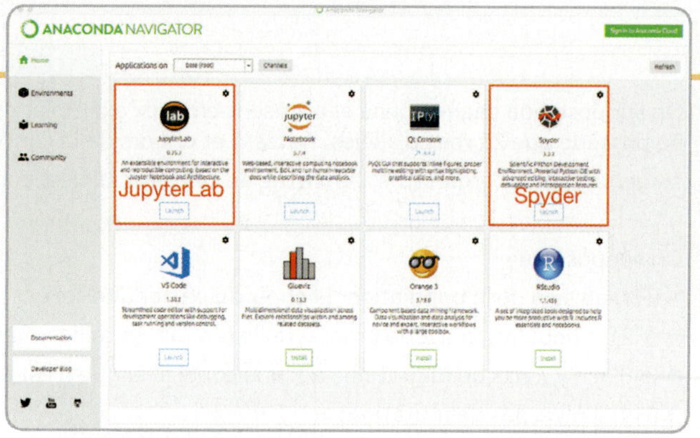

▲ **1. Navigateur Anaconda**

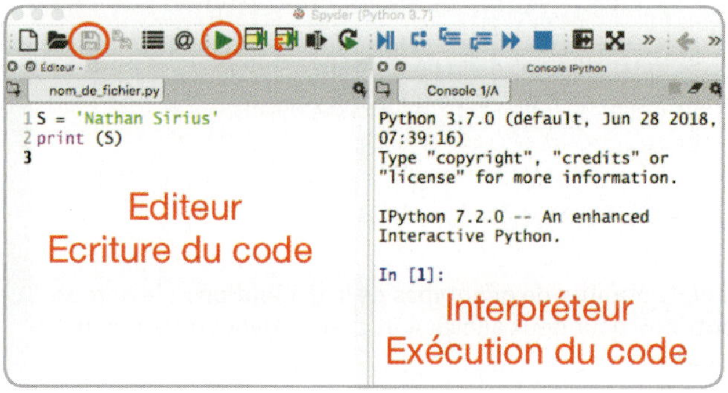

▲ **2. Environnement Spyder :** fichier .py

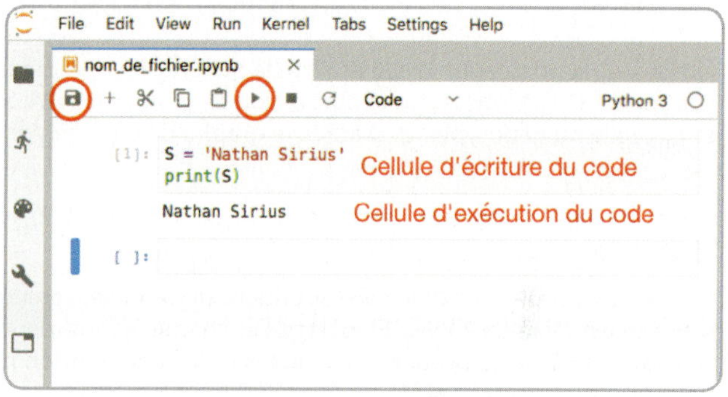

▲ **3. Environnement JupiterLab :** fichier .ipynb

BIBLIOTHÈQUES ET MODULES

- Des morceaux de code prédéfinis, appelés **fonctions**, permettent d'exécuter un ensemble d'instructions. Les **modules** sont des fichiers regroupant plusieurs fonctions. Une **bibliothèque** est un répertoire de modules. Les modules et bibliothèques, intégrés à la suite Anaconda et utilisés dans les fichiers numériques du manuel sont :
  – le module **math** pour les fonctions mathématiques ;
  – le module **pyplot** de la bibliothèque **Matplotlib** pour les graphiques ;
  – la bibliothèque **NumPy** pour les tableaux de valeurs.
- Pour accéder à un module ou à une bibliothèque dans un programme, il faut l'« importer » à l'aide d'une ligne de code insérée en début de programme comportant la commande import. Il est d'usage de les renommer par une ou plusieurs lettres lors de l'importation, c'est le sens de la commande as.
- Le nom donné, appelé préfixe, sert à appeler un élément du module ou de la bibliothèque pour l'utiliser dans le corps du programme grâce à la syntaxe préfixe.élément(). En l'absence de préfixe, l'appel d'un élément du module ou de la bibliothèque se fait avec le nom complet du module (**DOC. 4**).

```
# importe toutes les fonctions du module math
import math
b = math.cos(math.pi/4) # Affecte cos(pi/4) à b

# importe uniquement la fonction cos et
# la constante pi depuis le module math
from math import cos, pi
b = cos(pi/4)      # Affecte cos(pi/4) à b

# importe le module math en le nommant m
import math as m
b = m.cos(m.pi/4) # Affecte cos(pi/4) à b
```

```
# importe NumPy en la renommant np
import numpy as np

# importe le module pyplot de matplotlib
# en le renommant plt
import matplotlib.pyplot as plt
from matplotlib import pyplot as plt
```

▲ **4. Importation et appel des modules et bibliothèques**
Le dièse # permet d'insérer des commentaires dans le programme, tout ce qui est écrit en italique dans une ligne de code après un # n'est pas exécuté.

Un fichier numérique exhaustif à propos du langage de programmation Python est également disponible sur le site Compagnon, à l'adresse : **lyceen.nathan.fr**.

FICHE MÉTHODE 11

Hardy-Weinberg

On suppose que chaque gène est présent en deux exemplaires, nommés allèles. On suppose également que chaque gène ne possède que 2 types d'allèles, notés A et a. Lors de la conception, un organisme reçoit un allèle de chacun de ses parents. Le génotype de l'organisme, constitué de ces deux allèles, peut alors être : AA, Aa ou aa.

On suppose que

- (H1) au sein de la population, le choix du partenaire sexuel se fait au hasard;
- (H2) la population est de grande taille (en fait de taille infinie) : on peut « confondre » fréquence, proportion et probabilité;
- (H3) il n'y a pas de migration : aucune copie allélique n'est apportée de l'extérieur;
- (H4) il n'y a pas de mutation;
- (H5) il n'y a pas de sélection;
- (H6) les générations sont séparées : pas d'union possible entre des individus de générations différentes.

Notons A_n la proportion d'allèles A de la génération n. Alors la proportion d'allèles a de la génération n, notée a_n, vaut $a_n = 1 - A_n$. Notons p_{n+1} la proportion de génotypes AA de la génération $n+1$, q_{n+1} celle du génotype Aa et r_{n+1} celle du génotype aa. D'après le graphe de l'unité 4, on a :

$$p_{n+1} = A_n^2, \quad r_{n+1} = a_n^2 = (1 - A_n)^2 \quad \text{et} \quad q_{n+1} = 2 \times A_n \times a_n = 2 \times A_n \times (1 - A_n).$$

Comme à chaque génotype correspondent deux allèles, en notant N_n le nombre de génotypes de la génération n, le nombre d'allèles est alors de $2 \times N_n$. En particulier chaque génotype AA contribue pour deux allèles A et chaque génotype Aa pour un seul allèle A. D'où, la proportion d'allèles A de la génération $n + 1$ vaut

$$A_{n+1} = \frac{2 \times N_{n+1} \times p_{n+1} + N_{n+1} \times q_{n+1}}{2 \times N_{n+1}} = p_{n+1} + \frac{1}{2} \times q_{n+1}$$

Or $p_{n+1} = A_n^2$ et $q_{n+1} = 2 \times A_n \times (1 - A_n) = 2 \times (A_n - A_n^2)$. D'où :

$$A_{n+1} = A_n^2 + \frac{1}{2} \times 2 \times (A_n - A_n^2) = A_n.$$

Comme $a_{n+1} = 1 - A_{n+1} = 1 - A_n$, on vient de montrer que les suites $(A_n)_{n\in\mathbb{N}}$ et $(a_n)_{n\in\mathbb{N}}$ sont constantes. Autrement dit, on vient de montrer la stabilité des fréquences alléliques dès la première génération.

Comme $p_{n+1} = A_n^2$ tous les p_n sont égaux entre eux à partir de $n = 1$. De même, comme $r_{n+1} = (1 - A_n)^2$ et $q_{n+1} = 2 \times A_n \times (1 - A_n)$, les fréquences r_n et q_n sont aussi constantes à partir du rang $n = 1$. On vient de démontrer la stabilité des fréquences génotypiques à partir de $n = 1$, donc de la seconde génération. C'est la loi d'équilibre de Hardy-Weinberg et lorsqu'une population présente une stabilité des fréquences alléliques, on parle d'équilibre de Hardy-Weinberg.

Avec Hardy-Weinberg, on peut déduire les fréquences génotypiques de la génération $n+1$ en fonction de celles de la génération précédente. En effet : $p_{n+1} = A_n^2 = (p_n + \frac{1}{2} \times q_n)^2$. De même, comme $a_n = 1 - A_n = p_n + q_n + r_n - (p_n + \frac{1}{2} \times q_n) = r_n + \frac{1}{2} \times q_n$:

$$q_{n+1} = 2 \times A_n \times (1 - A_n) = 2 \times (p_n + \frac{1}{2} \times q_n)\,(r_n + \frac{1}{2} \times q_n) \quad \text{et} \quad r_{n+1} = (r_n + \frac{1}{2} \times q_n).$$

EN RÉSUMÉ

a. Les fréquences alléliques peuvent toujours se déduire des fréquences génotypiques d'une même génération mais la réciproque est fausse.

b. Dans le cadres des hypothèses (H1)-(H6), c'est-à-dire dans le cas d'un équilibre de Hardy-Weinberg, les fréquences génotypiques de la génération courante ou de la suivante peuvent se déduire des fréquences alléliques de la génération courante.

THÈME 1 Science, climat et société

Chapitre 4

Exercice 11

• Décrire l'évolution de la mortalité non liée aux blessures en fonction du nombre de jours après le pic de pollution, puis décrire la mortalité liée à des problèmes cardiovasculaires et respiratoires en fonction du nombre de jours, après le pic de pollution. Comparer les deux descriptions avant de conclure.

THÈME 2 Le futur des énergies

Chapitre 5

Exercice 12

• Pour libérer des électrons qui vont circuler dans un circuit électrique extérieur, un matériau semi-conducteur peut recevoir de l'énergie provenant de photons.

• Le germanium, matériau semi-conducteur, peut absorber des radiations lumineuses (et donc des photons) dont les longueurs d'onde sont comprises entre 870 nm et 1 800 nm environ.

Exercice 13

• La puissance, ainsi que l'énergie, se conservent: $\mathcal{P}_{\text{reçue}} = \mathcal{P}_{\text{utile}} + \mathcal{P}_{\text{dissipée}}$.

Exercice 14

• Les longueurs d'onde des raies « extrêmes » du mercure sont 365 nm et 578 nm.

• Sur le spectre d'émission d'une lampe à vapeur de mercure, ces deux raies sont séparées d'une distance d (en cm). Cette distance d et les valeurs des longueurs d'onde des raies « extrêmes » du mercure permettent de calculer l'échelle de représentation des longueurs d'onde sur le spectre.

• Les deux spectres d'émission ont été réalisés dans des conditions similaires : l'échelle de représentation des longueurs d'onde est la même pour les deux spectres.

Exercice 15

2. D'après le **doc. b**, la courbe de la puissance électrique maximale délivrée par une cellule photovoltaïque est tangente à la caractéristique $I = f(U)$ de cette cellule (pour un éclairement donné).

• Le point d'intersection de la courbe de la puissance électrique avec la caractéristique de la cellule permet de déterminer les valeurs I_{MPP} et U_{MPP}.

Chapitre 6

Exercice 13

• Dans une centrale géothermique, la conversion d'énergie mécanique en énergie électrique est indirecte. Une autre conversion d'énergie a lieu avant celle-ci.

• Le réservoir d'énergie, l'eau chaude de la Terre, peut être représenté dans un rectangle tandis que les convertisseurs d'énergie sont représentés dans des ovales.

Exercice 14

• Comme 1 heure (h) = 60 minutes (min), 0,39 h = 0,39 × 60 min = 23 min.

Exercice 15

• Rechercher des informations par exemple sur les hydroliennes installées en France sur le site de Paimpol-Bréhat.

Chapitre 7

Exercice 12

• Les grandeurs qui influent sur la puissance dissipée par effet Joule sont la résistance r, l'intensité I, la puissance $\mathcal{P}_s$ et la tension U.

• Regarder si les grandeurs sont au numérateur ou au dénominateur des fractions pour déterminer leur influence sur la puissance dissipée par effet Joule.

Exercice 15

1. Le pourcentage p des pertes d'énergie durant le transport de l'électricité en France en 2018 se calcule avec la relation :

$$p = \frac{\text{pertes d'énergie durant le transport de l'électricité}}{\text{énergie électrique transportée}} \times 100.$$

2. L'énergie électrique $\mathcal{E}_{\text{utile}}$ à disposition des consommateurs est égale à :

$\mathcal{E}_{\text{utile}} = \mathcal{E}_{\text{transportée}} - \mathcal{E}_{\text{dissipée}}$

avec $\mathcal{E}_{\text{transportée}}$ l'énergie électrique transportée

et $\mathcal{E}_{\text{dissipée}}$ les pertes d'énergie durant le transport de l'électricité.

Chapitre 8

Exercice 13

• À l'aide du **doc. b**, identifier la principale source d'énergie de chaque pays.

• À l'aide de vos connaissances, expliquer laquelle de ces sources d'énergie libère le plus de CO_2.

• Expliquer les résultats du **doc.a** grâce à vos réponses aux deux questions précédentes.

Exercice 15

• Commencer par analyser un seul pays (une seule couleur) :

À quoi correspond l'étalement horizontal des points de couleur ?

À quoi correspond l'étalement vertical des points de couleur ?

Que peut-on en déduire sur les émissions de gaz à effet de serre et sur la production d'électricité de ce pays ?

Comparer deux pays entre eux et formuler des hypothèses pour expliquer les différences constatées.

THÈME 3 Une histoire du vivant

Chapitre 9

Exercice 14

$$\frac{M}{N} = \frac{m}{n}$$

M = nombre de marquage (1er échantillonnage).
N = population totale.
m = nombre de recapture (2e échantillonnage).
n = effectif du 2e échantillonnage.

Exercice 16

• Pour deux allèles, A et B d'un même gène, les effectifs attendus sont :

(A/A)	(A/B)	(B/B)
↓	↓	↓
$n_{1\text{th}} = p^2N$	$n_{2\text{th}} = 2pqN$	$n_{3\text{th}} = q^2N$

Chapitre 10

Exercice 12

1. Comparer les motifs des ailes des papillons mâles et femelles (**doc. a**) :

- sous lumière visible ;
- sous lumière ultra-violette.

2. Comparer les capacités des reproductrices des papillons en fonction de la présence de rayons UV ou non (**doc. b**).

3. Relier les informations tirées des **docs. a** et **b** pour expliquer en quoi la capacité à percevoir les rayons UV peut influencer la probabilité de produire un nombre plus ou moins important de descendants

Chapitre 11

Exercice 12

1. Tenir compte des trois innovations évolutives (pratique du *knuckle-walking*, opposabilité du pouce et absence de queue) pour produire un arbre de parenté qui ne soit pas en contradiction avec la matrice.

2. Pour mettre en évidence ce qui intrique la communauté scientifique, évoquer la relation de parenté traditionnellement établie entre *Homo sapiens* et les autres grands singes.

Exercice 15

1. Le partage d'innovations évolutives autorise le placement d'espèces dans un même groupe. Appliquer ce raisonnement dans le cas du genre *Homo*.

2. Il n'est pas nécessaire qu'une espèce possède tous les traits du genre *Homo* pour être rattachée à ce genre.

CORRIGÉS QUIZ

THÈME 1

BIEN DÉMARRER

1. b. la liquéfaction
2. a. chimique
3. b. l'albédo
4. a. CO_2
5. a. – 18 °C
6. c. photosynthèse
7. a. végétale
8. c. 100 W
9. a. d'infrarouges
10. b. inférieure à 400 nm

CHAPITRE 1

3. b. des gaz contenus dans les météorites de type chondrites.
4. b. n'a été possible que lorsque tout le fer des océans a été oxydé.
5. c. filtre les rayons UV solaires.
6. a. l'atmosphère reçoit plus de CO_2 qu'elle n'en cède.

CHAPITRE 2

3. c. utilise des moyennes de grandeurs atmosphériques sur de longues périodes.
4. b. réchauffe le climat (rétroaction positive).
5. c. de la dilatation thermique des océans.
6. b. la différence entre le flux radiatif reçu et celui renvoyé vers l'espace.

CHAPITRE 3

3. a. sur des connaissances, des calculs et des mesures.
4. b. faire fonctionner le modèle pour comparer les résultats prédits aux mesures effectives.
5. c. augmente du fait de la production anthropique de CO_2 et de CH_4.
6. c. certains élevages et les fuites de gaz naturel.

CHAPITRE 4

3. a. de ressources fossiles.
4. c. en forte croissance.
5. c. ont des conséquences sur la santé démontrées par des études épidémiologiques.
6. c. à part comparable pour le secteur industriel, les transports et le secteur de l'habitat.

QUIZ DE FIN DE THÈME

1. c. N_2, CO_2, H_2O.
2. b. l'océan qui absorbe et accumule la quasi-totalité de la puissance radiative supplémentaire.
3. c. une augmentation de la température moyenne entre 1,5 et 5 °C et une élévation du niveau moyen des océans jusqu'à 1 mètre.
4. a. les quantités de gaz à effet de serre qui seront émises dans le futur.

THÈME 2

BIEN DÉMARRER

1. a. naturel
2. b.

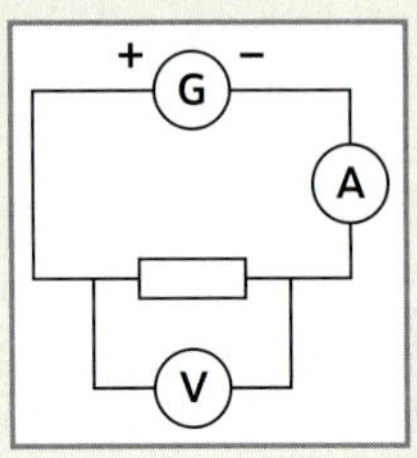

3. c. watt (W).
4. c. de sommets et d'arêtes (ou d'arcs).
5. a. un unique autre nombre.
6. a.

7. a. est caractéristique de l'atome ou de l'ion qui émet la lumière.
8. a. peut être convertie en une autre forme d'énergie.
9. c. de la masse et de la valeur de la vitesse de l'objet.
10. b. une pile.
11. b. l'éruption d'un volcan.
12. a. de prévention.

CHAPITRE 5

3. b. de l'énergie mécanique en énergie électrique.
4. b. l'induction.
5. d.

$$\eta = \frac{\mathcal{P}_{utile}}{\mathcal{P}_{reçue}}$$

6. c. l'énergie radiative en énergie électrique.

CHAPITRE 6

3. b. de l'énergie cinétique en énergie électrique.
4. a.

$$\eta = \frac{\mathcal{P}_{utile}}{\mathcal{P}_{reçue}}$$

5. d. énergie potentielle.
6. b. ont un impact sur l'environnement.

CHAPITRE 7

3. b. une partie de l'énergie est dissipée dans l'environnement.
4. c. plus importantes dans les lignes électriques à basse tension.
5. a. $\mathcal{P} = U \times I$.

6. c. égale à l'intensité totale du courant qui en sort.

CHAPITRE 8

3. a. La gestion d'un risque doit prendre en compte l'aléa et la vulnérabilité.

4. c. la répartition des différentes sources d'énergies primaires consommées dans une zone géographique donnée.

5. b. le nucléaire.

6. d. Cultiver des espèces végétales résistantes aux températures élevées.

QUIZ DE FIN DE THÈME

1. b. de la puissance électrique délivrée par la puissance reçue.

2. a. une centrale thermique nucléaire.

3. d. les sources distributrices, les nœuds intermédiaires et les cibles destinatrices.

4. a. convertie sous une forme stockable.

5. d. tenir compte de l'ensemble des paramètres précédents.

6. c. une recherche de diversification ou d'évolution des ressources.

THÈME 3

BIEN DÉMARRER

1. b. à des séquences nucléotidiques possibles de ce gène.

2. c. des mutations.

3. a. se modifie constamment.

4. a. favorise la survie des individus dont un ou des caractères leur donnent un avantage.

5. a. plus elles partagent en commun d'états dérivés de caractères.

CHAPITRE 9

3. b. est un modèle mathématique de prévision des fréquences alléliques et génotypiques.

4. c. peut être en partie compensée par la gestion de l'écosystème.

5. c. est indispensable dans la méthode de « capture-marquage-recapture ».

6. b. est modifiée de façon importante par l'humain.

CHAPITRE 10

3. b. orienté, par l'environnement.

4. b. grâce à l'évolution progressive par sélection naturelle d'organes simples à l'origine.

5. d. la sélection de variants résistants.

6. d. accroît la vulnérabilité des cultures aux épidémies.

CHAPITRE 11

3. c. des données morpho-anatomiques et des données génétiques.

4. c. une seule espèce actuelle et un certain nombre d'espèces fossiles.

5. a. une capacité crânienne importante et une bipédie affirmée.

6. c. des pouces opposables.

CHAPITRE 12

3. a. 3

4. c. $\frac{3}{2}$

5. b. il existe une constante r telle que, pour tout entier naturel n, la variation absolue $u(n + 1) - u(n)$ vaut r.

6. c. il existe une constante q telle que, pour tout entier naturel n, le taux de variation

$$\frac{u(n + 1) - u(n)}{u(n)} \quad \text{vaut } q.$$

CHAPITRE 13

3. c. à un agent de résoudre ou d'aider à la décision pour quelques problèmes spécifiques relevant de l'intelligence humaine.

4. b. une technique d'apprentissage par entraînement sur des données.

5. c. les données sont aussi importantes que les algorithmes afin d'éviter les biais.

6. b. un défaut de conception d'un programme entraînant son dysfonctionnement.

QUIZ DE FIN DE THÈME

1. a. les fréquences des allèles sont constantes.

2. c. certaines hypothèses du modèle qui ne sont pas réalisées.

3. c. les bactéries évoluent et deviennent résistantes aux antibiotiques.

4. a. le chimpanzé.

5. c. regroupe des espèces actuelles et fossiles.

6. a. une erreur dans une ligne de programmation

LEXIQUE

A

Acidification des océans : diminution du pH des eaux superficielles des océans, induite par l'augmentation des émissions de CO_2 d'origine anthropique dans l'atmosphère.

Adaptation : processus par lequel un caractère se modifie sous l'effet de mutations et de la sélection naturelle.

Aérosol : suspension, dans un gaz, de fines particules, solides ou liquides.

Albédo : capacité d'une surface à réfléchir et diffuser la puissance qu'elle reçoit par rayonnement.

Aléa : l'aléa d'un événement est l'évaluation de la fréquence de cet événement.

Algorithme : vient du nom du grand mathématicien persan Al Khwariz-mi (vers l'an 820) et désigne une méthode ou « procédure mécanique » pour résoudre un type de problèmes.

Antibiotique : substance qui détruit ou inhibe le développement de bactéries.

Apprentissage automatique : technologie d'intelligence artificielle permettant aux machines d'apprendre à résoudre certaines tâches sans avoir été préalablement programmées spécifiquement à cet effet.

B

Banquise : couche de glace flottante formée par solidification des eaux de surface.

Big data : l'ensemble des données numériques produites par l'utilisation des nouvelles technologies. Ces données présentent une grande variété, arrivent en volumes croissants et à grande vitesse. C'est ce que l'on appelle les trois « V ».

Biodiversité : diversité des espèces vivantes présentes dans un milieu.

Bobine : enroulement en spirale d'un fil conducteur, généralement en cuivre.

C

Capacité crânienne : mesure du volume de l'intérieur de la boîte crânienne, qui renseigne donc sur le volume cérébral.

Carburant de biomasse : combustible constitué de matière organique d'origine végétale. Exemples : bois, paille, déchets verts.

Chondrites : premiers éléments à partir desquels sont formées les planètes du Système solaire.

Combustion : transformation chimique durant laquelle un combustible (bois, pétrole...) brûle en présence d'un comburant (dioxygène de l'air). Cette transformation s'accompagne très souvent d'un dégagement de gaz à effet de serre.

Comportement probabiliste de la nature : la mécanique quantique permet uniquement de déterminer une probabilité pour une particule de se trouver dans tel ou tel état.

Compromis sélectif : a lieu quand une modification avantageuse d'un caractère mène à une modification désavantageuse d'un autre caractère, en termes de sélection naturelle. Les changements des deux caractères sont alors limités.

Courbe de tendance : représentation graphique d'une fonction permettant d'illustrer les tendances des données existantes et de fournir des prévisions pour des données futures.

Cyanobactérie : bactérie photosynthétique.

D

Déchets radioactifs : déchets produits par les activités nucléaires. Ces déchets se composent d'éléments qui émettent des rayonnements radioactifs pouvant être dangereux pour la santé.

Démographie : science dont l'objet est l'étude statistique des collectivités humaines dans leurs structures fondamentales, sociales, intellectuelles, etc.

Diagnostic : raisonnement menant à l'identification de la cause (l'origine) d'un problème observé. Dans le cas médical, raisonnement permettant d'identifier une probable maladie à partir de symptômes.

Dilatation thermique : augmentation du volume occupé par une quantité de matière donnée à cause de l'augmentation de sa température.

Discret : se dit d'une grandeur ne pouvant prendre qu'un nombre fini (ou dénombrable) de valeurs.

E

Effet Joule : dissipation d'énergie par transfert thermique et par rayonnement lors du passage d'un courant électrique dans un matériau conducteur.

Si le courant électrique est transporté sous forme de courant continu, comme en Chine dans certaines lignes à très haute tension, la puissance $\mathcal{P}_J$ dissipée par effet Joule dans une ligne électrique de résistance r a pour expression : $\mathcal{P}_J = r \times I^2$ avec $\mathcal{P}_J$ en watt (W), r en ohm (Ω) et I en ampère (A).

Si le courant électrique est transporté sous forme de courant alternatif, comme en France et dans la plupart des pays, la puissance dissipée par effet Joule s'exprime différemment.

Électroaimant : bobine se comportant comme un aimant lorsqu'elle est parcourue par un courant électrique.

Émission anthropique : émission d'origine humaine.

Énergie mécanique : énergie d'un système emmagasinée sous forme d'énergie cinétique et/ou d'énergie potentielle.

Ère industrielle : époque initiée au XIXe siècle et marquée par l'essor des activités humaines exploitant les combustibles fossiles.

Évolution exponentielle : une grandeur discrète suit une évolution exponentielle lorsqu'à chaque itération elle est multipliée par le même nombre.

F

Faux positif : se dit d'un individu qui, bien qu'ayant un test de dépistage d'une maladie positif, n'est pas atteint par cette maladie.

Fichier exécutable : un fichier exécutable est un fichier contenant un programme et identifié comme tel par le système d'exploitation. Le chargement d'un fichier exécutable entraîne la création d'un processus et l'exécution du programme.

Fission nucléaire : transformation d'un noyau de numéro atomique élevé en au moins deux noyaux de numéros atomiques plus faibles.

Flux de carbone : échanges de carbone entre différents réservoirs terrestres et estimés en $T.an^{-1}$.

Forçage radiatif : différence entre la puissance reçue au sommet de l'atmosphère et la puissance sortant du système Terre, émise ou réfléchie par celui-ci.

Formule de Bayes ou formule de probabilité des causes : formule fondamentale en probabilités qui, connaissant la probabilité des événements (A et B) et celle de (B sachant A), permet de calculer la probabilité de (A sachant B). La formule est :

$$P_B(A) = \frac{P_A(B)\,P(A)}{P(B)} \quad \text{où } P(B) \neq 0.$$

G

Gaz à effet de serre (GES) : espèce chimique absorbant le rayonnement infrarouge, présente sous forme gazeuse dans l'atmosphère terrestre.

Glaces continentales : accumulation de précipitations tassées et solidifiées reposant sur la croûte continentale. Exemples : calotte polaire, glaciers de montagne.

Grandeur atmosphérique: paramètre étudié en météorologie et en climatologie tels que la température, la pression, le degré d'hygrométrie, la pluviométrie, la nébulosité, la vitesse et la direction des vents, etc.

Grands singes : groupe emboîté dans le groupe des primates et dont les espèces ne possèdent pas de queue.

H

Hominidés : famille qui englobe toutes les formes humaines présentes et passées, ainsi que les grands singes actuels et leurs ancêtres.

Hydrolienne : turbine immergée qui utilise l'énergie des courants marins, et parfois fluviaux, pour produire de l'énergie électrique.

I

Innovation évolutive : nouveauté correspondant à l'apparition, la disparition ou la transformation d'un caractère. Des espèces qui partagent la même innovation évolutive ont en commun un ancêtre qui avait déjà cette innovation.

Intervalle de confiance : valeurs qui encadrent la valeur que l'on cherche à estimer. Il possède un niveau de confiance exprimé en pourcentage.

L

Lignée humaine : ensemble d'espèces qui s'est individualisé de la lignée des chimpanzés à partir du dernier ancêtre commun de *Homo sapiens* avec son plus proche parent, le chimpanzé.

M

Mandibule : mâchoire inférieure.

Mécanique quantique : domaine de la physique qui étudie notamment le comportement d'objets microscopiques, c'est-à-dire à l'échelle nanométrique.

Minerais rouges : terrains subaquatiques contenant des minéraux oxydés.

Mix énergétique : diversification des modes de conversion de l'énergie.

Modèle climatique : représentation numérique du système climatique, basée sur les propriétés connues de ses composants ainsi que sur leurs interactions et leur rétroaction.

Modèle de Hardy-Weinberg : modèle mathématique permettant de prédire la structure génétique d'une population dans certaines conditions.

Modèle mathématique : relation mathématique liant le plus souvent deux grandeurs, permettant de rendre compte de l'évolution d'une grandeur en fonction de l'autre.

Monoculture : culture d'une seule espèce végétale.

N

Nuage de points : représentation graphique d'un ensemble fini de points $A_i(x_i, y_i)$.

O

Octet : un octet est composé de huit bits.

Ozone : espèce chimique de formule moléculaire O_3.

P

Paléosol rouge : terrain continental ayant réagi avec le dioxygène (O_2).

Permafrost : sol gelé en permanence (on les retrouve au niveau des hautes latitudes et des hautes altitudes), ces sols emprisonnent environ 1500 milliards de tonnes de gaz à effet de serre (méthane et dioxyde de carbone).

Population : groupe d'organismes de la même espèce qui vit sur le même territoire à un moment donné.

Primates : groupe d'espèces possédant des pouces opposables aux autres doigts de la main, donc capables de préhension, ainsi que des doigts terminés par des ongles au lieu de griffes.

Produit phytosanitaire (pesticide) : produit utilisé pour améliorer la santé des plantes face aux plantes compétitrices, aux prédateurs et aux parasites.

Projection climatique :

1. projection de la réponse du système climatique aux scénarios d'émissions ou de concentration de gaz à effet de serre.

2. simulation par les modèles numériques de l'évolution future du climat selon un scénario de transition écologique donné.

R

Rayonnement infrarouge : rayonnement électromagnétique dont la longueur d'onde est supérieure à 800 nm et inférieure à 100 µm.

Rendement : quotient de la puissance (ou de l'énergie) utile par la puissance (ou l'énergie) reçue :

$$\eta = \frac{\mathcal{P}_{\text{utile}}}{\mathcal{P}_{\text{reçue}}} = \frac{\mathcal{E}_{\text{utile}}}{\mathcal{E}_{\text{reçue}}}$$

avec les puissances en watt (W) et les énergies en joule (J).

Rendement global η : quotient de l'énergie utile, ou de la puissance utile, par l'énergie, ou la puissance, reçue :

$$\eta = \frac{\mathcal{E}_{\text{utile}}}{\mathcal{E}_{\text{reçue}}} = \frac{\mathcal{P}_{\text{utile}}}{\mathcal{P}_{\text{reçue}}}$$

Dans le cas de dispositifs produisant de l'électricité, l'énergie utile est l'énergie électrique.

Réservoir de carbone : couche terrestre qui contient du carbone.

Ressource d'énergie renouvelable : ressource dont la durée de reconstitution est inférieure à la durée d'exploitation.

Ressource énergétique : matière première dont la transformation permet de libérer de l'énergie.

Ressource fossile : ressource énergétique provenant de la fossilisation de matière organique animale ou végétale. Exemples : charbon, pétrole, gaz naturel.

Ressource renouvelable : flux naturel pouvant être exploité afin d'être converti en énergie utilisable. Exemple : hydro-électricité, solaire, éolien.

Richesse spécifique : nombre d'espèces d'un milieu.

Risque :

1. combinaison de l'aléa, de l'enjeu et de la vulnérabilité.

2. le risque dû à l'utilisation d'une technique est la combinaison de sa vulnérabilité et de son aléa.

S

Scénario (d'émission de GES) : description de la manière dont pourraient évoluer les émissions de GES jusqu'en 2100, selon des hypothèses diverses.

Scénario de transition écologique : scénario utilisé pour modéliser l'évolution du climat dans le futur à partir d'hypothèses socio-économiques sur l'évolution des émissions anthropiques de gaz à effet de serre.

Sélection naturelle : mécanisme par lequel certaines variations génétiquement héritables tendent à être de plus en plus fréquentes dans une population. L'environnement, responsable d'une différence de succès reproducteur entre individus variables pour certains caractères, « sélectionne » les individus les plus aptes.

Spam (pourriel) : toute communication électronique non sollicitée, diffusée de façon massive, automatisée et ciblant principalement les messageries électroniques.

Stratégie prophylactique : ensemble de moyens mis en œuvre pour prévenir les maladies.

Stromatolite : structure calcaire construite par les bactéries photosynthétiques.

Système climatique : ensemble des interactions entre différentes composantes terrestres (atmosphère, océan, cryosphère, continent et biosphère) contrôlant le climat.

Système Terre : interactions entre les différentes enveloppes externes du globe (atmosphère, biosphère, hydrosphère, lithosphère) et impact des activités humaines sur ces enveloppes.

T

Trou occipital : orifice situé à la base du crâne et permettant l'articulation de ce dernier avec la colonne vertébrale.

V

Vrai négatif : se dit d'un individu qui, ayant un test de dépistage d'une maladie négatif, n'est pas atteint par cette maladie.

Vulnérabilité : la vulnérabilité d'une technique est l'évaluation du nombre de personnes exposées au risque engendré par cette technique.

CRÉDITS PHOTOGRAPHIQUES

Couverture : **htd** REUTERS ; **g** ADOBE STOCK PHOTO ; **m** Biosphoto/Reinhard Dirscherl ; **bm** SIPA PRESS/Collection YLI ; **htg** Droits Réservés ; **mg** Nemos Great Uncle ; **d** HEMIS/Philippe Bourseiller ; **htm** GETTY IMAGES France/Nasa/Digital copyright Science faction ; **b** ADOBE STOCK PHOTO ; **bd** Naturimages/Jerome Obiols

6 COSMOS/SPL/Andrzej Wojcicki ; **8 ht** BIS / Ph. Coll. Archives Larbor ; **8 m** SIGNATURES/Didier Goupy ; **9 m** ISTOCK ; **9 htg** BIS / Ph. Charmet © Archives Larbor ; **9 bas d** AURIMAGES/Ulf Andersen ; **9 bas g** DOCPIX/Docs Anciens ; **9 htd** GAMMA RAPHO ; **18** GETTY IMAGES France/Corbis/Patrick Robert ; **23 bas** Wikipédia/Tormod Sandtorv ; **24** Nasa ; **25 ht** AKG-Images/SPL ; **25 m m** SHUTTERSTOCK ; **25 m d** COSMOS/SPL/Sinclair Stammers ; **26 g** GETTY IMAGES France/Ludovic Debono ; **26 d** Nasa ; **26 m g** PHOTO12.COM / ALAMY ; **27 bas** Abigail Allwood ; **27 m bas** J. William Schopf ; **27 m ht** POL Didier/BMédia, 1998-2004 ; **28 ht g** Biosphoto/Mint Image/Frans Lanting ; **28 ht d** J. William Schopf ; **28 bas g** HANOTEAU Frederic ; **28 bas d** COSMOS/SINCLAIR STAMMERS/SPL ; **29** VISUM Foto GmbH/Nicolas van Ryk ; **30** Nasa Ozone Watch ; **32** ADOBE STOCK PHOTO ; **34 d** Nasa Ozone Watch ; **34 g** SIPA PRESS/Karl Schoendorfer / Rex/REX ; **35** Nasa/Goddard Space Flight Center ; **40** ADOBE STOCK PHOTO ; **41 ht** M. Sweet et al. 2012, Plos One ; **41 m** Nasa ; **42** Nasa GSFC ; **44** COSMOS/SPL/Chris Butler ; **45 ht** CAGLE CARTOONS, INC ; **46 ht g** PHOTO12.COM / ALAMY ; **46 ht d** Hans Lucas/François Lepage ; **46 m hd** Nasa ; **46 m hg** NATURIMAGES/Monique MORIN ; **46 bas** REA/Lydie LECARPENTIER ; **48 ht g** Wikimédia/Pymouss ; **48 m bas** BSIP/Kallista Images/Visuals Unlimited ; **48 bas g** Conseil départemental de la Creuse-Unité Patrimoine et Paysage ; **48 ht d** PHOTO12.COM / ALAMY ; **50 g** Divergence/LOUAPRE Thomas ; **50 d** Nasa ; **57 ht** SHUTTERSTOCK ; **58 ht** COSMOS/SPL/CDC ; **58 bas** AFP/Lionel Chamoiseau ; **59 ht** NOAA MESA Project ; **59 bas** Wikimédia/Toby Hudson ; **61 ht** World Meteorological organisation ; **61 bas** GETTY IMAGES France/STEPHANIE KEITH ; **67** ANDIA/Fonline ; **69 ht** GETTY IMAGES France/SPL/Mark Garlick ; **69 bas** HANOTEAU Frederic ; **71 ht** PHOTO12.COM / ALAMY ; **72** HEMIS/Jean-françois ; **73 ht** COSMOS/SPL/Morgan Hank ; **73 bas** ISTOCK ; **74 g** Laurent Fairhead, CNRS ; **74 d** AFP/Ludovic Marin ; **75** AFP/Georges Gobet ; **79** Global Carbon Project 2016 ; **81** GEC 2013 ; **83** Le Monde/GIEC ; **84 ht g** AKG-Images/Science Source ; **84 m bg** GETTY IMAGES France/Dan MacMedan ; **84 m** COSMOS/SPL/NOAA/Pmel Vents Program ; **84 bas** Fondation TARA/Pete West / Bioquest Studios ; **84 ht d** CHRISTOPHE L COLLECTION ; **84 m hd** Musée du Scaphandre, Espalion/Robert Feuilloy ; **84 m hg** Leemage/Selva ; **84 m bg** AFP/Patrick hertzog ; **84 m hg** ROGER-VIOLLET/Henri Manuel ; **85 b** Nautilus Minerals ; **85 ht** COURRIER INTERNATIONAL 2018 ; **91 g** BRIDGEMAN IMAGES/Purix verlag Volker ; **91 d** Biosphoto/Claudius Thirlet ; **94** ADOBE STOCK PHOTO ; **95 ht** WORLDMAPPER LIMITED ; **95 m** AFP/Johannes Eisele ; **99 ht** Nasa ; **99 bas** http://solidarité-sant.gouv.fr ; **103 g** ADOBE STOCK PHOTO ; **103 d** La Provence/Valérie Farine ; **104 ht** Ministère de la Transition écologique et solidaire ; **104 ht d** AFP/BelgaMag/Virginie Lefour ; **104 ht g** Droits Réservés ; **110** ADOBE STOCK PHOTO ; **111** Bugatti ; **112** Green Design/Sanskriti farms/Shree Krishna Dhital ; **113 d** Droits Réservés ; **113 g** LIBERATION/Textes Aurélie Delmas, Production C. Dealberto, J. Guillot, S. de Rivet, Publié le 26 septembre 2018 ; **116 m g** George Anderson/WMO International Cloud Atlas ; **116 bas g** June Gronseth/WMO International Cloud Atlas ; **116 m g** Wikimédia Commons ; **116 bas d** ISTOCK ; **117 m** D.R./RegenVillages ; 117 ht Droits Réservés ; **118** ISTOCK ; **121** REUTERS/Tyrone Siu ; **124** BRIDGEMAN IMAGES ; **125 m** ADOBE STOCK PHOTO ; **125 bas** ADOBE STOCK PHOTO ; **126 ht** GETTY IMAGES France/Andreau Errington ; **126 bas** HANOTEAU Frederic ; **128** Droits Réservés ; **129 ht** REUTERS/Jean-Paul pelissier ; **130 ht** Victron Energy/D.R. ; **131** ADOBE STOCK PHOTO ; **132 ht g** ADOBE STOCK PHOTO ; **132 bas g** ADOBE STOCK PHOTO ; **132 m g** BIS / Ph. Coll. Archives Nathan ; **133 ht** Leemage ; **133 bas** BNF ; **135** Akuo Energy ; **141 d** Wikimédia/Gormé ; **143** ADOBE STOCK PHOTO ; **144** ADOBE STOCK PHOTO ; **145 m** COSMOS/SPL/Dirk Wiersma ; **145 bas** ISTOCK ; **145 ht** PHOTO12.COM / ALAMY ; **146 ht** HANOTEAU Frederic ; **146 bas** REA/Lydie Lecarpentier ; **147 ht** REA/ROPI/Featurechina/Lu Jian ; **148** ANDIA/Fourmy ; **149 ht** IAEA/Greg Webb ; **149 bas** Areva/Jezequel Sidney ; **149 m** Groupe Orano ; **150** ADOBE STOCK PHOTO ; **151** AFP/Pablo Cozzaglio ; **152 ht g** Droits Réservés ; **152 bas d** Rue des Archives/Tallandier ; **152 ht d** ADOBE STOCK PHOTO ; **152 bas g** SIPA PRESS/AP/Kazuki Wakagusi ; **152 mg** ANDIA/ABC/DPA/Gollnow Sebastian ; **153 d** ADOBE STOCK PHOTO ; **156 ht** BURNOD EVENT/Jean-louis Burnod ; **156 bas** ADOBE STOCK PHOTO ; **157 ht** SHUTTERSTOCK ; **157 bas** Venturi automobiles ; **158** ANDIA/J. Sevrette ; **160** COSMOS/SPL/Volker Steger ; **161 ht** John Cancalosi ; **161 m** Age Fotostock/Lighthouse/UIG ; **162** GETTY IMAGES France/William Yu ; **163 ht** RTE ; **164** HANOTEAU Frederic ; **168 g** ROGER-VIOLLET ; **168 d** KHARBINE-TAPABOR ; **169 ht** Leemage ; **174** ADOBE STOCK PHOTO ; **175** Sean Gallup / Guetty images / AFP ; **179** PHOTO12.COM / ALAMY ; **180** GETTY IMAGES France/Peter Dazeley ; **181 ht** DREAMSTIME ; **181 bas** ISTOCK ; **182 m** ADOBE STOCK PHOTO ; **182 d** ADOBE STOCK PHOTO ; **184** HEMIS/Pierre Jacques ; **185 ht** Droits Réservés ; **185 bas** EDF ; **186** ADOBE STOCK PHOTO ; **187 ht d** Green power island ; **188** GETTY IMAGES France/Brooks Kraft ; **190 d** EDF-Gabriel Liesse ; **190 bas g** ROGER-VIOLLET/Jacques Boyer ; **190** GAMMA RAPHO/Keystone France ; **190 ht g** AFP/Boris Horvat ; **191 g** Droits Réservés ; **191 d** Elle Starkman/PPPL Office of Communications ; **195** ADOBE STOCK PHOTO ; **196** ADOBE STOCK PHOTO ; **198** ADOBE STOCK PHOTO; **199 ht d** GAMMA RAPHO/Keystone france ; **202** Droits Réservés ; **203** Leemage ; **204** HEMIS/Christian Guy ; **206** LOOK AT SCIENCES ; **210** Fondation Tara/Francis Latreille ; **211 ht** GETTY IMAGES France/Gamma-Rapho/Ariel Fuchs ; **211 m** Biosphoto/Aqua Press ; **212 m d** Fondation TARA ; **212 ht g** Expédition TARA ; **213 ht g** Fondation TARA ; **213 bas** Phytoplankton Encyclopedia Project ; **214 g** ANDIA/Wildlife/G. Delpho ; **216** BIOSPHOTO/Frederic Tournay ; **218 g** COSMOS/SPL/American Philosophical Society ; **218 d** COSMOS/SPL ; **220 m** Biosphoto/Buiten-beeld/Jelger herder ; **220 d** Biosphoto/Bruno mathieu ; **220 m d** Biosphoto/bruno mathieu ; **220 m g** biosphoto/Bruno mathieu ; **220 ht g** Biosphoto/Minden pictures/Silvia Reiche ; **222 g** Global Crop Diversity Trust ; **222 m bas** Wikimédia/Natasha Wright ; **222 m m** GETTY IMAGES France/tribune news Service ; **227** NATURIMAGES/Jean-William & Rachel ; **228 ht** Poitou Charente nature ; **228 bas** Bierregaard, 2016 ; **229 ht** ANDIA/Lhote ; **230 ht** GETTY IMAGES France/Joe McDonald ; **231** GECC, 2013 ; **232** CHRISTOPHE L COLLECTIONheritage Images/The Print Collector ; **233 ht g** CHRISTOPHE L COLLECTION ; **233 bas** AGE FOTOSTOCK/Tony Hertz ; **233 ht d** GETTY IMAGES France/Richard Howard ; **234** Bluegrass Community and Technical College ; **235 d** Martin Oeggerli/Micronaut ; **235 g** PHOTO12.COM / ALAMY ; **236 ht** SIPA PRESS/Mary Evans ; **236 bas d** Droits Réservés ; **236 bas g** COSMOS/SPL/K.H. Fung ; **237 ht d** AKG-Images/Science Source ; **239** Droits Réservés ; **240** Droits Réservés ; **241** COSMOS/SPL/UK Crown Couresy of Fera ; **242 ht** Collection of the Michigan medecine, University of Michigan ; **242 bas g** LEEMAGE ; **242 ht g** AKG-Images ; **242 bas** BNF ; **243 ht** Collection of the Michigan medecine, University of Michigan ; **243 bas** CASE Christine L. ; **244 ht g** Biosphoto/Minden pictures/Silvia Reiche ; **244 bas** Droits Réservés ; **244 ht d** www.sac-cas.ch ; **245 ht** Biosphoto/Régis Cavignaux ; **245 m** agriculture.gouv.fr ; **249** PHANIE/SPL ; **250** Darrell J. Kemp, 2008 ; **251 g** Biosphoto/Auscape/Frtz Polking ; **252 g** ADOBE STOCK PHOTO ; **252 d** COSMOS/SPL/Visual unlimited/Reinhard Dirscherl ; **253** Y. Kikuchi et al., Pnas ; **254** ADOBE STOCK PHOTO ; **255 bas** ISTOCK ; **256 ht g** GETTY IMAGES France/Jeff McCurry ; **256 bas d** BSIP ; **256 bas m** SHUTTERSTOCK ; **256 bas g** ADOBE STOCK PHOTO ; **256 ht d** Biosphoto/BIA/Martin Grimm ; **256 ht m** COSMOS/TONY CAMACHO/SPL ; **258 ht m** GETTY IMAGES France/Kurt Drubbel ; **258 ht g** ADOBE STOCK PHOTO ; **258 bas d** Bone Clones, Inc ; **258 bas g** PHOTO12.COM / ALAMY ; **258 m & m d** Vincent GUILI ; **258 ht d** Vincent GUILI ; **259 ht g** COSMOS/NATURAL HISTORY MUSEUM, LONDON/SPL ; **259 bas g** CHRISTOPHE L COLLECTION/Heritage images/CM Dixon ; **259 d** MHN/CRDP de versailles ; **260 ht** SIPA PRESS/AP ; **260 bas** RMN/MNP Les Eyzies/Philippe Jugie ; **261 ht** AKG-Images/SPL ; **262** SHUTTERSTOCK ; **263 ht** Gotlib © DARGAUD, 2020 ; **264 ht** SIPA PRESS/AP ; **264 bas** Bence Viola, Max Planck Institute for Evolutionary Anthropology ; **265 ht d** PHOTO12.COM / ALAMY ; **265 ht g** CHRISTOPHE L COLLECTION ; **265 bas d** Droits réservés ; **265 bas g** BIS / Ph. © by courtesy Dept of Library Services, American Museum of Natural History, New-York - Archives Larbor ; **270** AFP/DPA Picture-Alliance/Kate Bartlett ; **273 ht g** AKG-Images/SPL ; **273 bas g** COSMOS/SPL/NHM ; **273 ht d** GETTY IMAGES France/Chicago Tribune ; **274** HEMIS/Yann Arthus bertrand ; **275 ht** HEMIS/Patrick Frilet ; **275 bas** CHRISTOPHE L COLLECTION/The granger Collection ; **276 g** SHUTTERSTOCK ; **276 d** AFP/Anadolu Agency/Dursun Aydemir ; **278** ISTOCK ; 280 Droits Réservés ; **282** NATURAGENCY/Dominique Delfino ; **284 ht** CHRISTOPHE L COLLECTION ; **284 g** AKG-Images ; **284 d** PHOTO12.COM / ALAMY ; **284 m d** AKG-Images ; **284 m g** D.R. ; **285** Le Point ; **290** Wikimédia/Schlappal ; **292** FIGARO PHOTO/Jean-Christophe Marmara ; **293** AFP/Jullian Sullivan ; **294** AFP/Only World/Serge Attal ; **295** NPL/Suzi Eszterhas ; **296** ADOBE STOCK PHOTO ; **297 ht** GETTY IMAGES France/jfmdesign ; **297 bas** ADOBE STOCK PHOTO ; **297 m** BRIDGEMAN IMAGES ; **298 ht g** GETTY IMAGES France/Science & Society Picture library ; **298 bas** BRIDGEMAN IMAGES ; **298 m g** GETTY IMAGES France/SSpl ; **299 ht g** PHOTO12.COM / ALAMY ; **299 m** ADOBE STOCK PHOTO ; **299 ht d** Wikimedia/Smithsonian Institution ; **300 ht g** GETTY IMAGES France/Time Life Pictures ; **300 bas** Droits Réservés ; **302 ht** PHOTO12.COM / ALAMY ; **302 bas** GETTY IMAGES France/Gamma-Rapho/Patrick Aventurier ; **303 bas** PHANIE/SPL ; **303 ht** AFP/Saul Loeb ; **303 m; 304 bas g** AFP/DPA-Alliance/Andrej Sokolow ; **304 m g** Droits Réservés ; **304 d** SHUTTERSTOCK ; **305 ht** Droits Réservés ; **306** ADOBE STOCK PHOTO ; **307 ht** CHRISTOPHE L COLLECTION ; **307 g** Nestot/D.R ; **308** ADOBE STOCK PHOTO ; **309 ht** ISTOCK ; **309 bas** Droits Réservés ; **310 m hg** Leemage ; **310 ht g** ADOC-PHOTOS ; **310 ht d** GETTY IMAGES France/Heritage Images ; **310 bas d** Wikimédia/University Library of Heidelberg, germany ; **310 bas m** AFP/DPA Picture-Alliance/Axel heimken ; **310 ht d** AFP/AURIMAGES/Aglileo Collection ; **311 ht g** COSMOS/SSPL/Science museum ; **311 bas** Droits Réservés ; **311 ht d** Droits Réservés ; **312** SHUTTERSTOCK ; **312** Angèle Domenech ; **313 ht** ISTOCK ; **313 g** STKI ; **313 m** BESTIMAGE/Camera Press/Heathcliff O'Malley ; **318** ISTOCK ; **320** CHRISTOPHE L COLLECTION/The granger Collection/Sarin Images ; **321 ht** Andia ; **321 bas** ADOBE STOCK PHOTO ; **323** REUTERS/Catherine Muzolf ; **324** Benjamin Girette ; **326** ADOBE STOCK PHOTO ; **327 ht** ANDIA/© Hager/RHPL ; **327 bas** COSMOS/SPL/NIAID-RML/N.I.H.

Édition : Caroline Edenhoffer et Laurence Sourdillon, avec la collaboration de Manon N'Diaye Torre
Couverture : Jean-Marc Denglos
Conception graphique : Julie Lannes et Clémentine Largant
Mise en pages : Dominik Raboin (Domino)
Schémas : Dominique Papon, Mathilde Boucher (p. 6-9) et Mathilde Laurent (rabat)
Schémas bilans : Dominique Papon
Iconographie : Juliette Barjon
Fabrication : Kevin Magar
Photogravure : Irilys

Pages 14-17 : contenus éditoriaux fournis par l'ONISEP; coordination : Emmanuel Percq; édition : Isabelle Dussouet.

Remerciements
Les éditions Nathan remercient Isabelle Pailloncy pour sa fiche méthode sur l'utilisation du langage de programmation Python.
Les éditions Nathan remercient également pour leurs relectures Sylvain Dardenne et Fabienne Scheurer.

N° de projet : 10277179 - Dépôt légal : Avril 2020
Achevé d'imprimer en Italie en Juillet 2021 par Grafica Veneta S.p.A. - Trebaseleghe